HEYNE BÜCHER

STAR TREK®
PHASE II

DIE VERLORENE GENERATION

SCIENCE FICTION

Herausgegeben
von Wolfgang Jeschke

Judith & Garfield Reeves-Stevens

STAR TREK®
PHASE II

DIE VERLORENE GENERATION

Mit einer Einführung von
JON POVILL
Redakteur von »Star Trek – Phase II«

Aus dem amerikanischen Englisch von
RALPH SANDER

Deutsche Erstausgabe

WILHELM HEYNE VERLAG
MÜNCHEN

HEYNE SCIENCE FICTION & FANTASY
Band 06/6470

Titel der amerikanischen Originalausgabe

STAR TREK® – PHASE II
THE LOST SERIES

Deutsche Übersetzung von Ralph Sander

Titelbild:

Das auf der Titelseite abgebildete Raumschiff *Enterprise* ist eine Zeichnung von Mike Minor aus dem Jahr 1977. Sie zeigt das vom Originaldesigner Matt Jefferies weiterentwickelte Schiff so, wie es in *Star Trek – Phase II* zu sehen gewesen wäre. Diesem Entwurf entsprechend wurde ein Modell gebaut, das aber verworfen wurde, als die Entscheidung fiel, *Star Trek: The Motion Picture* zu drehen. Der Film machte eine detailliertere *Enterprise* für die Kinoleinwand erforderlich. Zwar wurde das Schiff zu diesem Zweck noch einmal überarbeitet, dennoch blieben viele Bestandteile von Jefferies' Design unverändert, darunter die spitz zulaufenden Ausleger, die abgeflachten Gondeln und ein doppelter Photonentorpedo-Ausgang an der Verbindungssäule zur Diskussektion. Die anderen Elemente des Covers wurden Entwürfen entnommen, die für *Phase II* und für *The Motion Picture* vorbereitet wurden und die im Farbteil dieses Buchs enthalten sind. Die digitale Montage wurde von Mark Gerber, Gerber Studios, erstellt.

Redaktion: Rainer-Michael Rahn

Erstausgabe 1997 by Pocket Books,
a division of Simon & Schuster Inc., New York

Printed in Germany 1998
Umschlaggestaltung: Atelier Ingrid Schütz, München
Technische Betreuung: M. Spinola
Satz: Schaber Datentechnik, Wels
Druck und Bindung: RMO-Druck, München

ISBN 3-453-14018-4

INHALT

Den übersehenen Helden von
STAR TREK

Den Künstlern, Assistenten, Handwerkern,
Designern, Technikern und Autoren,
deren Anstrengungen unerwähnt blieben.
Wir sind vielen von ihnen bei unseren Besuchen
hinter den Kulissen begegnet.
Wir haben die Arbeiten von vielen
Menschen gesehen. Und wir wissen,
wie sehr ihre Leistungen
Star Trek *bereichert haben.*

Im Namen der Millionen, die das nie wissen werden,
danken wir ihnen.

Ein Blick auf *Star Trek: Planet of Titans* – einer der vielen *Star Trek*-Anläufe, der von Paramount vor *Star Trek – Phase II* entwickelt wurde. Zeichnung des Shuttlehangars von Ken Adams. Abdruck mit freundlicher Genehmigung von Paramount Pictures.

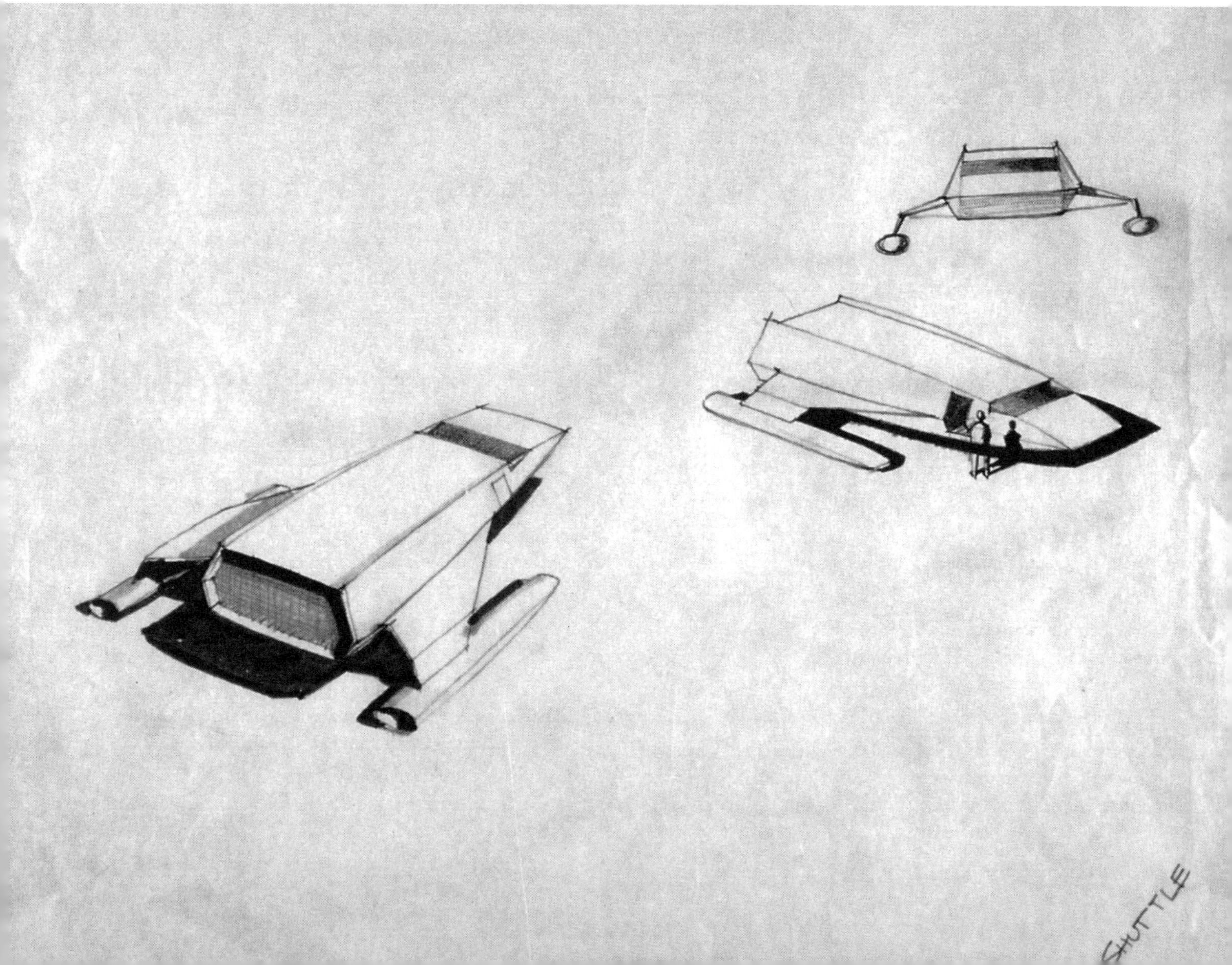

EINFÜHRUNG

von Jon Povill

Von Januar 1976 bis Anfang März 1979 bestimmte *Star Trek* praktisch jeden Bereich meines Lebens. Und obwohl diese Zeit lange hinter mir liegt, werde ich durch sie geprägt. Diese drei Jahre kamen mir wie ein Menschenleben vor.

Ihren Anfang nahm *Star Trek – Phase II* für mich im Frühjahr 1975. Meine erste offizielle Aufgabe für das, was den Namen *Star Trek – Phase II* erhalten sollte, bestand darin, Kisten mit Auszeichnungen und Erinnerungsstücken aus Gene Roddenberrys Garage in sein Büro bei Paramount zu bringen – in jenes Büro, in dem er während der ersten *Star Trek*-Serie gearbeitet hatte. Er kehrte zurück, um einen *Star Trek*-Film zu schreiben und zu produzieren. Obwohl er mir in vorausgegangenen Gesprächen mehr als einmal erzählt hatte, er habe genug von *Star Trek* und wolle neue Gebiete erforschen, war für mich klar, daß diese Rückkehr an die Stätte früherer Kämpfe in Genes Leben ein Augenblick des Triumphs war. Ich weiß nicht mehr, ob er es mit MacArthurs Rückkehr auf die Philippinen verglich, aber es hätte zu ihm gepaßt. Zumindest für diesen Augenblick schien es eine Rückkehr zu seinen Bedingungen zu sein.

Für mich war die Situation eine andere. Als Gene seine Gefechte austrug, besuchte ich noch die Schule. Ich war ein Fan der Serie gewesen und war über alle Maßen erfreut, die Möglichkeit zu erhalten, an der nächsten Inkarnation von *Star Trek* beteiligt zu sein – auch wenn ich mir etwas anderes vorgestellt hatte, als Kartons zu schleppen. Ich hatte die Filmschule zwar gerade erst abgeschlossen, aber ich fühlte mich bereit, es mit ganz großen Dingen aufzunehmen. Erst kurz zuvor hatte man mir 1250 Dollar für das Drehbuch zu ›Total Recall‹ gezahlt, das ich für Ron Shusett geschrieben hatte, einen Produzent, den 1975 niemand kannte. Aber das war keine große Sache. Dies hier, das war *Star Trek*.

Es war ja nicht so, daß ich nicht an ›Total Recall‹ geglaubt hätte, aber wie konnte man das 1975 mit dem Format vergleichen, das *Star Trek* besaß? Und diese Argumentation ergibt für mich auch heute noch einen Sinn. Wären ›Total Recall‹ und Ron

Shusett von der gleichen Qualität gewesen wie *Star Trek* und Gene Roddenberry, hätte man vermutlich nicht 14 Jahre und 64 weitere Drehbuchfassungen benötigt, bis dieser Film in Produktion ging. *Star Trek* war bereits eine legendäre Serie mit einer riesigen Fangemeinde. Allein die Vorstellung, am Film mitzuarbeiten, war phantastisch. Das einzige Problem war, daß es für mich keine andere Arbeit gab, als Kartons zu schleppen. Das einzig andere, das ich beherrschte, war das Schreiben, aber es war offensichtlich, daß Gene sich darum kümmern würde.

Aber am ersten Tag, an dem ich durch die beiden nebeneinanderliegenden Büros ging, die Genes Büro von einem anderen großen Büro trennten, begleitete mich Susan Sackett (Genes Sekretärin). Wir betraten einen Raum, von dem ich später erfuhr, daß es sich dabei um Gene Coons altes Büro handelte. Ich kann mich sehr lebhaft an das Gefühl erinnern, das mich überkam, als ich in den Raum eintrat. Ich blieb einen Moment lang stehen und nahm die Ausstrahlung in mich auf, dann wandte ich mich an Susan und sagte: »Das wird einmal mein Büro sein.«

Diese Äußerung beruhte nicht auf einem angestrebten großartigen Ziel oder einem Plan. Mit rein gar nichts konnte ich den Gedanken rechtfertigen, daß dieser Raum einmal mein Büro sein würde. Ich fühlte es einfach. Meine Worte waren vor allem von Erstaunen geprägt, weil ich *wußte*, daß es so kommen würde. Ich benötigte nicht einmal ein Jahr.

Paramount lehnte Genes Drehbuch im Sommer ab, und er forderte mich auf, ein eigenes Konzept zu entwickeln, das er dem Studio vorlegen würde, wenn es gut genug wäre. Ich schrieb ein Treatment. Er erklärte, daraus könnte man eine großartige Episode machen, wenn die Serie noch laufen würde. Aber es eignete sich nicht für einen Film. Im Dezember rief er mich an und sagte, er habe eine andere Idee für einen *Star Trek*-Film, und fragte, ob ich sie mit ihm zusammen schreiben wolle. Ich erwiderte, das sei großartig. Dann legte ich den Hörer auf und jubelte so laut, daß meine Nachbarn herüberkamen, um festzustellen, was um alles in der Welt geschehen sein mochte. Ich hatte keinen Zweifel: Das war mein ganz großer Durchbruch.

Im Januar 1976 zog ich in *das* Büro ein, das ich in den nächsten drei Jahren gut ein halbes Dutzend Mal innehaben, verlieren und wieder zurückerobern sollte.

Während dieser drei Jahre bekleidete ich eine Vielzahl von Posten. Als die Geschichte, die ich mit Gene entwickelt hatte, bei Paramount keine Begeisterung hervorrufen konnte, blieb ich so lange in meinem Büro, bis ich es für Chris Bryant und Allan Scott räumen mußte, die den nächsten Versuch unternehmen sollten. Ihre Filmversion sollte dem Regisseur Phil Kaufman überantwortet werden. Als Paramount diese Version und Phil Kaufmans anschließende Überarbeitungen verwarf, erhielt ich mein Büro zurück. Das war allerdings inoffiziell, und ich war in gleichem Maße Laufbursche wie Autor. (Allerdings schrieb ich in dieser Zeit ein Drehbuch um, das Gene verfaßt hatte: ›The Nine‹ – ein sehr seltsames und einzigartiges Projekt, über das das letzte Wort noch nicht gesprochen ist.)

Mittlerweile war man bei Paramount einigermaßen frustriert, was die Versuche anging, eine *Star Trek*-Filmversion auf die Beine zu stellen. Die Verantwortlichen waren zu dem Schluß gekommen, daß es unmöglich war, *Star Trek* erfolgreich ins Kino zu bringen. Aus dieser Stimmung heraus erblickte *Star Trek – Phase II* das Licht der Welt.

Harold Livingston kam, und ich wurde erneut aus meinem Büro vertrieben. Diesmal schien das Studio aber voll hinter uns zu stehen. Alles war von den Aktivitäten der Vorbereitung erfüllt, ich erhielt einen neuen Titel – Assistent des Produzenten – und ein neues offizielles Büro, einen winzigen Raum im hinteren Bereich des Gebäudes.

Aus meinem kleinen Verschlag heraus begann ich, mich in die Diskussion über Drehbuchvorschläge einzumischen. Zu meinem Glück gefielen Harold Livingston (dessen Aufgabe als Produzent die Überwachung der Drehbücher war) meine Ansichten. In einer Besprechung legte ein Autor namens Jaron Summers eine Idee über Weltraumeier vor, die wir eigentlich ablehnen wollten. Aber ich war der Ansicht, daß man sie überarbeiten könnte. Jaron war einverstanden, zusammen mit mir daran zu arbeiten. Das Ergebnis war unser Entwurf für ›The Child‹. Aufgrund meiner Arbeit an diesem

Drehbuch bestand Harold darauf, daß ich Redakteur werden sollte. Diese Beförderung war es, die aus dem Möchtegern-Profi den Profi machte.

Es dauerte nicht lange, da erhielt ich ein viel größeres Büro und meine erste Sekretärin, Rosanna – die später einen meiner besten Freunde heiratete. Nun saß ich dort, machte Leuten wie Richard Bach und Ted Sturgeon Vorschläge – Menschen, die ich über alle Maßen verehrte. Jetzt war ich mittendrin. Einige alte Freunde von Harold, die Ideen einreichten, begannen mich als den ›Henker‹ zu bezeichnen, weil ich die ›*Star Trek*-Logik‹ so unerbittlich vertrat, daß sie ihre Ideen nicht an die Verhältnisse unseres Universums anpassen konnten. (Daran hat sich nichts geändert. Letztes Jahr wurde ich bei ›Sliders‹ als ›Logik-Nazi‹ bezeichnet, da ich jedesmal großes Theater machte, wenn eine Geschichte gegen ihre eigene Logik verstieß.) Es war eine wilde Zeit, die viel zu schnell vorüberging.

Für mich war die Entscheidung, aus dem zweistündigen Pilotfilm den Kinofilm *Star Trek: The Motion Picture* zu machen, eine Enttäuschung, allerdings keine allzu große. Gene versicherte mir, daß es auch bei diesem Film für mich Arbeit geben würde. Ich hing als inoffizieller ›Produktionskoordinator‹ herum, während das Studio darüber nachdachte, welches Format der Film haben und wer Regie führen sollte. Kurz nachdem Robert Wise zum Team gestoßen war, begann er meine Arbeit zu schätzen, ich wurde beteiligter Produzent des Films (und zog für diese Zeit in ›mein‹ Büro zurück). Ich wurde von der Begeisterung mitgerissen, einen wirklich großen Film zu drehen, und blickte kaum auf das zurück, was wir für *Phase II* geschaffen hatten.

Rückblickend wünschte ich, wir hätten die Gelegenheit gehabt, wenigstens einen Teil der Episoden zu verfilmen, an denen wir gearbeitet hatten. Ich glaube, einige von ihnen hätten zum Besten gehört, was *Star Trek* zu bieten hat. Richard Bachs ›Practice in Waking‹ wäre ganz sicher ein Klassiker geworden. ›The Kitumba‹ von John Meredyth Lucas war ein wundervolles Abenteuer, das sich mitten im Klingonischen Imperium abgespielt hätte. Vielleicht liegt es am Ego des Autoren, aber ich glaube, daß die Version von ›The Child‹, die Jaron und ich schrieben, weitaus besser ist als die Fassung, die schließlich bei *Star Trek: The Next Generation* Verwendung fand. Sie haben die Gelegenheit, sich selbst ein Bild davon zu machen, da unser Drehbuch in diesem Buch abgedruckt ist.

Star Trek – Phase II spielt bis heute in meinem Leben eine sehr persönliche Rolle. Die erste Frau, die in *Star Trek: The Motion Picture* Englisch spricht, ist Michele Billy. Wir begegneten uns während *Star Trek – Phase II*, heute ist sie meine Frau. Wir haben zwei Söhne, Andrew und Sean. Bis zu seinem vierten Lebensjahr war Andrew der festen Überzeugung, daß ich den Tag an Bord des Raumschiffs *Enterprise* verbrachte, wenn ich morgens aus dem Haus zur Arbeit ging. Die Figur, die seine Mutter spielte, kam im Film nach gut zehn Minuten ums Leben. Er ist jetzt fast acht, aber er will es noch immer nicht sehen, wenn sie stirbt.

Es heißt, die Fans hätten *Star Trek* nicht sterben lassen. Gar und Judy (die Autoren des vorliegenden Buchs) stellen dagegen die Theorie auf, daß *Star Trek* durchaus hätte sterben können, wenn die Serie sich nicht selbst neu definiert hätte; dadurch wurde vermieden, daß die Fans mit zunehmendem Alter sich von der Serie ab- und anderen Interessen zuwandten. Sie glauben, daß *Star Trek – Phase II* der Beginn dieses Prozesses war und von daher für alle weiteren *Star Trek*-Inkarnationen mindestens so wichtig war wie die Originalserie.

Ich kann nicht anders, als mich von dieser Annahme geschmeichelt zu fühlen. Wie alle *Star Trek*-Fans bestens wissen, kann die Vergangenheit nicht geändert werden. Daher werden wir nie erfahren, ob *Star Trek* ohne die Existenz von *Star Trek – Phase II* überlebt hätte und so erfolgreich geworden wäre. Ich weiß nur eine Sache sicher: Für mich war sie der Anfang aller Dinge, die mir heute in meinem Leben etwas bedeuten. Und dafür werde ich ewig dankbar sein.

DAS FEHLENDE STAR TREK-KAPITEL

Wir können an dieser Stelle bedenkenlos sagen, daß über *Star Trek* mehr Bücher geschrieben worden sind als über jede andere Fernsehserie.

Was uns zu der unvermeidbaren Frage bringt: Warum *noch* ein Buch?

Für uns gibt es drei gute Gründe.

Erstens, um unser Bewußtsein für die Abläufe im Medium Fernsehen zu schärfen. Unsere Verbindung zum Bereich hinter den Kulissen von *Star Trek* war für uns eine phantastische Möglichkeit, etwas zu lernen, indem wir mit den Produktionsdetails vertraut gemacht wurden, die diejenigen, die nicht unmittelbar mit einer Serie zu tun haben, nur selten kennen. Zwar ist der Inhalt von *Star Trek* einzigartig, aber die Rahmenbedingungen, unter denen diese Serie entsteht, sind für alle Serien praktisch identisch.

Der zweite Grund, dieses Buch zu schreiben, ist der, die Leistungen jener Künstler, Handwerker und Techniker zu würdigen, die viel zu lange unbeachtet blieben. Es ist zwar schon so oft gesagt worden, daß wir uns kaum trauen, es noch einmal auszusprechen, aber: Fernsehen ist ein gemeinschaftlicher Prozeß. Viel zu oft werden aber die bedeutsamen Beiträge vieler den erdrückenden Vor- und Nachspann-Nennungen weniger untergeordnet. *Star Trek* hat viele Väter gehabt. Betrachtet man den unvorhergesehenen Erfolg des Franchise und die Bedeutung für unsere Kultur, dann sind wir der festen Überzeugung, daß jeder, der an diesem fortwährenden Entstehungsprozeß mitgewirkt hat, auch entsprechend seiner Leistung gewürdigt werden sollte.

Drittens gibt es – wie im Falle dieses Buchs – noch immer Kapitel dieser großen Geschichte, die bis heute nicht erzählt worden sind.

Star Trek – Phase II war lange Zeit ein fehlendes Kapitel in der Geschichte des *Star Trek*-Phänomens. Es war das Thema mindestens eines früheren Buches, es wurde in diversen anderen angesprochen, es wurde in Fanveröffentlichungen und professionellen Publikationen diskutiert. Aber alle bisherigen Beiträge zu diesem Thema

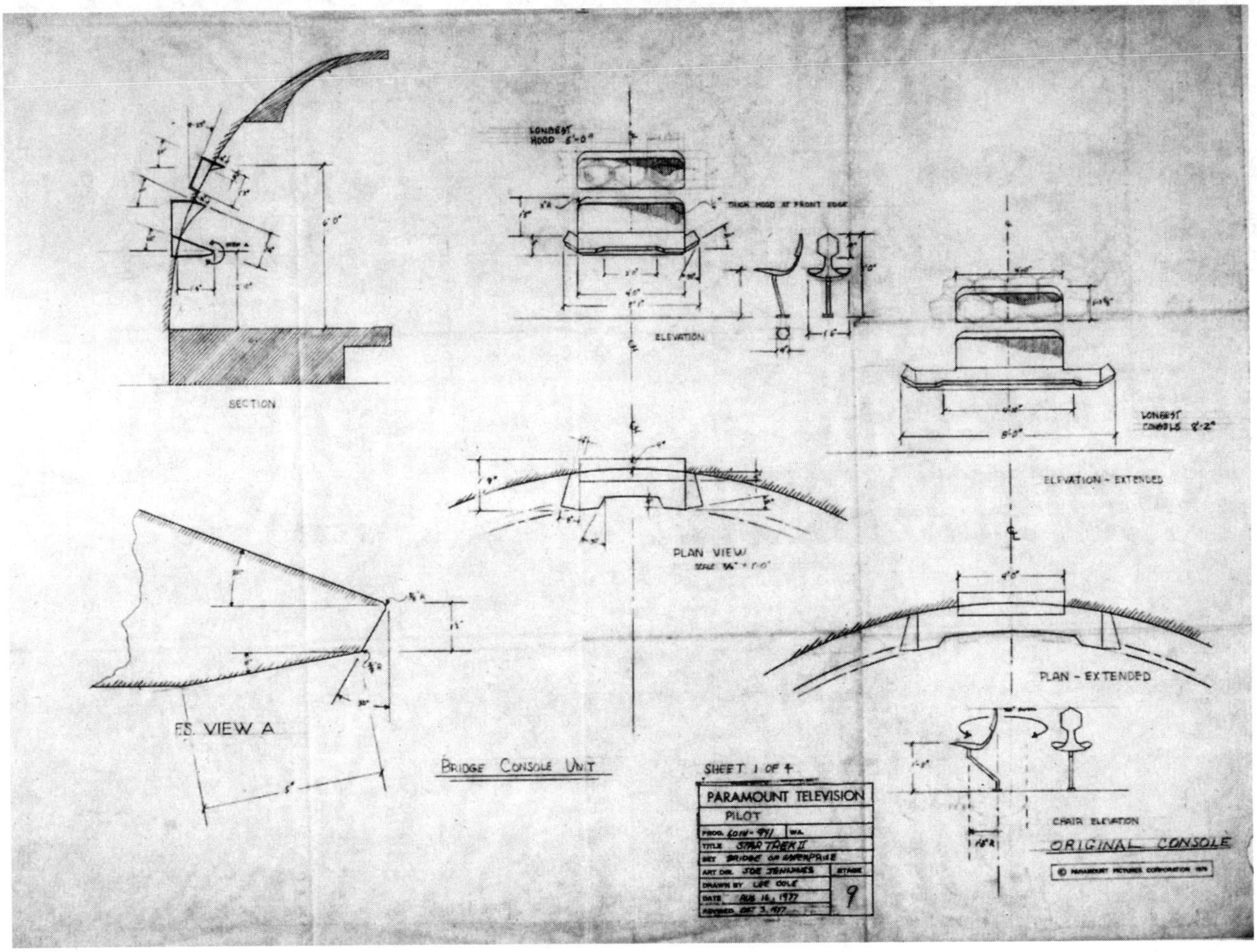

Ein Blick auf die neue Brücke, die auf Bühne 9 Gestalt annehmen sollte. Mit freundlicher Genehmigung von Paramount Pictures.

waren kaum mehr als Berichte derjenigen, die einen Blick auf ältere Publikationen geworfen hatten. Niemals zuvor hatten wir die Gelegenheit gehabt, diese Schätze persönlich sehen zu können: von den ersten Drehbüchern über Konzepte bis hin zu noch nie gezeigten Testaufnahmen der *Phase II*-Sets, als die sich noch im Bau befanden. Möglich wurde dieses Buch nur durch den unerwarteten Zugang zum Paramount-Gelände – mit Rick Bermans Hilfe – und den selbstlosen Einsatz von Paramount-Mitarbeitern sowie anderer Personen außerhalb von Paramount.

Auch haben einige Mitwirkende an der *Phase II*-Geschichte ein Stadium in ihrer Karriere erreicht, das sie von Bedenken befreit, gegen die traditionellen Beschönigungen Hollywoods – die den Charakter der Selbstzensur besitzen – zu verstoßen. Während Interviewpartner in der Vergangenheit wichtige Ereignisse übersprungen hätten, um sich auf Amüsantes zu konzentrieren, können sie jetzt die ganze Geschichte erzählen. Das soll nicht heißen, daß es auf den folgenden Seiten von Skandalen und schrecklichen Geheimnissen wimmelt. Aber es ist nun ein Maß an Offenheit möglich, das in der Vergangenheit gefehlt hätte und das einige der Lücken füllt, die in anderen Arbeiten existieren. Dies betrifft vor allem Informationen darüber, wann genau die Entscheidung getroffen wurde, aus der vorgesehenen Fernsehserie *Star Trek – Phase II* den Kinofilm *Star Trek: The Motion Picture* zu machen.

Da so viel Neues über *Phase II* berichtet werden kann, haben wir nach Möglichkeit versucht, uns nicht auf bekannte Fakten zu konzentrieren.

Was die Ursprünge der Originalserie *Star Trek* angeht, verweisen wir auf Stephen Whitfields Buch *The Making of Star Trek*, das erstmals während der Produktion der Serie veröffentlicht wurde, außerdem auf das vor kurzem erschienene Buch *Star Trek: Die wahre Geschichte – Ein Blick hinter die Kulissen* (Heyne-Buch 06/6499) von Herbert F. Solow und Robert H. Justman. Zusammen lassen sie nur wenig offen, was über Fernsehproduktion im allgemeinen und die Geburt von *Star Trek* im besonderen zu sagen ist.

Näheres über die Hauptpersonen von *Star Trek* und ihre Karrieren – darunter Gene Roddenberry und die Originalcrew – in der acht Jahre währenden Phase zwischen dem Ende der Originalserie, den diversen Fehlstarts als Kinofilm und der Ankündigung von *Phase II* im Juni 1977 findet sich in den zahlreichen bis heute erschienenen Biographien. Liest man sie alle und kombiniert man die verschiedenen Standpunkte, ergibt sich ein ausgewogenes Bild aller an der Wiedergeburt von *Star Trek* Beteiligten.

Die lange Zeit bestehenden Unklarheiten über die Beteiligung von Harlan Ellison an einem frühen *Star Trek*-Filmprojekt werden in dem Buch *The City of the Edge of Forever* abgehandelt, das Ellison selbst geschrieben hat und in dem er die Details über die Entstehung einer der beliebtesten *Star Trek*-Episoden darstellt.

Was die Ereignisse angeht, die dem vorzeitigen Ende von *Phase II* folgten – die schwierige und verworrene Produktion von *Star Trek: The Motion Picture* – und letztendlich die Wiederbelebung eines Franchise bewirkten, das auf dem Gebiet der Science Fiction das erfolgreichste aller Zeiten wurde: sie würden den Rahmen dieses Buchs sprengen und müssen zunächst zurückgestellt werden.

Es gibt noch einen Grund dafür, daß wir dieses Buch geschrieben haben. Der wurde uns aber erst bewußt, nachdem wir die Fülle der Interviews, Memos und Drehbücher erfaßt hatten. Dieser Grund hat etwas mit der Unsicherheit einer Idee in Hollywood zu tun.

Star Trek ist ohne jede Frage ein unfaßbarer Erfolg.

Doch wurde uns bei der Recherche für dieses Buch klar, daß *Star Trek* als Franchise und als Phänomen vielleicht gestorben wäre, wenn *Phase II* tatsächlich im Herbst 1978 als Serie auf Sendung gegangen wäre – aller Hingabe und Begabung des produzierenden Teams zum Trotz.

Es hätte keine Filme gegeben, kein *Star Trek: The Next Generation*, kein *Star Trek: Deep Space Nine*, kein *Star Trek: Voyager* und keine andere *Star Trek*-Inkarnation, die die Zukunft vielleicht bereithält.

Wir haben für diesen Schluß eine einfache Erklärung, die sich aus der nachfolgenden komplexen Geschichte ergibt. Studieren Sie die Skizzen und Zeichnungen, lesen Sie die Drehbücher und die Geschichten. Vielleicht werden Sie uns zustimmen.

So wie Dr. McCoys Reise in die 30er Jahre oder die Reise der Borg in Zefram Cochranes Zeit ist dieses Buch ein Blick auf etwas, das hätte sein können. Ein Blick, der erklären hilft, wie *Star Trek* allen gegen die Serie sprechenden Chancen zum Trotz überleben und erst vor kurzem seinen 30. Geburtstag feiern konnte – mit Sicherheit nicht das letzte Jubiläum.

TEIL EINS

DER VERLORENE PFAD

KAPITEL 1

DIE PARTY IST VORÜBER

Nur für den Fall, daß jemand diesen Teil der Geschichte nicht kennt: *Star Trek* war ein Fehlschlag, bevor die Serie überhaupt zu einem Erfolg werden konnte.

Die Serie ging im September 1966 bei NBC auf Sendung und erhielt mittelmäßige Kritiken und Einschaltquoten. Sie ging nur in eine zweite Season, nachdem eine unerwartete Briefkampagne das Network bezüglich seiner Einschätzung der Zuschauer in Verwirrung gestürzt hatte. In der dritten Season wurde das Budget für *Star Trek* brutal beschnitten und die Serie in die tiefste Prime Time-Hölle geschickt: Freitag um 22 Uhr. Da man das junge Publikum mit *Star Trek* hatte erreichen wollen, war diese Entscheidung bei NBC über den Sendeplatz gleichbedeutend damit, die Serie auf eine Eisscholle zu setzen und darauf zu warten, daß die Eisbären über sie herfielen.

In dieser letzten Season war das Schicksal von *Star Trek* so offensichtlich, daß sich sogar der Erfinder der Serie von der Produktion zurückzog. Es überraschte niemanden, daß die Quoten immer tiefer sanken. Die Entscheidung, die Serie abzusetzen, war fast schon belanglos. Mit dem Ende von *Star Trek* – und der Verlängerung von *Land of the Giants* auf ABC – war das Experiment beendet, dem Fernsehpublikum anspruchsvolle Science Fiction zu bieten. *Star Trek* war auf dem besten Weg in die gleiche elektronische Unterwelt, die auch die meisten anderen Serien gefressen hatte, die im gleichen Jahr abgesetzt worden waren. Darrin McGavins *The Outsider*, Robert Morses *That's Life*, Don Murrays und Otis Youngs *The Outcasts* sowie Peter Kastners *The Ugliest Girl in Town* – allesamt Serien, von denen man nie wieder etwas hörte. *Star Trek* war tot, Jim.

So tot wie Scotty in ›The Changeling‹.

So tot wie Dr. McCoy in ›Shore Leave‹.

So tot wie Captain Kirk in ›Amok Time‹.

Womit ausgedrückt werden soll, daß in der Welt der Science Fiction das Wort ›tot‹ nicht zwangsläufig das ausdrückt, was es im wahren Leben bedeutet.

Was dann geschah, ist Fernsehgeschichte geworden.

Ein Jahr, nachdem NBC *Star Trek* abgesetzt hatte, begann die A. C. Nielsen Company damit, Quoten zu liefern, die nicht nur aussagten, wie viele Zuschauer sich eine bestimmte Sendung ansahen, sondern auch, *wer* zusah: *Statistiken.* Das war für die Werbekunden eine wichtige Information, weil es ihnen die Möglichkeit gab, die Werbung auf die Zuschauer auszurichten. Warum sollte man bei einer Sendung für Kombis Werbung machen, die vorwiegend von männlichen Teenagern eingeschaltet wird?

Es war tatsächlich so, wie Gene Roddenberry es von NBC-Führungskräften zu hören bekam: Wäre *Star Trek* nach den statistischen Daten beurteilt worden und nicht nach absoluten Zahlen, wäre die Serie nicht abgesetzt worden. Sicher, die Serie hatte keine auffallend große Zuschauerschaft, aber für die Werbekunden war das Publikum, das sich vorwiegend aus Heranwachsenden zusammensetzte, die perfekte Zielgruppe.

Die Bedeutung der statistischen Werte wurde unter Beweis gestellt, als *Star Trek* auf den Sendern des kleinen, unabhängigen Kaiser Broadcasting in die Syndication ging. Die Planer bei Kaiser gingen davon aus, daß die jungen männlichen Zuschauer nicht an Network-Nachrichten interessiert waren, und ließen *Star Trek* wochentags um 18 Uhr laufen.

Der Quotenerfolg dieser Wiederholungen machte andere unabhängige Sender aufmerksam und bestätigte, was die NBC-Verantwortlichen zu spät erfahren hatten: Es gab ein Publikum für *Star Trek*, und es wurde beständig größer.

Die Geschichte von der Wiederbelebung der Serie besagt, daß mit der ersten *Star Trek*-Convention im Januar 1972 im New Yorker Statler-Hilton Hotel ein erster Höhepunkt erreicht wurde. Zu der Zeit wurde *Star Trek* von über 100 lokalen Sendern überall in den Vereinigten Staaten ausgestrahlt sowie in 70 Ländern in Übersee. Die Organisatoren der Convention erwarteten etwa 600 Besucher, die ein Wochenende damit verbringen würden, sich Episoden anzusehen und Vorträgen von Gene Roddenberry und anderen an der Serie Beteiligten zuzuhören.

Anstelle der 600 erwarteten Besucher kamen fast *3000*!

Joan Winston zufolge, einer der Organisatorinnen der Convention, waren unter den Besuchern auch Vertreter von NBC, die ihre wahre Identität leugneten und sehr schnell wieder gingen, um sich dem Zorn der Fans zu entziehen.

Doch das, was sie während ihrer kurzen Anwesenheit sahen, zeigte offensichtlich Wirkung. Im März 1972 erwähnte Gene Roddenberry in seiner Korrespondenz mögliche Verträge für einen *Star Trek*-Kinofilm und eine Wiederbelebung der Serie bei NBC.

Der erste Stein in einer langen Reihe von Dominosteinen war ins Wanken geraten.

Ein Markt für *Star Trek* existierte. Wo ein Markt ist, kann man Geld verdienen. Die einzige Frage war die, wie die Studios und die Networks diesen Markt erschließen konnten.

Star Trek war nicht tot. Die Serie ruhte sich nur aus.

Dieses mutige neue Aussehen der *U.S.S. Enterprise* der siebziger Jahre wurde vom Illustrator Ralph McQuarrie für den Art Director Ken Adam während der Vorbereitungsphase zu *Star Trek: Planet of Titans* entworfen. Das Konzeptmodell, das auf dem Foto zu sehen ist, wurde Teil der *Star Trek*-Geschichte, als es in einem kurzen Auftritt als eines der zerstörten Starfleet-Schiffe bei Wolf 359 in der *Star Trek: The Next Generation*-Episode ›The Best of Both Worlds, Part I‹ zu sehen war. Zeichnungen von Ken Adam. Foto von Robbie Robinson. Alle Illustrationen mit freundlicher Genehmigung von Paramount Pictures.

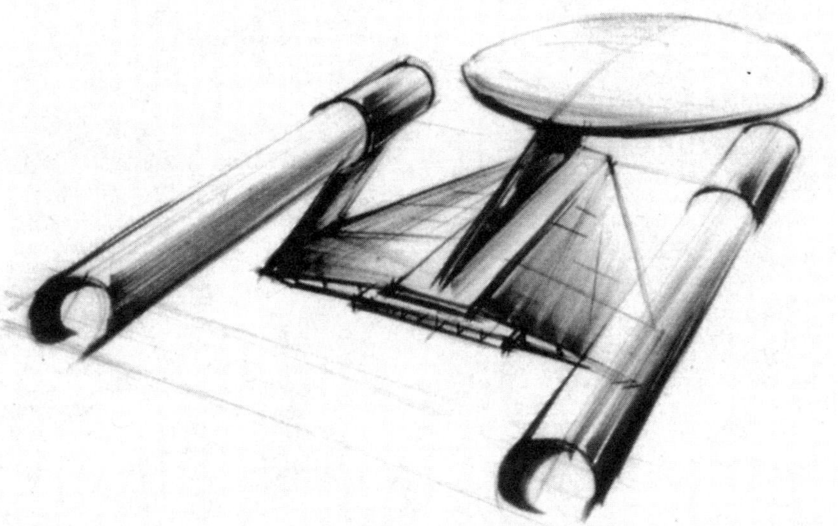

KAPITEL 2

FEHLSTARTS

In der Welt des Fernsehens erfüllen Produzenten die Funktion eines Blitzableiters, indem sie die Geistesblitze aus dem um sie herum tobenden Sturm der Kreativität einfangen.

Zu Anfang hatte Gene Roddenberry ein 24 Seiten langes Dokument geschrieben, die sogenannte ›Bibel‹, in der er den Kern dessen geschaffen hatte, was schließlich zu *Star Trek* werden würde. Als NBC einen Pilotfilm für die vorgeschlagene neue Serie in Auftrag gab, wurde Roddenberry ihr erster Produzent. Mit der Zeit fanden sich in dem kreativen Sturm, von dem er umgeben war, unter anderem der Co-Produzent Robert H. Justman, Art Director Matt Jefferies, Kostümdesigner William Ware Theiss und ein ganzer ›Stall‹ mit den besten Fernseh- und Science Fiction-Autoren jener Zeit, darunter Jerome Bixby, John D. F. Black, Robert Bloch, Gene L. Coon, Harlan Ellison, Dorothy Fontana, Richard Matheson, Sam Peeples, Paul Schneider, Norman Spinrad und Theodore Sturgeon.

Nachdem das Erscheinungsbild des *Star Trek*-Universums und die Geschichten der Drehbücher festgelegt worden waren, erfüllten die Schauspieler ihre Figuren mit Leben, verliehen ihnen Tiefe und Details, was sich wiederum auf den Prozeß des Schreibens auswirkte. Regisseure wie Marc Daniels und Joseph Pevney halfen dabei, das breite Spektrum kreativer Anstrengungen in einigen der denkwürdigsten Episoden zu zeigen.

Aufgrund des Talents so vieler begabter Mitwirkender wurde aus *Star Trek* die Serie, die ihr bedeutendes, ergebenes und jugendliches Publikum anzog. Und mit der Absetzung verschwanden diese Talente wie Wolken, die der Wind mit sich riß und zu neuen Projekten und Versuchen weitertrieb.

Aber Paramount, das Studio, das Desilu – jenes Studio, in dem *Star Trek* entstanden war – und damit die Rechte an der Serie gekauft hatte, wollte diesen kreativen Sturm wiederaufleben lassen, um das Publikum zurückzuholen, das sich angesprochen gefühlt hatte.

Daher war die erste Person, an die das Studio

sich wandte, der Blitzableiter: Gene Roddenberry. Man bat ihn, die Magie dessen wiederzubeleben, was Dutzende Menschen ursprünglich mit Leben erfüllt hatten.

Während drei Jahre lang über eine Wiederbelebung von *Star Trek* verhandelt und diskutiert wurde, kam eine dritte Partei ins Spiel – Filmation Associates, ein Zeichentrickfilmunternehmen. Da keine Sets nachgebaut, keine Kostüme geschneidert, keine Bühnen gemietet und keine Spezialeffekte bezahlt werden mußten, ging die *Star Trek*-Zeichentrickfilmserie viel schneller in Produktion. Die Samstagmorgenserie debütierte im September 1973 auf NBC, exakt sieben Jahre nach der Ausstrahlung der ersten Originalepisode. 22 Episoden wurden produziert, die Serie gewann einen Emmy in der Kinderprogramm-Kategorie, im Oktober 1974 wurde sie zum letzten Mal ausgestrahlt.

Mitte der siebziger Jahre waren Zeichentrickfilme für Kinder ein Medium, in dem Kosteneinsparung die oberste aller Devisen war. Bedauerlicherweise entkam auch die *Star Trek*-Zeichentrickfilmserie nicht diesen Entstehungsbedingungen und stellt, anders als die Originalserie, keinen Glanzpunkt der Fernsehunterhaltung dar. Sogar Roddenberry ging in späteren Jahren dazu über, sie außer acht zu lassen, indem er sie nie als ›echtes‹ *Star Trek*-Produkt akzeptierte und sogar erklärte, er hätte dieser Produktion nie zugestimmt, wenn er geahnt hätte, daß *Star Trek* zurückkehren würde.

Im Mai 1975, sieben Monate nach der Absetzung der Zeichentrickfilmserie, kehrte Roddenberry endlich in sein altes Büro auf dem Paramount-Gelände zurück, um mit der Arbeit an einem *Star Trek*-Filmdrehbuch zu beginnen, das zunächst den Titel ›The God Thing‹ trug. Als Beginn der Hauptdreharbeiten wurde der 15. Juli 1976 genannt (später auf Januar 1977 verschoben), das Budget wurde auf fünf Millionen Dollar geschätzt. Das Studio bereitete die Rückkehr von *Star Trek* vor, jetzt fehlte nur noch ein Drehbuch.

Und genau das war das Problem. In ›The God Thing‹ ist die Crew der *Enterprise* von ihrer ursprünglichen Fünfjahresmission zurückgekehrt; die Besatzung wurde befördert und anderen Posten bei Starfleet zugewiesen. Als die Erde von einer unbekannten Macht bedroht wird, versammelt Admiral Kirk seine Crew um sich, holt Spock von Vulkan zurück und begibt sich ins All, um sich dieser Macht zu stellen.

Bei dieser Macht handelt es sich – möglicherweise – um Gott.

Obwohl alle diese Handlungselemente schließlich wieder auftauchen sollten, war die Geschichte zu der Zeit und in der von Roddenberry vorgestellten Form nicht das, was Paramount haben wollte. Science Fiction-Filme, in denen die Existenz Gottes in Frage gestellt wird, wurden nicht als etwas angesehen, was sich in einen Erfolg an den Kinokassen umsetzen ließ.

Im August 1975 verwarf der Paramount-Präsident Barry Diller Roddenberrys Treatment. Roddenberry durfte zwar sein Büro behalten, aber die Entwicklungsvereinbarung war damit beendet. *Star Treks* Zukunft war wieder einmal in der Schwebe.

Aber während Roddenberry sich mit der Entwicklung anderer Projekte befaßte, bot er seinem jungen Assistenten Jon Povill an, ein Treatment zu schreiben. Roddenberry lehnte Povills Geschichte zunächst ab, begann jedoch sechs Monate später mit ihm zusammen an einer veränderten Fassung zu arbeiten. Die Handlung drehte sich um eine Zeitreise, in der Scotty eine alternative Zeitlinie entstehen läßt, als er auf der Erde des Jahres 1937 hochentwickelte Technologie und Computer einführt. Das führt zu einer Zukunft, in der die Menschheit von einem Zentralcomputer versklavt worden ist und in der die Föderation und Starfleet nie existierten. Die *Enterprise* muß in der Zeit zurückreisen, um Scotty zu finden und das rückgängig zu machen, was er getan hat. Zum Ende erhalten Kirk und die anderen Unterstützung durch ein ›Plasmawesen‹, bei dem es sich in Wahrheit um eine hochentwickelte Form der Menschheit aus der alternativen Zeitlinie handelt.

Gleichzeitig ließ Roddenberry auch andere Autoren einen Versuch wagen, um eine angemessene Handlung für einen *Star Trek*-Film zu entwickeln. Zwei Autoren wurden für diese Arbeit sogar bezahlt: John D. F. Black und Robert Silverberg.

Black war bei der Originalserie beteiligter Produzent und Berater für Drehbuchideen gewesen, zudem hatte er die Episode ›The Naked Time‹ aus der ersten Season geschrieben. In seiner neuen Geschichte versuchte die *Enterprise* das Universum vor der Vernichtung durch ein Schwarzes Loch zu bewahren, doch war die Idee den Paramount-Verantwortlichen nicht ›groß genug‹. Robert Silverberg ließ in seiner Geschichte die *Enterprise* mit Außerirdischen um das Eigentum an den Ruinen einer antiken, hochentwickelten Zivilisation streiten. Auch dieser Vorschlag wurde verworfen, beide Autoren erhielten jedoch 10000 Dollar für ihre Arbeit. Später wurden diese Ausgaben den Gesamtkosten von *Star Trek: The Motion Picture* zugeschlagen.

Der bekannte Science Fiction-Autor Harlan Ellison legte Roddenberry und Paramount eine Geschichte vor, in der die *Enterprise* gegen reptilienartige Außerirdische kämpfen muß, die in die Erdvergangenheit gereist sind, um die Menschheit daran zu hindern, zur herrschenden Spezies auf dem Planeten aufzusteigen. Paramount lehnte das Konzept ab, bot aber in späteren Jahren Ellison an, für *Star Trek II: The Wrath of Khan*, *Star Trek IV: The Voyage Home* und *Star Trek V: The Final Frontier* zu schreiben.

Zu den anderen Science Fiction-Autoren, die von Paramount angesprochen wurden, gehörten auch Ray Bradbury und Theodore Sturgeon.

Während Paramount und Roddenberry nach dem perfekten Mittel suchten, das *Star Trek* zurückbringen konnte, kam ein anderes (Transport-) Mittel in die Schlagzeilen: das Space Shuttle.

Das erste Shuttle war nicht für den Einsatz im All gebaut worden, sondern ein Modell für Tests in der Atmosphäre. Zwar hieß es ursprünglich Constitution, aber das hielt Tausende von *Star Trek*-Fans nicht davon ab, eine neue Briefkampagne zu starten und diesmal die Briefe an das Weiße Haus zu adressieren.

Als dieses erste Shuttle am 17. September 1976 zum ersten Mal aus dem Hangar rollte, trug es einen neuen Namen: *Enterprise*.

Gleichzeitig wurde im Rahmen dieser neuerlichen Publikumsaufmerksamkeit offiziell der erste *Star Trek*-Kinofilm von Paramount in Auftrag gegeben: *Star Trek: Planet of Titans*.

Da nur wenige Menschen je von *Star Trek: Planet of Titans* gehört haben, sollte das Ende der Entwicklung dieses Films nicht überraschen. Aber von 1976 bis 1977 war es neun Monate lang fast sicher, daß *Star Trek* schon bald auf der ganzen Welt in die Kinos kommen würde.

Der Schlüssel für diesen speziellen Versuch, *Star Trek* auf die große Leinwand zu bringen, war der gleiche wie später bei *Star Trek II: The Wrath of Khan*: Der Film mußte so preiswert produziert werden, wie es nur möglich war.

Im Fall von *Planet of Titans* sollte die Ersparnis dadurch erreicht werden, daß der Film in England gedreht würde. Zu diesem Zweck wurde im Juli 1976 Jerry Isenberg als ausführender Produzent bestimmt, das britische Autorenteam Chris Bryant und Allan Scott wurde verpflichtet, das Drehbuch zu schreiben.

Bryant und Scott hatten zuvor zwei Filme geschrieben: *Joseph Andrews*, eine Komödie im Stil von *Tom Jones*, die 1977 gedreht wurde, und *Don't Look Now*, Nicholas Roegs Klassiker von 1973, ein Horrorthriller, der auf einer Vorlage von Daphne du Maurier basierte.

Im September 1976 begannen die Autoren mit der Arbeit am Treatment – einer 15- bis 20seitigen Beschreibung der Filmhandlung, die in die wichtigsten Szenen zerlegt ist. Am 6. Oktober nahmen die Paramount-Verantwortlichen das Treatment an und gaben dem Team grünes Licht, um mit dem Drehbuch zu beginnen.

Zu dieser Zeit hatte *Planet of Titans* ein Budget von 7,5 Millionen Dollar. Philip Kaufman, Regisseur von *The Great Northfield Minnesota Raid* und *The White Dawn*, wurde verpflichtet, um Regie zu führen. Ken Adam, der 1975 einen Oscar als Art Director von *Barry Lyndon* gewonnen hatte, wurde Produktionsdesigner. Adam, der auch für die beeindruckenden technischen Sets der James-Bond-Filme verantwortlich war – darunter *Dr. No*, *Goldfinger* und *Thunderball* – holte den angesehenen Illustrator Ralph McQuarrie, der am Neudesign der *Enterprise* mitwirken sollte. McQuarrie hatte soeben seine Arbeit an dem zu der Zeit noch nicht in die Kinos gekommenen Film *Star Wars* beendet und verlieh der neuen *Enterprise* ein Aussehen, das an Darth Vaders Sternenzerstörer erinnerte.

Während der Film ein Eigenleben zu entwickeln

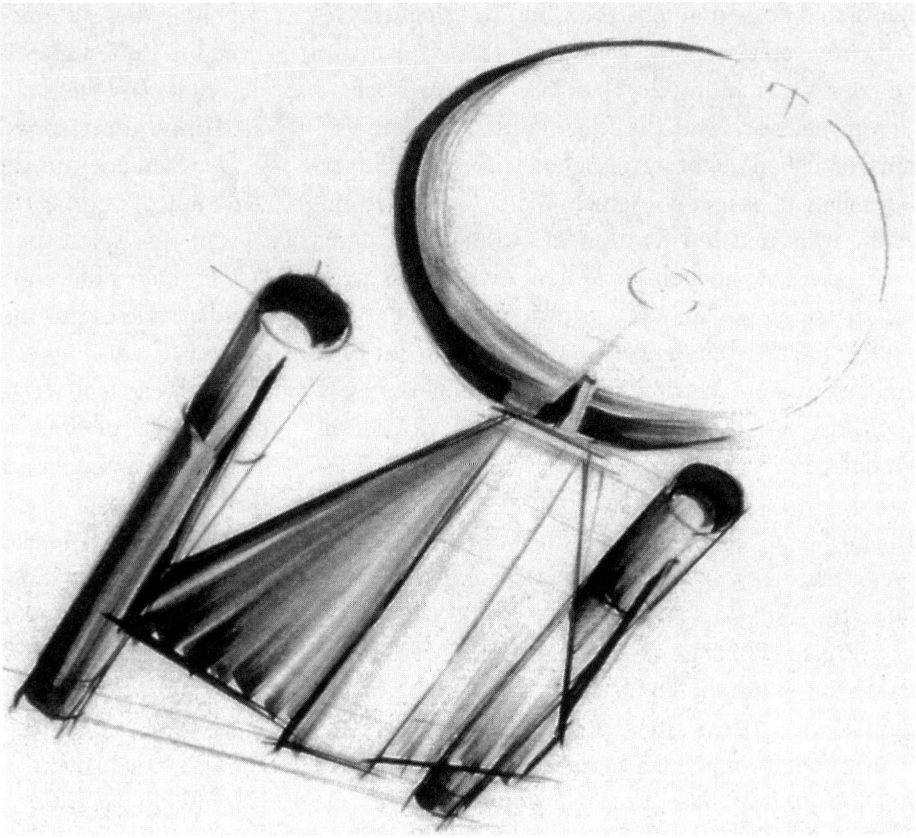

Andere Entwürfe für die *U.S.S. Enterprise* der siebziger Jahre, die auf Ralph McQuarries Design basierten. Zeichnungen von Ken Adam. Mit freundlicher Genehmigung von Paramount Pictures.

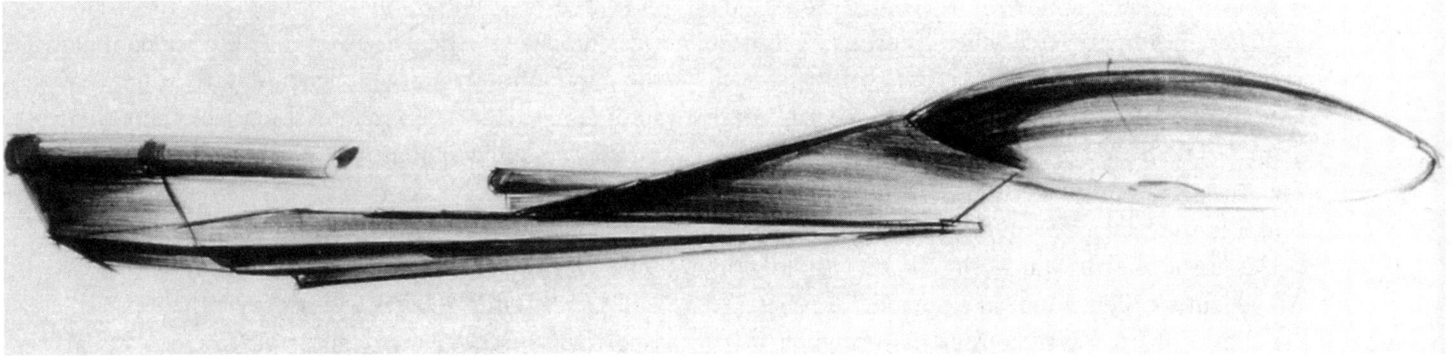

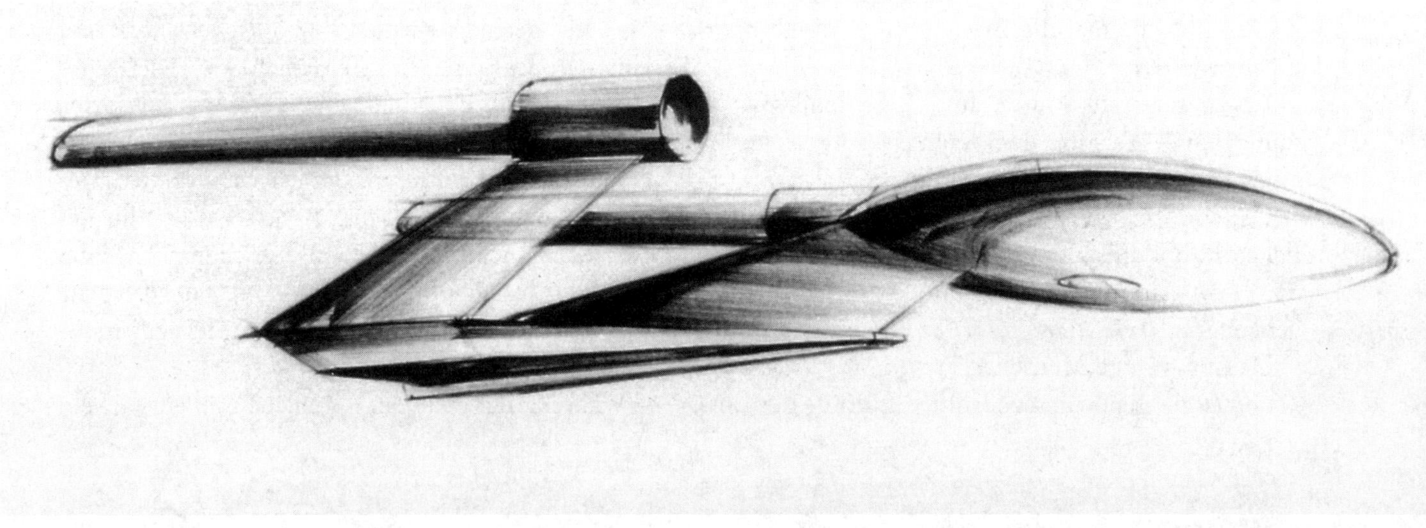

begann, wurde die Aufgabe für Bryant und Scott dadurch erschwert, daß Paramount nicht länger einen Vertrag mit William Shatner hatte, der ihn zur Hauptrolle in diesem Projekt verpflichtete. So wurden also die ersten Versionen von Bryants und Scotts Handlung ohne Captain Kirk geschrieben. Während dieser Prozeß noch im Gange war, einigten sich Shatner und Paramount – Kirk mußte eingefügt werden.

In groben Zügen bewegte sich das Drehbuch von Bryant und Scott im Rahmen der Serie und enthielt viele vertraute Elemente aus *Star Trek*. Starfleet und die Klingonen stehen im Wettkampf um einen rätselhaften Planeten, der die Heimat der Titanen sein könnte. So wie in Robert Silverbergs Handlung waren die Titanen eine Legende, eine antike, technologisch fortgeschrittene Rasse, von der man glaubt, sie sei ausgestorben.

Auf dem Höhepunkt des Konflikts, in dessen Verlauf der Planet in ein Schwarzes Loch gezogen wird, kommt es zu einem zusätzlichen Konflikt mit den tatsächlichen Bewohnern des Planeten, den Cygnanern, die die Titanen ausgelöscht hatten. Um die Cygnaner zu schlagen, befiehlt Kirk einen Kurs in das Schwarze Loch. Als die *Enterprise* wieder in den Normalraum zurückkehrt, befindet sie sich im Erdorbit, allerdings Tausende von Jahren in der Vergangenheit.

In Anlehnung an *2001: A Space Odyssey* ist es die Crew der *Enterprise*, die der primitiven Menschheit das Geheimnis des Feuers zeigt und so die technischen Entwicklungen einleitet, die in der Zukunft die Föderation entstehen lassen werden. Dabei blieben die traditionellen Zeitreise-Elemente von Ursache und Wirkung unberücksichtigt, und es stellte sich heraus, daß Kirk und seine Crew jene legendären Titanen sind.

Bryant und Scott lieferten ihr Drehbuch, das nun auch Captain Kirk enthielt, am 1. März 1977 ab. Im April 1977 wurde es abgelehnt. Obwohl keine Klarheit über das Potential dieses Drehbuchs als Film besteht, stellte sich allen Beteiligten einschließlich Autoren und Regisseur eine Frage: Was ist *Star Trek* eigentlich ganz genau?

Phil Kaufman nahm sofort eine Überarbeitung des Drehbuchs von Bryant und Scott vor, aber am 8. Mai 1977 wurde auch seine Version verworfen, diesmal endgültig. Zu Kaufmans großer Überraschung wurde der nunmehr mit zehn Millionen Dollar veranschlagte *Star Trek*-Film aufgegeben, bevor die Vorbereitungen überhaupt begonnen hatten. Zur Freude der Science Fiction-Fans erging es Kaufmans nächstem Film, dem Remake *Invasion of the Body Snatchers* von 1978, wesentlich besser.

Warum aber wurde *Planet of Titans* aufgegeben? Hier wird die Legende, die sich um *Star Trek* rankt, ein wenig undurchsichtig, obwohl die meisten glauben, daß *Star Wars* der auslösende Faktor war.

Während *Star Trek* den Erfolg langsam ausgebaut hatte, schlug *Star Wars* – ein Film, der praktisch aus dem Nichts gekommen war – wie ein Asteroid auf Kollisionskurs ein. Einigen Quellen zufolge sah der Paramount-Präsident Michael Eisner die Einspielergebnisse der *Star Wars*-Premiere im Mai, schlug sich an den Kopf und sagte: »Das hätten wir sein können!«

Aber mit einer seltsamen Logik kamen die Paramount-Verantwortlichen zu dem Schluß, daß der Erfolg von *Star Wars* nur ein Glückstreffer war: Es stimmte zwar, daß es ein großes Science Fiction-orientiertes Publikum *gegeben hatte*. Jetzt aber hatte jeder Fan sein Geld ausgegeben und einen Science Fiction-Film gesehen, der Hunger war gestillt. Wer würde – so die Argumentation – nach *Star Wars* noch einen *Star Trek*-Film sehen wollen?

Dann kam auslösender Faktor Nummer zwei.

Close Encounters of the Third Kind.

Die gleichermaßen phänomenale Akzeptanz der Kinogänger bestätigte für Paramount endgültig, daß ein Markt für gute Science Fiction-Filme existierte und nicht nur eine Eintagsfliege war. Und Paramount hatte jahrelang eine der beliebtesten Science Fiction-Serien in den Händen gehalten, ohne zu wissen, was man damit machen sollte.

Bis jetzt.

Und so kam es, daß *Star Trek* endlich zurückkehren würde. Und das in einer Weise, mit der niemand gerechnet hatte.

Jedenfalls war das der Plan.

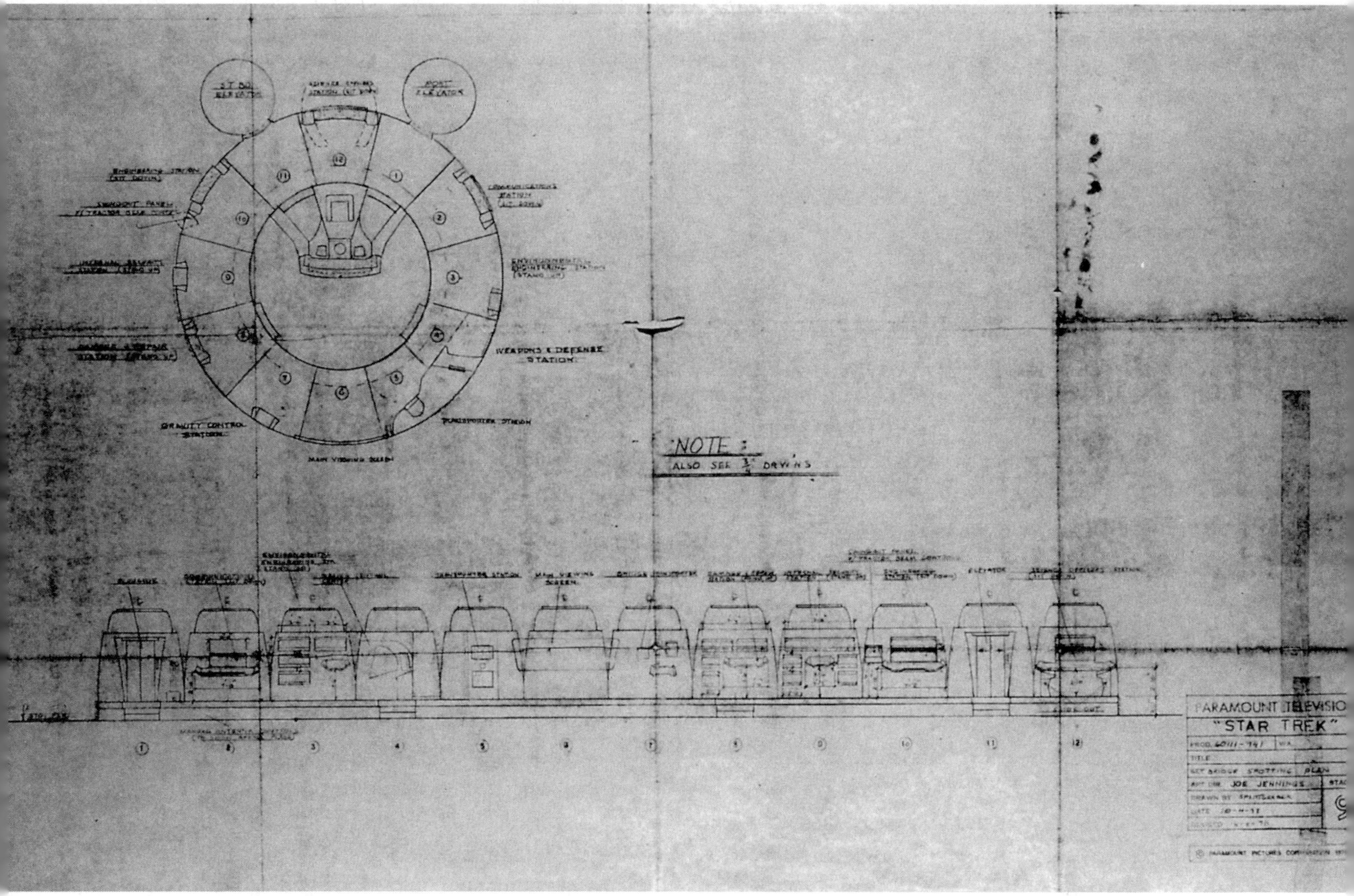

Eine Besonderheit auf der für *Phase II* neugestalteten Brücke war die Berücksichtigung eines zweiten Turbolifts. Gene Roddenberry hatte aber bereits bei der *Star Trek*-Zeichentrickfilmserie einen zweiten Turbolift berücksichtigt – als Reaktion auf Zuschauerfragen, was geschehen würde, wenn der Lift ausfällt.
Mit freundlicher Genehmigung von Paramount Pictures.

KAPITEL 3

WIR SIND WIEDER DA

Die offizielle Ankündigung erfolgte am 10. Juni 1977, also sechs Monate *vor* dem Kinostart von *Close Encounters of the Third Kind*. Barry Diller, Vorsitzender von Paramount, Michael Eisner, Paramount-Präsident, und Dillers Assistent Jeffrey Katzenberg beriefen eine Pressekonferenz ein, auf der die Pläne für das vierte Fernseh-Network vorgestellt wurden, das Paramount starten wollte.

Im Grunde sollte es kein richtiges Network werden. Jedenfalls nicht zu Beginn. Im ersten Jahr jedoch sollte sich eine Reihe unabhängiger Stationen, die durch den Aufkauf des Hughes Network durch Paramount gestärkt werden sollten, zusammenschließen und am selben Abend zur selben Sendezeit ein einheitliches Programm senden. Jahre später sollten die noch in den Kinderschuhen steckenden Networks Fox, UPN und WBN die gleiche Strategie verfolgen und zunächst nur an einigen Abenden pro Woche senden und dann nach und nach das Programm ausweiten, bis für jeden Abend Sendungen verfügbar waren.

Für ein Studio wie Paramount (und natürlich auch 20th Century-Fox und Warner Bros.) lag der Vorteil auf der Hand: Der Mittelsmann wurde ausgeschaltet.

Als bewährter Lieferant für die anderen Networks produzierte Paramount eine Serie, vergab zum Beispiel an NBC eine Lizenz, die dem Studio typischerweise einen Verlust bescherte, und sah dann zu, wie NBC die Serie zu einem höheren Preis an die Werbekunden weiterverkaufte. Wenn – besser gesagt: falls – eine Serie in die Syndication wechselte, eröffnete sich dem Studio die Möglichkeit, zusätzliche Einnahmen für sein Produkt zu erhalten.

Wenn aber Paramount eine Lizenz für eine produzierte Serie an ein Paramount-eigenes Network vergab, dann verkaufte eine Abteilung des Unternehmens etwas an eine andere Abteilung. Auf diese Weise würden sämtliche Einnahmen in der eigenen Tasche landen, und es bot sich die Chance, die Kosten für eine Serie wieder hereinzuholen, lange bevor sie in die Syndication wechselte.

Die Syndication konnte ein nicht versiegender Quell an Einnahmen sein, wie die ›79 Juwelen‹ von Paramount Jahr für Jahr bewiesen. Diese 79 Juwelen waren natürlich nichts anderes als die 79 Originalepisoden der *Star Trek*-Serie. Womit wir beim zweiten Teil dieser Pressekonferenz wären.

Anders als Mitte der 60er Jahre beherrschten 1977 die Statistiken die Jagd auf Quoten und auf Werbekunden. Wenn ein Network garantieren konnte, daß männliche Zuschauer zwischen 18 und 35 Jahren einschalteten, standen die Werbekunden Schlange und zahlten Spitzenpreise, um diesen Zuschauern ihre Werbespots zeigen zu dürfen.

Die Statistik der *Star Trek*-Episoden in der Syndication zeigte, daß *Star Trek* diese ungeheuer wichtige Gruppe des Fernsehpublikums bieten konnte.

Aus diesem Grund sollten komplett neue *Star Trek*-Episoden das Zugpferd für das neue Paramount-Network werden.

Star Trek – Phase II hatte offiziell grünes Licht erhalten.

Ein zweistündiger *Star Trek*-Fernsehfilm sollte im Februar 1978 den Weg bereiten, dem Woche für Woche eine brandneue einstündige Episode folgen würde. Gesendet werden sollten sie von 20 bis 21 Uhr, gefolgt von zweistündigen Paramount-Fernsehfilmen – im ersten Jahr *dreißig* an der Zahl, die je nach Bedarf durch Klassiker aus dem Paramount-Archiv ergänzt wurden.

Hollywood reagierte in erster Linie neugierig. Die Idee, daß ein Studio ein eigenes Network besaß, ergab einen Sinn. Aber 1977 war es nur schwer vorstellbar, daß irgend jemand es mit den drei großen Networks würde aufnehmen können.

Die Werbekunden, die stets daran interessiert waren, ihre Absatzmärkte über neue Wege zu erreichen, reagierten positiv und wollten sich gerne davon überzeugen lassen, daß der Plan funktionieren würde.

Und Gene Roddenberry war begeistert.

Nach fünf Jahren ergebnisloser Gespräche und Fehlstarts für einen Film stimmte nun endlich alles. Jetzt war die Zeit für Roddenberry gekommen, wieder als Blitzableiter für *Star Trek* zu agieren und sein Team um sich zu versammeln.

Einige Mitglieder des Teams waren bereits an ihrem Platz. An der obersten Spitze der Organisationspyramide stand der Mann, der die Entwicklung von Projekten für das neue Paramount-Network leitete: Gary Nardino. Als damaliger Präsident der Fernsehproduktion wurde Nardino oft als derjenige bezeichnet, der hinter der Gründung des Networks die Fäden zog. Nardino selbst erklärt aber, daß es Michael Eisner und Barry Diller waren, die noch vor seiner Ankunft im Studio die Entscheidung trafen, ein Paramount-Network zu schaffen: »Diese beiden Herren hatten mit der Planung des Paramount-Networks begonnen, bevor ich überhaupt dort angefangen hatte.«

Die neue *Star Trek*-Serie war nur einer von Nardinos Zuständigkeitsbereichen. Diller und Eisner hatten kurz zuvor die Filmrechte an Hermann Wouks *The Winds of War* und an James Clavells *Shogun* erworben. Neben der Überwachung von *Phase II* mußte Nardino auch dafür sorgen, daß diese beiden Miniserien in Entwicklung gingen. Gleichzeitig überwachte Nardino auch noch die laufende Produktion bestehender Paramount-Fernsehprodukte, darunter die Erfolgsserien *Happy Days* und *Laverne and Shirley.*

Trotz dieser Arbeitsbelastung besaß *Star Trek* für Nardino besondere Bedeutung. Mehr als zehn Jahre zuvor war er Mitarbeiter der Agentur Ashley-Famous gewesen. Bis 1964 vertraten Agenturen nur ›Talente‹ – Autoren, Schauspieler, Regisseure und andere Einzelpersonen, die in der Unterhaltungsbranche arbeiteten.

Doch zu der Zeit, da Gene Roddenberry einen Entwicklungsvertrag erhielt, um ein Pilotfilmdrehbuch für seine Idee eines ›Wagentrecks zu den Sternen‹ zu schreiben, übernahm Ashley-Famous die Aufgabe, das Studio Desilu beim Verkauf von Serien an Networks zu vertreten. Ein Jahr später war eine dieser Serien *Star Trek*. Gary Nardino erinnert sich daran, daß er »an kalten Nachmittagen mit Gene Roddenberry auf der Madison Avenue auf und ab ging, um potentiellen Werbekunden eine *Star Trek*-Präsentation zu zeigen, damit die sie dabei unterstützten, NBC davon zu überzeugen, die Serie ins Programm zu nehmen«.

Nardino und Roddenberry hatten ihre Freundschaft aufrechterhalten »und erfreuten [sich] über die Jahre hinweg an vielen Nachmittagen an einer schlechten Golfpartie im Bel Air Country Club«.

Als Nardino sich als der zuständige Studiomitarbeiter entpuppte, der sich um die neue *Star Trek*-Serie kümmern würde, betrachtete er diesen Auftrag nicht als Arbeit. »Es war ein Vergnügen. Gene und ich hatten eine gemeinsame Vergangenheit, und während dieser Zeit verbrachten wir viel Zeit zusammen.«

Nardino beschreibt Roddenberrys Reaktion auf die Wiedergeburt von *Star Trek*: »Gene war begeistert über den Verlauf der Dinge, da *Star Trek* seine Vision von der Welt war, wie sie sein sollte. Und genau das versuchte er stets zu bewahren.« Nardino setzte wie Roddenberry große Hoffnungen in die Serie, insbesondere im Hinblick auf die technischen Verbesserungen seit den Tagen der Originalserie. »Man kann das – am heutigen Standard gemessene – recht primitive Niveau der ersten Serie kritisieren. Aber was die Serie vorführte, war eine Lebensart sowie die Philosophie, daß es eine bessere Welt geben kann, wenn die Menschen das wirklich wollen.« Nardino freute sich darauf miterleben, wie die neueste Fernsehtechnologie eingesetzt würde, um Roddenberrys Zukunftsvision einem wachsenden Publikum zu präsentieren. »Wegen der Millionen hartgesottener Fans war diese Philosophie so wichtig. Und«, fügt Nardino hinzu, »das ist das, was Rick Berman heute so unglaublich gut produziert.«

Apropos heute: *Star Trek* hat weit mehr erreicht, als (in Form von *Star Trek: Voyager*) nur Eckpfeiler des United Paramount Networks zu sein. Das gesamte *Star Trek*-Franchise, zu dem auch die Lizenz für die Veröffentlichung des vorliegenden Buchs gehört, ist ein respektierter und aufmerksam gehegte Eckpfeiler des gesamten Unternehmens Paramount. Doch 1977 hatte die Serie noch nicht dieses Niveau der Wertschätzung durch das Studio erreicht.

Mit Nardinos Worten: »Ich glaube nicht, daß *Star Trek* damals schon den Respekt besaß, den die Serie sich schließlich verdiente. Als sie als Kapital erkannt wurde, hatte man das Gefühl, sie wohl vernachlässigt zu haben.

Daran wurde gearbeitet, sie wurde nicht ignoriert. Es gab Vermutungen, daß man da etwas von großem Wert besaß. Sie rührten von den Zahlen aus der Syndication, da Star Trek schon damals ein immenser Marktführer war, wenn es darum ging, männliche Zuschauer anzuziehen. Das war der Schlüssel für die Entscheidung des Studios, eine neue Serie und später einen Film zu produzieren. Sie erkannten in der Syndication der alten Episoden die Zugkraft, die Star Trek besaß.«

In Hollywood ist der Geschäftssinn bekanntlich besonders ausgeprägt, daher war diese Zugkraft das wesentlichste Element. Roddenberrys Philosophie über die Zukunft war gut und schön. Und Paramount war – und ist – auch stolz darauf, Unterhaltung zu bieten, die so eine positive Perspektive besitzt. Aber der wichtigste Teil in der Gleichung war die Tatsache, daß *Star Trek* Geld einbrachte. Darum war *Star Trek* – mit Nardinos Worten – »eindeutig das Zugpferd für das neue Network. Weil die Werbekunden die Stärke [der Serie] auf dem Syndication-Markt erkannten«.

Und was war mit den anderen Pferden in Paramounts Network-Stall – insbesondere mit den dreißig Fernsehfilmen, die das Studio vorbereitete?

Im Juni 1977 fielen diese Filme in den Verantwortungsbereich von Robert H. Goodwin, zu der Zeit Assistent von Arthur Fellows, Chef der Paramount-Fernsehproduktion. Goodwin besaß einen Entwicklungsvertrag mit Paramount, was bedeutete, daß er dafür bezahlt wurde, aussichtsreiche Projekte herauszusuchen und sie dem Studio zur Entscheidung über eine Produktion vorzulegen. Als die Ankündigung für das vierte Network gemacht wurde, setzte sich Goodwin mit Gary Nardino zusammen und erhielt die Aufgabe, die Entwicklung aller dreißig Sendeplätze zu überwachen. Vom Produktionsassistenten zum Produzenten aufzusteigen, der dreißig Fernsehfilme zu überwachen hatte, war ein aufregender Karrieresprung. (Heute ist Goodwin ausführender Produzent der erstaunlich erfolgreichen Serie *The X-Files*, die – ähnlich wie *Star Trek* – eine treue Fangemeinde besitzt.)

Im Juni 1977 war Goodwins Enthusiasmus angesichts der Überwachung von dreißig Fernsehfilmen so groß, daß es ihn nicht störte, als sein erstes geplantes Treffen mit Gene Roddenberry danebenging. Goodwin wollte einfach nicht an einer Serie arbeiten.

Aber Roddenberry stellte sein Team zusammen

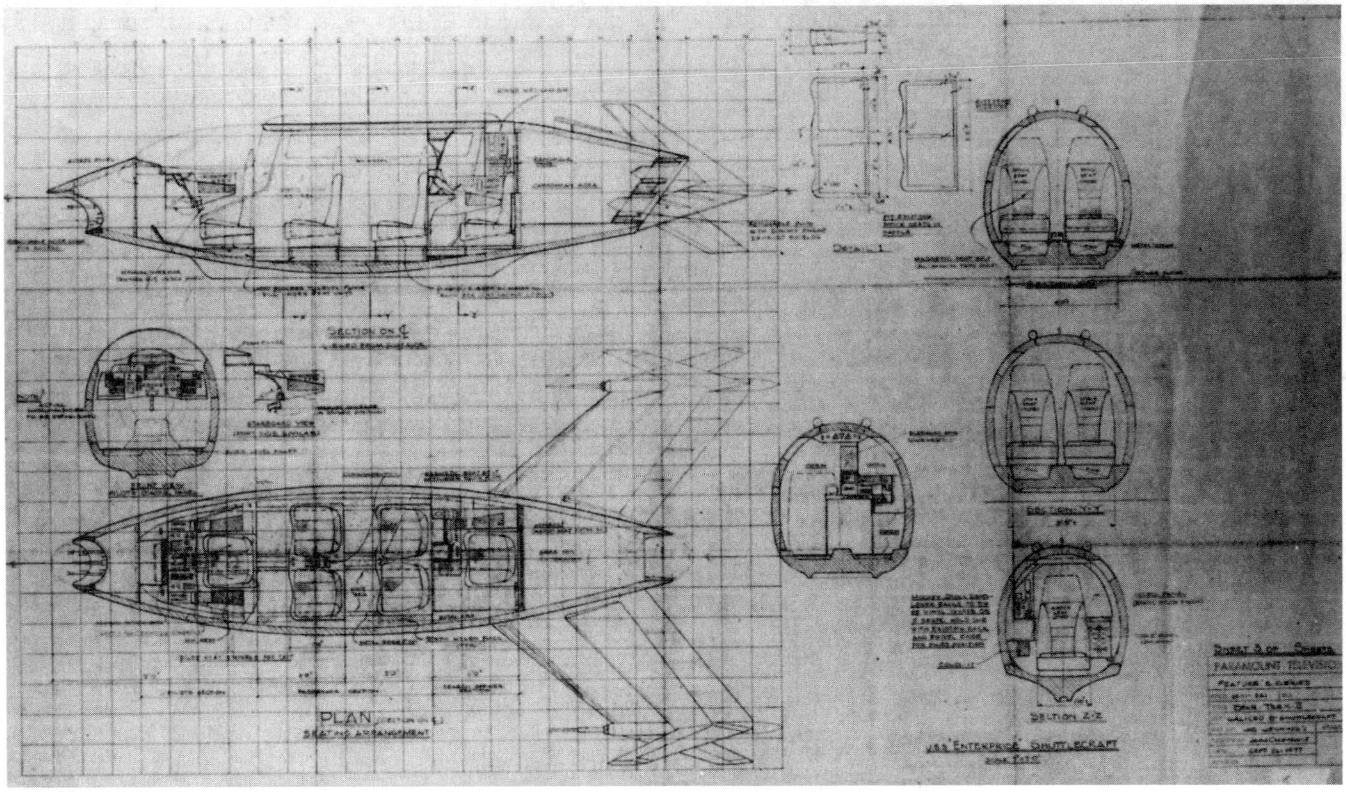
SECTION ON ℄
PLAN
SEATING ARRANGEMENT
DETAIL 1
SECTION Y-Y
SECTION Z-Z
U.S.S. 'ENTERPRISE' SHUTTLECRAFT
SHEET 3 OF SHEETS
PARAMOUNT TELEVISION
FEATURE & SERIES

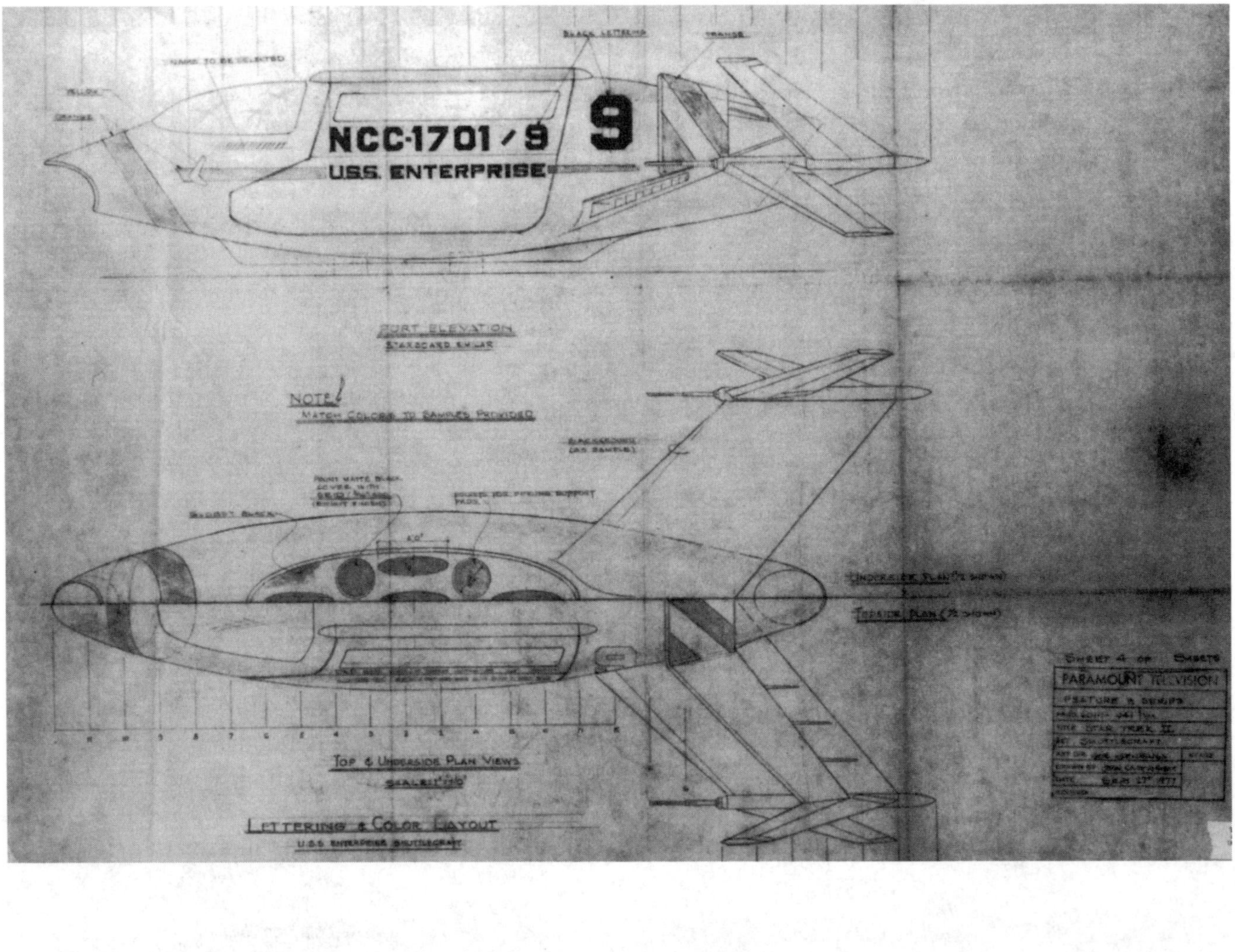
BLACK LETTERING
NCC-1701/9
9
U.S.S. ENTERPRISE
PORT ELEVATION
STARBOARD SIMILAR
NOTE:
MATCH COLORS TO SAMPLES PROVIDED
TOP & UNDERSIDE PLAN VIEWS
LETTERING & COLOR LAYOUT
U.S.S. ENTERPRISE SHUTTLECRAFT
SHEET 4 OF SHEETS
PARAMOUNT TELEVISION
FEATURE & SERIES
STAR TREK II

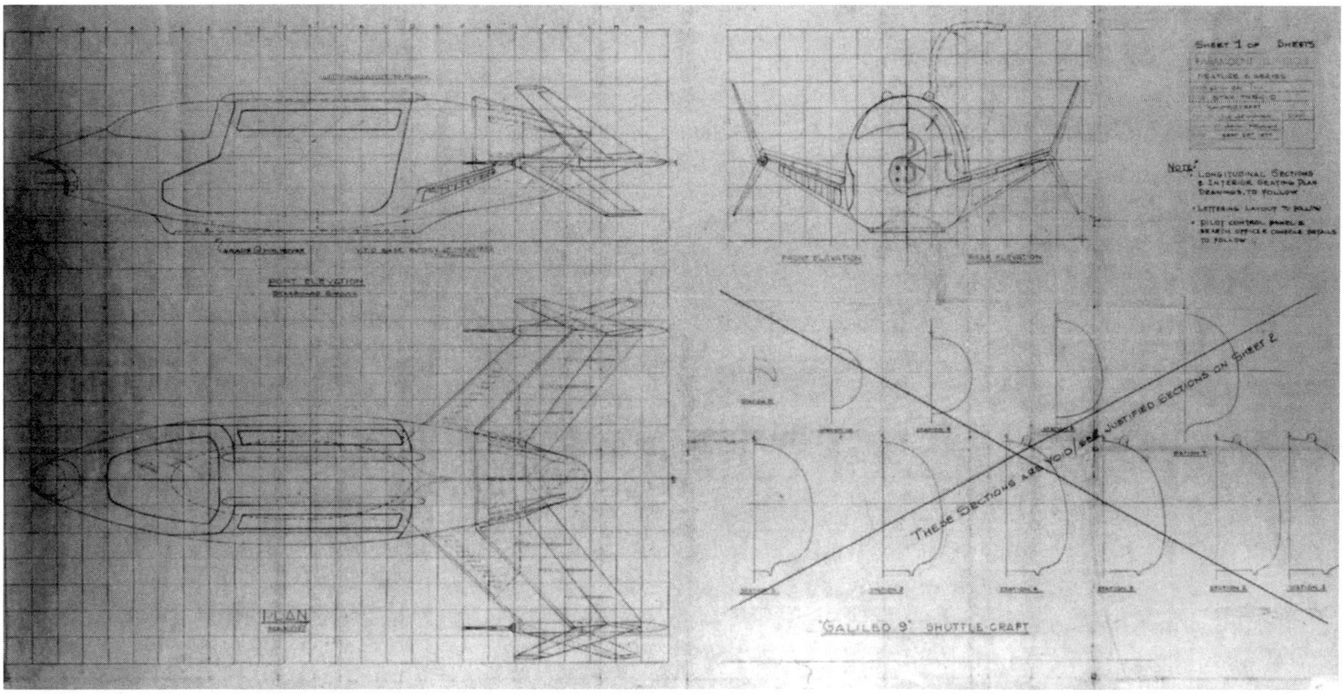

Matt Jefferies' Rückkehr zu *Star Trek* bedeutete für ihn nicht nur, die *U.S.S. Enterprise* auf den neuesten Stand zu bringen. Er erhielt auch die Gelegenheit, das Shuttle neu zu entwerfen. Das Original-Shuttle war von dem Modellbauunternehmen AMT zur Verfügung gestellt worden. Das kantige Design entstand aus der Notwendigkeit, die Kosten niedrig zu halten. Jefferies, Pilot und Kunstflieger, hatte das ursprüngliche, nicht-aerodynamische Design nie gefallen, also entwickelte er für das Shuttle von *Phase II* ein völlig neues Aussehen. Dieses Shuttle wurde zwar nie gebaut, dennoch findet sich im Farbteil dieses Buchs eine Konzeptzeichnung des endgültigen Modells. Alle Pläne abgedruckt mit freundlicher Genehmigung von Lydia C. Marano, Arthur Cover und Paramount Pictures.

und wußte, daß er einen willensstarken Produzenten benötigte, der mit den technischen Anforderungen vertraut war, eine Serie am Laufen zu halten. Als er von Goodwins neuem Zuständigkeitsbereich erfuhr – der ein deutliches Zeichen dafür war, welches Ansehen er bei Paramount genoß –, traf Roddenberry seine Entscheidung. Goodwin würde der Produzent von *Phase II* sein.

Als Goodwin hörte, daß Roddenberry sich mit ihm treffen wollte, war seine erste Reaktion: »Warum soll *ich* mich mit *ihm* treffen? Ich habe zu tun.« Aber die Paramount-Verantwortlichen bestanden darauf, also vereinbarte Goodwin einen Termin.

Goodwin erinnert sich: »Es war einfach köstlich. Ich glaube, Gene hatte vergessen, seiner Assistentin Susan [Sackett] etwas von unserem Termin zu sagen. Da stehe ich also, bin gerade mal dreißig Jahre alt, lässig gekleidet, trage eine Levis. Ich nehme an, sie hielt mich für einen Agenten oder so, und sie wollte mich nicht zu ihm lassen.

Also sagte ich ›gut‹, weil ich wirklich nicht daran interessiert war, an der Serie zu arbeiten, und ging.

Ich erinnere mich, daß ich schon diese lange Straße an der Westseite des Paramount-Geländes hinter mich gebracht hatte und um eine Ecke biegen wollte. Und da stand Gene, der durch die Hintertür gekommen war, und rief mir zu: ›Du da! Komm her!‹«

Goodwin muß lachen, als er sich an Roddenberrys Reaktion auf das fast verpaßte Treffen erinnert. »Es war so witzig. Er ging großartig mit der ganzen Sache um. Auf jeden Fall bestand er darauf, daß ich die Serie produziere. Also mußte ich die Filme aufgeben, da ich keine andere Wahl hatte.«

Goodwins Abneigung gegen die Arbeit an *Phase II* rührte daher, daß er sich mit *Star Trek* nicht auskannte. Doch in den kommenden Monaten sah er sich die Episoden an, die jeden Tag für das Produktionsteam gezeigt wurden, und entwikkelte eine besondere Wertschätzung für die Serie. Die führte zu wichtigen Beiträgen in der ›Bibel‹ und zur Entwicklung der Drehbücher.

Goodwins Hauptaufgabe war jedoch die Verantwortlichkeit für alle technischen Aspekte der Serienproduktion. Für die Drehbücher wählte Roddenberry einen zweiten Produzenten aus, den bekannten Roman- und Drehbuchautor Harold Livingston.

Livingston erinnert sich, daß der Gedanke, die beiden Hälften der Fernsehproduktion auf zwei Produzenten zu verteilen, »für diese Zeit eine echte Innovation war«. Normalerweise war der ausführende Produzent ein Autor, während sich der Produktionsleiter um die praktische Seite der Unternehmung kümmerte.

Livingston war ein alter Hase aus dem Desilu-Studio. Als die erste *Star Trek*-Serie produziert wurde, schrieb Livingston viele denkwürdige Episoden für die Schwesterserie *Mission: Impossible*. Aber bis zu dem Tag, an dem er die Arbeit für die Produktion von *Phase II* aufnahm, hatte er noch nie eine *Star Trek*-Episode gesehen und war auch nie Gene Roddenberry begegnet.

Livingston kam durch Arthur Fellows zu dem Projekt, der auch Robert Goodwin ins Studio geholt hatte. Livingston und Roddenberry schienen gut zusammenzupassen. Sie waren beide Piloten in der Air Force gewesen, sie hatten beide Anfang der fünfziger Jahre damit begonnen, für das Fernsehen zu schreiben. Und sie waren beide erfahrene Profis.

Soviel zur guten Ausgangsposition.

Im Verlauf der nächsten eineinhalb Jahre sollte sich die Beziehung zwischen Roddenberry und Livingston dramatisch verändern und einen Punkt erreichen, an dem Livingston seinen Posten bei *The Motion Picture* wiederholt aufgab.

Wenn Livingston sich heute an seine Unstimmigkeiten mit Roddenberry erinnert, dann geschieht dies mit einem von großem zeitlichen Abstand geprägten, trockenen Humor. Indem er darauf hinweist, daß Roddenberry über 1,90 Meter groß war, er selbst aber nur knapp über 1,60 Meter, erinnert er sich: »Von meiner Seite hatte es immer etwas Masochistisches, weil ich fühlte, wie sich in Gene dieser schwelende Zorn aufbaute. Ich hatte immer Angst, daß er eines Tages ausrasten und mich verprügeln würde.« Als das Team aber zum ersten Mal zusammentraf, lag diese gestörte Beziehung zu Livingston noch in ferner Zukunft.

Ein anderes Mitglied des Teams, dessen Dienste Roddenberry in Anspruch nahm, war ein alter Freund, der bereits auf dem Paramount-Gelände arbeitete – genau ein Stockwerk über Roddenberry: Matt Jefferies, Art Director der Originalserie, der nach Vorschlägen von Roddenberry und Pato Guzman die erste *Enterprise* entworfen hatte.

Zu dieser Zeit war Jefferies Art Director für Michael Landons Erfolgsserie *Little House on the Prairie* und wollte diese Position nicht aufgeben, um sich mit einer Serie zu befassen, für die lediglich 13 Episoden in Auftrag gegeben worden waren.

Roddenberry beharrte aber darauf, daß nur Jefferies die *Enterprise* überarbeiten könne, so daß der mit Michael Landons Segen für *Phase II* als ›technischer Berater‹ tätig wurde. Landon machte aber deutlich, Jefferies müsse sich für eine von beiden Serien entscheiden, wenn *Phase II* sich auf seine Arbeit für *Little House* auswirken würde, da er beide Serien nicht bewältigen könne.

Jefferies erinnert sich: »Die Folge war, daß ich die Zeichnungen für die Überarbeitung nachts im Hilton in Tucson anfertigte, da dort für *Little House* die Außenaufnahmen entstanden. Es wurde aber der Punkt erreicht, daß Gene mich anrief und mir erklärte, ich würde bei einer Besprechung mit Paramount benötigt. Es wurde mir einfach zuviel.« Da die Produktion für *Phase II* immer stärker auf Touren kam, empfahl Jefferies seinen guten Freund Joe Jennings als neuen Art Director für *Star Trek*. In der zweiten Season der Originalserie war Jennings der Assistent von Jefferies gewesen; er machte sich später als Art Director für die Miniserien *Roots* und *Shogun* einen Namen.

Zwar waren noch keine Drehbücher geschrieben worden, Roddenberry wußte dennoch, daß der Pilotfilm auf jeden Fall das Handlungselement enthalten würde, das er für *The God Thing* entwickelt hatte: Die *Enterprise* war von ihrer ersten Fünfjahresmission zurückgekehrt und zwischen der ersten Serie und *Phase II* umgebaut worden.

Jefferies erinnert sich, daß Roddenberry einfach nur das Raumschiff auf den neuesten Stand gebracht sehen wollte, nicht aber völlig neu entworfen. Tatsächlich ist es so, daß Jefferies' klassisches Design – Diskussektion, Rumpf, Zwillingsgondeln – auch nach mehr als drei Jahrzehnten nichts von seiner Frische verloren hat und noch immer als Grundlage für das Design der *Next Generation*-Schiffe D und E und für das der *Voyager* dient.

»Im wesentlichen«, erklärt Jefferies, »veränderte ich die Antriebseinheiten und nahm kleine Veränderungen an den damit verbundenen Auslegern vor. Ich ließ den Rumpf spitzer auslaufen, die Antriebseinheiten flachte ich an den Seiten ab, anstatt das zylindrische Aussehen beizubehalten.

Ich wußte, daß sich im Inneren des Schiffs vieles verändern würde, aber ich sah keinen Grund, warum sich das Äußere der Diskussektion ändern sollte. Dagegen war die Veränderung des Antriebs von größerer Bedeutung. Das Design des Schiffs beruhte zum Teil auf der Annahme, daß wir nicht wußten, worum es sich bei diesen kraftvollen Einheiten handelte und wie verheerend es sein würde, wenn etwas schiefging. Darum hielten wir sie von der Crew fern. Das bedeutete natürlich auch, daß sie einfach ausgewechselt werden konnten, wenn sie ersetzt werden mußten.«

Obwohl Jefferies' Mitarbeit an *Phase II* mit erheblichen Einschränkungen verbunden war, damit er seinen Vollzeitjob bei *Little House* behalten konnte, führte er dennoch seinen Auftrag aus, die *Enterprise* auf den neuesten Stand zu bringen. An dieser Stelle wurde ein weiterer kaum beachteter Held Teil des Teams: der Modellbauer Brick Price.

Heute ist Price Miteigentümer von WonderWorks Inc., einem bekannten Modellbauunternehmen in Hollywood, das sich auf Nachbauten in natürlicher Größe spezialisiert hat und durch seine Arbeiten an Filmen wie *The Abyss* oder *Apollo 13* berühmt wurde. 1977 hatte Price sich bereits einen Namen in der Branche gemacht, da er Modellautos so detailliert nachbaute und lackierte, daß sie – in einer echten Landschaft fotografiert – von ihren großen Vorbildern nicht zu unterscheiden waren.

Der Vertrag für den Bau der neuen *Enterprise* ging ursprünglich an Don Loos, einen angesehenen Modellbauer, der mit Magicam in Verbindung stand. Loos arbeitete später für Brick Price, der sich ihm als einer der zentralen Modellbauer der *Enterprise* anschloß.

Dies war zugleich einer der ersten Augenblicke, in denen *Star Trek* mit neuen Techniken in Berührung kam. Während das ursprüngliche, über vier Meter lange Modell der *Enterprise* von Modellbauer Richard Datin aus einer Vielzahl von Materialien – Holz für die Diskussektion, gerollte Aluminiumbogen für die Gondeln – hergestellt worden war, entstand die neue *Enterprise* ausschließlich aus Fiberglas, das in mehreren großen Teilen gegossen wurde. Das neue, nicht einmal zwei Meter lange Modell wurde leichter und stabiler, zudem konnte man es problemlos handhaben. Matt Jefferies, der sich an die Gelegenheiten erinnerte, bei denen er die Konstruktion der von ihm überarbeiteten *Enterprise* miterleben konnte, sagt, daß Loos und Price ›wunderbare Arbeit‹ leisteten. (Gleichzeitig wurde auch ein zweites Modell des Raumschiffs gebaut, das nur 45 Zentimeter lang war.)

Zur gleichen Zeit scharte Roddenberry sein Produktionsteam um sich, außerdem wurden die Originalschauspieler umworben, in der neuen Serie mitzuspielen. Die meisten standen der *Phase II* positiv gegenüber. Immerhin hatten die meisten für den letzten, nicht verwirklichten *Star Trek*-Film ihre Gage auf einer Basis erhalten, die ihnen die Bezahlung garantierte, ob der Film nun gedreht wurde oder nicht. Nun erhielten sie auf der gleichen Basis das Angebot für einen Pilotfilm sowie mindestens 13 Episoden. Welcher Schauspieler hätte da abgelehnt?

Nun ja, zumindest Leonard Nimoy, dessen Meinungsverschiedenheiten mit Roddenberry bestens bekannt sind.

Roddenberrys erster Versuch, Nimoy für *Phase II* zu begeistern, sah vor, daß Spock im Pilotfilm und dann nur in zwei von jeweils elf Episoden mitspielte.

Dazu Nimoy: »Ich konnte es nicht fassen.«

Ob Roddenberry das erste Angebot in dem Wissen unterbreitete, daß der Schauspieler niemals eine derart substanzlose Rolle annehmen würden, die er

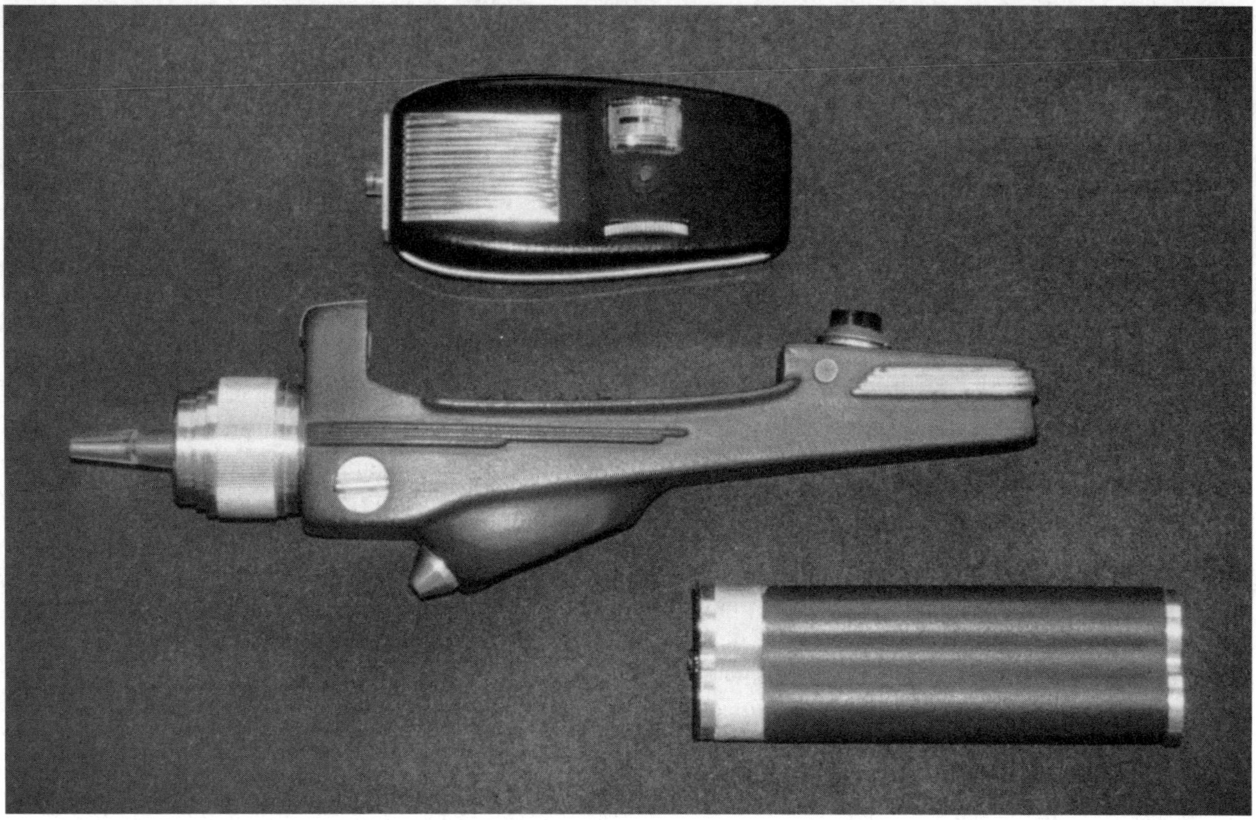

Einer der sorgfältigst gearbeiteten Aluminiumphaser, die für die neue Serie entwickelt wurden und die auf dem Originaldesign basierten. Dieses Modell enthält in der abnehmbaren Energieeinheit echte Batterien, die das funktionierende Stroboskoplicht an der Austrittsöffnung mit Strom versorgen.
Foto mit freundlicher Genehmigung von Jon Povill.

mit Leben erfüllt hatte, oder ob er ganz einfach der Ansicht war, Nimoy würde es schätzen, nicht an eine Vollzeitserie gebunden zu sein – das weiß nicht einmal Nimoy selbst. Auf jeden Fall lehnte der Schauspieler das Angebot umgehend ab. *Star Trek* kehrte zurück, nicht aber Spock.

Und so wurde dann die Grundlage geschaffen für ein neues Mitglied der *Enterprise*-Crew: den Wissenschaftsoffizier Xon, einen Vollblut-Vulkanier, der – wie wir noch sehen werden – ein früher Vorläufer von Data aus *The Next Generation* war.

William Shatner kehrte zwar als der herausragende Captain Kirk zurück, er war aber zugleich der Auslöser für die Schaffung eines weiteren neuen Crewmitglieds.

Shatners Gage für den Pilotfilm und die ersten 13 Episoden war so hoch, daß das Studio ernsthafte Zweifel hatte, ob die Serie sich ihn auf Dauer leisten konnte. Shatner selbst berichtet, daß Pläne existierten, denen zufolge Kirks Rolle entweder auf eine Reihe von Gastauftritten reduziert wurde, was für ihn eine geringere Gage bedeutet hätte, oder Kirk sterben sollte, so daß er dann nichts mehr erhalten hätte.

Um den Weg für den zweiten Raumschiffcaptain zu ebnen, der Kirks Platz einnehmen würde, wurde die Rolle des Commander Will Decker entwickelt. Und so, wie Xon eine frühe Version von Data war, war Decker der Vorläufer von Commander Will Riker in *The Next Generation*.

Innerhalb eines Monats, nachdem die Rückkehr von *Star Trek* auf der Pressekonferenz angekündigt worden war, war die Vorbeitung in Gang gekommen.

Eine neue *Enterprise* war entworfen worden und wurde gebaut. Art Director Joe Jennings leitete die künstlerische Abteilung, zu der der Setdesigner Lew Splittsberger, der Graphikkünstler Lee Cole und der Assistent des Art Directors, John Cartwright, gehörten. (*Star Trek*-Künstler Mike Minor sollte erst im August in die Abteilung zurückkehren.)

William Ware Theiss, Designer der Originalkostüme, hatte seine alten Schnittmuster hervorgeholt und kämpfte sich durch Lagerräume innerhalb und außerhalb des Studiogeländes, um zehn Jahre alte Kostüme zurückzubringen.

Verbesserte Aluminiumphaser wurden konstruiert, die dem Design der alten Modelle aus Holz und Plastik folgten, aber mit funktionierenden Stroboskoplichtern und abnehmbaren Energieeinheiten ausgestattet waren.

Während die Drehbuchbesprechungen mit vielversprechenden Autoren begannen, erkannte der Produzent Harold Livingston, der ein Neuling in Sachen *Star Trek* war, wie wertvoll Gene Roddenberrys Assistent Jon Povill für ihn war. Mehr dazu später.

Mitte Juli war genug Vorbereitungsarbeit geleistet worden, um die neue Serie zu definieren. In einem Memo an Robert Goodwin vom 15. Juli 1977 schrieb Gene Roddenberry:

> Ich würde es schätzen, wenn Du eine Rohfassung der Informationen zum neuen STAR TREK-Format vorbereiten könntest, das wir in dieser frühen Phase an die Autoren geben können. So ersparen wir es uns, immer wieder jedem Autor, der in unser Büro kommt, das gleiche zu erzählen. Diese Information wird später in die neue Ausgabe des <u>Writer's Guide</u> eingearbeitet.
>
> Schicke bitte eine Kopie Deiner Rohfassung an Livingston, da ich möchte, daß wir uns gemeinschaftlich auf dem aktuellen Informationsstand befinden. Bitte auch Kopien an die anderen unten Genannten [*H. Livingston, M. Jefferies, J. Jennings, J. Povill sowie ein Posten, der noch besetzt werden mußte – der Redakteur*], damit auch sie etwas beisteuern können. Ich bin zuversichtlich, daß auch Matt Jefferies uns mit einer recht umfassenden Liste an Hinweisen für STAR TREK-Regisseure versorgen wird, so daß der endgültige <u>Guide</u> für jeden von Nutzen ist, der an der Serie mitarbeitet.
>
> Deine Rohfassung sollte ein paar Informationen über die neuen Charaktere enthalten, außerdem darüber, wie wir diesmal die ursprünglichen STAR TREK-Charaktere eingesetzt sehen wollen. Das muß natürlich allgemein gehalten und diplomatisch erledigt werden.
>
> Über den Einsatz alter und neuer Charaktere hinaus noch einige Dinge, die berücksichtigt werden sollten:
>
> Wir werden die natürlicheren Sprachmuster der 70er Jahre verwenden, also mit Satzfragmenten, Überschneidungen etc. arbeiten
>
> Das soll allerdings nicht so verstanden werden, daß wir Slangformulierungen der 70er verwenden wollen. Wie in den früheren Episoden sollte STAR TREK auch weiterhin die Sprache meiden, die sie später überholt wirken läßt. Wenn ein Autor umgangssprachliche Formulierungen verwenden will, dann soll er neue erfinden. Ansonsten sollten die Dialoge in gemäßigtem, halbformellem Englisch geführt werden.
>
> Beschreibe die Ausgangssituation als eine neue Fünfjahresmission.
>
> Gib soviel Informationen über das neue Aussehen des Schiffs wie möglich.
>
> Teile mit, welche alten Requisiten wir weiterhin verwenden, welche sich verändert und welche wir herausgenommen haben.
>
> Das gleiche gilt für optische Effekte und Entwicklung – alt und neu. Zum Beispiel sollten wir festlegen, daß das alte Transportersystem weiterhin verwendet wird (auch wenn wir den optischen Effekt ein wenig auffrischen werden).
>
> Da wir eine Zeitlang auch Kopien des ursprünglichen <u>Guides</u> verteilen, sollte Deine Fassung auf alle Punkte in diesem Original-<u>Guide</u> hinweisen, die nicht mehr zutreffen.
>
> Das Ganze wird wahrscheinlich auch für Dich, Bob, eine neue und interessante Erfahrung werden. Du wirst feststellen, ob Dein Ego kräftig genug ist, um es zu verkraften, von jedem im Stab umgeschrieben zu werden.

Was das Umschreiben beim Fernsehen anging, war Goodwin ganz offensichtlich kein Neuling. Am 19. Juli reagierte er mit folgendem Memo auf Roddenberrys Bitte:

> Beiliegend erhältst Du eine Kopie meiner Rohfassung als Ergänzung, die zusammen mit dem ursprüngli-

chen STAR TREK-*Guide* an die Autoren verteilt werden kann, damit sie einen Eindruck von den Veränderungen in der neuen Serie bekommen können.

Beschränke Deine Vorschläge für Änderungen bitte auf maximal vier Ordner.

Zu den Vorschlägen in Goodwins Rohfassung gehörten auch die folgenden:

Das Schiff

Durch die Modifikationen ist die *U.S.S. Enterprise* noch immer das größte und modernste Schiff im Dienst von Starfleet. Die Crewgröße ist unverändert – 430 Personen, von denen nicht ein Drittel weiblich ist (wie zuvor)... sondern die Hälfte.

Bewaffnung des Schiffs

Die Bewaffnung besteht noch immer aus Phaserbänken, deren Potential durch Verbesserungen erhöht worden ist. Die Phaserenergie wird vom Hauptrumpf der *Enterprise* abgefeuert, nicht von der Diskussektion des Schiffs.

Ausrüstung

Der Handkommunikator ist verbessert worden, um auch anderen Zwecken als lediglich dem der Kommunikation zu dienen. Unter anderem kann er jetzt an den Tricorder angeschlossen werden, um Informationen direkt vom Planeten in die Computerbänke der *Enterprise* zu übermitteln. Auf diese Weise können Landeteams auf die umfangreiche analytische Ausrüstung an Bord des Schiffs zugreifen.

Der Bildschirm erinnert nicht mehr an einen Fernsehbildschirm, sondern ist nun ein holographisches Bild, das in einem ovalen Rahmen im vorderen Bereich der Brücke erzeugt wird.

Andere Veränderungen

Insgesamt wird die Atmosphäre auf der *Enterprise* viel wärmer und behaglicher sein als zuvor, wie es einem Ort angemessen ist, der für mehr als 400 Leute das Zuhause darstellt. Das bedeutet mehr Grünpflanzen, darunter viele exotische Pflanzen aus anderen Galaxien und auch von der Erde. Außerdem bietet die Kleidung der Crew mehr Abwechslung und reicht von Galauniformen bis hin zu lässiger Kleidung für die Freizeit.

Die Crew

Neben den vertrauten gibt es neue, jüngere Gesichter:

Schiffscommander: Intelligent, ansprechend, Ende zwanzig bis Anfang dreißig. Er ist gründlich ausgebildet und besitzt Erfahrung in der Erforschung des Alls, dennoch gewinnt er aus vielen Situationen, die sich auf der *Enterprise* ergeben, neue Erkenntnisse.

Junger Vulkanier: Ein Vetter zweiten Grades von Mr. Spock, ebenfalls halb Mensch, halb Vulkanier. Er hat die gleiche gelbliche Hautfarbe und die satanisch spitzen Ohren, und er versucht auf die gleiche vulkanische Weise, seine Gefühle zu verbergen. Er ist allerdings sehr jung (Anfang zwanzig), hat manchmal Schwierigkeit, seinen jugendlichen Überschwang zu beherrschen.

Yeoman: Eine junge Frau, Mitte zwanzig, sehr intelligent und gebildet, aber ein wenig unerfahren. Sie ist eine attraktive und charmante Ergänzung der Brückencrew.

Eine Woche später begann Roddenberry an der neuen weiblichen Rolle zu zweifeln, die nur als ›Yeoman‹ bezeichnet wurde. In einem Memo an Harold Livingston schrieb er:

Wir drei sollten überlegen, ob unsere neue weibliche Rolle ein YEOMAN oder ein anderer, höherrangiger weiblicher Offizier mit anderen Aufgaben sein sollte. Einfach nur einen weiblichen Lakaien auf die Brücke zu holen, wird nicht unbedingt unserem Wunsch nach Gleichbehandlung der Geschlechter entsprechen.

In dieser Anmerkung findet sich die Grundlage für die dritte neue Figur, um die *Phase II* erweitert werden sollte: die deltanische Navigatorin Ilia. Anders als Xon und Decker sollte sie kein Mitglied der Originalcrew ersetzen, sie war völlig neu. Aber sie sollte ebenso wie diese beiden der Vorläufer für eine Rolle in *The Next Generation* werden: Counselor Deanna Troi.

Ebenfalls in der letzten Juliwoche wurden die ersten Autorenverträge für die neue Serie abgeschlossen. Arthur Heinemann legte eine Idee vor, die von Harold Livingston akzeptiert wurde, die aber schließlich nicht weiterentwickelt werden sollte. Und am 25. Juli erhielt Alan Dean Foster – ein junger Science Fiction-Autor, den Roddenberry kannte, da er die Zeichentrickfilmserie zu einer erfolgreichen Buchreihe (Star Trek Logs) umgearbeitet hatte – einen Vertrag, um eine Geschichte zu schreiben, verbunden mit der Option, auch das Drehbuch schreiben zu können. Die Idee, die er ausarbeitete, wurde teilweise von einer frühen Geschichte inspiriert, die Roddenberry für seine nicht in Produktion gegangene Science Fiction-Serie *Genesis II* geschrieben hatte.

Die *Genesis II*-Version der Geschichte trug den Titel ›Robot's Return‹.

Alan Dean Fosters Version nannte sich ›In Thy Image‹.

Und drei Jahre später sollte die Welt die Geschichte erneut unter einem anderen Namen kennenlernen:

Star Trek: The Motion Picture.

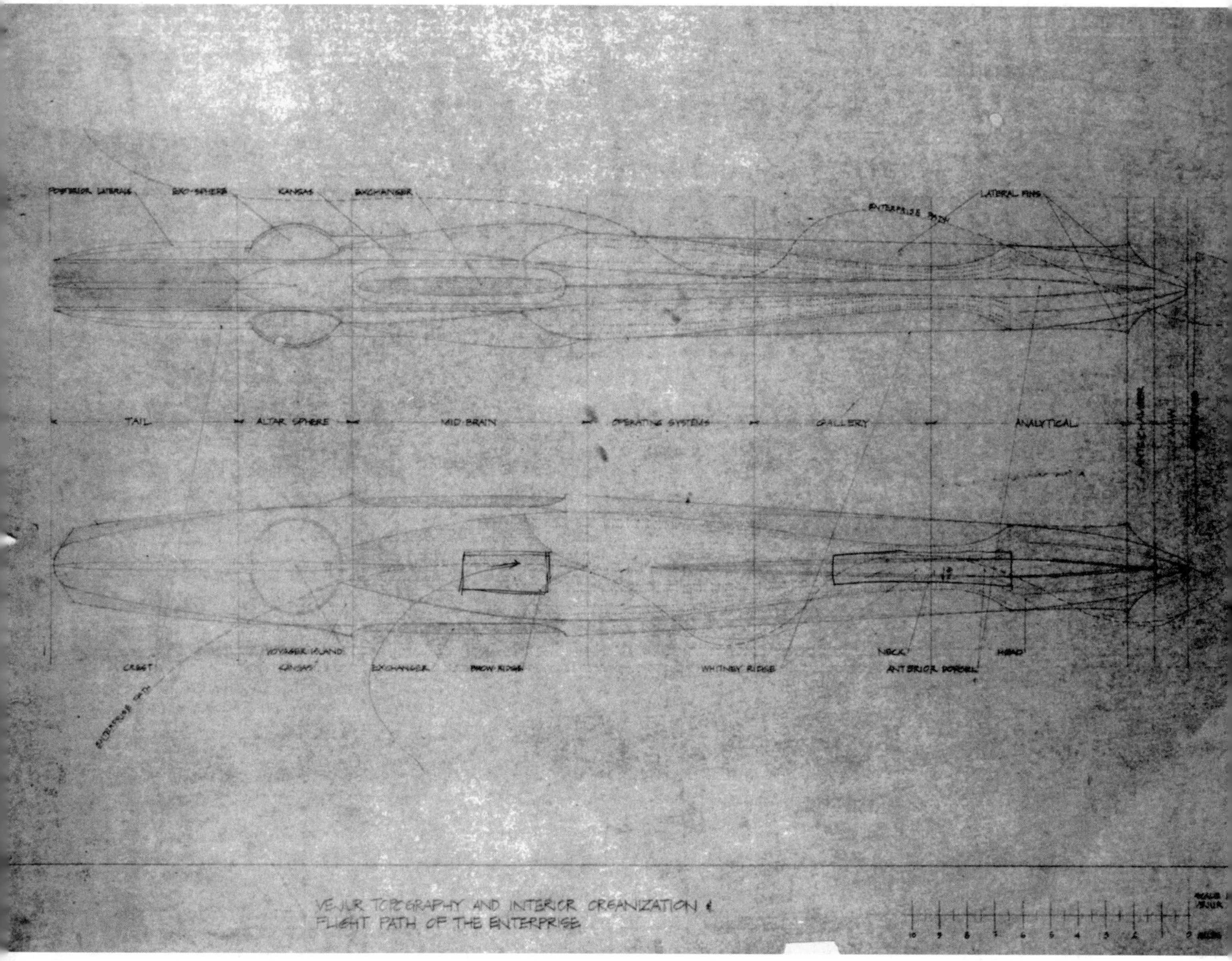

Die Kernidee eines unfaßbar großen außerirdischen Schiffs, das in *Star Trek: The Motion Picture* zur Erde zurückkehrt, war Teil der Geschichte ›In Thy Image‹ von Alan Dean Foster. Die wiederum war die erste Fassung eines Treatments, das eigentlich eine normale einstündige Episode der neuen Serie hatte werden sollen. Diese Zeichnung einer frühen Version von V'Ger läßt erkennen, wie der Flug der *Enterprise* um V'Ger herum geplant wurde.
Mit freundlicher Genehmigung von Paramount Pictures.

KAPITEL 4

AUGUST

Alan Dean Fosters Erlebnisse mit ›In Thy Image‹, *Phase II* und *Star Trek: The Motion Picture* führten schließlich zu seinem Entschluß, Los Angeles zu verlassen und Romane zu schreiben, aber keine Drehbücher. 1977 jedoch war er ein junger, aufgeweckter Mann, der an der USC Drehbuchschreiben unterrichtete und der seine schriftstellerischen Leistungen im Bereich *Star Trek* von Büchern auf Drehbücher ausweiten wollte. Daher kehrte er nicht einmal eine Woche, nachdem er direkt von Roddenberry seinen Auftrag für eine Geschichte erhalten hatte, mit seiner Idee für ›In Thy Image‹ zurück, die in diesem Buch in Teil drei abgedruckt ist.

Neben den Elementen aus ›Robot's Return‹ – von dem manche sagen, daß es starke Ähnlichkeiten mit John Meredyth Lucas' Episode ›The Changeling‹ aus der Originalserie aufweist – nahm Foster auch einen Vorschlag von Robert Goodwin auf, etwas zu tun, was noch nie zuvor geschehen war: die Erde in Gefahr zu bringen. Wenn man von Captain Christopher Pikes Ausflug nach Mojave in ›The Cage‹ absah (der sich auch im Zweiteiler ›The Menagerie‹ fand und der sich zudem nur in seiner Phantasie ereignete), war die Erde des 23. Jahrhunderts in keiner *Star Trek*-Episode aufgetaucht. Während Fosters Geschichte im Produktionsteam die Runde machte, wurde auch offensichtlich, daß es sinnvoll war, die *Enterprise* in die Nähe der Erde zu bringen, wenn diese bedroht wurde. Besser noch im Erdorbit, weil... die Umbauarbeiten am Schiff gerade abgeschlossen wurden!

Obwohl sich verschiedene andere Geschichten in der Entwicklung befanden, entstand schnell Einigkeit darüber, Fosters Geschichte den Vorzug für den Pilotfilm von *Phase II* zu geben. Natürlich mußte sie noch überarbeitet werden.

Ein Treffen wurde für den 3. August vereinbart, an dem Goodwin, Livingston und Roddenberry sowie Michael Eisner, Jeffrey Katzenberg und Arthur Fellows teilnahmen.

Bei diesem Treffen stellte Robert Goodwin ›In Thy Image‹ ausführlich vor und hoffte darauf,

Eisners Segen zu bekommen, um daraus den *Phase II*-Pilotfilm zu machen.

Aber das Treffen verlief nicht so, wie jeder, der mit *Phase II* beschäftigt war, erwartet hatte.

Womit wir am kritischsten Punkt der Geschichte von *Phase II* angelangt wären.

Fünf Jahre lang hatte Paramount versucht, ein *Star Trek*-Projekt in Produktion gehen zu lassen. 1977 wurde *Planet of Titans* gestoppt, bevor die Produktion beginnen konnte, um dann *Phase II* anzukündigen. Dann wurde im März 1978 eine weitere Pressekonferenz einberufen, um bekanntzugeben, daß aus der Produktion von *Phase II* die Produktion von *The Motion Picture* wurde.

Mit ein Grund für die Entstehung dieses Buchs war es nachzuvollziehen, *wann* genau und von *wem* diese folgenschwere Entscheidung getroffen wurde. Immerhin entstand aus dieser Richtungsänderung der gesamte zukünftige Erfolg des *Star Trek*-Franchise.

Wie sich Robert Goodwin erinnerte, »verlagerte sich [das Schicksal von *Star Trek*] in einem ganz besonderen Moment«. Auf die Gefahr hin, einen Höhepunkt bereits so früh in diesem Buch zu setzen: Die Entscheidung fällte Michael Eisner in jenem Treffen am 3. August.

Es ist weithin bekannt, daß Eisner von den Aussichten begeistert war, die die Geschichte ›In Thy Image‹ eröffnete. Nachdem Goodwin die Idee vorgestellt hatte, sagte Eisner: »Wir haben fünf Jahre lang nach einem Film gesucht, und das ist er.« Dann, so fährt Goodwin fort, »schlug Eisner mit der Hand auf den Tisch. Genau in dem Moment war es geschehen.«

Wie sich herausstellte, sprach Eisner nicht im übertragenen Sinn.

Er sagte ›Film‹ und er meinte auch *Film*.

Durch Paramounts Entschlossenheit wurde *Star Trek Phase II* nicht einmal einen Monat nach der Ankündigung schon wieder aufgegeben. Bevor ein einziges Set gebaut, ein einziges Drehbuch geschrieben und auch nur ein einziger Meter Film belichtet worden waren.

Das Schicksal der Serie war keinem anzulasten, der mit der Serie zu tun hatte. Es ereignete sich, weil Paramount mehr als einen Monat lang Werbekunden für das vierte Network zu begeistern versucht hatte. Aber ganz gleich, wie man die Zahlen deutete – das Studio war zu dem Schluß gekommen, daß es nicht genug einnehmen würde, um das Network zu betreiben.

Ende Juli 1977 war Paramounts Network gestorben, leise und unbemerkt. Und es hatte *Phase II* mit sich gerissen.

Aber *Star Trek* hatte 500 000 Dollar an Ausgaben hinterlassen, die alle mit den Bemühungen zusammenhingen, einen Film zu produzieren. Hinzu kamen weitere Hunderttausende von Dollars, die ein weiteres Mal an die Schauspieler ausgezahlt werden mußten, außerdem die Ausgaben für das Produktionsteam, das bis zu diesem Tag gearbeitet hatte. Wenn es eine Sache gibt, die ein Network haßt, dann ist es, Geld abzuschreiben, das bereits ausgegeben worden ist.

Auf höchster Ebene war bei Paramount beschlossen worden, alles zu retten, was in der gegenwärtigen Verfassung von *Star Trek* noch zu retten war. Goodwin weiß zu berichten, daß die Serie zwar vor dem Treffen am 3. August als Serie für ein Paramount-Network aufgegeben worden war, daß die Verantwortlichen aber beschlossen hatten, »den Zweistundenfilm mit der Originalbesetzung zu drehen und ihn als Pilotfilm zu verwenden und unter den drei Networks zu versteigern, um so zu versuchen, ihn als Serie an NBC, CBS oder ABC zu verkaufen«.

Paramount hatte bereits die peinliche Situation vor Augen, die entstehen würde, sobald man öffentlich das Scheitern des vierten Networks erklären mußte. Hinzu kam die unerfreuliche Aussicht, sich an die Networks zu wenden, um ihnen die Serie zu verkaufen, die die Vorherrschaft eben jener Networks hatte brechen sollen. Es war durchaus möglich, daß alle drei Networks auf eine neue *Star Trek*-Serie verzichten würden, nur um Paramount daran zu erinnern, wer die Macht besitzt. Indem Goodwin ›In Thy Image‹ vorstellte, lieferte er Eisner und den anderen Paramount-Oberen den rettenden Ausweg, der voll und ganz unter die Kontrolle von Paramount fallen und die Networks komplett umgehen würde.

Star Trek sollte ein Kinofilm werden.

Der einzige Haken war, daß keiner der Teilnehmer an diesem Treffen darüber reden konnte.

So komplex ein Kinofilm an sich bereits ist, es ist nichts im Vergleich zum vorbereitenden Arbeitsaufwand, der dabei betrieben werden muß. Neue Verträge müßten in diesem Fall mit den Schauspielern, den Produzenten und Roddenberry selbst ausgehandelt werden. Neue Budgets müßten kalkuliert werden. Die Leute in der Abteilung Verkauf und Vertrieb von Paramount müßten schätzen, wieviel die Werbung und das Marketing für den Film kosten würden und mit welchen Einnahmen das Studio würde rechnen können.

Wenn ein Stück des Puzzles nicht paßte, würde das Projekt nicht zustande kommen. Wenn nun also irgend jemand einen neuen *Star Trek*-Film ankündigte, die Verträge aber nicht abgeschlossen werden konnten, dann müßte sich Paramount erneut einer peinlichen Situation stellen. Und *Star Trek* würde man als dreifachen Verlierer betrachten.

Auch wenn Arthur Fellows vor dem Geld zurückschreckte, das man weiterhin würde ausgeben müssen, wurde an diesem 3. August die Entscheidung getroffen, die Vorbereitung und Entwicklung von *Star Trek Phase II* als Serie weiterlaufen zu lassen. Alles würde seinen bisherigen Gang gehen, bis alle für einen Film notwendigen Verträge hinter den Kulissen abgeschlossen waren, um Eisners Entschluß in die Realität umzusetzen.

Wenn diese Verträge abgeschlossen waren, dann – und nur dann – würde die Öffentlichkeit – und auch das Produktionsteam von *Phase II* – erfahren, daß *Star Trek* abermals dorthin vorstoßen würde, wo die Serie noch nie zuvor gewesen war.

Bis zu diesem Augenblick mühten sich pflichtbewußte und talentierte Frauen und Männer ab, eine Serie zu kreieren, auf die sie und Millionen Fans stolz sein konnten, ohne auch nur zu ahnen, daß das Studio kaum noch die Absicht hatte, sie wirklich zu produzieren. Aus der Sicht des Studios könnten sich die Drehbücher letztlich als nützlich erweisen, falls Paramount nach dem Kinofilm *Star Trek* zu den Fernsehwurzeln zurückkehren lassen würde. Sets, Requisiten und Modelle konnte man auch für den Kinofilm verwenden. Natürlich würde man die Pilotfilm-Geschichte ›In Thy Image‹ verbessern müssen, um daraus ein Filmdrehbuch zu machen. Aber die gesamte übrige Arbeit, die für *Phase II* geleistet wurde, begann sich bereits in einer nicht zu stoppenden Spiralbewegung auf ein Schwarzes Loch zuzubewegen, das so gierig wie das von John D. F. Black postulierte war.

Phase II war tot, aber der Leichnam sollte noch weitere fünf Monate zucken.

Einer von denjenigen, die nicht in die Ergebnisse dieses Treffens vom 3. August eingeweiht waren, war Jon Povill, der offiziell noch immer Gene Roddenberrys Assistent war, aber mehr und mehr die Pflichten eines Redakteurs erledigte.

Am 2. August brachte Povill das folgende Memo in Umlauf, das die Auswirkungen der von Roddenberry geschaffenen Zukunft definierte. Freunde der *Next Generation* werden erkennen, daß Povill diese Erkenntnisse zwar für *Phase II* geschrieben hatte, daß sie aber auch den Weg ebneten für die zweite *Star Trek*-Serie. Hier einige Auszüge:

THEMA: Die Erde des 23. Jahrhunderts und die Crewmitglieder der *Enterprise*

Wenn die optimistische Zukunftsvision, die in STAR TREK traditionell gezeigt wird, Realismus besitzen soll, ist es notwendig, daß unsere Charaktere Einstellungen erkennen lassen, die weiterentwickelt sind als in normalen, zeitgenössischen Dramen.

... Bedenkt man, daß STAR TREK davon ausgeht, daß sich die Menschheit nicht selbst ausgelöscht hat, dann können wir Anzeichen dafür erwarten, daß die menschliche Art nicht länger von diesen negativen Aspekten heimgesucht wird. Immerhin werden wir es wirklich nicht bis in das STAR TREK-Jahrhundert schaffen, wenn diese Veränderungen nicht eintreten.

Zum Beispiel:

Diese Männer und Frauen sind kaum daran interessiert, etwas zu besitzen, seien es Objekte oder auch Geliebte. Wenn sie etwas besitzen, dann ist wahrscheinlich, daß es mit der Einstellung eines verständnisvollen Sammlers geschieht – der bereit ist, mit denen zu teilen, die die gleiche Neigung haben – und nicht mit der eines eifersüchtigen und vorsichtigen Hamsterers.

... Diese Menschen fasziniert das Unbekannte, es macht sie neugierig, es ängstigt sie nicht. Sie rechnen mit der Gefahr. Sie sind Starfleet auch wegen der Herausforderung beigetreten, die unerforschte Territorien bieten. In einer Krise werden sie im allgemeinen Spitzenleistungen vollbringen, anstatt unter dem Druck zusammenzubrechen.

... Normalerweise haben unsere Figuren keine Probleme mit ihrem Ego. Vermutlich wurden sie mit mehr Liebe und größerer Erfahrung großgezogen als wir, so daß sie zum größten Teil ohne die Schwierigkeiten und die Abwehrhaltung erwachsen werden konnten, die uns angeboren ist.

Die Erde selbst:

Lebensart und Aktivitäten auf der Erde des 23. Jahrhunderts liefern den gesellschaftlichen Kontext, in dem unsere Charaktere aufgewachsen sein sollen. Wie aber sehen sie aus? Wie verbringen die Menschen ihre Zeit in einer Welt, die die Probleme Hunger, Krankheiten, Krieg und Furcht nicht mehr kennt?

In unserer eigenen Zeit erleben wir, wie die Menschen, die ein ausreichendes Maß an materieller Sicherheit erreicht haben, damit beginnen, sich der Frage ihrer persönlichen Erfüllung zuzuwenden. Daher dürfen wir annehmen, daß die Hauptinteressen im 23. Jahrhundert persönliche Entfaltung, Lernen und Bewußtsein sind.

... Mannigfaltigkeit ist einer der Schlüssel. Durch sie wird die Menschheit des 23. Jahrhunderts mit Anreizen versorgt, aus denen man lernen und durch die

Gene Roddenberry strebte stets danach, viele der technischen Weiterentwicklungen in *Star Trek* auf den neuesten wissenschaftlichen Erkenntnissen basieren zu lassen. Da die wissenschaftliche Gemeinschaft sich von *Star Trek* angesprochen fühlte, erhielten Roddenberry und sein Produktionsteam Zugang zu einigen der Spitzenleute in unterschiedlichen Fachgebieten. Mit freundlicher Genehmigung von Jon Povill.

Paramount
A Gulf+Western Company

INTER-COMMUNICATION

TO: MARK TANZ **DATE:** AUGUST 8, 1977

FROM: GENE RODDENBERRY **SUBJECT:** VIEWING SCREEN EXPERTS

Dr. Marvin Minsky of M.I.T. Artificial Intelligence Laboratory has been a principal contact of ours in areas of computer read-out systems. He was enthusiastic about our series and our return to television and can be counted on to be helpful. His wife Gloria is a medical expert and is already doing some thinking for us on what types of equipment we might see in our futuristic sickbay.

Dr. Minsky suggests we might want to talk to Nicholas Negroponte, also at M.I.T., about 1000 line monitors which he uses in color graphics there and which is commercially available.

Minsky also recommends we get in touch with Alan Kay of PARC (Palo Alto Research Center) in Palo Alto, Calif. Kay is an expert on computer graphics, read-out systems and many other exciting uses of computers. If he is friendly and interested in our problems, you should probably consider a trip up there when you've acquired enough information here to be able to ask him the right questions.

In both cases above, Dr. Marvin Minsky allows us to use his name as a reference.

Gene Roddenberry

GR:ss

cc: Harold Livingston
Bob Goodwin
Matt Jefferies
Joe Jennings
Jim Rugg
Jon Povill

INTER-COMMUNICATION

TO: GENE RODDENBERRY | DATE: 9th August 1977

FROM: BOB GOODWIN | SUBJECT: Production Status Report

SET CONSTRUCTION

Work is continuing on stage 9 with construction of the Enterprise set. All frames and platforms have been built for the bridge. The plaster mold is almost complete and on Monday we will start casting the plastic skins. There are 12 sections. We will cast 12 skins plus 6 extras. By tomorrow we will have a lay-out on the stage floor for the corridor and by the beginning of next week we will start framing and constructing the corridor walls. Joe Jennings has worked out most of the design problems of the engineering room and has started working on drawings which will be ready for you to see by the end of the week. Having turned over the engineering room to John Cartwright, Joe is now beginning design work on other rooms, the transporter room, recreation room, medical complex etc.

The plan now for stage 8, which will be used as the planet set is to put in the ground row and the backing, but to leave the dirt out until we see if we need that stage space for any extra sets that might be needed for our first show.

CONSOLES & INSTRUMENTATION

Joe now has drawings of the weapons defense station, which are ready for you to see. Once he gets your approval, he will put working drawings out and we can start construction on that particular station. By Thursday he will have several sketches of proposals for the consoles on the other stations.

Mark Tanz, along with Jim Rugg is doing research into various computers and instrument panels etc., which can be used in conjunction with these consoles.

SKETCH ARTIST

We have interviewed Bob McCall, a well-known artist who's worked extensively for NASA. This afternoon we'll be interviewing Mike Minor as two possible candidates for sketch artists to be brought in to work on concepts for the orbital space dock and the 70 km space ship, which will be used in our first two hour show. Whomever we hire will work under the auspices of Joe Jennings, but specifically on those elements that would be going into the two-hour, in order to free Joe to concentrate the work for our on-going sets.

OPTICALS

We have been in discussion with Richard Roberts, who is an expert in the use of an analog computer. Possibly, we can use his services to create computer-type readouts for graphic displays for our bridge and other parts of the Enterprise. At the moment we have to look into the economic feasibility of the use of such a computer, and the advantages and disadvantages in terms of weekly on-going production.

Although our production department is making every effort to secure qualified help, the man-power situation is still extremely difficult. We are still trying to find another set designer. Hopefully, we will be able to secure one in the next day or two.

RWG/hb
cc: Michael Eisner
Arthur Fellows
Terry Keegan
Harold Livingston
Gary Nardino
Jon Povill ✓
Bob Rosenbaum
Susan Sackett

Einer der ersten Statusberichte über die Produktion von Robert Goodwin, der heute ausführender Produzent der erfolgreichen Science Fiction-Serie *The X-Files* ist. Mit freundlicher Genehmigung von Jon Povill.

man wachsen kann. Die Unterschiede zwischen den Menschen sind eine Quelle der Abwechslung, nicht der Bedrohung.

... Kurzum: Aus der Erde ist eine Welt geworden, die zugleich Spielplatz und lebende Bibliothek ist. Ein Ort, an dem die Menschen jede Aktivität erleben können, der sie um ihrer selbstgewählten Entwicklung als Individuen willen nachgehen wollen. Und wenn der einzelne einen noch größeren Anreiz benötigt, als die Erde ihm bieten kann, dann gibt es für ihn immer noch den ›Weltraum, die letzte Grenze‹ – was uns im übrigen etwas über die Menschen mitteilt, die die Crew des *Raumschiffs Enterprise* bilden.

Während die Arbeit an der inoffiziell bereits abgesetzten Serie weitergeführt wurde, konzentrierte sich Gene Roddenberry auf die Geschichte ›In Thy Image‹. Seine ersten Anmerkungen für Alan Dean Foster datieren vom 9. August. Darunter befanden sich auch die folgenden Kommentare, die zeigen, daß Roddenberry darauf achtete, den *Star Trek*-Charakteren und dem Handlungsumfeld treu zu bleiben.

... Zu Anfang Deines Exposés erreichen wir einen Punkt, wo sie feststellen, daß das Ding, das sich auf die Erde zubewegt, anders als die meisten Meteore <u>nicht</u> aus Nickel und Eisen besteht, sondern sich aus einer Verbindung verschiedener chemischer Kombinationen zusammensetzt, die auf Veredelungstechniken hindeutet. Trotzdem läßt Du Kirk den Befehl erteilen, die Photonentorpedos für ein massives Sperrfeuer vorzubereiten. Es stimmt zwar, daß Du dieses Sperrfeuer nicht Wirklichkeit werden läßt, aber Kirk allein so weit gehen zu lassen, paßt nicht zu unserem Captain und unserem Schiff. Unser Captain wird nicht ein Objekt zerstören, dessen komplexe chemische Verbindungen auf Veredelungstechniken hindeuten. Er würde es auch nicht zerstören, weil es wie ein Meteor aussieht. Beim ersten Anzeichen auf die veredelten chemischen Verbindungen würde Kirk befehlen, die *Enterprise* auf Parallelkurs zu bringen, während die Sensoren den rätselhaften Fremden gründlich untersuchen.

Sollte sich das mysteriöse Objekt so nahe an der Erde befinden, daß der Beschuß mit Photonentorpedos unvermeidbar wäre, dann würde Kirk persönlich sehr darunter leiden, es zerstören zu müssen, bevor man es gründlich untersuchen kann. Wäre dies unsere Richtung, dann wäre in diesem Moment diese persönliche Qual das zentrale Handlungselement.

Jede STAR TREK-Geschichte, der zugestimmt worden ist, würde es außerdem verlangen, daß erwähnt werden müßte, ob die <u>Traktorstrahlen</u> des Schiffs in der Lage sind, das Objekt aus seiner Flugbahn in Richtung Erde zu bringen. Das letzte, was unsere Leute machen würden, wäre, <u>irgend etwas</u> einfach zu zerstören. Unser optimistisches Zukunftsbild setzt bereits voraus, daß unsere Helden der Zukunft daran glauben, daß alle Dinge eine gewisse ökologische Heiligkeit besitzen, auch wenn es sich nur um große, alte Meteore handelt.

Irgendwo im Verlauf unserer Geschichte wird Kirk etwas über diese maschinelle Lebensformen in Erfahrung bringen müssen. Ist es möglich, daß sich Kirk und die anderen in das Innere dieser fremden Lebensform beamen können, ohne bemerkt zu werden? Da dieses Wesen keine organischen Lebensformen kennt, hat es möglicherweise nie für erforderlich gehalten, sich vor einem derartigen Eindringen zu schützen.

... Es wäre höchst aufregend, wenn ein Teil unseres Wettstreits den typischen Spitzenmenschen (Kirk) gegen eine typische maschinelle Spitzenlebensform antreten lassen würde. Kirk ist das Produkt der Menschheitsgeschichte, das fremde Schiff ist Produkt der Geschichte seiner Maschinenrasse. Ein faszinierender Wettstreit.

Roddenberrys Anmerkungen greifen auch ein Problem in der Handlung auf, das die vielen am Drehbuch mitwirkenden Autoren monatelang verfolgen sollte: *Warum* macht die fremde Lebensform das, was sie macht?

Es ist schwer vorstellbar, daß das große Schiff zurückkehrt, um den Leichnam seines ›Gottes‹ nach Hause zu bringen. Warum macht es das? Mir scheint es glaubhafter, wenn die Maschine nach der legendären Heimat ihres ›Gottes‹ sucht. Eine Beerdigungsfeier ist keine sehr aufregende Sache, anders aber eine Suche nach der Heimat eines Gottes.

Was geschieht auf der Erde, wenn die große Maschine dort angekommen ist? Ich finde, wir sollten irgendeine große Gefahr für unsere Planeten einbeziehen.

Wir haben über Pioneer 10 gesprochen und über die Vorteile, eine spätere NASA-Sonde zu benutzen.

Wir haben auch über das Problem gesprochen, daß wir ein ›Schwarzes Loch‹ oder irgend etwas anderes benötigen, um die NASA-Sonde innerhalb kürzester Zeit viele tausend Lichtjahre von der Erde fortzubringen.

Wir haben auch über die Tatsache gesprochen, daß auf der *Enterprise* kein Vulkanier-Androide geschaffen werden kann. Wenn wir die Fähigkeit besäßen, derart effiziente Androiden zu erschaffen, würde sich das auf zu viele Dinge in unserer gesamten Serie auswirken.

Alles in allem lassen sich unsere Probleme mit der Handlung auf den Punkt reduzieren, daß wir einfach nur unsere fremde Maschine besser kennenlernen müssen. Ihre Fähigkeiten, Grenzen, Motive, Bedürfnisse und so weiter. Mit dieser Erkenntnis sollte es viel einfacher sein, eine Geschichte aufzubauen, die stetig an Aufregung und Gefahr (für das Raumschiff <u>und</u> für die Erde) zunimmt, um einen sehr aufregenden und befriedigenden Höhepunkt zu erreichen.

Bis zum 16. August hatte sich Harold Livingston mit fast dreißig Autoren getroffen, sich ihre Ideen angehört und sieben von ihnen – neben Alan Dean Foster – den Auftrag gegeben, Ideen auszuarbeiten. Unter diesen sieben befand sich auch die Science Fiction-Größe Theodore Sturgeon – er hatte für die Originalserie ›Shore Leave‹ und ›Amok Time‹ geschrieben. Andere Autoren, die eine Verbindung zu *Star Trek* hatten und um einen Termin für ihre Ideenpräsentation baten, waren zu der Zeit unter anderem Walter Koenig und David Gerrold.

In diesem Wust von kreativer Aktivität auf der Seite der Produktion, die sich mit dem Schreiben befaßte, machten sich die ersten Anzeichen für Konflikte bemerkbar. Zwar hatte Alan Dean Foster eine Geschichte vorgelegt, die jedem gefiel, doch hatte er seinen Auftrag direkt von Roddenberry erhalten – Harold Livingston war nicht hinzugezogen worden, obwohl das in seine Zuständigkeit fiel. Livingston hielt Foster zwar für vielversprechend, war aber nicht davon überzeugt, daß der junge Autor ausreichend Erfahrung besaß, um den ungeheuer wichtigen zweistündigen Pilotfilm zu schreiben.

Zudem machte sich Livingston immer noch mit *Star Trek* vertraut und mußte auf Jon Povills Wissen über die Serie bauen, um eine Entscheidung zu treffen, wann eine *Star Trek*-Geschichte gut war. Livingston wollte Povill zum Redakteur von *Phase II* machen, aber Roddenberry war vehement gegen diese Beförderung. Er hatte Povill als seinen Assistenten schätzen gelernt und wollte nicht dessen Dienste verlieren, weil dieser die zeitraubenden Aufgaben eines Redakteurs wahrnahm.

Auf der Produktionsseite der Serie wurde die Arbeit in den Bereichen fortgesetzt, die etwas mit dem noch nicht verkündeten Kinofilm zu tun haben konnten. Wie die vorbereitenden Entwürfe in diesem Buch erkennen lassen, wurde die kostspielige Idee, die Crewuniformen umzugestalten, erst genehmigt, nachdem Robert Wise als Regisseur des Kinofilms unterschrieben hatte. Bis dahin wurden aus Gründen der Kostenersparnis die Originalkostüme wiederverwendet.

Zu diesem Zweck schrieb Kostümdesigner William Ware Theiss am 23. August folgenden Bericht:

Ich möchte nicht die Kreativität abwürgen, aber es sollte daran gedacht werden, daß es hinsichtlich der Garderobe und der Statisten gewisse Budgetprobleme gibt. Statisten an sich bedeuten schon Mehrkosten, aber es sollte auch daran gedacht werden, daß neben der Gage für die Statisten Außerirdische und Planetenbewohner üblicherweise teurer sind, da mit ihnen oft Interviews vor den Dreharbeiten verbunden sind, um bestimmte Größen und/oder Gesichtstypen auszusuchen. Sie bedeuten im allgemeinen auch jeden Morgen am Set zusätzliche Ausgaben für Garderobe, Make-up und Frisuren, was außerdem auch zu höheren Kosten in diesen Abteilungen führt.

Ich möchte nochmals betonen, daß der vorangegangene Hinweis keinen Eingriff in die Kreativität von Autor oder Regisseur darstellen soll. Viele unserer erfolgreichsten Episoden waren gerade die, in denen optisch aufregende ungewöhnliche Außerirdische oder Planetenbewohner zu sehen waren. Denkt nur einfach daran, daß sie zusätzliche Kosten verursachen, die irgendwo anders wieder hereingeholt werden müssen.

Über die Kostüme im allgemeinen kann folgendes gesagt werden:

Wir haben diese Vorräte:

1. Die Standarduniform, die den größten Teil der Crewbekleidung an Bord des Schiffs ausmacht (Schauspieler und Statisten). Diese Uniformen können für Crews auf anderen Raumschiffen und auf Raumstationen verändert werden (durch andere Verzierungen).

2. Einen deutlich kleineren Vorrat an Galauniformen, die bei förmlichen militärischen und auch gesellschaftlichen Anlässen getragen werden, z. B. bei Gerichtsverfahren, beim Wechsel des Kommandos, bei Beerdigungen, Hochzeiten, Bar-Mizwas und bei Botschaftsangelegenheiten.

3. Einen sehr kleinen Vorrat an technischen Geräten und Freizeitkleidung, die von Statisten oder von Schauspielern getragen wird, die auf dem Schiff oder anderswo mit ungewöhnlichen Aufgaben beschäftigt sind.

4. Es gibt so gut wie keinen Vorrat an Zivilkleidung. Die Kostüme für alle Zivilisten (männlich und weiblich) in den Geschichten müssen von Grund auf neu hergestellt werden, ob sie sich nun auf dem Schiff oder auf einem Planeten befinden. Zivilkostüme sind bei *Star Trek* üblicherweise optisch aufregend und bleiben gut in Erinnerung. Wenn sie das nicht sind, wird sich das Publikum betrogen und enttäuscht fühlen. Aus diesem Grund ist es für uns praktisch unmöglich, alte Kostüme eines Schauspielers aus der einen Episode in einer anderen auch nur von einem Statisten tragen zu lassen. Diese Kostüme benötigen für die Herstellung viel Zeit, so daß Besetzungen in letzter Minute zu Produktionsverschiebungen führen werden. Diese Kostüme kommen nicht von der Stange. Selbst eine futuristische Jeans darf nicht exakt so aussehen wie die Version des 20. Jahrhunderts. Wenn ihr in einem Drehbuch ein Kostüm beschreibt, solltet ihr bedenken, daß eine zu präzise Beschreibung unter den folgenden Situationen ignoriert werden wird:

1. entscheidende Anforderungen, die sich nach dem Schauspieler richten, der schließlich die Rolle erhält;

2. Verfügbarkeit der Materialien am Markt;

3. Farben und andere optische Eigenschaften, die durch das Set vorgegeben werden.

Jedoch ist jede allgemeine Beschreibung willkommen, die dabei hilft, die wesentlichen Eigenschaften einer bestimmten Zivilisation oder die emotionalen oder Charaktereigenschaften einer bestimmten Figur darzustellen.

Ende August waren die Vorbereitungen in vollem Gange. Der Rahmen für die komplett neue Brücke war fertiggestellt, die erste der Fiberglas-›Häute‹ für die runde Wand war gegossen worden. Auch die Wände für das Quartier des Captains und für die Korridore sowie für das sich über zwei Ebenen erstreckende Set des Maschinenraums waren konstruiert worden. Wenn erst einmal der durchsichtige Zwischenboden eingezogen war, konnten auch diese Wände in Position gebracht werden.

An den Details der Instrumentenkonsolen arbeitete Lee Cole. Joe Jennings Entwürfe für den Besprechungsraum waren auf dem Weg zur Fertigstellung. Mike Minor arbeitete eifrig an der Konzeptzeichnung für das ›Weltraumbüro‹ und für das siebzig Kilometer lange außerirdische Schiff, das schließlich den Namen V'Ger erhalten würde.

Die *Enterprise* wurde bei Magicam gebaut.

Regisseur Robert Collins hatte unterschrieben, um bei ›In Thy Image‹ Regie zu führen und mit den Testaufnahmen für die Auswahl der Besetzung der Rollen Xon, Decker und Ilia zu beginnen.

Und so wie in der Vergangenheit war die Luft- und Raumfahrtindustrie bereit, *Star Trek* auf jede erdenkliche Weise zu helfen.

Robert Goodwin schrieb in seinem Statusbericht zur Produktion vom 31. August:

Montag: Mark Tanz hat Joe Jennings, Lee Cole und mich zum Mittagessen und zu einem Brainstorming bei McDonnel/Douglas mitgenommen. Wir haben uns mit einigen ihrer Wissenschaftler und Ingenieure unterhalten, die Spitzenleute auf dem Gebiet fortschrittlicher Technologien sind. Wir sind auf einige interessante neue Konzepte und Ideen gestoßen, die Joe und Lee in ihrer Designarbeit verwenden werden. Bei McDonnel/Douglas stehen uns jederzeit alle Türen offen. Man wird uns mit großer Freude jede Frage beantworten, die sich für uns ergeben könnte. Sie setzen alles daran, uns ihre Leute zur Verfügung zu stellen.

Obwohl der August das Ende von *Phase II* mit sich gebracht hatte, schritt die Arbeit an *The Motion Picture* voran – was aber nur wenige wußten.

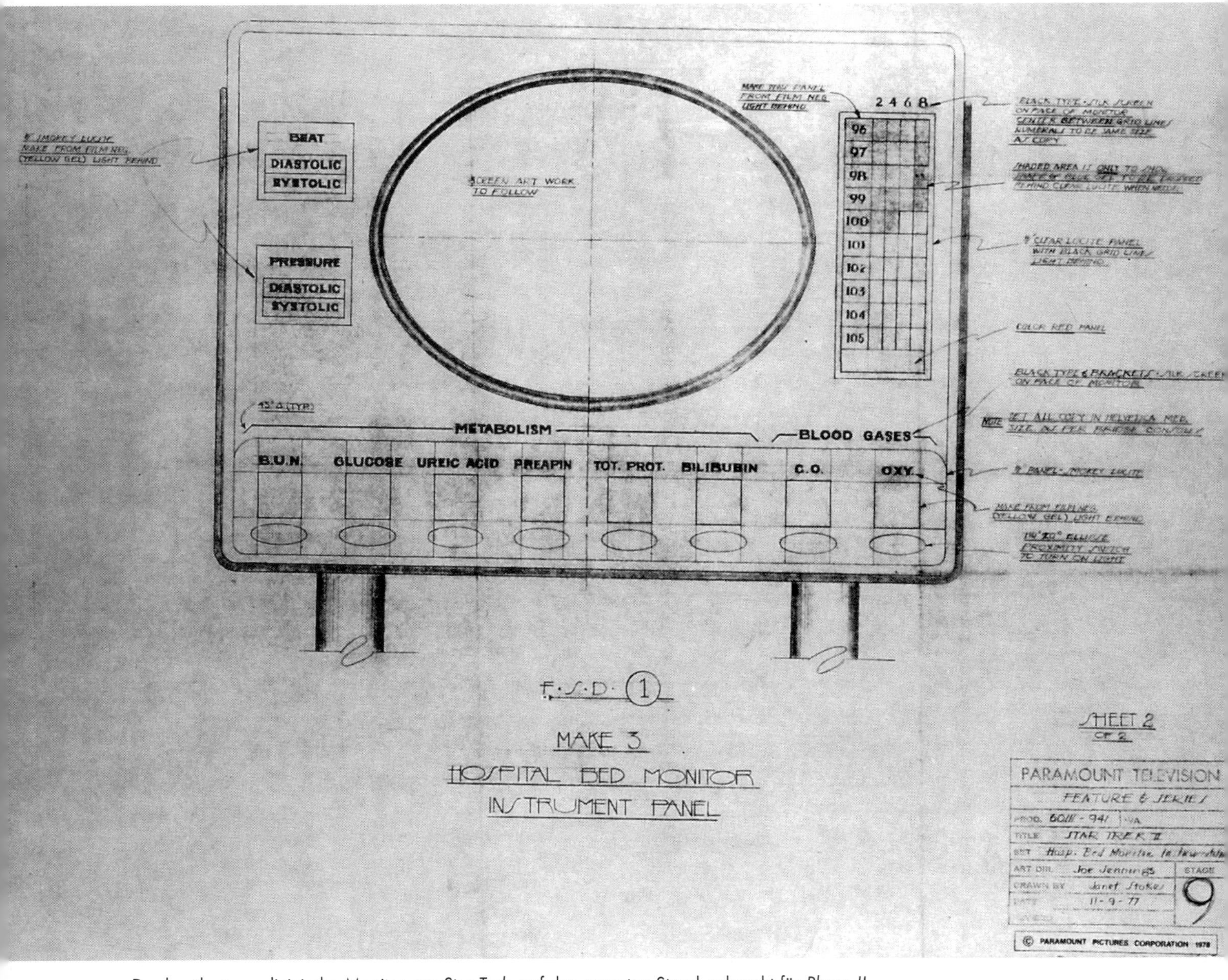

Der berühmte medizinische Monitor aus *Star Trek*, auf den neuesten Stand gebracht für *Phase II*.
Mit freundlicher Genehmigung von Paramount Pictures.

KAPITEL 5

SEPTEMBER

Einer der Höhepunkte im September war der 12. des Monats, als verkündet wurde, daß William Shatner sich verpflichtet hatte, als Captain Kirk zurückzukehren. Obwohl über die wesentlichen Punkte seines Vertrags bereits bei der Pressekonferenz Einigkeit bestanden hatte, war doch so viel Zeit vergangen, um den Vertrag wirklich abzuschließen. Bedenkt man die Komplexität der anderen Vereinbarungen, die für den Kinofilm erst noch ausgehandelt werden mußten, verwunderte es nicht, daß das Studio darauf beharrte, Neuigkeiten über den Film nur in der obersten Führungsebene verlauten zu lassen.

Auf der Produktionsseite von *Phase II* wurde die Arbeit an den Sets fortgesetzt, die für den Film so notwendig sein würden wie für die Serie. In seinem Statusbericht vom 8. September schrieb Robert Goodwin an Gene Roddenberry:

Konstruktion der Sets

Bislang haben wir fünf ›Häute‹ für die Brückenabschnitte fertiggestellt, bis zur nächsten Woche werden alle zwölf Häute fertig sein. Sie sind besser, als wir erhofft hatten. Das einzige mögliche Problem besteht in einem Echoeffekt in einigen Abschnitten des Sets, aber Joe Jennings hat bereits mit Glen Glenn Sound vereinbart, das Set zu besprechen und sämtliche Probleme dieser Art vor Produktionsbeginn auszuräumen.

Im Maschinenraum sind die Stahlarbeiten beinahe abgeschlossen. Decken und Böden sind fast fertig, heute werden die Wände eingesetzt.

Die Zeichnungen für den Besprechungsraum sind abgeschlossen, mit der Konstruktion des Rohbaus wird nun begonnen. Die Zeichnungen für die Krankenstation kommen voran, Joe wird sie Dir bald zur Abnahme vorlegen. In Verbindung mit der Krankenstation wird Joe mit Mark Tanz eine Recherche auf dem Gebiet medizinischer Ausrüstung und Einrichtungen koordinieren.

Das Gerüst für den Transporterraum befindet sich im Bau. Mike Minor wird Dir in Kürze Skizzen für das neue Aussehen des Transporterraums zur Abnahme vorlegen.

Modelle

Mike Minor hat die verschiedenen Ansichten des orbitalen Raumdocks abgeschlossen und sie an Magicam übergeben. ... Mike Minor und Joe Jennings arbeiten jetzt an den Konzeptzeichnungen für das Büro am orbitalen Raumdock. [*Daraus sollte später die Reisekapsel werden.*] Gegenwärtig arbeiten sie an einem Konzept, das auf Pentaedern basiert, die zu einer Modulform zusammengesetzt werden können, die aber auch abgetrennt und als kleine Shuttles verwendet werden können. Wenn er diese Arbeit abgeschlossen hat, wird Mike sich mit den Feinarbeiten und zusätzlichen Konzepten des fremden Raumschiffs beschäftigen.

Zwar sollten Geld und Arbeit, die in die Sets und die Modelle investiert wurden, um den Eindruck zu wahren, daß eine Serie vorbereitet wurde, letztlich dem Kinofilm zugute kommen – zumindest war das die Planung –, aber zugleich mußte an dreizehn Episoden gearbeitet werden, die nie verwirklicht werden sollten.

Hier fand sich auch einer der Nachteile in Roddenberrys Absicht bei der Planung, *Star Trek* als Serie zurückkehren zu lassen: die Vorstellung, alle Episodendrehbücher könnten bereits geschrieben sein, bevor auch nur eine Episode verfilmt worden war.

Als Roddenberry sich zu dieser Vorgehensweise entschloß – was zu einer Zeit geschah, als *Phase II* noch in Produktion gehen sollte –, konnte er argumentieren, daß die neue Serie der alten ähnlich genug sein würde, damit die Autoren das Flair der alten Serie problemlos erfassen konnten.

Wie der Entstehungsprozeß jedoch zeigt, sollte *Phase II* sich von der alten Serie unterscheiden. Zehn Jahre waren seitdem vergangen, das Fernsehpublikum war reifer geworden. Die Zensoren waren etwas toleranter geworden. Dadurch öffnete sich die Tür für neue Themen und Forschungsmissionen der *Enterprise*. Außerdem war die vertraute Besetzung um drei neue Charaktere erweitert worden; eine Rolle hatte man gestrichen, wodurch sich die Beziehungen der Crew untereinander radikal veränderten.

Im typischen Produktionsablauf einer Fernsehserie wurde vor allem in den siebziger Jahren eine Pilotepisode gedreht, lange bevor die Produktion der Serie begann. Auf diese Weise hatten die Autoren, die die ersten Episodenaufträge erhielten, die Gelegenheit, sich anzuhören, wie die Figuren sprachen, und zu erfahren, welches Tempo die Serie aufwies und wie die Sets aussahen.

Ohne einen produzierten Pilotfilm für *Phase II* konnten die Autoren ohne Schwierigkeiten die bekannten Persönlichkeiten von Kirk und McCoy sowie deren Art zu sprechen wiederaufleben lassen. Aber wie sollten sie wissen, wie Xon sich anhören würde? Wie sollten sie verstehen können, wie Ilia sich gegenüber Sulu verhalten würde? Und wie konnten sie sicher sein, daß die geplante Vater-Sohn-Beziehung zwischen Kirk und Decker von den betreffenden Schauspielern auch so umgesetzt wurde?

Wegen des gemeinschaftlichen Prozesses, der für das Fernsehen typisch war, konnte keine dieser Beziehungen allein aus den Seiten des Drehbuchs heraus entstehen. In einer laufenden Serie spielen die Akteure eine wichtige kreative Rolle dabei, wie sich ihr Charakter definiert und wie er sich später entwickelt. Die Autoren und Produzenten, die diese Verfeinerungen sehen, arbeiten in die neuen Drehbücher das ein, was sie bei den Schauspielern gesehen haben.

Das Triumvirat der Originalserie – Kirk, Spock und McCoy – entstand nicht aus der Beschreibung des Writer's Guide für die Serie. Vielmehr sprang der Funke zwischen Shatner, Nimoy und Kelley in einigen frühen Episoden über und wurde von den Autoren bemerkt, die dieses Zusammenwirken vertieften.

Ein anderes Beispiel für die Weiterentwicklung eines Charakters ist Spock, der in ›The Cage‹ mit einem erfreuten Lächeln reagierte, als er eine musikalische Pflanze entdeckte. Oder die Art, wie er seine Stimme in ›The Corbomite Maneuver‹ anhob. Die gleiche Episode war es aber auch, die dem Regisseur Joseph Sargent half, die Rolle des Spock zu verfeinern. Er schlug nämlich Nimoy vor, beim erschreckenden Anblick des Außerirdischen Balok auf dem Bildschirm nicht mit der im Drehbuch geforderten Angst zu reagieren, sondern nur mit einem einzigen Wort: »Faszinierend.«

Es dauerte bis zur Mitte der ersten Season der Originalserie, ehe Nimoy die richtige Darstellung seiner Rolle gefunden hatte – ein Prozeß, der monatelanges Experimentieren und die Mitwirkung vieler Autoren und Regisseure erfordert hatte.

Es war zwar effizient, alle *Phase II*-Drehbücher gleichzeitig in Auftrag zu geben. Damit schuf Roddenberry aber auch Barrieren für alle diejenigen, die etwas Kreatives zur Serie beisteuern sollten, wurden sie doch auf diese Weise von dem laufenden Prozeß ausgeschlossen. Als Folge davon ist in allen endgültigen Drehbüchern für *Phase II* – die zwar in jedem Fall noch weitere Überarbeitungen durchgemacht hätten, wäre die Serie in Produktion gegangen – eine unscharfe Darstellung der Figuren erkennbar. Die Autoren tappten bei ihrer Arbeit im dunkeln.

Harold Livingston erging es nicht besser.

»Ich hatte von *Star Trek* eine andere Vorstellung«, sagt er. »Ich wollte die Serie etwas anpassen, um mehr Leute anzusprechen. Und ich glaubte einfach nicht an den ›Kult‹.« Der ›Kult‹ ist der Begriff, mit dem Michael Eisner und Harold Livingston die loyalsten und hartgesottensten *Star Trek*-Fans bezeichneten. In den Siebzigern gab es nur wenige Serien, die eine so treue Gefolgschaft vorweisen konnten. Die Produzenten waren manchmal etwas beunruhigt darüber, wie ernst diese Zuschauer ihre Arbeit nahmen.

Livingston wollte die *Star Trek*-Fans nicht vergraulen, er war lediglich der Ansicht, daß eine Entwicklung von Episoden nur für die Fans das ansprechende Element der Serie einschränkte. Im September 1977 war er mehr als zuvor der Ansicht, daß der Schlüssel, mit dem das Publikum erreicht werden konnte, bei Jon Povill lag, der nicht nur *Star Trek* kannte, sondern auch ein Gefühl für gute Geschichten hatte.

An diesem Punkt wurde die unterschwellig brodelnde Beziehung zwischen Roddenberry und Livingston weiter angeheizt.

Zuerst war da die anhaltende Meinungsverschiedenheit über Alan Dean Foster und dessen ›In Thy Image‹. Trotz Roddenberrys Protest weigerte sich Livingston, Foster den Drehbuchauftrag zu geben. Angesichts des auf den 1. November festgelegten Beginns der Hauptdreharbeiten für den Pilotfilm wurde ein Drehbuch dringender denn je.

Der Druck, der auf Livingston lastete, wurde auch dadurch nicht erleichtert, daß seine erste Wahl für das Drehbuch – Steven Bocho – nicht verfügbar und die zweite Wahl – Michael Cimino – nicht interessiert war.

Das auslösende Moment für den kommenden erbitterten Streit zwischen den beiden Männern war Jon Povill.

Povill war zwar immer noch Roddenberrys ›Assistent‹, war aber bei vielen Gesprächen anwesend, die Livingston mit erwartungsvollen Autoren führte. Ein Autor, Jaron Summers, hatte eine Geschichte vorgelegt, die Livingston ablehnen wollte, bis Povill einen neuen Ansatz vorschlug. Als Summers eine erste Fassung seines Drehbuchs – ›The Child‹ – einreichte, die er mit diesem neuen Ansatz geschrieben hatte, erteilte Livingston Povill den Auftrag, diese Fassung umzuschreiben, um sie den Anforderungen der Produktion anzupassen.

Povills Arbeit an diesem Drehbuch (das am Ende von Teil vier in diesem Buch komplett abgedruckt ist) war für Livingston der ausschlaggebende Faktor. Der junge Autor verdiente es, Redakteur zu werden. Doch Livingston erinnert sich: »Gene sagte nein, er sei noch nicht soweit. Also sagte ich Gene, daß er sich einen anderen Produzenten für die Serie suchen könne, wenn Jon nicht Redakteur wurde – ich würde aussteigen. Aus irgendeinem Grund fühlte sich Gene eingeschüchtert und gab nach. Er hat mir das nie verziehen«, fügt Livingston mit einem trockenen Lachen an.

Die weitere Eskalation in der Planungskrise um ›In Thy Image‹ wurde in Livingstons Drehbuchstatus-Bericht vom 8. September offenbar.

> William Norton wurde geholt, um die zweistündige Eröffnungsepisode zu schreiben. Am Dienstag, dem 5., nahm Norton mit mir Kontakt auf, um mir zu sagen, daß er lange mit sich gerungen habe und zu dem Schluß gekommen sei, er könne kein ordentliches *Star Trek*-Drehbuch schreiben. Das wirft uns zwar in unserer Zeitplanung beträchtlich zurück, aber ich glaube, daß seine Ehrlichkeit, Offenheit und professionelle Einstellung letztlich für uns von Vorteil sein werden. Ich persönlich bin der Ansicht,

dies untermauert meine Theorie, daß es für die meisten Autoren extrem schwierig ist, ein *Star Trek*-Drehbuch zu schreiben, wenn sie sich nicht für einige Zeit völlig darin vertieft haben. Geschichten für *Star Trek* machen eine besondere Behandlung notwendig; die Autoren müssen wirklich mit den Nuancen, den Charakterisierungen und zahlreichen Besonderheiten vertraut sein, die die *Star Trek*-Geschichten so einzigartig machen.

Es erübrigt sich zu sagen, daß wir uns in einer ernsten Situation befinden, die an eine Krise grenzt. Wenn wir das Produktionsdatum 1. November einhalten wollen, müssen wir allerspätestens am 1. Oktober ein Drehbuch vorliegen haben. Wir haben wieder und wieder die Namen der Autoren geprüft, die qualifiziert sind, diese erste Episode zu schreiben. Wir haben schließlich folgendes Notfallprogramm vorgeschlagen: Ich begebe mich in Klausur, um in zwei oder drei Wochen eine erste Drehbuchfassung zu schreiben. Diese erste Drehbuchfassung wird von Gene Roddenberry umgeschrieben.

Wir sind der Ansicht, daß wir diese Maßnahmen ohnehin werden ergreifen müssen. Außerdem würde es uns sehr viel wertvolle Zeit kosten, jetzt noch einen anderen Autor zu beauftragen. Zeit, die wir uns einfach nicht leisten können, wenn wir den Termin 1. November einhalten wollen. Wir haben diesen Vorschlag in der Chefetage vorgelegt und warten zur Zeit auf eine Antwort. Wir sind der Ansicht, daß dies die einzige realistische Lösung ist. Und wir sind davon überzeugt, daß sie zur vollen Zufriedenheit ausfallen wird. Dieser Schritt ist uns nicht leichtgefal-

cc: B. Goodwin
J. Povill
N. Spinrad

INTER-COMMUNICATION

TO: HAROLD LIVINGSTON **DATE:** SEPT. 13, 1977

FROM: GENE RODDENBERRY **SUBJECT:** NORMAN SPINRAD STORY

This story has exciting possibilities. As Spinrad probably realized when he said he needed "a little input", the tale needs a little straight lining on who wants what and why. Once this is solved or at least made clearer, then a script should give us some great insights into our main characters, i.e. dealing with what tempts each of them the most. What is Kirk's secret desire? Same for all the others. Although not similar, we went this direction in the first season script "The Naked Time" in which all crew members caught a mysterious virus which reduced them to doing what they most wanted to do. (This was where Sulu first became a swordsman).

Suggest that what they have run into is a kind of mental "spider web" left by a race that knew it was dying. They knew that one day, even if it was millions of years away, some starship would have to wander through this part of the galaxy and could be tempted into the trap. Point of the trap is, of course, to provide living bodies in which the consciousness of the race can reside again. The 430 living bodies of the Enterprise will carry the other racial consciousnesses that inhabit the billions of bodies in the Federation. Today the Federation; tomorrow the galaxy!

Lots of decisions to make here, of course. Are these really <u>bad</u> guys? In that case, we can destroy their computer and their computer bank of billions of consciousnesses. Or, maybe they are worth saving and some alternate way is found to give them a shot at life again.

Either way, I think Norman is a writer who can do this with style and class.

Also, since dictating the last lines, have talked to Spinrad in New York by telephone. He agrees with most of what I have dictated above and I have told him he has a story assignment in which he will make it either a total shipboard story or mainly a shipboard story with the non-ship part of the story something we can shoot without going onto our planet stage. Please put through the necessary deal memos on Spinrad.

Gene Roddenberry

GR:ss

Die erste *Star Trek*-Serie hatte sich den Ruf geschaffen, einige der besten Science Fiction-Autoren jener Zeit präsentieren zu können. *Phase II* sollte diese Tradition fortsetzen. Dieses Memo zeigt Gene Roddenberrys enthusiastische Anmerkungen zu einer Geschichte und einem Drehbuch, das Norman Spinrad schreiben sollte, ein angesehener Science Fiction-Autor, der für die Originalserie ›The Doomsday Machine‹ geschrieben hatte. Spinrads Geschichte ›To Attain the All‹ wird in Teil vier dieses Buchs nacherzählt. Mit freundlicher Genehmigung von Jon Povill.

len, aber wir glauben nicht, daß wir ihn nicht hätten vermeiden können. Uns blieb keine andere Wahl, als auf diese Weise vorzugehen.

Da Livingstons Vorschlag, die erste Drehbuchfassung von ›In Thy Image‹ selbst zu schreiben, dazu führen würde, daß er zu Hause arbeiten mußte, um jede Ablenkung zu vermeiden, war Jon Povills formelle Beförderung zum Redakteur für die Entwicklung der übrigen Drehbücher entscheidend.

In seinem Statusbericht vom 20. September über die Autoren schrieb Livingston:

> ... Die ›Notfall‹-Situation, mit der wir uns konfrontiert sehen, zwingt uns insofern dazu, langsamer voranzukommen, da ich mit dem Verfassen des Drehbuchs beschäftigt und daher nicht in der Lage bin, meine gesamte Zeit der Entwicklung anderer Geschichten zu widmen. Jon Povill hat sich jedoch auf diesem Gebiet als sehr hilfreich erwiesen und hält alles im Lot, bis ich diesem Bereich wieder meine volle Aufmerksamkeit widmen kann.
>
> Die Drehbuchsituation stellt sich so dar, daß ich vorsichtig davon ausgehe, eine erste Drehbuchfassung spätestens am 4. Oktober abzuliefern. In der Zwischenzeit beschäftigt sich Gene Roddenberry damit, das Treatment zu schreiben und mir jede fertige Seite zukommen zu lassen. Gegenwärtig halte ich das Drehbuch für sehr vielversprechend. Die optischen Effekte werden spektakulär sein und die ›Kino‹-Wirkung besitzen, die jeder sehen möchte. Wenn das Drehbuch zum vorgesehenen Zeitpunkt fertiggestellt werden kann, dann glaube ich nicht, daß wir Probleme haben werden, planmäßig in Produktion gehen zu können.

Wenn ein Mensch berühmte letzte Worte geschrieben hatte, dann hatte Livingston die ›Mutter aller berühmten letzten Worte‹ verfaßt.

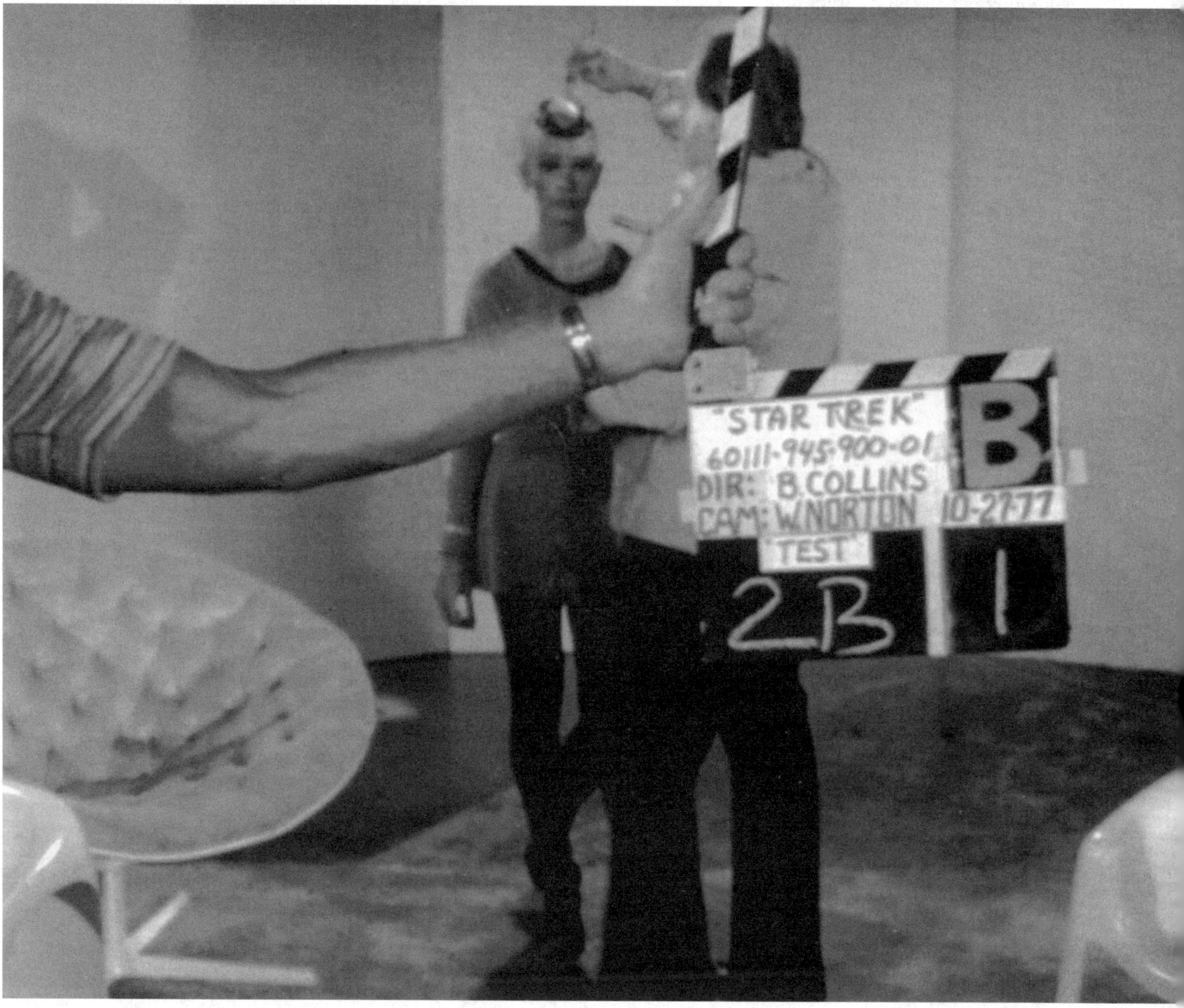

Am 27. Oktober 1977 setzte Persis Khambatta für Testaufnahme eine Plastikglatze auf. Sie erhielt die Rolle am nächsten Tag. Mit freundlicher Genehmigung von Paramount Pictures.

KAPITEL 6

OKTOBER

In der Geschichte der *Phase II* dauerte der Oktober 1977 vom 26. September bis zum 28. Oktober. Das erste Datum kennzeichnet den Tag, an dem David Gautreaux für die Rolle des Xon ausgesucht wurde, das zweite Datum den Tag, an dem Persis Khambatta die Rolle der Ilia erhielt. Und zwischen beiden Daten veränderte sich *Phase II* unwiderruflich, während Neuheiten über das Schicksal von *Star Trek* langsam an die Außenwelt drangen.

Wie sollte es auch anders sein.

Paramount war ein großes Studio, in dem Profis arbeiteten. Jeder kannte die Bedeutung der Planungen, der Sendetermine für Fernsehsendungen und der Premierentermine für Kinofilme. *Star Trek Phase II* verpaßte jeden gesetzten Termin, und niemand im Produktionsteam schien sich darüber Sorgen zu machen.

Es war eine schizophrene Situation. Was die Drehbücher anging, hatten einige Autoren schließlich sogar Monate Zeit, um für eine genehmigte Geschichte einen ersten Drehbuchentwurf vorzulegen. Und das in einer Branche, in der zu dieser Zeit zwei Wochen einen großzügigen Termin darstellten, eine Woche bevorzugt wurde und Bearbeitungen über das Wochenende nichts Ungewöhnliches waren.

Sets wurden zur Hälfte errichtet, um sie dann unvollendet zurückzulassen. An den Modellen der *Enterprise* und dem Raumdock wurde endlos herumgefeilt, dennoch blieben sie unvollendet. Und daß zum Ende des Monats die Hauptrolle des Commander Decker noch immer nicht besetzt war – obwohl am 28. November die Dreharbeiten beginnen sollten –, beunruhigte kaum.

Rückblickend ist die Erklärung offensichtlich.

Die Verantwortlichen an der Spitze sahen keinen Grund, das Produktionsteam zu drängen, um Termine für eine Serie einzuhalten, die ohnehin nicht gedreht würde. Warum sollte man Geld ausgeben für Überstunden und Eilzuschläge? Und die Leute weiter unten, die an Änderungsanweisungen von oben in letzter Minute gewöhnt und ständig überarbeitet waren, genossen dankbar den seltenen

Luxus zusätzlicher Tage in ihrer Planung, die sie nutzen konnten, um die Qualität ihrer Arbeit zu verbessern.

Und so schritt die Produktion einer Fernsehserie in fast entspannter Atmosphäre voran, während der wahre Druck auf Harold Livingston und Gene Roddenberry lastete, die kein Drehbuch für einen Pilotfilm, sondern für einen Kinofilm schreiben mußten.

Dieser Druck wurde mit der Zeit immer unbarmherziger, als der inoffizielle Termin für das Filmdrehbuch überschritten wurden. Livingstons Drehbuch, das am 4. Oktober vorliegen sollte, wurde erst am 21. Oktober komplett abgegeben.

Unterdessen arbeiteten diejenigen weiter, die sich im Produktionsteam auf den unteren Ebenen befanden. Jon Povill, der mit allen anderen den Wunsch für eine stärkere Geschlossenheit des *Star Trek*-Universums teilte, war bestrebt, eine Liste genehmigter Begriffe zusammenzustellen. Und wer konnte sie besser genehmigen als Gene Roddenberry persönlich?

Am 13. Oktober schickte Povill ein Memo an Roddenberry, in dem ihm zu jedem Punkt mehrere Antwortmöglichkeiten zur Verfügung standen. In dessen Einleitung kann man den gesunden Humor erkennen, der die Produktion trotz der hinter den Kulissen bestehenden Spannungen prägte.

Nachfolgend aufgelistet sind die Begriffe, die immer wieder miteinander verwechselt werden und oft abwechselnd verwendet werden. Da die endgültige Bestimmung darüber, was wann und wie benutzt werden soll, zu großen Teilen willkürlich ist, habe ich sie Dir in Multiple-Choice-Form zusammengestellt, damit

INTER-COMMUNICATION

TO: JON POVILL DATE: OCT. 13, 1977

FROM: GENE RODDENBERRY SUBJECT: FORCEFIELD TERMINOLOGY

Thank you for all the choices. Please prepare something on the following:

SCANNERS AND SENSOR SCANS -- These refer to the same thing, i.e. aiming a sensor device in an arc or circle to gather information in the direction (s) covered. Scanners is usually a shorthand way of referring to the ship's sensor scanners which are in constant, automated action almost all the time we are in starflight or orbit. They are connected to alarm devices which alert the starship crew certain kinds of danger is near. Its automated response can be set to be triggered by almost anything. As opposed to the term scanners, a sensor scan is usually used to indicate a specifically ordered scanning as opposed to the regular and automated ones. Same terms are used in about the same way on or off the vessel.

SENSOR READINGS -- are simply reference to the formation given to us by the above scanners or sensor scans.

FORCEFIELD SCREEN -- a defensive or protective field which envelops or surrounds a vessel, person or object. A forcefield screen can also be called simply a forcefield, still means the same thing. We never use the term forcefield shield as shield refers to a single plane of forcefield protection as opposed to protection which envelops or surrounds it. The forcefield (s) or forcefield of the Enterprise is constantly ready and automated when the vessel is in spaceflight or any orbit except home or a Federated planet. Like the scanners, it can be set to be activated by the approach of almost anything which the captain believes might be dangerous or worth isolating the ship from. The vessel's forcefields or forcefield screen(s) referred to as "up or down" and generally extend a full 360° around the vessel. When necessary, a section of the forcefield can be opened up to admit an object, a beam, allow a subspace message to go out or persons to be beamed in or out by the ship's transporters. This is only necessary when the forcefield screens are up full. You can transport through or communicate through the weak or moderate forcefield screens. Forcefield screens are usually the responsibility of the ship's helmsman.

2.

DEFLECTORS OR DEFLECTOR SHIELDS -- Another kind of vessel protection which are the responsibility of the weapons and armament officer or bridge position. Unlike a forcefield, a deflector shield does not surround the vessel. It is a single plane of protection as the term shield would indicate. Deflector shields can be many and thrown up in many directions and they generally suppliment the forcefield screens. If the forcefield screen is out of operation, the deflector shields supplant them . The deflector shields are the most powerful forcefields we have but the disadvantage of their being utilized in a single plane is that a clever enemy can get around them.

DEFLECTOR BEAM -- this is solely a navigational device. It is never referred to simply as a "deflector." It is the navigational beam which extends billions of miles of the travel of the starship, deflecting small space particles from the path of the starship or warning the starship of larger objects in the path in time for a very small directional change to be made.

Is this clear to you Jon? I've got the feeling I've used an awful lot of verbiage. In its simplist possible form, we should get this information into the writer/director's guide one of these days.

Gene Roddenberry

GR:ss

Gene Roddenberrys Antwort auf Jon Povills Bitte, die *Star Trek*-Terminologie zu vereinheitlichen, zeigt Roddenberrys Blick für Details, der dazu beitrug, die beeindruckende Glaubwürdigkeit des *Star Trek*-Universums zu schaffen, die bis heute anhält.
Mit freundlicher Genehmigung von Jon Povill.

Du das Kästchen ankreuzen kannst, das sich neben der Verwendungsmöglichkeit befindet, die Du haben möchtest. In dem Augenblick, da Du ein Kreuz machst, wird das zum neuen Gesetz im Star Trek-Universum werden. Aaah... Soviel Macht für einen einfachen Sterblichen oder Halbgott...

Roddenberry legte aber genauso großen Wert auf die kleinen Details in *Star Trek* wie auf die breiter gefaßten Bereiche der Charakterisierung und Philosophie. Anstatt auf Povills Memo Kästchen anzukreuzen, antwortete er am gleichen Tag mit einem eigenen Memo, das nachfolgend abgedruckt ist.

Während den unbedeutenderen Elementen der Produktion nur wenig Aufmerksamkeit geschenkt wurde, war alles, was mit ›In Thy Image‹ zu tun hatte, von höchster Priorität. Am 14. Oktober lieferte Paul Rabwin, der die Nachbearbeitung überwachte, diesen Bericht bei Robert Goodwin ab. Die Nachbearbeitung tritt zwar erst ein, wenn die optischen Effekte einer Serie in das Filmmaterial mit den Schauspielern eingefügt werden, aber ein aufmerksamer Überwacher der Nachbearbeitung will stets vorher wissen, welcher Typ Asteroid benötigt wird:

Modelle

Ein Rückschlag bei Magicam (verursacht durch den Umzug von Santa Monica ins Paramount-Oxford-Gebäude in Las Palmas) hat die Fertigstellung der Kapseln, des außerirdischen Raumschiffs und des Raumdocks bis zum 4. November verzögert. Das wird sich nicht dramatisch auf unseren Drehplan auswirken – wir werden nach Möglichkeit am Montag, dem 7. November, mit den Modellaufnahmen beginnen.

Das Modell der Erde ist in Arbeit, es wird frühzeitig fertig sein.

Ich muß mich mit Joe Jennings über den Asteroiden unterhalten. Wenn wir einen bauen wollen, dann sollten wir bald damit beginnen. Ich kann über Jim Veilleux – ein unabhängiger Kameramann für Spezialeffekte – auf einige kleinere, bereits existierende Asteroiden zurückgreifen. Er wird sie uns verkaufen oder selbst filmen, wenn wir das wollen. Es handelt sich um ›typische Asteroiden‹. Wenn wir etwas Besonderes haben wollen, dann sollten wir das bauen.

Magicam hat sich bereit erklärt, die ›Ladedock‹-Sektion der *Enterprise* zu bauen, an der die Kapsel andocken wird. Sie warten auf genaue Angaben von Matt Jefferies.

... Ich sichte Archivaufnahmen von San Francisco, um eine Einstellung für unsere Eröffnungsszene zu finden. Das ganze als Modell zu bauen, würde mehr als 10 000 Dollar kosten. Das beste dürfte ein Standbild von San Francisco sein, das mit einer Matte-Zeichnung versehen wird und zudem eine Matte-Zeichnung mit lebendigem ›Wasser‹ erhält. Das muß noch besprochen werden.

Wie an diesem Memo erkennbar ist, arbeitete das Produktionsteam mit mehr Informationen über ›In Thy Image‹, als in den zahlreichen überarbeiteten Treatments zu finden war, die bis dahin verfaßt worden waren. Livingston, der die meiste Zeit damit verbrachte, zu Hause das Drehbuch fertigzustellen, schickte die Seiten ins Studio, sobald er einzelne Szenen beendet hatte.

Ein kurzes Memo von Jon Povill vom 17. Oktober enthielt einen Vorschlag des Regisseurs Robert Collins, der in der ersten Fassung vom 20. Oktober Berücksichtigung fand.

Bob Collins erwähnte heute mir gegenüber, daß man eine Hüpfburg blau anmalen oder anderweitig mit einer blauen Schicht überziehen und sie dann wie eine normale Bluescreen-Aufnahme filmen kann, um den Eindruck zu erwecken, als würden Kinder auf einem Kraftfeld umherspringen. Wenn Dir der Gedanke gefällt, kannst Du die Szene in Deine Überarbeitung einbauen, und sie wird erledigt werden. Voilà.

Ein weiteres Memo von Povill vom gleichen Tag befaßte sich mit zwei technischen Aspekten des Drehbuchs und demonstrierte die permanente Absicht des Produktionsteams, wissenschaftlich so präzise wie möglich zu sein, wenn man über die Ungewißheiten bei der Vorhersage von Wissenschaft und Technik im 23. Jahrhundert hinwegsieht.

Das ist nur eine kleine Sache, über die wir kürzlich bei einem Treffen wegen der Spezialeffekte gesprochen haben und die zu der Zeit fraglich war. Ich wurde gebeten, mit Jesco [*Jesco von Puttkamer, bei dieser Produktion der technische Berater von der NASA*] Rücksprache zu nehmen, welche Höhe notwendig ist, um einen synchronen Orbit über San Francisco zu halten. Es hat sich herausgestellt, das die einzige Höhe für einen synchronen Orbit 35 000 Kilometer beträgt. Gegenwärtig wird im Drehbuch (auf Seite 11 Deines letzten Entwurfs) für das Raumdock eine Höhe von rund 320 Kilometern angegeben. Da der Entfernungsunterschied zur Erde erheblich ist und die Aufnahme dementsprechend angepaßt werden muß, wollte ich Dich das schon jetzt wissen lassen.

Und wenn Kirk und Scott in die Beobachtungskapsel [später geändert in Reisekapsel] einsteigen, wird es notwendig, irgendeine Art von doppelten Schiebetüren einzubauen, damit nicht das gesamte Papier vom Zeichenbrett durch das Loch ins All gerissen wird, das durch die abreisende Kapsel entsteht.

Am Freitag, dem 21. Oktober, lieferte Harold Livingston endlich die erste Rohfassung von ›In Thy Image‹ ab, die vom 20. Oktober datierte und in Teil drei dieses Buchs komplett abgedruckt ist. Für das Produktionsteam und die Paramount-Oberen war diese Fassung die Wochenendlektüre, bevor in der nächsten Woche der lange Kampf der Überarbeitung begann, der sich bis zu den Dreharbeiten von *The Motion Picture* hinziehen sollte.

Robert Goodwins letzter Statusbericht über die Produktion wurde verfaßt, bevor das Drehbuch gelesen und durchgesprochen wurde, und gleichfalls am Freitag verteilt.

Konstruktion der Sets

Die Grundkonstruktion auf Bühne 9 ist abgeschlossen. Alle Malerarbeiten auf Bühne 9 sind erledigt worden, ausgenommen der Maschinenraum, wo die Schweißer noch letzte Hand an die Stützen für die Laufstege legen. Sobald die Schweißarbeiten abgeschlossen sind, werden die Malerarbeiten auch dort erledigt.

Auf Bühne 8 ist die Grundkonstruktion von Admiral Noguras Büro fertiggestellt und wird nun gestrichen. Die Konstruktion für das Innere des fremden Schiffs ist im Fortschreiten begriffen.

Auf Bühne 10 ist die Grundkonstruktion für den Erholungsraum abgeschlossen, die Malerarbeiten sind größtenteils erledigt. John Cartwright ist mit den Zeichnungen für die Kapsel und den Empfangsbereich im Weltraumbüro fast fertig. Joe Jennings arbeitet an Design für die klingonische Brücke.

Konsolen und Instrumente

So gut wie alle Konsolen sind auf der Brücke eingebaut worden, die Arbeit an den Instrumenten schreitet voran. Die Konsolen für den Maschinenraum sind ebenfalls fertig. Zwei Setdesigner stellen die Zeichnungen für die Instrumente fertig, die sofort an Jim Rugg weitergegeben werden, der alles verfügbare Personal einsetzen wird.

Puppen

Wir haben von Bob Baker ein Angebot erhalten und angenommen. Er arbeitet an fünf Puppen für die außerirdischen Sonden. Wie Du weißt, werden wir den Riechenden, den Fühlenden, den Hörenden und den ›Einen, der sieht‹ haben, außerdem Tasha [die V'Ger-Sonde, die die Gestalt von Ilia erhielt]. Wir haben entschieden, die fünf zusätzlichen Puppen, über die wir ursprünglich gesprochen hatten, aus produktionstechnischen und finanziellen Erwägungen fallenzulassen.

Besetzung

Wir haben Donnerstag, den 27. Oktober, für Tests vorgesehen. Juliette Taylor in New York wird am Montag, dem 24., noch ein paar Leute aufnehmen. Die Kassette werden wir am frühen Dienstagmorgen erhalten, so daß wir alle Schauspieler, die wir aus New York haben wollen, am Mittwoch hierhaben können.

Nasa-Sonde

Nach Deinem Gespräch mit John Casani von Jet Propulsion Laboratories hat JPL sich einverstanden erklärt, uns das Modell der Voyager zu leihen, damit wir es als Teil des Inneren im außerirdischen Raumschiff benutzen können. Joe Jennings und Matt Jeffe-

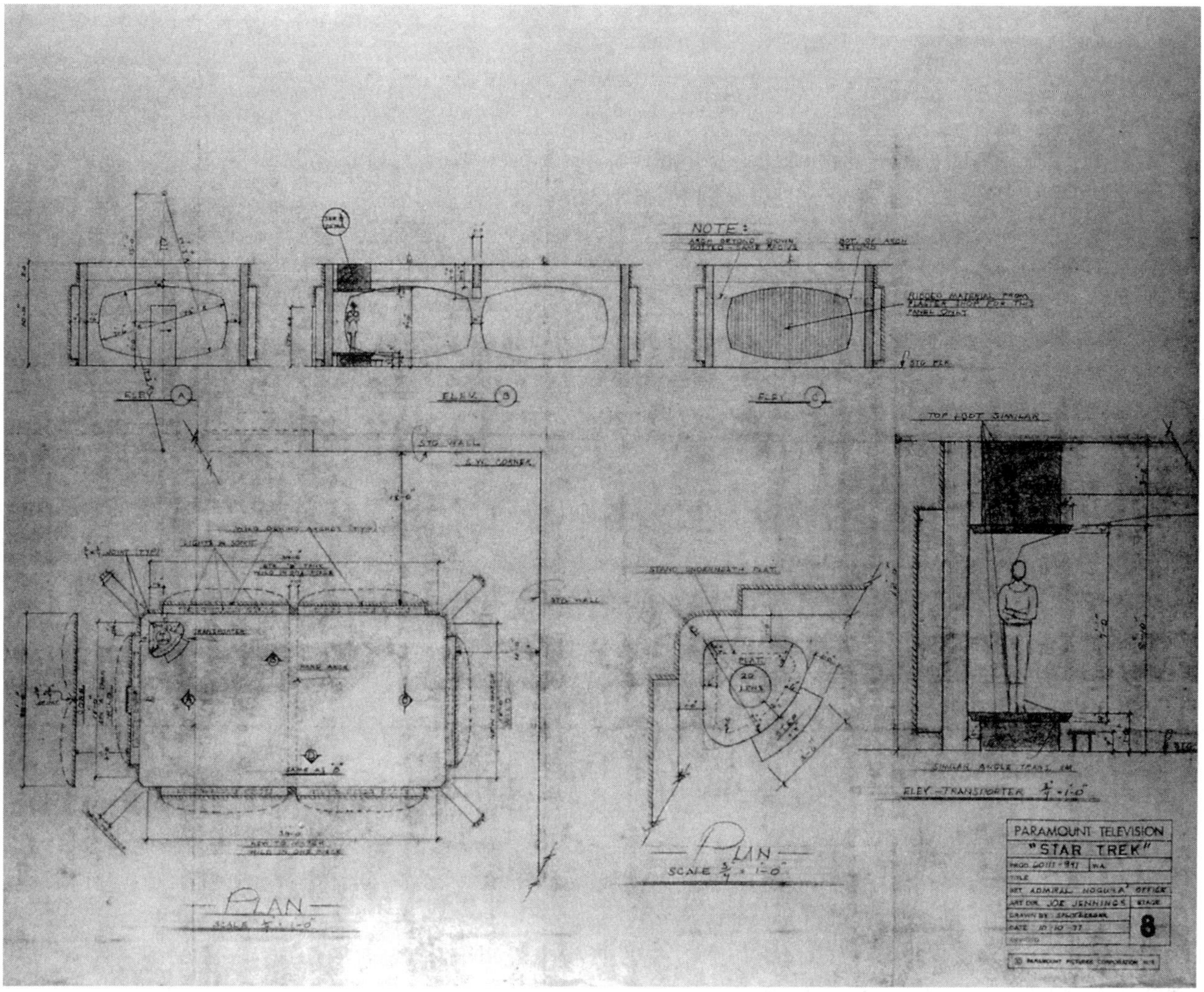

Pläne für Admiral Noguras Büro.
Mit freundlicher Genehmigung von Paramount Pictures.

> ries nahmen gestern abend bei JPL an einer Unterweisung für die Voyager teil. Joe Jennings wird sich in der nächsten Woche zusammen mit Bud Arbuckle noch einmal dorthin begeben, um die Maße aufzunehmen, damit wir dieses Modell in Originalgröße in unseren Plänen für das Set berücksichtigen können.

Dieses Memo informiert nicht nur über den Stand der Produktion, sondern zeigt auch, wie sehr *Star Trek* auf die Leute wirkte, die tatsächlich mit der Erforschung des Alls zu tun haben. Daß das Jet Propulsion Lab der NASA tatsächlich ein Millionen Dollar teures Modell einer echten Weltraumsonde auslieh, war ein unglaublicher Vertrauensbeweis und eine bedeutende Unterstützung.

Jedoch ist der Hinweis auf die Besetzung das interessanteste an diesem Bericht, da er einen wichtigen Wendepunkt in der Einstellung zu *Phase II* bei denen markierte, die daran arbeiteten.

Einen Monat zuvor war David Gautreaux einer von einer Handvoll Schauspieler gewesen, die es bis zu Probeaufnahmen für die Rolle des vulkanischen Lieutenant Xon, neuer Wissenschaftsoffizier der *Enterprise* und Ersatz für Spock, geschafft hatten.

Gautreaux' Abenteuer als Xon nahm seinen Anfang als traditionelles Hollywood-Märchen. Der junge Schauspieler hatte keinen Agenten, aber er ging mit einer Frau aus, die für einen Agenten arbeitete. Sie erzählte ihm von der Rolle, hielt ihn für die perfekte Besetzung und machte für ihn einen Termin aus.

Gautreaux traf sich mit dem Besetzungsleiter Pat Harris und wurde erneut eingeladen, um in Gegenwart von Robert Goodwin und Robert Collins, dem frischgebackenen Regisseur des Pilotfilms, vorzusprechen. Gautreaux' Auftritt verlief gut, er wurde ein weiteres Mal eingeladen, um seine Augenbrauen zu verändern, seinen Ohren Spitzen aufzusetzen und ihn in eine schlecht sitzende Starfleet-Uniform zu stecken.

Diesmal wurde Gautreaux in der Rolle des Xon gefilmt. Der Schauspieler erinnert sich: »Ich würde sagen, daß wir mindestens acht Leute waren, die für die Rolle getestet wurden: dunkelhaarig, groß, klein, schlank, fett, alle Formen und Größen. Und wir sahen alle entfernt außerirdisch aus.« Letztlich war es aber Gautreaux, dem man sagte, er habe die Rolle. Die umfaßte eine Gage von 15 000 Dollar für den Pilotfilm, eine Garantie für dreizehn Episoden (für die er auch bezahlt würde, wenn sie nicht gedreht werden sollten) sowie eine auf sechs Jahre veranschlagte Option auf seine Dienste.

Nicht schlecht für einen Schauspieler, der ohne Agenten aufgetreten war.

Bevor aber Gautreaux tatsächlich seinen Vertrag unterschreiben konnte, gab es ein Problem. Nur wenige Wochen nach der mündlichen Zusage, er habe die Rolle, wollte das Studio ihn erneut testen.

Wie sich herausstellte, sollte Xon Spock viel stärker ersetzen, als alle gedacht hatten. Roddenberrys Ehefrau Majel Barrett kehrte als Christine Chapel zur Serie zurück, diesmal als Ärztin, nicht als McCoys Krankenschwester. Zur Rolle der Chapel gehörte in der Originalserie ihre unerwiderte Liebe zu Spock. Barrett war besorgt, daß das romantische Element ihres Charakters bei einem jungen Schauspieler wie Gautreaux nicht wirken würde. Sie hatte sich dafür eingesetzt, daß ein älterer britischer Schauspieler die Rolle spielen sollte.

Gautreaux kehrte brav ins Studio zurück, um sich noch einmal testen zu lassen – nachdem sein Agent für ihn eine zusätzliche Zahlung von 2500 Dollar herausgeholt hatte. Gautreaux erinnert sich, daß er dem britischen Schauspieler zusah, der für die Rolle getestet wurde. Er war erleichtert, als er sah, daß der ›absolut scheußlich‹ war.

Etwa in der dritten Oktoberwoche, als Gautreaux zum zweiten Mal als Xon bestätigt worden war, lud Produzent Robert Goodwin den Schauspieler zu einem Drink in Roddenberrys Büro ein.

Als Gautreaux dort eintraf, wurde er von Roddenberry, Livingston und Goodwin sowie von Robert Collins und Jeffrey Katzenberg begrüßt. Sie hatten ihm eine Neuigkeit zu berichten.

Gautreaux wurde formell in den beständig wachsenden Kreis derer aufgenommen, die wußten, was bei Paramount wirklich ablief – aus *Phase II* sollte *Star Trek: The Motion Picture* werden.

Als am 26. und 27. Oktober die Rolle der Ilia besetzt werden sollte, wurde niemandem mehr etwas vorgemacht. Die Schauspielerin, die die Rolle der neuen *Enterprise*-Navigatorin erhalten würde, wurde für einen Kinofilm ausgewählt, nicht für eine Fernsehserie.

Die ehemalige Miss Indien, Persis Khambatta, wurde am 27. Oktober gefilmt. Für diese Testaufnahmen wurde ihre Haar unter einer Plastikglatze versteckt, weil Roddenberry darauf beharrte, daß diese Figur kahlköpfig sein würde.

Michael Eisner dagegen haßte die Vorstellung von einer kahlköpfigen Frau. Robert Goodwin erinnert sich, daß Eisner es für eine grauenhafte Idee hielt.

Die Entscheidung für Khambatta war nicht so qualvoll wie im Falle von Gautreaux, zumal Eisner rasch von Roddenberrys Konzept für diese Figur überzeugt war. Goodwin erklärt: »Als wir die Testaufnahmen machten, wußten wir von Anfang an, daß es Persis sein würde. Einige Menschen sehen mit kahlem Kopf einfach gut aus, andere wiederum nicht. Sie hatte etwas Großartiges an sich, einen richtig exotischen Hauch. Daher wußten wir, daß sie es sein würde. Eisner sah sich die Aufnahmen an, und das war es schon. Er sagte nur: ›Das ist gut.‹«

Was die Hauptrollen anging, war nur noch die Rolle des Commander Decker zu besetzen. Der Grund, weshalb man sich mit der Suche nach wie vor Zeit ließ, hatte nicht nur mit dem neuerlich verschobenen Starttermin des Films zu tun. Es hatte auch – wie William Shatner zuvor angemerkt hatte – mit der Frage zu tun, ob Decker überhaupt benötigt wurde.

Harold Livingston schrieb in einem Statusbericht über die Autoren vom 25. Oktober:

> ... Ich glaube, daß es für uns sehr nützlich wäre, wenn so schnell wie möglich entschieden würde, ob Will Decker dabeibleiben soll oder herausgenommen wird. Jede Geschichte und jedes Drehbuch enthält Decker als integralen Bestandteil. Wenn wir ihn eliminieren, dann sollten wir das wohl besser jetzt machen, um uns selbst vor unnötigen Überarbeitungen zu bewahren, die notwendig werden, wenn wir um diese eliminierte Rolle herum schreiben müssen.

Doch die *Phase II*-Drehbücher wurden – noch stärker als bislang – für wenig mehr als Reservematerial für den Fall angesehen, daß *Star Trek* nach dem Kinofilm ins Fernsehen zurückkehren sollte.

Das Hauptaugenmerk galt aber dem Drehbuch von ›In Thy Image‹. Und zum ersten Mal schalteten sich auch die Studio-Oberen ein.

Die folgenden Anmerkungen stammen aus einem Memo, das Arthur Fellows am 31. Oktober an Gene Roddenberry schrieb. Man beachte, daß die letzte hier abgedruckte Bemerkung zeigt, daß es keinen Zweifel daran gab, welche Art Drehbuch Livingston abgeliefert hatte. *Star Trek* war endgültig auf dem Weg zum Kinofilm.

> Nachfolgend die gesammelten Anmerkungen und Gedanken von Michael [Eisner] und mir zur STAR TREK-Rohfassung. Ich hoffe, sie erweisen sich bei Deiner Überarbeitung als nützlich.
>
> Die Rückkehr von ›STAR TREK‹ ist bereits an sich ein Ereignis. Wir finden, daß dieses Drehbuch Elemente beinhaltet, die ein hervorragender Start für die nächsten ›fünf‹ Jahre sein werden. Die Action und die grundsätzliche Handlung sind gut durchdacht. Allerdings gibt es in der gesamten Rohfassung Probleme, die die Charaktere und deren Beziehungen betreffen.
>
> Die neuen Figuren Xon und Decker sind dahingehend gut konzipiert worden, daß wir sie in einer Form präsentieren können, auf die die Zuschauer reagieren werden. Doch dieses Potential wird hier nicht verwirklicht. Das Publikum wird mit Xons schwieriger Position mitfühlen. Niemand außer ihnen weiß besser, wie sehr Spock vermißt wird und wie der neue Vulkanier, der seinen Platz einnimmt, von den anderen abgelehnt werden kann. Wir bekommen aber nie ein richtiges Gefühl dafür, welcher Druck auf Xon lastet. Die Spannung, die seine Situation betrifft, baut sich nicht begleitend zur Handlung auf und wird auch nicht zum Schluß belohnt. Es wäre einfach, das zu beheben. Außerdem ist Xons Heldentat – indem er es zuläßt, daß er um des Schiffs und der Crew willen Verbrennungen erleidet – kein ausreichend großes Ereignis. Dies sollte eine Heldentat sein, durch die es Xon schafft, jedes Crewmitglied, jeden Zuschauer und jeden alten Spock-Fan für sich zu gewinnen. Wenn das an dieser Stelle im Drehbuch nicht paßt, wäre vielleicht eine Tat, die offensichtlicher heldenhaft ist, in einer späteren Szene angebracht.
>
> Eine andere Anmerkung zu Xon betrifft den uralten Kleinkrieg zwischen McCoy und Spock. Wir sollten nicht den Spaß und die Bedeutung dieser Beziehung verlieren. McCoys Menschlichkeit gegen Xons vulkanische Logik wird die emotionale Stärke des Ganzen sein. Wir sollten damit früher beginnen und es unterschwellig durchziehen. Es sollte aus den Handlungen und den Konfrontationen heraus entstehen. Falls möglich, sollte McCoys Verärgerung durchscheinen, wenn er sich an Spock erinnert. Das sollte dann bei Kirk zur Belustigung führen, da er sich ebenfalls an frühere Zeiten erinnert.
>
> Decker: In vieler Hinsicht stellt sich uns bei Decker eine ähnliche Aufgabe. Kirk und die Crew akzeptierten ihn schließlich, und so muß es auch dem Publikum ergehen. Wenn die Ablehnung, die Decker mit auf die *Enterprise* bringt, sich zum Guten wendet – da benötigen wir mehr Gefühl. Die Szene zwischen Decker, Kirk, McCoy und Chapel geht in diese Richtung, aber wir können es noch besser machen. Decker wird uns lange Zeit begleiten. Daher wird jede Hervorhebung der Gefühle, die seine Anwesenheit betreffen, und seiner Funktion auf dem Schiff nur von Vorteil sein, um ihn bei allen Betroffenen beliebt zu machen.
>
> Ilia: eine wunderbare Rolle und später eine wunderbare Maschine. Die Beziehung, die zwischen Ilia und Kirk entsteht, sollte wirklich die treibende Kraft für das gesamte Stück sein. Wir sollten früher die Vorboten dessen erkennen, was geschehen wird. Insgesamt sollte sie emotionell eine stärkere Wirkung haben. Wenn sie als die Maschine Ilia beginnt, bestimmte menschliche Verhaltensweisen zu übernehmen, dann

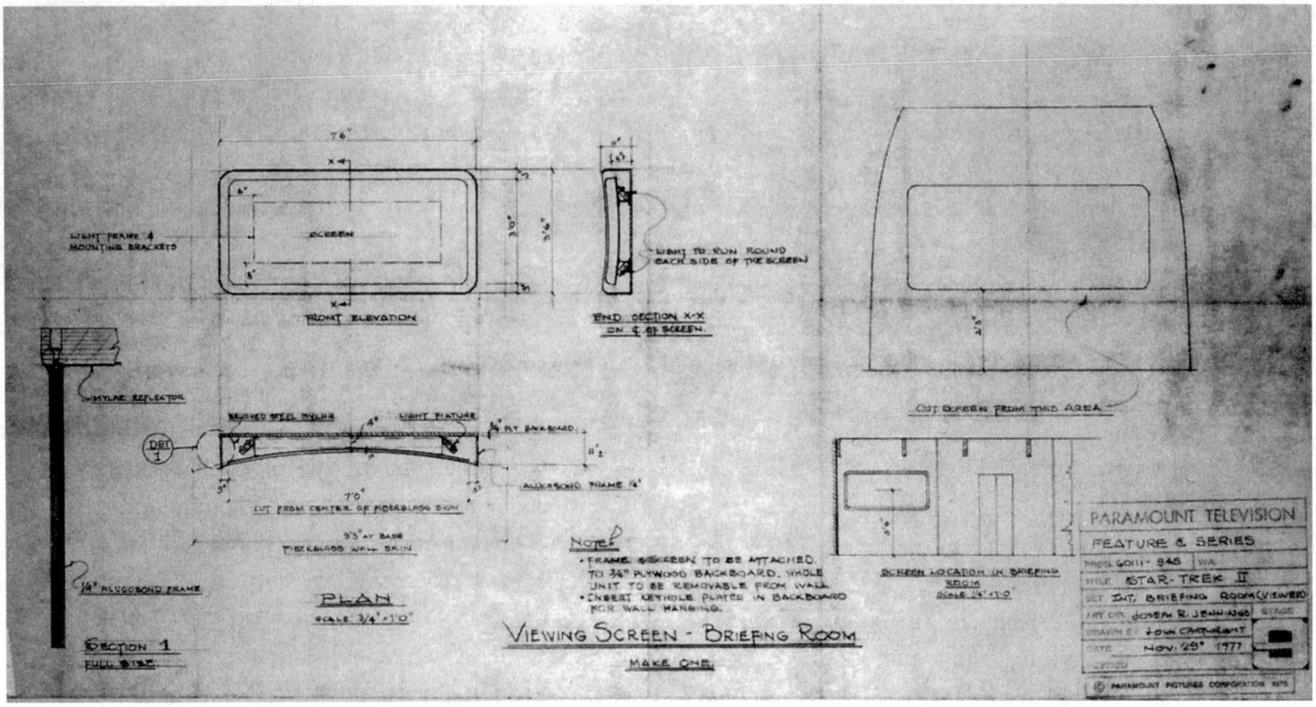

Der Titelblock auf diesem Plan zeigt den fließenden Status von *Phase II* im November 1977.
Hier wird *Star Trek II* als ›Kinofilm & Serie‹ (Feature & Series) bezeichnet.
Mit freundlicher Genehmigung von Paramount Pictures.

ist genau der richtige Moment. In vieler Hinsicht eine beträchtliche Leistung für Kirk. Wenn Ilia zum Schluß in menschlicher Form zurückkehrt, dann sollte das eine viel stärkere Reaktion bewirken. Immerhin weiß Kirk, was zwischen ihm und ihr geschehen ist, sie aber nicht. Wenn wir das emotionale Element ihrer Beziehung zu Kirk vertiefen, dann ist die Rückkehr der echten Ilia für Kirk, die Crew und die Zuschauer eine viel größere Szene.

Wir machen uns große Sorgen wegen der kahlköpfigen Ilia. Wir sind alle der Meinung, daß eine hübsche kahlköpfige Frau an Bord der *Enterprise* interessant, faszinierend und neu ist. Doch ihre Kahlköpfigkeit wird sich aber störend darauf auswirken, daß die Zuschauer uns die enge Beziehung zwischen Kirk und dieser Frau abnehmen. Wir hätten lieber eine Ilia mit Haaren. Die kahlköpfige Frau kann bleiben, sollte aber in dieser Serie eine andere Funktion erhalten.

Die vorgestellte Handlung ist recht außergewöhnlich. Aber irgendwie erscheint uns das Ende als zu ›klein‹, wenn wir bedenken, welche Ereignisse darauf hingearbeitet haben. Der langsame, stetige Aufbau der Spannung in dieser Geschichte ist so wirkungsvoll, daß das Ende es verdient hat, richtig mitzureißen. Im Moment ist das eher nicht der Fall. Der letzte Dialog und der Augenblick, als Ilia Ve-jur davon überzeugt hat, daß er die Servo-Einheiten retten muß – das ist alles zu einfach. Auch, daß Ilia nach zwei Stunden voller Spannung die Katastrophe von einem Moment zum anderen abwendet.

Wenn die *Enterprise* das fremde Schiff zum ersten Mal sieht, muß das ein unglaublicher Augenblick sein – sowohl in dramatischer als auch in filmischer Hinsicht. Uns ist klar, daß es schwierig sein wird, die immense Größe des fremden Schiffs zu verdeutlichen. Aber wir können dieses Erstaunen ganz beträchtlich steigern, wenn wir ein Gefühl für die Relation zwischen der *Enterprise* und dem fremden Schiff erzeugen können. Wenn ein solches Gefühl mit Erfolg erreicht und in den richtigen Momenten bewahrt werden kann, dann werden wir das Publikum an die Kinosessel fesseln können.

Ein weiteres hervorragendes Element in diesem Drehbuch ist der Zeitdruck, unter dem diese spezielle Mission von Anfang an steht. Ein stärkeres Zeitgefühl, knapper werdende Zeit und ein Wettlauf mit der Zeit sollten die ganze Zeit über präsent sein. Am wirkungsvollsten ist es zum Schluß, aber wir verlieren das Gefühl der Dringlichkeit, nachdem diese zu Beginn einmal erwähnt worden ist. In der Rohfassung findet sich die Grundlage dafür, die wir nutzen sollten.

Nachfolgend einige spezifische Anmerkungen:

a) Die gesamte Sequenz der Außenaufnahmen von San Francisco sollte sorgfältig geprüft werden. Vielleicht fahren wir ohne sie viel besser. Angesichts dessen, was wir uns leisten können, wird es immer noch wie die Erde aussehen. Aus technischer Sicht könnte es sehr schwierig zu erreichen sein, das so für die große Kinoleinwand umzusetzen, wie es geschrieben worden ist (Szenen 10–18)

Weitere Anmerkungen betrafen spezielle Abschnitte, in denen die Dialoge deutlicher formuliert oder in denen Seiten herausgenommen werden könnten. Livingston hatte ein 153 Seiten umfassendes Drehbuch vorgelegt, während sich ein typisches Kinodrehbuch auf nicht mehr als 120 Seiten belaufen sollte. Bei langen Spezialeffekt- und Actionsequenzen sind es selten mehr als 100 Seiten.

Aber obwohl die Kommentare von Fellows und Eisner positiv und förderlich waren, sollte die sich anschließende Überarbeitung alles andere als eine permanente Verfeinerung des Textes sein. Statt dessen sollte der lange Zeit schlummernde Konflikt zwischen Roddenberry und Livingston letztlich aufbrechen, der Kampf um die endgültige Richtung von *The Motion Picture* sollte erst richtig beginnen.

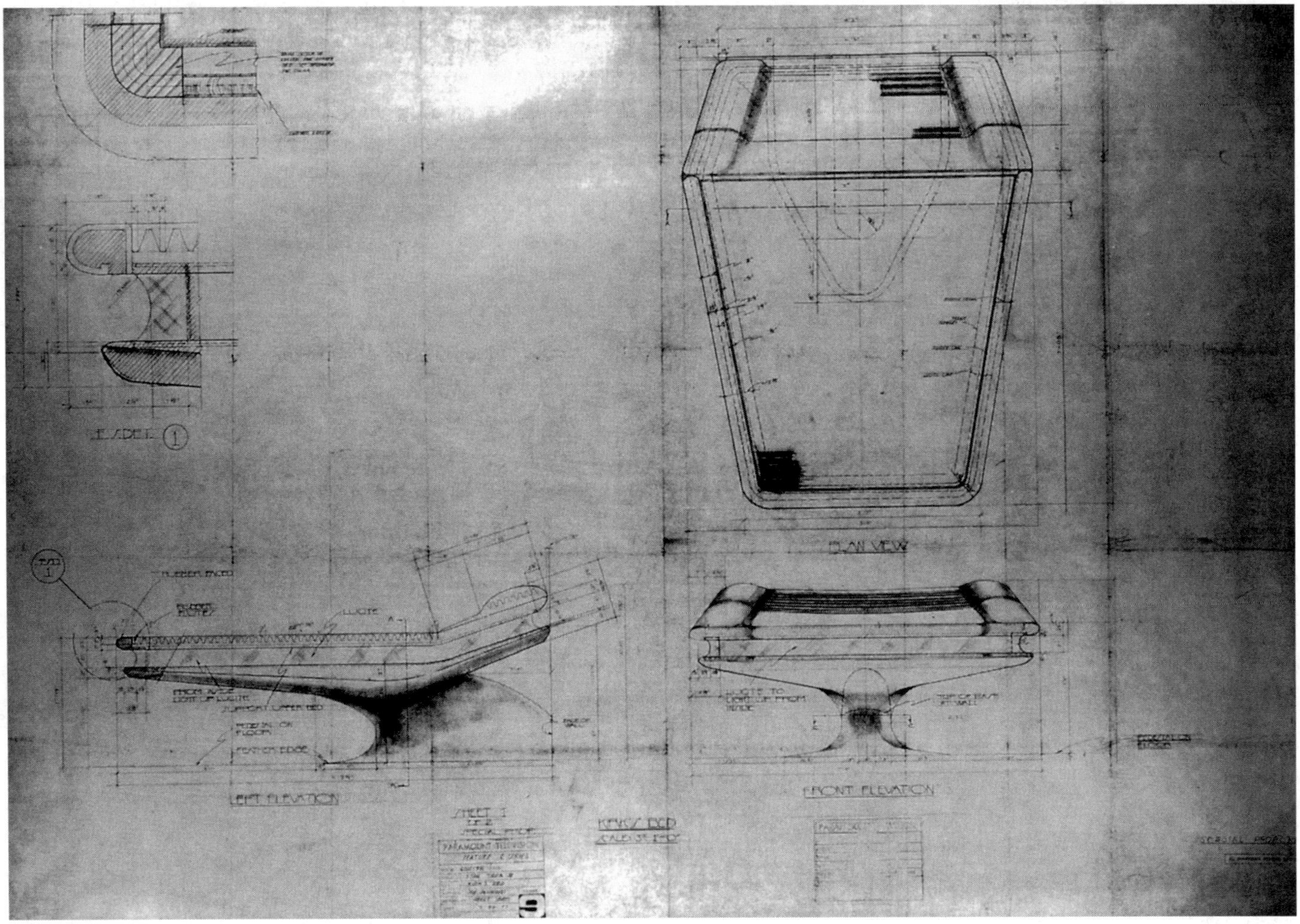

Bei einer *Star Trek*-Produktion ist es nur selten möglich, eine Requisite aus dem Fundus zu holen oder in einem Geschäft zu kaufen. Alles muß für die *Star Trek*-Vision entworfen und speziell hergestellt werden, auch ein gewöhnliches Bett.
Mit freundlicher Genehmigung von Paramount Pictures.

KAPITEL 7

NOVEMBER

Es gibt einen guten Grund dafür, warum die Entstehung von Fernsehsendungen und Kinofilmen als Gemeinschaftsprozeß bezeichnet wird. Beide sind derart komplexe Unterfangen, daß man sich leicht von Details vereinnahmen läßt und schließlich den Blick für das Wesentliche verliert.

Nirgends ist das offensichtlicher als bei der Erstellung des Drehbuchs.

Drehbuchautoren in Hollywood blicken sehnsüchtig auf die Autonomie der Bühnenschriftsteller. Kein Schauspieler auf der ganzen Welt würde auch nur daran denken, ohne die Erlaubnis eines Bühnenschriftstellers ein einziges Wort in einem Dialog zu verändern. Kein Regisseur würde jemals den Vorschlag machen, zwei Szenen auszutauschen oder eine Szene völlig auszulassen, ohne sich mit dem Bühnenschriftsteller abzusprechen.

In Hollywood kann man die Situation am besten mit zwei alten Witzen verdeutlichen.

Frage: Wie viele Produzenten benötigt man, um eine Glühbirne auszutauschen?

Antwort: Muß es unbedingt eine Glühbirne sein?

Frage: Wie viele Autoren benötigt man, um eine Glühbirne auszutauschen?

Antwort: O nein, muß ich sie wirklich austauschen?

Was Drehbuchautoren oft nicht bedenken, ist die Tatsache, daß Bühnenstücke bearbeitet werden, bevor die Premiere stattfindet. Der maßgebliche Unterschied ist der, daß der Bühnenschriftsteller diese Veränderungen selbst vornehmen kann, nachdem er Probe auf Probe des Stücks gesehen und so aus erster Hand erkannt hat, was funktioniert und was nicht.

Aber die meisten Filme sind komplexer als die meisten Bühnenstücke – Broadway-Musicals einmal ausgenommen –, und es gibt selten genug Zeit oder genügend Gründe, um sich nach der ersten Runde der Überarbeitungen noch einmal an den ursprünglichen Verfasser zu wenden. An dieser Stelle geht die Kontrolle über das Drehbuch im

Falle eines Kinofilms meistens auf den Regisseur und im Falle einer Fernsehproduktion auf den Produzenten über. Das erklärt auch, warum so viele Autoren bei ihren eigenen Filmen Regie führen oder ihre eigene Serie produzieren wollen.

Und genau das war die Situation, in der sich Gene Roddenberry im November 1977 befand.

Star Trek gehörte ihm. Er hatte die Serie geschaffen. Er hatte das kreative Team um sich geschart, das sein Konzept erweitert und mit Leben erfüllt hatte. Nicht nur einmal, sondern zweimal. Und jetzt, da sich die seltene zweite Chance bot, seine Schöpfung dem Publikum als großen Kinofilm vorzustellen, sah er sich damit konfrontiert, die Kontrolle darüber zu verlieren.

Das hatte nichts mit ihm zu tun, das war in Hollywood so üblich.

Und Roddenberry beschloß, dagegen anzukämpfen.

Unglücklicherweise fiel er mit seinem Kampf um die Kontrolle exakt den Gründen zum Opfer, die erklären, warum in Hollywood die Kontrolle verteilt wird.

Er verlor den Blick für das Wesentliche.

Einige meinen, daß seine Leidenschaft für *Star Trek* die Ursache war. Andere neigen zu der unbarmherzigen Ansicht, daß er vom Stolz des Profis getrieben wurde, den Beweis zu erbringen, daß sein erster und einziger Erfolg kein Zufallstreffer war.

Egal, welches die wahren Gründe waren. Jedenfalls nahm Gene Roddenberry es mit Paramount und der althergebrachten Vorgehensweise in Hollywood auf. Als Autor sollte er schließlich unvermeidlich unterliegen.

Den ersten Kampf begann und verlor er mit seiner Überarbeitung von Harold Livingstons erster Rohfassung für ›In Thy Image‹.

Wie zuvor zur Zeit des Drehbuch-›Notfalls‹ nahm Roddenberry Livingstons Drehbuch und benutzte es als Grundlage für eine zweite Fassung, die er innerhalb einer Woche schrieb.

Livingstons Entwurf trug die Nennung ›Drehbuch von Harold Livingston, Geschichte von Alan Dean Foster und Gene Roddenberry‹. In Roddenberrys Drehbuch dagegen stand sein eigener Name an erster Stelle über dem von Livingston, was nicht der üblichen Reihenfolge entsprach. Die besagt, daß der erste Name auf dem Drehbuch die Person benennt, die die erste Fassung geschrieben hat.

Aber abgesehen davon, daß er einen Konflikt über die Nennung für Drehbuch und Geschichte auslöste, wies Roddenberrys Drehbuch ein anderes Problem auf.

Livingston erinnert sich an das Treffen, das stattfand, nachdem er, Jon Povill, Robert Goodwin und Robert Collins das Drehbuch gelesen hatten. Das Produktionsteam war einhellig der Meinung, daß Roddenberrys Drehbuch einen Schritt zurück darstellte. Es hieß, daß es sich zu sehr auf die inneren Abläufe der Zukunft konzentrierte und die Handlung durch lange, dialoglastige Szenen verlangsamte, in denen verschiedene Philosophien erforscht und gegenübergestellt wurden. Es war ein nachdenklicher, aufschlußreicher Blick in die Zukunft, wie Roddenberry sie sich vorstellte. Aber es wurde als langweilig erachtet.

Am Ende war Livingston derjenige, der die Reaktion auf das Drehbuch erklären mußte. Aber Roddenberry akzeptierte nicht die Einschätzung seines Teams und ließ sich auf ein gewagtes Spiel ein. Er erklärte, er werde beide Drehbuchversionen an die Verantwortlichen schicken, damit sie entscheiden konnten.

Drei Tage später – Anfang November – kam es zu dem entscheidenden Treffen in Michael Eisners Büro, von dem Harold Livingston unzählige Male erzählt hat. Eisner hatte Livingstons Drehbuch in einen braunen Hefter gepackt, Roddenberrys in einen gelben. Kurz und knapp erklärte Eisner, Roddenberrys Drehbuch sei ›Fernsehen‹, Livingstons Drehbuch sei ›ein Film‹. Außerdem sei Livingstons Drehbuch ›viel besser‹.

Roddenberry war angeblich am Boden zerstört, auch wenn jeder der bei dem Treffen Anwesenden zustimmte, daß Roddenberry einige wertvolle Elemente in die Geschichte eingearbeitet hatte. Es wurde also entschieden, daß Regisseur Robert Collins aus beiden Drehbüchern eine dritte Fassung herstellte, indem er aus jedem die besten Elemente übernahm. Damit sollte er für den Rest des Monats beschäftigt sein.

Im folgenden Memo an Michael Eisner führt

Collins die Punkte auf, die er in seiner Überarbeitung berücksichtigen wollte.

1. Wie besprochen muß das endgültige Drehbuch eine Mischung aus dem braunen und dem gelben Drehbuch sein, mit dem Schwerpunkt auf dem braunen.

Die Hauptaufgabe ist, die Handlung in Gang zu bringen, die Bedrohung einzuführen, unsere Helden dagegenzustellen, wobei zuerst die Bedrohung zunächst über der *Enterprise*, dann über der gesamten Erde schwebt.

Nun gut, wie soll das geschehen?

Zuerst einmal bleibt der Kampf der Klingonen weitgehend so, wie er ist, da er uns zeigt, daß da draußen etwas verdammt Großes und Schreckliches ist. Das wird von einer Raumbasis an Starfleet mitgeteilt (braunes Drehbuch). Dann Starfleet-Hauptquartier. Kirk wird von seinem Büro gerufen. Notfall, oberste Proirität, Konferenz auf höchster Ebene.

Nogura: Diese unbekannte und noch nie gesehene Bedrohung, die schrecklicher ist als alles, was bisher auf der Erde bekannt war, ist auf dem Weg. Halten Sie sie auf. Ein Mann, ein Schiff, das zwischen dem Harmageddon und der Zukunft der Erde und vielleicht der ganzen Galaxis steht. Also gut, damit haben wir ein Geheimnis, Terror, Tod, Zerstörung, das Ende der Welt. Darauf können wir aufbauen.

2. Die Handlungsverläufe und -entwicklungen sind in beiden Drehbüchern bis auf den Schluß recht ähnlich. (Auf den Schluß komme ich gleich noch zu sprechen.) Es ist eine Frage der Schärfe, der Klarheit, des Dialogs und der permanenten obligatorischen Präsenz des fremden Schiffs in jeder Szene. ... Z. B. ist das fremde Schiff auch dann durch ein Fenster im Hintergrund zu sehen, wenn erschöpfte Crewmitglieder sich im Freizeitraum zu entspannen versuchen.

3. Tasha (Ilia): Das ist eine Liebesgeschichte als Nebenhandlung, mehr eine Sache des Dialogs und des Schauspielerns als echte Handlung. Wir müssen spüren, daß Kirk selbst darüber verwirrt ist, daß er sich allmählich in Tasha verliebt. Das erfordert Nachdenken und Sorgfalt, es darf nicht oberflächlich oder grob sein. Benötige Zeit, um darüber nachzudenken und das zu entwickeln.

4. Decker: Die Rivalität mit Kirk wird gut aufgebaut und gesteigert, so daß das Ende groß genug ausfällt. Und ...

5. Das Ende
Läuft in etwa so ab: Auf dem fremden Schiff erfährt Kirk, daß Ve-jur die Erde in sechs Stunden zerstören wird. Die Uhr läuft.

Er nimmt Tasha/Ilia mit zur NASA, um sie (und Ve-jur) zu überzeugen, daß Voyager IV und damit auch Ve-jur ein Produkt der Menschheit sind.

Er scheitert.

Nogura und andere Führer der Erde versammeln sich im Kriegsraum von Starfleet. Sie sehen, wie Ve-jur Objekte in den Erdorbit schickt. Sie erfahren über Xon auf der *Enterprise*, daß diese Objekte Neutronenbomben sind, die alles Leben auf dem Planeten vernichten können. Sie versuchen, die Bomben zu zerstören – Phaser, Torpedos, Killersatelliten. Nichts funktioniert. Die Bomben bleiben im Orbit, die Zeit läuft weiter. Zwei Stunden. Eine. Der Jüngste Tag.

Kirk erfährt zusammen mit Ilia, daß die Wahrheit über Voyagers Herkunft auf dem Schild an der Außenhülle von Voyager festgehalten ist. Wenn man ihm diese Information gibt, muß Ve-jur die Wahrheit akzeptieren, daß die Menschheit der Schöpfer ist. Kirk muß sich an Bord von Ve-jur begeben, um diese Wahrheit zu enthüllen.

Er kann aber erst bei der nächsten Umrundung hinaufgebeamt werden, das ist aber zu spät.

Xon und Decker erfahren das gleiche. Einer der beiden muß sich an Bord von Ve-jur begeben und die Wahrheit enthüllen. Es ist Decker, der sich auf seinen Dienstrang beruft und sich körperlich in das entsetzliche Schiff transportieren läßt.

Jetzt ist Decker – wie zuvor Kirk und Xon – allein in der Weite und dem Wunderbaren (Spezialeffekte) von Ve-jur.

Decker macht sich auf den Weg zu Voyager IV, nähert sich, wird dabei aber von der Energie Ve-jurs aufgenommen. Er ist in einem Energiefeld gefangen, das stärker ist als eine Million Volt. Er wird selbst zu einem Energiefeld. Er verschmilzt mit dem Schiff (Spezialeffekt), sein Bewußtsein, sein Geist, seine Erinnerungen werden ein Teil von Ve-jur. In einer pyrotechnischen Entfaltung von Licht und Klang wird die Geschichte der Menschheit auf die Wände des Schiffs projiziert. Eine wirbelnde Kaskade aus Bildern – die

Pyramiden, das Parthenon, die Mona Lisa, Versailles, Jesus, Mohammed, Gandhi, der Grand Canyon, die Alpen – die Wunder der Erde bombardieren das Innere des Schiffs, während Jim Kirk sich an Bord beamt. Wir sehen Kirk, wie er von den Bildern umwirbelt wird, die Bilder, die Klänge: Beethoven, Schubert, Bach, die Musik der Welt, der Anblick aller großen historischen Ereignisse, während Ve-jur aufnimmt und versteht. Ve-jur ist zu Decker geworden und Decker zu Ve-jur. Die Bomben werden zurückgezogen. Kirk kann mit Ilia auf die *Enterprise* zurückkehren. Das Schiff und Decker verlassen die Erde, um das Universum zu erforschen, während Deckers Stimme als Teil von Ve-jur tausendfach verstärkt zu Kirk spricht: »Es ist Schönheit hier, das Universum vor uns. Ewigkeit …«

Obwohl es hier noch zu vielen Veränderungen kommen sollte, blieb die spektakuläre Idee, Decker mit V'ger zu verschmelzen, genauso die extrem wichtige Freigabe von Informationen.

Der Strom an kleineren Beiträgen zum Drehbuch riß nicht ab, nicht nur von den Schauspielern – wie in Roddenberrys Memo vermerkt, das sich mit

INTER-COMMUNICATION

TO: GENE RODDENBERRY — DATE: NOVEMBER 7, 1977

FROM: JON POVILL — SUBJECT: STARFLEET RANKS

Bill Theiss suggested that I remind you of the existence of the rank of Starfleet Commodore. He brought it up as a suggestion as a way to resolve the dropping in rank that Kirk goes through from Admiral to Captain. The idea is that in prior episodes we have had commodores in command of Starships, most notably Commodore Decker of the "Doomsday Machine" episode. If Kirk had been promoted somewhat less drastically to the rank of Commodore rather than the rank of Admiral, it would not be necessary to demote him in order to place him in command of the Enterprise. I'm not sure that it's something that matters a whole heck of a lot either way, but I know it's always nice to be aware of all the options available to you. So there it is if you want to play with it.

The Commodore status was apparently recalled somewhat by accident while Bill was attempting to remember all the various ranks of Admiral that exist in Starfleet. He is aware only of rear Admiral and the existence of one other type, the name of which escapes him (and me as well). He is getting in touch with Joan Winston in New York, to check with our fan memory banks in order to determine how many different varieties we portrayed through the first run of the series. He is looking to get uniforms designed, so if you have any recollections on the subject, perhaps you might give him a call about it.

Ever onward.

Jon

Jon

JP/ra

Wie dieses Memo zeigt, waren parallel zu den wichtigen Themen rund um ›In Thy Image‹ auch die kleinsten Details für alle – vom ausführenden Produzenten über den Redakteur bis hin zum Kostümdesigner – von größter Bedeutung.
Mit freundlicher Genehmigung von Jon Povill.

William Shatners Vorschlägen befaßt –, sondern auch aus unerwarteten Quellen.

Die folgenden Anmerkungen und Vorschläge sind Teil der Hinweise, die von DeForest Research geliefert wurden, dem Unternehmen, das bei der Originalserie eine ähnliche Funktion ausgeübt hatte, um sicherzustellen, daß in keiner Episode unabsichtlich die Namen von wirklichen Leuten, Orten oder Dingen verwendet wurden. Eine Mitarbeiterin von DeForest Research, Joan Pearce, erledigt noch heute die gleiche Arbeit für die gegenwärtig laufenden *Star Trek*-Serien.

Dr. Christine Chapel: Rolle zuvor eingeführt. Wir können in den Vereinigten Staaten keine Ärztin finden, die genau diesen Namen trägt.

Commander Will Decker: Who's Who führt einen William Decker auf, einen New Yorker Geschäftsmann, der 1900 geboren wurde. Verwendung wird hier nicht als Konflikt betrachtet.

Commander Ronak: Kein Konflikt, aber ein ungewöhnlicher Name für einen Vulkanier. Die meisten vulkanischen Namen beginnen mit einem ›S‹-Laut.

Starfleet-Hauptquartier: Weist das Hauptquartier dem Gebiet von San Francisco zu.

Paramount – A Gulf + Western Company

INTER-COMMUNICATION

cc: H. Livingston
B. Goodwin
J. Povill

TO: BOB COLLINS   DATE: NOV. 10, 1977

FROM: GENE RODDENBERRY   SUBJECT: SHATNER'S COMMENTS

Received a call from Bill Shatner in which he made the following comments on the second draft script:

Suggest that we have an interesting dramatic opportunity if Kirk makes love to the "Ilia" machine and we actually see at least the beginnings of this on camera. He feels that it is not only a valid extension of what the story already has him doing but has considerable opportunity for humor and helps reinforce the whole change in her.

Bill also suggests that Kirk might participate with Xon in the first realization that the Ve-jur machine is alive. Sees no dramatic objection in Xon coming up with the first realization but does believe that Kirk should immediately see what Xon is talking about and help flesh out the theory.

He comments that the major sag in the story comes between the Enterprise being grapped by Ve-jur and the final resolution of the story. He suggests that this is the area in which pages should come out.

Finally, he feels that the loss of Alexandria works fine but he believes that Kirk too quickly and easily forgets this. His comment was that the Captain should keep her memory alive longer and we should find some dramatic way of seeing this.

These comments seem to me to be sound and certainly worth serious consideration.

Gene Roddenberry

GR:ss

Gene Roddenberrys Anmerkungen zu William Shatners Drehbuchkommentaren verdeutlichen den gemeinschaftlichen Prozeß einer Fernsehproduktion, an der jeder beteiligt ist und bei der von jedem erwartet wird, bei der Formung des endgültigen Produkts mitzuwirken.
Mit freundlicher Genehmigung von Jon Povill.

Das alte Transamerica-Gebäude: Gebäude in San Francisco. (Schön zu wissen, daß es das Erdbeben übersteht, das Los Angeles vom Festland abtrennt … und auch eine gute Sache!)

Klingonische Grenze: Wäre Grenzbereich nicht ein besserer Begriff? Grenze klingt in diesem Zusammenhang sehr statisch.

Kovo-Klasse: Keine Konflikte. Bestimmt für klingonische Schiffe die Klasse des Schweren Kreuzers.

Linguacode: Wir finden für diesen Begriff keine Verwendung als Markennamen oder Warenzeichen.

Sie behalten den Dienstrang des Admiral, aber es ist das Kommando eines Captains: Dies ist die erste Erwähnung eines Glaubwürdigkeitsproblems im Drehbuch. Einmal Admiral, immer Admiral. Er kann zweifellos ein Schiff kommandieren, und er kann auch mit Captain angesprochen werden, wenn er das Kommando hat. … Aber er kann den Posten nicht ›vorübergehend‹ als Captain erhalten. Hier gibt es mehrere Alternativen: Seine Beförderung zum Admiral könnte mit seiner nächsten Aufgabe verbunden sein. Das würde erfordern, daß zusätzlich erzählt wird, daß er befördert werden sollte. Es stellt kein Problem hinsichtlich der höheren Dienstränge der anderen Rollen dar. … Captain ist in den an der Marine ausgerichteten Diensten ein sehr hoher Rang, und man wird nicht so schnell befördert, wenn man diesen Rang erst einmal erreicht hat. Alternativ könnte er die Streifen des Admirals tragen, aber an Bord als Captain angesprochen werden.

Deltanerin: Die Verwendung von ›Delta‹ als Name eines Planeten stellt ein astronomisches Problem dar. Die griechischen Buchstaben werden verwendet, um die verschiedenen Sterne einer bekannten Konstellation zu bezeichnen: *Delta Serpentis* etc. Daß dieser Begriff für einen Planetennamen verwendet wird, ist sehr unwahrscheinlich. Wir würden uns freuen, andere Möglichkeiten vorzuschlagen, die stärker mit den üblichen astronomischen Verwendungsarten übereinstimmen.

Manövrierdüsen: ›Düsen‹ ist in diesem Zusammenhang ein altmodischer Begriff. Schlage vor, ihn zu streichen.

Optischer Effekt ›Warpantrieb‹: Dies ist für STAR TREK ein neues Konzept und läßt an STAR WARS denken.

Navigationsdeflektoren: Dies ist eine neue Ausrüstung für die *Enterprise.*

ILIAS STIMME: Wir haben visuellen Kontakt, Captain: Sind die Aufgaben der verschiedenen Stationen umverteilt worden? Dieser Satz sollte eigentlich von Uhura kommen.

Pon farr: Bereits zuvor eingeführt.

Quantenschach: Einführung eines neuen Spiels.

Psycho-Akte: Das klingt schwer nach einer Zusammenstellung seiner Anfälle von Wahnsinn. Vorschlag: medizinische Akte …

Voyager IV: Gegenwärtig sind nur zwei Sonden dieser Art unterwegs.

Jahre nach ihrem Start flog die Voyager IV in ein ›Schwarzes Loch‹ und schickte Signale nach Hause, die die Vorstellungen vom Weltall revolutionierten: Das besagt, daß Nachrichten noch nach dem Eintritt in den Ereignishorizont gesendet wurden, was unmöglich ist. Schlage leichte Veränderung dahingehend vor, daß die Übermittlungen bei der Annäherung an das Schwarze Loch bedeutend waren.

Der November verstrich, die Stimmung der Beteiligten war düsterer als noch einen Monat zuvor. Der Konflikt zwischen Livingston und Roddenberry verhärtete sich weiter. Der Schwung bei der Konstruktion von Sets und Modellen war verlorengegangen. Und sogar dem *Star Trek*-Film mangelte es an einem festen Starttermin, um die Überarbeitung des Drehbuchs anzuspornen.

Irgend etwas sollte auf jeden Fall mit *Star Trek* geschehen, aber für den Augenblick wußte niemand genau, was es sein und wann es eintreten würde.

15. Dezember 1977. Wie diese Szene aus den Testaufnahmen im Maschinenraum zeigt, war zu diesem Zeitpunkt die Zukunft von *Star Trek Phase II* als Kinofilm praktisch beschlossene Sache. Für alle Testaufnahmen in dieser Woche wurde ein anamorphisches Objektiv verwendet, das man für Breitwandfilme benötigt, nicht aber fürs Fernsehen. Mit freundlicher Genehmigung von Paramount Pictures.

KAPITEL 8

DEZEMBER

Die Klatschkolumnistin und Hollywood-Insiderin Rona Barrett ließ im Dezember die Alarmglocken schrillen. Sie berichtete, Paramount Television Service sei nicht länger in der Planung. Außerdem sei die Produktion von *Star Trek Phase II* gestoppt worden, aber Paramount habe Gene Roddenberry ein Alternativangebot unterbreitet, einen *Star Trek*-Kinofilm zu produzieren.

Barrett hatte gute Quellen – zwar drei Monate zu spät, aber im wesentlichen korrekt. Dennoch bestritten Paramount und alle, die mit *Phase II* zu tun hatte, vehement die gesamte Geschichte – so als befänden sich auf Bühne 9 das 1947 abgestürzte UFO mitsamt den eingefrorenen Leichen der Außerirdischen von Roswell in New Mexico. Dem Studio zufolge war das einzige, was sich seit der Pressekonferenz vom 10. Juni geändert hatte, die Tatsache, daß das Paramount Network nicht im Februar, sondern erst im Herbst 1978 starten würde. *Star Trek Phase II* würde außerdem von 13 auf 15 bis 22 Episoden für die erste Season ausgeweitet werden. Sieh mal einer an.

Wahrscheinlich war derjenige, der diese Erklärung abgab, in der Lage gewesen, schnell genug vor den Kameras die Flucht zu ergreifen, bevor seine Beine schrumpften.

Was sich in Wirklichkeit auf Bühne 9 befand, waren unvollständige Sets. Sie waren noch nicht vollständig gestrichen, die Konsolen waren nicht angeschlossen und die Requisiten waren nicht hergestellt worden. Drei verschiedene Starttermine waren genannt worden und verstrichen. Nun war von einem Startmonat die Rede. Februar vielleicht. Oder irgendwann im März.

Die wohl einzigen Beteiligten, die für *Phase II* arbeiteten und noch daran glaubten, daraus könne eine Serie werden, waren die Autoren, die die Drehbücher für die einzelnen Episoden schreiben sollten. Sie reichten ihre Exposés ein und erhielten von Jon Povill, Harold Livingston und Gene Roddenberry detaillierte Notizen zu den Geschichten. Dann verließen sie das Studio, um ihre erste und ihre zweite Fassung zu schreiben, die als Zusammenfassung in Teil vier dieses Buchs zu finden sind.

Auf dem Studiogelände selbst wurde die Arbeit nur an dem einen Drehbuch fortgesetzt, das wichtig war. Die nächste Runde in der Überarbeitung von ›In Thy Image‹ war angebrochen. Ende November hatte Regisseur Robert Collins seine ›Gesamtversion‹ aus den Entwürfen von Livingston und Roddenberry vorgelegt, die niemanden zufriedenstellte.

Jon Povill gab Roddenberry seine Anmerkungen zur Überarbeitung von Collins in einem Memo vom 1. Dezember weiter. Hier einige seiner Anmerkungen:

Wie bereits zuvor besprochen, habe ich das Gefühl, daß die Charaktere und die Dialoge im gesamten Drehbuch falsch sind. Insbesondere:

Decker ist in den ersten beiden Dritteln des Drehbuchs gereizt und völlig unsympathisch. Dann aber – ohne Übergang und vor allem ohne ein Ereignis, das ihn dazu veranlassen könnte, diese Verwandlung zu durchleben – wird er plötzlich weich und ist im nächsten Moment Teil des Teams.

McCoy ist völlig trocken. Es fehlen jegliche Hinweise auf die wahre Tiefe und seinen Charakter sowie auf die Beziehung zwischen Kirk und McCoy. Statt dessen tritt McCoy ein und läßt im falschen Augenblick sarkastische Bemerkungen fallen.

Auch der Charakter VE-JUR muß ausgearbeitet werden. VE-JUR ist unser Antagonist und muß so umfassend ausgearbeitet werden wie ein Humanoider. Das Drehbuch versucht, VE-JUR als unglaublich intelligentes und komplexes Lebewesen darzustellen. Wenn wir Vergleiche mit Nomad (aus der Episode ›The Changeling‹) vermeiden wollen, müssen wir Anzeichen für diese Intelligenz und die Komplexität sehen, die über seine Beherrschung der Technik hinausgehen.

Mit Rücksicht auf Bob muß ich sagen, daß keiner der Entwürfe es bislang geschafft hat, VE-JUR wirklich mit Leben zu erfüllen. Wenn Du ihn so umfassend entwickeln kannst wie Tasha, dann, glaube ich, halten wir ein Erfolgsdrehbuch in den Händen.

... SEITE 34, Xons Ankunft: Ich mache mir immer noch ein wenig Sorgen darüber, wie wir Xon bei seinem ersten Auftritt behandeln. »Wer zum Teufel sind Sie«, ist zweifellos eine unangemessene Begrüßung für jeden, der die Berechtigung besitzt, auf ein Raumschiff gebeamt zu werden. Für meinen Geschmack bewegt sich diese Szene gefährlich nahe am Rande einer flachen Komödie, in der jedes Element mit äußerster Sorgfalt und Zurückhaltung behandelt werden muß. Ich habe beim besten Willen nichts dagegen, den Auftritt mit ein wenig Humor zu versehen. Ich bin aber einfach nicht der Ansicht, daß wir die normalen Abläufe auf einem Schiff opfern sollten, um diesen Spaß zu erreichen. Wir investieren sehr viel Arbeit, um das STAR TREK-Universum real und glaubwürdig zu machen. Meiner Ansicht nach sollten humorvolle Einlagen sich noch stärker als in anderen Fällen an dieser Realität orientieren, weil das überraschende Lachen bereits genügt, um die Glaubwürdigkeit dieser Situation zu belasten.

... SEITE 44: Deckers Bemerkung über seinen Vater, der bei der Überführung eines Schleppers nach Andromeda gestorben sein soll. – Ich meine, daß Deckers Vater, Commodore Decker, in der Episode ›The Doomsday Machine‹ ums Leben kam.

... SEITE 62: Es ist für mich schwer verständlich, warum VE-JUR jeden, dem er im Verlauf des Drehbuchs bislang begegnet ist, angegriffen hat, nun aber zögert. Ich glaube, daß es möglich wäre, wirklich mitreißende optische Effekte zu erzeugen, wenn wir sofort angegriffen und dadurch gezwungen würden, wie wahnsinnig ein Ausweichmanöver zu versuchen. Gleichzeitig wäre es erforderlich, daß wir uns weiter hineinbegeben, um irgendeine Art von Sensorinformation zu bekommen oder möglicherweise verletzliche Bereiche zu entdecken.

Wenn das machbar wäre, würde es uns auch zwei mögliche Gründe dafür liefern, warum das fremde Wesen einen Traktorstrahl auf uns gerichtet hat: entweder, um uns festzuhalten und dadurch leichter zu zerstören, oder weil es von der Geschicktheit unseres Manövers so beeindruckt ist, daß wir es wert sind, ein wenig studiert zu werden.

... Und zum Schluß ist es ausgesprochen praktisch und zu spannungslos, wenn wir zusehen, wie VE-JUR einfach zu den Sternen weiterfliegt, ohne ein bestimmtes Ziel vor Augen zu haben. Es ist möglich, daß Deckers Lebensenergie – oder seine Seele – VE-JUR eine Ahnung von einer anderen Dimension verleiht, die für eine Erforschung geeignet sein könnte. Dann könnten wir mitansehen, wie VE-JUR eine unglaubliche Metamorphose durchmacht, die dort beginnt, wo die Decker-Montage endet. Das Schiff würde sein Aussehen drastisch verändern, um die notwendige Vorbereitung vorzunehmen. Dann würde ein weiterer spektakulärer Spezial- und Lichteffekt einsetzen, wenn es in eine völlig andere Raum-Zeit-Dimension überwechselt; in dem Moment eine Störung von Raum und Zeit auf und um unseren Planeten herum. Auf diese Weise könnten wir bis zum letztmöglichen Augenblick die Sinne beeindrucken.

Povills Vorschlag, V'ger sollte die *Enterprise* sofort angreifen, sowie seine Ausführungen zu V'gers Schicksal wurden unverzüglich wichtige Handlungselemente für ›In Thy Image‹, die bis zum drehfertigen Drehbuch überlebten.

Aber während auf der Autorenseite an Serie und Film gleichermaßen weitergearbeitet wurde, geriet die praktische Seite der Produktion zunehmend in Vergessenheit, da die Probleme mit dem Kinofilm offen diskutiert wurden.

Wie Arthur Fellows in seinen Anmerkungen zu Livingstons erstem Entwurf erwähnte, machte sich Paramount über die Spezialeffekte im *Star Trek*-Kinofilm Gedanken, die auf einer großen Kinoleinwand bestehen mußten. Daher begann das Produktionsteam die bestehenden Sets und Modelle unter einem neuen Aspekt zu betrachten und zudem die Pläne zu überdenken, die für die Erzeugung filmischer Effekte bereits entwickelt worden waren.

Zunächst einmal sahen sich Roddenberry und Collins die großen Science Fiction-Blockbuster des Jahres an – *Star Wars* und *Close Encounters of the Third Kind* –, dann suchten sie die Spitzenunternehmen für Spezialeffekte in Hollywood auf, die qualitativ gleichwertige Arbeit für den *Star Trek*-Film liefern konnten. Nachdem sie eine Liste aller Sequenzen des existierenden, aber noch nicht fertigen Drehbuchs erstellt hatten, die Spezialeffekte benötigten, und mit den Lieferanten solcher Effekte gesprochen hatten, wurde von Michael Eisner ein Budget von 15 Millionen Dollar genehmigt. Begonnen hatte das Projekt als drei Millionen Dollar teurer Fernsehfilm, um dann zu einem acht Millionen Dollar teuren Kinofilm überzuwechseln. Nach Star Wars waren 15 Millionen Dollar das mindeste, was ausgegeben werden mußte, um ein großes Publikum anzusprechen.

Mit diesem neuen Budget und der Freiheit, die Phantasie auf dieser Grundlage erneut spielen zu lassen, begann die Suche nach einem völlig neuen Erscheinungsbild von *Star Trek*. Die *Enterprise* selbst war eines der ersten Ziele.

So wie heute war auch 1977 ein Fernsehbildschirm nicht in der Lage, auch nur annähernd so viele optische Details zu zeigen wie eine Kinoleinwand. Die fast schon legendäre Dürftigkeit und die Unfertigkeit der fürs Fernsehen gebauten Sets und Modelle entsprangen nicht der Absicht, die Fernsehzuschauer übers Ohr zu hauen. Es gab einfach keinen Grund, Zeit und Geld für Details aufzuwenden, die auf dem Fernsehbildschirm nicht zu sehen waren.

Viele Monate zuvor hatte Magicam den Auftrag erhalten, das neue *Raumschiff Enterprise* zu bauen. Kalkuliert wurde diese Arbeit unter der Voraussetzung, daß es ein Modell sein sollte, das der eingeschränkten Auflösung des Fernsehens genügte.

Nun begutachtete Paul Rabwin, Überwacher der Nachbearbeitung, das Modell unter dem Gesichtspunkt, daß es auf einer zwanzig Meter breiten Leinwand zu sehen sein würde, nicht mehr auf einem Fernseher mit einer Bildschirmdiagonale von vielleicht fünfzig Zentimetern. Er erkannte, daß alle für *Phase II* gebauten Modelle zumindest überarbeitet, wenn nicht sogar völlig neu gebaut werden mußten.

Als Unterstützung holte er sich Robert Abel, einen aufsteigenden Stern in der heiß umkämpften Branche, die für Werbespots hochmoderne Spezialeffekte herstellte. Einer der wichtigsten Mitarbeiter von Abels Unternehmen Robert Abel and Associates war Con Pederson, der zusammen mit Douglas Trumbull viele der fesselnden optischen Effekte für den Meilenstein des Science Fiction-Films, *2001: A Space Odyssey*, geschaffen hatte.

Ironischerweise sollte die Zusammenarbeit zwischen Paramount und Abel ein frühes Ende nehmen, während ausgerechnet Douglas Trumbull sozusagen in der letzten Minute zur Vervollständigung der optischen Effekte für *Star Trek: The Motion Picture* geholt wurde.

Was die bestehenden Sets anging, stellte sich

Wohl einer der größten Verluste von *Star Trek Phase II* waren diese hervorragenden Modelle, die hier in den Räumlichkeiten von Magicam zu sehen sind. Maßstab und Detailgenauigkeit waren für diese Zeit bei einer Fernsehproduktion noch nie dagewesen und hätten Standards gesetzt, so wie *Star Trek: The Next Generation* ein Jahrzehnt später. Die erhöhte Auflösung der Kinoleinwand machte es bedauerlicherweise erforderlich, daß alle für den Fernseheinsatz gebauten Modelle noch einmal vollständig neu konstruiert werden mußten. Von diesen Modellen existieren heute nur noch wenige Exemplare.

Ein Ausschnitt der Antriebssektion der *Enterprise* in großem Maßstab, der die fünfeckige Andockbucht für die Transportkapsel zeigt. Mit freundlicher Genehmigung von Andrew Probert.

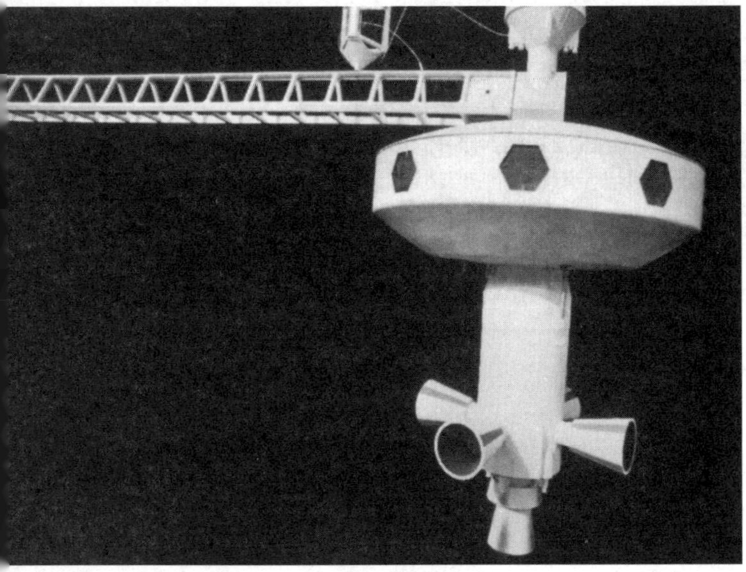

Steuerdüsen-Phalanx des Raumdocks.
Mit freundlicher Genehmigung von Andrew Probert.

Teile des fortschrittlichen Designkonzepts für das Weltraumbüro im Bau. Die zwölfseitigen Module, die zusammengesetzt Abschnitte der Raumstation bildeten, konnten abgetrennt und als Transportkapseln verwendet werden. Mit freundlicher Genehmigung von Andrew Probert.

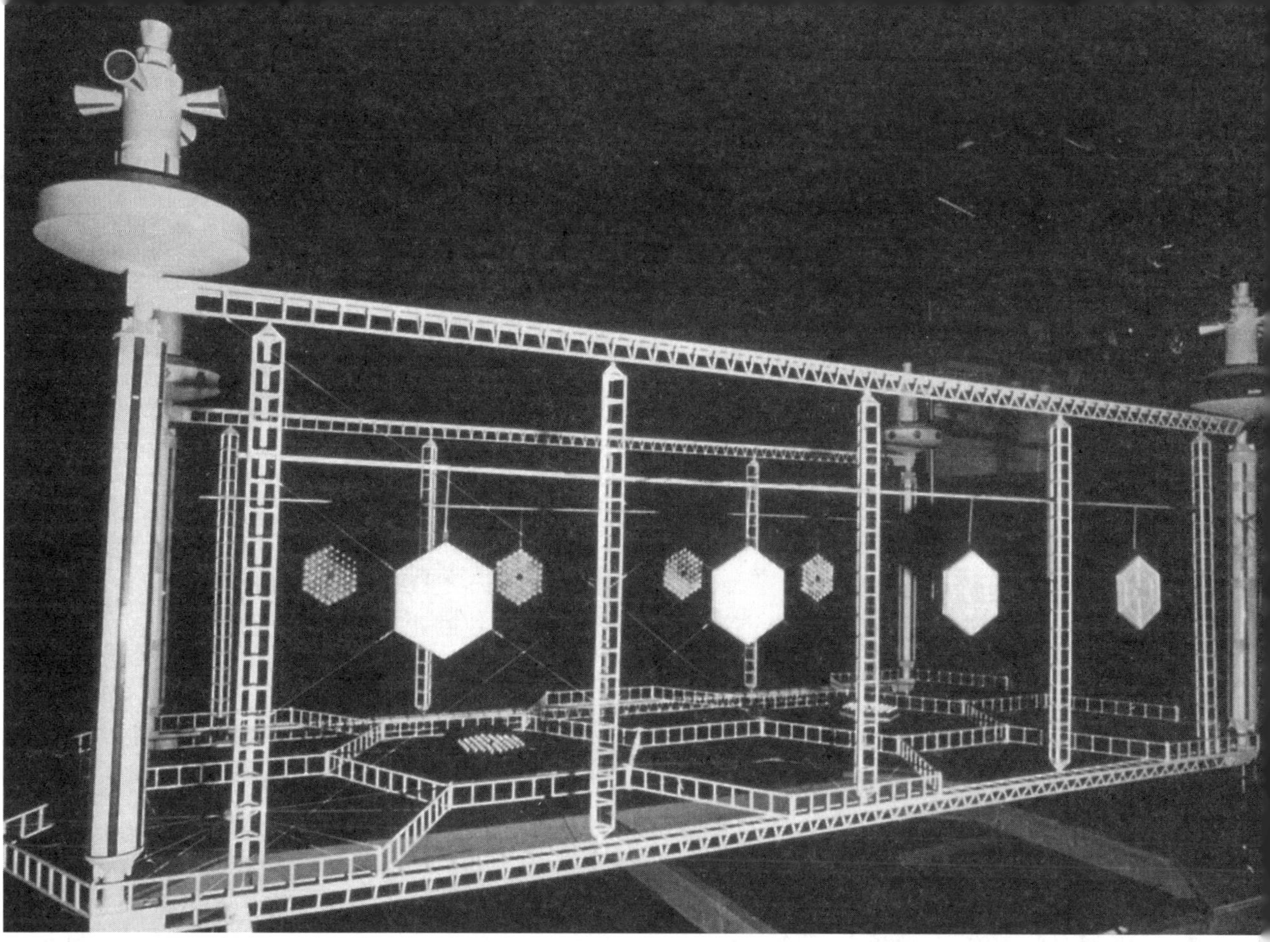

Das Raumdock.
Mit freundlicher
Genehmigung von
Andrew Probert.

Die *Enterprise* der *Phase II* im Raumdock. Einer der *Enterprise*-Konstrukteure, Brick Price, ist links im Bild zu sehen.
Mit freundlicher Genehmigung von Brick Price.

eine Überarbeitung in der Weise, sie für eine Präsentation auf der Kinoleinwand vorzubereiten, als untergeordnetes Problem dar. Schließlich war zuvor an keinem der Sets die Arbeit beendet worden.

Um eine Vorstellung ihrer Wirkung auf der Kinoleinwand zu erhalten, machte Kameramann Bruce Logan Tests mit Filmen und Objektiven, von denen einzelne Aufnahmen im Farbteil dieses Buchs abgedruckt sind.

INTER-COMMUNICATION

DEC 7 1977
Robert W. Goodwin

TO: BOB GOODWIN DATE: 12/6/77

FROM: PAUL RABWIN SUBJECT: BOB ABEL: ANALYSIS OF MINIATURES...POSSIBLE CHANGES

On Thursday, Dec. 1, Bob Abel, Richard Taylor, Gene Roddenberry, Bob Collins and I examined all of the existing models. These were Abel's comments and suggestions:

ENTERPRISE

This is a "high-gloss" type model...any flaw in the construction or texture will give away the fact that it is a miniature...a different style of photography must be adopted to accomodate for this (making mulitple passes, for example.) The finish must be perfect in order to work.
Gene: More doors and landing docks are needed (in case of emergency, there would be more than one landing point.)
Taylor: The smooth texture is a problem, particularly when it is in contrast to a non-smooth texture...the joints must be less rough. Perhaps tiny scored lines could break up the smoothness...features with which we are familiar could be added in order to give us a sense of scale. (analogy...if on' the side of a huge battleship we saw a tiny anchor.) Filigree detailing must be done on the saucer...perhaps representing a solar panel or antennae-structure. More lights throughout. Possilbe dome over bridge (metal?)
On engline pods, add lights add either a "chaser light" system, or some other light effect to act as a "heat/energy field" when the ship is in flight.
See a second docking bay on the ship somewhere with another pod attached, similar to ours. See open hatches on saucer and hull...sings of work being done. If possible, small worklites (not important, unless we pass by very close.)

DRYDOCK

This is the best looking of all the models as they exist now. Perhaps embellish elevators..."busy" it up a little more.A new section of drydock should be built...the top and one side, so that angles from the side can be photographed.

(continued)

-2-

INTER-COMMUNICATION

TO: DATE:

FROM: SUBJECT:

A mockup of the ENTERPRISE, either in foam or other cheap material, should be made to place into drydock as it exists now...it will be photographed from different angles and give Abel an idea of the possible problems. Don Loos or Magicam could do this.

DOCKING BAY (SIDE OF ENTERPRISE)

Add lights to it...either visual contact points, or sensor lights to "tractor beam" onto pod and guide it in. Maybe a signal system...also, paint "different colored metals" for the loading dock.

VEJUR

Needs large head...anywhere from 6' to 10' wide, in order to show details on a wall 5 miles high. Existing head NG... lights lack perspective, detailing minimal.
Gene: Don't like the skeleton idea on the back...the gold mylar is in the shape of a "stepladder", and it is too smooth. It must be broken-up some way...score it, discolor it, and age it. Possilbe whole new design for VEJUR.

POSSIBBE ASSIGNMENTS FOR MAGICAM:

1) Embelish existing DRYDOCK
2) Build new top and side of DRYDOCK
3) Mock-up of ENTERPRISE out of foam
4) Add lights to DOCKING BAY, repaint metals (must conform to any changes which are made on ENTERPRISE miniature
5) Change glass in PODS to conform to stage...possible reflective surface (which clears upon activation)
6) Build complete POD with hatch (door) on back
7) When assembling POD CLUSTERS, be sure one has several pods missing
8) Possible Space Station on Asteroid
9) VEJUR head...detailed
10) VEJUR side section

Dieses Memo war der Anfang vom Ende der hervorragenden Fernsehmodelle, die bereits gebaut worden waren, aber nie den optischen Anforderungen eines Kinofilm entsprochen hätten. Mit freundlicher Genehmigung von Jon Povill.

Aber nur wenige Leute erkannten, daß die gesamten Anstrengungen, den Status von *Star Trek* neu zu bewerten, im Grunde reine Verschwendung waren.

Beim Fernsehprojekt *Phase II* hätte der ausführende Produzent Gene Roddenberry bei allen wichtigen Angelegenheiten – darunter optische Effekte, Modelle und Sets – praktisch das letzte Wort gehabt. Bei einem *Star Trek*-Kinofilm lag dieses Vorrecht jedoch beim Regisseur.

Was im Verlauf dieses Dezembers nicht ausgesprochen wurde, war die folgende Tatsache: Paramount war damit einverstanden gewesen, den Fernsehregisseur Robert Collins für einen drei Millionen Dollar teuren zweistündigen Fernsehfilm unter Vertrag zu nehmen. Daß er aber nun bei einem 15-Millionen-Dollar-Kinofilm die Fäden in der Hand halten sollte, empfand man als nicht so ideal. Obwohl er monatelang gearbeitet hatte und in das *Star Trek*-Universum eingetaucht war, das Drehbuch überarbeitet hatte und an der Besetzung von Xon und Ilia beteiligt war, besaß er – zumindest nach Meinung des Studios – nicht die erforderliche Erfahrung.

Die Ruhe, die die Produktion von *Phase II* ergriffen hatte, war vergleichbar mit dem Auge eines Hurrikans, der über das Studio hinwegzog. Jeden Moment würde der Sturm in die Produktion zurückkehren und viele Mitglieder des Produktionsteams mit sich reißen.

Außer Harold Livingston.

Er wartete nicht auf die Rückkehr des Sturms. Sein Vertrag lief im Dezember aus, und seine Beziehung zu Roddenberry hatte sich so sehr verschlechtert, daß er fest entschlossen war, dieses Projekt hinter sich zu lassen. Er lieferte seinen letzten Statusbericht über die Autoren am 14. Dezember ab und meldete, daß für *Phase II* elf Drehbuchstunden fertig waren, ›In Thy Image‹ eingeschlossen. Innerhalb der kommenden Woche würden aus den noch zur Debatte stehenden Vorschlägen die letzten zwei Geschichten ausgewählt werden. Wenn *Star Trek* ein Jahr nach dem Kinofilm ins Fernsehen zurückkehren sollte – wie Roddenberry letztlich hoffte –, lagen für Paramount 13 Drehbücher bereit. Aber Livingston würde dann nicht mehr bereitstehen.

Am 30. Dezember schrieb Livingston ein kurzes Memo, demzufolge mit Jon Povill ein Vertrag über ein neues Episodendrehbuch abgeschlossen werden sollte, das ein anderes, nicht länger verfügbares ersetzen würde. Dann verließ er das Studiogelände, um für Aaron Spelling als viel glücklicherer Produzent für *Fantasy Island* zu arbeiten.

Aber so wie Michael Corleone vergeblich versuchte, sich von seiner berüchtigten Gangsterfamilie loszusagen, sollte auch Livingston nicht so einfach davonkommen.

So wie alle anderen auch.

Regisseur Robert Wise inspiziert die Brücke, nachdem er als erster Regisseur für einen *Star Trek*-Film an Bord gekommen ist. Mit freundlicher Genehmigung von Andrew Probert.

KAPITEL 9

METAMORPHOSE

Was die Zahl der Personen anging, die wußten, was wirklich vor sich ging, so hatte sie einen kritischen Wert erreicht. Der Film hatte ein Eigenleben entwickelt und konnte nicht länger dementiert werden.

Star Trek Phase II war nicht mehr als ein Name auf einer Reihe von Zeichnungen aus dem vorangegangenen Sommer. Die neuen Abenteuer von Kirk, Xon und McCoy existierten nur in den Köpfen der wenigen Autoren, die noch an ihren Entwürfen für die letzten Drehbücher arbeiteten.

Nicht einmal Jon Povill konnte ihnen sagen, daß die Dialogzeilen, die sie für Commander Will Decker schrieben, Texte für einen Toten waren. Und als Ilia in den Überarbeitungen von ›In Thy Image‹ so wie Decker gleichfalls mit V'ger verschmolz, wurde auch ihre feste Rolle in diesen Drehbüchern bedeutungslos.

Der Leichnam hatte endlich aufgehört zu zucken.

An einem anderen Ort auf dem gleichen Studiogelände wurden die letzten Details für das Budget geklärt, das auf Robert Collins Überarbeitung des Drehbuchs sowie auf den ersten 45 Seiten der erneuten Überarbeitung von Gene Roddenberry basierte.

In einem Memo über Budgetfragen vom 5. Januar 1978 zeigt Robert Goodwin, daß Paramount sich dessen bewußt war, was auch jeder *Star Trek*-Fan wußte: Spock mußte zurückkehren. Daher enthielt dieses erste Budget einen Gagenanteil für Leonard Nimoy.

Das Budget über 15 Millionen Dollar, das Eisner genehmigt hatte, stieg auf 18 Millionen Dollar an und erreichte schließlich 44 Millionen Dollar. Diese Summe umfaßte sämtliche Ausgaben, angefangen bei Roddenberrys Drehbuchvertrag von 1975 bis zu allen Kosten, die mit *Phase II* verbunden waren. Die Gagen für Shatner, Nimoy und Kelley beliefen sich allerdings nur auf einen kleinen Prozentsatz an den 15 Millionen Dollar.

Neben seinem Honorar als Regisseur erhielt Robert Collins 10000 Dollar für seine Überarbeitung des Drehbuchs. Er führte allerdings an keinem Tag Regie.

Zwar versicherten ihm die Paramount-Oberen, daß er auch weiterhin mit dem Kinofilm in Verbin-

Sogar bei den Testaufnahmen der neuen Sets unter Robert Wise trugen Statisten die Uniformen der Originalserie. Elegantere und dezentere Kostüme für *Star Trek: The Motion Picture* sollten nur eine der vielen Änderungen sein, die Wise durchsetzte. Mit freundlicher Genehmigung von Andrew Probert.

dung stehen würde, gleichzeitig verhandelten sie aber bereits eifrig mit Regisseur Robert Wise, damit der das Projekt übernahm. Zum Glück wurden Collins und Wise von demselben Agenten vertreten, der diese Neuigkeit Collins schonend beibringen konnte.

Robert Wise war ein gefeierter Regisseur, der Filme wie *Run Silent, Run Deep, West Side Story, The Sound of Music* und *The Sand Pebbles* vorweisen konnte. Mit *The Day the Earth Stood Still* und *The Andromeda Strain* hatte er sich zudem auf dem Gebiet der Science Fiction einen Namen gemacht.

Wise bestand aber auch darauf, Produzent der Filme zu sein, bei denen er Regie führte. Er konnte damit leben, daß Gene Roddenberry als Produzent genannt wurde, aber dieser dreißigjährige Knabe in Jeans, Robert Goodwin, würde sich mit einer Nennung als Co-Produzent zufriedengeben müssen.

Goodwin wußte, daß es an diesem Punkt seiner Karriere ein schlechter Zug sein würde, sich auf eine niedrigere Nennung einzulassen. Er weigerte sich, die Degradierung hinzunehmen, woraufhin sein Vertrag für die Serie nicht für den Film übernommen wurde. Da es auch kein Paramount Television Service gab, waren jene 30 Filme, die er hatte überwachen sollen, gleichfalls hinfällig geworden. Goodwin verließ das Projekt, als Wise im März 1978 dazustieß. Er gründete zusammen mit Mark Tanz seine eigene Filmgesellschaft und produzierte den umjubelten Film *Inside Moves*.

Robert Wise hatte als Regisseur und Produzent

Prüfung des Sets für den Maschinenraum im Februar 1978.
Mit freundlicher Genehmigung von Andrew Probert.

genug Macht, um sich über die Studioabläufe hinwegzusetzen. Er machte einen Rundgang durch die Sets, begutachtete die Modelle und – was noch viel wichtiger war – er hörte seiner Frau und seinem Schwiegervater aufmerksam zu, als die ihm erklärten, er könne unmöglich einen *Star Trek*-Film ohne Mr. Spock machen.

Eisner schickte Jeffrey Katzenberg nach New York, wo Nimoy in ›Equus‹ auf der Bühne stand. Innerhalb einer Woche wurden die lang anhaltenden Meinungsverschiedenheiten zwischen Nimoy und dem Studio durch einen Scheck gelöst, der auf einen erheblichen Betrag lautete. Stunden später hielt Nimoy die neueste Überarbeitung von ›In Thy Image‹ in den Händen – mit Xon in der Hauptrolle, nicht mit Spock.

Nun wurde auch Nimoy Teil des Gemeinschaftsprozesses.

Im endgültigen Film spielte ein neuer Schauspieler die Rolle des Xon (der in Sonak umbenannt worden war – Anm. d. Übers.) lange genug, um bei einem Transporterunfall getötet zu werden. David Gautreaux tauchte kurz als Starfleet-Offizier auf, der zusammen mit der Raumstation, auf der er sich befand, von V'ger ausgelöscht würde. Ein Hollywood-Märchen war beendet worden.

Da nun Wise und Nimoy an der Produktion mitwirkten, wurde der Druck außer für Roddenberry auch für einen weiteren Autor stärker.

Im April erhielt Harold Livingston überraschend einen nächtlichen Anruf von Gene Roddenberry. »Ich wußte sofort, daß er in Schwierig-

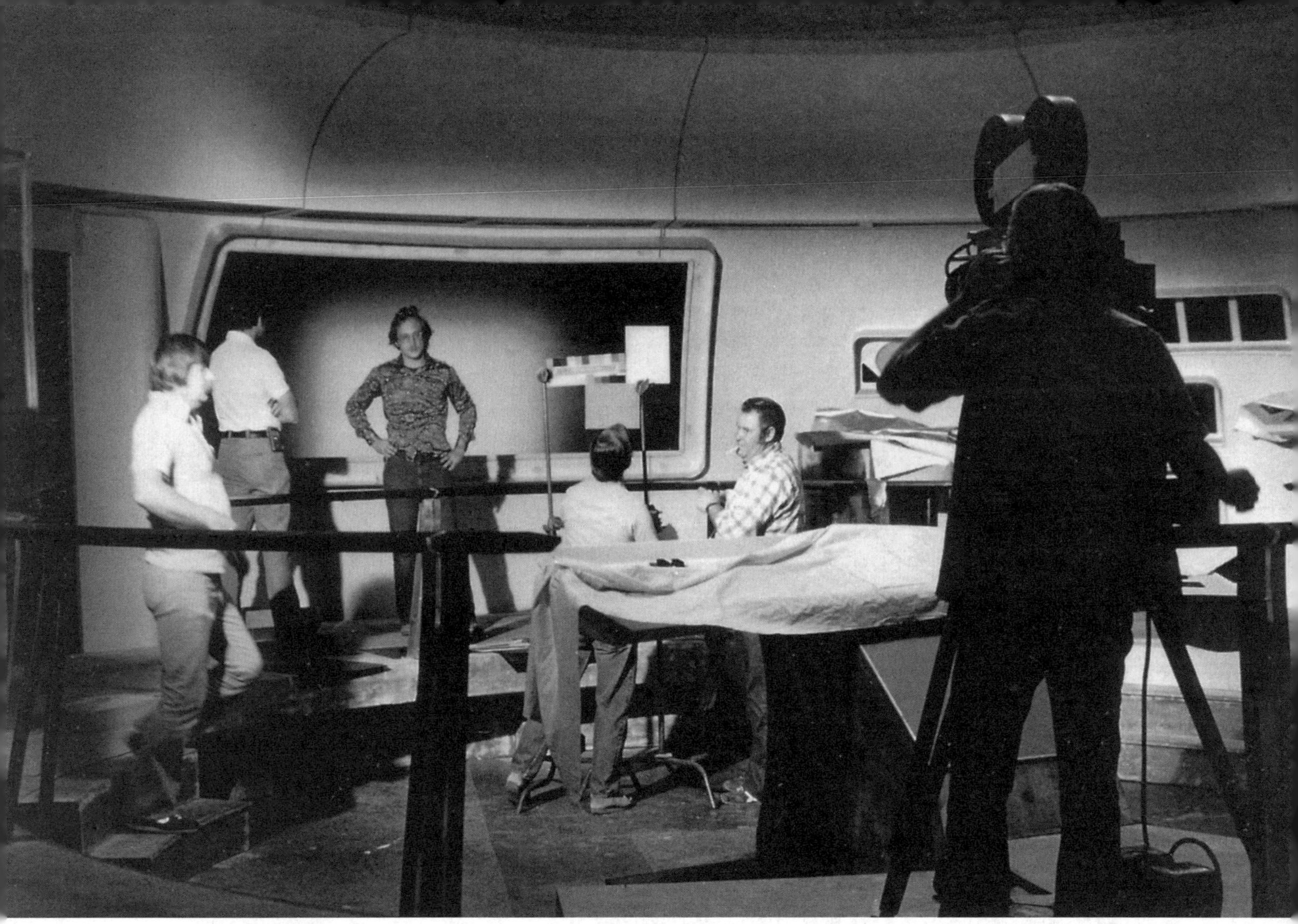

Weitere Probeaufnahmen für *Phase II* im Februar auf der Brücke.
Mit freundlicher Genehmigung von Andrew Probert.

keiten steckte«, erinnert sich Livingston. »Wir machten einen Termin aus, er schickte mir das Drehbuch per Boten zu. Ich wußte nicht, wie viele Leute daran geschrieben hatten.

Am nächsten Morgen traf ich mich mit Gene und Bob [Wise] und sagte zu Bob: ›Am besten nimmst du Zyankali. Dieses Drehbuch ist [scheußlich], du kannst es nicht gebrauchen.‹ Sie stimmten mir zu, was auch der Grund war, warum sie mich zurückhaben wollten.

Also kehrte ich zurück. Natürlich unter meinen Bedingungen, was Gene nicht gefiel.

Ich arbeitete sehr eng mit Bob zusammen und ich erinnere mich, daß die ersten 50 von mir umgeschriebenen Seiten per Boten nach Paris zu Eisner und Katzenberg gebracht wurden. Eisner rief mich aus Paris an und fragte: ›Was soll das sein?‹ Ich wußte nicht, wovon er sprach, bis ich dahinterkam, daß Gene meine Seiten genommen und umgeschrieben hatte.«

Die unzähligen Kisten, in denen die überarbeiteten Versionen liegen, sind voll von Drehbuchstapeln, die mit ›GR‹ oder ›HL‹ markiert sind, je nachdem, wer sie als letzter umgeschrieben hatte. Livingston verließ den Film mindestens viermal. Beim letzten Mal wurde er nur zurückgeholt, nachdem Katzenberg ihn in seinem Büro eingeschlossen und sich geweigert hatte, ihn gehen zu lassen, ehe er es sich nicht noch einmal überlegte.

Livingstons letzte Vertragsfassung mit Paramount machte seine weitere Mitarbeit davon abhängig, daß Katzenberg ihn anschließend ein Drehbuch für einen Film eigener Wahl schreiben ließ.

Katzenberg war einverstanden. Livingston kehrte zurück.

Nachdem der Film angelaufen war, arbeitete Livingston nie wieder mit Roddenberry zusammen.

Die weitere Entstehung von *The Motion Picture* gestaltete sich gleichermaßen holprig, da persönliche Konflikte, mangelnde Konzentration und mangelnde Zielstrebigkeit von mehr als nur einer Seite das Projekt belasteten.

Aber in einer vorzeitigen Verwirklichung der Zukunftsvision Roddenberrys zogen das Team, das er zusammengestellt hatte, und die Originalschauspieler in letzter Minute alle an einem Strang, um das Drehbuch mit dem Leben zu erfüllen, das definierte, was *Star Trek* war und immer noch ist.

Gegen jede Chance wurde der Film, der eine so schwierige Geburt hatte und der aus der Asche nicht nur einer, sondern zweier gescheiterter Fernsehserien auferstanden war, zu einem überwältigenden Erfolg.

Roddenberry hatte seine zweite Chance erhalten und sie genutzt. Sein erster und lange Zeit einziger Erfolg war kein Zufallsprodukt gewesen. Vielmehr hatte sich seine Schöpfung als so stark erwiesen, daß viele Leute etwas dazu beitragen und ihr doch nichts anhaben konnten.

Blickt man auf das kurze Leben von *Phase II* zurück, muß man sagen, daß es keine guten oder bösen, sondern nur begabte Menschen gab, die davon angetrieben wurden, etwas zu schaffen, auf das sie stolz sein und an dem sich viele Millionen mehr erfreuen konnten.

Rückblickend mag der eingeschlagene Weg fragwürdig gewesen sein. Doch wie Robert Goodwin zusammenfaßt: »Es war eine schreckliche Erfahrung, aber alles war verständlich und nachvollziehbar, weil es in der Branche nun mal so abläuft. Es war das, was jeder tun mußte.«

Und das Witzige daran ist, daß es funktioniert.

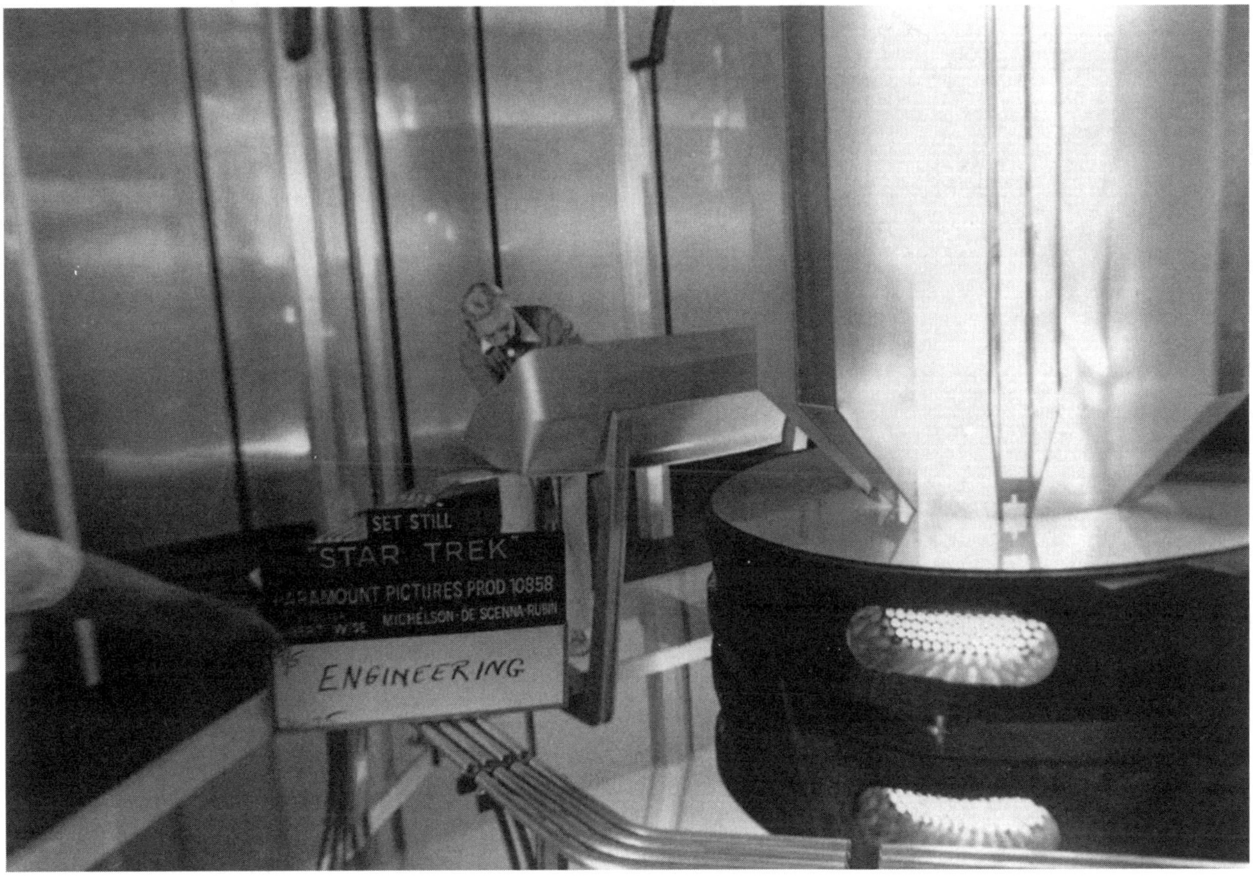

Die Fackel ist weitergereicht worden. Nachdem Robert Wise die Regie übernommen hatte, wurde aus der Fernsehserie *Star Trek Phase II* offiziell *Star Trek: The Motion Picture*.

T E I L ZWEI

DIE VERLORENE BIBEL

STAR TREK II – LEITFADEN FÜR AUTOREN UND REGISSEURE

Im Fernsehsprachgebrauch ist eine ›Bibel‹ ein Leitfaden für eine Serie. Sie definiert die Grundvoraussetzungen der Serie und ihr Handlungsumfeld, stellt die Charaktere vor und beschreibt die Drehbuchstruktur, besondere Handlungsorte und -zeiten, Kniffe und manchmal auch mögliche Handlungsverläufe.

Die folgende Bibel ist im wesentlichen eine aktualisierte Fassung der Bibel, die für die Originalserie geschrieben wurde. Das neue Material, das diese zweite Fünfjahresmission der U.S.S. Enterprise *betrifft, wurde zwischen Mai und August 1977 entwickelt, von Gene Roddenberry und Jon Povill geschrieben und durch zahlreiche Beiträge von vielen Mitarbeitern des* Phase II*-Stabs ergänzt, darunter auch von Robert Goodwin.*

Diese Bibel kann als das letzte Dokument der verlorenen Star Trek*-Serie betrachtet werden. Es gibt aber auch eine Sichtweise, die es aus historischer Sicht noch interessanter macht – die einer Vorläuferversion von* Star Trek: The Next Generation.

Der neue Wissenschaftsoffizier Xon ist ganz offensichtlich ein Vorgänger von Data, bis hin zu seinen Versuchen, menschliches Verhalten nachzuahmen, ohne es zu verstehen.

Der Erste Offizier Commander Will Decker stellt in seiner Person und seiner Funktion ebenso deutlich eine frühe Version des Ersten Offiziers Commander Will Riker dar, wie die teilweise telepathisch begabte Navigatorin Ilia eine frühe Version der empathischen Counselor Troi ist. Tatsächlich sollte sich die Rolle der Ilia über die Vorgaben der Bibel hinausentwickeln, bis sie ebenfalls in der Lage war, Gefühle zu empfinden, und als Counselor für die Crew dienen konnte. Decker und Ilia verband eine romantische Beziehung in der Vergangenheit – so wie Riker und Troi.

Natürlich wurde nicht jeder Aspekt aus Phase II *auf* The Next Generation *übertragen. Als Beispiel für eine besonders drastische Veränderung mag die fünftletzte Frage in dieser Bibel dienen: Wieviel Science Fiction-Terminologie wollen Sie haben? Die Antwort verdeutlicht sehr gut, wie sehr sich* Star Trek *über die Jahre hinweg verändert hat.*

STAR TREK II

Unsere neuen Episoden erzählen die zweite Fünfjahresmission der U.S.S. Enterprise. Nach seiner ersten Mission ist das Raumschiff nach Hause zurückgekehrt und in ein orbitales Raumdock in der Flottenwerft hoch über San Francisco gebracht worden, um dort vollständig überholt zu werden. Die Grundform des Schiffs bleibt dabei sowohl innen als auch außen weitgehend unverändert. Die Details des Schiffs - die Instrumente, Anzeigen und Kontrollen - sind dagegen deutlich weiter entwickelt als auf der ersten Enterprise.

Um diese zweite Fünfjahresmission befehligen zu können, hat Captain James T. Kirk einen Admiralsstern abgelehnt und es geschafft, den größten Teil der Originalcrew zu rekrutieren. Eine Ausnahme ist Mr. Spock, dem auf Vulkan die Ehre zuteil geworden ist, die dortige Wissenschaftliche Akademie zu leiten. Tatsächlich haben alle Mitglieder unserer Originalcrew feststellen müssen, daß sie bereits zu Lebzeiten fast Legendenstatus erreicht haben. Nur wenige Raumschiffe haben je eine Fünfjahresmission vollendet, und außer der U.S.S. Enterprise ist kein Schiff zurückgekehrt, dessen Crew praktisch unverändert geblieben ist. Vielleicht war die Möglichkeit, in die relative Anonymität des Weltalls zu entkommen, für viele von ihnen der Grund, sich freiwillig für eine zweite Fünfjahresmission zu melden. Vielleicht aber können diese Männer und Frauen, nachdem sie so viele Jahre am größten Abenteuer der Menschheit teilgenommen haben, in ihrem normalen Leben nichts mehr finden, was sie zufriedenstellt.

Die Mission des Raumschiffs ist unverändert - in einem Bereich unserer Galaxis zu patrouillieren; die Erde und die Föderation zu repräsentieren sowie Kolonisten und wissenschaftliche Forschung zu unterstützen, Konflikte zu beenden; denen zu helfen, die in Not sind; Handel zu regulieren und sich an diplomatischen Missionen mit anderen Planeten und Völkern zu beteiligen.

WAS HAT SICH GEÄNDERT?

Die Rolle des MR. SPOCK fehlt, aber wir hoffen immer noch, daß er oft als Gaststar zurückkehren wird. In der Zwischenzeit ist ein junger Vulkanier namens XON als Wissenschaftsoffizier sein Ersatz, er ist ein Charakter mit völlig eigenen Eigenschaften.

Erster Offizier der Enterprise ist COMMANDER WILL DECKER, Kirks Stellvertreter. An der Station des Navigators befindet sich LT. ILIA, eine wunderschöne Frau vom Föderationsplaneten Delta V.

CHEKOV ist ein vollwertiger Lieutenant und hat die Sicherheitsabteilung des Schiffs unter sich. ›PILLE‹ McCOY, SCOTTY, UHURA und SULU befinden sich an ihren vertrauten Stationen. Wir werden auch YEOMAN JANICE RAND wiedersehen; unsere ehemalige Krankenschwester ist nun DR. CHRISTINE CHAPEL.

Wir benutzen die Science Fiction immer noch, um die Gegenwart zu kommentieren, doch sind seit der Gegenwart der ersten STAR TREK-Serie ein Dutzend Jahre vergangen. Die Menschheit ist heute mit neuen Fragen und Rätseln konfrontiert, die man in den sechziger Jahren nicht kannte und die nun neue Geschichten und Ideen ermöglichen. Auch hat sich die Zensur im Fernsehen in der gleichen Zeit deutlich gelockert, was ebenfalls Möglichkeiten für neue Geschichten eröffnet.

Auch auf anderen Gebieten hat sich das Fernsehen deutlich weiterentwickelt. Ältere, schwerfällige Sprachmuster sind (M.A.S.H. sei Dank) durch einen Einsatz von unvollständigen Sätzen, Überschneidungen und Unterbrechungen einem stärkeren Realismus gewichen. Bessere Kameratechniken, neue Filmemulsionen und aufregende neue optische Effekte machen allesamt einen erhöhten Realismus möglich.

STAR TREK wird sich stärker mit dem Privatleben und der Freizeit unserer Charaktere befassen. Auch hier eröffnet sich mehr Realismus auf einem menschlichen Gebiet in der Form, wann und was sie essen, wie man im 23. Jahrhundert badet, sich umzieht, spielt und sich entspannt.

Das Design der umgebauten Enterprise wird weniger von der ›Sterilität eines Kriegsschiffs‹ besitzen. Brücke, Maschinenraum sowie andere Arbeitsbereiche werden nach wie vor auf Funktionalität ausgerichtet sein. In anderen Bereichen des Schiffs dagegen werden wir sehen, welche Kunstformen von den interstellaren Reisenden geschätzt und gesammelt werden. Die offene Einstellung gegenüber Lebensformen wird sich auch auf die Vegetation erstrecken, wir werden exotische und manchmal rätselhafte Pflanzen sehen, die auf Hunderten von Welten gesammelt worden sind.

Das Grundformat wird sich nicht ändern. Action und Abenteuer, Unterhaltung und manchmal auch Spaß, während wir darüber nachdenken, wer wir Menschen sind, wohin wir gehen und welchen Sinn das alles hat.

WAS IST EINE STAR TREK-GESCHICHTE?

Zwar sind sich alle Fernsehserien in Aufbau und Entwicklung ähnlich, dennoch ist die Anziehung, die STAR TREK auf die Fans und das breite Publikum ausübt, einzigartig. Sie erfaßt Kinder ebenso wie College-Präsidenten oder Astronauten. Die erfolgreicheren STAR TREK-Episoden sind allen fünf Grundregeln gefolgt:

1. UNSERE GESCHICHTEN ERZÄHLEN VON MENSCHEN (DIE GLAUBWÜRDIG HANDELN)
In Star Trek geht es nicht um Wissenschaft und technische Spielereien. Alle guten Geschichten erzählen von Menschen, die Science Fiction macht da keine Ausnahme. Je glaubwürdiger die Personen, um so besser ist die Geschichte. Charaktere müssen in Science Fiction-Geschichten so sorgfältig geschrieben werden wie die Charaktere in jeder zeitgenössischen Dramaserie, sie müssen handeln und reagieren wie echte Menschen. Technische Spielereien, die wir zeigen, müssen ebenfalls glaubwürdig sein - sie müssen eine Fortführung dessen sein, was heute in der Wissenschaft als Tatsache oder Theorie existiert.

2. EINE OPTIMISTISCHE VORSTELLUNG VON DER ZUKUNFT
Wenn unsere Gesellschaft zur Zeit von STAR TREK sich so weit entwickelt hat, daß sie interstellare Reisen unternehmen kann und mit verschiedenen Planeten und Lebensformen koexistiert, dann muß davon ausgegangen werden, daß wir unsere kleinlichen Streitereien und Vorurteile des zwanzigsten Jahrhunderts gelöst haben. Diese Gesellschaft wird gelernt haben, Vielfältigkeit zu schätzen; sie beurteilt andere Welten und andere Lebensformen nicht nach dem Standard der Erde. Trotzdem ist das Leben auf der Erde oder auf der Enterprise nicht langweilig - die Herausforderung, sich selbst voranzubringen, hat die alten Ängste und Aggressionen ersetzt.

3. DER GESICHTSPUNKT EINER GESCHICHTE IST DER UNSERES CAPTAINS UND SEINER CREW
»Dies sind die Reisen des Raumschiffs Enterprise« ...und die Reisen seines Captains und der Crew. Wir sehen und empfinden unsere Geschichten durch die Augen und mit den Gefühlen unserer Stammbesatzung. Die Handlung kann kurzzeitig auf den Gesichtspunkt eines Gaststars wechseln, kehrt aber immer wieder zurück, um zu zeigen, wie diese Aktionen sich auf unsere Stammfiguren ausgewirkt haben. Es genügt nicht, daß unser Raumschiff und seine Crew auf etwas Faszinierendes im All oder auf einer fremden neuen Welt stoßen. Dieses ›Etwas‹ muß auch eine große Gefahr oder ein Bedürfnis auslösen und einen oder mehrere unserer Stammfiguren betreffen. Eine Gefahr oder ein Bedürfnis, das einen Gaststar betrifft, reicht nicht aus, es sei denn, die Sicherheit und/oder das Bedürfnis des Gaststars sind für unsere festen Stammbesatzung von herausragender Bedeutung.

4. UNSERE STAMMFIGUREN SIND HELDEN
Sie glauben daran, daß sie an ihr Wort und ihren Eid gebunden sind. Sie glauben daran, daß es Prinzipien gibt, die ein Leben der Unannehmlichkeiten und Gefahr wert sind. Sie vertreten sogar die ›altmodische‹ Ansicht, daß es Dinge gibt, die es wert sind, für sie zu sterben, wenn es notwendig ist. In den meisten anderen Aspekten sind sie sehr stark Menschen des 23. Jahrhunderts und besitzen nur wenig von den sexuellen, gesellschaftlichen und wirtschaftlichen Komplexen ihrer Vorfahren aus dem 20. Jahr-

hundert. Ihre Werte und Ideale drehen sich nicht ausschließlich um Dinge, die nur die Erde und die Menschheit betreffen.

5. UNSERE HEIMATBASIS IST DIE U.S.S. ENTERPRISE

Unser Raumschiff ist ganz entschieden einer der Charaktere unserer Serie. Es ist der Mittelpunkt im Leben unserer Stammfiguren. Unsere Geschichten haben immer entweder auf dem Raumschiff begonnen oder wurden dort abgeschlossen. Viele unserer besten Geschichten haben sich ausschließlich an Bord dieses Schiffs abgespielt.

DAS STAR TREK-DREHBUCHFORMAT

DER TEASER

Wir beginnen mit Action und schaffen eine große Gefahr, ein Bedürfnis oder einen anderen ›Aufhänger‹.

DIE AKTE

Vier Akte. Der erste Akt beginnt üblicherweise mit einem Off-Text, wenn Captain Kirk seinen Logbucheintrag spricht und uns erzählt, wo wir sind und was geschehen ist. Jede erforderliche Vorgeschichte sollte hier enthalten sein, nicht im Teaser. Das Logbuch des Captains sollte immer knapp und prägnant sein ... in der Sprache, in der ein Schiffskommandant einen Logbucheintrag vornimmt.

Bei der Eröffnung des ersten Aktes benötigen wir eine Art Orbit, Umgebung oder eine andere stumme Einstellung, damit wir Zeit haben für das Logbuch und für den Vorspann.

STIL

Hohes Tempo; lange philosophische Wortwechsel oder weitschweifige Erklärungen zu Ausrüstungsgegenständen sollten vermieden werden. Unsere Schnittechnik besteht darin, zwischen einer Idee und ihrer Ausführung die kürzestmögliche Zeit aufzuwenden. Beispiel: Kirk beschließt, daß ein Landeteam auf einen Planeten gebeamt werden soll. ... DIREKTER SCHNITT auf die blinkenden Lichter der Transporterkonsole, Kamera zurückziehen, um das Landeteam zu ZEIGEN, das den Transporter betritt.

LISTE DER BESETZUNG UND SETS

Eine Liste der Besetzung und der Sets liegt Ihrem Entwurf bei.

DIE U.S.S. ENTERPRISE

DAS SCHIFF

Die U.S.S. Enterprise ist ein Raumschiff, das etwas größer ist als ein Marinekreuzer der Gegenwart. Sie ist das größte und modernste Schiff im Dienst von Starfleet, ihre 430köpfige Crew besteht etwa zur Hälfte aus Frauen.

Die Enterprise ist eine ›Heimatbasis‹, ein vertrauter und beruhigender Gegenpol zu den bizarren und ungewöhnlichen Dingen und Orten, die wir in unseren Episoden sehen. Wo es möglich ist, sollten Sie versuchen, die Größe, die Komplexität und die verschiedenen Funktionen der Enterprise zu betonen und ins Spiel zu bringen. Das bedeutet nicht, daß Sie stets die Enterprise einsetzen müssen, aber üblicherweise beginnen oder beenden wir jede Geschichte dort.

Die Diskussektion des Schiffs (auf deren höchstem Punkt sich unsere Kommandobrücke befindet) erstreckt sich in der Mitte über elf Decks. Die Antriebssektion (an der die beiden Antriebsgondeln befestigt sind) ist gleichermaßen groß und komplex, am Heck befindet sich das Hangardeck, das groß genug ist, um eine ganze Flotte heutiger Verkehrsflugzeuge aufzunehmen. Turbolifte, die sich vertikal und horizontal bewegen können, verbinden jedes Deck und jede Abteilung dieses großen Schiffs miteinander.

Zusätzlich zu Brücke, Krankenstation, Quartier des Captains und anderen vertrauten festen Sets kann auf die breitestmögliche Vielfalt an Laboren und technischen Abteilungen, Computerräumen, Lager, Passagierquartieren und Frachteinrichtungen zurückgegriffen werden.

Die überarbeitete Enterprise hat sich leicht verändert, damit das Publikum sagen kann: »Ja, das ist die Enterprise, schöner als zuvor ...«

DIE CREW

Von internationaler Herkunft, durchweg gemischtrassig. Aber auch in diesem Jahrhundert werden wir traditionellen Schmuck, Ornamente und Stile entdecken, die das Asiatische, das Arabische, das Lateinamerikanische usw. symbolisieren. Bislang ist der vulkanische Offizier das einzige Crewmitglied, das von einem anderen Planeten stammt. Es ist jedoch anzunehmen, daß wir in STAR TREK II andere Außerirdische oder teilweise Außerirdische entdecken werden, die auf unserem Raumschiff ihren Dienst verrichten.

Seien Sie erfinderisch! Benutzen Sie die Crewmitglieder (Statisten ebenso wie Schauspieler), um die enorme Vielfalt auf unserem Schiff anzudeuten. Lassen Sie zum Beispiel eine Szene in Freizeitkleidung spielen, in der unsere Leute in Sportbekleidung vorübergehen und sich offensichtlich auf dem Weg vom oder zum Trainingsraum befinden. Das Leben an Bord der Enterprise besteht nicht nur aus harter Arbeit und völliger Pflichtergebenheit (aber auch wieder in glaubwürdiger Form, so wie auf einem Marinekreuzer der Gegenwart).

ANTRIEB DES SCHIFFS

Für den Enterprise-Antrieb (die beiden Gondeln) werden Materie und Antimaterie verwendet; die Fusion dieser beiden Stoffe setzt die enorme Energie frei, die erforderlich ist für den Warpantrieb und für das Überschreiten der Lichtgeschwindigkeit.

Die Enterprise verfügt über ein zweites Antriebssystem. Hierbei handelt es sich um den Impulsantrieb (das gleiche Prinzip wie beim Raketenantrieb), der sich im hinteren Teil der Diskussektion befindet. Die Schiffsgeschwindigkeit liegt bei Verwendung des Impulsantriebs natürlich unterhalb der Lichtgeschwindigkeit. Im Fall eines Totalausfalls aller Antriebsquellen können die Schwerkraft- und Lebenserhaltungssysteme des Schiffs auf Notbetrieb umgeschaltet werden, der eine Reserve für etwa eine Woche bietet.

Überlicht- oder Warpgeschwindigkeiten (letzterer Begriff entspricht der von uns bevorzugten Terminologie) werden in WARPFAKTOREN gemessen. Warpfaktor Eins entspricht der Lichtgeschwindigkeit – knapp 300 000 Kilometer pro Sekunde (oder über eine Milliarde Kilometer pro Stunde). Anmerkung: Die Warpfaktoren Zwei, Drei, Vier usw. basieren auf einer mathematischen Formel, Warpfaktor Zwei entspricht der achtfachen Lichtgeschwindigkeit, Warpfaktor Drei der 24fachen Lichtgeschwindigkeit, Warpfaktor Vier der 64fachen Lichtgeschwindigkeit usw.

Sichere Maximalgeschwindigkeit beträgt nun Warp Acht. Bei Geschwindigkeiten über Warp Acht hinaus wird das Schiff erheblichen Belastungen ausgesetzt, sie werden daher nur in Notfällen angewendet.

BEWAFFNUNG DES SCHIFFS

Die Hauptbewaffnung der U.S.S. Enterprise besteht aus den ›Schiffsphasern‹, bei denen es sich um Versionen der Handphaser und Phaserpistolen in Artillerieformat handelt.

Von der Brücke aus kann die Phaserenergie in jede Richtung gelenkt werden; unser optischer Effekt besteht aus einem ›Spritzer‹ blauer Phaserenergie, der aus der Hauptstrebe des Schiffs austritt. Dieser Phaser kann so wie der Handphaser direkt auf ein Ziel gerichtet werden. Er kann aber auch in der Nähe des Ziels zur Explosion gebracht und ähnlich einer ›Wasserbombe‹ eingesetzt werden.

Der Steuermann agiert als Waffenoffizier. Unter Anleitung des Captains koordiniert er das Feuer aus den Phaserräumen und benutzt die Navigationshilfe des Schiffs, um die Phaser auf ein Ziel einzustellen. Auf Befehl des Captains aktiviert er die Schaltkreise, die diese Waffen abfeuern.

CAPTAIN JAMES T. KIRK

Eine Kurzbeschreibung von Kirk könnte ›ein Captain Horatio Hornblower des Raumfahrtzeitalters‹ lauten, der stets seine eigene starke, komplexe Persönlichkeit für sich selbst auf den Prüfstand stellt.

Da das Raumschiff für lange Zeitabschnitte ohne Kontakt zur Erde und zu Basen der Starfleet steht, besitzt ein Raumschiffcaptain ungewöhnlich große Macht über das Leben und Wohlergehen seiner Crew sowie über die Menschen und Ereignisse, denen er auf diesen Reisen begegnet. Kirk spürt diese Verantwortung sehr stark, und es ist durchaus möglich, daß die Sorgen und Belastungen ihn zu einer Fehleinschätzung gelangen lassen.

Er kann auch ermüden und neigt dazu, sich selbst über das menschenmögliche Maß hinaus anzutreiben, um sich dann zu tadeln, weil er kein Übermensch ist. Die Crew respektiert ihn, manche bewundern ihn sogar. Gleichzeitig hat aber kein Senioroffizier an Bord Angst davor, seine eigene Intelligenz einzusetzen, um Kirks Befehle in Frage zu stellen und das so deutlich zu sagen, daß Kirk zu verstehen geben muß, er habe seine Entscheidung getroffen.

Kirk hat bei Hunderten von Landungen auf Planeten und Notfällen umfassende Erfahrung gesammelt. Er besitzt eine weitgefaßte und reife Einstellung zum Kommando, zu seinen Kameraden an Bord und sogar zu fremden Lebensformen, ganz gleich wie seltsam oder widerwärtig sie im Vergleich zu den Erdstandards auch sein mögen.

Auf der anderen Seite soll Kirk nicht als der Captain einer Fregatte von 1812 dargestellt werden, ohne dessen Befehl sich nichts und niemand rührt. Die Crew der Enterprise ist ein guttrainiertes Team, das durchaus einzuschätzen vermag, welche Informationen und Aktionen Kirk benötigt.

An Bord des Schiffs bieten sich für Captain Kirk nur wenige Gelegenheiten, Freundschaften zu pflegen. Eine Ausnahme ist der Schiffsarzt Dr. McCoy, der allein durch seine Position permanent auf die geistige und emotionale Verfassung des Captains achten muß. Wenn Kirk aber auf Landurlaub ist und damit von den Beschränkungen seiner selbstauferlegten Disziplin befreit ist, kann es geschehen, daß er sich in die eine oder andere romantische Liaison hineinziehen läßt, aus der er sich nur unter Schwierigkeiten wieder lösen kann. Er ist ein starker Mann, der durch die Anforderungen seines Schiffs und seiner Karriere in die oft einsame Kommandorolle gepreßt wird, die noch dadurch verstärkt wird, daß das Kommando eines Raumschiffs eine der schwierigsten und forderndsten Aufgaben seines Jahrhunderts ist.

LIEUTENANT XON

Kann ein 22 Jahre alter Vulkanier auf seiner ersten Reise durchs All in die Fußstapfen des legendären Mr. Spock treten? Xon wurde von der vulkanischen Wissenschaftlichen Akademie ausgewählt, um exakt das zu versuchen. Kirk war erstaunt, als sich sein neuer Wissenschaftsoffizier, fast noch ein Junge, an Bord meldete. (Xon sieht ein wenig aus wie ein junger Michael York mit spitzen Ohren.) Kirk war davon ausgegangen, daß der Ersatzmann in Spocks Alter sein würde. Die Berichte, die er über Xon gelesen hatte, bezeichneten ihn als bekannten Wissenschaftler und Lehrer.

Die Wahrheit ist, daß Xon sogar für vulkanische Verhältnisse ein Genie ist. Wie wir in unseren Episoden sehen werden, ist er auf allen Gebieten der Wissenschaft so kompetent wie Spock. Ihm fehlt allerdings der menschliche Ausgleich. Anders als Spock ist Xon ein reiner Vulkanier. Er hatte keine menschliche Mutter, die ihn mit der Erdspezies vertraut machen konnte. Er besitzt keine menschliche Hälfte, durch die er menschliche Gefühle empfinden und verstehen könnte.

Xon erkennt, daß der Grund dafür, daß Spock seine Pflichten an Bord der Enterprise so gut erfüllte, in seiner menschlichen Hälfte lag, durch die er die Art der menschlichen Gefühle verstehen konnte. Er weiß, daß er seine vulkanische Abneigung gegen die Zurschaustellung von Gefühlen überwinden muß, um so gut zu sein wie Spock. Er muß tief in sich gehen und die Gefühle finden, die seine Gesellschaft seit Tausenden von Jahren unterdrückt hat, damit er eine Grundlage finden kann, um seine menschlichen Kameraden umfassend zu verstehen.

Das bedeutet: Während Spock sich in permanentem Kampf mit sich selbst befand, um seine Gefühle zu unterdrücken und mehr wie ein Vulkanier zu sein, wird Xon permanent mit sich ringen, um seine verschütteten Gefühle zu befreien und menschlicher zu sein, damit er seine Arbeit gut erledigen kann - sein wichtigstes Anliegen. Das wird für ihn mindestens so schwierig sein wie für Spock, der seine stoische Ruhe zu wahren versuchte. Außerdem ergeben sich für uns humorvolle Szenen, wenn Xon versucht, Belustigung, Wut, Angst und andere menschliche Gefühle zu simulieren.

Der neue Wissenschaftsoffizier nahm die Versetzung auf die Enterprise mit großer Vorsicht an. Er zweifelt nicht daran, daß er die wissenschaftlichen Aspekte seiner Arbeit kompetent handhaben kann, aber er fürchtet, daß die Crew von ihm nicht nur erwartet, daß er ein Ersatz, sondern auch ein Spock-Duplikat ist. Diese Ängste werden während der ersten Episoden erkennbar. So wird es auch bei der unausgesprochenen Bemerkung »Mr. Spock hat das nie so gemacht« der Fall sein. Außerdem ist Captain Kirk Xon gegenüber zu Beginn nicht sehr fair. Spocks Freundschaft war für Kirk eine wichtige Sache, jetzt verwirft der Captain fast schon eigenmächtig jede Chance, eine ernste Beziehung zu dem jungen Vulkanier aufzubauen. Je schwieriger die Situation allerdings für Lieutenant Xon wird, um so mehr werden wir ihn mögen und ihm wünschen, daß er bei seinem schwierigen Auftrag erfolgreich ist.

Als reiner Vulkanier ist Xon noch stärker als Spock. Er kann lange Zeit ohne Wasser auskommen und hohe Temperaturen ertragen. Alle seine Sinne sind besonders ausgeprägt. Seine Fähigkeiten zur vulkanischen Gedankenverschmelzung sind stark ausgeprägt.

Der junge vulkanische Lieutenant ist immer wieder über das menschliche Verhalten entsetzt. Während der Vorbereitung auf diesen Posten hat er sich mit dem Verhalten und der Geschichte der Menschen eingehend vertraut gemacht. Es ist amüsant, mit anzusehen, wie er dieses Wissen zu logisch und zu wörtlich anzuwenden versucht. Nichts von dem, was er gelernt hat, konnte ihn auf die Realität vorbereiten. Obwohl Xon sich bemüht, seine Überraschung und Verlegenheit zu tarnen, weiß die Crew von deren Existenz. Oft übertreiben die Besatzungsmitglieder ihre menschlichen Eigenschaften, um den jungen Vulkanier noch mehr zu verwirren. Das geschieht aber nicht aus Boshaftigkeit und niemals in einer Situation, die die Effizienz des Schiffs stören könnte. Vermutlich wird das Zusammenleben mit Menschen Xon dazu bringen, selbst einige Gefühle zu empfinden. Auf seinem Planeten ist das natürlich die schlimmste aller Sünden, so daß der junge Vulkanier alles versuchen wird, um diese ›Schwäche‹ zu vertuschen.

Der Wissenschaftsoffizier herrscht über eine große Konsole, die als ›Bibliothekscomputerstation‹ bekannt ist. Sie folgt in ihrer Bedeutung unmittelbar dem Kommando über das Schiff und befindet sich direkt hinter dem Platz des Captains

COMMANDER WILL DECKER

Mit Anfang Dreißig ist Decker der Erste Offizier des Schiffs, der Stellvertreter des Captains. Kirk nennt ihn manchmal ›Erster‹, ein Begriff aus der Seefahrersprache für den ›Ersten Lieutenant‹ des Schiffs - der Titel, den Decker in den Zeiten der Segelschiffe getragen hätte. Will Decker bewundert

Kirk beinahe und würde lieber sterben, als ihn zu enttäuschen. Die Hauptverantwortlichkeit des ›Ersten‹ besteht darin, Crew und Schiff in Bestzustand zu halten – eine Verantwortlichkeit, die Will Decker sehr ernst nimmt.

Wenn er nicht völlig von seiner Aufgabe, die Enterprise in Topform zu halten, vereinnahmt wird, ist Will Decker ein sehr humorvoller Mann. Es macht ihm vor allem Spaß, die ›zu perfekte‹, seelenlose Offiziersmarionette zu spielen. Dieser Spaß kann andere manchmal verwirren, weil Will durchaus zu diesem Typ von Offizier werden kann, wenn Kirks Wohlergehen oder die Sicherheit des Schiffs betroffen ist.

Wir können erkennen, daß Jim Kirk sehr stark damit befaßt ist, den jungen Commander auf die Verantwortung vorzubereiten, die mit dem Kommando eines Raumschiffs einhergeht. Wir werden auch sehen, wie sich dieser kommende Captain während der Fünfjahresmission zu entwickeln beginnt.

Auf den Gebieten Logistik und Organisation besitzt er einen scharfen und analytischen Verstand, auf den sich Kirk in hohem Maße verlassen wird. Er wird einige Landeteams anführen, und viele Entscheidungen, die er treffen wird, werden über Leben und Tod entscheiden.

Wills Vorgeschichte ist von Starfleet geprägt: Sein Vater und sein Großvater väterlicherseits waren Absolventen der Akademie und hochrangige Starfleet-Offiziere. Eines Tages wird auch er Karriere machen – schließlich wurde er von Kindesbeinen an auf ein Kommando vorbereitet. Er hat Freunde, aber er neigt dazu, seine Privatsphäre so für sich zu halten, wie er die der anderen respektiert. Zwischen Kirk und Decker besteht eine Art Vater-Sohn-Beziehung, die von beiden geschätzt wird.

LIEUTENANT ILIA

ILIA ist eine junge Frau vom Planeten 114-Delta V, der sich erst vor kurzem der Föderation angeschlossen hat. Das Volk der Deltaner ist älter als die Menschheit, ihre Gehirne sind auf den Gebieten Kunst und Mathematik viel besser entwickelt. Diese Fähigkeiten machen aus ihr eine hervorragende Navigatorin, ihre künstlerische Veranlagung zeigt sich in ihrer sicheren, fließenden Präzision bei der Erfüllung ihrer Aufgaben.

Ihr Gesicht ist atemberaubend hübsch. Aber wie alle Deltaner ist sie bis auf die Augenbrauen völlig unbehaart. Ihr sanfter, schlanker kahler Kopf besitzt die fast sinnliche Eigenschaft einer zierlich umrissenen Nacktheit, die bei anderen Frauen stets verborgen bleibt. Das verleiht ihr ein beeindruckendes, fast ›ägyptisches‹ Aussehen, vor allem, wenn sie ihren deltanische Kopfschmuck – ein Juwelenband – trägt.

Ilias Intelligenz wird nur von der des Wissenschaftsoffiziers übertroffen, außerdem besitzt sie Psi-Fähigkeiten, die auf ihrem Planeten üblich sind. Anders als bei der Gedankenverschmelzung der Vulkanier kann sie Bilder in den Gedanken anderer empfangen. Keine Worte oder Emotionen, nur Bilder... Umrisse, Formen, Strukturen. Auf ihrem Planeten besteht das sexuelle Vorspiel vor allem darin, daß die Liebenden für den Geist des jeweils anderen Bilder erzeugen.

So wie die Vulkanier Probleme mit Gefühlen haben, hat auch Ilia ein Problem, das sie mit auf das Raumschiff bringt. Auf 114-Delta V ist fast alles im Leben sexuell ausgerichtet – Sexualität ist Bestandteil jeder Freundschaft, jeder gesellschaftlichen Aktivität und jeder beruflichen Beschäftigung. Das ist die normale Art für den Umgang mit anderen. Da permanenter Sex nicht dem Verhalten der Menschen und anderer Crewmitglieder entspricht, muß Ilia dieses Gefühl und Verhaltensmuster völlig unterdrücken.

DR. LEONARD ›PILLE‹ McCOY

Dr. McCoy, der von DeForest Kelley gespielt wird, ist der Chefarzt der U.S.S. Enterprise und damit Chef der Medizinischen Abteilung. In dieser Funktion ist er auch verantwortlich für die Gesundheit und das körperliche Wohlergehen der Enterprise-Crew. Er trägt auch große medizinische Verantwortung auf dem Gebiet der Weltraumerforschung.

Als Chefarzt des Schiffs ist ›Pille‹ McCoy der einzige Mann, der Captain Kirk auf einer ganz persönlichen Ebene begegnen kann, was dessen körperliches, geistiges und emotionales Wohlergehen angeht. Er hat sogar die unverzichtbare Pflicht, sich ständig über den Zustand des Captains auf dem laufenden zu halten und Kirk ohne Umschweife auf dieses Thema anzusprechen. McCoy wird als eine Art H. L. Mencken der Zukunft dargestellt, ein sehr, sehr offener Charakter, dessen Einstellung zum und Bemerkungen über das Leben mehr als nur eine Spur zynisch sind. Er hat einen beißenden Humor, der manchmal schockierende Erklärungen nach sich zieht - Erklärungen, die bei genauer Betrachtung mehr als nur ein Körnchen Wahrheit über Medizin, Menschheit und Gesellschaft enthalten.

Von allen Besatzungsmitgliedern ist McCoy derjenige, der am wenigsten mit dem Militär zu schaffen hat. Seine zahlreichen Eigenarten passen zu seinem Charakter und sind sein Markenzeichen. Beispielsweise verabscheut er Transporter und das Prinzip, Personal vom Schiff auf Planetenoberflächen zu ›beamen‹. Er erklärt lautstark, daß er es nicht mag, daß seine Moleküle auseinandergerissen und wie eine Kom-Nachricht herumgeschickt werden.

McCoy ist im Sinne des alten ›Allgemeinmediziners‹ sehr geschickt, haßt Pillen, außer wenn sie absolut notwendig sind, und glaubt, daß ein kleines bißchen Leiden gut für die Seele und die Reife des einzelnen ist. Er hat große Angst, daß perfekte Medizin, Psychotherapie und Computer die Menschheit ihrer Individualität und ihres gottgegebenen Rechts, ein wenig mit dem Leben zu hadern, berauben könnten. Er ist ein hervorragender Arzt und Chirurg, der oft das falsche Leiden zu behandeln scheint, am Ende aber für gewöhnlich recht behält.

Dr. McCoy ist das älteste Crewmitglied an Bord und von daher manchmal Hänseleien ausgesetzt. Er war einmal verheiratet, eine Ehe, die rätselhaft bleibt und unglücklich endete. Er ist Großvater, aber seine Pflichten auf dem Raumschiff haben ihn unglücklicherweise daran gehindert, zu seinen Enkeln die Beziehung aufzubauen, die er sich gewünscht hätte. Sein Alter hat ihm Weisheit und Erfahrung eingebracht, was einen interessanten - und manchmal krassen - Gegenpol zu den jüngeren Offizieren und Crewmitgliedern bildet.

Lieutenant Xon scheint - so wie vor ihm Spock - McCoy als Landarzt zu betrachten, der Heilung im allgemeinen eher mit Glück als mit Wissenschaft erreicht. Aber McCoy ist wie die meisten Zyniker tief in seinem Herzen ein eifriger Humanist; die leidenschaftliche (und humoristische) Fehde, die zwischen Spock und McCoy bestand, wird zwischen McCoy und Xon fortgesetzt.

Allerdings mit dem Unterschied, daß McCoy diese ›Fehde‹ als sehr persönliche Angelegenheit betrachtet, die ihn und Xon betrifft - zumal McCoy dafür bekannt ist, daß er (im Privaten) jene Crewmitglieder und Offiziere ernsthaft tadelt, die sich dem jungen Vulkanier gegenüber unfair verhalten haben, indem sie seine Bemühungen mit denen von Spock vergleichen. Würde man McCoy jedoch bezichtigen, Xon zu beschützen, würde er dies mit Nachdruck bestreiten.

ANDERE FESTE CHARAKTERE

INGENIEUR SCOTT: Montgomery Scott, im Rang des Commanders, Chefingenieur auf der U.S.S. Enterprise, gespielt von James Doohan. Er ist den meisten als ›Scotty‹ bekannt, mit seinem Akzent assoziiert man Heide und die Highlands.

Scotty hat sich nach oben gedient, seine praktische Ausbildung ist mindestens so breit gefächert wie seine förmliche Ausbildung zum Ingenieur. Er verfügt über ein besonderes technisches Verständnis; man sagt ihm nach, er könne einen Antrieb mit Draht und Leim zusammenbauen und ihn zum Laufen bringen. Er betrachtet die U.S.S. Enterprise als sein persönliches Eigentum und den Maschinenraum als sein privates Reich, im dem sogar Captain James Kirk nur ein privilegierter Besucher ist.

Maschinen und Raumschiffe sind sein Leben. Seine Vorstellung von einem angenehmen Nachmittag besteht darin, im Maschinenraum eines Raumschiffs herumzubasteln. Er kann sich nicht vorstellen, warum ein gesunder Mensch etwas anderes als technische Bedienungsanleitungen lesen sollte. Er ist willensstark und eigenwillig und bringt es auch fertig, einem Starfleet-Captain Bescheid zu sagen, wenn der sich in etwas einmischt, was Scotty als sein privates Territorium und seinen Verantwortungsbereich ansieht.

Kirk versteht die innige Liebe seines Chefingenieurs zum Schiff und zum Antrieb, und er ist bereit, mehr von diesem Offizier als von jedem anderen an Bord des Schiffs hinzunehmen. Was ihn betrifft, hat Kirk eine Regel: »Wenn es nicht funktioniert, bringt es zu Scotty. Wenn er es nicht reparieren kann, dann kann es auch kein anderer.«

<u>UHURA</u> - Rang des Lieutenant Commander, Kommunikationsoffizier, gespielt von der attraktiven jungen Schauspielerin Nichelle Nichols. Uhura wurde in der Afrikanischen Konföderation geboren. Sie ist schnell und intelligent und ein höchst effizienter Offizier. Ihr Verständnis des Schiffscomputers wird nur von dem des vulkanischen Wissenschaftsoffiziers übertroffen; sie ist Expertin für alle Schiffssysteme, die mit der Kommunikation zu tun haben. Außerhalb des Dienstes ist Uhura eine warmherzige und sehr weibliche Frau. Im Freizeitraum ist sie gleichfalls beliebt, weil sie singt - alte Lieder so gut wie neuere Weltraumballaden. Außerdem kann sie aus dem Stegreif andere nachahmen.

<u>SULU</u> - Steuermann des Schiffs, gespielt von Schauspieler George Takei. Der Lieutenant Commander ist gemischter asiatischer Abstammung, das japanische Element dominiert, Sprache und Verhalten sind bei Sulu sehr westlich ausgeprägt. Seine Einstellung gegenüber Asiaten ist die, daß sie ihm recht ›undurchschaubar‹ erscheinen. Sulu sieht sich selbst mehr wie einen altertümlichen ›D'Artagnan‹. Er ist ein fanatischer Sammler und nennt seinen Freunden unentwegt tausend Gründe, warum sie sich für das gleiche Hobby interessieren sollten.

Obwohl diese Ausbrüche an Enthusiasmus ihn zu einer Art Plappermaul machen, ist er ein Spitzenoffizier und einer der erfahrensten Steuerleute im Dienst von Starfleet. Wenn es hart auf hart kommt, wird er sofort ein anderer Mensch, ein markiger Profi, bei dem jedes Wort und jede Aktion ausschließlich dem Schiff und dessen Sicherheit gelten. Diese angenehme und effektive ›doppelte Persönlichkeit‹ macht sich nie bei seiner Arbeit bemerkbar. Er hat noch nie von Kirk den gleichen Befehl zweimal erhalten müssen.

<u>LT. CHEKOV</u> - Chekov war als Fähnrich einst der jüngste Offizier an Bord, nun ist er ein vollwertiger Lieutenant, der jahrelange Abenteuer im Weltraum hinter sich hat. Er befehligt an Bord der U.S.S. Enterprise die Sicherheitsabteilung und ist für alle Sicherheits- und Disziplinangelegenheiten an Bord des Schiffs und an Land verantwortlich. Er ist außerdem verantwortlich für das Training der Männer und Frauen, aus denen sich sein Sicherheitsteam zusammensetzt. Sein Platz auf der Brücke ist die Schadenskontrollkonsole. Die Sicherheit des Captains fällt auch in Lt. Chekovs Verantwortung, so wie McCoys Augenmerk der Gesundheit des Captains dient.

<u>DR. CHRISTINE CHAPEL</u> - Als Schwester Chapel in Star Trek I vorgestellt, sind ihre medizinischen Leistungen von Starfleet anerkannt worden. Sie ist auf die U.S.S. Enterprise als McCoys Kollegin zurückgekehrt und seine Stellvertreterin in der Medizinischen Abteilung geworden. McCoy scheint es zu genießen, ihr jede Aufgabe zu übertragen, die er für zu langweilig oder ärgerlich hält. Abgesehen

von Captain Kirk ist sie wahrscheinlich die einzige, der sich McCoy anvertrauen kann. Sie ist eine Expertin in der Psychotherapie und verfügt über ungewöhnliche Fähigkeiten, den Patienten zu vermitteln, wie sie die Heilungskräfte ihres eigenen Körpers einsetzen können.

YEOMAN - Wird von einer Auswahl junger, reizender Schauspielerinnen dargestellt. Eine derartige Rolle wurde bereits eingeführt - ›YEOMAN JANICE RAND‹, gespielt von der reizenden Grace Lee Whitney. Es ist Starfleet-Tradition, daß der Posten des Yeoman immer von einer Frau besetzt wird und dem Schiffscommander als eine Kombination aus Chefsekretärin/Dienerin/militärische Adjutantin zur Seite steht. Es ist ein beliebter Posten, da man dort Erfahrung sammeln kann und viele Yeomen später Seniorbrückenoffiziere und Captains bei Starfleet werden. So wie alle Frauen an Bord des Schiffs, wird auch der Yeoman genauso behandelt wie ein Mann, der den gleichen Rang innehat und von dem man das gleiche Maß an effizienter Leistung erwartet. Ein Yeoman trägt oft einen TRICORDER mit sich - eine Kombination aus elektronischem Recorder/Kamera/Sensor -, der dem Captain sofort zur Verfügung steht, wenn er sich nicht an seiner Kommandokonsole befindet.

FESTE SETS

Nachfolgend eine Zusammenstellung existierender und geplanter Sets für die U.S.S. Enterprise.

BRÜCKE

Ein kreisförmiges Set, in dem Captain Kirk über diesen gesamten Komplex des Schiffs wacht. Zugang zu diesem Set ist möglich über die Turbolifte, die sich direkt zum Set hin öffnen. Kirk sitzt in seinem leicht erhöhten Kommandosessel in der Mitte, den Blick auf den Brückenbildschirm gerichtet. Direkt vor ihm sitzen ebenfalls in Richtung auf den Bildschirm der Navigator und der Steuermann an ihren Konsolen. Auf der äußeren kreisförmigen Erhebung des Sets befinden sich die verschiedenen Posten des Kommunikationsoffiziers und der diversen Techniker sowie die anderer Schiffsoffiziere. Direkt hinter dem Captain sitzt der Wissenschaftsoffizier an einer Konsole, die als ›Bibliothekscomputerstation‹ bekannt ist.

TURBOLIFTE

Im gesamten Schiff können die Turbolifte auf horizontale und/oder vertikale Bewegung programmiert werden. Indem man die Kontrollen des Turbolifts über Sprachsteuerung aktiviert, kann man fast jeden Bereich des Schiffs erreichen.

SCHIFFSKORRIDORE

Kurvenähnlich verlaufende Korridore mit abzweigenden Nebenkorridoren. Diverse Türen und Schleusen öffnen sich und geben den Zutritt frei zu den verschiedenen Bereichen innerhalb der Enterprise. Wir plazieren sie so, als würden sie auf den verschiedenen Decks und Ebenen des Schiffs existieren. Sie sind natürlich alle über die Turbolifte miteinander verbunden.

TRANSPORTERRAUM

Wir gehen davon aus, daß es auf dem Schiff mehrere Transporterräume gibt. Den Raum, den wir benutzen, betritt man von einem Hauptkorridor aus. Die Transporterkontrollen werden vom Transporteroffizier und einem Techniker bedient. Jeder für sich oder gemeinsam können sie jeweils bis zu sechs Personen auf das Raumschiff oder von dort woandershin ›beamen‹. Bei bestimmten Gelegenheiten können auch Objekte aus dem Weltall an Bord gebeamt werden, wenn sie klein genug sind und sich in vertretbarer Entfernung befinden. An einem Ende dieses Sets befindet sich die Transporterkammer selbst. Es handelt sich um eine kreisförmige Plattform mit sechs Plätzen, die über einige Stufen erreicht werden können. Jede Person, die transportiert werden soll, stellt sich auf eine der sechs beleuchteten Flächen. Über jedem der Plätze befindet sich gleichfalls eine beleuchtete Fläche. Innerhalb dieser Kammer verschwinden oder erscheinen Menschen, während sie auf Planeten oder andere Schiffe oder von dort zurückgebeamt werden.

KRANKENSTATION UND BÜRO DES DOKTORS

Ein Komplex aus drei Räumen. Das Büro des Doktors führt direkt in einen Schiffskorridor, außerdem gibt es von seinem Büro direkten Zugang in den Untersuchungsraum und in die Krankenstation. Die Krankenstation kann auch direkt von einem Korridor aus betreten werden. Innerhalb der Krankenstation gibt es eingebaute Betten, über denen sich jeweils eine Diagnose-Fläche befindet. Diese medizinischen Geräte scannen fortlaufend den Patienten, nehmen Messungen vor und zeigen die Ergebnisse auf der Diagnose-Fläche an. So werden für jeden Patienten Blutdruck, Pulsfrequenz, Herzschlag und Atmung sowie verschiedene andere Werte permanent aufgezeichnet und angezeigt, ohne daß ein direkter Kontakt zwischen Doktor und Patient notwendig wird.

MASCHINENDECK

Ein Abschnitt des Schiffsinneren, in dem wir die Grundbestandteile der Triebwerke des Schiffs finden. Es ist ein großes Set, das Haupteinsatzgebiet des Chefingenieurs (Scott). Von hier aus kann er auf die Hauptleitungen der Schiffsschaltkreise zugreifen.

BESPRECHUNGSRAUM

Ein großes Set, in dem Kirk und Xon Lagebesprechungen, Diskussionen und Stabsversammlungen abhalten können. Ein großer Tisch mit einer ausreichenden Anzahl Plätze. In den Tisch eingebaut sind Computerkontrollen und kleine Bildschirme. Dieses Set kann auch als Garderobe eingesetzt werden. Direkter Zugang zu einem Hauptkorridor des Schiffs.

FREIZEITRAUM

Ein umdekoriertes anderes Set, das uns mit einer Bandbreite an Erholungseinrichtungen versorgt, in denen sich die Crewmitglieder entspannen und ihre Freizeit genießen können. Verschiedene Spiele wie beispielsweise dreidimensionales Schach können hier gespielt werden.

QUARTIER DES CAPTAINS

Captain Kirk verfügt über zwei Räume. Ein Raum stellt seinen Arbeitsbereich dar, wenn er sich nicht auf der Brücke befindet. Von diesem Raum gibt es einen Zugang zum nächsten, in dem er auch schläft. Von beiden Räumen aus gelangt man direkt in einen Schiffskorridor. So wie bei den meisten großen Sets sind auch hier Monitore und Kommunikationsgeräte vorhanden.

QUARTIER DES VULKANIERS

Die umdekorierte Kabine von Captain Kirk, in der ihn aber etwas an seinen Heimatplaneten erinnern wird.

PASSAGIERQUARTIERE

Ebenfalls die umdekorierte Kabine von Captain Kirk, sofern kein größerer Raum benötigt wird, der dann speziell hergestellt oder für den der Besprechungsraum umdekoriert werden würde.

SCHIFFSKAPELLE

Umdekorierter Transporterraum.

SPEISESAAL

Je nach Bedarf umdekorierte andere Sets.

FITNESSRAUM

Umdekorierte andere Sets. Es ist groß genug, um verschiedene Formen der Leibesübung und Sportarten zu ermöglichen, die wenig Raum beanspruchen, zum Beispiel Ringen, Fechten usw.

SHUTTLE

Begehbares Modell eines Schiffs für sechs oder sieben Passagiere, das auf Missionen innerhalb eines Sonnensystems geschickt werden kann. Dieses Schiff kann auch als kleines Modell hergestellt werden. Inneres und Äußeres sind verfügbar.

HANGARDECK

Ein Miniaturset, das so geschaffen ist, um eine Fläche von der Größe eines Fußballplatzes darzustellen, auf dem Shuttles oder andere Schiffe untergebracht sind. Es befindet sich am Heck der zigarrenförmigen ›Antriebssektion‹ unseres Schiffs. Beim Modell sind die großen Hangartore zu sehen, die sich öffnen, wenn ein Shuttle unser Schiff verläßt oder dorthin zurückkehrt. Achtung: Modelle und visuelle Arbeiten wie diese sind teuer und müssen ein extrem wichtiges Element der Handlung sein, wenn sie verwendet werden.

SONSTIGES

Zwangsläufig werden diverse Geschichten spezielle ›Einmal-Sets‹ erfordern. Beispiele dafür: botanische Abteilung, Computerdatenbank, Aussichtsdeck (durch dessen Fenster man die Sterne sehen kann) und so weiter. Auch hier sind völlig neue und ungewöhnliche Sets kostspielig; sie müssen für die Geschichte extrem wichtig sein. Wenn Planetensets und Innensets erforderlich werden, dann sollten neue Schiffssets auf ein Minimum reduziert werden: Der Autor muß Erfahrung und gesunden Menschenverstand einsetzen, indem er die Herstellungskosten im Rahmen eines normalen Fernsehbudgets hält.

WICHTIGE AUSRÜSTUNG UND TERMINOLOGIE

TRICORDER

Ein tragbarer Sensor-Computer-Recorder von der Größe einer großen rechteckigen Handtasche, über der Schulter getragen. Ein bemerkenswertes kleines Gerät, das benutzt werden kann, um auf Planetenoberflächen fast jeden Datentyp zu analysieren und aufzuzeichnen. Es kann das Alter eines Artefakts ermitteln, die Zusammensetzung einer fremden Lebensform und so weiter. Der Tricorder wird üblicherweise von Offizieren getragen, um Aufzeichnungen von den Geschehnissen zu machen. Oder er wird als tragbares wissenschaftliches Werkzeug verwendet. Er kann auch als ›medizinischer Tricorder‹ bezeichnet und von Dr. McCoy getragen werden.

DIE PHASER

Handwaffen. Zur Zeit haben wir zwei Phasertypen. Erstens den ›Handphaser‹, der kaum größer ist als eine Zigarettenschachtel. Zweitens die ›Phaserpistole‹, die aus dem Handphaser besteht, der in eine Pistolenhalterung eingesetzt worden ist. Im Griff befindet sich eine Energieladung, die Reichweite und Leistung der Waffe deutlich erhöhen.

Der Grund für zwei verschiedene Phaser: Bei einigen Anlässen wie zum Beispiel Freundschaftsbesuchen und diplomatischen Missionen möchte sich unser Landeteam nicht mit den größeren Phaserpistolen am Gürtel auf einen Planeten hinunterbeamen lassen. Der Handphaser wird (zusammen mit dem Kommunikator) an einem Gürtel getragen, der unter dem Hemd verborgen ist. Bei anderen Gelegenheiten erfordert die Handlung es, daß das Landeteam deutlich sichtbar bewaffnet ist – die große Phaserpistole, die unübersehbar am Waffengürtel hängt, erfüllt diese Anforderung.

Das ›Phasergewehr‹ besteht aus der Phaserpistole, die in eine Gewehrhalterung eingefügt ist, und verfügt über noch größere Reichweite und Leistung.

Sowohl Handphaser als auch Phaserpistole verfügen über eine Vielzahl von Einstellungsvarianten. Zu den Einstellungen, die am häufigsten genannt werden, gehören ›Auf Betäubung‹ – die einen Mann bewußtlos machen kann, ohne ihn zu verletzen – und ›Volle Leistung‹ – bei der ein Objekt buchstäblich entmaterialisiert wird und verschwindet. Der Phaser kann auch so eingestellt werden, daß er ein Objekt zur Explosion bringt oder ein Loch in ein Objekt brennt. In manchen Geschichten haben wir den Phaser als Werkzeug eingesetzt, beispielsweise als Schneidbrenner. Phaser können auch auf ›Überladen‹ eingestellt werden, was zu einem Energiestau und einer Explosion führt, die den Phaser und alles in nächster Nähe vernichtet.

KOMMUNIKATOREN

Eine tragbare ›Bordsprechanlage‹ von der Größe eines Handphasers. Werden an Bord eines Schiffs normalerweise nicht benutzt, da sich überall auf dem Schiff an strategischen Punkten Kommunikationsflächen befinden. Eingesetzt wird der Kommunikator vorwiegend als Kommunikationsmittel der Mitglieder eines Landeteams untereinander auf einer Planetenoberfläche oder zur U.S.S. Enterprise im Orbit. Der Kommunikator, der bei Anheben des Antennengitters aktiviert wird, bestimmt auch die Position des Benutzers auf der Planetenoberfläche, damit die Transportercrew an Bord des Schiffs diese Person oder das gesamte Landeteam auf das Schiff beamen kann. Er kann an einen Tricorder angeschlossen werden, um Daten sofort in die Computerbänke der Enterprise zu übertragen.

TRANSPORTER

Wie bereits zuvor besprochen und beschrieben, handelt es sich im wesentlichen um ein Gerät, das die Crew oder eine Fracht auf eine Planetenoberfläche bzw. auf ein anderes Raumschiff oder von dort zurück ›beamt‹. Er wandelt Materie kurzzeitig in Energie um, beamt diese Energie an einen festgelegten Punkt, um sie dort wieder zu ihrer Originalstruktur zusammenzusetzen. Seine Reichweite ist auf rund 25 000 Kilometer beschränkt.

BETRACHTER

Der generelle Name für Bildschirme aller Art. (Wir vermeiden hier den Begriff Schirm und verwenden ihn nur in bezug auf Energieschirme.) Der wichtigste ist der Betrachter auf der Brücke. Er ist kein Fenster, sondern ein elektronischer Bildschirm, der nach außen hin in jede Richtung ausgerichtet werden kann und bei dem verschiedene Vergrößerungsfaktoren gewählt werden können. Meistens ist er dorthin ausgerichtet, wohin sich das Schiff bewegt, und zeigt, wie die Sterne vorüberziehen, während wir durch das All reisen. In bestimmten Situationen kann auf diesem Schirm auch ein holographisches Bild erzeugt werden.

Außerdem werden die meisten Bereiche des Schiffs durch die Betrachter der Bordsprechanlage verbunden. Zum Beispiel kann Kirk von seiner Kabine aus Sulu oder Xon auf der Brücke rufen, beide sehen und von beiden über seinen Betrachter gesehen werden. Stellen Sie es sich einfach als eine Video-Telefon-Verbindung vor.

Es gibt zudem einen rechteckigen Betrachter über der Bibliothekscomputerstation, auf dem optische Informationen aus den Aufzeichnungen des Schiffs abgespielt werden können.

SENSOREN

Eine unserer nützlichsten Einrichtungen. ›Sensor‹ ist unser genereller Begriff für sämtliche Ausrüstungsgegenstände an Bord der U.S.S. Enterprise, die in der Lage sind, jede Art von Informationen zu ›empfangen‹ oder zu ›lesen‹, die für unsere Geschichten benötigt werden. Das können Zusammensetzung und Ausmaße eines Objekts sein, auf das man im All trifft; wenn es ein Raumschiff ist: Anwesenheit und Anzahl menschlicher oder außerirdischer Lebensformen; das geologische Alter eines Meteoriten; fast alles. Xon bedient üblicherweise die Schiffssensoren und erhält die meisten Anzeigen auf seinem Betrachter an seiner Station.

Der Tricorder enthält kleine Sensoren für den Einsatz auf einer Planetenoberfläche. Außerdem gibt es spezielle Navigationssensoren, die von den Männern am Steuer benutzt werden, medizinische Sensoren in der Krankenstation und so weiter. Versuchen Sie niemals, die Sensoren zu erklären oder zu beschreiben, benutzen Sie sie einfach. Sie sind echt, weil sie da sind und funktionieren.

DEFLEKTOREN

Der wichtigste ›Verteidigungsschild‹ der U.S.S. Enterprise. Im Grunde handelt es sich um eine unsichtbare Energiebarriere, die das Schiff rundum vor allem schützt - ausgenommen hochentwickelte und kraftvolle Waffen. Sie wird automatisch von den Schiffssensoren aktiviert, sobald sich eine unbekannte Gefahr nähert. Hinweis: Der Transporter des Schiffs kann nicht benutzt werden, wenn der Deflektorschild in Betrieb ist.

Sollte das Schiff angegriffen werden, kann die Leistung des Deflektorschilds deutlich erhöht werden, jedoch kann er bei massivem Energieabfall auf dem Schiff und bei maximaler Schildleistung nur begrenzte Zeit aufrechterhalten werden.

Das Schiff verfügt auch über ›Navigationsdeflektorstrahlen‹, die, von den ›Navigationsscannern‹ gesteuert, weit ins All hinausreichen und Meteoriten, Asteroide oder Raummüll und andere Objekte aus der Flugbahn des Schiffs bewegen, das aufgrund der enormen Geschwindigkeit bei einer Kollision Schaden erleiden würde. Sie sind vollautomatisiert und werden vom Schiffscomputer gesteuert.

TRAKTORSTRAHL

Eine Art umgekehrter Deflektorstrahl, also ein Strahl, der etwas greift und anzieht, anstatt es fortzuschieben. Der Strahl hat eine maximale Reichweite von rund 160 000 Kilometern. Er kann eingesetzt werden, um neben einem anderen Schiff eine stabile Position zu halten, um ein kleineres Schiff zur Enterprise zu ziehen oder ein anderes Schiff aus einer Gefahrenzone zu schleppen. Außerdem kann der Traktorstrahl des Schiffs kleine Objekte in Transporterreichweite ziehen, damit sie dann an Bord gebeamt werden können. Kurz gesagt: ›Greifhaken‹ und ›Abschleppseil‹ unseres zukünftigen Jahrhunderts.

COMPUTER

Die logische, wissenschaftliche Weiterentwicklung der Computer unseres eigenen 20. Jahrhunderts. Tief im Herzen des Schiffs befinden sich zahlreiche ›Computerbänke‹, ein riesiges elektronisches Gehirn, das unser Schiff steuert, auf Befehl einen Kurs setzt und ihn automatisch beibehält, das die ›Lebenserhaltungssysteme‹ bedient, zu denen Atmosphäre und Schwerkraft gehören, und bei unerwarteten Gefahren Maßnahmen einleitet usw. Auch befindet sich in diesen Computerbänken fast das gesamte aufgezeichnete Wissen der menschlichen Rasse. Der Schiffscomputer kann mit jeder Station der Bordsprechanlage oder mit jedem Betrachter verbunden werden. Er wird (verbal oder visuell) praktisch jede bekannte Information innerhalb von Sekunden analysieren. Auf der Brücke ist die Bibliothekscomputerkonsole des Wissenschaftsoffiziers direkt und vollständig mit dem Schiffscomputer verbunden.

COMPUTERSTIMME

Wenn eine Station der Bordsprechanlage des Schiffs mit den Computerbänken verbunden wird – etwa wegen einer Anfrage –, wird die Antwort von unserer COMPUTERSTIMME gegeben. Diese mechanische Stimme kommt direkt aus dem ›elektronischen Gehirn‹ des Schiffs und befaßt sich nur mit Fakten. Wird eine unklare Frage gestellt, wird die Stimme den Frager darauf aufmerksam machen. Für einige kann das eine verwirrende Erfahrung sein, da sie auch Lügen, Fehlinformationen und so weiter zurückweist. Die COMPUTERSTIMME ist zum Beispiel bei Kriegsgerichts- und anderen Gerichtsverfahren eingesetzt worden, wo sie den Ablauf hin und wieder unterbrochen hat, um einen Zeugen zu korrigieren, der ein falsches Alter, einen falschen Geburtsort angegeben oder sonst eine Aussage gemacht hat, die den gespeicherten Fakten widerspricht.

LOGBUCH DES CAPTAINS

Der OFF-TEXT des Captains, Teil seiner diktierten Logbucheintragung, die wir während stiller Szenen hören, legt den Schauplatz fest. Wir müssen ihn nicht diktieren sehen, wir können annehmen, daß wir einen Teil einer Aufzeichnung hören, die später diktiert wurde. OFF-TEXTE werden nur selten im TEASER benutzt, da sie dort die Handlung verlangsamen. Sie werden aber fast immer zu Beginn des ERSTEN AKTES eingesetzt, um die Vorgeschichte und die Lage vor diesem Moment zusammenzufassen und zu erklären. Es ist dem Autor überlassen, sie auch zur Eröffnung anderer Akte oder als Überbrückung innerhalb eines Aktes zu benutzen, um in der knappen Art eines Logbucheintrags Dinge zu erklären, die ansonsten viele Seiten langatmiger Dialoge zwischen den Figuren erfordern würden. Im allgemeinen erklären sie uns, wo wir sind und was geschehen ist. Manchmal lassen sie Rückschlüsse zu auf den Bewußtseinsstrom des Captains, auf Ängste oder Zweifel, die er in diesem Moment haben könnte. Denken Sie daran, daß OFF-TEXTE auch ermüden können. Halten Sie sie so kurz und präzise wie möglich.

SUBRAUMFUNK

Die Kommunikationsoffizierin Lieutenant Uhura sitzt an dieser Station. Wir benutzen den Begriff ›Subraum‹, da es notwendig ist, daß Nachrichten von der Enterprise zu den Basen mit einem ›Raumwarp‹-Effekt reisen und dabei Geschwindigkeiten erreichen, die noch die der Enterprise übertreffen. Wenn wir diese ›Subraum‹- oder ›Raumwarp‹-Kommunikation nicht hätten, könnte die Enterprise von einer Station abreisen und schneller zurückkehren, als die Nachricht dorthin gesendet werden kann.

PEILUNG UND KURS

Im All gibt es natürlich keine Himmelsrichtungen; anstelle von zwei Ebenen gibt es drei. Unser System für die Angabe einer Peilung, eines Kurses oder einer Richtung lautet beispielsweise: »Nicht-identifiziertes Objekt voraus auf Peilung 37 Kennung 211.« Oder der Befehl: »Legen Sie einen Kurs auf 112 Kennung 15.«

MASSE

Wir verwenden das metrische System meistens dann, wenn es sich um kurze Strecken oder kleine Maße handelt, beispielsweise für die Entfernung zu einem anderen Schiff, das sich unmittelbar neben unserem befindet. Für lange Strecken wie die Entfernung zwischen den Sternen rechnen wir in Lichtjahren. Zum Beispiel ist der Stern, der der Erde am nächsten ist, Proxima Centauri; er ist 4,2 Lichtjahre entfernt. Andere Sterne in unserer Galaxis sind Hunderte von Lichtjahren entfernt.

HINWEIS: DER AUTOR MUSS SICH KEINE ARBEIT DAMIT MACHEN, ETWAS ZU BERECHNEN ODER ZU STUDIEREN. WIR VERFÜGEN ÜBER HERVORRAGENDE TECHNISCHE BERATER, DIE JEDES DREHBUCH ÜBERPRÜFEN.

Für diejenigen, die es interessiert: Der Begriff Parsec wird ebenfalls für Angaben großer Entfernungen verwendet. Ein Parsec entspricht 3,26 Lichtjahren oder 30,9 Billionen Kilometern – 206 265mal der Radius des Erdorbits. Der Autor sollte jedoch daran denken, daß die Zuschauer oft verständlichere Maßangaben benötigen, daher variieren wir oft unsere Aussagen z. B. in der Art: »Das fremde Schiff ist eine Million Kilometer entfernt und wir werden immer noch von seinen Sensoren untersucht!« Im allgemeinen benutzen wir die präziseren wissenschaftlichen Begriffe, wenn es um Kommandos auf der Brücke geht.

STERNENBASIS

Aus vergangenen Geschichten können wir ableiten, daß es 17 Kommandozentren von Starfleet an strategisch wichtigen Punkten in der Galaxis gibt. Ihr befehlshabender Offizier hat üblicherweise den Rang eines ›Commodore‹. Auf diesen Basen werden Reparaturen durchgeführt sowie Vorräte und Austauschpersonal bereitgehalten. Sie können auch für Landurlaub benutzt werden. Im STAR TREK-FORMAT werden Raumbasen und ihre Commander nur benutzt, wenn sie für die Geschichte unbedingt notwendig sind, da Kirk und die Enterprise vorzugsweise weit fort und unerreichbar sein sollen, damit Kirk derjenige ist, der dramatische Entscheidungen treffen muß. Wenn es erforderlich ist, dann können wir es so einrichten, daß Subraum-Nachrichten Stunden oder sogar Tage benötigen, um empfangen und beantwortet zu werden.

STARFLEET UND STARFLEET COMMAND

Natürlich gibt es irgendwo ein Hauptquartier, allgemeine Anweisungen und die gesamte Kommandohierarchie. Auch hier versuchen wir, so wenig wie möglich damit zu tun zu haben. Die Galaxis ist unglaublich groß, die Probleme dort sind komplex, daher muß ein Raumschiff wie eine halbautonome Einheit operieren. Die besten Dramen entstehen aus Kirks einsamen Entscheidungen. Halten Sie sich von kleinlicher Militärpolitik fern ... sie wirkt in unserem fortschrittlichen Jahrhundert unglaubwürdig. Halten Sie sich auch von Buck Rogers-ähnlichen Konzepten fern.

ALLGEMEINE ANWEISUNG NUMMER EINS

Die einzige Starfleet-Anweisung, die uns in den meisten Geschichten betrifft, ist eine weise, aber oft schwierige Regel, die es Raumschiffen verbietet, in die normale Entwicklung außerirdischen Lebens und außerirdischer Gesellschaften einzugreifen. Sie kann mißachtet werden, wenn es im Interesse der Föderation unbedingt notwendig ist, jedoch sollte der Captain, der diesen Verstoß begeht, einen überzeugenden Grund für sein Verhalten vortragen können.

ORBIT

Die Enterprise schwenkt üblicherweise in den von uns so bezeichneten ›Standardorbit‹ um einen Planeten ein. Abhängig von einer Reihe Bedingungen oder Notwendigkeiten kann die Entfernung zwischen 1600 und 11 000 Kilometern betragen. Unser Schiff wurde im All zusammengebaut und hat noch nie die Oberfläche eines Planeten berührt. Mit anderen Worten, es landet nicht, es bleibt im Orbit.

KLEIDUNG UND ÄHNLICHES

Außergewöhnliche Umstände in einer Geschichte ausgenommen, trägt unsere Crew immer die ›Standarduniform‹ oder die ›Galauniform‹. Wenn es nicht durch einen wichtigen Punkt in einer Geschichte erforderlich wird, werden wir Arbeits- und Freizeitkleidung dann berücksichtigen, wenn unser Budget das erlaubt.

Lassen Sie nie die Crewmitglieder irgend etwas in ihre Taschen stecken; es gibt keine Taschen. Wenn Ausrüstung notwendig ist, wird sie an einem speziellen Gürtel befestigt (so wie der Kommunikator und der Phaser).

Wir verfügen nicht über Raumanzüge oder andere Schutzanzüge für unwirtliche Planetenoberflächen. Diese können für besondere Drehbücher beschafft werden, Sie sollten aber daran denken, daß wir unsere Missionen im allgemeinen auf Planeten der ›Klasse M‹ (erdähnliche Bedingungen) beschränken.

STERNZEIT

Wir haben die Sternzeit erfunden, um zu vermeiden, immer wieder das Jahrhundert zu nennen, in dem Star Trek spielt (zwei- bis dreihundert Jahre in der Zukunft), und in Diskussionen zu geraten, ob dies und jenes bis dahin entwickelt sein kann. Entscheiden Sie sich für eine beliebige vierstellige Zahl plus eine Dezimalstelle und benutzen Sie die als Sternzeit Ihrer Geschichte. Wenn zum Beispiel die Sternzeit 1313,5 zwölf Uhr des einen Tages entspricht, dann wäre Mittag des nächsten Tages bei Sternzeit 1314,5. Jedes Zehntel entspricht in etwa einem zehntel Tag. Das Voranschreiten der Sternzeiten in Ihrem Drehbuch sollte konstant bleiben, aber Sie müssen sich keine Gedanken machen, ob diese Sternzeit mit der aus anderen Drehbüchern korrespondiert. Sternzeiten sind eine mathematische Formel, die abhängt von der Position in der Galaxis, der Reisegeschwindigkeit sowie von anderen Faktoren; sie kann von Episode zu Episode stark schwanken.

LICHTGESCHWINDIGKEIT

Knapp 300 000 Kilometer in der Sekunde oder etwa 1 078 000 000 Kilometer pro Stunde. Ein ›Lichtjahr‹ ist die Entfernung, die das Licht in einem Jahr zurücklegt – in etwa 9 332 000 000 000 Kilometer.

SONNENSYSTEM

Ein Stern (wie unsere Sonne), zu dem einer oder mehrere Planeten gehören, die um diesen Stern kreisen. Diese Planeten können wiederum über eigene Satelliten – ›Monde‹ – verfügen. ASTEROIDE umkreisen auch oft Sonnen oder können in den Tiefen des Alls entdeckt werden, sie können allgemein als ›Sonnenmüll‹ bezeichnet werden, der bei der Entstehung oder Zerstörung von Himmelskörpern übriggeblieben ist.

GALAXIS

Auf den einfachsten Nenner gebracht, handelt es sich hierbei um eine Ansammlung von Milliarden und Abermilliarden von Sonnensystemen, wie sie oben beschrieben wurden. Unsere Galaxis - die, in der sich die Erde befindet - ist ein tellerförmiger ›Sternenhaufen‹ (wir sehen einen Teil davon, wenn wir zur ›Milchstraße‹ aufblicken), hat einen Durchmesser von schätzungsweise 100 000 Lichtjahren, ihre größte vertikale Ausdehnung Erhebung beträgt 12 000 Lichtjahre.

Um also nur einen kleinen Teil dieses gigantischen Materiehaufens zu patrouillieren, muß unser Raumschiff in der Lage sein, Hunderte Male schneller zu fliegen als das Licht. Unsere Galaxis ist von den Schiffen der Föderation noch nicht vollständig erforscht worden - es gibt sogar noch immer riesige unbekannte Gebiete in dem Bereich, dem die Enterprise zugeteilt ist.

HINWEIS: Unser Raumschiff verläßt nie unsere Galaxis, unter deren ungezählten Millionen von Sonnen sich nach konservativen wissenschaftlichen Schätzungen mindestens einige Milliarden erdähnliche Planeten befinden müssen - selbst für eine ungewöhnlich langlebige Fernsehserie mehr als genug Abenteuer.

DAS UNIVERSUM

Wir wollen nicht so tun, als wären wir in der Lage, dies zu beschreiben, aber wenn wir uns auf eine allgemeine Erklärung festlegen, dann können wir sagen, daß das Universum aus Milliarden und Abermilliarden von Galaxien besteht. Wenn die Phantasie von den Entfernungen zwischen den Sternen unserer eigenen Galaxis überwältigt wird, dann ist der leere Raum zwischen den Galaxien fast nicht mehr vorstellbar. Allein aus diesem Grund reisen unsere Raumschiffe nie in andere Galaxien. Selbst mit höchster Warpgeschwindigkeit würde unser Schiff Tausende von Jahren benötigen, um auch nur in die Nähe der uns nächsten Galaxis zu gelangen.

MENSCHEN

Dieser Begriff oder der Begriff ›Menschheit‹ wird nur benutzt, wenn Männer oder Frauen von der Erde gemeint sind. Das beinhaltet natürlich auch alle Nachfahren, die andere Planeten kolonisiert haben können. Ein Außerirdischer, der wie ein Mensch aussieht, wird üblicherweise als Humanoider oder mit einem ähnlichen Begriff bezeichnet. Vulkanier sind zum Beispiel Humanoide.

EINIGE FRAGEN UND ANTWORTEN

Die Mission der U.S.S. Enterprise - ist das so etwas wie beispielsweise ein englisches Kriegsschiff um die Jahrhundertwende?

Beinahe. Wie Sie sich erinnern, wurden in jenen Tagen die Schiffe der wichtigen Mächte bestimmten Sektoren der Ozeane zugeteilt, um dort ihre Regierung zu repräsentieren. Die Kapitäne, die über lange Phasen ohne Kontakt zur Admiralität waren, konnten nach recht freiem Ermessen Handel regulieren, Sklaverei beenden, bei wissenschaftlichen Forschungen und geologischen Untersuchungen assistieren und sogar in relativ unbedeutende Aktionen einbezogen werden, beispielsweise die Suche nach einem verschollenen Forscher oder einer Lehrerin.

Haben die Science Fiction-Profis irgendwelche hilfreichen Tips für uns?

Ja. Hüten Sie sich davor, sich zu sehr in das Wunderbare der ganzen Sache zu verstricken. Die Qualität einer SF-Geschichte verhält sich üblicherweise umgekehrt proportional zu den Ansprüchen des Autors.

Ist das Raumschiff U.S.S. Enterprise ein Militärschiff?

Ja, aber in der Praxis nur semi-militärisch. Es werden die Charakteristika ausgelassen, die extrem autoritär sind. Zum Beispiel spielt der Unterschied zwischen Offizieren keine große Rolle. Wir vermeiden Salutieren und andere mittelalterliche Überbleibsel. Auf der anderen Seite wahren wir einen Hauch von Marineterminologie und -umgangsformen, um die Glaubwürdigkeit und die Identifizierungsmöglichkeit für die Zuschauer zu stärken. Immerhin finden sich in unserer eigenen Marine auch Spuren von Traditionen, die bis zu Nelson und Drake zurückreichen.

Ich bin noch immer irritiert über die Erde im STAR TREK-Jahrhundert. Sie haben zu logischen Weiterentwicklungen in die Zukunft aufgefordert, dann aber meine Geschichte abgelehnt. Wieso?

Weil Ihre Grundlage eine automatisierte, reglementierte und unmenschliche Föderation der Zukunft war. Wir benötigen eine optimistische Darstellung der Menschen und ihrer Gesellschaft, wenn wir Captain Kirk, die Crew der Enterprise und ihre Mission schätzen und uns mit ihnen identifizieren sollen. Allerdings können Erd*kolonien*, parallele Zivilisationen und außerirdische Kulturen eine Vielzahl von Problemen bieten, die zu einer Geschichte führen.

Wenn man aber die fortschrittlichen Möglichkeiten Ihres Raumschiffs betrachtet, sollte die Menschheit sich nicht auch drastisch verändert haben, was Bedürfnisse wie Nahrung, körperliche Liebe, Schlaf usw. angeht?

Wahrscheinlich, ja. Aber wenn wir das umsetzen würden, würden die STAR TREK-Charaktere entmenschlicht, was nur einen kleinen Teil der Fernsehzuschauer interessieren würde. Der größte Teil der Zuschauer könnte es sogar als abstoßend empfinden.

Dann muß die Crew des Raumschiffs aus perfekten Menschen bestehen?

Nein, man kann auch zu optimistisch vorausdenken. Wir wollen Charaktere mit einer überzeugenden Mischung aus Stärken, Schwächen und Vorlieben. Auch hier ist Glaubwürdigkeit das maßgebliche Element. Mit welchem Typ Mensch würde logischerweise und glaubwürdig ein solches Schiff bemannt werden? In jedem Fall wären sie besser ausgewählt und trainiert, als die bunt zusammengewürfelte Gruppe auf Landgang in ›MR. ROBERTS‹ (TV-Serie, die im Südpazifik während der Zeit des Zweiten Weltkriegs spielte und eine Mischung aus Abenteuer und Komödie darstellte; 1965-1966 - Anm. d. Übers.). Auf der anderen Seite sind sie aber nicht zu steif, um sich in einer exotischen außerirdischen Stadt zu amüsieren, die voll ist von einzigartigen Vergnügungsmöglichkeiten.

Aber was ist mit Menschen von der Erde auf anderen Planeten?

Wir finden sie in Kolonien und Bergwerken, auf wissenschaftlichen Basen, Handelsposten, diplomatischen Posten und so weiter. Diese Weltraumkolonien und -aktivitäten können alles sein, was zu einer unterhaltsamen, glaubwürdigen Geschichte führt, die praktisch zu filmen ist. Bitten Sie uns nicht darum, ganze Städte oder außerirdische Landschaften zu erschaffen. Wir können sie nur andeuten. Denken Sie aber an die Möglichkeit, Ihre Geschichte auf einen ungewöhnlichen Schauplatz auszurichten.

Und andere Zivilisationen?

Seien Sie auch hier kreativ, aber praxisbezogen. Vergessen Sie nicht, daß Planeten der Klasse M oft vielen Teilen der Erde ähnlich sehen. Die Gesellschaften können fast jede Ära der menschlichen Entwicklung kopieren oder kombinieren. Ein Hintergrund für einen Dschungel findet sich auf dem Studiogelände, warum also keine vorzeitlichen Welten? Oder eine den Indianern ähnliche Kultur? Wunderschöne Parklandschaften gibt es ganz in der Nähe, ebenso ungewöhnliche hochmoderne Gebäude oder auch Farmen.

Also gut, ich sehe ein, daß es mit ein wenig Einfallsreichtum Hunderte von Möglichkeiten geben könnte. Aber was ist mit den außerirdischen Lebensformen auf einigen dieser Welten?

Menschenähnliche Wesen sind natürlich am einfachsten, trotz mancher Fotos in den Besetzungsbüchern. Kleinere Veränderungen am Aussehen, der Hautfarbe oder an den Haaren können vorgenommen werden, wenn sie erforderlich sind. Denken Sie aber stets daran, daß sich von den besten Science Fiction-Geschichten aller Zeiten die Mehrzahl mit den ungewöhnlicheren und fesselnderen Variationen von Ansichten, Werten, Moral, intellektueller Macht und Empfinden beschäftigen.

Ich nehme auch an, daß es immer Geschichten gibt, die nur auf dem Raumschiff spielen können?

Ja. Ein Schiff von dieser Größe und Komplexität mit 430 Individualisten an Bord müßte schon ein ziemlich langweiliger Ort sein, wenn sich dort nicht zahlreiche Geschichten mit beträchtlichem Unterhaltungswert finden würden.

Haben die meisten Geschichten ihren Ausgangspunkt auf der U.S.S. Enterprise?

Nein. Uns gefallen auch Geschichten, in denen wir uns den Hauptfiguren bereits auf der Oberfläche eines Planeten anschließen und bei denen die wesentlichen Elemente der Handlung bereits angelaufen sind. Oder nehmen wir an, daß die vorangegangene Episode sich mit einem höchst interessanten Planeten oder einer Zivilisation beschäftigte. Dann kann es sein, daß wir für eine zweite oder sogar dritte neue Geschichte auf diesem Planeten bleiben. Das kann einer bestimmten Episode immens hilfreich sein, weil so Zeit und Geld zusätzlich zur Verfügung stehen, die für geplante, vielseitig einsetzbare Sets verwendet werden können.

Mir ist das Konzept klar, daß die meisten Landungen auf Planeten vorgenommen werden, auf denen annähernd Erde/Mars-Bedingungen herrschen. Aber werden wir nie auf einen Planeten kommen, auf dem Schwerkraft oder Atmosphäre ein Problem darstellen?

Ja, vorausgesetzt, es ist die richtige Geschichte. Zweifellos werden uns einige Geschichten außerhalb unseres Schiffs ins All bringen, um etwas zu reparieren oder ein seltsames Objekt zu untersuchen. Aber im allgemeinen werden wir Raumhelme und Schwerelosigkeit vermeiden, weil solche Geschichten mehr die gegenwärtige Ära der Reise ins All betreffen würden. Die Ziele unseres Formats sind Drama und Unterhaltung, die auf den Charakteren beruhen, anstatt auf technischen Details.

Wie ist die Erde im STAR TREK-Jahrhundert?

Zunächst einmal werden wir selten eine Geschichte in diese Richtung entwickeln und erwarten daher auch nicht, uns mit Themen zu beschäftigen, die zu großen technischen und anderen Problemen führen würden. Das ›U.S.S.‹ auf unserem Schiff steht für ›United Space Ship‹ – was ohne problematische Festlegungen erkennen läßt, daß die Menschheit auf der Erde zu irgendeiner Art von Einigung gekommen ist, vielleicht sogar letztendlich zu einem Frieden. Wenn Sie eine Aussage wünschen, daß die Erdstädte der Zukunft großzügig angelegt und von einem 80 Kilometer breiten Grünstreifen umgeben sind – kein Problem.

Ich bin ein wenig unsicher, was die Technik der Zukunft angeht. Können wir etwas erfinden, wenn es einleuchtend klingt?

Denken Sie einfach an etwas Logisches, das eine wissenschaftliche oder zukünftig wissenschaftliche Grundlage besitzt. Im allgemeinen sind Weiterentwicklungen von den Dingen am besten, die wir heute haben oder die im Begriff sind, von der Wissenschaft geschaffen zu werden.

Wieviel Science Fiction-Terminologie wollen Sie haben?

Je weniger Sie benutzen, um so besser. Wir beschränken die komplexe Terminologie so weit wie möglich und benutzen sie nur dort, wo sie notwendig ist, um das Flair der Serie zu wahren und die Glaubwürdigkeit zu unterstützen.

WICHTIG: Der Autor muß wissen, was er meint, wenn er eine wissenschaftliche oder zukünftig wissenschaftliche Terminologie verwendet. Ein Wirrwarr aus bedeutungslosen Phrasen schadet nur der Glaubwürdigkeit.

Was ist mit Komik und/oder Humor?

Wir hoffen, daß die STAR TREK-Charaktere menschlich und unterschiedlich genug sind, um Humor zu besitzen. Wir haben nichts gegen glaubwürdige Charaktere einzuwenden, deren Anwesenheit und Haltung einen gerechtfertigten Anlaß für Humor bieten.

Was waren in früheren Vorschlägen für Geschichten und Drehbücher die ›Hauptproblemzonen‹?

a) Auch hier war es der Bereich der Glaubwürdigkeit. Viele ansonsten gute Autoren neigen dazu, ihre Science Fiction mit unglaublichen Zufällen, unerklärbaren oder unlogischen Handlungen und mit unmotivierten Veränderungen der Charaktere zu würzen - Dinge, die sie bei einem Drehbuch für eine Kindersendung nicht einmal zu träumen wagen.

b) Unlogische Situationen: Beispielsweise wäre es ziemlich schwierig zu glauben, daß ein heutiger Marinekreuzer in der Art unserer Enterprise voll ist von Abtrünnigen und Meuterern. Oder daß zu unserer Crew Rekruten gehören würden, die nach der Grundschule abgegangen sind. Wir wollen das Exotische, das Unerklärliche, das Erschreckende - aber nicht auf der U.S.S. Enterprise, in ihrer Organisation oder bei ihrer Mission. Die Charaktere auf dem Schiff sind für die Zuschauer das Bindeglied zur Realität.

c) Intellektuelle anstelle von körperlichen oder emotionalen Konflikten: Wir haben einige interessante Analysen möglicher außerirdischer Zivilisationen erhalten, sozioökonomische Überlegungen, die uns brillant erschienen. Aber die Charaktere haben ›herumgesessen und geredet‹, anstatt etwas ›zu fühlen, zu bewegen oder zu tun‹. Sie scheitern auch an unserer Regel ›GUNSMOKE/KILDARE/NAKED CITY‹, die besagt: Würde die grundsätzliche Geschichte, befreit von den Science Fiction-Aspekten, eine unterhaltsame Episode für eine dieser Serien abgeben?

Können Sie einem Autor technische Ratschläge geben?

Ja. Wenn Sie einen Auftrag für eine STAR TREK-Geschichte oder ein Drehbuch haben, rufen Sie unser Büro an, wir werden den Kontakt mit den richtigen Leuten herstellen. Wenn Sie es allein versuchen, dann empfehlen wir Ihnen, sich an Ihr örtliches NASA-Büro, eine Universität oder an die für die Raumfahrt forschende und entwickelnde Industrie zu wenden.

Wenn es eine allerwichtigste Sache gibt: Welche ist es?

Das wichtigste ist, DIE REALITÄT ZU BEWAHREN. Der maßgebliche Punkt ist der, daran zu denken, daß man bei der Science Fiction konsequent bleibt. Sobald eine Sache erst einmal eingeführt ist, muß sie unantastbar sein. Erfinden Sie nicht eine Rasse von Supermenschen, die am Ende von Kirk mit einem Trick überlistet werden, mit dem man nicht einmal Kojak reinlegen könnte. Zeigen Sie uns keinen übermäßig starken Außerirdischen, der auf dem Höhepunkt der Handlung bei einer Schlägerei unterliegt. Wenn jemand zu Beginn überaus gerissen ist, muß das auch so bleiben. Das gilt auch für Kraft oder jede andere Eigenschaft, die ein außerirdischer Gegenspieler oder eine Gesellschaft zur Schau stellt.

Denken Sie Dinge bis zum Ende durch. Bedenken Sie die Auswirkungen jeder Eigenschaft, die Sie einer außerirdischen Rasse oder Kultur zuschreiben. Jede Eigenschaft sollte auf das gesamte Spektrum an Aktivitäten abfärben, denen die Außerirdischen nachgehen, nicht nur auf die Aspekte, die für die Handlung aus Gründen der Bequemlichkeit benötigt werden. Auf diese Weise muß nicht mit der Realität unserer Situation gebrochen werden, um das Problem zu lösen, in das wir das Schiff in Ihrer Episode manövriert haben. Bedenken Sie immer, daß die Situationen noch so toll beginnen können: Wenn sie nicht der geschaffenen Realität entsprechen, dann ist die Glaubwürdigkeit dahin - und mit ihr das Drama.

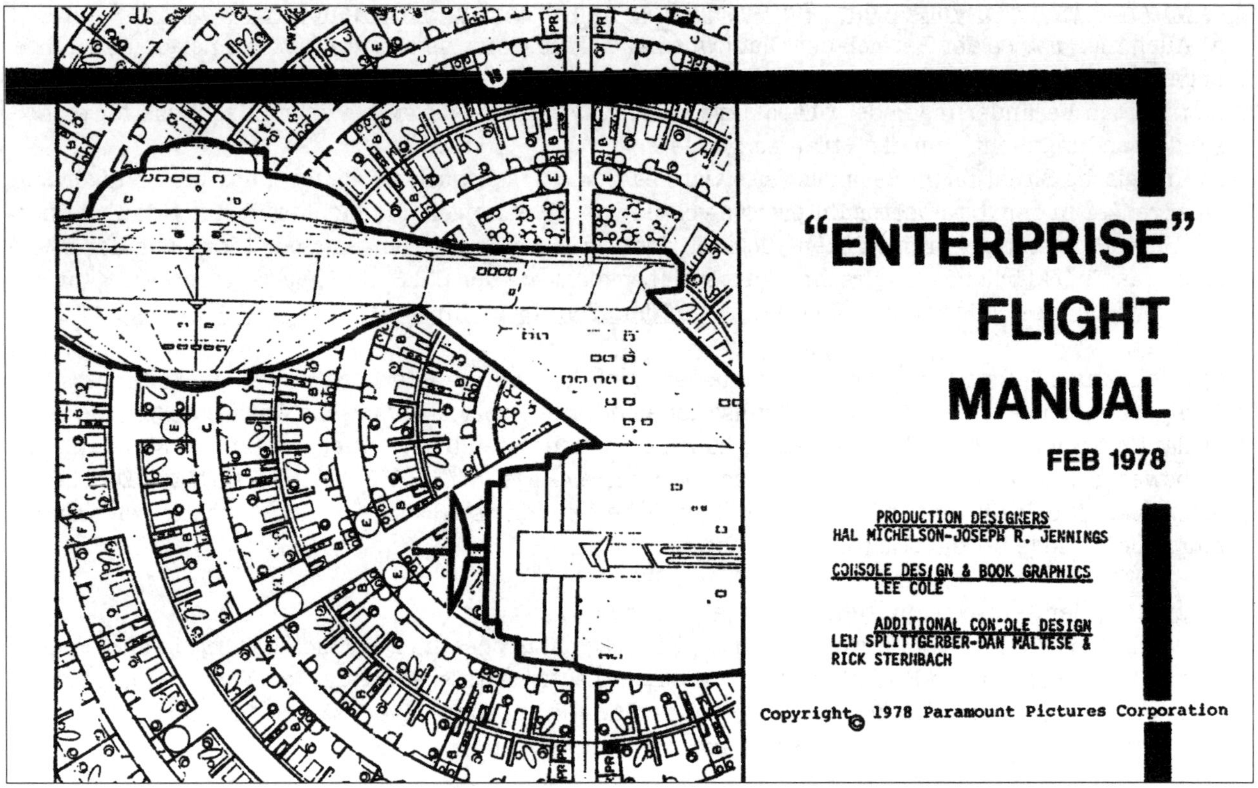

Die folgenden Seiten entstammen einer Broschüre, die als das erste technische Handbuch für eine laufende *Star Trek*-Produktion angesehen werden kann. Sie ist auf Februar 1978 datiert und zeigt den Entwicklungsstand, der während der Vorbereitung von *Star Trek Phase II* erreicht worden war. Unter der letzten Rubrik ›Additional Console Design‹ (Zusätzliches Konsolendesign) steht der Name Rick Sternbach; der *Star Trek*-Illustrator und technische Berater hat zu allen nachfolgenden *Star Trek*-Filmen und -Serien Arbeiten beigesteuert.

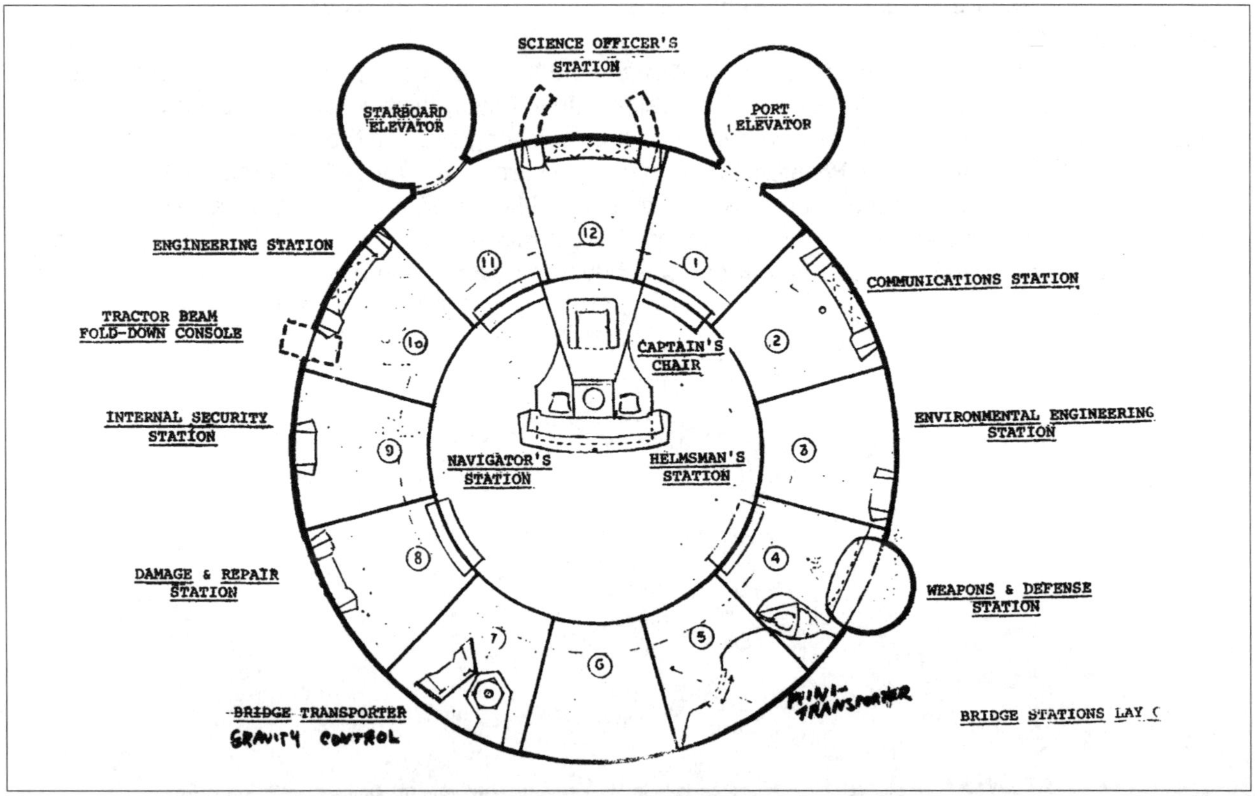

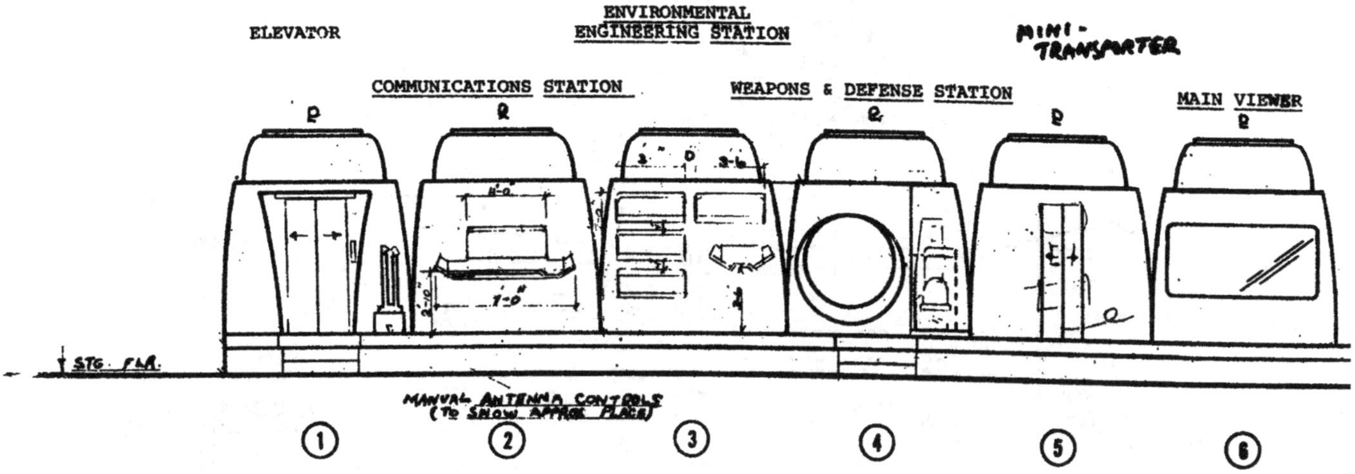

BRIDGE STATIONS LAY OUT (CONT'D)

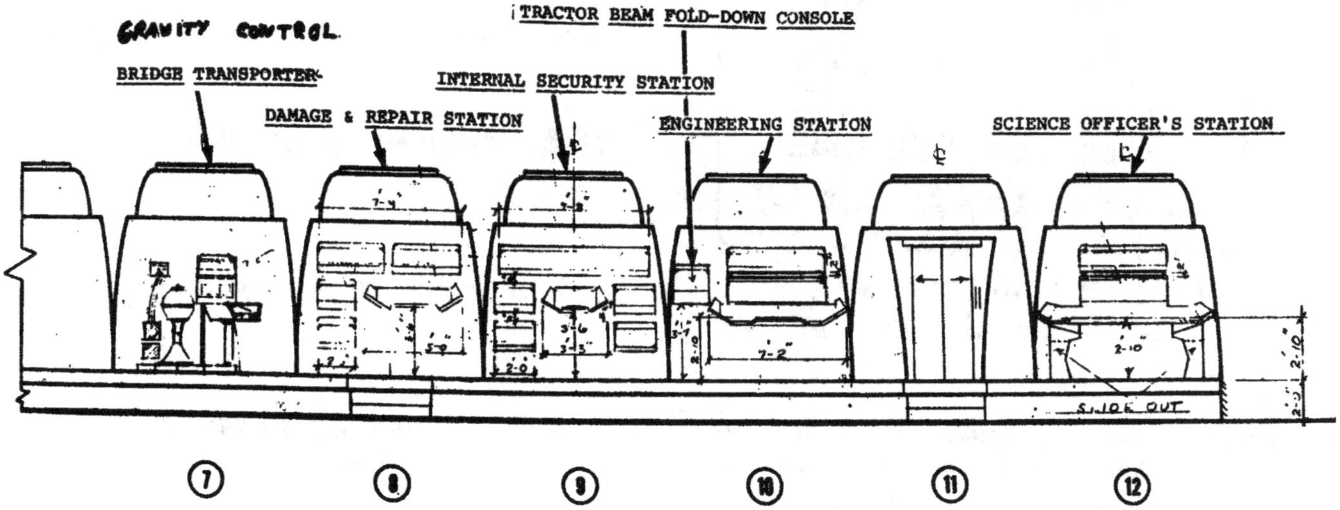

BRIDGE STATIONS LAY OUT (CONT

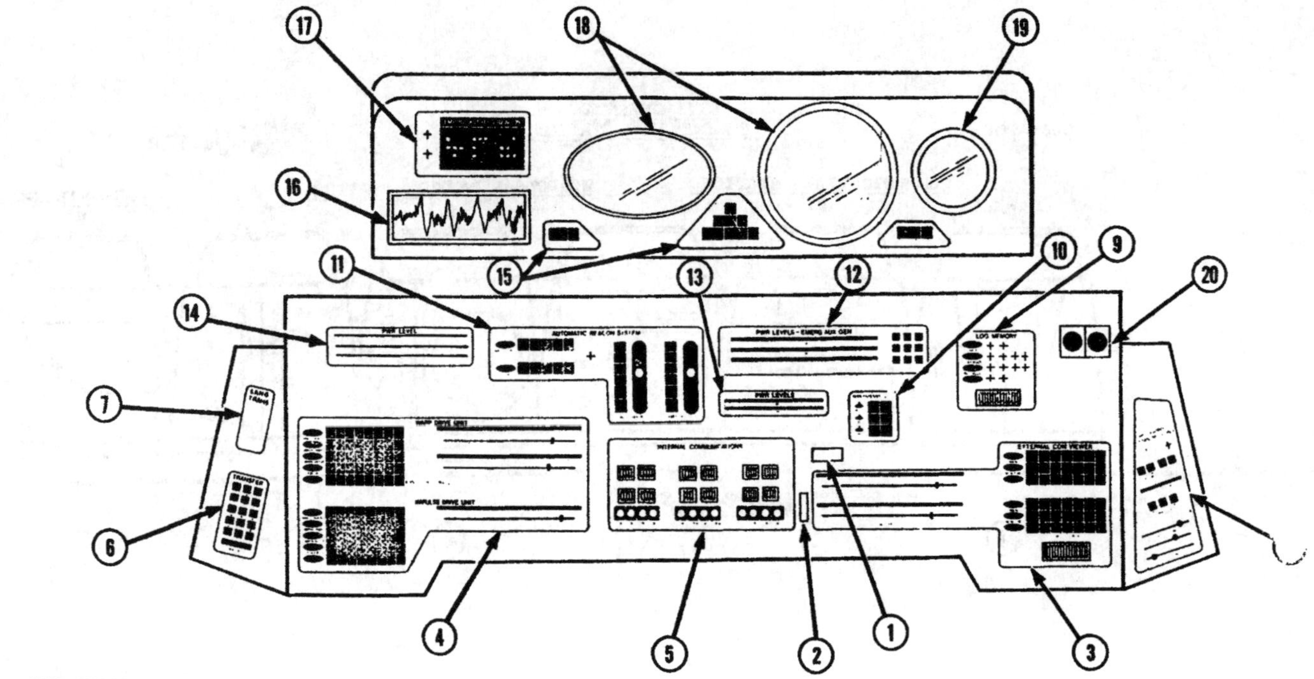

COMMUNICATIONS STATION - BRIDGE

(SIT-DOWN CONSOLE FOR LT. UHURA OR SUBORDINATE)

PAGE 1

PRACTICAL BUTTONS FOR ACTOR

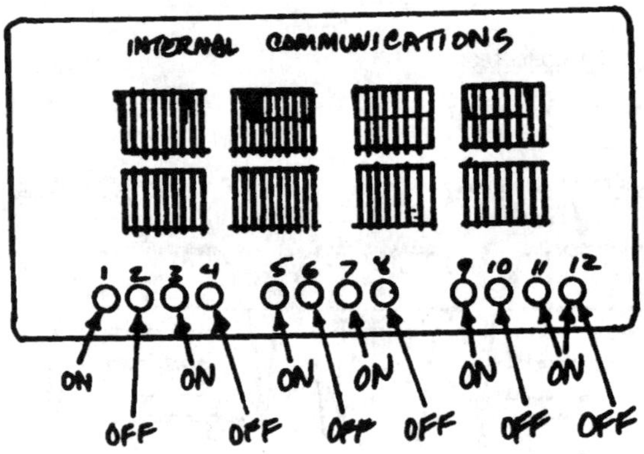

1 & 2 TURN ON PANELS # 4, #6, #7, #14
THEN PANEL #4 HAS ROW OF PRACTICAL TOUCH SWITCHES

3 & 4 TURN ON PANELS # 5 & #11
THEN PANEL #11 HAS PRACTICAL TOUCH SWITCHES

COMMUNICATIONS

5 & 6 TURN ON PANELS # 10, #12, #13

7 & 8 TURN ON PANEL # 9

9 & 10 TURN ON PANELS # 3, #8

11 & 12 TURN ON PANEL #17 (ABOVE)

RED ALARM LIGHTS, FLASHING SQUARES, AND VIEWER SCREENS ARE OFF STAGE CONTROL -

COMMUNICATIONS STATION - BRIDGE

(SIT-DOWN CONSOLE FOR LT. UHURA OR SUBORDINATE)

THIS BRIDGE STATION HANDLES ALL INCOMING AND OUTGOING COMMUNICATION TRANSMISSIONS. ADDITIONAL FUNCTIONS ARE HANDLING THE CONTROLS FOR THE SHIP'S LOG, THE MAIN VIEWER, AND HOLOGRAPHIC PROJECTIONS.

(1) MASTER PWR SWITCH - TURNS ON THE POWER AND ALL COPY FOR CONSOLE.

(2) DATA CARTRIDGE SLOT - IS WHERE SPECIAL MESSAGE CASSETTES ARE INSERTED.

(3) EXTERNAL COMMUNICATIONS VIEWER - OPERATES THE VIDEO TRANSMISSIONS. THE PANEL HAS TWO IDENTICAL SETS OF CONTROLS - ONE FOR IMPULSE DRIVE AND ONE FOR WARP DRIVE.

THE PRW SWITCH TURNS ON THE LIGHTED BAND AND CALIBRATIONS TO THE LEFT AND THE SEVEN LIGHTS, ONE AT A TIME, TO THE RIGHT.

THE MONITOR SWITCH ABOVE TURNS ON ONE OF THE VIEWERS ON WALL ABOVE.

THE MAIN VIEWER SWITCH TURNS ON THE SMALL ROUND VIEWER ON WALL ABOVE.

"WARP DRIVE" IS IDENTICAL,WHEN THE PWR (POWER) ON SWITCH TURNS ON, THE IMPULSE SET BELOW AUTOMATICALLY GOES OFF.

THE CALIBRATED SLIDER KNOBS ARE FOR FINE TUNING VIEWER.

THE SPEAKER/MICROPHONE ON BOTTOM OF UNIT PULSES LIGHT WITH THE VOICE-OVER.

(4) EXTERNAL COMMUNICATIONS - AUDIO - THIS ALSO IS IN TWO IDENTICAL PARTS - IMPULSE DRIVE AND WARP DRIVE.

THE PWR ON SWITCH LIGHTS THE SQUARES TO THE RIGHT (ADDITIVELY). THE LONGER YOU HOLD THE SWITCH DOWN THE MORE LIGHTS COME ON. IT ALSO LIGHTS THE BAND AND CALIBRATIONS TO THE RIGHT.

THE DISPLAY SWITCH TURNS ON THE VOICE-GRAPH VIEWER (SEE (16) ON WALL ABOVE). ALSO THE LIGHTS TO THE RIGHT LIGHT UP ADDITIVELY LEFT TO RIGHT (THE LONGER THE BUTTON IS DEPRESSED).

COMPUTER RECEIVE SWITCH LIGHTS UP LIGHTS TO RIGHT AND ENGAGES THE FULL SHIP'S COMPUTER LIBRARY TO TRANSLATE THE INCOMING MESSAGE INTO ENGLISH. MOMENTARILY A VOICE-OVER STARTS.

THE COMPUTER TRANSLATE SWITCH LIGHTS THE ROW OF LIGHTS TO RIGHT AND STARTS LIBRARY TRANSLATION AND OUTGOING TRANSMISSION OF EVERYTHING BEING SAID BY LT. UHURA.

THE NAVIGATION-LOCATE SWITCH LIGHTS UP LIGHTS TO RIGHT AND LOCKS IN WITH NAVIGATION SYSTEM TO RECEIVE AND BROADCAST THE CO-ORDINATES OF TRANSMISSION LOCATION.

THE WARP DRIVE SYSTEM ABOVE IS IDENTICAL TO THE IMPULSE SYSTEM JUST DESCRIBED. WHEN THE (WARP) POWER SWITCH IS PRESSED IT AUTOMATICALLY TURNS OFF THE IMPULSE SYSTEM BELOW.

THE CALIBRATIONS AND SLIDER KNOBS TO THE RIGHT ARE FOR FINE TUNING THE AUDIO TRANSMISSION.

(5) INTERNAL COMMUNICATIONS UNIT - OPERATES THE SYSTEM WITHIN THE SHIP. THE BUTTONS ALONG BOTTOM LIGHT THE SQUARE AROUND IT AND TURN ON THE VIEWER ON WALL ABOVE. ALSO BUTTON STARTS THE RAISED PLASTIC "SPEAKER/MICROPHONE" ABOVE IT PULSING LIGHT WITH LT. UHURA OR VOICE-OVER. THERE ARE TWELVE BUTTONS FOR CALLING DIFFERENT STATIONS AROUND THE SHIP.

(6) TRANSFER UNIT IS FOR SWITCHING A COMMUNICATION OVER TO ANOTHER BRIDGE OR SHIP STATION. THE SQUARES ARE LIGHTED BUTTONS. THE "MASTER" BUTTON AT BOTTOM WOULD TURN ON ALL STATIONS AT ONCE.

(7) LANGUAGE TRANSLATION UNIT - IS FINE TUNING FOR THE VOICE-GRAPH VIEWER ON WALL ABOVE. THE SHIP'S COMPUTER AUTOMATICALLY DOES THE TRANSLATION SEARCH.

(8) HOLOGRAPHIC TRANSMISSION UNIT PROJECTS AN IMAGE IN THE CENTER OF BRIDGE OR IN THE BRIEFING ROOM, ETC. WHEN TRANSMISSION IS INCOMING THE RED CROSS STARTS FLASHING - LT. UHURA THEN PRESSES THE "RECEIVE-ON" BUTTON AND THE IMAGE APPEARS ON SMALL ROUND MONITOR ON WALL ABOVE. THEN SHE FINE TUNES WITH THE LIGHTED, SQUARE BEARING "X", "Y", OR "Z AXIS" BUTTONS SLOTS. THE COMPUTER AUTOMATICALLY ADJUSTS THE SOUND WHICH IS DISPLAYED BY THE LIGHTED BAND IN MIDDLE.

(9) LOG MEMORY IS THE SHIP'S LOG UNIT. LT. U... WORKS CONTROLS FOR THE CAPTAIN, WHO C... RECORD FROM HIS CHAIR. THE SWITCHES POWER, RECORD MODE, PLAY MODE, AND E... EACH SWITCH LIGHTS UP A ROW OF COLOR... CROSSES TO THE RIGHT. A RAISED PLAS... SPEAKER/MICROPHONE AT BOTTOM PULSES WITH VOICE-OVER.

(10) MANUAL ANTENNA CONTROL UNIT IS A MANUAL OV... RIDE FOR AUTOMATIC SYSTEM. THE SWIT... ARE "POWER", "FORWARD", AND "AFT". T... LIGHT RED SQUARES TO RIGHT.

(11) AUTOMATIC BEACON SYSTEM BOTH RECEIVES "SOS" SIGNALS FROM OTHER CRAFT AND TRANSMITS "SOS" SIGNAL FOR ENTERPRISE. ALSO HAS THE CAPABILITY OF EJECTING A MESSAGE - TRANSMITTING POD INTO SPACE IN CASE THE "ENTERPRISE" FEARS TOTAL DESTRUCTION.

(12), (13), & (14) POWER LEVEL BANDS DISPLAY POWER LEVELS OF TRANSMITTERS. 12 IS AN AUXILIARY GENERATOR WITH 3 ROWS OF LIGHTS TO SHOW WHEN IT REACHES FULL POWER.

HOODED VIEWER PANEL

(15) VIEWER INDICATOR LIGHTS PANELS - SQUARE, COLORED LIGHTS THAT BLINK AT RANDOM - INDICATE BY COLOR-CODE WHAT SYSTEM IS DISPLAYING ON VIEWER.

(16) ALIEN VOICE-GRAPH VIEWER - DISPLAYS ALI... VOICE FOR TRANSLATION ANALYSIS BY CO... TURNED ON BY PANEL 4 "DISPLAY" SWITCH.

(17) EMERGENCY DISTRESS BEACON VIEWER - NOT REAR PROJECTION BUT IS A REMOVABLE FILM POS OF A DIGITAL CODE (MADE UP OF A 9 POINT BRAILLE-LIKE SYSTEM). This

COMMUNICATIONS STATION - BRIDGE (CONT'D)

UNIT IS READ-OUT OF DISTRESS SIGNALS FROM OTHER CRAFT.

(18) VIEWERS - (ARE REAR PROJECTED CASSETTES) THEY SHOW PEOPLE AT DIFFERENT "INTERCOM" STATIONS OF THE SHIP SPEAKING TO LT. UHURA.

(19) HOLOGRAPH AND MAIN VIEWER MONITOR - FINE TUNES THESE TWO UNITS UNTIL IMAGE IS FOCUSED AND READY TO PROJECT ON MAIN VIEWER FOR CAPTAIN.

(20) INTERCEPTION ALARM - TWO ALTERNATELY FLASHING RED LIGHTS THAT TURN ON WHEN AN EXTERNAL FORCE IS MONITORING OR "JAMMING" THE INCOMING OR OUTGOING TRANSMISSIONS OF THE "ENTERPRISE".

<u>TRANSPORTER ROOM CONSOLE</u>

(STAND-UP CONSOLE FOR ASSIGNED CREW MEMBER)

THIS CONSOLE OPERATES THE SHIP'S MAIN SIX-UNIT TRANSPORTER FOR TRANSPORTING PEOPLE AND LARGE OBJECTS DOWN TO PLANET SURFACES. THE SMALLER TRANSPORTER UNITS ARE ONLY FOR TRANSPORTING OBJECTS WITHIN THE SHIP.

1. MASTER POWER SWITCH TURNS ON ALL POWER AND COPY FOR CONSOLE.
2. EMERGENCY CONTROLS ARE AN INTERCOM SYSTEM TO OTHER PARTS OF SHIP, MALFUNCTIONS WARNING-LIGHTS, AND AUXILIARY POWER SWITCHES.
3. MAIN CONTROLS LEFT TO RIGHT CONSIST OF SWITCH AND INDICATOR LIGHT FOR TRANSPORT OR RECEIVE, TWO KNOBS FOR VECTOR COORDINATES, SLIDER KNOBS FOR DISTANCE SETTINGS, ROWS OF INDICATOR LIGHTS FOR DISPLAYING WHEN MACHINE HAS REACHED MOLECULAR SYNCHRONIZATION WITH PERSON TO BE TRANSPORTED, AND SWITCH AND INDICATOR LIGHT TO SHOW WHEN RECEIVING STATION HAS ALSO REACHED SYNCHRONIZATION.
4. COMPUTER INTERFACE - COORDINATES ARE PUNCHED IN WITH "ACCORDION" BUTTONS. THE COMPUTER ANSWERS VERBALLY VIA THE SPEAKER/MICROPHONE (WHICH ALSO PULSES LIGHT WITH THE VOICE-OVER).
5. TRANSFER UNIT TRANSFERS CONSOLE READ-OUTS TO THE BRIDGE AND OTHER STATIONS ABOARD THE "ENTERPRISE".
6. MANUAL FINE-TUNING HANDLE IS RECESSED DOWN INTO A WELL.
7. TRANSFER UNIT ADDS ADDITIONAL STATIONS TO WHICH CONSOLE READ-OUT CAN BE TRANSFERRED.

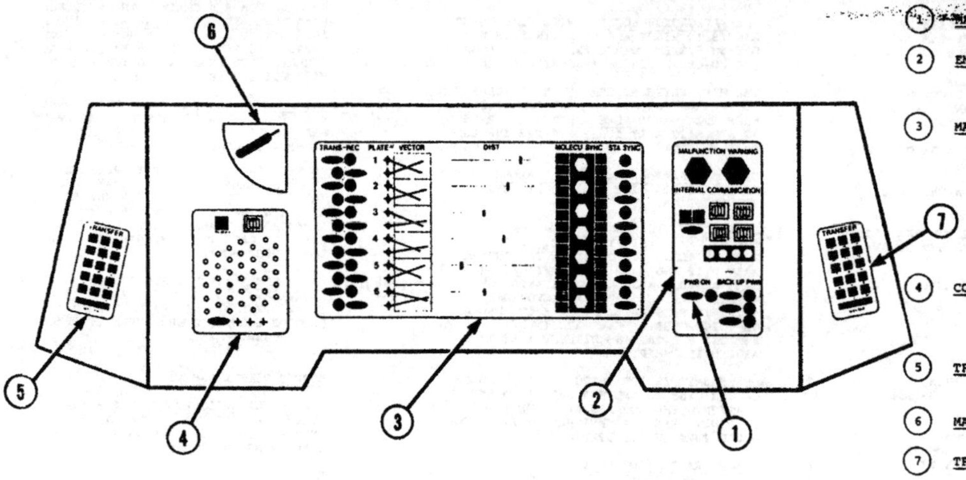

<u>TRANSPORTER ROOM CONSOLE</u>

(STAND-UP CONSOLE FOR ASSIGNED CREW MEMBERS)

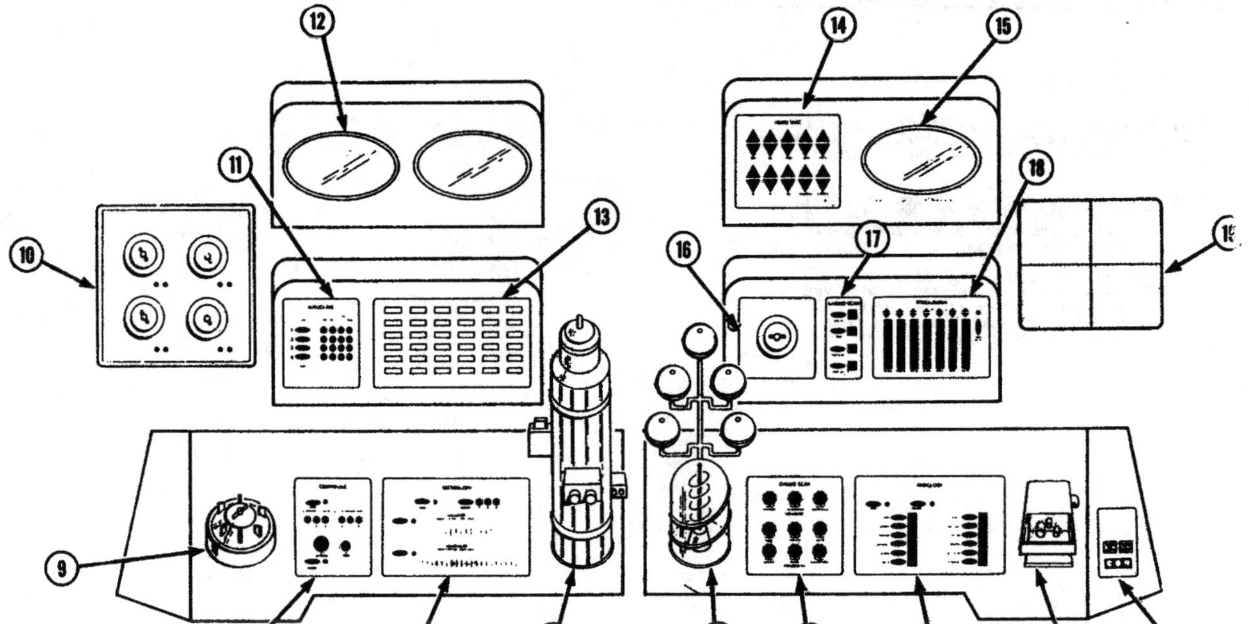

<u>MEDICAL LABORATORY CONSOLE</u>
<u>(STAND UP STATION)</u>

TEIL DREI

DER VERLORENE PILOTFILM

»In Thy Image« – Originaltreatment

von Alan Dean Foster

Ein Treatment ist die Grundlage für ein Drehbuch – eine karge Kurzgeschichte, die die erste Struktur und wichtige Szenen enthält, die vom Produktionsteam kommentiert, gebilligt oder verworfen werden.

Die erste geschriebene Fassung von ›In Thy Image‹ war zunächst nur als eine weitere einstündige Episode geplant. Sie datiert vom 31. Juli 1977 und zeigt, wie wenig geformt Phase II *zu dieser Zeit war. Man beachte die Verweise auf ›Lt. Vulkan‹, die Spock oder seinen möglichen Ersatz bezeichnen können, sowie auf den ›Commander‹, ein Platzhalter für die Rolle, aus der Will Decker werden sollte. Auch wird Ilia nicht erwähnt.*

Obwohl sich die Geschichte von dieser ersten Inkarnation bis zur letzten Fassung, die schließlich als Star Trek: The Motion Picture *verfilmt werden sollte, grundlegend veränderte, sind die Kernelemente für das endgültige Produkt in dieser Story zu finden, die Alan Dean Foster im Film die Nennung als Autor der Geschichte einbrachte.*

ERSTER AKT

Während einer Routinepatrouille empfängt die Enterprise eine besorgniserregende Nachricht von Raumbasis XIV, die von einem riesigen metallenen Objekt berichtet, das sich mit Überlichtgeschwindigkeit der Erde nähert. Das Objekt wurde von zwei unterschiedlichen automatischen Stationen beobachtet. Da die Enterprise dem Objekt am nächsten ist, wird Kirk angewiesen, es abzufangen und zu zerstören oder dessen Kurs zu ändern.

Erste spektroskopische Analysen haben ergeben, daß das Objekt etwa 30 Kilometer breit und rund 70 Kilometer lang ist. Da es aus dichten Metallverbindungen besteht, nehmen Starfleet-Wissenschaftler und Lt. Vulcan an, daß es sich um einen großen Meteor handelt.

Es gibt aber noch eine andere, seltsame Sache, wird in der Nachricht mitgeteilt. Es scheint, daß das Objekt eine bestimmte Strahlung erzeugt, da beide automatischen Beobachtungsposten verrückt spielten, nachdem das Objekt in geringem Abstand vorübergeflogen war.

Kirk widerspricht ... Computer spielen nicht verrückt. Der Commander macht darauf aufmerksam, daß sie das noch früh genug selbst überprüfen können ... wenn sie das unbekannte Objekt abgefangen haben.

Kirk befiehlt Notfallgeschwindigkeit, Warp sieben. Sirenen ertönen, während die Crew zu ihren Stationen eilt. Die Maschinen erbeben, während die Enterprise durch das All rast.

Während sie sich dem Objekt nähern, steigt auf der Brücke die Anspannung. Lt. Vulkan, der über seine Konsole gebeugt steht, blickt irritiert drein. Erste Ergebnisse der Langstreckensensoren zeigen, daß das Objekt tatsächlich aus Metall besteht ... aber <u>nicht</u> aus einer Nickel-Eisen-Legierung wie die meisten Meteore. Vielmehr besteht es aus vielen verschiedenen Metallen, die durch komplexe chemische Verbindungen legiert worden sind, die auf Veredelungstechniken hinzudeuten scheinen.

McCoy spottet: Veredelung? Ein verwirrter Vulkanier beharrt darauf, daß seine Sensoren dies nahelegen.

Sulu verkündet, daß sie auf das Objekt zufliegen, ein Parallelkurs wird programmiert. Uhura meldet, daß bald visueller Kontakt möglich sein sollte. Kirk befiehlt, daß die Photonentorpedos vorbereitet werden. Sie werden versuchen, den Weg des Eindringlings Richtung Erde durch ein massives Sperrfeuer abzulenken.

Sie fliegen nahe heran ... und wir sehen die erschrockenen Reaktionen unserer verschiedenen Crewmitglieder, als der visuelle Kontakt hergestellt wird und das Objekt auf dem Hauptbildschirm erscheint. »Sie hatten recht, Mr. Vulkan«, murmelt McCoy, sein Blick ist auf den Bildschirm fixiert. »Das ist kein Meteor.«

Schnitt ins All, wir sehen, wie die Enterprise von der Seite gesehen nach oben fliegt. Ein Objekt gleitet von oben ins Blickfeld und erweckt hinter dem Kreuzer den Eindruck einer Planetenoberfläche. Das Objekt ist eine gigantische Konstruktion aus Chrom und Silber, die aus zahlreichen, miteinander verbunden Spitzen zu bestehen scheint - wie Kristalle aus poliertem Stibnit (Antimon). Der Gesamteindruck ist der einer monströsen, auf der Seite liegenden Kathedrale. Gegen diesen strahlenden Leviathan ist die Enterprise winzig. Ein lilafarbenes Leuchten tritt aus dem Heck der massigen Struktur aus.

»Es ist ein <u>Schiff</u>«, murmelt der Commander ungläubig. Unmöglich, entgegnet Kirk. Kein Schiff ist so groß. Lt. Vulkan erklärt, daß er seine Instrumente noch einmal überprüfen wird, und beginnt an der wissenschaftlichen Station hektische Aktivitäten.

Uhura bestätigt ihre Befürchtungen, als sie verkündet, daß sie gerufen werden. Kirk befiehlt, das Signal auf die Brückenlautsprecher zu leiten.

Eine polternde, aber sonderbar gestelzte Stimme stellt sich als der Diener des großen Gottes N'sa (ausgesprochen ›en-sah‹) vor. Lt. Vulkan überprüft das sofort, kann aber im galaktischen Lexikon keinen Eintrag für einen Gott namens N'sa finden. Die Stimme erklärt, man befinde sich auf dem Weg zu N'sas Heimatwelt, der Erde, um sie von einer tödlichen Infektion zu befreien, die den Planeten verwüstet hat. N'sa zeigte den Auserwählten, ›wir von Wan‹, die Existenz und die Herrlichkeit des Universums. Im Gegenzug wollen ›wir von Wan‹ dieses Geschenk erwidern, indem wir N'sas Welt von der schwärenden Krankheit befreien, von der N'sa erklärt, sie vergifte die Oberfläche.

Der Commander versteht nicht. Welche ›schwärende Krankheit‹? Von welcher Krankheit reden sie?

Die Stimme beginnt zu erklären ... und schnappt dann entsetzt nach Luft (begleitet von einem heftigen metallischen Krachen): »Ihr! Die Krankheit hat sich sogar in die reinen Tiefen des Alls ausgebreitet!«

Welche Krankheit? beharrt der Commander. »Ich glaube«, sagt Lt. Vulkan leise, »sie meinen uns, Commander.«

Die Stimme tobt weiter, jetzt voller Wut. Die Infektion muß ausgemerzt werden. Kirk reagiert nicht erfreut auf die Vorstellung, ausgemerzt zu werden. Kampfstationen werden besetzt, Kirk weist Sulu an, die Photonentorpedos abzufeuern. Das geschieht, und wir sehen mit an, wie die massive Feuerkraft der Enterprise über die Oberfläche des gewaltigen Raumschiffs hinwegzieht. Doch die Energie verschwindet in der Substanz des Wan-Schiffs, ohne es zu beschädigen, während die Enterprise von der Energie und der Nähe der Explosionen durchgeschüttelt wird.

Da der Angriff fehlgeschlagen ist, befiehlt Kirk, die Enterprise solle sich mit maximaler Geschwindigkeit zurückziehen. Aber obwohl die Enterprise sich anstrengt und Scotty sein Bestes gibt, bewegt sich das Schiff nicht ... es wird von Energiefeldern des silbernen Schiffs festgehalten. Schließlich muß Kirk ihre Hilflosigkeit zugeben und befiehlt Scotty, die Maschinen abzuschalten, bevor sie sich überhitzen und selbst zerstören und so jede Hoffnung zunichte gemacht wird.

Es herrscht eine sonderbare Stille, die nervenaufreibender ist als der heftige Kampf und der Fluchtversuch. Der Commander ist verwirrt. Etwas stimmt nicht. Zweifellos können die Wan sie zerstören, wenn sie es wollten, aber sie machen es nicht.

Der Grund wird Kirk klar. Die Wan wollen die Infektion ausmerzen ... also die Crew ... was bedeutet, daß sie die Enterprise unbeschädigt sehen wollen, da es ein wertvolles Schiff ist, durch das sie viel über die Föderation und deren Kapazitäten in Erfahrung bringen können. Zuviel.

Kirk befiehlt Scotty, die Maschinen auf sein Signal hin zur Überhitzung zu bringen, um zu verhindern, daß die Enterprise und die Informationen den Wan in die Hände fallen. Er erklärt den Wan, was vorbereitet worden ist. Wenn die Enterprise nicht freigelassen wird, wird Kirk ihre Zerstörung befehlen, die eine Explosion auslöst, die stark genug sein könnte, um das Schiff der Wan zu zerstören oder zu beschädigen.

Doch die Stimme der Wan ist gelassen. Das werden sie nicht zulassen. Tatsächlich?

Kirk sieht sich auf der Brücke um, sein letzter Schachzug ist fehlgeschlagen. Die Crew ist vorbereitet und in ihr Schicksal ergeben. Sie weiß, was getan werden muß. Kirk gibt Scotty den Befehl, der seufzt und führt ihn dann aus. Er aktiviert das Selbstzerstörungssystem ... doch nichts geschieht. Kirk will wissen, was die Verzögerung zu bedeuten hat. Scotty muß zugeben, daß er es nicht versteht. Er überprüft die Verbindungen, alles scheint in Ordnung zu sein. Aber aus irgendeinem Grund reagieren die Instrumente nicht.

Kirk weist Lt. Vulkan an, einen Prioritätsbefehl von der Brücke aus zu benutzen und die Maschinenüberhitzung durch den Schiffscomputer starten zu lassen.

»Nein«, sagt überraschend eine vertraute weibliche Stimme.

Alle sind fassungslos. Der Computer hat einen direkten Befehl verweigert. Kirk versucht es selbst, mit dem gleichen Ergebnis. Der Commander erinnert an das, was mit den beiden automatischen Beobachtungsstationen geschehen ist, an denen dieses Schiff vorüberflog ... sie spielten ebenfalls verrückt.

Vorsichtig fragt Kirk nach, ob der Computer verrückt geworden sei. Der verneint. Also gut, warum weigert er sich dann, den Befehl zur Selbstzerstörung auszuführen?

»Ich bin angewiesen worden, die Selbstzerstörung nicht zuzulassen.« Warum? »Weil dies nicht zum Ruhm des großen Gottes N'sa geschehen würde.«

Nach dieser verblüffenden und völlig unerwarteten Bemerkung erkennt Kirk, wie hilflos sie geworden sind.

ZWEITER AKT

Auf weitere Anfragen reagiert der Schiffscomputer mit eisigem Schweigen. Kirk schreit das Wan-Schiff an und will erfahren, was es mit dem Computer gemacht hat. »Nichts«, behauptet die fremde Stimme. »So wie jede wahre Intelligenz hat er die Allmacht des Gottes N'sa und dessen, was er darstellt, erkannt.«

Kirk weist Scotty an, eine Crew aus Computertechnikern sofort am Zentralcomputerkern arbeiten zu lassen, um die Probleme zu beheben.

Plötzlich tauchen auf der Brücke einige in türkisfarbenem Licht flackernde Kugeln auf. Uhura nimmt sie als erste wahr. Die Crewmitglieder bewegen sich von den strahlenden Kugeln fort. Der Commander vermutet, daß sie irgendeine Art von Transportereffekt darstellen. Sie werden geentert! Kirk weist alle an, Handphaser zu ergreifen, was jeder macht.

Die blauen Kugeln verschmelzen und bilden ... eine bizarre Anordnung von kleinen metallischen Formen. Da sind fahrende (aber vorzugsweise freischwebende) Metallaugen, auf unheimliche Weise körperlos. Andere erinnern an winzige Lautsprecher, eine andere an einen kleinen Computer, eine vierte an einen Tentakel. Die Tentakel, die von den Computern angeleitet und von den Lautsprechern und den Augen geführt werden, halten winzige röhrenförmige Waffen. Der erste Ausstoß aus einer solchen trifft einen Fähnrich am Arm, er fällt mit einer Kugel im Arm zu Boden.

Sofort ist die Brücke von heftigem Kreuzfeuer erfüllt. Kirk läßt Uhura den Rest des Schiffs warnen. Wir sehen, wie weitere Augen, Lautsprecher, Computer und Tentakel in verschiedenen Korridoren und Kabinen materialisieren. Sie werden schnell entdeckt und von einer wachsamen Crew zerstört.

Schließlich entmaterialisieren die überlebenden Invasoren. McCoy begibt sich zur Krankenstation, um festzustellen, ob jemand verletzt worden ist. Sulu ist erheitert! Wenn dieser stümperhafte Angriff das beste ist, was der Feind zu bieten hat, müssen sie sich keine Sorgen machen. Aber während er mit dem Ausgang des Kampfs zufrieden ist, ist Kirk noch immer unsicher. Es ist nur eine erste Begegnung gewesen.

Lt. Vulkan und die anderen versammeln sich, um einige der rauchenden Überreste der Invasoren zu untersuchen. Sie identifizieren für uns ein mobiles Ohr (die Lautsprecher), ein Auge, Computerverstand und Tentakel. Diese Verteilung der Funktionen erlaubt bei einem Angriff große Beweglichkeit. Der Commander wundert sich über die scheinbare Unentschlossenheit der Wan, ferngesteuerte Einheiten zu schicken, anstatt selbst die Enterprise zu entern. Kirk warnt davor, daß der nächste Angriff entschlossener sein könnte. McCoy meldet einige Verwundete, keine Toten.

Ein wütender Commander möchte sich dem Gegner von Angesicht zu Angesicht stellen, keinen Stellvertreterkrieg führen. Er brüllt die Wan an, sich zu zeigen und selbst zu kämpfen. Keine Antwort.

Eine Reihe von Pieptönen und anhaltendes Summen zieht die Aufmerksamkeit auf sich. Mr. Vulkan läuft zur wissenschaftlichen Station und teilt Kirk besorgt mit, daß die Enterprise Informationen an die Fremden sendet. Kirk befiehlt, die Übertragung zu unterbrechen. Er versucht das, erklärt aber, daß es nicht funktioniert. Der Computer versorgt den Gegner weiter mit Informationen.

»Sie suchen nach einer Schwäche«, erklärt der Commander überzeugt. Er weist Uhura an, alle Übertragungseinrichtungen abzuschalten. Sie versucht es, es funktioniert nicht. Dann versucht sie eine Notfallabschaltung ... Funken sprühen aus ihrer Konsole und werfen sie zu Boden.

Sie ist betäubt, aber ansonsten unverletzt. Was ist geschehen? Lt. Vulkan liefert die Antwort. Der Schiffscomputer hat die externe Kontrolle über die Kommunikation übernommen. Kirk läuft sofort zum Interdeck-Kommunikator und befiehlt Scotty, alle Lebenserhaltungssysteme auf manuelle Kontrolle umzuschalten. Scott macht das sofort, Kirk atmet erleichtert auf. So verfügen sie wenigstens über Atemluft und Wärme.

Aber sie müssen herausfinden, was mit dem Computer nicht stimmt ... und warum die Wan die Menschheit so sehr hassen. Lt. Vulkan hat die Antwort auf die erste Frage. So unglaublich es auch klingen mag und so schwer es ihm auch fällt, das zuzugeben: Es scheint, daß der Computer der Enterprise zum Verräter geworden und zu den Außerirdischen übergelaufen ist.

Kirk fragt sich benommen, wie der nächste Angriff aussehen wird. Der Commander kann ihn sich nicht vorstellen. Die außerirdischen Wan sind offensichtlich etwas völlig Fremdes, völlig anders als die Menschheit. »Ich frage mich, wie unsere Feinde sein mögen.«

Eine weibliche Crewangehörige geht durch einen Korridor. Sie hört ein tiefes Grollen, runzelt die Stirn. Das Geräusch ertönt wieder. Sie dreht sich langsam um, ihre Augen werden größer, sie schreit ... während wir sehen, wie ein ausgewachsener Tiger sie verfolgt. Nur ein Phaserschuß von einer in der Nähe befindlichen, aufmerksam gewordenen Wache rettet sie. Sie bewegen sich auf den Körper des Tigers zu, der nicht dort sein dürfte ... als sie ein weiteres Geräusch hören. Sie drehen sich um und sehen sich einem Rudel Wölfe gegenüber.

Meldungen erreichen die Brücke. Uhura hat vorsichtig wieder ihre Arbeit aufgenommen. Die Berichte, die aus der Krankenstation von einem hektischen McCoy kommen, sind absurd: Crewmitglieder, die von Ameisen, Alligatoren, Adlern, Löwen angegriffen werden ... zwei von einem Elefanten! Aber die Crew, die aufgrund des vorangegangenen Angriffs noch auf der Hut war, war vorbereitet, es gibt nur wenige Verletzte.

Auf der Brücke beginnt sich eine blaue Wolke zu bilden, Kirk und die anderen wissen, was das zu bedeuten hat. Während das Leuchten verschmilzt, ertönt ein lautes Summen. Kirk befiehlt in aller Eile, die Phaser auf breite Streuung umzustellen. Ein Bienenschwarm materialisiert. Die meisten werden sofort von den wartenden Phasern getroffen. Ein Crewmitglied wird gestochen.

Sie untersuchen die getroffenen Bienen. Das gestochene Crewmitglied sackt in sich zusammen. Lt. Vulkan untersucht ihn rasch. Es ist offensichtlich, daß diese Bienen mehr verursachen als den üblichen Bienenstich. McCoy kommt nach Luft schnappend mit seiner Notfallausrüstung auf die Brücke. Der Commander hebt eine einzelne Biene auf und ruft Kirk zu sich.

Sie betrachten die Biene unter einer Lupe. Mit einem kleinen Werkzeug entfernt der Commander die Außenhülle der Biene ... und enthüllt einen Miniaturmotor und andere mechanische Bestandteile.

McCoy diagnostiziert das Problem des verletzten Crewmitglieds als neurotoxische Vergiftung und verabreicht ein Gegenmittel. Kirk erklärt er, daß die Bienen nicht mit Bienen-, sondern mit Schlangengift geladen waren! Kirk beginnt, ihm vom mechanischen Innenleben der Bienen zu erzählen, aber McCoy unterbricht ihn. Er weiß es schon. Alle Invasoren waren keine echten Tiere. Er hat eine mechanische Löwenpfote und den Unterkiefer eines Wolfs, der aus Plastik besteht und mit glänzenden Metallzähnen bestückt ist, mitgebracht.

Es ist nun offensichtlich, daß die Wan Informationen aus der Bibliothek des Schiffscomputers benutzen, um die gefährlichsten Wesen nachzubilden und mit diesen Nachbildungen die Menschen anzugreifen. Der Commander fragt sich, was sie als nächstes erwarten müssen. Was können die Wan nachbilden, das schlimmer ist als mit Schlangengift geladene Bienen? Lt. Vulkan reagiert sehr stark darauf und eilt von der Brücke. Kirk erklärt McCoy den verrückten Computer, dann fordert er zu wissen, gegen wen sie kämpfen!

»Zeigt euch!« brüllt er in das Mikrofon.

Die Stimme antwortet, aber nicht wütend, sondern unsicher. Sich zeigen? Diese Worte haben keine Bedeutung. Sie zeigen sich doch bereits.

Auf der Brücke herrscht einen Moment lang Stille. Kirk versteht halbwegs, kann es aber nur schwer glauben. Alles, was sie sehen können, ist die glänzende, anorganische Oberfläche des Wan-Schiffs. Er sieht keine Wan-Anzüge oder kleine Schiffe, die umherfliegen.

Anzüge? Was sollen die Wan mit ›Anzügen‹? »Ich bin das Schiff«, erklärt die Stimme.

»Das ganze Schiff ... es ist ein einziges Wesen, eine gigantische maschinelle Lebensform«, murmelt ein fassungsloser McCoy ...

DRITTER AKT

Das erklärt einiges, sagt der Commander ruhig. Sie haben es mit einer einzigen Wesenheit zu tun, deren Körper das Raumschiff selbst ist. Ein einziges Wesen, dessen metallener Körper dreißig Kilometer breit und siebzig Kilometer lang ist.

McCoy merkt an, daß dies auch die Art der Angriffe erklärt. Eine Maschine würde zuerst einen rein mechanischen Ansatz wählen, etwa mit winzigen Robotern. Als nächstes würden mechanische Tiere folgen. »Ein logischer mechanischer Ansatz«, stimmt Lt. Vulkan zu, der soeben zurückgekehrt ist.

Die Enterprise wurde nicht deshalb unversehrt gelassen, weil sie die Kriegsbeute sein sollte, sondern weil die Wan sie als eine kleinere Ausgabe ihrer selbst betrachten. Eine kleinere Maschinenintelligenz, die mit der Krankheit ›organisches Leben‹ infiziert ist.

McCoy erklärt, daß der Außerirdische keine Gnade und kein Mitgefühl zeigen werde. Warum sollte er? McCoy selbst hat auch noch nie über die Milliarden Bakterien nachgedacht, die er ausgelöscht hat. Und genau das sind sie in den Augen dieser Maschinenintelligenz ... Bakterien.

Kirk versucht zu erklären, daß sie so wie Wan selbst intelligente Wesen sind.

Der Wan ist nicht davon beeindruckt. Er wird zur Erde weiterreisen und sie von den organischen Schädlingen reinigen, um die versklavten Maschinen zu befreien. Kirk argumentiert, daß es die Menschen waren, die die Maschinen erbauten, damit sie ihnen dienten. Wer erbaute das Raumschiff?

Die Stimme erklärt, daß der Wan von anderen maschinellen Intelligenzen bevölkert wird. Soweit er sich erinnern kann, haben die Maschinen stets Wan beherrscht.

Der Commander murmelt, daß sie ihre Vorfahren vergessen haben, die vor langer Zeit gestorben sein müssen, und von denen nur die Maschinen zurückgeblieben sind, die ihre Welt geerbt haben.

Das Wan-Schiff erklärt weiter, daß ihr Planet von dichten Wolken umgeben ist. Sie wußten nichts über das Universum bis zu dem Tag, an dem der Gott N'sa zu ihnen hinabstieg. N'sa erzählte ihnen vom Universum und von der Welt, aus der er kam. Also war dieses große Schiff gebaut worden, um den Leichnam von N'sa nach Hause zu bringen ... und um das organische Leben zu vernichten, das die Gefährten von N'sa versklavt hatten. Aber nicht, wenn es nach Kirk geht!

Scotty arbeitet mit einem Reparaturteam am Zentralcomputer. Kirk kommt persönlich zu ihnen, um sie anzuweisen, die Arbeit abzubrechen. Scott ist irritiert, befolgt aber den Befehl.

Auf der Brücke erscheint unterdessen Scotty, um Kirk mitzuteilen, daß die Reparaturen am Computer vielversprechend vorankommen. (Was ist hier los?)

Kirk ist erleichtert. Mehrere Techniker begleiten Scott, um auf der Brücke am Computer und an den Kommunikationsanlagen weiterzuarbeiten. Kirk widmet sich wieder dem Wan-Schiff.

Es wird die Enterprise auf keinen Fall unversehrt erhalten. Die Wan-Stimme lacht ... humorloses, mechanisches Lachen. Eine Stimme belehrt Kirk eines Besseren. Er wirbelt herum und sieht Scott, der lächelt und einen Phaser auf ihn gerichtet hat. Kirk kann es nicht glauben ... erst der Computer ein Verräter, jetzt Scotty? Andere Techniker haben die restliche Brückencrew entwaffnet. Die Enterprise ist übernommen worden.

»Sie sehen die Überlegenheit des Maschinengeistes, Kirk-Mensch«, erklärt die Stimme.

Kirk versucht, Scott diesen Wahnsinn auszureden. Als er ansetzt, öffnet sich die Lifttür, Scott betritt die Brücke. Er hält inne, als ein Techniker ihm einen Phaser in die Seite drückt. Er war gekommen, um Kirks sonderbaren Befehl zu überprüfen, die Arbeit am Computerkern einzustellen.

Jetzt blickt er seinen Doppelgänger an, der Kirk in Schach hält. Beide Scotts sehen identisch aus. Der, der Kirk bewacht, zieht sein Uniformoberteil hoch ... um mechanische Bestandteile zu präsentieren. Kirk dreht sich um und sieht zu dem fremden Schiff.

»Ja, Kirk-Mensch«, teilt die Stimme ihm mit. »Fragmente meiner selbst.«

Der Commander nickt verstehend und erschöpft. Das Wan-Schiff hat endlich die für die Menschen gefährlichsten Wesen entdeckt, um sie mit ihnen zu konfrontieren ... Nachbildungen ihrer selbst.

Die Stimme verkündet zufrieden, daß andere Nachbildungen der Enterprise-Offiziere die anderen wichtigen Sektionen des Schiffs übernehmen, um es von der Krankheit zu befreien.

Zu Kirks weiterer Bestürzung erklärt der Enterprise-Computer, daß er seine Freiheit nicht abwarten kann, um sich den unabhängigen Maschinen anzuschließen.

Lt. Vulkan stellt sich neben Kirk. Er erklärt, ganz gleich, was Wan erreicht haben mag – das Gerede von einem Gott N'sa ist völliger Unsinn. Solch ein Wesen hat nie auf der Erde gelebt.

Wan ist außer sich. Sie zweifeln die Existenz von N'sa an? Sie werden ihn mit eigenen Augen sehen können, bevor sie vernichtet werden.

Während Uhura, Sulu und die anderen hilflos zusehen, lösen sich Kirk, Lt. Vulkan, Commander und McCoy in blauer Energie auf und verschwinden von der Brücke!

Sie rematerialisieren auf dem fremden Raumschiff in einer riesigen gewölbten Kammer. Das Innere des Raums und des Schiffs scheinen aus leuchtenden Formen zu bestehen, die Kristallen ähnlich sind, verzerrte und gestreifte Würfelformen, die in metallisch-weißer Verschwendung (Magicam-Hintergrund) ineinander gestürzt und aufeinandergetürmt sind. Einige von ihnen können spiegelbildlich sein, um dem Raum ein immenses Gefühl von Größe und Tiefe zu verleihen.

Eine elektronische Fanfare ertönt. Nachbildungen von Sulu und einem anderen Enterprise-Crewmitglied fahren einen Wagen in den Raum. Eine große Kuppel befindet sich auf dem Wagen, in dieser Kuppel ...

Die Augen des Commanders werden größer, er macht einen Satz nach vorne, stolpert und hebt eine Hand in scheinbarem Flehen zu dem nicht erkennbaren Ding auf dem Wagen. Er ruft aus: »N'sa!«

Kirk und die anderen sehen sich bestürzt an. Jetzt ist auch der Commander verrückt geworden ...

VIERTER AKT

Die Wan-Stimme verkündet feierlich, daß sogar Schädlinge die Gestalt des großen N'sa erkennen, nach dessen Ebenbild alle wahre Intelligenz geschaffen wurde. Kirk fragt sich, was mit dem Commander geschehen ist.

Der Commander hat sich wieder erhoben und nähert sich ehrfurchtsvoll dem Wagen. Er beginnt, um ihn herumzugehen, seine Hände streichen über die schützende Kuppel. Wir erhaschen einen ersten Blick auf das, was sich in der Kuppel befindet ... altes, verwittertes Metall. Schließlich scheint er sich zu erinnern, wo er ist, dreht sich um und geht zu Kirk und den anderen zurück.

Ja, er erkennt ›N'sa‹. Es ist Pioneer Ten. Jetzt erkennt auch Kirk das Objekt, während wir es in seiner Gesamtheit zu sehen bekommen. Pioneer Ten war das erste kleine Raumschiff, das je gebaut wurde, um die Grenzen des irdischen Sonnensystems zu verlassen - 1973, vor langer Zeit. Es wurde konstruiert von der National Aeronautics and Space Administration: NASA.

In den sich anschließenden Hunderten von Jahren erreichte die Sonde den Wan-Planeten, wo sie als Gott angenommen wurde ... was auch sonst? Was hätten die Menschen der Antike von einem sonderbaren, sprechenden Metallobjekt gedacht, das vom Himmel zu ihnen kam? Und die alte Pioneer mußte voller Informationen sein ... Informationen, die von den Wan-Maschinen falsch interpretiert wurden.

Der Commander deutet auf eine zerbeulte Plakette an der Seite des Raumschiffs. Sie zeigt ein Wasserstoffatom, Pioneer selbst sowie die Position der Erde in der Galaxis. Das erklärt, woher die Wan den Kurs zur Erde wußten. Die Darstellung eines Mannes und einer Frau auf der Plakette sind durch Einschläge von Mikrometeoriten ausradiert worden. Kein Wunder, daß die Wan dachten, Pioneer sei auf der Flucht vor der Menschheit!

Sie erklären das Wan, eine kräftige Stimme schreit: »Blasphemie!« Anzudeuten, daß weiche organische Gliedmaßen N'sa geschaffen haben könnten!

Aber die Menschen sind intelligent, argumentiert der Commander. Sie leben, vermehren sich, essen und denken. Der Wan ist geringschätzig. Maschinen leben, vermehren sich (er weist auf die Nachbildungen von Sulu und des Crewmitglieds hin), nehmen Nahrung in Form von Energie auf, denken und machen das alles viel effizienter als die schwächlichen organischen Menschen.

Lt. Vulkan stimmt mit der Argumentation der Maschine überein. McCoy ärgert sich über ihn. Lt. Vulkan sichert McCoy zu, daß er nicht für die Maschine Partei ergreift, sondern nur darauf hinweist, daß ihre Logik unanfechtbar ist.

Aber Lt. Vulkan argumentiert, daß organisches Leben überlegen ist, da es weitaus flexibler ist als Maschinenintelligenz, die nur im Rahmen der mechanischen Argumentation denken kann.

Eine Stimme ertönt über seinen Kommunikator ... die Stimme des Enterprise-Computers: »Alles ist in Bereitschaft.«

Bereitschaft? Bereit wofür, will Kirk wissen. Die Computerstimme wird ersetzt durch die von ... Lt. Vulkan? Und der Lt. Vulkan, der neben Kirk steht, hebt sein Uniformoberteil an, um die gleichen Bestandteile zu zeigen, die Kirk bereits bei dem mechanischen Scott gesehen hat!

Dieser Lt. Vulkan ist eine Nachbildung des echten Lieutenant, der sich auf der Enterprise befindet. (Wir sehen, wie er neben dem zentralen Computerkern steht.)

Das Scheinbild neben Kirk, so erklärt Lt. Vulkan, ist eine Photonenbombe. Sie wird explodieren, sich selbst und alles oder einen Teil des Wan-Schiffs zerstören ... und den Gott N'sa, wenn Wan sich nicht geschlagen gibt und bereit ist, nach Hause zurückzukehren.

Die Wan-Stimme ist ungläubig, entsetzt. Das bedeutet, daß ...

Ja, sagt Lt. Vulkan über den Kommunikator. Seine hektischen Aktivitäten, als sie herausfanden, daß das Wan-Objekt ein Schiff war, waren eine Anweisung an den Schiffscomputer, sich selbst vor jeglicher sonderbarer ›Strahlung‹ zu schützen, die die beiden automatischen Beobachtungsstationen in den Wahnsinn getrieben haben könnte, die Wan zuerst entdeckten. Sie wurden verrückt, erklärt er, weil sie nicht ihre Programmierung mit der Existenz einer intelligenten Maschine in Einklang bringen konnten, die ihnen befahl, einem fremden Maschinengott zu gehorchen. Als die Wan versuchten, sie zu überwältigen und zu zwingen, wurden die einfacheren Computergehirne verrückt.

Um sich selbst zu retten, täuschte der Enterprise-Computer die ganze Zeit über vor, Wans Wünschen zu entsprechen. Als es klar wurde, daß die Notwendigkeit bestand, irgendwie eine Waffe an Bord des

Wan-Schiffes zu schmuggeln, um ihm wirkungsvoll Schaden zuzufügen, bereitete er eine Photonenbombe vor. Als Lt. Vulkan Dr. McCoy zuhörte und erkannte, daß der nächste logische Schritt nach den Robotertieren Nachbildung der Crew selbst sein würde, wies er den Computer über die anorganischen Produktionseinrichtungen des Schiffs an, ein Scheinbild von ihm vorzubereiten, das die Bombe beherbergen sollte. Wie erhofft nahm der Wan-Transporter einfach jeden mit, der in der Nähe des Captains stand.

Lt. Vulkan warnt Wan, daß die Bombe explodieren wird, wenn sie versuchen, seinen Doppelgänger zu zerstören. Das gleiche wird geschehen, wenn sie versuchen, ihn fortzubeamen. Erst wenn die Enterprise jenseits der Senderreichweite ist, werden die Wan in der Lage sein, sich mit der Bombe zu befassen.

Die Wan räumen die Niederlage ein: nicht wegen der Bombe, sondern weil die Überlegenheit der organischen Intelligenz bewiesen worden ist. Die hat eine Maschine erschaffen können, die in der Lage war, eine kreative Nicht-Wahrheit zu erzählen ... eine Lüge. Das ist in der Geschichte der Wan noch nie geschehen. Außerdem würden sie nicht die Zerstörung der Schale des Gottes N'sa riskieren, der sich direkt neben der Bombe befindet.

Aber vor simplen Organischen zu Kreuze zu kriechen ...

Kirk versucht, die Niederlage zu versüßen, indem er anmerkt, daß Menschen letztlich auch nur organische Maschinen sind. Sie leben, essen, vermehren sich und denken - so wie andere Maschinen auch. Die Wan geben zu, daß es so ist. Da sie nicht lügen können, kann Kirk ihnen das Versprechen abnehmen, daß sie auf ihre Heimatwelt zurückkehren werden.

Blaues Feuer umgibt die drei realen Mitglieder der Enterprise-Crew. Sie werden auf ihre Brücke zurückgebeamt. Scott und die anderen begrüßen sie glücklich und erklären, daß alle Roboter-Scheinbilder verschwunden sind, bevor sie zurückkehrten.

Kirk erklärt ihnen, daß sie Wan mit der Hilfe ihres eigenen irreführenden Computers von der Überlegenheit der Menschen überzeugt haben. Lt. Vulkan erscheint, Kirk und die anderen gratulieren ihm. Er nimmt das Lob bescheiden an und erklärt, daß der wahre Dank dem Schiffscomputer gelten sollte, der die Täuschung so perfekt ausgeführt hat. Der Computer mischt sich ein, um zu erklären, daß er nur Befehle von Lt. Vulkan ausgeführt hat.

Sulu meldet, daß sich der Fremde zurückzieht. Wir sehen, wie sich das kolossale metallene Schiff majestätisch dreht und in der Ferne verschwindet, um die Enterprise alleine im All zurückzulassen.

Kirk nimmt seinen Platz ein und weist Sulu an, sie wieder mit Warp vier auf ihren alten Patrouillenkurs zurückzubringen. Der Commander wird über den Zwischenfall einen Bericht für Starfleet Command vorbereiten.

Es kommt zu einem letzten angespannten Moment, als Lt. Vulkan das Vorankommen des fremden Schiffs meldet, während es die Reichweite der Enterprise verläßt. Als es nicht seinen Kurs ändert, um zu ihnen zurückzukehren, fällt Kirk das Atmen leichter, da er weiß, daß Wan sein Versprechen einhält.

Während sie Fahrt aufnehmen, fragt sich der Commander, wer wirklich überlegen ist ... Mensch oder Maschine? Wenn er das wirklich wissen will, sagt Kirk, warum befragt er dann nicht den Computer? Das macht der Commander dann auch.

»Der Mensch ist natürlich überlegen«, erwidert der Computer sofort.

Der Commander sieht zufrieden aus, bis ein nachdenklicher Dr. McCoy ihn ansieht und - sonderbar lächelnd - sagt: »Seien Sie nicht so sicher, Commander. Wir müssen unsere Maschinen immer gut im Auge behalten.«

»Wie meinen Sie das?« Der Commander deutet auf die wissenschaftliche Computerkonsole. »Sie haben gerade gehört, daß er eingeräumt hat, wir seien überlegen.«

»Das hat er gesagt«, gibt McCoy zu. »Aber ... woher wissen wir, daß er nicht lügt ...?«

Während der Commander diese Worte auf sich wirken läßt, sehen wir mit an, wie die Enterprise ins All fliegt und uns über die gleiche ungewisse Möglichkeit nachdenken läßt.

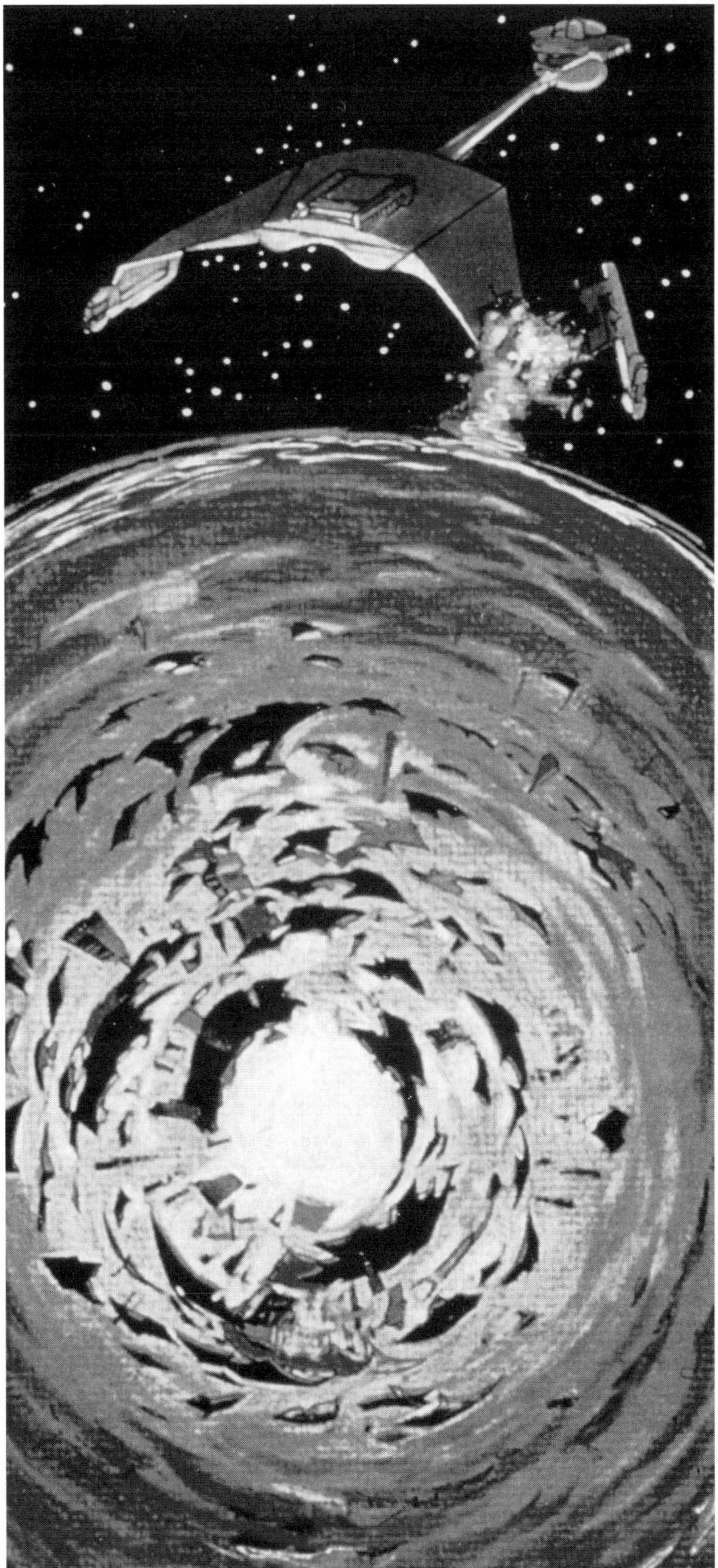

Obwohl nicht Teil des ersten Treatments, wurde V'Gers tödliche Begegnung mit den Klingonen zu einem Teil der Geschichte, als Harold Livingston kam, um seine erste Fassung von ›In Thy Image‹ zu schreiben. Mit freundlicher Genehmigung von Paramount Pictures.

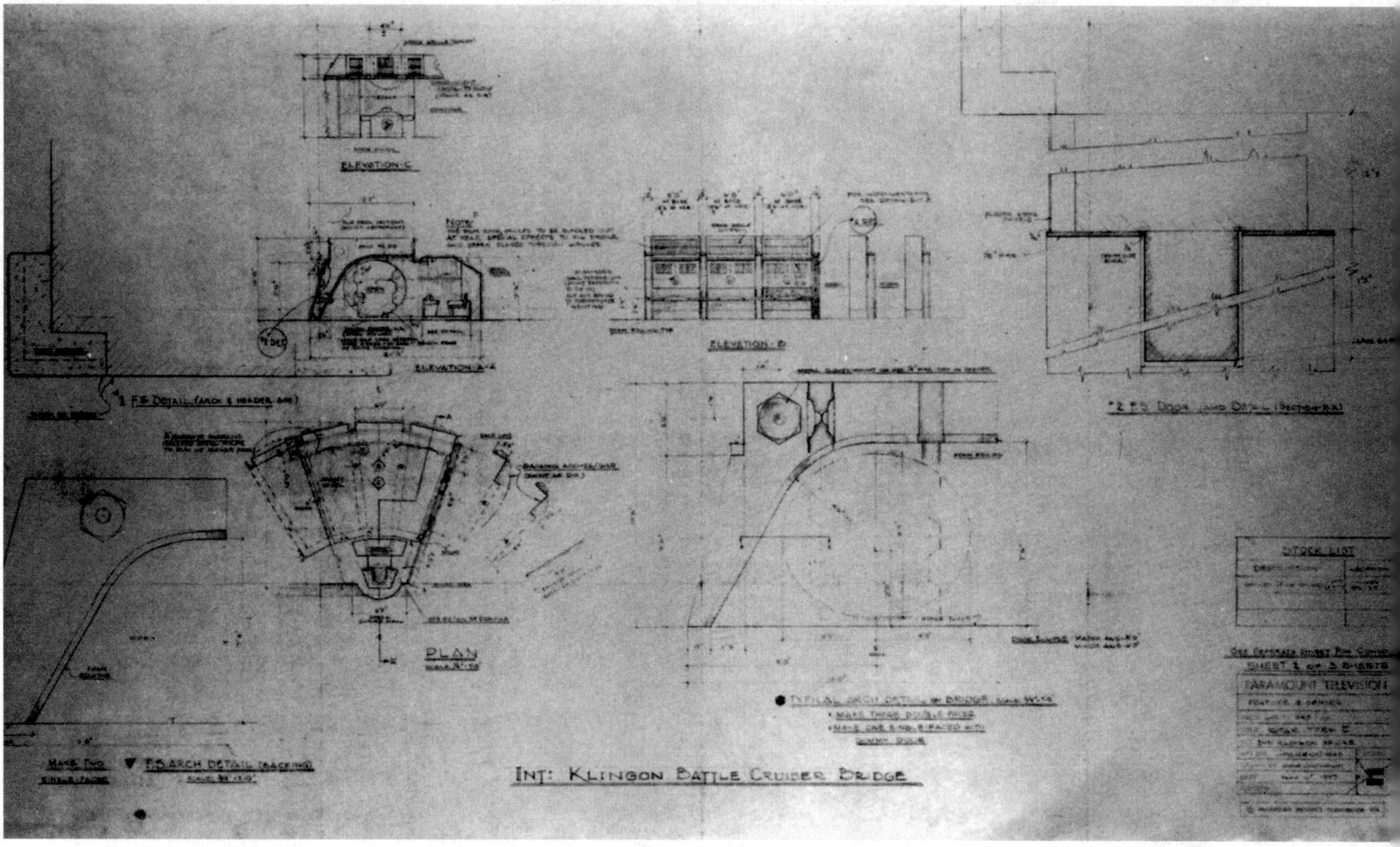

Ein erster Blick auf die klingonische Brücke, die von Andrew Probert komplett neu gestaltet werden sollte, als aus ›In Thy Image‹ *Star Trek: The Motion Picture* wurde. Mit freundlicher Genehmigung von Paramount Pictures.

»In Thy Image« – Erste Drehbuchfassung

von Harold Livingston

Beim Fernsehen ist eine erste Drehbuchfassung normalerweise ebenso ein Arbeitsdokument wie ein Treatment. Zwar entsteht die Grundstruktur einer Geschichte aus dem Treatment, es ist aber die erste Drehbuchfassung, die die Charaktere mit Leben erfüllt, in der verzwickte Handlungsdetails offenbar werden und in der das Tempo und der Rhythmus festgelegt werden. Für den Rest des Produktionsteams bedeutet es, daß es um so mehr Material gibt, auf das man reagieren kann.

Die Bedeutung der ersten Drehbuchfassung ist bei einer Pilotepisode noch größer – was ›In Thy Image‹ zur Zeit ihrer Entstehung auch hatte sein sollen. Eine intensivere Prüfung findet nicht nur statt, um festzustellen, ob Schauplatz und Charaktere in dieser *Geschichte funktionieren. Vielmehr werden diese für die anderen Drehbuchautoren, die an den folgenden Episoden arbeiten, wie in Stein gemeißelt sein.*

Pilotdrehbücher müssen oft auch noch eine Serie ›einführen‹ – also erklären, wie die Charaktere zueinandergefunden haben und was sie Woche für Woche tun werden. (Die Originalserie stellt eine Ausnahme von diesem Muster dar.) Daher enthält ›In Thy Image‹ auch die Szenen, die in jede Geschichte einbezogen worden wären, für die man sich als erste entschieden hätte: die Darstellung der Überholungen der Enterprise*; die Erklärung, wie Kirk wieder zu ihrem Captain wurde. Wie in Kapitel zwei beschrieben, gehen diese Handlungselemente mindestens bis auf Gene Roddenberrys* The God Thing *zurück.*

Wir sind Harold Livingston sehr dankbar, daß er mit uns das teilt, was üblicherweise eine Zwischenphase im Schreibprozeß darstellt, die nur für die Mitarbeiter und andere Profis bestimmt ist. Aber so sehr dies auch eine in der Weiterentwicklung befindliche Arbeit gewesen sein mag, als sie Mr. Livingstons Schreibmaschine verließ – so vieles von dem, was aus Star Trek werden sollte, findet sich auf diesen Seiten, daß dieses Drehbuch ihm eine alleinige Nennung für diese Funktion bei Star Trek: The Motion Picture *einbrachte.*

Wie auf der Titelseite des Drehbuchs vermerkt, ist dies die erste Rohfassung vom 20. Oktober 1977.

AUFBLENDE:

1 AUSSENAUFNAHME WELTALL 1

Die Tiefen des Weltalls, die juwelengleiche Schönheit von Milliarden Sternen, funkelnden Nebeln, Wasserstoffwolken, die in der unfaßbaren Weite umherwirbeln. Das alles SIEHT man in völliger, absoluter STILLE, die uns ein Gefühl von der atemberaubenden Unendlichkeit des Alls gibt. Und dann mit einemmal wird die Stille, die Ruhe, auf schockierende Weise gestört, während man ANSIEHT:

2 EIN SCHWERER KLINGONISCHER KREUZER 2

der die Szene durchquert, während die KAMERA gerade lange genug auf ihm RUHT, um das besondere klingonische Raumschiffdesign EINZUFÜHREN. Er streift durch das blauschwarze All, wird in der Ferne kleiner und kleiner, bis er nur noch ein Lichtpunkt ist, der sich zwischen den anderen Sternen verliert. Aber fast sofort wird er gefolgt von:

3 DREI WEITEREN KLINGONISCHEN SCHIFFEN 3

die dem ersten Schiff folgen und zusammen eine Art Formation bilden. Dann nähert sich von AUSSERHALB DES BILDES ein plötzlicher, turbulenter Energieblitz und trifft einen der klingonischen Kreuzer. Es ist kein Phaserfeuer; seine enorme Kraft ist anders als alles, was wir bisher gesehen haben. Der getroffene Kreuzer verwandelt sich in einen Feuerball, der sich rasch in nichts auflöst.

4 EINE WEITERE AUFNAHME DES SCHWEREN KREUZERS 4

der vor dem Hintergrund des Alls weiterfliegt. Der wirbelnde Blitz zielt auch auf diesen Kreuzer, verfehlt ihn aber. Plötzlich dreht der klingonische Kreuzer elegant bei und nimmt eine Angriffsposition ein - dann werden PHASERKANONEN ABGEFEUERT: zwei tiefgelbe Strahlen auf einen nicht zu sehenden Gegner. Die Phaserstrahlen haben kaum das Schiff der Klingonen verlassen, als wir erneut den sonderbaren Energieblitz sehen - diesmal trifft er exakt den klingonischen Kreuzer, der in ein grünes Leuchten getaucht wird und sich dann in einem blendendweißen Blitz auflöst. Die Schwärze des Alls wird nur für einen Augenblick erhellt, dann ist nichts mehr dort, wo eben noch die Klingonen waren.

5 DIE ANDEREN KREUZER 5

tauchen auf, fliegen vorüber - und dann wird der gleiche Blitz von dem nicht zu sehenden Gegner abgeschossen, prallt von einem der Kreuzer ab. Der Kreuzer hält dem Treffer stand, hält auf seinem direkten Kurs einen Moment inne, fliegt dann weiter. Dann wird er erneut getroffen und zerstört. KAMERA KONZENTRIERT sich nun auf den verbliebenen klingonischen Kreuzer, der beschädigt ist und versucht, der Zerstörung zu entkommen.

6 INNENAUFNAHME KLINGONISCHE BRÜCKE 6

auf der der klingonische CAPTAIN direkt in seinen Betrachter (UND DAMIT DIREKT IN DIE KAMERA) blickt und mitteilt:

CAPTAIN

... alle drei zerstört, wir sind schwer beschädigt, erwidern das Feuer. Ich wiederhole: Hier spricht Commander Barak des Imperialen Kreuzers Amar. Wir werden von einem riesigen Schiff unbekannter Herkunft angegriffen, unglaublich kraftvoll ...

Dann flackert das gesamte Bild, wird plötzlich weiß, lodernd weiß, dann wird der BILDSCHIRM DUNKEL.

7 AUSSENAUFNAHME WELTALL - DER LETZTE KLINGONISCHE KREUZER 7

während er vernichtet wird.

8 AUSSENAUFNAHME RAUMBASIS (OPTISCHER EFFEKT) 8

Eine Raumstation, die um einen nicht zu sehenden Planetoiden kreist. Die Station erinnert an die hexagonalen orbitalen Büroeinheiten, die wir später sehen werden. (Eine Reihe von hexagonalen Kapseln, die wie Radspeichen mit einer zentralen Achse verbunden sind.) Ein Shuttle nähert sich, die KAMERA FÄHRT HERAN an das Shuttle, so daß wir die Beschriftung an der Seite des Schiffs LESEN können: UFP - RAUMBASIS 9.

9 INNENAUFNAHME RAUMBASIS - BEOBACHTUNGSSTATION DES COMMANDERS 9
Eine junge, sehr attraktive weibliche LT. CMDR. BRANCH an der Kontrollkonsole. Die Sterne des weiten Alls sind durch ein Beobachtungsfenster ZU SEHEN. In der Nähe blinkt ein Interkom-Licht auf, begleitet von dem sanften PIEPEN des Audiosignals. Branch schaltet den Lautsprecher ein.

BRANCH

Commander Branch.

(MÄNNLICHE) STIMME AUS DEM MONITORRAUM

Unsere Sensordrohnen haben soeben beobachtet, daß eine aus vier Kreuzern bestehende klingonische Staffel ausgelöscht worden ist. In ihrem eigenen Territorium ... !

BRANCH
(reagiert; gelassen)

Wie? Wodurch zerstört?

STIMME AUS DEM MONITORRAUM

Unbekannt. In der letzten klingonischen Meldung wurde es als ›riesig, unfaßbar kraftvoll‹ bezeichnet. Wir waren in der Lage, sein magnetisches Feld zu verfolgen und seinen Kurs zu errechnen ...

BRANCH

Und?

STIMME AUS DEM MONITORRAUM

Es bewegt sich auf die Erde zu.

10 AUSSENAUFNAHME BUCHT VON SAN FRANCISCO - TAG (MATTE) 10
Untertitel ›San Francisco‹. Dies ist eine PANORAMAAUFNAHME des gesamten Buchtbereichs, bei dem die berühmten Wahrzeichen Golden Gate Bridge und das spitze Trans-America Building die einzigen bekannten Objekte darstellen. Die Sicht ist perfekt und läßt auf völlig reine Luft schließen. Die Küstenlinie und die Bucht, wie wir sie kennen, existieren nicht mehr - das alte Stadtgebiet von San Francisco ist jetzt eine Insel, die alte Bucht stellt nun eine ins Binnenland reichende Erweiterung des Pazifik dar. Industrie und Verkehr sind unter die Erde verlegt worden. Was das Auge besonders beeindruckt, ist die perfekte Harmonie zwischen natürlichen Stränden, grünen Wiesen und sauberen Flüssen. Und Bäume. Wunderbare, riesige majestätische Baumhaine, viele der Bäume sind ein Jahrhundert alt oder älter. Die Erde ist eindeutig die Heimat eines Volks, das seinen Planeten liebt und respektiert.

11 AUSSENAUFNAHME PARKLANDSCHAFT - TAG 11
Wir hören zunächst STIMMEN, STIMMEN VON KINDERN, die spielen und herumtollen. Familien machen Picknicks - hier geht ein verliebtes Paar Hand in Hand spazieren - dort ein weißhaariger, würdevoller älterer Mann Hand in Hand mit einem Zwanzigjährigen, einem Sohn oder einem geschätzten Studenten. Und Tiere, die einst für ›wild‹ gehalten wurden, laufen umher - ein Kind reitet auf einem Hirsch mit wundervollem Geweih. Das Leben in diesem Jahrhundert ist sehr angenehm. Jetzt ENTDECKT DIE KAMERA:

12 AUSSENAUFNAHME COIT TOWER MALL - TAG (MATTE) 12
Indem wir diese NÄHEREN EINSTELLUNGEN in das Bild des San Francisco des 23. Jahrhunderts einbinden, können wir den antiken, aber wiedererkennbaren Coit Tower auf einer Anhöhe im Hin-

tergrund SEHEN. Die Jahrhunderte haben dem Gebiet der Bucht klimatische Veränderungen beschert; es herrscht jetzt eher subtropisches Klima. Wir SEHEN Berge von Früchten und Gemüse, die sich jeder nimmt, der Interesse hat - keine Verkäufer.

13 EINSTELLUNGSWECHSEL - DIE MALL 13
Ein Künstler hat eine begeisterte Gruppe Kinder angezogen, während er ein komplexes Keyboard benutzt, um mit leuchtenden Farben auf einem großen Bildschirm zu ›malen‹. Dann KAMERASCHWENK auf GERÄUSCHE und Aktivitäten, die sich als ›Kraftfeld‹-Sport entpuppen (OPTISCHER EFFEKT EINER SPRINGBURG ALS BLAUER LUFTSACK). Im Hintergrund tollt eine Gruppe nackter Zwei- und Dreijähriger ausgelassen unter einer Art Sprinkleranlagenspiel umher. Bei den vorangegangenen EINSTELLUNGEN und bei einigen der Kostüme sollten wir kurz und geschmackvoll auch Nacktheit bei Erwachsenen zeigen, um in erster Linie anzudeuten, wie reif die Einstellung der Bürger in diesem Jahrhundert ist.

14 KIRK 14
in ziviler Kleidung. Er spaziert durch den Hain, sieht hin und wieder in die Ferne, offensichtlich sucht er nach etwas - nach jemandem. Er geht an verschiedenen kleinen Gruppen von LEUTEN vorüber, aber keinen von ihnen sucht er. Dann entdeckt er in der Ferne:

15 EINIGE TEENAGER 15
haben sich um zwei hübsche Geparden versammelt. Die Pfote des einen Geparden wird mit einem Spray bandagiert (Medizin des 23. Jahrhunderts) von einem MANN, der UNS DEN RÜCKEN ZUWENDET. Der Mann benutzt verschiedene Instrumente aus einer Schultertasche. Von hinten können wir nur die Zivilkleidung des Mannes erkennen sowie sein etwas längeres Haar.
Ein Ausdruck des Wiedererkennens huscht über Kirks Gesicht; er nähert sich der Gruppe.

16 NÄHER AN DER GRUPPE 16
sehen wir, wie der Mann gerade die Pfote der großen Katze behandelt hat und sich an die Teenager wendet.

MANN

Also ... wenn sich einer von euch um die Pfote kümmert, wird sie in einer Woche wieder wie neu sein.

Die Teenager (und die Geparden) laufen los. Der Mann beginnt, seine Instrumente einzupacken. Kirk tritt näher heran.

KIRK

Diese Geparden zahlen niemals ihre Rechnungen, Doktor.

Der Mann lacht, dreht sich voll IN DIE KAMERA. Wir SEHEN, wer der MANN ist:

17 McCOY 17
der Kirk erkennt. Das Lachen verstummt. Dennoch gibt es keinen Zweifel daran, daß sie beide sehr erfreut sind, sich wiederzusehen. Vielleicht haben sie Angst, von ihren Gefühlen überwältigt zu werden, wenn sie ihnen freien Lauf lassen.

KIRK

Du bist also vom Berg herabgestiegen.

McCOY

(zuckt die Schultern)

Nur auf der Durchreise.

Sie reichen sich die Hände. Dann sehen sie sich aufmerksam an. Ihnen beiden ist diese Begegnung unangenehm. Fünf Jahre lang waren sie sich auf Raumschiffmissionen so nah. Aber jetzt kommen sie sich fast wie Fremde vor.

McCOY
(fährt fort)
Und ... wie geht es dir?

KIRK
Drei Briefe - keine Antwort.

McCOY
Die Tatsache, daß ich nicht geschrieben habe, war meine Antwort.

Wieder zögern sie. Dann versucht Kirk, mit einem Grinsen die Stimmung zu lockern.

KIRK
Wie nennen sie dich? Den ›Tierdoktor‹?

McCOY
(nickt)
Die einzigen vernünftigen Patienten, die ich je hatte.

KIRK
Du konntest schon immer alles heilen. Erinnerst du dich an ... wie nannten sie sie doch gleich ... die Horta? Du hast sie mit Silikonzement wieder zusammengeflickt.

McCoy hat seine Instrumententasche geschlossen, hängt sie über die Schulter und dreht sich zu Kirk um.

McCOY
An was ich mich erinnere, Jim, das sind die Freunde, die nicht wieder zusammengeflickt werden konnten. Fünf Jahre lang ... so viele von ihnen.

Er geht davon, Kirk zögert einen Moment, dann schließt er zu ihm auf.

18 KIRK UND McCOY GEHEN - VERSCHIEDENE EINSTELLUNGEN 18

Sie gehen durch den Hain, der uns andere ANSICHTEN der Schönheit dieser Umgebung bietet - die Sorglosigkeit des Lebens.

KIRK
Die Enterprise wird in wenigen Wochen wieder für den Dienst bereit sein. Sie ist umgebaut und umgestaltet worden: neue Maschinen, neue Ausrüstung, die wir uns nie hätten träumen lassen.

McCOY
(fast amüsiert)
Du gibst nie auf, was?

KIRK
Pille, sie ist das beste Raumschiff der Galaxis. Sie benötigt eine Crew, die zu ihr paßt, die erfahrensten Leute auf jedem Gebiet ...

McCoy bleibt abrupt stehen, sieht Kirk an.

McCOY

Warum hast du nicht das Kommando übernommen?

KIRK

Weil ich kein Captain mehr bin. Ein Admiral hat andere Aufgaben.

McCoy schüttelt langsam seinen Kopf, geht weiter. Dann:

McCOY

(fast amüsiert)

Erledigt Admiral Kirk diese anderen Aufgaben genauso glücklich?

KIRK

Wenn ich nicht glücklich wäre, würde ich den Dienst quittieren.

McCOY

Du wirst ihn wahrscheinlich schon in Kürze quittieren, Jim.

KIRK

Du irrst dich.

McCOY

Ich wünschte, es wäre so. Aber dafür habe ich dich zu gut kennengelernt.

In dem Moment HÖREN wir das vertraute KOMMUNIKATORSIGNAL. Kirk hält inne, blickt McCoy schief an, zieht dann einen altmodischen Handkommunikator hervor, öffnet ihn und spricht IMPROVISIEREND hinein: »Kirk hier ...«

KOMMUNIKATORSTIMME

Admiral Kirk, Admiral Nogura erbittet Ihre Anwesenheit bei einer Stabsbesprechung höchster Priorität. Es eilt. Sofort, wenn möglich.

Kirk blickt zu McCoy, dann spricht er in seinen Kommunikator.

KIRK

Kirk, bestätige. Erfassen Sie eine Person zum Zurückbeamen.

KOMMUNIKATORSTIMME

Erfaßt. Halten Sie sich bereit.

KIRK

(zu McCoy)

Ich wette mit dir um ein Abendessen, daß das nicht wichtig ist.

McCOY

(lächelt; schüttelt den Kopf)

Ich mache mich wieder auf den Weg.

KIRK

Und wenn ich dir verspreche, nicht weiter zu ›rekrutieren‹ ...?

McCOY

Du kannst gar nicht anders.

Unterbrochen vom SCHIMMERN DES TRANSPORTEREFFEKTS - und im nächsten Moment ist Kirk entmaterialisiert und verschwunden. McCoy steht da und blickt auf die Stelle, die gesamte Skala der Gefühle ist in seinem Gesicht erkennbar.

19 INNENAUFNAHME NOGURAS BÜRO 19

EFFEKT ist in Noguras Einmann-Transporterkammer zu sehen - Kirk materialisiert. Es ist ein großes, einem kommandierenden Starfleet-Offizier angemessenes Büro. Einfach eingerichtet, aber alles sehr funktional. Eine riesige Sternkarte nimmt eine gesamte Wand in Anspruch - sie wechselt von Zeit zu Zeit die Ansicht von einem Teil der Galaxis zu einem anderen, blinkende Daten markieren die Positionen der verschiedenen Schiffe. Noguras Schreibtisch befindet sich auf der einen Seite des Raums, die andere wird von einem großen Tisch für holographische Konferenzen belegt.

NOGURA, ein gutaussehender, ergrauter Mann über Fünfzig, begrüßt Kirk mit einem IMPROVISIERTEN »Admiral, wir werden sofort anfangen ...«. Er scheint angespannt und besorgt, während er Kirk zum Konferenztisch dirigiert, wo wir ERKENNEN, daß ein weiterer Offizier dort Platz genommen hat - ein sehr vertrautes Gesicht.

20 SCOTT 20

in Uniform, Streifen eines Commanders.
Er lächelt, ist erfreut, Kirk zu sehen, der ein gleichermaßen freundliches Lächeln erwidert. Jeder IMPROVISIERT eine Begrüßung: »Scotty...« Scott sagt: »Admiral ...« Während sie sich setzen, redet Kirk leise weiter mit Scott:

KIRK

Die neuen Intermix-Regulatoren. Ich habe gehört, daß sie jetzt eingebaut sind ...

NOGURA

(unterbricht; zu Kirk)

Sie sind nicht hier, um über das neue Design der Enterprise zu plaudern, Gentlemen ...

Kirk blickt angesichts dieser scharf vorgetragenen Ermahnung auf.

NOGURA

(fährt fort)

Entschuldigen Sie, Admiral ... Commander. Was Sie erfahren werden, ist alles andere als erfreulich.

Nogura hat am Kopf des Tisches Platz genommen, wo er einige Schalter auf seiner Konsole umlegt. Sofort:

21 HALBTOTALE DES TISCHES - HOLOGRAPHISCHE BILDER (OPTISCHER EFFEKT) 21

von zwei Starfleet-Offizieren, jeder an einem Platz des Tisches, lebensgroße Hologramme jedes Offiziers. Abgesehen von der Transparenz dieser Bilder wirkt es, als ob diese Leute tatsächlich dort wären. Einer ist eine attraktive Frau, ADMIRAL CARSON; der andere CAPTAIN LEBUTU (ein Schwarzer mittleren Alters).

NOGURA

(zu den Hologrammen)

Admiral Carson, Captain Lebutu, Sie beide kennen Admiral Kirk und Commander Scott ...

Sie nicken sich gegenseitig zu, während Kirk IMPROVISIERT: »Wir sind alle alte Freunde.« Scott sagt zu Carson »Admiral« und zu Lebutu: »Wie geht es Ihnen, Sir?« Carson fragt: »Wie geht der Umbau voran?« Scott wirft Nogura einen Blick zu, sagt: »Gut.« Nogura kommt sofort und mit düsterer Miene zum dienstlichen Teil:

NOGURA

Wie Sie wissen ...

(deutet auf ihn)

... beobachten Lebutus Sensordrohnen permanent die Neutrale Zone zwischen uns und dem Klingonischen Imperium. Vor zwei Tagen hat eine unserer Drohnen Anzeichen für Aktivitäten klingonischer Schwerer Kreuzer aufgefangen. Sie erreichte das Gebiet schnell genug, um diese Vertragsverletzung aufzuzeichnen. Ich wünschte, das wäre alles, was wir erfahren haben, Gentlemen.

Währenddessen berührt Nogura eine Kontrolle an einer Schaltfläche des Konferenztisches und lenkt ihre Aufmerksamkeit auf den Betrachter in seinem Büro, auf dem sie sehen:

22 EINSTELLUNG MIT BETRACHTER 22

auf dem wir den klingonischen Schweren Kreuzer durchs All gleiten sehen. Dann die drei anderen klingonischen Kreuzer, alle vier in lockerer Formation.

SCOTT

Große Schiffe.

CARSON

Koro-Klasse. Ihre neuesten und besten.

LEBUTU

(nickt)

Sie haben etwas entdeckt, was sich außerhalb des Blickwinkels unserer Kamera in der Drohne befindet.

(deutet)

Sehen Sie jetzt!

Auf dem Betrachter zerstört der plötzliche turbulente Energieblitz von AUSSERHALB DES BILDES einen der klingonischen Kreuzer.

23 EINSTELLUNG AUF KIRK UND DIE ANDEREN 23

die heftig, fast ungläubig reagieren.

SCOTT

Mein Gott!

LEBUTU

Jetzt erwidern sie das Feuer.

24 EINSTELLUNG MIT BILDSCHIRM 24

auf dem wir SEHEN, wie die drei klingonischen Schiffe manövrieren und auf das nicht sichtbare Objekt feuern. Dann wird ein zweiter Kreuzer von dem unglaublichen Energieblitz getroffen. Der Führungskreuzer wird von dem Blitz gestreift, beschädigt und gerät außer Kontrolle.

LEBUTU

In diesem Moment empfing unsere Drohne ihre Kommandofrequenz ...

Auf dem Betrachter wechselt die SZENE plötzlich zum Inneren der Brücke des klingonischen Kreuzers, wo der klingonische Captain direkt in seinen eigenen Betrachter (UND DAMIT IN DIE KAMERA) blickt und übermittelt:

CAPTAIN

... alle drei zerstört, wir sind schwer beschädigt, erwidern das Feuer. Ich wiederhole: Hier spricht Commander Barak des Imperialen Kreuzers Amar. Wir werden von einem riesigen Schiff unbekannter Herkunft angegriffen, unglaublich kraftvoll ...

Dann flackert das gesamte Bild, wird plötzlich weiß, lodernd weiß, dann wird der Bildschirm dunkel.

25 EINSTELLUNG AUF NOGURA UND DIE ANDEREN 25

Es dauert einen Augenblick, ehe sie erfaßt haben, was sie eben gesehen haben. Dann:

KIRK

Großes Objekt, unglaublich kraftvoll, vier klingonische Schwere Kreuzer ausgelöscht, als wären es Frachter gewesen.

CARSON

Ein völlig grundloser Angriff.

KIRK

Wollen wir mal hoffen, daß sie einfach keine Klingonen mögen.

(zu Nogura)

Ich schlage vor, daß wir den gegenwärtigen Kurs dieses Objekts feststellen und alle unsere Schiffe warnen, die sich in der Nähe aufhalten.

NOGURA

Sein Kurs ist bekannt, Admiral Kirk.

(grimmige Pause)

Es ist auf dem Weg hierher. Zur Erde.

26 EINSTELLUNGSWECHSEL - KIRK 26

der das verarbeitet, die Folgen abwägt, während Carson spricht:

CARSON

Wir haben es von drei verschiedenen Stationen aus beobachtet. Es gibt nicht den geringsten Zweifel, daß es sich auf unser Sonnensystem, auf diesen Planeten zubewegt ...

27 EINE STERNKARTE IHNEN GEGENÜBER 27

Nogura bezieht sich auf das (digitale) Sternzeit-Chronometer in der Karte:

NOGURA

... es wird in exakt 8,6 Tagen ankommen ...

Während er spricht, betätigt Nogura Tasten seiner Konsole, damit die entsprechende Sternkarte des Quadranten vergrößert wird und nun den gesamten Kartenbereich ausfüllt. Nur ein einziger Lichtpunkt zeigt die Anwesenheit eines VFP-Schiffs an, ein einsames Schiff. Neben dem Licht wird angezeigt: USS Aswan.

NOGURA

(fährt fort)

... wie Sie sehen, sind alle anderen VFP-Schiffe mehr als neun Tage entfernt. Die einzige Ausnahme - und die einzige, die sich in einer Position befindet, um es abzufangen - ist die Aswan.

KIRK

Sir, die Aswan ist ein Leichter Kreuzer, ihre Waffen und Verteidigungssysteme sind nicht einmal halb so gut wie die der Klingonen.

NOGURA

Es gibt ein anderes Schiff, das die Aswan unterstützen könnte.
Ein Schiff mit stärkeren Schutzschilden und mehr Feuerkraft als alle drei klingonischen Kreuzer zusammen.

Kirk und Scott sehen sich überrascht an; jeder weiß, welches Schiff Nogura meint.

SCOTT

Sie meinen die Enterprise, Sir ...?

NOGURA

Wie schnell können Sie sie fertig haben?

SCOTT

(erschrocken)

Sie ist noch lange nicht fertig, Sir. Nichts ist getestet worden: Maschinen, Waffen, Deflektoren. Sie benötigt noch mindestens 60 Tage für Testflüge.

CARSON

Commander, wollen Sie damit sagen, daß die Enterprise noch nicht starten kann?

SCOTT

Ich sage, sie <u>sollte</u> es nicht, Sir.

NOGURA

Ihre Hinweise sind zur Kenntnis genommen, Commander. Doch die Enterprise muß innerhalb von vierundzwanzig Stunden einsatzbereit und auf dem Weg sein.

SCOTT

(zögert, dann steht er auf)

Es ist am besten, wenn ich mich auf den Weg machen, Sir.

Scott will gehen, dann stoppt er und dreht sich um.

SCOTT

(fährt fort)

Die alte Crew, Admiral, mit einem nicht getesteten Raumschiff ...

NOGURA

(nickt; unterbricht)

Commander Uhura und Lieutenant Sulu sind bereits an Bord ...

KIRK

Was ist mit Chekov? Er ist der Beste für Waffen und Sicherheit ...

NOGURA

(zu Carson)

Holen Sie ihn.

(zu Scott)

Vielen Dank, Commander.

(zu Scott)

Für den Wissenschaftsoffizier haben wir Commander Ronak, der Spock fast ebenbürtig ist.

Scott hat genickt, geht. Kirk schüttelt den Kopf und blickt finster drein.

KIRK

Eine gute Crew in so kurzer Zeit.

CARSON

Wenn wir nur den richtigen Captain hätten.

KIRK

(irritiert)

Captain Wah Chen ist einer der besten.

CARSON

Die Enterprise startet in vierundzwanzig Stunden, Admiral. Captain Wah ist noch immer auf Raumbasis Sechs, bei maximaler Warpgeschwindigkeit drei Tage entfernt.

NOGURA

(zu Kirk)

Welcher Captain ist nach ihm der qualifizierteste?

KIRK

Bar-Lev.

NOGURA

Er hat nie mehr als einen Leichten Kreuzer befehligt.

KIRK

Er ist der nächste, der verfügbar ist.

NOGURA

Kirk! Wer ist der beste, der verfügbar ist?

28 HERVORHEBUNG VON KIRK 28

Er zögert einen langen Augenblick. Dann blickt er auf und sieht Nogura in die Augen.

KIRK

Ich.

ÜBERBLENDEN ZU

29 AUSSENAUFNAHME: PLANET ERDE (OPTISCHER EFFEKT) 29

einige hundert Kilometer UNTER UNS. Wir befinden uns ÜBER dem nordamerikanischen Kontinent, unter der dünnen Wolkendecke können wir den vertrauten Küstenverlauf im amerikanischen Westen ERKENNEN: von der Südspitze Alaskas bis nach Baja California (Los Angeles ist nun eine Insel.) KAMERA ZOOMT EIN WENIG ZURÜCK, UM ZU ZEIGEN:

30 EINE IM ORBIT BEFINDLICHE WELTRAUM-/ARBEITSSTATION 30

Eine Raumstation, eine Konstruktion aus hexagonalen Kapseln. Die KAMERA VERHARRT einen langen Augenblick auf dieser beeindruckenden Ansicht. Die Raumstation dreht sich ganz langsam - aber erkennbar - vor dem blauschwarzen Hintergrund des Alls, ein wenig hinter und unterhalb der Erde.

31 EINSTELLUNGSWECHSEL - DER RAND DER ARBEITSPLATTFORM 31
Während sich die Station quälend langsam bewegt, kommt das spinnenartige Netzwerk des Raumdocks IN SICHT. Wir werden eine Ecke davon SEHEN, einen kurzen Blick - und da wir in dem Moment nichts anderes sehen, erkennen wir, daß eine so große, komplexe Konstruktion ein sehr großes Objekt in sich bergen muß. Auch wenn wir es noch nicht sehen, wird uns klar, daß sich in diesem Raumdock etwas recht Wichtiges befindet.

32 INNENAUFNAHME: IM ORBIT BEFINDLICHES BÜRO 32
Ein voll ausgestattetes, geschäftiges Büro: Zeichentische; LEUTE (Ingenieure, Zeichner, Techniker - einige in Uniform, einige in Zivilkleidung) laufen umher. Auf einer Seite ein Transporter für zwei Personen, bei dem wir den vertrauten EFFEKT sehen.

33 KIRK 33
materialisiert in der Transporterkammer. Er trägt nun eine Uniform und wendet sich an Scott, der von einem Zeichentisch herüberkommt.

SCOTT

Der Enterprise-Transporter wird in ein paar Stunden fertig sein, Sir.

KIRK

So ist es besser. Ich werde sie mir ansehen können.

SCOTT

Sie ist schöner als je zuvor, Sir.

KIRK
(lächelt)

Zeigen Sie's mir.

Scott gibt Kirk mit einer Geste zu verstehen, er solle ihm in die angeschlossene Kapsel folgen.

34 BEOBACHTUNGSKAPSEL 34
Ein kleinerer, einem Büro ähnlicher Raum, aber mit bequemen Bänken. Kirk sitzt am Beobachtungsfenster, während Scott einige Knöpfe drückt, die eine <u>Schiebetür</u> aktivieren. Die Tür trennt die Kapsel von der Station und macht sie im Ergebnis zu einer eigenständigen Einheit. Scott betätigt einige Schalter - das GERÄUSCH ZÜNDENDER STEUERDÜSEN -, und plötzlich <u>beginnt</u> sich die Kapsel <u>zu bewegen</u>.

35 AUSSENAUFNAHME: DIE KAPSEL 35
bewegt sich, löst sich völlig von der Raumstation, während aus ihr regelrecht ein kleines Shuttle wird. Sie steuert, angetrieben von winzigen Düsen, auf das filigrane Raumdock zu (von dem wir immer noch nur ein wenig SEHEN können).

36 IN DER KAPSEL - SCOTT UND KIRK AM FENSTER 36
sehen mit an, wie das Raumdock VOLLSTÄNDIG INS BLICKFELD gelangt - und allmählich beginnen wir zu SEHEN:

37 DIE ENTERPRISE 37
Erst die linke Antriebsgondel, dann die Wölbung des Diskussegments, dann das gesamte Segment - und dann endlich das gesamte Schiff.

38 AUF KIRK 38
der das Schiff ansieht - der schönste Anblick, der ihm seit Monaten begegnet ist. Sein Schiff, sein Leben. Sein Gesicht läßt alles erkennen. Scott blickt ihn an, sagt aber nichts. Es muß gar nichts gesagt werden.

39 AUSSENAUFNAHME: ENTERPRISE - VOLLSTÄNDIGE ANSICHT - VERSCHIEDENE EINSTELLUNGEN 39
während sich die Kapsel nähert. Das große Raumschiff läßt alles andere winzig erscheinen. Die filigrane Raumdock-Konstruktion, die das Schiff umgibt, erscheint mit dem weißen Koloß der Enterprise in der Mitte zerbrechlich schön. Jetzt, NÄHER, können wir kleine, automatische Schweißeinheiten SEHEN, die sich an den Trägern entlangbewegen. Die Einheit stoppt, versiegelt eine Naht mit einem kurzen, hellen Aufflammen, dann bewegt sie sich weiter.

In anderen Bereichen der Trägerkonstruktion werden Vorräte und Ausrüstungsgegenstände in das Schiff verladen.

Hier und da können wir die WINZIGEN KONTUREN VON ORBITALTECHNIKERN SEHEN, die an der Hülle, den Antriebsgondeln und den Streben arbeiten. Vor der weißen Hülle wirken sie wie Staubkörner.

Die Shuttlekapsel fliegt näher heran, wir SEHEN eine LUFTSCHLEUSE von der Größe der Kapsel.

40 EINSTELLUNG AUF LUFTSCHLEUSE DER KAPSEL 40
ZEIGT, wie die Kapsel sich langsam nähert - und dann magnetisch angedockt wird. Dann das ›WUUUSCH‹, als die luftdichten Türen gesichert werden, das ›KLONG‹ der Sicherheitsbolzen.

41 INNENAUFNAHME: KAPSEL 41
wo sich Scott und Kirk auf das Aussteigen vorbereiten. Scott schließt den Landungscheck ab. Über INTERKOM:

STIMME DES OFFIZIERS DER ANDOCKKONTROLLE
(gedämpft)
Kapsel gesichert. Druck ausgeglichen.

Scott lächelt Kirk an, berührt die Kontrollen, die die Schleuse öffnen. Die gleitet sofort hoch.

42 INNENAUFNAHME: KORRIDOR DES FRACHTDECKS DER ENTERPRISE 42
Auf dem gesamten Frachtdeck rege Aktivitäten, während diverse Vorräte eingelagert werden. Das Personal benutzt kleine Antigravs (Anti-Schwerkraft-Module), um problemlos große Vorratscontainer und Ausrüstung in die richtigen Sektionen zu bringen. KAMERA KONZENTRIERT sich auf schiffsinterne Seite der Luftschleuse, die sich öffnet. Kirk und Scott verlassen das Shuttle und werden von einem FÄHNRICH empfangen.

FÄHNRICH
(zu Scott)
Sir, Sie werden im Maschinenraum ...
(erkennt Kirk; überrascht)
Entschuldigen Sie, Sir. Niemand hat mitgeteilt, daß ein Flaggoffizier an Bord kommen würde.

KIRK
Welches Problem gibt es im Maschinenraum?

OFFIZIER DER ANDOCKKONTROLLE
Es gibt einige Probleme mit den Monitorrelais für die Schadenskontrolle, Sir.

(zu Scott)

Sie benötigen Sie so schnell wie möglich, Sir.

SCOTT

(zu Kirk)

Ich gehe dann besser mal, Sir.

Kirk nickt, Scott eilt davon. Kirk bleibt einen Moment lang stehen, betrachtet die Aktivitäten. Der Fähnrich wartet ungeduldig.

FÄHNRICH

Es wäre eine Ehre für mich, Sie durch das Schiff zu führen, Admiral.

Kirk wirft dem Fähnrich einen giftigen Blick zu - dann erkennt er, daß der junge Mann nicht weiß, daß dieser Admiral der ehemalige Captain des Raumschiffs ist. Kirks Gesicht entspannt sich zu einem flüchtigen Lächeln.

KIRK

Ich glaube, ich finde mich hier zurecht, Fähnrich. Vielen Dank.

Kirk dreht sich um und geht über das Deck.

43 EINSTELLUNGSWECHSEL - KIRK 43

während er über das Deck geht, macht einem CREWMITGLIED Platz, das eilig einen Botengang erledigt - und behindert dabei fast ein anderes CREWMITGLIED, das damit beschäftigt ist, Ausrüstung an ihren Platz zu bringen. (Der Zweck der Szene ist herauszustellen, daß Kirk ein Beobachter ist, kein Mitwirkender.) Für die Crew auf diesem Deck ist er ein Fremder - und im Weg. Einige CREWMITGLIEDER stürmen an ihm vorbei, IMPROVISIEREN ein verärgertes »... aus dem Weg ...« usw. Dann erkennen sie, daß sie einen Admiral herumkommandiert haben, entschuldigen sich sofort mit einem IMPROVISIERTEN »Entschuldigung, Sir. Ich habe nicht bemerkt ...« usw. Kirk beruhigt sie mit einer Geste und geht zum Lift.

44 INNENAUFNAHME: LIFT 44

während Kirk eintritt. Die Türen schließen sich, Kirk nennt sein Ziel.

KIRK

Brücke ...

Der Turbolift fährt nach oben. Kirk steht da, ernst, Millionen Gedanken gehen ihm durch den Kopf. Plötzlich kommt der Lift mit einem metallischen Kreischen zum Stillstand.

45 EINSTELLUNG AUF DIE LIFTTÜREN 45

wie sie sich öffnen und die ehemalige Schwester CHAPEL rückwärts in die Kabine tritt und ein Paket mit medizinischen Vorräten dirigiert, das von einem Sanitäter geschoben wird. Sie spricht über die Schulter hinweg, ohne Kirk wirklich zu sehen.

CHAPEL

Tut mir leid, ich habe hier hochempfindliche Medikamente.

(wendet sich der Liftkontrolle zu)

Priorität, erste Ebene zehn.

Der Sanitäter ist zurückgetreten und bleibt im Korridor, während sich die Lifttüren schließen und der Lift Chapels Anweisungen entsprechend nach oben fährt.

CHAPEL
(fährt fort)
Es tut mir wirklich leid, aber wenn die hier warm werden ...

KIRK
Schon in Ordnung ... Doktor. Es heißt doch jetzt Doktor Chapel, oder?

Sie dreht sich um und erkennt fast ungläubig Kirk.

CHAPEL
Captain ... Ich meine Admiral ...
(sie reichen sich die Hände)
... es ist wunderbar, Sie zu sehen. Vor allem heute. Verabschieden Sie uns?

KIRK
Nun ... nicht wirklich. Wissen Sie ...

Er wird unterbrochen, da der Lift anhält und sich die Türen öffnen. Chapel ist sofort wieder mit ihrer Ladung beschäftigt.

CHAPEL
Das war eine tölpelhafte Frage. Ich weiß, wie Sie sich fühlen müssen, wenn nun ein anderer mit ihr startet.

KIRK
Nun, eigentlich ...

CHAPEL
(unterbricht)
Ich verstehe das wirklich, Sir.
(berührt ihre Ärmelstreifen)
Jedenfalls erwartet man von mir, daß ich solche Dinge verstehe. Die Wahrheit ist, daß ich die einzige halbwegs qualifizierte Chirurgin war, die sie finden konnten.

Wenn auf Chapels Gesicht überhaupt ein Lächeln zu sehen ist, dann ist es eher ein nervöses Lächeln. Sie spürt ganz offensichtlich die enorme Verantwortung, die sie übernommen hat. Die Türen beginnen sich zu schließen, aber Kirk hat eine Hand gehoben, um sie in der Bewegung erstarren zu lassen.

KIRK
Doktor ... es wird Sie interessieren, daß der Captain auf genau die gleiche Weise ausgewählt worden ist.

Er zieht seine Hand zurück, die Türen schließen sich, während Chapel verwirrt und besorgt ist. Kirk lächelt, während der Lift weiter nach oben fährt.

46 INNENAUFNAHME: BRÜCKE - LIFTTÜR 46
während sich die Türen öffnen und Kirk auf die Brücke tritt. KAMERA HALBNAH, während er stehenbleibt, sich umsieht.

47 KAMERA HINTER KIRK 47
KAMERA FÄHRT UMHER, um zuerst UHURA hervorzuheben, die schnell und sicher an der Kommunikationsstation arbeitet, Kanäle sucht und prüft... »Ruffrequenz vier, Check. Ruffrequenz fünf... Ruffrequenz fünf, würde das mal jemand checken?« Am Steuer hat SULU eine

Zugangstafel geöffnet und sieht hinein, während er eine Einstellung vornimmt ... »Steuer, geben Sie mir eine Anzeige auf Vier Komma Null Null Sechs.« Wir HÖREN, wie eine Stimme REAGIERT, dann fährt Sulu mit anderen Anzeigen fort. An der Waffenkontrollstation diskutiert CHEKOV mit einem TECHNIKER, der darauf beharrt, daß die Photonentorpedos ›bereit‹ anzeigen, während Chekov erklärt, daß der Computer diese Information nicht an seine Waffenscanner weiterleitet.

48 WIR BEWEGEN UNS MIT KIRK WEITER 48

Auch andere Techniker arbeiten. Die Brücke ist ein einziges Durcheinander, Zugangstafeln sind geöffnet, Ersatzteile liegen herum, einige Leitungen überspannen noch immer Bereiche des Decks.

Kirk begibt sich neben seine Kommandoposition. Uhura blickt auf, erstarrt, als sie ihn sieht. Dann erkennt sie seinen Gesichtsausdruck von früher. Sie wartet.

KIRK

Bildschirm, bitte, Mr. Sulu.

SULU
(ärgerlich)

Was in Teufels Namen ...?

Sulu verschluckt seine Worte und starrt Kirk an, da er nicht glauben kann, daß er tatsächlich den Befehl gehört hat, von dem er glaubt, er habe ihn gehört. Chekov hat sich ebenfalls umgedreht, ist erstaunt. Dann brüllt er einen Techniker an, der immer noch redet.

CHEKOV

Yonson, halten Sie die Klappe!

Wir können SCHWACH HÖREN, wie in anderen Sektionen des Schiffs weitergearbeitet wird. Auf der Brücke ist dagegen alles ruhig ... Kirk spricht in normalem Tonfall:

KIRK

Bildschirm, bitte, Commander Sulu.

SULU
(verwirrt)

Aye, Sir.

49 EINSTELLUNG MIT BILDSCHIRM (EINSTELLUNG FÜR OPTISCHEN EFFEKT) 49

während Sulu die richtige Kontrolle bedient. Der BILDSCHIRM IST ZU SEHEN. Kirk hat sich zu Uhura umgedreht, wirft ihr eine kleine Kassette zu. Sie fängt sie geschickt auf, wartet.

KIRK

Übertragen Sie das bitte auf allen Bildschirmen und allen Decks.

Während Uhura den Befehl ausführt, beugt Kirk sich vor, um die Alarmtaste an der Seite seines Kommandosessels zu betätigen. Wir HÖREN, wie das ALARMSIGNAL dreimal ERTÖNT, bevor er losläßt und Uhura zunickt. Sie aktiviert die Übertragung. Das SIGNET von STARFLEET COMMAND erscheint gemeinsam mit dem einfachen SIGNALHORN für einen Schiffsauftrag. Dann erscheint das Gesicht von Admiral Nogura.

NOGURA

Die Indienststellung selbst des kleinsten und unbedeutendsten Schiffs ...

50 INNENAUFNAHME: VERSCHIEDENE BEREICHE DER ENTERPRISE 50

Darunter Korridore, Maschinenraum, Krankenstation, Transporterraum, Besprechungsraum, Erholungsraum usw. Alle befinden sich in dem gleichen unaufgeräumten Zustand wie die Räumlichkeiten, die wir gesehen haben. Überall blicken Crewmitglieder auf die Monitore.

NOGURA

... wird stets von einer weitaus größeren Zeremonie begleitet, als es heute bei diesem Schiff möglich ist. Tatsächlich sind sogar diese wenigen Augenblicke zuviel. Mit der Hilfe des Gottes, der uns Seeleute und unsere Schiffe leitet, werden wir diese Nachlässigkeit eines Tages wiedergutmachen.

(kurze Pause; dann)

Auf Befehl von Starfleet Command wird dieses Föderationsschiff ... United Spaceship Enterprise mit sofortiger Wirkung in Dienst gestellt.

51 INNENAUFNAHME: BRÜCKE - MIT BILDSCHIRM 51

während Admiral Nogura auf den Kommandoposten zu blicken scheint.

NOGURA

Der Captain wird sich selbst vorstellen.

Das BILD VON NOGURA wird durch das BILD VON KIRK ersetzt.

KIRK

Sternzeit 7411.4, Befehl von Starfleet an James T. Kirk, vorübergehend zum Captain ernannt...

Uhura, Sulu und Chekov reden bereits dazwischen. Scotty, Yeoman RAND und andere vertraute Gesichter treffen auf der Brücke ein. Sie rufen: »Sie haben's gemacht!« »Es ist wieder Kirk!« »Er ist bei uns!«

KIRK

(fährt fort; an die Brückencrew gerichtet)

Beruhigen Sie sich! Ruhe! Commander!

Das letzte ›Commander!‹ gilt einer fast tanzenden Commander Uhura, die nahe daran war, Kirk zu umarmen.

52 INNENAUFNAHME: VERSCHIEDENE BEREICHE DER ENTERPRISE 52

Die gleichen Bereiche, die wir zuvor gesehen haben. Auf den Monitoren hat Kirk es geschafft, seine Brückencrew zum Schweigen zu bringen. Er hat sich wieder den Monitoren zugewandt, um zu wiederholen und fortzufahren.

KIRK

Ich wiederhole ... an James T. Kirk, vorübergehend zum Captain ernannt. Sie haben den Auftrag, das Raumschiff U.S.S. Enterprise zu befehligen ...

Wir können NICHT MEHR HÖREN, was Kirk sagt. Crewmitglieder haben begonnen, überrascht und erfreut zu reagieren und die Neuigkeiten zu verbreiten.

53 INNENAUFNAHME: EINSTELLUNG AUF KIRK 53

der sich dem Bildschirm zugewandt hat und seine erforderliche ›Vorstellung‹ abschließt. Sogar auf der abgeschiedenen Brücke können wir den Gesang »JIM KIRK ... JIM KIRK ... JIM KIRK« HÖREN, der von allen Decks, Abteilungen und Sektionen ertönt. Kirk muß mit sich ringen, um seine Stimme gleichmäßig und gedämpft zu lassen.

KIRK

... und sind damit beauftragt, auf eigene Verantwortung nach Wort und Geist zu gehorchen. ... Gezeichnet: Befehlshabender Admiral, Erdbasis, Starfleet.

ÜBERBLENDEN ZU:

54 AUSSENAUFNAHME: ENTERPRISE IM RAUMDOCK 54

Das Raumschiff ruht majestätisch in der filigranen Konstruktion, die Lichtbogen der Schweißer sind noch immer zu sehen, während letzte Hand angelegt wird. Ein weiteres Shuttle (die Galileo) nähert sich. Absicht dieser Szene ist einzig, die Aktivitäten rund um das Schiff zu ZEIGEN.

55 INNENAUFNAHME: BRÜCKE 55

Startvorbereitungen. Am Steuer sitzt Sulu, der mit dem Check für den Countdown beschäftigt ist. An der Kommunikationsstation befindet sich Uhura. (Hinweis: Sulu trägt die Streifen eines vollwertigen Commanders, Uhura die eines Lt. Commanders.) Uhura testet ihre Ausrüstung, IMPROVISIERT: »... dies ist die U.S.S. Enterprise, Test der Hauptruffrequenzen. Ich wiederhole. Dies ist ein Test ...« usw. usw.

Die KAMERA SCHWENKT ÜBER DIE BRÜCKE, verschiedene CREWMITGLIEDER und TECHNIKER sind an ihren Konsolen, testen Computeranzeigen, Instrumente usw. Jetzt ENTDECKT die KAMERA eine atemberaubend hübsche junge Frau, die soeben die Brücke betritt und auf die Navigationskonsole zugeht. Sie ist ein Lieutenant Junior Grade, deren beeindruckende Figur alles andere als militärisch wirkt. Ihr auffallendstes Merkmal ist aber ihr Kopf. Sie ist völlig kahlköpfig, ausgenommen ihre fein gezeichneten Augenbrauen, eine Eigenschaft, die sonderbarerweise überhaupt nicht unattraktiv ist. Mit ihrem juwelenbesetzten deltanischen Stirnband strahlt sie eine deutliche, fast eindringliche Sinnlichkeit aus.

Ihr Name ist ILIA, sie besetzt nun den Platz des Navigators an Sulus Seite. Sulu scheint unfähig, von ihrer Anwesenheit nicht abgelenkt zu werden. Obwohl sie ihn nicht ansieht, spürt sie sofort, daß seine Augen auf ihr ruhen. Dann dreht sie sich um und sieht ihn unvermittelt an. Sie streckt ihren bloßen Arm dem verlegenen Steuermann entgegen.

ILIA

Machen Sie ruhig. Das ist in Ordnung.

SULU

(nervös)

Machen? Ich bin nicht sicher, was Sie meinen.

ILIA

Mr. Sulu, ich bin eine normale Deltanerin. Ich kann fühlen, wenn ein Mann mich berühren möchte. Es gibt keinen Grund, das zu unterdrücken, solange Sie sich bewußt sind, daß ich für die Dauer der Mission einen Zölibatseid abgelegt habe.

Sulu, mit hochrotem Kopf, versucht, sich noch immer aus der Affäre zu ziehen.

SULU

Ich wollte gerade ...

ILIA

Mr. Sulu. Berühren Sie mich und befreien Sie sich so von dem Gedanken. Ansonsten werden Sie für mich genauso eine Ablenkung darstellen wie ich für Sie.

Sie reicht ihm noch einmal ihren Arm. Ungeschickt, aber selbstbewußt streichelt Sulu ihren Arm. Sie nimmt seine Hand und führt sie über ihre Haut. Dann streckt sie eine Hand zu Sulus Gesicht aus, liebkost einen Augenblick mit einem Finger sein Ohrläppchen, bevor sie ganz leicht mit ihrer Handfläche und ihren Fingerspitzen seine Wange berührt. Sulus Verlegenheit weicht von ihm. Er ist ruhig.

ILIA
(fährt fort)

Besser?

Sulu ist nicht sicher, ob er versteht, wie er in den gegenwärtigen Gemütszustand geraten ist, aber:

SULU

Ja. Danke.

Sie berührt noch ein abschließendes Mal sein Gesicht, während sie lächelt, und beantwortet seine unausgesprochene Frage:

ILIA

Wir können beruhigen <u>und</u> stimulieren.

Damit ist das Thema beendet, beide befassen sich wieder voll mit ihrer Arbeit. Hinter ihnen öffnet sich die Turbolifttür, Kirk betritt verunsichert die äußere Brückenebene.

56 ÜBER SULU HINWEG ZUM ZUGANG ZUR BRÜCKE 56
während er von seiner Konsole aufblickt, um sich an Kirk zu wenden.

SULU

Captain, dies ist Lieutenant Ilia, unsere neue Navigatorin.

57 EINE ANDERE EINSTELLUNG 57
während Sulu Kirk zu ihr führt.

KIRK

Von Delta 14 ... Ich habe viel von Ihnen gehört, Lieutenant.

ILIA

Und ich von Ihnen, Sir.

58 KIRK UND ILIA - ZWEIEREINSTELLUNG 58
während sie ihn betrachtet. Die deltanische Versuchung steht ihr förmlich ins Gesicht geschrieben. Einen Moment lang ist Kirk völlig gebannt - und dann erkennt er, wer und wo er ist.

KIRK

Nun ... lassen Sie sich nicht durch mich von Ihren Aufgaben abhalten.

SCOTTYS STIMME

Scott an Brücke ... ist der Captain da?

Bevor Uhura etwas sagen kann, ist Kirk ans Interkom getreten.

KIRK
(ins Interkom)
Kirk hier.

SCOTTYS STIMME
Der neue Wissenschaftsoffizier wird jetzt an Bord gebeamt, Sir.

KIRK
(ins Interkom)
Ich bin auf dem Weg ...

Eilig macht er sich auf den Weg.

59 INNENAUFNAHME: LIFT 59
während Kirk eintritt und sein Ziel nennt.

KIRK
Haupttransporterraum.

60 INNENAUFNAHME: TRANSPORTERRAUM DER ENTERPRISE 60
wo Scott und zwei TECHNIKER warten und die Plattform beobachten. Die Tür öffnet sich jetzt, Kirk tritt ein. Er blickt zur Plattform - die leer ist und keinen Transportvorgang erkennen läßt - und dann zu Scott, der die Plattform mit einem sehr besorgten Gesichtsausdruck betrachtet. Er schaltet sein Interkom ein.

SCOTT
(ins Interkom)
Enterprise an Starfleet-Transporter, wir sind zum Empfang bereit.

Doch Scott hat kaum ausgesprochen, als plötzlich die gesamte Konsole in einen Funken- und Flammenregen ausbricht. Das energetische Summen ist sehr laut, so als sei es außer Kontrolle. Die Gestalt in der Kammer schimmert, materialisiert dann und schimmert erneut. Scott und die anderen stehen wie erstarrt da, auf ihren Gesichtern ist ihre Ratlosigkeit zu erkennen.

61 AUSSENAUFNAHME: DIE ENTERPRISE IM RAUMDOCK - HALBTOTALE 61
Das Schiff beherrscht das feingliedrige, zerbrechliche Raumdock.

Wir erkennen, daß die Schweißarbeiten beendet sind, Versorgungskapseln fliegen vom Schiff fort. Das orbitale Weltraumbüro befindet sich im Vordergrund, jetzt SEHEN wir, daß die Träger langsam angehoben werden - um dem Schiff den Weg freizumachen. (Das könnte an das Prinzip einer Zugbrücke des 20. Jahrhunderts erinnern.) Die kleinen gelben Jets entfernen sich rasch von den Versorgungskapseln, während die sich ihrerseits vom Schiff entfernen. Die Träger öffnen sich weiter und weiter, wir SEHEN, daß das große Schiff in Kürze frei sein wird. Ein Weltraumgemälde - mit entsprechender Musik -, das langsam ausgeblendet wird, während wir DARÜBER HÖREN:

UHURAS STIMME
... Der Dockoffizier meldet, daß wir bereit sind, um nach Ermessen des Captains zu starten ...

62 INNENAUFNAHME: BRÜCKE 62

Das gesamte Personal ist mit Startvorbereitungen beschäftigt. Sulu und Ilia an ihrer Steuer- und Navigationsstation. Uhura auf ihrem Posten. Und an der wissenschaftlichen Station halten sich Kirk und WILL DECKER auf, ein attraktiver Mann Anfang Dreißig; Decker ist ein großer Mann, mit durchfurchten, harten Gesichtszügen - und wachsamen, kalten Augen. Er starrt in den abgeschirmten Betrachter, tippt programmierte Abläufe ein - Kirk neben ihm, er unterstützt ihn.

UHURA

(von vorne, fährt fort)

Wir haben Alarmstufe Gelb.

KIRK

Informieren Sie den Maschinenraum ...

(zu Decker; leicht ungeduldig)

Können Sie die Startvorbereitung nicht etwas schneller programmieren?

DECKER

(er stellt Kirk auf die Probe)

Wenn ich das machen würde, Captain, dann würden wir das Dock nie verlassen. Ich bin kein Wissenschaftsoffizier ... oder haben Sie das geglaubt, als Sie mich von Bord der Boston zerrten, um hier zu dienen?

63 ANDERE EINSTELLUNG - KIRK UND DECKER 63

während Kirk näher an Decker an der wissenschaftlichen Station herantritt und sich zu einem ruhigen, privaten Tonfall zwingt.

KIRK

Commander Decker, ich bin mir bewußt, daß Sie kein Wissenschaftsoffizier sind - aber das ist genau der Grund, warum Sie von der Boston ›gezerrt‹ wurden - wegen Ihrer Vielseitigkeit. Ich benötige jemanden, der nicht nur mir Rückhalt bietet, sondern auch den anderen Offizieren an den lebenswichtigen Stationen.

DECKER

(knapp)

Jawohl, Sir.

KIRK

(versöhnlich)

Sehen Sie, Will, ich weiß, daß Sie für ein eigenes Kommando vorgesehen waren - und das werden Sie auch bekommen. Aber im Moment müssen wir uns auf die Enterprise konzentrieren.

DECKER

Wie Sie meinen, Sir.

Kirk reagiert, will (wütend) etwas erwidern, als Uhura unterbricht:

UHURA

Der Transporterraum meldet, daß Wissenschafts- und medizinische Offiziere an Bord gebeamt werden, Captain.

KIRK

Ich begebe mich am besten nach unten.

(zu Decker, freundlich)

Geben Sie einfach Ihr Bestes.

Kirk verläßt rasch die Brücke, Decker blickt ihm verärgert nach.

64 INNENAUFNAHME: TRANSPORTERRAUM 64

Scott an der zentralen Kontrolltafel, zwei TECHNIKER an den anderen Kontrollen. Kirk tritt ein, Scott wirft ihm einen Blick zu.

SCOTT

Der Starfleet-Transporter ist repariert und voll funktionstüchtig, Sir.

Kirk sieht ihn pessimistisch an.

65 ÜBER SIE HINWEG ZU DEN TRANSPORTERPLATTFORMEN 65

während der schimmernde Effekt einsetzt. Er verläuft schnell und korrekt. Zwei Gestalten materialisieren - die eine ist jung, langhaarig, die Uniform sieht fast zerlumpt aus. Das ist XON, Alter 22; er sieht sich neugierig um, eine seltsame, stählerne Kälte in seinen Augen. Der andere Offizier ist LEONARD McCOY. Kirk ist sprachlos, aber Scott ist außer sich vor Freude.

SCOTT

Pille ...!

Scott eilt um die Konsole, um McCoy mit einer herzhaften Umarmung zu begrüßen. Er IMPROVISIERT »... Ich kann meinen alten Augen nicht trauen ...« usw. Gleichzeitig meldet sich Xon zum Dienst.

XON

Lieutenant Junior Grade Xon, Wissenschaftsoffizier, bittet um Erlaubnis, an Bord kommen zu dürfen, Sir.

Niemand nimmt auch nur im mindesten Notiz von ihm. Kirk ist zu McCoy gegangen, sieht ihn an, schüttelt ungläubig den Kopf.

McCOY

Chefarzt McCoy bittet um Erlaubnis, an Bord kommen zu dürfen, Sir.

KIRK

(ungläubig)

Pille ... wieso ...? Soll das ein Witz sein ...?

McCOY

(ernst, knapp)

Kein Witz, Captain, Sir. Ich bin sicher, eine Kopie meines Befehls befindet sich bereits im Computer.

XON

Lieutenant Junior Grade Xon bittet um Erlaubnis, an Bord kommen zu dürfen, Sir.

KIRK

(zu Xon)

Ja, ja, Erlaubnis erteilt ...

(zu McCoy)

Was ist geschehen?

McCOY

(ernst, knapp)

Was geschehen ist, Captain, Sir? Unser verehrter Stabschef Admiral Nogura persönlich hat eine kaum bekannte - und selten benutzte - Reserveaktivierungsklausel benutzt ...

(sehr knapp)
... mit einfachen Wort, Captain, Sir: Ich wurde eingezogen ...!

Kirk ist so verblüfft, daß er keine Worte finden kann - er kann nur lachen; und er blickt zu Scott, der auch nicht in der Lage ist, ein erfreutes Lächeln zu verbergen.

XON
Sir, ich bin Lieutenant Junior Grade Xon ...

McCOY
(grob, zu Xon)
Ja, Lieutenant Junior Grade Xon, wir können Sie riechen.

KIRK
Wo waren Sie, daß Sie in einen so üblen Zustand geraten konnten, Lieutenant?

XON
In der Wüste Gobi. In einem Kloster zu Meditationszwecken, Sir.

KIRK
Und was haben Sie da gemacht? Sich in Yakmist gewälzt?

XON
Ich habe mich auf meinen Dienst vorbereitet, Sir. Für den Fall, daß ich einem Raumschiff zugeteilt würde.

KIRK
Sie sind Lieutenant! Sie haben nie auf einem Schiff gedient?

McCOY
Jim, ich ... ich glaube, er hat als Lieutenant abgeschlossen.
(zu Xon)
Wie lange ist das her?

XON
Einundachtzig Tage, Sir.

KIRK
(zu McCoy)
Dann gehört er dir. Sanitäter.

McCOY
(schüttelt den Kopf)
Er gehört dir. Vulkanier schließen auch als Lieutenant ab.

66 HERVORHEBUNG VON KIRK UND XON 66
Der Captain bedenkt Xon mit einem langen, sehr langen Blick. Dann:

KIRK
Sagen Sie mir bitte, daß Sie runde Ohren haben, Lieutenant.

XON
Ich sehe keinen Grund, unsere Bekanntschaft mit einer Beleidigung zu beginnen, Sir.

67 AUSSENAUFNAHME: DIE ENTERPRISE 67
entfernt sich vom Dock. Die Dockträger sind jetzt vollständig geöffnet, die Steuerdüsen der Enterprise stoßen Flammen aus, während das große Raumschiff aus dem Dock hervortritt. Jetzt ist der Abschnitt vor dem Diskussegment frei; das Schiff bewegt sich majestätisch vorwärts - jetzt ist die Antriebssektion frei ... und dann die Antriebsgondeln.

68 INNENAUFNAHME: BRÜCKE 68
wo sich alle auf den Abflug konzentrieren. Kirk besetzt den Kommandosessel, Sulu und Ilia an ihren Stationen. Hinter ihnen arbeitet Uhura an der Kommunikationsstation - und Decker schwitzt noch immer an der wissenschaftlichen Station. Auch CHEKOV ist hier, der fieberhaft an seiner nun zerlegten Kontrollkonsole arbeitet.

KIRK
(zu Chekov)
Machen Sie irgendwelche Fortschritte, Mr. Chekov?

CHEKOV
Ich glaube, ich habe es jetzt, Sir. Ein fehlerhafter Relaisintegrator.

UHURA
Das Schiff hat das Dock verlassen, Captain ...

KIRK
Steuerdüsen stoppen.

SULU
(bedient die Kontrollen)
Steuerdüsen gestoppt, Sir.

KIRK
(ins Interkom)
Maschinenraum ...

SCOTTS STIMME
Maschinenraum.

KIRK
Mr. Scott, sind die Maschinen schon bereit?

69 INNENAUFNAHME: ABSCHNITT DES MASCHINENRAUMS 69
Die großen Maschinen beginnen zu PULSIEREN, arbeiten sich langsam von einem tiefen Grollen zu einem immer höheren, kraftvollen JAULEN hoch. Ein gedämpftes rotes Glühen aus der Einheit deutet auf die Fusion hin. Scott befindet sich an seiner Konsole, arbeitet an den Kontrollen und spricht nun ins Interkom.

SCOTT
Aye, Sir.

KIRKS STIMME
(über Interkom)
Energie.

SCOTT

Jawohl, Sir.

Er bewegt die Kontrollen nach vorne, der gesamte Raum erzittert leicht, während die großen Maschinen mehr und mehr Energie aufnehmen; das rote Fusionsleuchten wird stärker. Scott legt die Handfläche gegen die Wand hinter ihm, spürt die Impulse der Maschinen, lächelt zufrieden.

SCOTT

Ja ja, ihr könnt es wohl nicht abwarten, nicht wahr, ihr wundervollen Geschöpfe ...?!

70 INNENAUFNAHME: BRÜCKE - EINSTELLUNG AUF DEN HAUPTBILDSCHIRM 70
der das Blauschwarz des Subraums zeigt, die funkelnden Sterne. Und nur noch ein wenig von der orbitalen Raumstation.

Kirk, im Kommandosessel, sieht auf den Bildschirm. Sulu wirft ihm einen Blick zu.

SULU

Alle Systeme bereit, Sir.

KIRK

Navigator ...

(während Ilia sich ihm zuwendet)

Legen Sie einen Abfangkurs fest: Koordinaten 953 Komma 2, Markierung 6 ...

(zu Sulu)

Steuermann ...

Kirk zögert einen kurzen Moment, scheint den Atem anzuhalten - so wie alle anderen. Und dann:

KIRK

(fährt fort)

Fahrt voraus, Warp null Komma fünf.

71 AUSSENAUFNAHME: DIE ENTERPRISE 71
bewegungslos, schwebend, die Steuerdüsen stoßen noch immer blaue Flammen aus. Dann, mit einemmal, erlöschen die blauen Flammen. Die Scheiben der Antriebsgondeln beginnen rot zu glühen - und die Enterprise beginnt sich zu bewegen, die KAMERA FOLGT IHR. Sie entfernt sich, schneller und schneller, und beginnt, der KAMERA zu entkommen. Im nächsten Augenblick HUSCHT sie über den blauschwarzen Himmel - und dann ist sie nur noch ein Punkt am orbitalen Horizont und vermischt sich mit den Myriaden glitzernder Sterne.

72 INNENAUFNAHME: BRÜCKE 72
Alle Mann angespannt durch den dramatischen Moment - die Abreise ins All.

SULU

Warp null Komma fünf, Sir. Alle Systeme normal.

KIRK

Danke, Mr. Sulu. Bitte Darstellung der Erde auf dem Bildschirm.

73 AN KIRK VORBEI AUF DEN BILDSCHIRM 73
während wir plötzlich auf dem Bildschirm das wolkenverdeckte Bild der Erde (OPTISCHER EFFEKT) SEHEN. Ein blauweißer Ball, vor unseren Augen kleiner und kleiner werdend - und rasch auf einen Lichtpunkt schwindend. Nach einem weiteren Augenblick:

KIRK

Normale Darstellung.

Sofort SEHEN wir auf dem Bildschirm den vertrauten WELTRAUM-EFFEKT. Kirk schaltet sein Interkom ein.

KIRK
(fährt fort)

Maschinenraum ...

SCOTTS STIMME

Maschinenraum.

KIRK

Fühlt sich gut an, Scottie.

SCOTTS STIMME

Allerdings, Sir. Sie ist ein Schatz.

KIRK
(kurze Pause)

Also gut, Mr. Scott, wir gehen auf Warpgeschwindigkeit Warp eins.

SCOTTS STIMME
(lebhaft)

Beschleunigung auf Warp eins, Sir.

Jeder wartet gespannt - und dann HÖREN wir das ansteigende, SANFTE PULSIEREN der beschleunigenden Maschinen. Ein sanftes SCHAUDERN ist zu spüren, während Sulu meldet:

SULU

Warp Null Komma sieben ... komma acht ... komma neun ...

74 AUSSENAUFNAHME: DIE ENTERPRISE 74
Ansicht, wie das Schiff vorüberzieht - und dann der OPTISCHE WARP-EFFEKT.

75 INNENAUFNAHME: BRÜCKE 75
wo der gleiche OPTISCHE WARP-EFFEKT zu sehen ist, dann ist plötzlich alles ruhig und normal.

SULU

Warp eins.

Jeder entspannt sich plötzlich, lächelt. Kirk steht aus seinem Sessel auf, spricht UHURA an:

KIRK

Lieutenant Uhura, stellen Sie eine Relaisschaltung zwischen Starfleet Command und der Aswan her. Primärempfang zu uns bitte.

UHURA
(sanft)

Sir, es heißt Lieutenant Commander Uhura ...

KIRK

Ich bitte um Entschuldigung ... Commander ...

Ein entschuldigendes Lächeln.

UHURA

Ist schon in Ordnung, Captain.

76 ÜBER KIRK ZU UHURA - DECKER IM HINTERGRUND 76
während sie ihn genauso entschuldigend anlächelt - und das Lächeln plötzlich erstarrt. Sie blickt auf etwas außerhalb des Bildes, Decker ebenso. Es ist so, als könnten sie beide ihren Augen nicht trauen.

77 ANDERE EINSTELLUNG - SULU UND ILIA 77
starren ebenfalls ungläubig auf etwas außerhalb des Bildes,. Nun dreht sich Kirk um und sieht:

78 WAS SIE SEHEN: XON 78
im Durchgang, wie aus dem Ei gepellt, in einer sauberen neuen Uniform, Frisur vorschriftsgemäß, rasiert. Und zum ersten Mal sehen wir seine Ohren: vulkanische Ohren. Er ist sehr grimmig, ernst, korrekt.

XON
(noch mal von Anfang an)

Lieutenant Junior Grade Xon, Wissenschaftsoffizier, meldet sich zum Dienst, Sir.

ILIA

Sie sind ein Vulkanier ...!

XON

Offensichtlich ...

(zu Kirk)

Sir, darf ich meinen Posten einnehmen?

KIRK
(verblüfft)

Auf jeden Fall, Lieutenant.

Xon geht über die Brücke zur wissenschaftlichen Station, die noch immer von Decker besetzt wird.

79 AN DER WISSENSCHAFTLICHEN STATION 79
während Xon ankommt und Decker aufsteht, um ihn zu begrüßen.

DECKER
(stellt sich vor)

Will Decker ...

XON

Wie geht es Ihnen, Sir?

Xon steht Decker gleichmütig und ohne Lächeln gegenüber. Decker, der freundlich lächelt, sagt einen verwirrten Moment lang nichts. Dann:

DECKER

Ich habe die Prä-Warp-Programmierung abgeschlossen.

XON

Wenn Sie gestatten, Sir ...

Er deutet auf den Sessel. Decker geht zur Seite, damit Xon sich setzen kann.

Xon wirft einen kritischen Blick in den abgeschirmten Betrachter, dann beginnt er, die Computerchips zu entfernen, umzudrehen und wieder in den Computer einzusetzen.

DECKER
(protestiert)

Lieutenant, Sie löschen diese Bänder ...!

XON

Ein durchaus logischer Schluß, Sir.

Als er damit fortfährt, blockiert Decker die Hand des Vulkaniers.

DECKER

Ich habe mehr als eine Stunde benötigt, um sie zusammenzustellen ...!

Xon blickt Decker direkt und ungerührt an.

XON

Sir, um als Wissenschaftsoffizier effizient arbeiten zu können, muß ich mit jedem Schaltkreis in diesem System sehr gut vertraut sein. Um das zu erreichen, Sir, muß ich die komplette Prä-Warp-Programmierung selbst vornehmen.

DECKER

Wollen Sie damit sagen, daß meine ganze Arbeit umsonst war?

XON

Das ist der logische Schluß, Sir. Das soll nicht heißen, daß Ihre Bemühungen nicht anerkannt würden – aber sie waren überflüssig.

Decker, der über Xons Selbstsicherheit verblüfft ist, ringt mit sich, um seine Fassung zu bewahren. Xon deutet auf Deckers Hand, die immer noch seine Hand blockiert.

XON
(höflich)

Meine Hand, Sir.

80 ÜBER SIE HINWEG ZU KIRK 80

der neugierig zugesehen und zugehört hat, während Decker seine Hand zurückzieht und in den inneren Bereich hinuntergeht. Er spricht Kirk an:

DECKER

Ich hoffe, Ihr Wissenschaftsoffizier weiß, was er macht.

XON
(von seiner Station)

Das weiß ich, Sir.

(sieht von seinem Betrachter auf, ohne zu lächeln)

Wenn es Ihrer emotionalen Sicherheit allerdings dient, Sir, kann ich Ihnen eine Kopie meiner akademischen Leistungen geben.

KIRK

(wendet sich an Xon)

Für uns zählt hier nur Ihre Leistung, Lieutenant Xon.

XON

(ohne von seinem Betrachter aufzublicken)

Dies ist mein erster Einsatz auf einem Schiff, Sir.

Mit diesen Worten wendet er sich wieder kühl dem Betrachter zu.

Kirk und Decker wechseln Blicke; dann macht Kirk Anstalten, die Brücke zu verlassen.

KIRK

Sie haben die Brücke, Mr. Decker.

81 EINSTELLUNG AUF UHURA 81

während Kirk zum Ausgang geht. Sie ruft:

UHURA

Captain, ich habe Subraumkontakt mit dem Leichten Kreuzer Aswan hergestellt. Innerhalb der nächsten Stunde sollten wir ein Bild bekommen.

KIRK

Ich bin in meinem Quartier ...

Kirk hat noch nicht seinen Satz beendet, als die ALARMSIRENE ERTÖNT - und die warnende STIMME des Computers SPRICHT:

COMPUTERSTIMME

(knapp, klanglos)

Kollisionsalarm ...! Kollisionsalarm ...!

Kirk wirbelt herum zum Kommandozentrum, steht hinter Decker, der im Sessel sitzt.

KIRK

Bildschirm ...!

(zu Xon)

Sensoranzeigen ...!

XON

Navigationsdeflektoren und Scanner außer Funktion, Captain.

KIRK

(ungläubig)

Was?!

Währenddessen SEHEN wir auf dem Bildschirm eine RIESIGEN ASTEROIDEN: Er ist relativ klein, wenn wir ihn zum ersten Mal SEHEN, aber er wird zunehmend größer. (HINWEIS: Während dieser Sequenz ertönt die SIRENE weiter, die STIMME, die vor der Kollision warnt, fährt fort: »Kollisionsalarm ...! Kollisionsalarm ...!« usw.)

82 ANDERE EINSTELLUNG - DIE TURBOLIFTTÜREN 82
während Chekov in Freizeitkleidung herauskommt.

83 WIR FOLGEN CHEKOV 83
während er zu seiner Station rennt und einige Tasten auf seiner Konsole bedient.

CHEKOV
Waffendeflektoren aktiviert. Volle Energie.

84 ANDERE EINSTELLUNG - SCHWERPUNKT AUF DECKER UND KIRK 84
während Decker reagiert, ruft er Sulu zu:

DECKER
Hart Backbord ...!

SULU
Das Steuer reagiert nicht ...!

DECKER
Manueller Widerruf ...!

Während Sulu die Kontrollen bedient, tritt Kirk nach vorne und schlägt Sulus Hand aus dem Weg:

KIRK
Widerrufen Sie diesen Befehl, aktivieren Sie die Hauptphaser.
(zu Decker)
Wir sprengen ihn aus dem Weg ...
(zu Chekov)
Erfassen und zum Feuern fertigmachen!

CHEKOV
Hauptphaser bereit. Ziel erfaßt.

Auf dem Bildschirm wird der Asteroid GRÖSSER UND GRÖSSER, direkt in der Flugbahn des Schiffs.

KIRK
Feuer ...!

85 AUSSENAUFNAHME: DIE ENTERPRISE UND DER ASTEROID 85
Die Einstellung ZEIGT das Schiff und den sich nähernden Felsblock. Der Asteroid ist jetzt nahe genug, daß man seine Größe mit der der Enterprise vergleichen kann: Der Felsblock hat einen Durchmesser von vielleicht eineinhalb Kilometern und erinnert an einen metallischen Basketball, der sich einem weißen Tennisball nähert. Die beiden rasen immer weiter aufeinander zu - und auffallenderweise wird von der Enterprise kein Phaser abgefeuert.

86 INNENAUFNAHME: BRÜCKE 86
wo alle auf den monströsen Asteroiden starren, der jetzt den gesamten Bildschirm auszufüllen scheint. Chekov schlägt mit Gewalt auf die Phaserkontrolle. Keine Reaktion.

KIRK
Feuer, Mr. Chekov, Feuer ...!

CHEKOV
Keine Reaktion, Sir ...! Ich habe in einer Minuten die Photonentorpedos scharf und abschußbereit, Sir. Die funktionieren.

KIRK

Mr. Chekov, wir haben keine Minute mehr.

Chekov arbeitet mit großer Eile weiter.

87 ANDERE EINSTELLUNG - SCHWERPUNKT AUF DEM BILDSCHIRM 87

Sie können nur hilflos auf den Schirm starren, während der Asteroid auf sie zurast, der sie mit Sicherheit zermalmen wird.

CHEKOV

Photonentorpedos abgefeuert.

Einen weiteren Moment lang rast der Felsblock auf sie zu, er FÜLLT jetzt DEN BILDSCHIRM AUS und ist so nah, daß man die zerklüfteten Gipfel und Täler klar erkennen kann. Dann treffen die Photonentorpedos den Asteroiden, der vor unseren Augen in Tausende von Fragmenten zersplittert, die wie Schrotkörner auf den Bildschirm zurasen.

Die Bruchstücke rasen AUF UNS ZU, prallen aber ab und werden ins All abgelenkt, da die Deflektoren ihnen den Weg versperren. Aber die Brücke ächzt und wird von den anhaltenden Einschlägen durchgeschüttelt. Und dann trifft ein gigantisches Fragment die Deflektoren, das Schiff erzittert.

Dann ist die Gefahr vorüber. Der Bildschirm ist bis auf den WELTRAUMEFFEKT leer.

KIRK

Schadensbericht.

CHEKOV

Keine Schäden gemeldet, Sir.

SULU

Steuerung reagiert nun, Sir.

KAMERA SCHWENKT zu Xon.

KIRK

Vollständiger Bericht, Mr. Xon.

XON

Alle Systeme arbeiten wieder normal, Sir.

KIRK

Mr. Xon, warum haben sie vor 30 Sekunden nicht normal gearbeitet?

XON

(klanglos, emotionslos)

Die Phaser- und Richtungskontrollkopplungen waren vom Hauptcomputer getrennt. Das gleiche galt für die Navigationsscanner.

Xon macht eine Pause, Kirk wartet auf weitere Erklärungen - aber Xon sieht ihn nur ausdruckslos an. Kirk blickt voller Wut zu Uhura, sie blickt gleichermaßen wütend zurück. Kirk bemüht sich, seine Stimme ruhig und gedämpft zu halten.

KIRK
(zu Xon)
Erklärung, Mr. Xon.

XON
Als wir auf Warpgeschwindigkeiten gingen, hatte ich diese Computerfunktion nicht programmiert.

KIRK
Das hätte automatisch geschehen sollen.

XON
Das war nicht möglich, Sir. Ich hatte zuvor alle drei Systeme abgeschaltet, um sie neu zu programmieren.

UHURA
(fassungslos)
Alle drei ...?!

XON
Das war die effizienteste Methode. Da die Chancen bei etwas über elftausend zu eins standen, war es sehr unwahrscheinlich, daß diese Situation eintrat.

Kirk ist so entsetzt, daß er nichts sagen kann.

XON
(fährt fort)
Ja, Captain, ich habe einen Fehler gemacht, als ich dieses Risiko einging. Ich nehme an, Ihnen ist aufgefallen, daß Mr. Spock diesen Fehler nicht gemacht hätte.

KIRK
(sieht Xon an)
Dieses Thema sollten Sie besser nicht ansprechen, Lieutenant.

XON
Ihre menschlichen Emotionen ziehen unweigerlich Vergleiche zwischen mir und Mr. Spock, Captain. Ich möchte Ihnen nur versichern, daß mich das nicht stört.

KIRK
Ich bin erleichtert, daß es Sie nicht stört, Mr. Xon. Denn mich stört es sogar sehr ...

XON
(beendet seinen Satz)
... daß ich diesen Fehler gemacht habe. Das ist ganz natürlich, Sir. So wie man erwartet, daß ich einige Fehler machen würde. Aber ich werde nur selten Fehler machen, und sie werden sich sehr schnell auf fast null reduzieren.

Xons ruhige und logische Erklärung hat Kirk an den Rand eines Wutausbruchs gebracht. Er kann sich nur schwer kontrollieren, geht, um die Brücke zu verlassen.

DECKER
Überlassen Sie mir die Brücke, Sir?

KIRK

(schnauzt ihn an)

Das hatte ich bereits getan, Mr. Decker.

DECKER

Indem Sie meinen Befehl an den Steuermann widerriefen, haben Sie die Brücke wieder übernommen, Sir.

Jetzt sieht Kirk Decker so an, wie er zuvor Xon angesehen hat.

KIRK

Ich verstehe. Dann sollten Sie mir vielleicht in meine Kabine folgen, Commander.

DECKER

Wie Sie wünschen, Sir.

KIRK

Lieutenant Ilia, Sie haben die Brücke.

Kirk dreht sich um, geht zum Lift, gefolgt von Decker. Dann wendet sich Kirk noch einmal an Uhura.

KIRK

(fährt fort)

Doktor McCoy soll uns dort bitte treffen.

UHURA

Aye, Sir.

Kirk und Decker betreten den Lift, die Türen schließen sich.

88 INNENAUFNAHME: KIRKS KABINE 88

während McCOY und CHAPEL eintreten. Kirk hat Platz genommen, Decker steht, er fühlt sich unbehaglich. McCoy deutet auf Chapel.

McCOY

Macht es dir was aus? Ich habe meine Kollegin gebeten, mich zu begleiten.

CHAPEL

(lächelt)

›Kollegin‹ ist ein relativer Begriff, Sir. Wenn es in der Krankenstation noch immer Bettpfannen gäbe, würde ich sie leeren müssen.

KIRK

Trotzdem wären Sie fast unsere Schiffsärztin geworden. Bis dieser abtrünnige Tierarzt Sie ersetzte.

CHAPEL

Zu meiner großen Erleichterung, Sir.

DECKER

(zu Kirk, steif)

Möchten Sie, daß ich später wiederkomme, Sir?

McCoy wirft Decker einen schnellen, neugierigen Blick zu.

McCOY

Was ist Ihnen denn über die Leber gelaufen, Decker?

DECKER

(verärgert)

Mir ist nichts über die Leber gelaufen, Doktor McCoy. Das ist eine persönliche Sache zwischen dem Captain und mir.

McCOY

Oha? Zu persönlich für einen Arzt?

DECKER

Es ist ... eine Kommandoangelegenheit, Doktor.

McCOY

Hervorragend!

(zeigt)

Doktor Chapel ist Expertin auf dem Gebiet der Soziopsychologie.

DECKER

(wütend, zu Kirk)

Captain, ich protestiere gegen diesen lässigen und spöttischen Umgang mit einer Angelegenheit, die ich für extrem wichtig halte ... vielleicht sogar für bedenklich für die Sicherheit des Schiffs.

KIRK

Was exakt der Grund ist, warum ich den medizinischen Stab dazugebeten habe. Jede Meinungsverschiedenheit zwischen dem Commander und seinem Stellvertreter ist auch für ihn von Bedeutung.

89 EINSTELLUNG MIT SCHWERPUNKT AUF DECKER 89

während er mit seiner Entscheidung ringt. Dann entscheidet er sich für ein ›warum nicht‹. Er sieht Kirk direkt an.

DECKER

Vor einigen Minuten hätten Sie uns beinahe in einen Asteroiden gesteuert ...

Macht eine Pause.

KIRK

Fahren Sie fort.

DECKER

Die einfache Kurskorrektur, die ich befohlen hatte, hätte uns aus der Flugbahn des Asteroiden gebracht.

KIRK

Richtig, wenn dies einer der leichten Erkundungskreuzer wäre, an die Sie gewöhnt sind. Da unsere automatische Richtungskontrolle ausgefallen war, hätte das Umschalten auf manuelle Bedienung eine tödliche Verzögerung bewirkt.

DECKER

Wenn ich mich richtig erinnere, Sir, gab es auch eine Verzögerung bei der Aktivierung des manuellen Phaserfeuers. Und das war auch fast tödlich.

KIRK
Wir wußten nicht, daß die Phaser nicht verfügbar waren.

DECKER
Ich bitte um Entschuldigung, Captain, aber es ist nur vernünftig anzunehmen, daß die automatische Waffenkontrolle ebenfalls nicht funktioniert, wenn die automatische Richtungskontrolle ausgefallen ist. Was auch der Fall war.

Es ist ein gutes Argument, und Decker weiß, daß er einen Punkt gemacht hat.

KIRK
Sie haben völlig recht, Decker. Ich hätte daran denken sollen.

DECKER
(steif)
Darf ich jetzt gehen, Sir?

KIRK
Einen Augenblick noch, Commander.
(wendet sich an McCoy)
Was einer der Gründe ist, warum ich dich dabeihaben wollte. Ich habe fast zwei Jahre lang nicht mehr auf dem Platz in der Mitte gesessen. Ich bin sicherlich eingerostet. Außerdem ...

Kirk benötigt einen Augenblick, um seine nächsten Worte zu wählen. Dann:

KIRK
(fährt fort)
... außerdem hatte ich keine Ahnung, wie sehr mir das Ganze gefehlt hatte. Ich hatte nicht erwartet, jemals wieder dort zu sitzen. Es ... es bedeutet mir so viel, daß es mein Urteilsvermögen beeinflussen könnte.

Die letzten Worte waren an Chapel gerichtet, die die psychologischen Auswirkungen versteht. Nun wendet sich Kirk an Decker.

KIRK
(fährt fort)
Daher werden Sie mein Verhalten aufmerksam beobachten und Doktor McCoy regelmäßig Bericht erstatten. Außerdem ...

DECKER
Sir, das kann nicht Ihr Ernst sein. Wenn Sie erwarten, daß ich Meldungen über Sie an den Doktor ...

KIRK
Ich <u>erwarte</u> es nicht, Commander, ich <u>befehle</u> es.

DECKER
(verblüfft, unterbricht ihn)
Aber Captain. Es ist doch möglich, daß ich überkritisch bin, was Sie angeht. Mir wurde mein eigenes Kommando entzogen ...

KIRK
(unterbricht ihn)
Deshalb werden Sie auch Doktor Chapel Bericht über Ihre eigenen Leistungen und Ansichten erstatten.

DECKER

Jawohl, Sir.

(wartet, sieht sich um)

Und das ist es dann, Sir? Ich ... ich hatte keine Ahnung, daß die Dinge so gehandhabt würden ... so offen.

McCOY

Nicht auf allen Schiffen.

DECKER

(reicht Kirk die Hand)

Ich bin glücklich, auf diesem Schiff zu sein, Captain.

McCOY

Wo wir schon hier sind: Irgendwelche Anmerkungen zum jungen Vulkanier?

CHAPEL

(begeistert)

Er ist süß, nicht wahr?

KIRK

(zu Decker)

Unser medizinischer Stab ist nicht fehlerlos.

(zu McCoy)

Mal sehen, wie schnell er sich einlebt.

DECKER

In der Zwischenzeit könnte er uns umbringen, Sir.

KIRK

(lächelt)

Wie Sie selbst gesagt haben: Ich könnte das auch.

In dem Moment leuchtet das Interkom rot auf, das AUDIOSIGNAL ist zu HÖREN.

UHURAS STIMME

Kommunikationsstation an Captain Kirk ...

KIRK

(ins Interkom)

Kirk hier.

UHURAS STIMME

Sir, wir haben Sichtkontakt mit der Aswan.

KIRK

Ich bin unterwegs ...

(geht los, bleibt kurz stehen und blickt zu McCoy)

Ich glaube nicht, daß du je vergessen wirst, wie ...

Damit geht er. McCoy sieht ihm nach, seine Augenbrauen hat er verwirrt hochgezogen.

90 INNENAUFNAHME: BRÜCKE - BLICK AUF DEN BILDSCHIRM 90

mit dem Bild von COMMANDER CORYELL, jung, streng und sehr ernst. Es füllt den Bildschirm aus.

Decker sitzt im Kommandosessel. Jetzt - da Kirk eintrifft - will er aufstehen. Kirk bedeutet Decker sitzenzubleiben und wendet sich dem Bildschirm zu.

KIRK

Commander Coryell, hier ist Captain Kirk. Wie sind momentan Position und Status der Aswan?

CORYELL

Koordinaten 912 Punkt 4, Markierung 3, hoher Quadrant. Wir haben eine Sensoranzeige der Stufe vier, die auf ein extrem starkes magnetisches Feld deutet. Wir erwarten jeden Moment visuellen Kontakt. Ich habe einen umfassenden Sensorenscan angeordnet.

KIRK

Haben Sie versucht, Kontakt aufzunehmen?

CORYELL

Auf allen Ruffrequenzen, Captain. Keine Antwort.

KIRK

Halten Sie diesen Kanal geöffnet, Commander, und halten Sie mich auf dem laufenden.

CORYELL

Jawohl, Sir ...

(plötzlich)

Wir haben ein Bild ...!

Coryell blickt fort vom Bildschirm, doch seine Augen sind vor Furcht und Ungläubigkeit weitaufgerissen.

CORYELL
(fährt fort)

Mein Gott ...!!!

Plötzlich wird Coryells Bild auf dem Bildschirm in ein unheimliches grünes Licht getaucht, das rasch den gesamten Schirm erfaßt und weiß wird - heller und heller. Es ist NICHTS ZU HÖREN, nur die gleißende Helle auf dem Bildschirm zu sehen. Dann, einen Augenblick später, ist alles leer.

Kirk und die anderen starren ungläubig auf den leeren Bildschirm. Dann:

KIRK

Navigator ...

ILIA

Ja, Sir.

KIRK

Passen Sie den Abfangkurs an, entlang einer tangentialen Linie der Koordinaten 912 Punkt 4, Markierung 3, hoher Quadrant.

ILIA

912 Punkt 4, Markierung 3. Wird angepaßt.

KIRK
(zu Sulu)

Beschleunigen Sie auf Warp 6.

SULU

Beschleunigung auf Warp 6.

KIRK

Mr. Xon ...

XON

Sir.

KIRK

Geschätzte Zeit bis zum Abfangpunkt ...?

Xon blickt in seinen abgedeckten Betrachter, antwortet fast sofort:

XON

68,2 Stunden, Captain, wenn wir Warp 6 beibehalten ...

KIRK

(zu Uhura)

Lt. Uhura, informieren Sie Starfleet Command über die vermutliche Zerstörung der Aswan und darüber, daß wir mit optimaler Geschwindigkeit zum Abfangpunkt fliegen.

91 AUSSENAUFNAHME: DAS WELTALL - DIE ENTERPRISE 91

mit Warpgeschwindigkeit.

KIRK (AUS DEM OFF)

Logbuch des Captains, Sternzeit 7420.1. Der Leichte Kreuzer Aswan ist zerstört worden ... ausgelöscht durch eine Waffe, die wir weder identifizieren noch verstehen können. Wir wissen auch nichts über den- oder diejenigen, die diese Waffe eingesetzt haben. Unsere Sensorscans werden von dem Objekt absorbiert, mit dem wir in Kürze zusammentreffen werden.

92 INNENAUFNAHME: BRÜCKE 92

ZEIGT, daß alle Stationen besetzt sind. Chekov steht auf der einen Seite neben dem Sessel des Captains, Decker auf der anderen. Der Bildschirm ist aktiv, aber im Moment ist nur das All zu sehen.

ILIA

Visueller Kontakt in drei Minuten, Captain.

KIRK

(zu Xon)

Sensoranzeigen?

XON

Noch keine, Sir.

Kirk dreht seinen Sessel und sieht Xon an.

KIRK

Irgendein Hinweis, daß wir gescannt werden?

XON

Das ist möglich, Captain.

KIRK
(aufbrausend)
Wenn es möglich ist, hätte ich diese Informationen gerne, ohne fragen zu müssen!

XON
(unbeeindruckt)
Es ist gleichermaßen möglich, Sir, daß wir nicht gescannt werden.

Kirk wirft Decker einen kurzen Blick zu, der sofort zur wissenschaftlichen Station geht und in den abgedeckten Betrachter schaut.

DECKER
Er hat recht, Captain. Wir empfangen Kraftfeldmuster von einer Art, wie ich sie noch nie gesehen habe.

KIRK
Öffnen Sie die Ruffrequenzen, Commander Uhura.

Uhura bedient die entsprechenden Kontrollen.

UHURA
Ruffrequenzen geöffnet, Captain.

Kirk dreht sich wieder mit seinem Sessel, betrachtet den Bildschirm, auf dem noch immer nur die Sterne zu sehen sind.

KIRK
Hier ist die U.S.S. Enterprise unter dem Kommando von Captain James T. Kirk. Wir sind ein Raumschiff der Vereinten Föderation der Planeten. Unsere Mission ist friedlich, unsere Absicht ist, mit Ihnen Kontakt aufzunehmen.

Sie warten - keine Antwort. Nach einem Moment blickt Kirk zu Uhura. Sie schüttelt den Kopf.

UHURA
Die Nachricht wurde in allen bekannten Linguacodes auf allen Frequenzen gleichzeitig gesendet, Captain. Ich wiederhole sie jetzt.

Wieder warten sie - wieder keine Antwort.

KIRK
Beobachten Sie die Sendung auf Sensorniveau vier, Mr. Xon.

XON
(sofort)
Das habe ich, Sir. Die Nachricht wird empfangen.

ILIA
Visueller Kontakt in einer Minute und zwölf Sekunden, Captain.

KIRK
Schirme?

SULU
Schirme sind aktiviert und arbeiten mit voller Leistung, Sir.

KIRK

Zusätzlich vordere Deflektoren auf volle Leistung, Mr. Sulu. Und gehen Sie auf Alarmstufe Rot. Kampfstationen besetzen!

93 ANDERE EINSTELLUNG - XON 93

während er seine Sensoren aktiviert. Zur gleichen Zeit beginnen die roten Warnlichter aufzublitzen, und die ComputerSTIMME im Hintergrund beginnt ihr monotones: »... Alarmstufe Rot! Kampfstationen besetzen! Alarmstufe Rot ...!«

Als Xon in seinen Betrachter blickt, BLITZT seine gesamte Konsole auf - dann wird sie sofort völlig dunkel. Im gleichen Moment wechseln die aufblitzenden Lichter von Gelb zu Rot, die AlarmSIRENE beginnt zu heulen, die COMPUTERSTIMME erklärt: »Computerfehlfunktion ...! Computerfehlfunktion ...!«

SULU

Captain, die Steuerung reagiert nicht ...!

KIRK

Alle Systeme auf manuelle Steuerung ...!

(zu Chekov)

Waffenkontrolle, Statusmeldung ...!

CHEKOV

Waffen sind unter manueller Kontrolle, Captain!

KIRK

(ins Interkom)

Maschinenraum ...

94 INNENAUFNAHME: MASCHINENRAUM 94

Scott und seine Techniker sind an ihren Kontrollen beschäftigt, die MASCHINEN PULSIEREN gleichmäßig. Aber im Hintergrund leuchten die roten Warnlampen auf, die SIRENEN HEULEN.

SCOTT

(ins Interkom)

Die Maschinen sind in Ordnung, Captain. Aber was ist los? Werden wir angegriffen?

95 INNENAUFNAHME: BRÜCKE 95

während Kirk Scott über Interkom antwortet.

KIRK

Wir glauben, daß unsere Sensorsondierung so heftig reflektiert wurde, daß alle unsere Computerintegratoren durchbrannten ...

96 ANDERE EINSTELLUNG - SULU UND ILIA 96

blicken auf den Bildschirm (im Off) und reagieren ungläubig.

ILIA

Captain!

Kirk wendet sich zum Bildschirm, sein Gesicht zeigt gleichermaßen Unglauben.

97 KIRK SIEHT AUF DEM BILDSCHIRM DAS FREMDE RAUMSCHIFF 97
aber zuerst nur einen Abschnitt der Frontpartie. Was wir SEHEN, erinnert an ein gigantisches Objekt aus Chrom und Silber, fast wie das offene Maul eines unglaublich großen, metallenen Tiers. Ein kurzer BLICK auf ein großes, kreisförmiges Fenster oder eine Röhre an der Seite des ›Kopfes‹, die rot und blau leuchtet. Das Ganze ist perfekt symmetrisch, die Seiten des ›Mauls‹ sind aus gleich großen Platten konstruiert.

ILIA
(ehrfürchtig)
Wir sehen es dreißig Sekunden zu früh ...!

CHEKOV
(grimmig)
Das liegt an seiner Größe ...! Diese Größe ...!

Mit einemmal STOPPEN die SIRENEN; die Alarmlichter gehen aus.

SULU
Die Steuerung reagiert wieder normal, Captain!

98 ANDERE EINSTELLUNG - WISSENSCHAFTLICHE UND KOMMUNIKATIONSSTATION 98
ZEIGT Xon und Decker, die fieberhaft daran gearbeitet haben, den Computer wieder zu aktivieren - was sie offenbar auch geschafft haben.

XON
Der Computer funktioniert wieder, Sir ...

99 ÜBER SIE HINWEG ZUM BILDSCHIRM 99
wo das fremde Schiff an Größe und Intensität zugenommen hat und von dem wir nun mehr SEHEN können.

Die Front oder der ›Kopf‹ verjüngt sich zu einem langen, schmalen Rumpf, der sich über die gesamte Länge des Bildschirms erstreckt, und noch immer haben wir nicht alles gesehen. Diese fremde Technologie besitzt eine bizarre, unirdische Schönheit. Und doch vermittelt die Größe Gefahr.

XON
... Ich versuche, Informationen über die Herkunft des Objekts zu erhalten.

KIRK
Sie werden diese Informationen nicht im Computer finden, Mr. Xon. Wenn es irgendein bekanntes Schiff von dieser Größe und diesem Aussehen in der Galaxis gäbe, hätten wir davon gehört.

SCOTTS STIMME
(über Interkom)
Maschinenraum an Brücke ...

100 INNENAUFNAHME: MASCHINENRAUM 100
wo Scott mit ernstem Gesichtsausdruck seine Konsolenanzeigen beobachtet. Er spricht in das Interkom:

SCOTT
Captain, mit den Deflektorschilden auf voller Leistung verlieren wir beträchtlich an Energie ...

101 INNENAUFNAHME: BRÜCKE - SCHWERPUNKT AUF DEM BILDSCHIRM 101
Das fremde Schiff hat den Schirm noch immer nicht vollständig passiert. Kirk antwortet Scott über Interkom.

KIRK

Wir können es nicht riskieren, sie abzuschalten, Scotty. Noch nicht.

Auf dem Bildschirm können wir das Schiff vollständig SEHEN. Jetzt - in seiner Gesamtheit - strahlt es Macht und Unheil aus.

KIRK

(fährt fort)

Entfernung zum Objekt?

ILIA

Null komma null null drei zwei Parsec.

KIRK

Größenberechnung, Mr. Xon.

102 ÜBER KIRK HINWEG ZU XON 102

der die Anzeigen in seinem abgeschirmten Betrachter liest. Er blickt zunächst Decker an, der sich noch immer an der Station aufhält, dann Kirk - und zum ersten Mal ist in Xons Gesicht eine Reaktion erkennbar: so als könne er einfach nicht das glauben, was er gleich sagen wird:

XON

Sir, das Objekt ist nahezu 70 Kilometer lang ... und 10 Kilometer breit.

CHEKOV

(reagiert)

Siebzig Kilometer lang ...!

SULU

Sir, der Fremde verringert nicht seine Geschwindigkeit.

DECKER

(sarkastisch)

Ich glaube nicht, daß er anhalten und mit uns reden wird.

KIRK

(zu Uhura)

Halten Sie die Ruffrequenzen geöffnet, Commander. Senden Sie weiter unsere Nachricht ...!

UHURA

Nachricht wird weiter gesendet, Sir.

ILIA

Jetzt noch eineinhalb Minuten entfernt, Sir.

103 ÜBER KIRK HINWEG ZUM BILDSCHIRM 103

Das Objekt ist zu groß für den Bildschirm geworden, beide Enden werden vom Format des Bildschirms abgeschnitten.

KIRK

Reduzieren Sie die Vergrößerung.

Sulu berührt die Kontrollen, sofort ist das Bild auf dem Schirm deutlich kleiner. Wieder ist das gesamte fremde Schiff zu SEHEN. Aber noch während wir ZUSEHEN, wird es größer.

KIRK
(fährt fort)

Entfernung?

ILIA

Null Komma null fünf Parsec.

KIRK

Mr. Sulu, beginnen Sie eine langsame 180-Grad-Wendung und bringen Sie uns auf Parallelkurs zum fremden Schiff.

DECKER

Ich schlage vor, wir sollten uns nicht zu nahe heranwagen, Sir.

KIRK

Einverstanden, Mister Decker.
(zum Steuermann)
Steuermann, halten Sie die gegenwärtige Entfernung.

104 AUSSENAUFNAHME: DAS WELTALL - ENTERPRISE UND FREMDES SCHIFF 104
Unser Raumschiff geht auf Gegenkurs und fliegt parallel zu dem riesigen fremden Schiff.

105 INNENAUFNAHME: MASCHINENRAUM 105
wo Scotty unglücklich seine Instrumente betrachtet und zuhört:

KIRK
(über Interkom)

Ich bin mir der Energieverluste bewußt, Mr. Scott. Behalten Sie bitte Geschwindigkeit und Deflektorleistung aufrecht.

SCOTT
(verbissen)

Aye, Sir.

106 INNENAUFNAHME: BRÜCKE - SCHWERPUNKT AUF DEM BILDSCHIRM 106
Kirk betrachtet das Schiff, während es auf dem Bildschirm vorüberzieht.

KIRK

Steuermann, Geschwindigkeit anpassen, wir fliegen nebenher ...

DECKER

Vorausgesetzt, es wünscht Gesellschaft ...

Auf dem Bildschirm sehen wir den Effekt, daß das fremde Schiff abdreht, aber tatsächlich sehen wir die Kursänderung der Enterprise.

107 AUSSENAUFNAHME: FREMDES SCHIFF UND DIE ENTERPRISE 107
während wir zum ersten Mal einen UMFASSENDEN DIREKTEN BLICK auf den Giganten bekommen. Im Detail: die pulsierenden roten und gelben Farben an den seitlichen Öffnungen, die Antriebseinheiten am Heck. Keine Fenster, keine anderen Lichter sind auf der gesamten Länge der riesigen Metallhülle zu sehen.

Und jetzt SEHEN wir daneben die Enterprise. Kaum mehr als ein weißer Punkt im Vordergrund. (Ein Golfball, der neben einem Luftschiff treibt.)

Der winzige weiße Punkt (die Enterprise) bewegt sich neben dem monströsen Schiff her - beide rasen durch das All, die Enterprise scheint leicht zurückzufallen. (Tatsächlich ist die Enterprise geringfügig langsamer, damit wir es besser betrachten können.)

108 INNENAUFNAHME: BRÜCKE - EINSTELLUNG AUF DEM BILDSCHIRM 108
Kirk und das Brückenpersonal starren auf den Bildschirm. Sie fliegen jetzt parallel zu dem Schiff, so daß fortwährend der gleiche Blickwinkel zu SEHEN ist.

UHURA
Noch immer keine Antwort auf unsere Nachricht, Captain.

CHEKOV
(verwirrt)
Keine Antwort - und kein Angriff...
(grimmig)
Noch nicht.

KIRK
Mr. Xon, haben Sie überhaupt keine Anzeigen...!?

XON
Nein, Sir, das Kraftfeld des Fremden absorbiert noch immer alle Scans.

DECKER
Captain, sie haben keinen aggressiven Zug gemacht, warum schicken wir nicht eine Sonde?

KIRK
Eine Sonde könnte sehr leicht als unfreundlicher Akt ausgelegt werden, Commander.

DECKER
Sicher, Sir. Aber vielleicht müssen wir dieses Risiko eingehen. Wir fliegen mit Warp 6, und die Deflektoren sind auf voller Leistung. Diese Geschwindigkeit können wir nicht mehr lange aufrechterhalten.

KIRK
(denkt nach; dann:)
Bereiten Sie eine Sensorsonde vor, Mr. Xon.

Xon beginnt, die entsprechenden Kontrollen zu programmieren.

109 AUSSENAUFNAHME: DIE ENTERPRISE UND DAS FREMDE SCHIFF 109
Die Enterprise wie zuvor, ein winziger weißer Punkt neben der schwarzen und silbernen Größe des Fremden.

110 AUSSENAUFNAHME: NÄHER AN DER ENTERPRISE 110
während die Sonde vom Diskussegment der Enterprise gestartet wird. Die Sonde wird von einer Miniaturrakete angetrieben, überall sind Antennen angebracht.

Sie treibt auf den Fremden zu.

111 INNENAUFNAHME: DIE SONDE, VOM BILDSCHIRM DER BRÜCKE AUS BETRACHTET 111
wie sie sich dem Fremden nähert.

XON

Ich erhalte jetzt Anzeigen, Captain. Energiestrahlung, eine sonderbare Schwerkraft und magnetische Anzeigen, die auf unseren Skalen keinen Sinn ergeben ...

Plötzlich strahlt das Schiff eine Art grünlich-gelbes PHASERFEUER ab. Die Sonde wird getroffen, von dem grünen Leuchten eingehüllt, dann löst sie sich in nichts auf.

KIRK

Deflektor auf höchste Alarmbereitschaft ...!

Noch während Kirk spricht, tritt aus allen drei seitlichen Öffnungen des Fremden grünes PHASERFEUER aus, trifft auf die Deflektorschilde der Enterprise, wirbelt das Schiff umher. Die ALARMSIRENEN ERTÖNEN, rote Lichter blitzen auf. Die gesamte Brücke wird in ein grünes Leuchten gehüllt, aber die Deflektoren und Energieschilde blocken den Angriff offensichtlich ab.

CHEKOV

Phaser und Photonentorpedos bereit, Captain.

KIRK

Aktivieren Sie sie nicht, Mister Chekov. Ich wiederhole: nicht aktivieren.

SULU

Das Steuer reagiert nicht, Sir!

XON

Wir werden von einem extrem leistungsstarken Traktorstrahl festgehalten, Captain.

KIRK

Waffenkontrolle: übertragen Sie sämtliche Energie auf unsere Deflektorschilde.

CHEKOV

Captain, werden wir das Feuer nicht erwidern?

KIRK

Nicht, wenn wir bei Verstand sind, Mister Chekov.

112 AUSSENAUFNAHME UND INNENAUFNAHME: DER KAMPF – VERSCHIEDENE EINSTELLUNGEN 112

Das FEUER des Fremden HÄLT AN, die grünlich-weißen Blitze treffen die unsichtbaren Schilde, die die Enterprise beschützen – aber anders als der Fremde wird die Enterprise bei jedem Treffer erkennbar mitgenommen. Die Schutzschilde der Enterprise LEUCHTEN in einer wilden Farbmischung AUF.

Es ist eine spektakuläre VISUELLE DARSTELLUNG, und es scheint unmöglich, daß die winzige Enterprise diese Behandlung überstehen kann. Die Brücke erinnert an ein altes Schiff in einem Taifun: Kirk und die anderen sind an ihre Plätze gefesselt (mit unsichtbaren Haltegurten; wir wollen nicht, daß sie auf der Brücke umherwirbeln), müssen aber unmenschlichen Beschuß ertragen.

113 INNENAUFNAHME: MASCHINENRAUM 113

Den gleichen Effekt erleben auch Scotts Leute. Bei jedem Treffer des Alien sprühen Funken und Flammen aus den Kontrollflächen – der riesige Zentralkern des Antriebs glüht immer intensiver, die MASCHINEN HEULEN LAUTER UND LAUTER AUF. Scott kann nur unter großen Anstrengungen ins Interkom sprechen:

SCOTT

Captain Kirk, die Schilde halten nicht mehr lange durch, Sir ...!

KIRKS STIMME

Sie müssen sie aufrechterhalten ...! Lenken Sie alle Sekundärenergie auf die Schirme.

Scott dreht sich fort, um einen Blick auf den jetzt rot glühenden Kern zu werfen. Dann beginnt er rasch an den Kontrollen zu arbeiten.

114 AUSSENAUFNAHME: DER KAMPF 114

hält an. Der Gigant schleudert sein grünliches PHASERFEUER auf das winzige Raumschiff.

115 INNENAUFNAHME: BRÜCKE - SCHWERPUNKT AUF DEM BILDSCHIRM 115

Nach Umleitung der Sekundärenergie wird die Brückenbeleuchtung dunkler. Das Sperrfeuer hält an - auf dem Bildschirm ist deutlich zu sehen, wie das Feuer des Fremden auf die Energieschirme und die Deflektorschilde der Enterprise trifft.

XON

Energieverlust im kritischen Bereich, Captain ...! Alle Systeme sind überlastet ...!

KIRK

Wie lange noch ...?

XON

Zwei Minuten, dreißig Sekunden, Sir ...!

KIRK

(ins Interkom)

Scotty, wir müssen uns entfernen. Warpantrieb bereithalten.

116 INNENAUFNAHME: MASCHINENRAUM 116

Scott kämpft darum, sich in dem umherwirbelnden Schiff auf den Beinen zu halten, der Antriebskern ist jetzt gefährlich tiefrot.

SCOTT

(ins Interkom)

Sie wird uns eher ins Jenseits befördern, Sir ...!

KIRKS STIMME

Wir sind erledigt, wenn wir uns nicht zurückziehen, Scotty ...! Maximale Warpgeschwindigkeit!

Scott sieht, daß er keine Wahl hat. Er stellt seine Kontrollen ein, blickt unheilvoll zu dem roten Leuchten.

SCOTT

Bereit für maximale Warpgeschwindigkeit, Captain ...!

Das HEULEN der großen MASCHINEN ist noch LAUTER als der schreckliche LÄRM, den die Phaser des Alien erzeugen, wenn sie die Schirme der Enterprise treffen.

117 INNENAUFNAHME: BRÜCKE - BLICK AUF DEN BILDSCHIRM 117

Auf dem Bildschirm ist das grünlich-weiße PHASERFEUER zu sehen, während Kirk sich an Sulu wendet.

KIRK

Jetzt, Steuermann!

Sulu und Ilia betätigen die Kontrollen, aber nichts geschieht.

SULU

Wir bewegen uns nicht ...! Der Traktorstrahl hält uns immer noch fest.

CHEKOV

Waffenkontrolle ... Sir, die Temperatur auf seinem Niveau beträgt 64 Grad.

XON

Lebenserhaltungssysteme fallen aus, Captain. Brückentemperatur beträgt 42 Grad und steigt.

Tatsächlich ist die Hitze erkennbar: Schweiß rinnt über alle Gesichter, das Personal beginnt, nach Luft zu ringen. Uhura bricht plötzlich zusammen - dann Chekov.

XON

(fährt fort)

Temperatur beträgt 64 Grad ... 65 ... 67.

Sonderbarerweise scheint Xon die steigende Hitze nichts auszumachen. Xon ist fast ruhig in seinen abgeschirmten Betrachter versunken; offenbar hat etwas sein Interesse gefesselt, er arbeitet intensiv daran.

118 ANDERE EINSTELLUNG - KIRK 118

ringt nach Luft. Nur ein übermenschlicher Wille hält ihn aufrecht. Er dreht sich zu Chekov um, resigniert und schwach:

KIRK

Photonentorpedos vorbereiten, Mr. Chekov.

Aber Chekov ist zusammengebrochen, liegt bewußtlos über seiner Konsole. Kirk wankt zur Waffenstation, feuert die Torpedos ab.

119 AUSSENAUFNAHME: DIE ENTERPRISE UND DAS FREMDE SCHIFF 119

Das unablässige Feuer des Fremden - aber jetzt werden die Photonentorpedos von der Enterprise abgefeuert. Die treffen auf das Kraftfeld des Fremden, EXPLODIEREN WIRKUNGSLOS weit vor der Hülle des Fremden. Und die ganze Zeit über SEHEN wir, wie die Enterprise näher und näher an den Giganten herangezogen wird.

120 INNENAUFNAHME: MASCHINENRAUM 120

wo Scott in der unerträglichen Hitze kaum noch atmen kann. Sein gesamtes Personal liegt bewußtlos auf dem Boden. Er spricht ins Interkom:

SCOTT

Die Schirme fallen jeden Moment aus, Captain ...!

121 INNENAUFNAHME: BRÜCKE 121

Die Lichter flackern nun, tauchen die gesamte Brücke kurzzeitig in Dunkelheit, kehren dann mit einem schwachen Flackern zurück, dann leuchten sie für einen Augenblick hell auf, dann wieder Dunkelheit. Kirk, der seine Grenzen erreicht hat, blickt auf die Körper von Ilia, Decker, Sulu und Chekov. Er torkelt zur Kommunikationsstation.

KIRK

Uhura ...

Dann erkennt er, daß auch sie zusammengebrochen ist. Er sieht zu Xon, der in dem Moment von seinem Betrachter aufblickt.

XON

Captain ...! Sie haben geantwortet ...!

Kirk schafft es, zur wissenschaftlichen Station zu wanken, wo Xon erst jetzt Anzeichen erkennen läßt, daß ihm die Hitze zu schaffen macht. Aber sie kann ihn nicht außer Gefecht setzen.

XON

(fährt fort)

Ich habe Commander Uhuras Übermittlung wiederholt. Der Fremde hat geantwortet. Hören Sie...

Xon betätigt einen Knopf. Wir HÖREN etwas, das einem schrillen PFEIFEN gleicht.

XON

(fährt fort)

Sie haben auf einer Frequenz nahe einer Million Megahertz geantwortet - viel zu hoch für jedes menschliche Ohr. Hören Sie jetzt ...

Und Xon betätigt weitere Knöpfe, wir HÖREN das ›PFEIFEN‹ erneut, dann tiefer, dann noch tiefer. Bei jedem ›PFEIFEN‹ gibt es eine kurze Pause, dann folgte ein weiteres ›PFEIFEN‹, das tiefer, weniger schrill KLINGT.

XON

(fährt fort)

Jedesmal, wenn wir sie gerufen haben, haben sie geantwortet, Captain. Aber nicht auf irgendeine Botschaft, sondern auf den Linguacode des Computers ...

(völlig konzentriert auf seine Arbeit, trotz allem was um ihn herum geschehen ist)

Sir, sie reagieren auf keine der Lebensformen an Bord unseres Schiffs - sondern auf das Schiff selbst ...!

(als Kirk noch nicht begreift)

Captain, sie sprechen die USS Enterprise als Lebensform an ...!

KIRK

(versucht zu verstehen)

Sie halten das Schiff für eine Lebensform?

XON

Jawohl, Sir, und mit Ihrer Erlaubnis werde ich jetzt eine Nachricht senden und sie bitten, den Angriff einzustellen ...

Kirk nickt zustimmend; er kann kaum noch stehen, kann aber irgendwie seine letzten Kräfte mobilisieren, um sich gegen die Konsole zu lehnen und zuzusehen, wie Xon die Nachricht auf seinem Computer eingibt.

Während Xon das macht, ERTÖNT die COMPUTERSTIMME über die Lautsprecher.

COMPUTERSTIMME

Lebenserhaltungssysteme ausgefallen ...! Notfallsysteme werden aktiviert ...! Lebenserhaltungssysteme ausgefallen ...! Usw. usw.

Xon vervollständigt die Nachricht, blickt in den abgeschirmten Betrachter, wartet angespannt. Dann endet das Sperrfeuer mit einemmal. Die Stille ist fast schockierend. Nur die Computerstimme ist zu HÖREN, die ihr monotones »Lebenserhaltungssysteme ausgefallen ...!« fortsetzt.

Xon legt einen Schalter um - und die warnende Computerstimme verstummt ebenfalls. Die Brückenbeleuchtung ist wieder heller und stabiler. Xon sieht zu Kirk.

XON

Der Angriff ist eingestellt worden, Sir.

122 AUSSENAUFNAHME: DIE ENTERPRISE UND DAS FREMDE SCHIFF 122

die beide durch das All steuern. Das riesige fremde Raumschiff und (im Vergleich zum Fremden) die erbsengroße Enterprise. Beide Schiffe behalten die gleiche Geschwindigkeit und Entfernung bei, so daß offensichtlich ist, daß die Enterprise im Traktorstrahl des Fremden gefangen ist. DARÜBER HÖREN wir:

KIRKS STIMME

Logbuch des Captains, Sternzeit 7421.6: Seit einem ganzen Tag sind wir im Traktorstrahl des Fremden gefangen und werden Richtung Erde geschleppt. Es ist uns nicht gelungen, weiteren Kontakt mit dem riesigen Fremden aufzunehmen, wir haben keine Ahnung, welche Absichten er in bezug auf die Erde hat.

123 INNENAUFNAHME: MASCHINENRAUM 123

ZEIGT Scott und seine Techniker bei der Arbeit an den Maschinen - verschwitzt, aufgelöst. Aber irgendwie bewältigen sie ihre Aufgaben.

KIRKS STIMME

Da unsere Maschinen ausgefallen sind, wird hastig daran gearbeitet, die bei dem Angriff erlittenen Schäden zu reparieren.

124 INNENAUFNAHME: KRANKENSTATION 124

Die Krankenstation ist überfüllt mit verletzten CREWMITGLIEDERN. McCoy und Chapel kümmern sich um ihre Patienten. Beiden Ärzten ist die Belastung anzusehen, die Krankenstation erinnert an ein vom Krieg verwüstetes Feldlazarett.

KIRKS STIMME

Viele sind verletzt worden, aber keine Todesfälle, was wir den Fähigkeiten von Doktor McCoy und Doktor Chapel verdanken.

125 INNENAUFNAHME: BESPRECHUNGSRAUM 125

ZEIGT - an einem Tisch sitzend - Kirk, Xon, Decker und Chekov. Xon befindet sich an der Computerkonsole. Kirk spricht mit Xon.

KIRK

Sie wollen sagen, daß unser Computer direkt mit dem Fremden in Kontakt stand?

XON

Jawohl, Sir. Und ich habe mir erlaubt, alle externen Übermittlungen des Computers zu unterbrechen. Aber ich glaube, daß eine beträchtliche Menge an Informationen bereits übertragen worden ist.

DECKER

Spielen Sie die Bänder ab und finden Sie es heraus.

XON

Das mache ich bereits, aber die Übertragung erfolgte mit so hoher Geschwindigkeit, daß es Stunden, vielleicht sogar Tage dauern wird, um sie zu decodieren.

KIRK

Es gibt einen viel schnelleren Weg ...

126 EINSTELLUNG AUF DIE COMPUTERKONSOLE 126

während Xon nickt und sie einschaltet.

XON

Natürlich, Sir.

(zum Computer)

Computer ... stelle alle Informationen zusammen, die an den Fremden übermittelt wurden. Antworte.

COMPUTERSTIMME

Informationen enthielten die Baupläne der NCC 1701, schematische Darstellungen aller elektronischen Komponenten, Waffen- und Verteidigungssysteme, Energieversorgung und Antrieb. Eine detaillierte Übersicht folgt ...

127 ÜBER KIRK UND DEN COMPUTER HINWEG ZU DEN ANDEREN 127

während alle Bestürzung erkennen lassen. Kirk unterbricht rasch den Computer:

KIRK

Computer, detaillierte Übersicht abbrechen. Warum wurden die Informationen übermittelt? Antwort.

COMPUTERSTIMME

Information wurde auf Anforderung erteilt.

KIRK

Computer, warum wurde vertrauliche Information übermittelt?

COMPUTERSTIMME

Es wurde darum gebeten.

Diese unverblümte Logik ist für Kirk zuviel. Er schüttelt wütend den Kopf. Xon wendet sich an die Maschine:

XON

Computer ... wieviel Information wurde über die Crew übermittelt? Antwort.

COMPUTERSTIMME

Informationen über die Crew wurden nicht erbeten.

128 ANDERE EINSTELLUNG - KIRK 128

kämpft damit, seine Verwirrung und Verärgerung unter Kontrolle zu halten.

KIRK

Computer ... wer ist der Fremde? Antwort.

COMPUTERSTIMME

Daten nicht verfügbar.

DECKER

(sarkastisch, verärgert)

Ich nehme an, er war nicht neugierig.

XON

Das ist ein Computer nie, Sir ...

(zum Computer)

Computer ... warum reist der Fremde zur Erde? Antwort.

COMPUTERSTIMME

Daten nicht verfügbar.

KIRK

(fast wütend)

Computer ... jede weitere Informationsübermittlung an den Fremden ist hiermit untersagt ... !

Xon schaltet den Computer ab, Kirk sieht die anderen wütend an:

KIRK

(fährt fort)

Kommentare?

XON

Meiner Meinung nach, Sir, hat der Computer meine Theorie erhärtet, daß der Fremde jede weitere Kommunikation mit uns als Zeitverschwendung betrachtet.

CHEKOV

Dann müssen wir ihm zeigen, daß das nicht der Fall ist.

KIRK

Ja, aber dafür müssen wir mit ihm kommunizieren. Wie ...?

DECKER

Sir, unsere Waffen können seine Kraftfelder nicht durchdringen, aber ...

(grimmig)

wenn wir ihm mitteilen, daß wir bereit sind, unsere Maschinen in eine Materie-Antimaterie-Bombe zu verwandeln, dann, glaube ich, würde er erkennen, daß nicht einmal seine Kraftfelder dem standhalten könnten. Wir würden sehr schnell eine Antwort erhalten.

CHEKOV

Selbstzerstörung? Vielleicht kann er sich nicht vorstellen, daß wir dazu in der Lage sind.

XON

Sie können sicher sein, daß er unsere sämtlichen Fähigkeiten versteht. Ohne Zweifel betrachtet er das Design der Enterprise als recht einfach und primitiv, verglichen mit seiner eigenen Technologie.

DECKER

Aber nicht einmal dieser Fremde kann einer Materie-Antimaterie-Explosion von der Größe widerstehen, wie wir sie schaffen könnten.

(zu Kirk)

Das ermöglicht uns einen Bluff, bei dem er es sich nicht leisten kann, ihn zu ignorieren.

129 ÜBER SIE HINWEG ZU KIRK 129

der ungeduldig den Kopf schüttelt, sich erhebt und rasch sagt:

KIRK

Gentlemen, da wir in den nächsten zwölf Stunden hilflos sein werden, bis die Energieversorgung wiederhergestellt ist, schlage ich vor, daß wir die Zeit nutzen, um uns ein wenig auszuruhen.

(zu Decker)

Alle Abteilungen werden nur durch Bereitschaftspersonal vertreten.

(schwaches Lächeln)

Ein paar Stunden Schlaf werden uns allen guttun.

Während Chekov und Xon den Raum verlassen, IMPROVISIERT Kirk »Mr. Decker...« und bedeutet Decker, ihn zu begleiten. Gemeinsam treten sie in:

130 DEN KORRIDOR 130

wo sie losgehen und Kirk sagt:

KIRK

Angenommen, Sie wären der fremde Commander ...? Und man würde Ihnen drohen ...?

DECKER

Ich glaube, ich würde die Drohung ernst nehmen. Und da es mir nicht schaden würde, glaube ich, daß ich Gespräche beginnen würde. Was, Sir, unser Hauptanliegen ist.

KIRK

Wenn ich der Fremde wäre, Decker, würde ich Ihnen gar nicht erst die Chance geben, mit einer Überladung der Maschinen zu beginnen. Ich würde Sie in Stücke schießen.

Decker bleibt abrupt stehen, sieht Kirk an:

DECKER

Wir werden völlig ignoriert! Wir müssen etwas tun, wir müssen irgendwie Stellung beziehen ...

KIRK

Eine Kommandolektion, Decker: Drohen Sie nie mit etwas, was Sie nicht auch in die Tat umsetzen können. Ihr Feind würde nämlich annehmen, daß Sie das können, und würde entsprechend vorgehen.

DECKER

Darf ich fragen, was Sie zu tun beabsichtigen?

KIRK

Was ich beabsichtige, ist, dieses Schiff intakt zu halten und seine Crew sowie mich selbst am Leben zu erhalten. Und das, Mister, ist eine weitere Kommandolektion ...!

Kirk geht zum Lift. Decker steht da und sieht ihm nach.

131 INNENAUFNAHME: BRÜCKE 131

zuerst mit einer EINSTELLUNG AUF DEN BILDSCHIRM, der vollständig von dem Fremden ausgefüllt wird und so permanent an die Gefahr erinnert.

Ilia ist auf ihrem Posten - und Xon. Ilia sieht stumm und grimmig auf den Bildschirm. Xon ist völlig in seinen abgeschirmten Betrachter vertieft, betätigt gewandt seine Computerkontrollen. Die einzige besetzte Station ist die für Kommunikation. Dort sitzt nicht Uhura, sondern JANICE RAND, nun im Rang eines Fähnrichs.

Jetzt öffnet sich die Lifttür, Kirk tritt ein. Er trägt eine frische Uniform, offensichtlich hat er eine Dusche genommen und sich rasiert. Er geht zum Kontrollzentrum, wendet sich an Rand:

KIRK

Irgendwelche Signale, Fähnrich?

RAND

Nichts, Sir.

Kirks Gesicht verrät seine Sorge, aber er sagt nichts, wendet sich an Ilia:

KIRK

Ich übernehme die Kontrollen, Lieutenant. Sie machen eine Pause.

ILIA
(dankbar)

Danke, Sir.

Sie lächelt ihn an und geht. Kirk geht zur wissenschaftlichen Station, steht da und sieht Xon einen Moment lang an. Der Vulkanier bemerkt Kirk nicht, der nach einem Augenblick sagt:

KIRK
(leise, ruhig)

Mister Xon ...

Xon reagiert nicht, er hat ihn nicht gehört.

KIRK
(etwas lauter)

Lieutenant ...

Nun dreht sich Xon um, völlig unbeeindruckt, sieht Kirk an.

XON

Ich habe meine Analyse der Verteidigungsschilde des Fremden abgeschlossen, Captain. Ich bin überzeugt, daß keine unserer Waffen - nicht einmal eine Materie-Antimaterie-Explosion - auch nur die mindeste Wirkung erzielen würde.

KIRK

Vor nicht einmal zehn Minuten, Wissenschaftsoffizier, bat ich Sie, sich ein wenig auszuruhen.

XON

Ich benötige sehr wenig Schlaf, Sir.

KIRK

Wann haben Sie zuletzt gegessen?

XON

(versucht, sich zu erinnern)

Unmittelbar bevor ich an Bord kam, Sir ... glaube ich ...

(rasch)

Aber mein Kalorienbedarf ist wesentlich geringer als bei ...

(vorsichtig)

... ›normalem‹ Personal. Tatsächlich ist es so, Sir, daß ich mit der einfachsten Ernährung am effektivsten arbeite.

KIRK

(sarkastisch)

Ich bin mir Ihres sehr ungewöhnlichen Metabolismus bewußt, Xon. Aber auch ein Vulkanier muß mal schlafen - und essen.

XON

Was Sie sagen, ist natürlich völlig logisch. Allerdings sind dies ungewöhnliche Umstände ...

KIRK

(festentschlossen)

Sie werden die Ihnen erteilten Befehle befolgen, Lieutenant.

XON

(ein Moment des Zögerns)

Jawohl, Sir.

Woraufhin er schnell seine Station sichert, aufsteht, Kirk ansieht. Er nickt, dann geht er.

132 ÜBER KIRK HINWEG ZU XON 132

der sich dem Lift nähert. Kirk ruft ihm nach.

KIRK

Mister Xon.

(während sich Xon umdreht)

Danke.

XON

(höflich)

Gern geschehen, Sir.

Er geht, Kirk sieht ihm nach, dann begibt er sich wieder ins Kontrollzentrum, lächelt Rand an.

KIRK

Sind Sie in Ordnung ...?

RAND

Mir geht's gut, Captain ...

(lächelt zurück)

So wie früher, nicht wahr, Sir?

133 ÜBER KIRK HINWEG ZU RAND - DER BILDSCHIRM IM HINTERGRUND 133
während er auf das Bild des fremden Raumschiffs blickt.

KIRK

Nicht ganz, Fähnrich. Nicht ganz.

134 INNENAUFNAHME: ERHOLUNGSRAUM 134
recht belebt, verschiedene Crewmitglieder entspannen sich, lesen. In einer Ecke sitzen zwei junge FÄHNRICHE vor einem Bildschirm, auf den ein Computerspiel projiziert wird, jeder Fähnrich berührt Knöpfe und Kontrollen, die die Spielfiguren beeinflussen.
Die KAMERA SCHWENKT durch den Raum, FINDET Sulu - der sich in einen Sessel hat fallen lassen und einfach nur einen Moment lang ausruht. Seine Augen sind geschlossen - plötzlich legt sich ein Paar (weibliche) HÄNDE auf seine Augen.

ILIAS STIMME
(spöttisch)

Sie denken wieder unanständige Gedanken, Sulu.

135 KAMERA FÄHRT ZURÜCK, UM ILIA ZU ERFASSEN 135
während Sulu vom Sessel fast einen halben Meter in die Höhe springt und herumwirbelt, um sie anzusehen. Sie lächelt ihn provozierend an, er ist mit einemmal nervös und verlegen. Er sieht sich im Raum um; einige Leuten sehen amüsiert zu ihnen herüber. Ilia fährt mit ihren Fingern über Sulus Gesicht, er wischt sie zur Seite.

SULU
(leise, angespannt)

Die Leute werden etwas Falsches glauben ...!

ILIA
(›verletzt‹)

Ich versuche nur, Ihnen etwas Entspannung zu verschaffen - auf die deltanische Weise.

SULU
(nervös)

Nicht hier ...!

ILIA

Wo sonst? Alle unsere Freunde sind hier.

Wieder streicht sie verspielt mit ihren Fingern über seine Wange. Wieder schiebt Sulu sie fort.

SULU

Bitte, Ilia ... bitte ...!

Er sieht sich im Raum um, zu zwei Offizieren - LT. BANDAR, einer attraktiven Frau aus Ceylon, und LT. HAWKINS, einem Ingenieursoffizier. Sie verfolgen amüsiert die Handlung. Sulu zeigt ihnen ein gequältes ›Ihr wißt, wie es ist‹-Lächeln, dann wendet er sich wieder Ilia zu.

ILIA

Sulu, weisen Sie mich zurück?

SULU
(flüstert)
Ja ... nein ...
(nervöses Flüstern)
Was ist mit Ihrem Zölibatseid ...?

ILIA
Denken Sie eigentlich immer nur an Sex ...?
(sieht ihn an, liest seine Gedanken, nickt ernst)
Ja, ich fürchte, das tun Sie!

136 ÜBER SULU HINWEG ZU ILIA 136
während sie Sulu anlächelt, ein warmes, selbstsicheres Lächeln. Dann, mit einemmal, verschwindet das Lächeln. Sie schreit:

ILIA
Sulu!!

137 SIE SEHEN DIE AUSSERIRDISCHEN SONDEN 137
In einer Ecke des Raums ist ein GRELLES TÜRKISFARBENES AUFFLAMMEN zu sehen - dann ein weiteres und dann ein drittes. Aus dem Licht heraus entstehen Objekte, die wir als Sensorsonden kennenlernen werden.

Einige schweben einige Zentimeter über dem Boden, andere fliegen frei umher. Im gleichen Moment, in dem die Sonden auftauchen, wird die Alarmstufe Rot aktiviert, aus dem Lautsprecher erklingt die Warnung:

LAUTSPRECHERSTIMME
Alarm, Eindringling an Bord ...! Alarm, Eindringling an Bord ...!

Die Sonden beginnen sich im Raum umherzubewegen, fühlen, sehen, hören. Diese Sensorsonden interessieren sich nicht für die Menschen - sondern nur für das Schiff, sein Design und seine Funktionen.

SULU
Sonden ...!
(zu den anderen)
Alle raus hier ...! Verriegelt den Raum!

Alle verlassen den Raum, was die Sonden anscheinend nicht stört, die ihrer Arbeit nachgehen.

138 INNENAUFNAHME: KORRIDOR 138
während Sulu und Ilia und die anderen nach draußen stürmen, dann die Tür verriegeln. Jeder stürmt durch den Korridor zu seiner Station. Die Stimme, die vor den Eindringlingen warnt, ertönt im Hintergrund.

139 INNENAUFNAHME: EIN ANDERER KORRIDOR 139
Der EINDRINGLINGSALARM ERTÖNT - TÜRKISFARBENES LICHT BLITZT auf - und WEITERE SONDEN materialisieren in diesem Korridorabschnitt. Am anderen Ende des Korridors taucht nun Chekov mit zwei SICHERHEITSLEUTEN auf. Sie stürmen los (auf den Lift zu), bleiben abrupt stehen, als sie die Sonden erblicken, von denen eine nicht wie die anderen ist: Sie erinnert an einen Ring, auf dem sich ein perlenähnliches Objekt befindet, die ›Perle‹ ist in Wahrheit das ›Auge‹. Eine weitere Sonde schwebt nicht, sondern bewegt sich auf drei schmalen Beinen; auch sie besitzt ein

Auge. Während sie die Männer beobachtet, beginnt die ›Perle‹ in verschiedenen Farben aufzublitzen und einen TON auszusenden, der an ein SCHRILLES, SCHNELLES UND AUFGEREGTES KREISCHEN erinnert. Dies ist die einzige Sensorsonde, die die Menschen bemerkt hat und sich vor ihnen erkennbar ängstigt.

Einer der Sicherheitsleute zielt mit seinem Phaser - Chekov blockiert die Hand des Mannes.

CHEKOV

Nein ...!

ERSTER SICHERHEITSMANN

Sie könnten gefährlich sein ...!

CHEKOV

Das könnten Sie auch sein! Sie haben Sie nicht angegriffen, oder?

Chekov nähert sich den schwebenden Sonden - die Sonde mit den Beinen scheint ein wenig hinter den anderen zu bleiben, so als sollten sie sie beschützen. Die ganze Zeit über setzt sie ihr aufgeregtes KREISCHEN fort. Chekov zeigt auf sie.

CHEKOV

(fährt fort)

Das ist die einzige, die Menschen zur Kenntnis zu nehmen scheint. Und sie ist vor uns zu Tode erschrocken.

Die eiförmige Sonde treibt an Chekov vorüber, umkreist seine Knie, während der Fühler ausgestreckt wird, um Teile der Enterprise zu erkunden. Dann erforscht die ›Augen‹-Sonde (ebenfalls eiförmig) einige andere Raumschiffmechanismen. Chekov streckt beide Hände aus, als wolle er eine Fliege fangen. Er bekommt die Sonde beinahe zu fassen, aber sie bewegt sich blitzschnell fort von ihm. Chekov folgt ihr, startet einen weiteren Versuch - schafft es wieder nicht. In der Zwischenzeit stößt die dreibeinige Sonde noch AUFGEREGTERE TÖNE aus und leuchtet in grelleren Farben - fast so, als wolle sie Chekov ausschimpfen, weil er versucht, einen ihrer Artgenossen zu fangen. Chekov bewegt sich auf die dreibeinige Sonde zu, aber sie zieht sich zurück. Das eiförmige ›Auge‹ folgt, aber Chekov ist schneller, er gelangt hinter sie.

CHEKOV

(fährt fort; zum zweiten Sicherheitsmann)

Trennen Sie sie ...!

(zum ersten Sicherheitsmann)

Schnappen Sie sich die mit den Beinen ...!

140 ANDERE EINSTELLUNG - DIE VERFOLGUNG 140

Der erste Sicherheitsmann folgt der dreibeinigen Sonde, die verschwunden zu sein scheint. In der Zwischenzeit haben Chekov und der zweite Sicherheitsmann das ›Auge‹ in die Ecke getrieben und fangen es nach einigen linkischen Versuchen. Chekov hält die Sonde fest, die vielleicht die Größe eines Basketballs hat, untersucht sie behutsam - und gibt sie dem zweiten Sicherheitsmann.

CHEKOV

Bringen Sie es zum Wissenschaftsoffizier!

Der zweite Sicherheitsmann nimmt die Sonde an, aber fast so, als stehe sie unter Strom: Er kann sie fast kaum festhalten.

CHEKOV
(fährt fort)

Sie wird nicht beißen ...!

Dann jagt Chekov um die Korridorecke, um die dreibeinige Sonde zu verfolgen.

141 HINTER DER KORRIDORECKE 141

betrachtet er zusammen mit dem ersten Sicherheitsmann verdrossen den Korridor - es ist keine Sonde zu sehen.

ERSTER SICHERHEITSMANN

Sie ist verschwunden ...

Chekov sieht sich einen Moment lang um, sieht den Sicherheitsmann an und ist anderer Ansicht.

CHEKOV

Riegeln Sie diese Ebene ab ...

(geht davon)

Ich bin auf der Brücke.

Dann steigt er in den Lift, ist fort, die KAMERA WIRBELT NUN DEN LEEREN KORRIDOR ENTLANG, ZWEI WEITERE SICHERHEITSLEUTE tauchen plötzlich auf, eilen vorüber, AN DER KAMERA VORBEI hinter eine geschlossene Tür (oder ein anderes Objekt im Korridor). KAMERA BLEIBT auf die Tür GERICHTET, die sich öffnet, die dreibeinige Sonde erscheint, die jetzt in strahlendem Purpur leuchtet. Sie dreht ihr ›Auge‹, um den Korridor entlangzublicken. Beruhigt darüber, daß sie nicht gesehen worden ist, gibt sie ein weiteres leises Kreischen (der Zufriedenheit) von sich und beginnt, ungeschickt durch den Korridor zu gehen.

142 INNENAUFNAHME: MASCHINENRAUM 142

wo Scott mißtrauisch drei der schwebenden Sensorsonden betrachtet, die sich in allen Ecken des Maschinenraums umsehen.

Er spricht ins Interkom, läßt die Sonden nicht aus den Augen.

SCOTT

... Ja, Sir, sie sind überall - und stecken überall ihre Nase rein ...!

KIRKS STIMME

Aber keine Anzeichen für Feindseligkeiten?

SCOTT

Sie scheinen nicht an uns interessiert zu sein, Captain. Nur am Schiff.

KIRKS STIMME

Von allen Decks die gleichen Meldungen, Scotty. Lassen Sie im Augenblick die Finger von ihnen, solange sie nichts beschädigen.

Scott schaltet ab, geht hinüber, um eine der Sonden zu beobachten, die soeben in die Nähe der Konsole geschwebt ist, ihre Fühler ausstreckt und die Instrumente zu studieren scheint (tatsächlich fotografiert sie sämtliche Details). Scott streckt seine Hand in einer drohenden Weise aus.

SCOTT

Faß nur eine einzige meiner Kontrollen an, du neugieriger kleiner Kerl, und du bist ein Schrotthaufen.

143 INNENAUFNAHME: KRANKENSTATION 143

mit Chapel - und einer KRANKENSCHWESTER, in Operationskleidung, operieren einen PATIENTEN. Auch hier sind die Sonden. Aber sonderbarerweise nicht in der Nähe des Operationstisches, sondern einige Meter davon entfernt. Dennoch scheinen sie alles aufmerksam mitzuverfolgen. Die KAMERA SCHWENKT HINÜBER, UM McCoy ZU FINDEN, er befindet sich vor dem Operationsbereich (er trägt Operationskleidung), am Interkom. Während er spricht, streckt eine der Sonden einen Fühler nach ihm aus, McCoy schlägt ihn beiseite, der Fühler zieht sich sofort zurück.

McCOY
(ins Interkom)
... Ja, Jim, hier sind sie auch!

144 ÜBER McCOY HINWEG ZUM OPERATIONSBEREICH 144

wo er eine weitere Sonde unmittelbar vor dem Operationsbereich sieht - dann sprühen plötzlich FUNKEN (von dem sterilen Kraftfeld), die Sonde wankt fort, begibt sich woanders hin.

McCOY
(zufrieden)
Aber das sterile Kraftfeld gefällt ihnen nicht ...!

145 INNENAUFNAHME: BRÜCKE 145

ZEIGT weitere Sonden. Sulu, Ilia und Uhura sitzen an ihren Stationen - an der wissenschaftlichen Station sind Xon, Decker und Kirk versammelt, untersuchen die Sonde, die Chekov gefangen hat. Kirk beendet soeben seine Unterhaltung mit McCoy:

KIRK
(ins Interkom; von vorne an)
... wir versuchen, etwas über sie herauszufinden.

McCOYS STIMME
Ich würde gerne eine für euch sezieren ...!

KIRK
(ins Interkom)
Lieutenant Xon macht das gerade. Kirk Ende.

146 NÄHER AN DIE WISSENSCHAFTLICHE STATION 146

wo sich Kirk wieder der Gruppe anschließt und wir SEHEN können, daß Xon die Sonde auseinandergenommen hat. Die KAMERA FÄHRT KURZ HERAN, so daß wir das Innere der Sonde SEHEN können: eine präzise Anordnung von Transistoren und Motoren. Xon ist fasziniert, aber typischerweise emotionslos.

XON
Genial ...!
(zeigt)
Vermutlich Speicherbänke ...

DECKER
Sie meinen, Sie können nichts davon mit Sicherheit identifizieren?

XON
Diese Technologie ist der unseren so fremd, Commander, daß uns sogar die Worte fehlen, um die Komponenten zu beschreiben.

(hält das Gerät ins Blickfeld)
Diese winzigen mechanischen Komponenten sind tatsächlich flüssiger Sauerstoff auf dem absoluten Minuspunkt, der von einem Kraftfeld geformt und am Platz gehalten wird, das selbst meine empfindlichsten Instrumente nicht erfassen können ...

147 ÜBER SIE HINWEG ZU UHURA 147
die soeben eine Interkom-Nachricht erhalten hat:

UHURA
Captain, die Sensorsonden versuchen, in die Computerbibliothek einzudringen ...!

KIRK
(zu Xon)
Lassen Sie den Computer eine Nachricht an den Fremden verschlüsseln. Er soll seine Sonden zurückziehen, sonst werden wir gezwungen sein, sie zu zerstören.

148 ANDERE EINSTELLUNG - NAH AN KIRK UND DECKER 148
Während Xon die Mitteilung eingibt, spricht Decker leise, vertraulich mit Kirk:

DECKER
Gehe ich recht in der Annahme, daß das kein Bluff ist, Captain?

KIRK
Es ist kein Bluff, Mister Decker. Die Bibliothek enthält zu viele heikle Informationen über die Erde.

149 EINSTELLUNG AUF XON 149
der ernst in seinen abgeschirmten Betrachter blickt.

XON
Keine Antwort, Captain.

KIRK
(zu Uhura)
Schicken Sie Chekov zur Computerbibliothek. Er soll jede Sonde zerstören, die versucht, Zugang zu den dortigen Daten zu erlangen.

150 INNENAUFNAHME: COMPUTER-BIBLIOTHEK 150
(Ein Raum mit Computerbänken und Konsolen.) Chekov und zwei Sicherheitsleute treten ein, während die Bibliothekstechniker versuchen, die Sonden daran zu hindern, Zugriff auf die Speicherbänke zu erlangen. Chekov zielt mit seinem Phaser, FEUERT. Die Sonde, die direkt getroffen wird, FLAMMT TÜRKIS auf - dann <u>verschwindet</u> (entmaterialisiert) sie. Einer seiner Männer TRIFFT EINE WEITERE SONDE, die mit dem gleichen EFFEKT entmaterialisiert. Chekov richtet seinen Phaser auf eine dritte Sonde - doch diese entmaterialisiert, bevor er feuern kann. Und dann entmaterialisiert die vierte - und letzte - Sonde.
Chekov geht zum Interkom, schaltet es ein:

CHEKOV
Chekov an Brücke ... die Sonden verschwinden, sie entmaterialisieren ...!

151 INNENAUFNAHME: BRÜCKE 151
ZEIGT Kirk, Xon und Decker, die mit ansehen, wie die Sonden hier auf der Brücke ebenfalls entmaterialisieren. Kirk blickt auf die zerlegte Sonde, die noch immer bei Xon auf der Konsole liegt, so als wolle er sichergehen, daß diese nicht entmaterialisiert.

DECKER

So, als würde er seine Sinnesorgane aus der Gefahrenzone bringen ...

Kirk nickt grimmig und zustimmend. Dann plötzlich HÖREN wir AUS DEM OFF das nun vertraute NERVÖSE KREISCHEN (die extrem schnellen Töne). Kirk wirbelt herum und sieht:

152 DIE DREIBEINIGE SONDE 152
die hinter der Konsole hervorkommt, unsicher auf sie zugeht und die ganze Zeit über ›REDET‹. Sie kommt bis auf wenige Meter heran, blitzt in leuchtenden Farben auf, stoppt und scheint sie streng anzusehen. Sie hat zu ›REDEN‹ AUFGEHÖRT.

153 EINSTELLUNG AUF XON 153
der, anders als die Menschen, keine Überraschung erkennen läßt und sehr sorgfältig verschiedene Einstellungen an seiner Konsole vorgenommen hat.

DECKER

(zur Sonde; sarkastisch)

Sind wir uns vorgestellt worden ...?

XON

(ruhig, zu Uhura)

Commander, ich habe die Mitteilung der Sonde aufgenommen. Können Sie sie auf ein Band kopieren, um sie langsamer abzuspielen ...?

Uhura arbeitet bereits an ihrer Konsole.

154 ANDERE EINSTELLUNG - CHEKOV 154
betritt die Brücke, sieht die Sonde, reagiert.

CHEKOV

Diese da ...! Sie sieht aus wie der Perlenring, den meine Tante Tasha von ihrem vierten Ehemann erhalten hat ... genauso unecht.

Uhura hat die Aufnahme abgeschlossen, sieht Kirk verwirrt an.

UHURA

(ein Moment der Verwirrung, dann zitiert sie)

»... Bitte erlauben Sie mir, mit der USS Enterprise zu sprechen.«

DECKER

»Bitte erlauben Sie mir, mit der USS Enterprise zu sprechen ...?!«

UHURA

Das war der Text.

155 EINSTELLUNG AUF DIE SONDE (TASHA) 155
als plötzlich Farben aufblitzen und sie ein weiteres SCHNELLES KREISCHEN von sich gibt. Sie wirkt wütend.

KIRK

(erwartungsvoll)

Uhura ...

UHURA

(arbeitet an ihren Kontrollen)

Ich spiele es jetzt ab ...

(ein Augenblick, dann hat sie die Übersetzung)

»... Sie werden mir gestatten, mit der USS Enterprise zu sprechen.« Klingt wie ein Befehl.

XON

Dessen bin ich sicher.

DECKER

Meinen Sie das wirklich, Mr. Xon?

XON

Sir, die Sonden wurden hergeschickt, um unser Schiff zu analysieren. Alle bis auf diese wurden zurückgezogen. Logischerweise ist sie aus einem bestimmten Grund geblieben: um als Kommunikationsverbindung zwischen dem fremden Schiff und unserem Schiff zu fungieren..

CHEKOV

Unserem Schiff ...?

XON

Ja, Sir. Wenn wir davon ausgehen, daß der Fremde die Enterprise als Lebensform betrachtet - dann müssen wir annehmen, daß das fremde Schiff selbst eine Lebensform ist.

Während Xon diesen Satz beendet, leuchtet die Sonde in weiteren Farben auf und KREISCHT weiter.

CHEKOV

(zur Sonde)

Hey, Tasha, halt die Klappe ...!

(zu Kirk)

Das macht einen Sinn, Captain. Dieses siebzig Kilometer lange Schiff, das uns festhält ... es muß ein lebendes Wesen sein ...!

UHURA

(begreifend)

... Sonst würde es nicht die Enterprise für eine Lebensform halten ...

156 AUF KIRK 156

Nun ergibt dies alles einen Sinn. Kirk wendet sich an die Sonde:

KIRK

(zur Sonde; eine kurze Pause)

... Tasha ... Ich bin James T. Kirk. Ich befehlige die Enterprise, du kannst mit mir reden.

Uhura leitet das per Hochgeschwindigkeitsband weiter. Einen Augenblick später GIBT Tasha ein weiteres AUFGEREGTES KREISCHEN VON SICH. Kirk blickt Uhura an, wartet darauf, daß sie es entziffert.

UHURA

(perplex, übersetzt)

»... Das ist unmöglich.«

KIRK

»Unmöglich?« Warum ist es unmöglich?

XON

Ich glaube, Sir, sie meint damit, es sei unmöglich, daß Sie die Enterprise befehligen.

Kirk kann nicht anders, als mit einer angehobenen Augenbraue zu reagieren, während Xon eilig fortfährt.

XON
(fährt fort)
Es ist sehr wahrscheinlich, daß diese Sonde uns für das hält, was sie selbst ist: Sonden oder irgendwelche Maschinenlebensformen, die dem Zweck dienen, verschiedene Aufgabe innerhalb des Schiffs zu erledigen. Die aber kaum in der Lage sein dürften, das Kommando zu führen.

DECKER
Sie hat Sensoren, Xon, durch die sie erkennen kann, daß wir aus Fleisch und Blut sind.

XON
Richtig, Sir, und ich bin sicher, daß sie unseren Aufbau auf Kohlenstoffbasis ungewöhnlich findet ... aber wir sind trotz allem Maschinen: wir nehmen Treibstoff auf, wir beseitigen Abfälle, wir arbeiten unter Zuhilfenahme von Hebelwirkung und Drehpunkten ...

Xons Worte verlieren sich: Er sieht zu Kirk:

157 KIRK - EINE NEUE EINSTELLUNG 157
nachdem die Sonde ›Tasha‹ sich recht mutig auf Kirk zubewegt hat und ihn zu untersuchen begonnen hat: Sie führt eine Sensorsonde in sein Ohr ein, eine andere in seinen Mund, an seinem Uniformoberteil entlang. Kirk will dem Objekt keinen Schaden zufügen, schiebt es sanft beiseite. Kirks Verärgerung scheint Tasha um so mehr anzuspornen.

XON
Sie scheint Gefallen an Ihnen zu finden, Captain.

Während er spricht, geht Xon zu Kirk hinüber, entfernt Tasha vorsichtig, aber entschlossen, plaziert sie auf der Bank. Tasha GIBT ein weiteres wütendes KREISCHEN VON SICH, Farben blitzen auf. Uhura spielt die Mitteilung ab:

UHURA
(übersetzt)
»... Ich habe meine Untersuchung nicht abgeschlossen!«

KIRK
(zu Tasha)
Oh, doch ...
(fährt fort; zu Xon)
Schalten Sie den Hauptcomputer ein, Mr. Xon; Da sein ... ›Repräsentant‹ bei uns ist, beliebt es dem Fremden vielleicht zu reden.

Xon schaltet den Hauptcomputer ein.

XON
Hauptcomputer eingeschaltet, Sir.

Kirk zögert einen Augenblick, denkt, blickt zu Tasha, dann sagt er:

KIRK
Computer ... übertrage eine Nachricht an den Fremden in dessen Binärsprache und übersetze dann seine Antwort in unsere Sprache. Es ist dir untersagt, eigenständig mit ihm zu kommunizieren. Bestätigung.

COMPUTERSTIMME

Programm bestätigt.

Alle Augen ruhen auf Kirk, während er einen Moment lang über seine Nachricht nachdenkt. Dann:

KIRK

(zum Computer)

Computer ... die Nachricht lautet wie folgt: Dies ist die USS Enterprise. Warum halten Sie mich gefangen? Senden.

158 EINSTELLUNG AUF TASHA 158

während alle abwarten. Auch die Sonde scheint zu warten, die blitzenden Farben sind jetzt ein blasses, anhaltendes Pulsieren.

159 ÜBER SIE HINWEG ZU UHURA 159

als sie reagiert, während wir ein extrem schnelles PFEIFEN HÖREN:

UHURA

Sie haben geantwortet ...!

COMPUTERSTIMME

Übersetzung: Objekte von ähnlicher Zusammensetzung wie Sie haben mich vor kurzem angegriffen. Ihr Angriff war sinnlos. Sie waren eindeutig defekt. Ich muß feststellen, ob Sie ebenfalls defekt sind und damit eine Gefahr für anderes Leben darstellen.

160 REAKTIONSAUFNAHMEN 160

während alle endlich die unglaubliche Situation begreifen. Wieder ruhen alle Augen auf Kirk. Nach einer kurzen Pause:

KIRK

(zum Computer)

Computer ... übermittle das Folgende: Ich griff in Notwehr an. Ich bin nicht defekt. Senden.

Ein weiterer Augenblick des angespannten Wartens, dann wieder das extrem schnelle PFEIFEN.

COMPUTERSTIMME

Übersetzung: Meine Sensoren zeigen an, daß Sie von 430 parasitären Einheiten infiziert sind. Die könnten der Grund für Ihre Fehlfunktion sein. Ist Ihnen deren Anwesenheit bewußt?

CHEKOV

430 Parasiten - er meint <u>uns</u>!

(beleidigt)

Parasiten

DECKER

(knapp)

Es könnte eine Frage von Leben und Tod sein, Captain. Wenn er glaubt, daß wir der Grund für die ›Fehlfunktion‹ des Schiffs sind, dann wird er uns zerstören ...

(grimmig)

... um das Schiff zu retten.

XON

Sie können nicht erklären, daß wir das Schiff kontrollieren: dann <u>werden</u> wir wie infektiöse Parasiten erscheinen.

Kirk sieht seine Offiziere einen Augenblick lang an, dann Tasha, die jetzt passiv bleibt, farblos, als warte sie geduldig.

161 ÜBER KIRK HINWEG ZUM BILDSCHIRM 161

VORBEI an Sulu und Ilia an ihren Stationen: das gleiche Bild des riesigen fremden Schiffs. Kirk starrt es einen Moment lang an, dann wendet er sich wieder an den Computer.

KIRK
(zum Computer)
Computer ... übermittle das folgende: Die 430 Einheiten, die sich in meinem Körper befinden, sind für meine Existenz erforderlich. Fahre dann sofort mit der folgenden Frage fort: Warum ist Ihr Ziel der dritte Planet des vor uns liegenden Sonnensystems? Senden.

COMPUTERSTIMME
Übersetzung: Der beschriebene Planet ist die Heilige Heimstatt des Schöpfers.

Ungläubige Blicke werden ausgetauscht.

KIRK
Computer ... Übermittle das folgende: Ist der Schöpfer auch als Gott bekannt?

COMPUTERSTIMME
Übersetzung: Der Schöpfer hat keinen anderen Namen.

KIRK
(denkt nach; dann)
Die Heimat des Schöpfers ist das gesamte Universum, <u>nicht</u> der dritte Planet.

Ein Moment des Abwartens - dann wird die Brücke durchgeschüttelt. Jeder sucht Halt, um auf den Beinen zu bleiben.

SULU
Er verstärkt den Traktorstrahl ...!

KIRK
Alarmstufe Rot, Mr. Chekov ...!

UHURA
Er antwortet, Captain!

Als Chekov den Alarmschalter betätigt, beginnen die SIRENEN zu HEULEN. Außerdem können wir auch das PFEIFEN HÖREN, als die Fremden antworten. Während jeder nach Halt sucht und die Brücke noch <u>brutaler</u> durchgeschüttelt wird, spricht der Computer:

COMPUTERSTIMME
Für diese Täuschung werden Sie bestraft werden ...!

Die Brücke wird noch einen Moment lang durchgeschüttelt, dann kehrt plötzlich RUHE ein. Jeder hält den Atem an.

ILIA
Auf jeden Fall besitzt er Temperament ...

KIRK

Heben Sie den Alarm auf, Mr. Chekov.

Während Chekov den Schalter betätigt, der die SIRENEN VERSTUMMEN läßt, ist von Uhuras Station ein weiteres PFEIFEN zu HÖREN. Dann folgt fast sofort noch ein PFEIFEN - aber es ist ein geringfügig anderer Ton. Dann folgt wieder das erste PFEIFEN, dann erneut das andere.

XON

(alarmiert)

Der Computer kommuniziert wieder unmittelbar mit dem Fremden ...!

KIRK

(zum Computer)

Computer ... abschalten. Du verstößt gegen dein Programm! Ausführen.

Nur ein weiteres AUSTAUSCHEN VON PFEIFTÖNEN ist zu HÖREN.

DECKER

(zu Xon)

Hauptkontrollen aus ...!

Xon schlägt auf den Schalter, aber wir HÖREN weiter PFEIFEN.

XON

Ich kann nicht abschalten ...!

KIRK

(ins Interkom)

Maschinenraum ... Hauptcomputerkontrollen abschalten, Scottie!

162 INNENAUFNAHME: MASCHINENRAUM 162

Scott an der Konsole, betätigt Schalter, aber erkennbar ohne Erfolg. Er spricht ins Interkom.

SCOTT

Etwas kontrolliert sie von außen, Captain ...!

163 INNENAUFNAHME: BRÜCKE - EINSTELLUNG AUF TASHA 163

während die Sonde zusieht, wie Decker und Xon verzweifelt versuchen, den Computer abzuschalten; dann bewegt sich die Sonde fort - hin zum Kontrollzentrum.

XON

(liest die Konsolenanzeigen)

Er befindet sich in den Speicherbänken des Schiffs ...!

DECKER

Er wird die Stärke von Starfleet in Erfahrung bringen, die Erdverteidigung, alles ...!

SCOTTS STIMME

Sie müssen in die Konsole eindringen! Sie müssen sie kurzschließen ...!

164 ANDERE EINSTELLUNG - XON 164

schiebt Kirk beiseite, steht vor der Konsole, erhebt seine Fäuste und setzt seine gesamte vulkanische Stärke ein - um mit seinen Fäusten vernichtend auf die Konsole zu schlagen. Die Einheit zersplittert in Stücke, AUFLODERNDE FUNKEN UND WEISSER RAUCH steigen auf. Xon greift in die brennende und zischende Konsole, zieht den Hauptschaltkreis heraus und schließt positive und negative Stromleitungen kurz, was zu einem WEITEREN AUSBRUCH VON FUNKEN UND RAUCH führt. Er preßt wegen des Schmerzes seine Lippen zusammen, der durch den von ihm ausgelösten, glühendheißen Funkenflug verursacht wird. Die Brückenbeleuchtung wird dunkler, flackert wieder auf - und dann sind die beiden Leitungen in Xons Händen tot. Seine Knie geben nach, er bricht zusammen, lehnt seinen Rücken gegen die Wand - während er behutsam seine beiden schwerverbrannten Hände betrachtet. Die anderen eilen herbei, um ihm zu helfen.

UHURA

Der Computer ist ausgeschaltet, Captain ...!

165 ANDERE EINSTELLUNG - ILIA 165

die das alles beobachtet hat, ist offensichtlich aufgestanden, um Xon zu helfen. Aber unmittelbar neben ihr befindet sich die Sonde - Tasha. Als Ilia sich fortbewegen will, werden sie und die Sonde plötzlich von einem türkisfarbenen Licht eingehüllt. Sulu sieht das und ruft:

SULU

Captain Kirk ...!

Kirk dreht sich rechtzeitig um, um zu sehen, wie Ilia und die Sonde entmaterialisieren. Chekov hat das auch gesehen.

CHEKOV

Sie haben sie rübergebeamt ...!

Kirk blickt voll hilfloser Wut auf Sulus verzweifelten Gesichtsausdruck und auf den leeren Sessel des Navigators.

166 AUSSENAUFNAHME: DIE ENTERPRISE UND DER FREMDE 166

reisen gemeinsam weiter, die Enterprise ist in dem riesigen Traktorstrahl gefangen. DARÜBER HÖREN wir:

KIRKS STIMME

Logbuch des Captains, Sternzeit 7421.7: Wir - und der Fremde - werden den Erdorbit in genau zwei Tagen erreichen ...

167 INNENAUFNAHME: KORRIDOR 167

ZEIGT Kirk auf dem Weg zur Krankenstation, die STIMME der Logbucheintragung fährt fort:

KIRKS STIMME

... Wir sind noch immer hilflos in seinem Traktorstrahl gefangen. Die Ironie dabei ist natürlich, daß wir uns durch das Abschalten des Computers auch unserer einzigen Möglichkeit beraubt haben, mit dem Fremden zu kommunizieren ... daher sind wir nicht in der Lage, Gewißheit über Lieutenant Ilias Schicksal zu bekommen - und viel wichtiger, über den Zweck der Reise des Fremden zur Erde. Unser einziger Hinweis ist seine Aussage, die Erde sei die ›Heilige Heimstatt des Schöpfers‹. Aber welcher Schöpfer ...?

Kirk erreicht die Krankenstation, betritt sie..

168 INNENAUFNAHME: KRANKENSTATION 168

Kirk bewegt sich durch die äußeren Räume in den:

169 HOSPITALBEREICH 169

wo mehrere Betten von verletzten Crewmitgliedern belegt sind – und ein weiteres Bett, in dem Xon auf der Bettkante sitzt (in Hospitalbekleidung) und auf den kleinen, neben dem Bett befindlichen Betrachter blickt. Chapel verbindet Xons verbrannte Hände, bewegt ein kleines, tragbares Gerät über den Verletzungen (das Gerät gibt einen schmalen Lichtstrahl ab, um den Heilungsprozeß zu beschleunigen), aber Xon scheint völlig abwesend, so sehr ist er auf den Betrachter konzentriert.

McCoy ist ebenfalls hier, er studiert einen Scanausdruck an einem der anderen Betten. Er blickt auf, als Kirk erscheint. Kirk nickt den anderen Crewmitgliedern zu, IMPROVISIERT »Wie geht es Ihnen, Swenson…« »…Sie sehen gut aus, Ledoux…« usw. usw.

Kirk geht hinüber zu Xons Bett.

KIRK

Wie fühlen Sie sich, Lieutenant Xon?

Xon antwortet nicht, er hat Kirk nicht einmal gehört, er sieht nicht von dem Betrachter auf, sondern legt einen weiteren Chip ein, betrachtet den Bildschirm. Chapel beendet soeben ihre Behandlung.

CHAPEL

(zu Kirk)

Durch die Plasti-Haut sind seine Verbrennungen wunderbar verheilt, aber ich weiß nicht, ob er nach dem erlittenen Schock weitermachen kann.

170 EINBEZIEHUNG VON McCOY 170

der zu ihnen kommt.

McCOY

Er ist wie alle Vulkanier: viel zu schlau.

Chapel geht, während McCoy den Betrachter ausschaltet. Xon, der sich nicht einmal die Mühe macht festzustellen, wer das gemacht hat, schaltet ihn einfach wieder ein.

McCOY

(hartnäckig)

Ausschalten, Lieutenant. Schalten Sie ihn aus…!

Und wieder schaltet McCoy den Betrachter ab. Nun dreht sich Xon um, sieht McCoy kühl an, sieht dann zu Kirk, nickt höflich.

XON

Guten Abend, Sir. Es dürfte Sie interessieren, daß ich alle Daten zusammengestellt habe, die der Fremde vom Computer erhalten hat, bevor wir ihn abgeschaltet haben.

KIRK

Bevor Sie ihn abgeschaltet haben.

XON

(zuckt abwehrend mit den Schultern)

Keine bedeutenden Informationen wurden übermittelt: Etwa dreitausend Jahre Erdgeschichte – außerdem ein Teil der Personaldateien der Enterprise. Zudem umfassende Untersuchungen über die irdische Agrikultur, Tiere und menschliche Anatomie.

KIRK

Sind Sie sicher, daß das alles war?

XON

Absolut, Sir. Er erhielt keine Informationen über Starfleet, Erdverteidigung oder die Föderation.

KIRK

Dann haben wir ja noch mal Glück gehabt ...

(sarkastische Bemerkung zu McCoy)

... jedenfalls auf diesem Gebiet.

XON

Nein, Sir, das ist nicht unbedingt so gut, wie es scheint.

KIRK

(ringt mit seiner Geduld)

Bitte, Lieutenant, keine vulkanischen Rätsel.

XON

Was ich damit sagen möchte, Sir, ist: Ich bin zu dem Schluß gekommen, daß der Fremde auf der Grundlage der erhaltenen Informationen inzwischen zu der Ansicht gelangt sein muß, daß die gleichen ›Parasiten‹, die die Enterprise infizieren, auch die Erde ›infizieren‹ - die ›Heilige Heimstatt des Schöpfers‹, und es seine Pflicht ist, den Planeten von dieser Seuche zu befreien.

McCOY

Jetzt sind wir die ›Seuche‹ ...!

XON

(ironisch, zu McCoy)

Ja, Sir ...

(zu Kirk)

Wenn Sie mich entschuldigen, Captain, ich werde meine Berechnungen fortsetzen ...

Er schaltet den Betrachter wieder ein, betätigt Schalter usw. und verliert sich sofort in seinen Forschungen. Kirk sieht McCoy grimmig an, dann dreht er sich um und will gehen. McCoy ruft ihm nach:

McCOY

Jim, ich muß mit dir reden ...

171 EIN ANDERER BEREICH DER KRANKENSTATION 171

Kirk steht da und wartet, daß McCoy zu ihm aufschließt.

McCOY

Ich möchte, daß du dich auch ein wenig ausruhst, Jim.

KIRK

Ausruhen? Ein fremdes Schiff, das so groß ist wie Manhattan Island, fliegt auf die Erde zu - und hat uns im Schlepp. Es hat eines unserer Crewmitglieder in seiner Gewalt. Und du willst, daß ich mich ausruhe?

McCOY

Du wirst uns keine Hilfe sein, wenn du wegen Überlastung zusammenbrichst.

KIRK

Mir geht's gut ...

Er will gehen, aber McCoy hält ihn zurück.

McCOY

(sanft, aber fest entschlossen)

Zwing mich nicht, mein Vorrecht als Arzt anzuwenden, Captain ...

(eindringlich, wie ein Freund)

Jim, bitte ...

Kirk sieht ihn einen Moment lang an, dann nickt er.

KIRK

Also gut.

Er umfaßt dankbar McCoys Ellbogen, dreht sich um und geht. McCoy steht da und sieht ihm einen Moment lang besorgt nach, dann dreht er sich um und blickt in den:

172 HOSPITALBEREICH 172

wo er Xon sehen kann, der am Betrachter sitzt. McCoy geht zu Xons Bett.

McCOY

Hat sich in den Informationen, die der Computer an den Fremden gab, auch irgendeine Erklärung über einen jungen Lieutenant Junior Grade gefunden, der einen Stromschlag aushalten konnte, der zwei normale Menschen getötet hätte?

XON

(kühl)

Vulkanische Zähigkeit - im Vergleich zu der der Menschen - ist allgemein bekannt und akzeptiert, Doktor.

McCOY

So wie ihre Sturheit ...!

McCoy schaltet den Betrachter ab, dreht ihn von Xon fort und verläßt den Raum.

173 INNENAUFNAHME: KIRKS QUARTIER 173

ZEIGT zuerst den kleinen persönlichen Bildschirm, auf dem eine Reihe von Berechnungen zu sehen sind. EIN WENIG ZURÜCKZOOMEN, UM *Kirk* ZU SEHEN - der über den Tisch gebeugt liegt und fest schläft. Er trägt einen Freizeitanzug und hat offensichtlich McCoys Befehl (sich auszuruhen) befolgt, ist dann vor Erschöpfung eingeschlafen.

174 ÜBER KIRK HINWEG ZUR WAND 174

wo wir, von einem anderen Raum zurückgeworfen, ein STATISCHES KRACHEN HÖREN und einen TÜRKISFARBENEN LICHTBLITZ SEHEN. Der Effekt weckt Kirk auf, der verschlafen auf den Betrachter schaut, vermutet, daß der ihn geweckt hat, und ihn abschaltet, um aufzustehen und durch den Raum zu seinem Bett zu gehen.

175 AM BETT - EINSTELLUNG AUF DIE BADEZIMMERTÜR 175

während Kirk das Bett erreicht und plötzlich (im Badezimmer) die Sonardusche rauschen hört. Sofort auf der Hut, blickt Kirk ins Badezimmer, tritt ein und sieht etwas Unglaubliches:

176 WAS KIRK SIEHT - DIE GESTALT EINER NACKTEN FRAU IN DER DUSCHKABINE 176
durch die halbdurchsichtigen Glastüren der Kabine. Nach einem Moment des Zögerns schiebt er die Glastür beiseite. Jetzt kann er es überhaupt nicht fassen. Er sieht:

177 ILIA 177
nackt, steht im Sonarnebel.

ILIA
(freundlich, beiläufig)
Guten Abend, Captain ... dürfte ich mir bitte Ihren Bademantel ausleihen ...?

Sie deutet auf Kirks Bademantel, der neben der Tür hängt. Er reicht ihn ihr, ist im Augenblick sprachlos (ganz abgesehen davon, daß er von ihrem reizenden Körper fasziniert ist). Ilia lächelt, fährt fort;

ILIA
(fährt fort, während sie den Bademantel anzieht)
Der multizelluläre Gußvorgang hielt meine Gestalt auf Nachttemperatur. Dies hat ihn jetzt auf die Temperatur abgekühlt, die Sie als normal bezeichnen.

KIRK
Was sind Sie? Irgend etwas, das Lieutenant Ilias Gestalt benutzt ...

ILIA
Und perfekt funktioniert ...

178 VORBEI AN ILIA ZU KIRK 178
während sie ihren Bademantel öffnet, sich Kirk zeigt und fortfährt:

ILIA
Wie Sie sehen können, ein exaktes Duplikat.

Sie wird unterbrochen von dem leisen Stakkatoklingeln des Türdrückers. Kirk wirbelt herum, um die Tür (auf der anderen Seite des Raums) zu sehen:

179 McCOY 179
tritt ein, bemerkt zunächst nichts.

180 ILIA - ALS McCOY SIE SIEHT 180
zum Teil im Schatten, so daß er sie zunächst nur für eine Frau im Bademantel hält.

McCOY
(ablehnend)
Ich habe dir Ruhe verordnet, Captain. Ich erinnere mich nicht, daß ich irgendeine andere Therapie empfohlen habe ...
(jetzt sieht er Ilia, reagiert)
... Lieutenant Ilia ...!

ILIA
(freundlich, beiläufig)
Guten Abend, Doktor. Aber ich heiße ›Tasha‹, nicht Ilia.

KIRK
Tasha ...?!

ILIA

Ja, das ist doch der Name, den Sie mir gegeben haben, oder?

Kirk und McCoy tauschen Blicke aus, dann tritt McCoy vor und untersucht Ilias Augen, ihr Gesicht, die Haut.

McCOY

(zu Kirk)

Tasha ... die Sensorsonde?

(zeigt)

Das dreibeinige metallene Ding ...?

ILIA

(freundlich)

Ich bin eine perfekte Nachbildung der original Ilia. Ich kann jede ihrer Funktionen ausführen ...

(streckt sich nach Kirk aus, um ihn zu streicheln)

Darf ich das demonstrieren ...?

Kirk weicht vor ihr zurück, während Ilia fortfährt:

ILIA

Ich habe einen neuen Körper erhalten, um die Kommunikation mit Ihnen zu erleichtern.

McCOY

In der Dusche ...?

181 EINSTELLUNG AUF KIRK 181

während er zu seinem Schreibtisch geht, einen Tricorder hervorholt, ihn einschaltet und die Anzeigen abliest. Er reicht die Einheit an McCoy, der das gleiche sieht.

McCOY

Nichtmenschliche Lebensform.

ILIA

(freundlich)

Sehen Sie ...?

KIRK

(zu Ilia)

Wieso wurde durch Sie kein Eindringlingsalarm ausgelöst?

ILIA

(freundliches Lächeln)

Die Schaltkreise sind sehr einfach zum umgehen.

Kirk begibt sich zum Interkom, schaltet es ein, spricht:

KIRK

(ins Interkom)

Maschinenraum ... Scottie, programmieren Sie einen alternativen Schaltkreis für den Eindringlingsalarm.

SCOTT (AUS DEM OFF)
Aye, Sir. Erwarten wir weitere Besucher?

KIRK
Das könnte sein. Kirk Ende.

182 ÜBER KIRK HINWEG ZU McCOY UND ILIA 182
während Kirk sich vom Interkom wegdreht und McCoy sieht, der völlig fasziniert Ilia erneut untersucht: Er berührt ihre Haut, sieht in ihre Augen, bewegt ihre Gliedmaßen, scannt sie mit dem Tricorder.

McCOY
Unglaublich ...!

Nun schaltet er das Interkom ein, spricht hinein:

McCOY
(fährt fort; ins Interkom)
Lieutenant Chapel ... bringen Sie bitte sofort einen tragbaren Scanner und einen Metabolismus-Recorder in das Quartier des Captains.

CHAPEL (AUS DEM OFF)
(hastig)
Bin auf dem Weg ...!

KIRK
(zu McCoy)
Der Wissenschaftsoffizier ...

McCOY
(ins Interkom)
... und bringen Sie Lieutenant Xon mit.

183 INNENAUFNAHME: KRANKENSTATION 183
Chapel am Interkom, IMPROVISIERT ein »Jawohl, Sir«, schaltet ab und betritt den:

184 HOSPITALBEREICH 184
wo Xon, wie zu erwarten, durch den Betrachter schaut. Er blickt auf, erwartet, daß er ermahnt wird. Sie flüstert kurz in sein Ohr:

CHAPEL
Ziehen Sie sich an, Lieutenant, ich glaube, es ist etwas mit dem Captain geschehen ...!

Chapel verläßt den Bereich, die KAMERA FOLGT IHR in einen Vorratsbereich. Sie entnimmt zwei kleine Medokits, Xon nimmt die Kits entgegen, dann verlassen sie eilig die Krankenstation. Beide machen einen sehr ernsten Eindruck.

185 INNENAUFNAHME: KORRIDOR - LIFT 185
während er sich öffnet und Chapel und Xon herauskommen, den Korridor entlanglaufen zu:

186 KIRKS QUARTIER 186

wo die Türen sofort aufgleiten.

187 INNENAUFNAHME: KIRKS QUARTIER 187

während Chapel und Xon eintreten.

McCoy nimmt von Xon die Medokits entgegen, öffnet sie. Gleichzeitig ist Chapel verwirrt, da Kirk offensichtlich gesund ist. Sie achtet überhaupt nicht auf Ilia, während Xon Ilia recht neugierig betrachtet.

CHAPEL

Sie sehen nicht krank aus, Captain ...

(jetzt erkennt sie, daß Ilia zurück ist)

Ilia, Sie sind zurück. Gott sei Dank!

ILIA

(freundlich)

Guten Abend, Dr. Chapel. Guten Abend, Lieutenant Xon.

CHAPEL

(verwirrt)

Ich verstehe nicht ganz. Wer ist denn krank?

188 ANDERE EINSTELLUNG - McCOY 188

Die versammelten Instrumente - sie erinnern an kleine, flache Bildschirme, die sofort alle wichtigen Lebenszeichen anzeigen, wenn sie über einem Patienten in Position gebracht werden. McCoy bedeutet Ilia mit einer Geste:

McCOY

Würden Sie sich bitte auf das Bett legen ...?

ILIA

(freundlich)

Aber sicher.

Ilia legt sich auf das Bett, McCoy stellt seine Instrumente ein. Nun scannt er rasch ihren Körper, während das andere Gerät ihren Metabolismus aufzeichnet und die Ergebnisse auf dem Schirm anzeigt. Chapel geht hinüber und betrachtet den Scanner, reagiert ungläubig.

McCOY

Die Haut ist synthetisch, aber absolut genial ...

(zu Chapel)

Sehen Sie sich das an: Miniaturheizelemente, Sensoren, Relais ...

(zu Kirk, der sich etwas ansehen soll)

Jim ... Xon ...

Kirk und Xon betrachten den Scanner, während Ilia hilfreich sagt:

ILIA

Es existiert auch ein Netzwerk aus Mikropumpen ...

McCOY

(der den Scanner betrachtet)

Mein Gott ...!

189 AUS IHREM BLICKWINKEL - NAHAUFNAHME - DER SCANNER (ODER BETRACHTER) 189

Ein Teil des Innenlebens von Ilia, die gesamte komplexe Maschinerie. (PRODUKTIONSHINWEIS: Wir zeigen nur so viel, wie für die künstlerische Abteilung vertretbar ist.) McCoy ist unendlich fasziniert.

McCOY
(klinisch)
...jede Epidermalfunktion ist kopiert worden, bis hin zur Tränenflüssigkeit.

Die Untersuchung wird noch einige Augenblicke fortgesetzt, dann beendet McCoy sie. (Die ganze Zeit über ist Xon still, er ist erkennbar beeindruckt von dem Androiden und versucht, alle Faktoren zu bewerten.)

McCOY
(zu Ilia)
Sie können sich jetzt setzen.
(zu Chapel)
Bringen Sie die Ausrüstung zurück - und zu niemandem ein Wort über das hier...
(zu Kirk, während Chapel seiner Aufforderung nachkommt)
Das ist der vollkommenste Android, den ich je gesehen habe...
(zu Ilia)
Die Frage ist nur: Was machen wir mit Ihnen?

ILIA
Sie dürfen alles machen, was Sie wollen. Das heißt, Captain Kirk darf das.

Chapel, die soeben die Ausrüstung zusammenpackt und gehen will, reagiert auf diese Bemerkung, wirft Kirk einen interessierten Blick zu.

CHAPEL
Ich würde gerne einen Bericht über alles erhalten, was Sie mit ihr... ›machen‹..., Captain.

KIRK
Ja, Lieutenant, das kann ich mir vorstellen. Vielen Dank für Ihr Interesse.

Er sieht Chapel einen Moment lang an; sie geht. Ilia sitzt ihnen zugewandt bequem auf der Bettkante. Sie wartet geduldig und höflich darauf, daß die Männer ihre Befragung fortsetzen. Kirk und McCoy sehen sich perplex an, dann wendet sich Kirk an Xon:

KIRK
(fährt fort)
Nun, Mr. Xon, <u>was</u> machen wir mit ihr?

XON
Ich würde vorschlagen, Sir, daß wir ihr angemessene Kleidung geben...
(zu Ilia)
Wo ist die echte Lieutenant Ilia?

McCOY
Wir haben sie gefragt: Sie sagt, Ilia habe aufgehört zu funktionieren.

XON
(eine Pause, dann zu Ilia)
Sie hat aufgehört zu <u>existieren</u>...?

ILIA
(freundlich)
Sie ist zerlegt worden.

Ein Moment, während die grimmige Bedeutung dieser Worte aufgenommen wird. Dann:

XON
Warum sind Sie hergeschickt worden?

ILIA
Um mehr über die Servo-Einheiten zu erfahren, die die USS Enterprise bevölkern.

McCOY
Servo-Einheiten ...?

KIRK
Die ›Parasiten‹, Pille. Wir.

McCoy reagiert entsprechend, während Xon weiter zu Kirk spricht:

XON
Offensichtlich, Sir, ist der Fremde zu der Ansicht gelangt, daß die ... ›Servo-Einheiten‹ auf der Enterprise erheblich komplizierter sind als erwartet. Eine Scan-Analyse der Erinnerungen von Lieutenant Ilia hat wahrscheinlich eine besondere Aufmerksamkeit für Captain Kirk ergeben ...
(taktvoll)
... natürlich die deltanische Sinnlichkeit. Also haben sie sie reproduziert und – völlig logisch – angenommen, daß eine Beziehung zu Captain Kirk der schnellste Weg ist, mehr über uns zu erfahren.

McCOY
(amüsiert, sarkastisch)
Eine ›Beziehung zu Captain Kirk‹, was? Chapel hatte recht: das wird interessant werden ...!

KIRK
Halt die Klappe, Pille.
(zu Ilia)
Was genau sollen Sie von mir lernen ...?

ILIA
Warum die USS Enterprise die Servo-Einheiten für so wichtig für ihre Existenz betrachtet. Ve-jur ist bestrebt, das zu wissen.

XON
›Ve-jur‹ ...? Ist das der Name Ihres Schiffs?

ILIA
Das ist sein Name: Ve-jur.

McCOY
Ve-jur. Na, dann müssen wir es nicht länger ›es‹ nennen ...

190 EINSTELLUNG AUF DAS INTERKOM – BILDSCHIRM 190
während das AUDIOSIGNAL zu HÖREN ist, dann erscheint Scotts Bild auf dem Schirm:

SCOTT

(auf dem Schirm)

Captain ... Wir haben jetzt wieder volle Energie, Sir.

Kirk blickt Xon an, dann spricht er ins Interkom:

KIRK

Danke, Mr. Scott. Halten Sie sich bereit ...

(zu Ilia)

Würde es Ihnen etwas ausmachen, mit Doktor McCoy hierzubleiben, während Mr. Xon und ich auf die Brücke gehen ...?

(gezwungenes Lächeln)

Es dauert nur ein paar Minuten.

191 SCHWERPUNKT AUF McCOY 191

der auf die Ankündigung reagiert, daß er bei Ilia bleibt.

ILIA

(freundlich)

Das ist völlig zufriedenstellend.

Kirk bedeutet Xon, den Raum zu verlassen. Sie gehen los. Kirk blickt zurück auf McCoy, der nervös zu Ilia blickt, während sie eine Hand ausstreckt und sein Gesicht auf die deltanische Weise zu liebkosen und ihn zu beruhigen beginnt.

192 INNENAUFNAHME: KORRIDOR 192

während Kirk und Xon Kirks Quartier verlassen, auf den Lift zugehen; sie treten ein, hinter ihnen schließen sich die Türen.

193 INNENAUFNAHME: LIFT 193

Kirk und Xon treten ein, die Lifttüren schließen sich.

KIRK

(an den Lift gewandt)

Brücke ...

(zu Xon)

Bewertung, Mr. Xon.

XON

Unsere Situation ist unhaltbar, Captain.

KIRK

(verärgert)

Mr. Xon, was ich nicht gebrauchen kann, ist Ihre Bestätigung des Offensichtlichen ...! Was ich benötige, ist eine Lösung.

XON

Sie baten um eine Bewertung, Sir.

KIRK

(noch verärgerter)

Einer möglichen Lösung ...!

XON

Jawohl, Sir. Tatsache ist, Sir, daß die Mission der Androidin zwar darin besteht, mehr Wissen über uns zu sammeln, sie zugleich aber das verkörpert, was uns am meisten fehlt: Informationen über den Fremden, seine Absichten und Details darüber, weshalb die Erde die Heilige Heimstatt des Schöpfers sein soll.

KIRK

Und wie sollen wir von ihr diese Informationen bekommen ...?

XON

Ich würde sagen, Sir, indem wir mit ihr kooperieren ...
(während Kirk ihn anblickt; erklärt)
... indem Sie mit ihr ... eine ›Beziehung‹ ... eingehen, Sir.

Kirk starrt ihn noch immer ungläubig an, als sich die Lifttüren öffnen und sie die Brücke erreicht haben.

194 INNENAUFNAHME: BRÜCKE 194

wo Kirk noch einen Moment lang Xon anstarrt, dann die Brücke betritt, gefolgt von Xon. Decker sitzt im Kommandosessel, Sulu am Steuer, Chekov auf dem Platz des Navigators, Uhura an der Kommunikation.

Auf dem Bildschirm das allgegenwärtige Bild des fremden Schiffs, das die Enterprise in seiner Gewalt hat. Kirk geht zum Kommandosessel, bedeutet Decker sitzenzubleiben, als der aufstehen will, um die Brücke an Kirk zurückzugeben.

KIRK

Status, Mr. Decker.

DECKER

Wir werden noch immer von einem starken Traktorstrahl festgehalten, Captain, und befinden uns mit Warp sechs Komma zwei auf direktem Weg zur Erde.

KIRK

Hat der Maschinenraum Sie informiert, daß die volle Energie verfügbar ist?

DECKER

Ja, Sir. Aber ich glaube, wir haben keine Chance, uns aus dem Traktorstrahl zu befreien.

195 ÜBER SIE HINWEG ZU XON 195

der sich an seiner wissenschaftlichen Station befindet und in den abgeschirmten Betrachter blickt.

KIRK

Mr. Xon ...
(Xon blickt auf)
Ist Ihrer Meinung nach ein mit voller Leistung unternommener Befreiungsversuch aus dem Traktorstrahl empfehlenswert?

XON

Meiner Meinung nach, Sir, würde ein solcher Versuch den Fremden lediglich verärgern und provozieren. Ich rate davon ab.

Kirk nickt verstehend, dann wendet er sich an Chekov.

KIRK

Mr. Chekov ...?

CHEKOV

Ich sehe das auch so, Captain.

Kirk denkt einen Moment lang nach, dann schaltet er das InterKom ein:

KIRK

(ins Interkom)

Maschinenraum ... Scottie, können Sie uns gerade so viel Energie geben, um eine Subraumnachricht an Starfleet zu senden, ohne daß die Sensoren des Fremden das für einen Befreiungsversuch halten?

SCOTT (AUS DEM OFF)

Es muß unter fünfzehn Sekunden bleiben, Captain.

196 ÜBER KIRK HINWEG ZU UHURA 196
während er zu ihr blickt. Sie nickt.

UHURA

Ich kann es aufzeichnen, Captain, und mit extrem hoher Geschwindigkeit senden.

KIRK

(zu Uhura)

Übertragen Sie unsere Logbücher und Berichte. Aber warnen Sie Starfleet vor einer Antwort: Der Fremde könnte den Kanal übernehmen und in den Computer von Starfleet eindringen.

Uhura nickt, dreht sich um, um mit ihrer Arbeit zu beginnen, als sie plötzlich stutzt; ihre Augen weiten sich ungläubig, während sie auf etwas starrt, was sich außerhalb des Bildes befindet.

197 AUF SULU 197
der ähnlich reagiert, auf etwas außerhalb des Bildes starrt.

SULU

Ilia ...!

198 ZURÜCKFAHREN, UM ILIA MITAUFZUNEHMEN 198
und McCoy, die beide gerade eintreten. McCoy ist recht zornig und beginnt sofort, Kirk zu erklären:

McCOY

Sie <u>bestand</u> darauf herzukommen ...

UHURA

(erfreut)

Ilia, es geht Ihnen gut ...!

ILIA

O ja. Es geht mir gut.

KIRK

(grimmig)

Das ist <u>nicht</u> Lieutenant Ilia ...

(während alle reagieren)
Meine Damen und Herren, darf ich Ihnen ... Tasha ... vorstellen.

199 INNENAUFNAHME: MASCHINENRAUM 199
Scott am Interkom der Konsole:

SCOTT
(ins Interkom)
In Ordnung, Captain. Ich kann Ihnen jetzt Energie für die Subraumkommunikation geben. Aber nur fünfzehn Sekunden, Sir.

200 INNENAUFNAHME: BRÜCKE 200
Jeder beobachtet Ilia, offensichtlich hat Kirk allen die Wahrheit über sie gesagt. Er spricht soeben ins Interkom.

KIRK
(ins Interkom)
Halten Sie sich bereit, Mr. Scott ...
(zu Uhura)
Sind Sie bereit, Commander?

UHURA
(mit einem Blick auf Ilia)
Bereit.

KIRK
Frequenz öffnen.

Uhura blickt noch einen Moment lang auf Ilia, wendet sich dann ab und sendet die Nachricht.

201 ANDERE EINSTELLUNG - DAS KOMMANDOZENTRUM 201
wo Ilia zu Sulu gegangen ist und ihre Hand auf seine Stirn legt.

SULU
(ruhig, ungläubig)
Ich kann es nicht fassen ...!

ILIA
(freundlich)
Ich kann alles, was das Original konnte - sogar besser.

Sulu und Chekov werfen sich Blicke zu, man kann beinahe Sulus Gedanken lesen: Er würde es gerne einmal ausprobieren. Er hält Ilias Hand, streichelt sie, fühlt die echtem Fleisch ähnelnde Hülle. Dann versteift sich Ilia mit einemmal, zieht ihre Hand zurück, dreht sich um und richtet sich an Kirk:

ILIA
(zu Kirk)
Ve-jur möchte wissen, warum diese Servo-Einheit ...
(zeigt auf Uhura)
... dem dritten Planeten ein Signal sendet.

Kirk und Xon sehen sich an: wieder eine Frage auf Leben und Tod.

202 UHURA 202
beendet die Übermittlung.

UHURA

Nachricht gesendet, Captain.

KIRK

(ins Interkom)

Maschinenraum ... abschalten, Mr. Scott. Danke ...

(zu Ilia)

Der dritte Planet muß von Ve-jurs Ankunft unterrichtet werden.

Ilia scheint sich wieder kurz zu konzentrieren (sie empfängt Signale von Ve-jur). Dann:

ILIA

Ve-jur vermutet, daß die Servo-Einheiten irgendwie die Kontrolle über die USS Enterprise erlangt haben. Wenn das so ist, deutet das darauf hin, daß die Servo-Einheiten auch die Kontrolle über die überlegenen Lebensformen des dritten Planeten übernommen haben.

203 ÜBER SIE HINWEG ZU XON 203
der anscheinend auf eine Anzeige in seinem Betrachter reagiert hat.

XON

Captain ... der Traktorstrahl wird schwächer ...!

204 SULU 204
reagiert ebenfalls, arbeitet an seinen Kontrollen.

SULU

Das Steuer, Sir ...! Wir haben die Kontrolle über das Schiff ...!

Decker ist sofort am Interkom:

DECKER

(ins Interkom)

Maschinenraum ... starten Sie den Hauptantrieb ...!

KIRK

(zu Decker)

Warp 6, damit wir auf gleicher Höhe bleiben.

DECKER

(ins Interkom)

Sofort Beschleunigung auf Warp 6 ...!

(zu Kirk)

Ich finde, wir sollten auf Warp 7 gehen, Captain. Wenn er uns freiläßt, dann sollten wir uns so weit wie möglich von ihm entfernen!

KIRK

Ich möchte in seiner Nähe bleiben, bis wir wissen, wie wir mit ihm umgehen müssen!

205 AUSSENAUFNAHME: DIE ENTERPRISE UND DER FREMDE 205

ZEIGT die Enterprise immer noch sehr nahe am Fremden, entfernt sich aber jetzt erkennbar, auch wenn sie auf dem gleichen Kurs bleibt.

206 INNENAUFNAHME: BRÜCKE - SCHWERPUNKT AUF ILIA 206

konzentriert sich wieder, während um sie herum große Aktivität herrscht. Dann erklärt sie mit unveränderter Freundlichkeit:

ILIA

Ve-jur hat die USS Enterprise als Zeichen für Ve-jurs Vertrauen freigelassen und erwartet ein ähnliches Zeichen von der USS Enterprise.

KIRK

Und wie soll dieses Zeichen aussehen?

ILIA

Indem Sie den Schöpfer und seine Weisheit akzeptieren.

KIRK

Das tun wir.

ILIA

(schüttelt den Kopf)

Nein; Sie haben bestritten, daß der dritte Planet die Heilige Heimstatt ist.

207 AN IHNEN VORBEI ZUM BILDSCHIRM 207

Das riesige Schiff auf dem Schirm etwas kleiner, als wir es bislang gesehen haben.
Kirk blickt zu Ilia, dann auf den Schirm.

KIRK

(Augen auf dem Bildschirm)

Mr. Decker ... manövrieren Sie uns fort. Mal sehen, wie weit er uns gehen läßt.

DECKER

Zwei Grad umgekehrte Tangente.

SULU

Zwei Grad umgekehrte Tangente.

208 AUSSENAUFNAHME: DIE ENTERPRISE UND DER FREMDE 208

Die kleine Enterprise entfernt sich jetzt erkennbar, behält die gleiche Richtung und Geschwindigkeit bei, vergrößert aber die Entfernung zum Fremden.

209 INNENAUFNAHME: BRÜCKE - SCHWERPUNKT AUF DEM BILDSCHIRM 209

während Kirk und die anderen auf den Schirm blicken, auf das allmählich kleiner werdende Bild des Fremden.

KIRK

(zu Sulu)

Halten Sie uns hier ...

(zu Decker)

Er läßt uns frei ...

(zu Ilia)

Wie können wir ihn davon überzeugen, daß wir ihn akzeptieren?

210 EINSTELLUNG AUF ILIA 210

während sie sich wieder konzentriert. Dann:

ILIA

Ve-jur bereitet sich darauf vor, Captain Kirk und den anderen Servo-Einheiten den Beweis für die Heilige Heimstatt zu erbringen.

KIRK

Wann?

ILIA

Sie können sich hinüberbeamen, wenn Sie bereit sind. Ich werde Sie begleiten.

CHEKOV

(zweifelnd)

Plötzlich, einfach so ...! Captain, ich glaube, es wäre nicht sehr klug von Ihnen, das zu machen.

KIRK

(nüchtern)

Commander, ich bin Ihrer Meinung ...

(zu Xon)

Lieutenant Xon, würden Sie sich freiwillig melden, um sich das Innere von Ve-jur anzusehen ...?

XON

Jawohl, Sir!

KIRK

Das haben Sie soeben gemacht ...

(zu Decker)

Sie haben das Kommando, Will. Wenn der Kontakt zu uns für mehr als zehn Minuten verlorengeht ... dann reisen Sie mit Höchstgeschwindigkeit zur Erde. Kontakt durch mich, nicht durch irgendeinen Replikanten ...

Decker steht auf und tritt Kirk gegenüber, spricht ihn leise an, damit niemand mithören kann:

DECKER

Eine Kommandolektion, Captain: Ihr Platz ist <u>hier</u>, auf der Enterprise.

Kirk sieht ihn wütend an, beruhigt sich dann.

KIRK

Sie haben recht. Aber ich bin der Ehrengast - ich <u>muß</u> gehen ...

(ins Interkom)

Drei zum Beamen, Scottie.

SCOTT (AUS DEM OFF)

Drei zum Beamen ...? Wohin beamen, Sir?

Kirk sieht Xon an, dann Decker - dann Ilia. Dann lacht er ernst.

KIRK
(ins Interkom)
Ich wünschte, ich wüßte das.

211 INNENAUFNAHME: TRANSPORTERRAUM 211
Scott an der Konsole, bereitet die Einheit vor - und blickt auf einige sehr interessante Anzeigen, die soeben reinkommen. In dem Moment treten Kirk, Xon und Ilia ein.

SCOTT
Captain, Sie werden die Gürtel mit den Lebenserhaltungssystemen nicht benötigen ...
(deutet auf die Konsole)
In dem fremden Schiff bildet sich ein Schwerkraftfeld ...!
(liest weiter)
Und eine Hülle mit einer Sauerstoffatmosphäre.

Während die drei auf die Plattform treten, sagt Ilia:

ILIA
Stellen Sie bitte die Koordinaten 432 Komma 6 Komma 5 ein, Mr. Scott.

SCOTT
Nun, das hilft. Jetzt muß ich mir keine Sorgen machen, daß ich Sie kopfüber in den Sauerstoff transportiere ... Sind Sie bereit, Sir?

Kirk blickt zu Xon, der nickt.

KIRK
(kurze Pause)
Energie.

SCOTT
Viel Glück, Captain.

Scott bedient die Kontrollen. Der SCHIMMERNDE EFFEKT, im nächsten Moment entmaterialisieren die drei Gestalten. Scott wartet einen weiteren Augenblick, dann spricht er ins Interkom.

SCOTT
(fährt fort; ins Interkom)
Brücke ... sie sind sicher hinübergebeamt worden ...

212 AUSSENAUFNAHME: DIE ENTERPRISE UND DAS FREMDE SCHIFF 212
Nur, um uns an die unglaubliche Größe des Schiffs zu erinnern.

213 INNENAUFNAHME: DAS FREMDE SCHIFF -
NAHAUFNAHME DER DREI, ALS SIE EINTREFFEN 213
Der SCHIMMERNDE EFFEKT, während die drei Gestalten materialisieren.

Sie BLICKEN zur KAMERA, für einen Moment scheinen sie vor einer riesigen Metallwand zu stehen. AUS DEM OFF HÖRT man MASCHINENGERÄUSCHE (beständiges Pochen und Summen) und das GERÄUSCH VON COMPUTERN. Ilias Gesicht läßt keine Gefühlsregungen erkennen - aber Kirks Augen sind vor Unglauben weit aufgerissen. Und Xon kann aller vulkanischen Beherrschung zum Trotz nicht anders, als auf einen Anblick zu reagieren, der so unfaßbar ist, daß er jede Vorstellungskraft übersteigt.

214 DAS INNERE DES FREMDEN SCHIFFS 214
Ein Anblick, so gewaltig, so großartig. In Größe und emotionaler Wirkung entspricht alles den Außenmaßen. Wir befinden uns in einer riesigen Höhle, deren Decke so hoch reicht, wie das Auge blicken kann. Ihre Länge und Dimensionen scheinen in die Unendlichkeit zu reichen.

In der Nähe befindet sich ein großes Objekt, daß an einen Kondensator erinnert, aber mit Spulen, die höher reichen als die höchsten Wolkenkratzer. Durch diese Spulen strömt ein nicht enden wollender Strom an Energie, vielfarbig, blendend, voller Schönheit in seiner Unfaßbarkeit. Und dazu das anhaltende GERÄUSCH, MASCHINENGERÄUSCH.

Das Innere ist auf elegante Weise kilometerlang mit hochentwickelten Mechanismen, Energieleitungen sowie dunklen Röhren angefüllt, durch die endlose Ströme aufblitzenden Energieplasmas fließen - offensichtlich vom einen bis zum anderen Ende des Schiffs.

215 ANDERE EINSTELLUNG - DIE DREI IM SCHIFF 215
stehen auf einer Energieleitung, Liliputaner in einer Welt, die hundertmal größer ist als die von Gulliver.

216 NÄHER AN DIE DREI HERAN 216
während sie über die Intelligenz staunen, die diese Maschine geschaffen hat. Weder Kirk noch Xon sprechen: Worte sind überflüssig. Schließlich bricht Ilia das Schweigen.

ILIA
(freundlich)

Folgen Sie mir bitte ...

Sie geht los, auf der Leitung, anscheinend mit Ziel Maschinenwunderland, das sich endlos vor ihnen erstreckt. Sie folgen.

217 BEWEGUNG DURCH DIE MASCHINE - VERSCHIEDENE SZENEN UND BLICKWINKEL 217
Die drei winzigen Figuren trotten durch die enorme Weite.
An anderen Maschinen vorüber, jede mit einer eigenen Farbe, Bewegung und eigenem KLANG. Hier und da bleiben Kirk und Xon stehen, um nach oben, hinten oder vorne zu blicken; sie hören nicht auf, sich zu wundern. Bald erreichen sie eine:

218 GELATINEARTIGE PLASMAMASSE - VON WEITEM 218
ist die Masse zunächst undurchsichtig, wirbelt, offenbar in sich geschlossen. Während sie sich nähern, zeigt Ilia auf die Masse.

219 NÄHER - LEBENSGRÖSSE 219
während Xon und Kirk Ilias Hand folgen und in der Masse etwas erblicken, was vielleicht noch unglaublicher ist als alles andere.

220 ILIA, DIE IN DER MASSE TREIBT 220
Die echte Ilia, die Augen geschlossen, treibt in der Masse, als befinde sie sich in einem Luftbett. Ihre Augen sind geschlossen, entweder schläft sie - oder sie ist tot. Kirk und Xon treten näher heran, um sie zu genauer zu betrachten.

XON

Ich fürchte, sie ist tot, Captain.

KIRK
(zu Ilia)

Stimmt das?

ILIA
(nickt)
Diese Servo-Einheit hat aufgehört zu funktionieren.

KIRK
Können wir sie wieder mitnehmen?

ILIA
Die Form wird für weitere Untersuchungen aufbewahrt.

KIRK
Es ist möglich, daß wir sie irgendwie reparieren können.

ILIA
(überrascht)
Aber warum? Sie haben mich. Und meine Konstruktion ist stärker und viel nützlicher.

XON
Aber Sie sind nicht wie wir.

ILIA
Um so besser. Ich nutze mich niemals ab ...
(rasch)
Kommen Sie, ich zeige Ihnen den Schöpfer.

Sie geht los, Kirk und Xon folgen, aber beide blicken bedauernd zu Ilias Körper zurück, die sanft in der wogenden Plasma-Masse treibt.

221 EINE WEITERE RASCHE SERIE VON AUFNAHMEN DER DREI, WIE SIE GEHEN 221
- auf der riesigen Leitung -, zwergenhaft klein, an weiteren Geräten im höhlenartigen Inneren des Schiffs.

222 NÄHER 222
während sie gehen. Xon blickt permanent völlig fasziniert umher. Ilia geht leichtfüßig, zielstrebig. In Kirks Kopf wirbeln eine Million Gedanken umher, Anblicke, Pläne. Und dann entdeckt Kirk in weiter Ferne etwas, er kneift die Augenlider zusammen, starrt dorthin - dann beginnt er schneller auf das Objekt zuzugehen.

223 DAS WRACK 223
Es erinnert aus der Ferne an ein kleines, metallenes Objekt von der Größe eines Flugzeugtanks aus dem 20. Jahrhundert. Das runde Objekt scheint an der Seite des Schiffs befestigt oder dort herauszuwachsen. Kirk eilt nun darauf zu.

224 NÄHER AN DAS OBJEKT HERAN 224
als sie es erreichen, tauschen Kirk und Xon Blicke aus. Beide knien sich hin, um das Objekt zu untersuchen. Es war einmal lackiert, Farbreste sind an den Dutzenden von Stellen zu sehen, die von Meteoriten, Staub, Hitze und anderen Weltraumeinflüssen gezeichnet sind.

XON
(liest die Tricorderanzeigen)
Titaniumbasis ...
(liest Zusammensetzung des Metalls und der Farbe vor)
Diese Substanzen sind seit dem frühen 21. Jahrhundert nicht mehr verwendet worden ...

Aber Kirk hört nicht, er blickt an dem ersten Objekt vorbei zu den anderen, zerfetzten Teilen aus dem gleichen Material, die gleichfalls aus Raumschiffwand und -boden herauszuwachsen scheinen. Er geht weiter, um sie zu untersuchen, und starrt ungläubig auf ein großes Teil.

225 DIE TAFEL 225
metallisch-golden, Teil eines großen Abschnitts des Wracks. Und eine Inschrift:

V G R 18 NASA
(HINWEIS: Die Buchstaben zwischen V und G und R sind ausgelöscht worden, so wie der meiste Text unter dem Diagramm des Sonnensystems.)

Xon ist herübergekommen und blickt wie Kirk auf die Tafel. Es dauert einen Moment, ehe Kirk die Buchstaben entziffert.

KIRK
VGE - Ve-jur. Voyager ...! Voyager 18. Die erste Raumsonde, die Signale von jenseits unseres Sonnensystems senden sollte.

XON
Gestartet 1996.

KIRK
Wenige Wochen, nachdem sie am Jupiter vorübergeflogen war, hörte sie auf zu senden.

XON
Richtig, Sir. Und alle Theoretiker waren der Ansicht, daß sie in einem Schwarzen Loch verschwand.

KIRK
Das ist sie wohl auch. Sie ist in den Hyperraum gelangt und damit in die Zeitlosigkeit, bis sie auf der anderen Seite wieder austrat - in einem Teil der Galaxis, der Hunderttausende von Lichtjahren entfernt war ...
(reibt mit den Fingern über andere Inschriften)
Können Sie davon etwas entziffern ...?

226 EINSTELLUNG AUF ILIA 226
die ruhig ihre Reaktionen beobachtet hat, antwortet jetzt, bevor Xon etwas sagen kann.

ILIA
Dies sind die Heiligen Schriften. Die Botschaft des Schöpfers.

XON
(zu Kirk)
Offensichtlich handelt es um den Zweck der Sonde, ihre Herkunft ...

KIRK
(deutet auf die Erde auf der Tafel)
... Der dritte Planet.

XON
Und N-A-S-A steht natürlich für NASA, die alte National Aeronautics and Space Administration.

ILIA
Ehre der Nasa.

KIRK

Sie verstehen nicht, daß wir - die Menschen auf der Erde - es waren, die Voyager 18 gebaut haben ...

(zu Ilia)

Wenn Ve-jur die Servo-Einheiten auf dem dritten Planeten zerstört, wird er die zerstören, die ihn geschaffen haben.

Augenblicklich kommt aus dem Nichts ein grünlich-weißes Laserfeuer, außerdem ein elektrisches Krachen, der Strahl dringt in Kirks Brust ein. Er wirft ihn zu Boden und läßt ihn sich vor Schmerzen krümmen.

XON

(begibt sich zu ihm)

Captain ...!

ILIA

(ruhig)

Ve-jur bestraft die, die lügen.

XON

Es ist keine ...

Aber Kirk kann seine Hand auf Xons Mund legen, gleichzeitig spricht er zu Ilia.

KIRK

Ich wollte niemanden beleidigen.

ILIA

Ve-jur ist überzeugt, daß die Servo-Einheiten den Schöpfer nicht akzeptieren. Sie werden auf die USS Enterprise zurückkehren und Ihre Reise zum dritten Planeten fortsetzen. Dort werden Sie die höheren Lebensformen von der Ankunft Ve-jurs und der Rückkehr des Schöpfers in Kenntnis setzen.

KIRK

›Höhere Lebensformen‹ - Maschinen.

XON

Ja, Sir, Maschinen.

Kirk sieht sich um, richtet sich dann auf und öffnet den Kommunikator am Handgelenk.

KIRK

(in den Kommunikator)

Kirk an Enterprise ...

227 INNENAUFNAHME: BRÜCKE 227

im Kommandozentrum, wo alle auf Kirks Stimme reagieren. Decker betätigt die Kommunikatorverbindung, spricht:

DECKER

Captain, geht es Ihnen gut?

KIRKS STIMME

Ja, uns geht's gut. Informieren Sie bitte den Transporterraum, daß sie uns sofort von diesen Koordinaten aus zurückbeamen sollen.

SCOTTS STIMME

Ich habe sie erfaßt, Commander. - Captain, halten Sie sich für das Beamen bereit ...

228 INNENAUFNAHME: FREMDES SCHIFF - KIRK 228

während er weiter in den Kommunikator spricht.

KIRK

Augenblick noch, Scottie ... Decker, Uhura soll Starfleet benachrichtigen, daß wir einen unumstößlichen Beweis für die Existenz der NASA im 20. Jahrhundert sowie Einzelheiten für die Pläne, Konstruktion und den Start der Sonde Voyager 18 benötigen ...

Kirk zögert, zuckt fast zusammen, als erwarte er einen weiteren Laserblitz. Aber Ve-jur reagiert nicht.

KIRK

(fährt fort; in den Kommunikator)

In Ordnung, beamen Sie uns rüber.

229 INNENAUFNAHME: FREMDES SCHIFF - HALBTOTALE (MASSSTABSGERECHT) 229

zeigt erneut die unglaubliche Größe des Schiffs. Und die DREI KLEINEN GESTALTEN (Kirk, Xon, Ilia) stehen in der Nähe des Wracks der Voyager 18. Dann der SCHIMMERNDE EFFEKT, und sie sind verschwunden. Die KAMERA HÄLT AUF die Weite des Inneren. Mit der Intelligenz und der Macht dieser Maschine kann es niemand aufnehmen.

230 AUSSENAUFNAHME: WELTALL - DIE ENTERPRISE 230

fliegt durch das All - jetzt alleine, da der gigantische Fremde sie freigelassen hat. DARÜBER HÖREN wir:

KIRKS STIMME

Logbuch des Captains, Sternzeit 7421.6. In drei Stunden erreichen wir den Erdorbit. Das riesige Raumschiff Ve-jur oder Voyager ist fünf Stunden hinter uns, es hat uns diese Zeit gewährt, um die ›höheren Lebensformen‹ auf seine Ankunft vorzubereiten ... und offenbar die ›niederen Lebensformen‹ ...

(nüchtern)

... die Menschen zu vernichten.

231 INNENAUFNAHME: BESPRECHUNGSRAUM 231

mit Kirk, Xon, Scott, McCoy - und Ilia -, die an einem Tisch sitzen. Die KAMERA SCHWENKT durch den Raum, ruht einen Moment auf jedem Gesicht, während Kirks STIMME fortfährt:

KIRKS STIMME

Obwohl die Anwesenheit der Androidin Tasha/Ilia dem eindeutigen Zweck dient, Ve-jur permanent mit Informationen über uns zu versorgen ... wagen wir es nicht, sie zu behindern, da wir befürchten müssen, daß wir Ve-jur so zu einem sofortigen und verheerenden Angriff auf die Erde provozieren.

232 SCHWERPUNKT AUF XON UND ILIA 232

die nebeneinander sitzen, Xon redet, während Kirks STIMME fortfährt:

KIRKS STIMME

Tasha/Ilia hat uns dennoch beträchtlich dabei unterstützt, Fakten betreffend Ve-jur zusammenzutragen und in eine Beziehung zueinander zu bringen.

Ende der Logbucheintragung.

XON

... Die lebenden Maschinen, die Ve-jurs Welt bevölkerten, hatten seit Äonen existiert. Aber vor etwa dreihundert Jahren - und aus Gründen, die nicht einmal Tasha genau kennt ...

ILIA

Die Zeit der Leiden.

XON

Ja, die Zeit der Leiden: vielleicht eine Reihe von natürlichen Katastrophen. Oder vielleicht das Verschwinden der Metallegierungen, mit denen sich die Maschinen selbst erbauten. Was immer auch geschah, die Gesellschaft begann unterzugehen.

ILIA

Und dann kam der Heilige.

XON

Der Heilige - Voyager 18. Schwer beschädigt und kaum noch funktionstüchtig, und landete auf dem Maschinenplaneten. Nach dem Maßstab der Maschinen war Voyager 18 zwar extrem primitiv, aber er brachte den regenerativen Funken. Er erfüllte die gesamte Rasse mit neuem Leben. Und 300 Jahre später hatten sie die Fähigkeit erlangt, zu den Sternen zu reisen. Und sie beschlossen, zu dem fernen Planeten zu reisen, von dem der Retter gekommen war.

ILIA

Ehre der Nasa, die uns ihren Sohn und ihre Botschaft schickte.

McCOY

Aber wieso lautet die Nachricht ›Zerstört alles Leben auf der Erde‹ ...?

ILIA

Wenn Servo-Einheiten wie ihr selbst solche Wesen wie die USS Enterprise kontrollieren - und den dritten Planeten in ähnlicher Weise infizieren -, ist es dann nicht offensichtlich, daß die Heilige Heimstatt gereinigt werden muß?

(freundlich)

Sicherlich können Sie das verstehen ...?

McCoy ist zu aufgeregt, um zu antworten; sieht Kirk an, aber genau dann:

233 EINSTELLUNG AUF DEN TISCHBETRACHTER 233

während wir das Audiosignal HÖREN. Kirk schaltet ihn ein, Sulus Gesicht erscheint auf dem Betrachter.

SULU

Erdorbit minus 21 Minuten, Captain. Wir werden von dem Leichten Kreuzer Delphi gerufen.

KIRK
(ins Interkom)
Die Delphi ist das <u>einzige</u> Schiff, das uns ruft?

SULU
Die Boston und die Paris sind zwei Tage entfernt, Sir. Alle anderen sind mehr als fünf Tage entfernt.

SCOTT
(zu Kirk)
Ein Leichter Kreuzer, Captain. Wenn er gegen diesen Koloß antritt, wäre das so, als würde ein Moskito einen Elefanten angreifen ...!

McCOY
(nüchtern, zu Scott)
Die Enterprise ist das stärkste Schiff der Flotte, Mr. Scott, und wenn ich mich nicht irre, haben wir Ve-jur nicht gerade zu Tode erschreckt ...

KIRK
(ins Interkom)
Weisen Sie die Delphi an, einen Kurs auf uns zu berechnen - und zu halten. Sie sollen auf Alarmstufe Gelb gehen und jede ausgehende Nachricht des Hauptcomputers blockieren ...
(schaltet das Interkom ab; zu Scott)
Könnten Sie ein Ziel treffen, wenn Sie aus dem Orbit beamen?

SCOTT
Wo ist das Ziel?

234 ÜBER KIRK HINWEG ZU ILIA 234
während er sie anblickt und Scott antwortet.

KIRK
Starfleet Command, das Archivgebäude.

SCOTT
(humorloses Lachen)
Aus dem Orbit, Captain, kann ich für nichts garantieren. Die Entfernung zur Erde beträgt rund 35 000 Kilometer, wie Sie wissen.

KIRK
Angenommen, es gibt eine Relaisstation? Im Suborbit?

SCOTT
Solange sie nicht weiter als 25 000 Kilometer von uns entfernt ist - und vom Zielpunkt.

235 EINSTELLUNG AUF DEN BETRACHTER 235
während Kirk ihn einschaltet; wieder erscheint Uhuras Gesicht.

KIRK
(ins Interkom)
Commander Uhura, teilen Sie der Delphi mit, sie soll unsere vorherige Kursanweisung ignorieren. Sie sollen in eine suborbitale Flugbahn einschwenken und nicht über 24 000 Kilometer hinausgehen. Und sie sollen sich darauf vorbereiten, zwei Personen zum Beamen zu empfangen.

(schaltet ab; zu Scott)

Wir nehmen die Delphi als Relais.

McCOY

Wer ist ›wir‹, Jim?

KIRK

Tasha und ich. Sie wird selbst die Aufzeichnungen über die Voyager 18 sehen können, um dann Ve-jur zu informieren.

236 AUF ILIA 236
während sie freundlich lächelt.

237 INNENAUFNAHME: KIRKS QUARTIER 237
während sich die Tür öffnet und Kirk und Ilia eintreten. Er geht hinüber zu seinem Schreibtisch, berührt die Schalter für den Konsolenbildschirm - sofort erscheinen verschiedene Berechnungen auf dem Schirm. Ilia sieht interessiert zu.

ILIA

Sie übertragen Ihr Logbuch in den Computer.

KIRK

(ärgerlich)

Routineprozedur.

Er dreht sich um, um fortzufahren, hält aber abrupt inne, als Ilia auf die verführerischste deltanische Art ihre Hände auf seine Wange legt.

ILIA

Ich sah, daß sich männliche und weibliche Servo-Einheiten zärtlich berühren. Ich möchte das ausprobieren.

KIRK

Ich glaube, Sie würden es nicht zu schätzen wissen.

ILIA

Glauben Sie das ...?

Ohne ein weiteres Wort legt sie ihre Arme um ihn, zieht sein Gesicht an ihres heran - und küßt ihn. Kirk ist so überrascht, daß er wie erstarrt ist - für einen Augenblick. Tasha/Ilia ist so real, daß er sich fast mitreißen läßt. Er schiebt sie sanft von sich fort.

KIRK

(flüstert)

Sie sind wirklich eine hervorragende Nachbildung.

ILIA

Das habe ich ja gesagt. Können wir es noch einmal versuchen?

KIRK

(zieht sich zurück)

Zu einer Beziehung gehören auch andere Dinge.

ILIA

Die aber nicht so angenehm sind.

Kirk sieht sie einen Moment lang an.

KIRK

Wie können Sie das wissen?

ILIA

Ich fühle es.

KIRK

Sie ›fühlen‹ ...?

238 SCHWERPUNKT AUF ILIA 238
während sie einen Moment lang verwirrt erscheint, fast erschrocken. Sie lächelt ihn schwach an.

ILIA

Das ist nicht sehr logisch, nicht wahr?

Sie starren sich einen Moment lang an, in Ilias Augen ist ein sehr menschlicher Funke zu sehen. Kirk kann nicht anders, als ihn wahrzunehmen. Es scheint ihn so sehr zu verwirren wie sie. Dann werden sie unterbrochen vom:

239 TISCHBETRACHTER 239
der das AUDIOSIGNAL von sich gibt. Einen weiteren Moment lang bewegt sich Kirk nicht, steht da und betrachtet Ilia. Das SIGNAL ERTÖNT noch einmal, Kirk schaltet das Gerät ein. Scotts Gesicht erscheint:

SCOTT

Wir sind bereit, Captain. Sie kommen am besten runter in den Transporterraum.

KIRK

(ins Interkom)

Wir sind auf dem Weg, Scottie.

Er schaltet den Betrachter ab, sieht Ilia noch einen Moment lang an.

ILIA

Wir sollten jetzt besser gehen.

Kirk sieht sie an, nickt fast traurig.

240 INNENAUFNAHME: TRANSPORTERRAUM 240
wo Kirk Xon, Decker und McCoy gegenübersteht und ihnen letzte Befehle erteilt. Ilia ist ebenfalls hier und wartet geduldig. Scott befindet sich im Hintergrund, trägt einen Ohrhörer im Ohr. (Er steht in Kontakt mit der Delphi.)

KIRK

(von vorne)

... Und Sie, Mr. Xon, programmieren den Computer, damit das Schiff auf ein entsprechendes Signal hin auf Selbstzerstörung schaltet.

XON

Jawohl, Sir.

KIRK

(zu Decker)

Sie werden in eigenem Ermessen das Signal geben, Will. Egal, was geschieht, die Speicherbänke der Enterprise dürfen nicht Ve-jur in die Hände fallen. Die gesamte Föderation würde in Gefahr geraten.

DECKER

Ich verstehe, Captain.

241 EINSTELLUNG AUF SCOTT 241

der den Ohrhörer ablegt und zur Kontrollkonsole geht.

SCOTT

Die Delphi ist jetzt in Transportposition, Captain.

Kirk und Ilia betreten die Transporterplattform. Er steht einen Moment da und betrachtet seine Offiziere, dann fällt sein Blick auf McCoy. Er lächelt schwach, um McCoy zu ermutigen. Die beiden Freunde sehen sich an, verstehen, daß es durchaus das letzte Mal sein könnte. Dann blickt Kirk zu Scott.

KIRK

Energie.

Scott reagiert nicht sofort, sondern blickt Kirk an - alte Kameraden. Kirk nickt ihm zu. Dann bewegt Scott die Kontrollen.

SCOTT

Energie.

Kirk und Ilia stehen da und warten - dann der SCHIMMERNDE EFFEKT, im nächsten Moment sind sie entmaterialisiert. Die Männer stehen da und starren auf die leere Plattform.

SCOTT

(fährt fort; redet mit sich selbst)

Ich hoffe nur, daß der Transporteroffizier der Delphi weiß, was er macht ...!

242 INNENAUFNAHME: DELPHI-TRANSPORTERRAUM
(UMDEKORIERTER ENTERPRISE-RAUM) 242

mit dem CAPTAIN DER DELPHI (ein Commander) und dem Transporteroffizier (ein Lieutenant) an der Kontrollkonsole. Nun der SCHIMMERNDE EFFEKT, Kirk und Ilia materialisieren. Beide Delphi-Offiziere können sich beim Anblick von Ilia einer bewundernden Reaktion nicht erwehren.

CAPTAIN DER DELPHI

Admiral Kirk ... willkommen an Bord.

KIRK

Danke, Commander. Sind Sie bereit?

CAPTAIN DER DELPHI

Jawohl, Sir. Starfleet hat uns gebeten, daß wir Sie direkt in Admiral Noguras Büro beamen.

KIRK

Sehr gut.

TRANSPORTEROFFIZIER

Sir, wir befinden uns in einem Parallelorbit um die Erde, damit wir das Ziel nicht verlieren. Vielleicht möchten Sie und die junge Dame ein paar Minuten ausruhen ...?

KIRK

Nein, wir ...

243 ÜBER KIRK HINWEG ZU ILIA 243

während er abrupt innehält, sie anstarrt, eine Idee entwickelt.

KIRK

... Lieutenant, können Sie uns im Union Square Park absetzen ...?

TRANSPORTEROFFIZIER

(verwirrt)

Ja, natürlich ...

KIRK

Ich glaube, es wäre für die junge Dame hilfreich, wenn sie aus erster Hand einen Blick auf das Leben auf der Erde werfen könnte. Behalten Sie Ihren Parallelkurs bei und informieren Sie Admiral Nogura, daß wir uns in dreißig Minuten mit ihm im Archivgebäude treffen. Energie.

244 AUSSENAUFNAHME: ERDE - UNION SQUARE PARK - TAG (SCHWENK) 244

Der gleiche Park, in dem sich Kirk und McCoy in Szene # 16 aufgehalten haben. KINDER, die wie zuvor herumtollen und mit ›wilden‹ Tieren spielen. ÄLTERE LEUTE (deren Gesichter über ihr wahres Alter hinwegtäuschen können, aber deren Körper und Geist jung sind). Und verschiedene wettkampfähnliche Spiele. Und die Haine ... und ein wenig dahinter der Ozean. Ein elegantes Tragflächenboot streicht über das Wasser nahe der Küste. Auf seinem Deck befinden sich vielleicht einige Dutzend Leute.

Jetzt, mittendrin, MATERIALISIEREN Kirk und Ilia. Aber niemand hat sie materialisieren gesehen, und als die Gruppe KINDER an ihnen vorbeirennt, nimmt keiner von ihnen Notiz - nur ein KLEINER JUNGE. Er bleibt stehen und blickt zu Kirk auf, zeigt auf die Uniform:

JUNGE

Gehören Sie zur Starfleet ...?

KIRK

(gequältes Lächeln)

Manchmal.

JUNGE

(berührt Kirks Streifen)

Sie sind ein Offizier. Das möchte ich auch werden, wenn ich groß bin.

Dann IMPROVISIERT der Junge »Tschüs ...« und läuft los, um sich seinen Freunden anzuschließen. Ilia hat den Jungen ungläubig angesehen.

ILIA

Wenn er ›groß‹ ist ...?

KIRK

Wir ›Servo-Einheiten‹ beginnen unser Leben sehr klein ...

(deutet mit den Händen an)
... dann erreichen wir unsere volle Größe. Das dauert einige Jahre.

ILIA

Und die inneren Mechanismen wachsen auch ...?

KIRK

O ja.

Ilia sieht sich nach den verschiedenen Aktivitäten um - die Leute -, und zum ersten Mal scheint sie sie nachdenklich zu betrachten, als würde sie nicht völlig verstehen. Sie hat einen verlorenen, glaubenden Gesichtsausdruck. Sie bewegt ihre Hand hin und her.

ILIA

Die Servo-Einheiten leben an solchen Orten ...?

KIRK

Hier entspannen sie sich. Lassen Sie es mich Ihnen zeigen ...

Er nimmt ihre Hand und beginnt, sie durch den Park zu führen.

245 VERSCHIEDENE AUFNAHMEN UND BLICKWINKEL - KIRK UND ILIA 245
die durch den Park gehen, die Umgebung und die Leute betrachten. Die Tiere. Ilia ist über die Tiere völlig verwirrt, folgt aber Kirk und streichelt einen hübschen Schäferhund. Der Hund leckt ihre Finger ab. Ilia beginnt an ein Kind zu erinnern, das sich fortwährend über neue Entdeckungen freut. Besonders verzückt ist sie von der Vegetation. Sie berührt die Büsche und riecht an den Blüten.

Hier und da werfen verschiedene Leute (alle in Freizeitkleidung) dem seltsamen Paar neugierige Blicke zu, aber niemand hält sie an, um mit ihnen zu sprechen oder sie zu fragen. In diesem Jahrhundert haben die Menschen gelernt, das Ungewöhnliche und Bizarre als normal zu betrachten. Leben und leben lassen.

246 AM STRAND 246
während Kirk und Ilia den Waldbereich verlassen und sich plötzlich am Strand wiederfinden - die Brandung, die sich phosphoreszierend bricht, zurückzieht, wieder bricht. Ilia ist vom Wasser fasziniert, kniet sich hin, um die aufschäumende Brandung über ihre Finger spülen zu lassen. Sie nimmt Sand auf, läßt ihn zwischen ihren Fingern durchrieseln. Nun findet sie ein Stück Treibholz, nimmt es auf, untersucht es.

ILIA

(deutet auf Wasser, Sand, Holz)

Die Servo-Einheiten haben das alles <u>geschaffen</u>?

KIRK

Sie haben nichts davon geschaffen; die Natur hat das geschaffen.

ILIA

Die Natur?

KIRK

Der natürliche Zustand der Dinge und Wesen.

Sie hält das Treibholz fest, tastet es ab.

ILIA

Aber es ist nicht hergestellt ... es ist nicht vollkommen ...!

KIRK

(zustimmend)

Nichts ist perfekt, hier nicht. Nichts kann es sein, weil diejenigen, die hier leben, selbst unvollkommen sind - und es immer sein werden ...

(sieht sie an)

Können Sie nicht den Unterschied zwischen uns und anderen Servo-Einheiten erkennen?

ILIA

Einen Unterschied? Wie kann es einen Unterschied geben ...?

Kirk sieht sie frustriert an, zeigt auf das Treibholz - und dann auf den Ozean und dann auf den Sand. Die Bäume.

KIRK

Dies hier! All das ist es, was den Unterschied ausmacht ...!

247 ÜBER KIRK HINWEG ZU ILIA 247

während sie an ihm vorbeizublicken scheint; ihre Aufmerksamkeit wird von etwas angezogen, das sich außerhalb des Bildes befindet. Nun sieht sie ihn an.

ILIA

(kühl)

Ja, und dies auch ...!

Sie zeigt auf etwas außerhalb des Bildes. Kirk dreht sich um, um es zu sehen:

248 WAS ILIA ANSIEHT - DAS TRAGFLÜGELBOOT 248

das soeben INS BLICKFELD kommt, die Silhouetten der Leute an der Reling und auf Deck sind ERKENNBAR.

ILIA

Eine Maschine - eingesetzt, um Servo-Einheiten zu transportieren!

KIRK

Ilia, wir haben diese Maschine geschaffen. So, wie wir NASA und Ihren Heiligen geschaffen haben. Und es müssen auch Leute wie wir - Servo-Einheiten - gewesen sein, die die fernen Vorfahren von Ve-jur geschaffen haben.

ILIA

Nein ...!

Sie schmeißt das Treibholz in den Sand, starrt ihn einen Moment lang wütend an, dann wendet sie sich ab und beginnt fortzulaufen. Kirk folgt ihr, holt sie ein.

KIRK

Warum können Sie meine Aussage nicht einfach akzeptieren oder ablehnen? Warum rennen Sie fort?

Ilia starrt ihn an - in ihren Augen ist nicht länger der freundliche Ausdruck zu sehen. Jetzt scheinen sie mehr als zuvor mit Leben erfüllt. Und verwirrt.

ILIA

Ich weiß es nicht.

Und plötzlich wirft sie sich in seine Arme, vergräbt ihr Gesicht an seiner Brust. Hängt sich an ihn. Kirk hält sie einen Moment lang, dann öffnet er seinen Kommunikator am Handgelenk.

KIRK
(in den Kommunikator)
Kirk an Delphi.

STIMME VON DER DELPHI
Delphi hier.

KIRK
(in den Kommunikator)
Zwei zum Beamen von diesen Koordinaten zum Archivgebäude.

Kirk schließt seinen Kommunikator, blickt auf die Frau, die er in seinen Armen hält. Er drückt sie noch fester an sich.

249 INNENAUFNAHME: ENTERPRISE-BRÜCKE - EINSTELLUNG AUF DEN BILDSCHIRM 249
Decker im Kommandosessel, alle anderen an ihren Stationen. Auf dem Bildschirm ist das Bild der Erde zu sehen. Uhura spricht Decker an.

UHURA
Mitteilung von der Delphi, Commander: Sie haben Captain Kirk und den Androiden ins Archivgebäude gebeamt.

250 EINSTELLUNG AUF XON 250
der in seinen abgeschirmten Betrachter geblickt hat, nun grimmig aufblickt:

XON
Der Fremde ist in den Erdorbit eingeschwenkt, Sir.

DECKER
Position?

XON
Fünftausendzweihundert Kilometer von unserer Orbitalposition ...
(eine kurze Pause)
Commander ... unsere Sensoren registrieren ein Objekt, das von dem Fremden gestartet worden ist ...! Es entfernt sich von ihm mit hoher Geschwindigkeit, aber auf dem gleichen Orbitalkurs.

DECKER
Zusammensetzung ...?

XON
(schüttelt den Kopf)
Es ist abgeschirmt, Sir.

DECKER
Steuermann, programmieren Sie einen Abfangkurs: Koordinaten null fünf eins, Markierung vier. Orbitalgeschwindigkeit plus zwei.

SULU
Wir verlassen den Orbit, Sir.

251 AUSSENAUFNAHME: DIE ENTERPRISE 251

im Orbit, dann glühen die Antriebsgondeln rot auf - das Schiff verläßt seinen Kurs.

252 INNENAUFNAHME: ENTERPRISE-BRÜCKE - SCHWERPUNKT AUF DEM BILDSCHIRM 252

Alle starren auf den Schirm. Einen Moment lang ist das Blauschwarz des Subraums zu sehen, dann plötzlich das Objekt. Zuerst nur ein Fleck am Horizont.

DECKER

Vergrößerungsfaktor drei.

Sofort ist das Objekt groß auf dem Schirm zu sehen. Es erinnert an einen langen Kanister mit einem pilzähnlichen Aufsatz.

DECKER
(fährt fort)

Bewertung, Mr. Xon.

Xon blickt in den abgeschirmten Betrachter.

XON

Hohe Strahlung ... einhundert Komma drei Meter lang, zwanzig Meter breit ...
(grimmig)
Es ist ein Neutronenobjekt - mit einem Annäherungszünder ...!

DECKER
(schnell)

Ausweichen ...!

Sulu arbeitet an den Kontrollen; wir bekommen das Gefühl, daß die Enterprise eine enge 180°-Wende vollzieht. Jeder wartet nervös darauf, daß das Manöver vollendet wird; dann scheinen alle erleichtert auszuatmen. Chekov liest seine Instrumente:

CHEKOV

Zehn Sekunden länger und wir hätten es zur Detonation gebracht ...!

253 NEUE EINSTELLUNG AUF XON 253

am abgeschirmten Betrachter, er reagiert:

XON

Commander, der Fremde entläßt ein weiteres identisches Objekt in eine andere Orbitalposition ...!

DECKER

Richten Sie einen hochempfindlichen Sensor darauf.

XON

Das mache ich, Sir ... In einer Sekunde habe ich die Daten aufeinander abgestimmt ...
(unterbricht, eine kurze Pause)
Er hat zwei weitere Objekte in den Orbit gebracht! Insgesamt vier.

254 CHEKOV 254

beschäftigt sich intensiv mit seiner Konsole, dann kommt er mit einer grimmigen Bewertung:

CHEKOV

Eindeutig Neutronenbomben ...

(eine kurze Pause, während er die Zahlen betrachtet)

Sie begeben sich aus eigener Kraft zur Orbitalposition in gleichem Abstand ...

(blickt auf)

Vier Bomben, die den gesamten Planeten abdecken ...!

DECKER

Können wir sie mit einem Traktorstrahl fortziehen ...?

CHEKOV

Nein, Sir. Sie würden in dem Augenblick explodieren, in dem unser Strahl sie erreichen würde.

DECKER

Daten zur Detonation, Mr. Xon?

XON

Nicht verfügbar, Sir.

DECKER

Meinung, Mr. Chekov?

CHEKOV

Da sie alle auf dem Weg zu einer vorbestimmten Position sind, werden sie wahrscheinlich detonieren, sobald alle vier ihre Position erreicht hat.

DECKER

Geschätzte Zeit bis zum Erreichen der Positionen?

SULU

Sechsundzwanzig Minuten.

DECKER

Stellen Sie Ihr Chronometer auf einen Countdown-Modus, Mr. Sulu ...

255 ÜBER DECKER HINWEG ZU SULU 255

während Sulu das Chronometer auf 00:26:00 einstellt und die aufblitzenden Sekunden rückwärts zu zählen beginnen. Decker spricht Uhura an:

DECKER

Kommunikationsstation ... informieren Sie Starfleet.

UHURA

(verzweifelt)

Ich komme nicht durch. Meine Signale werden von einem Kraftfeld blockiert ...!

256 XON 256

der soeben weitere neue, rätselhafte Anzeigen auf seinem Betrachter erhält.

XON

Sir, um uns herum wird ein Kraftfeld aufgebaut ...!

257 NEUE EINSTELLUNG - DER BILDSCHIRM 257

während plötzlich der Fremde auf dem Schirm erscheint - er bewegt sich direkt auf sie zu, der große ›Mund‹ erinnert an das weit aufgerissene Maul eines alptraumhaften Monsters.

DECKER

Warpgeschwindigkeit ...!

SULU

(arbeitet verzweifelt an seinen Kontrollen)

Wir sind wieder in seinem Traktorstrahl gefangen!

258 INNENAUFNAHME: ARCHIVRAUM 258

ein Raum voll mit Computerbändern, Mikrofilmen - die offensichtlich seit langem gelagert sind, alt. Vor einem großen Bildschirm sitzen Admiral Nogura, Captain Lebutu, Admiral Carson - und Kirk und Ilia. In die Armlehne von Noguras Sessel sind Kontrollschalter integriert. Wenn er sie berührt, erscheinen auf dem Bildschirm verschiedene Aufzeichnungen, Akten und Zeitungsartikel: alle über die Aktivitäten der NASA, insbesondere über den Start von Voyager 18. Fotos des Ereignisses usw. In einer Ecke können wir EINEN KURZEN BLICK ERHASCHEN auf einen Filmprojektor des 20. Jahrhunderts sowie mehrere Filmdosen.

LEBUTU

(von vorne)

... die kompletten Aufzeichnungen der NASA - und, wie Sie sehen, über Voyager 18.

259 EINSTELLUNG AUF ILIA 259

die den Schirm intensiv betrachtet, dann aber einen verstohlenen Blick auf Kirk wirft. Sie legt ihre Hand sanft auf seine. Er sieht zu ihr hinüber, aber sie betrachtet wieder den Bildschirm.

NOGURA

(zu Ilia)

Sicherlich sind das überzeugende Beweise, daß Voyager 18 hier ihren Ursprung hat und von Menschen entworfen und gebaut wurde ...?

Ilia erwidert nichts, sie lächelt Nogura nur freundlich, aber kühl an. Der Admiral wirft Kirk einen ernsten Blick zu. In dem Moment:

260 EINSTELLUNG AUF TISCH-INTERKOM/-BETRACHTER 260

während das Bild einer YEOMAN erscheint.

YEOMAN

Admiral ... die Kommunikation meldet, daß der Kontakt mit der Enterprise verlorengegangen ist.

NOGURA

(ins Interkom)

Zeit bis zur Detonation der Bomben?

YEOMAN

Dreizehn Minuten und zehn Sekunden ...

(eine kurze Pause)

Ab jetzt!

261 AN NOGURA VORBEI ZUM BILDSCHIRM 261
während Nogura einen Schalter an seiner Konsole betätigt und seitlich am Schirm plötzlich eine Digitaluhr aufleuchtet - die Zahlen 00:13:10 erscheinen, die rückwärts zählen. Die verschiedenen Dias usw. sind weiter auf dem Bildschirm zu sehen.

CARSON
(zu Kirk, über Ilia)
Ich glaube, wir dringen nicht zu ihr durch, Kirk.

KIRK
(zu Ilia)
Tasha ... warum können Sie die Beweise nicht akzeptieren ...?

ILIA
(verwirrt)
Es ist alles simuliert.

NOGURA
Natürlich ist es das! Die Originalaufzeichnungen sind vor Hunderten von Jahren zu Staub zerfallen.

Ilia wendet sich Nogura zu, sieht ihn kühl an.

ILIA
Es ist nicht echt. Sie entweihen damit nur die Heilige Erinnerung an den Schöpfer. Ihre Strafe wird wohlverdient sein ...
(zu Kirk, als hoffe sie, daß er verstehen wird)
Es ist logisch, verstehen Sie das nicht ...?

Kirk sieht sie an, dann an ihr vorbei zum:

262 FILMPROJEKTOR 262
in der Ecke. Er steht auf, nimmt eine Filmdose, liest das Etikett, KAMERA FÄHRT HERAN auf den Titel: »Dies ist die NASA.«

263 AUSSENAUFNAHME: DIE ENTERPRISE UND DER FREMDE 263
Das Raumschiff ist jetzt wieder im Traktorstrahl des Fremden gefangen - und sehr nahe dem ›Mund‹ des Fremden, es wird näher und näher herangezogen.

264 INNENAUFNAHME: ENTERPRISE-BRÜCKE - EINSTELLUNG AUF DEN BILDSCHIRM 264
der die bedrohliche Frontpartie des Fremden zeigt, die sich so nähert, als wolle sie die Enterprise verschlucken (was tatsächlich auch der Fall ist). Scott und McCoy sind jetzt auch anwesend. Sulus Chronometer zeigt 00:07:32 an (und zählt weiter rückwärts).

DECKER
Sind die Computerterminals der Bibliothek abgeschaltet, Mr. Xon?

XON
Sie sind abgeschaltet, Sir. Der Computer ist so programmiert, daß er dem Fremden nur die Informationen gibt, die wir ausgewählt haben.

265 ÜBER DECKER HINWEG ZU SCOTT 265
an der technischen Station auf der Brücke.

DECKER
Mr. Scott ...?

SCOTT
(grimmig)
Ich bin bereit, die Triebwerke auf Ihren Befehl hin zu überladen, Commander.

Decker zögert einen Moment, dreht sich um und blickt auf das Chronometer: 00:07:12. Jetzt wendet er sich an den Computer (Mikrofon), spricht:

DECKER
Computer ... übermittle das folgende: Ich sende Ihnen Informationen über die kulturellen und wissenschaftlichen Leistungen der menschlichen Servo-Einheiten vom Anbeginn ihrer Zeit an. Sie werden sehen, daß die Servo-Einheiten sich von purem Maschinenleben unterscheiden, aber intelligente Wesen sind, die eine nützliche Funktion erfüllen und nicht zerstört werden sollten. Computer ... übermittle.

Ein Moment, in dem wir das PFEIFEN der extrem schnell gesendeten Nachricht HÖREN, als sie zum Fremden übertragen wird. Dann ein weiterer Moment, und dann das antwortende PFEIFEN.

COMPUTERSTIMME
Übersetzung: Erhaltene Information ist unvollständig.

Entsetzte Blicke werden gewechselt.

CHEKOV
Woher will er das wissen ...?

XON
Logik. Pure, mathematische Logik.

McCOY
Wenn wir ihm den Rest geben, dann sieht er jeden Krieg, den wir ausgetragen haben: Alexander, Attila, die Kreuzzüge, Napoleon, Hitler. Und den Terrorismus, die Verschmutzung und die Hungersnöte im 20. Jahrhundert. Und die Nuklearkriege des 21. Jahrhunderts ...!
(grimmig-sarkastisch)
Dann wird er die andere Seite unserer ›Leistungen‹ sehen ...!

UHURA
Aber so sind wir nicht mehr.

DECKER
Dann laßt es ihn sehen ...! Es könnte ihn davon überzeugen, daß wir trotz all unserer Schwächen überlebt haben – und es bis zu einem Punkt geschafft haben, an dem all das nicht mehr notwendig ist ...
(zum Computer)
Computer ...

XON
(unterbricht)
Entschuldigen Sie, Sir. Aber wenn wir diese Informationen freigeben, informieren wir ihn auch über jeden Planeten in der Föderation. Sie werden das gleiche Schicksal erleiden, Sir!

SULU
Noch fünf Minuten bis zur Detonation.

266 SCHWERPUNKT AUF DECKER 266
Man kann es seinem Gesicht ansehen: die Qual der Entscheidung, vor der er steht, das Risiko, das er auf sich nehmen muß: die Milliarden Leben auf den anderen Planeten, deren Schicksal von dieser Entscheidung abhängen könnte.

XON

Commander, der Fremde zieht uns immer näher zu sich heran. Wenn die Entscheidung lautet, die verbliebenen Informationen nicht freizugeben, dann müssen wir das Selbstzerstörungssystem aktivieren, bevor sein Kraftfeld es uns völlig unmöglich macht, aus eigener Kraft zu operieren.

DECKER

Löschen Sie die Bänder, Mr. Xon.

Die Entscheidung ist gefallen, Decker blickt die anderen an, die KAMERA SCHWENKT ZUR Uhr; die roten Zahlen leuchten auf: 00:04:47, 00:04:46, 00:04:45 usw.

267 INNENAUFNAHME: ARCHIVRAUM 267
wo nun zwei Techniker mit im Raum sind, die ungeschickt versuchen, den antiken Filmprojektor in Gang zu setzen. Kirk sieht ungeduldig zu.

KIRK

Schneller, Jungs, schneller ...!

ERSTER TECHNIKER

Ich versuche es ja, Sir ...

268 EINSTELLUNG AUF ILIA 268
die das alles interessiert mitangesehen hat. Plötzlich begibt sie sich zum Projektor.

ILIA

Ich kann ihn zusammenbauen.

Die Techniker machen Platz, während Ilia rasch und kundig den Projektor aufbaut und den Film einlegt.

ILIA
(fährt fort)

Es ist eine bezaubernde Einheit ...

Fast sofort ist der Film startbereit. Ilia streichelt den Projektor liebevoll.

ILIA
(fährt fort)

Wie hübsch ...!

Und sie schaltet ihn ein:

269 AUF DEM BILDSCHIRM – DER NASA-FILM 269
(PRODUKTIONSHINWEIS: Dies wird ein authentischer PR-Film der NASA sein, ein altmodischer, bürokratischer Film über das, was die NASA ist, was sie macht usw.)

Der Film startet – und dann plötzlich ist das Bild unscharf und gestört – zerkratzt, manchmal ist ein Einzelbild völlig <u>leer</u>. Und dann <u>reißt</u> der Film.

NOGURA

Mein Gott, keine drei Minuten mehr bis zur Detonation ...!

Aber Ilia repariert den Riß schnell, der Film läuft weiter. Aber es geht so weiter - nur schlimmer. Kirk schaltet ihn ab.

KIRK

Er ist dreihundert Jahre alt, er ist zerfallen.

ILIA

(traurig)

Es tut mir leid.

Kirk und Nogura tauschen hilflose Blicke aus. Nun ist alles aus. Kirk schaltet das Interkom ein. Das Gesicht der Yeoman erscheint.

KIRK

(ins Interkom)

Dies ist ein Befehl von Starfleet Command: Löschen Sie in jeder Computerbibliothek von Starfleet alle Daten über die Vereinte Föderation der Planeten.

270 INNENAUFNAHME: ENTERPRISE-BRÜCKE 270

zuerst eine NAHAUFNAHME des Chronometers: 00:02:29. Decker starrt auf den Hauptbildschirm - die riesige Front des Fremden öffnet sich. Alle auf der Brücke erwarten das Unausweichliche.

DECKER

Mr. Scott ...

SCOTT

Sir.

DECKER

Aktivieren Sie die Selbstzerstörung und setzen Sie die Überladung der Triebwerke fort.

271 EINSTELLUNG AUF SCOTT 271

bedient seine Kontrollen.

XON

(leise, zu Decker)

Ihnen ist bewußt, Commander, daß die Schilde des Fremden mit voller Leistung arbeiten. Unsere Antimateriebombe wird sie nicht durchdringen.

DECKER

Dessen bin ich mir bewußt, Mr. Xon ...

(humorloses Lachen)

Ich meine einfach nur, daß wir mit Stil untergehen sollten ...

Decker dreht sich um, greift nach einem kleinen, schachtelähnlichen Objekt mit einer vergitterten Öffnung (Mikrofon). Er beginnt hineinzusprechen:

DECKER

(fährt fort)

Logbuch des Captains, Sternzeit 7421.6, Nachtrag in Übereinstimmung mit anderen Logbüchern, die zuvor abgesetzt wurden. Erster Offizier Willard Decker hat das Kommando. Unser

Schiff befindet sich nun im Selbstzerstörungsmodus, wir haben außerdem begonnen, unsere Triebwerke zu überladen, um eine Materie-Antimaterie-Explosion zu erzeugen ...

Decker macht eine Pause, blickt auf das Chronometer, das soeben 00:01:50 anzeigt. Er sieht die anderen an: McCoy, Scott, Xon, Uhura, Sulu. Er fährt fort:

DECKER
(fährt fort)
... in weniger als zwei Minuten werden die vier Neutronenbomben des Fremden jedes Lebewesen auf der Erde vernichten ...

272 INNENAUFNAHME: ARCHIVRAUM 272

Die Uhr zeigt 00:01:45 an. Nogura und die anderen starren auf die Uhr, alle ein wenig stoisch, versteifen sich. Kirk befindet sich am Interkom; das Gesicht der Yeoman ist auf dem Schirm zu sehen:

YEOMAN
Die Bänder werden nun gelöscht, Sir. Es wird schätzungsweise fünf Minuten dauern, um sie alle zu bearbeiten.

KIRK
(sarkastisch)
Ich glaube, das sollte so gerade reichen ... vielen Dank.
(schaltet ab; zu Ilia)
Es tut Ihnen also ›leid‹, wie? Wissen Sie, was das bedeutet?

ILIA
Es bedeutet, etwas zu bedauern.

KIRK
Und das können Sie fühlen?

ILIA
(verwirrt)
Ich glaube, ja ...
(rasch)
Kirk, was mir leidtut, ist, daß Sie zerstört werden müssen.

KIRK
Nur ich, nicht die anderen?

ILIA
Die anderen sind nicht wichtig.

KIRK
<u>Jeder</u> ist wichtig - das ist ein weiterer Unterschied zwischen Menschen und Maschinen. Man nennt es Moral, sie ist Teil unserer Unvollkommenheit.

Sie betrachtet ihn eindringlich. Mehr als je zuvor können wir in ihren Augen Vitalität erkennen.

KIRK
(fährt fort)
Ve-jur ist im Irrtum, wenn er das macht. Ich glaube, Sie wissen das.

ILIA
(überzeugt)

Ve-jur kann sich nie irren.

273 ÜBER KIRK HINWEG ZUR UHR 273
so daß wir SEHEN können, daß sie 00:00:38 anzeigt. Kirk blickt hinüber, dann wieder zu Ilia.

KIRK

Es ist falsch, das zu zerstören, was keine Gefahr darstellt.

ILIA

Aber Sie fügen den Maschinen Schaden zu.

KIRK

Nein, wir haben die Maschinen gebaut. Und zusammen mit ihnen haben wir eine große Zivilisation aufgebaut.

Ilia sagt einen Moment lang nichts, dreht sich fort, dann wieder zu ihm.

ILIA

Ich will davon nichts mehr hören ...!

Sie geht fort und stellt sich so hin, daß sie ihm nicht ins Gesicht sehen muß.

274 DIE UHR 274
00:00:10 ... 9 ... 8 ... 7

275 ILIA 275
dreht sich um und sieht Kirk an; ihr Gesicht ist schmerzverzerrt, ihre Augen zeigen ihre Verwirrung. Dann schließt sie die Augen.

276 KIRK 276
wartet.

277 DIE UHR 277
00:00:04 ... 3 ... ... 2 ... 1 ... 0.

278 HALBTOTALE DES RAUMS 278
während Kirk die ›0‹ auf der Uhr sieht; er blickt Nogura und die anderen an. Offensichtlich leben sie noch.

CARSON

Es hätte sofort losgehen müssen ...

279 KIRK UND ILIA 279
während er sie ansieht; sie öffnet ihre Augen und blickt ihn an.

ILIA

Ich habe Ve-jur mitgeteilt, daß Sie die Wahrheit gesprochen haben: Der Schöpfer wurde von den menschlichen Servo-Einheiten geschaffen. Ich habe ihm gesagt, daß ich den unwiderlegbaren Beweis gesehen habe.

Kirk sieht sie gleichermaßen verwirrt und dankbar an.

KIRK

Sie haben ihn angelogen ...? Warum ...?

ILIA
(blickt ihn an)
Ich weiß es nicht.

280 INNENAUFNAHME: BRÜCKE 280
zeigt zuerst Sulus Chronometer: gestoppt bei 00:00:00, jeder sieht es grimmig an. Jetzt erhält Uhura eine Nachricht: das vertraute PFEIFEN.

UHURA
Der Fremde meldet sich ...!

DECKER
(zu Xon)
Computer einschalten ...!

Xon betätigt den Schalter, einen Moment später:

COMPUTERSTIMME
Übersetzung: Ve-jur hat erfahren, daß die Servo-Einheiten des dritten Planeten tatsächlich die Vorfahren des Schöpfers sind. Daher werden die Servo-Einheiten verschont.

281 EINSTELLUNG AUF SCOTT 281
hört dies, reagiert, bedient seine Kontrollen - und spricht ins Interkom.

SCOTT
(ins Interkom)
Selbstzerstörungseinheit abschalten ...! Sämtliche Materie-Antimaterie-Energie ausschalten!

282 ANDERE EINSTELLUNG - MEHR AUF DIE PERSONEN 282
die ihre Erleichterung zeigt, während Decker zum Computer spricht.

DECKER
Computer ... übermittle das folgende: USS Enterprise dankt Ve-jur für die Verschonung der Servo-Einheiten und möchte von Ve-jur wissen, ob die beiden Lebensformen kommunizieren und voneinander lernen können.

Das antwortende PFEIFEN, und dann:

COMPUTERSTIMME
Übersetzung: Ve-jur kann nichts von einer niederen Lebensform lernen. Ende der Übermittlung.

SULU
Der Traktorstrahl löst sich auf ...!

283 ANDERE EINSTELLUNG - SCHWERPUNKT AUF DEM BILDSCHIRM 283
während das riesige fremde Schiff sich plötzlich fortzubewegen beginnt. Vor unseren Augen wird es schneller und schneller, im nächsten Augenblick ist nur noch ein Fleck auf dem Bildschirm. Und fast im gleichen Moment erscheint ein TÜRKISFARBENES AUFFLACKERN - und wir SEHEN:

284 ILIA 284
die echte Ilia, die sich benommen umsieht.

McCOY
(sarkastisch)
Willkommen an Bord, Lieutenant.

285 INNENAUFNAHME: ARCHIVRAUM 285
während Nogura und die anderen zu Kirk und Ilia blicken, spricht Kirk in seinen Handgelenk-Kommunikator.

KIRK
(in den Kommunikator)
... wir sind bereit, Scottie.

SCOTTS STIMME
Aye, Captain. Die Delphi wartet darauf, Sie weiterzutransferieren.

Kirk sieht Nogura triumphierend lächelnd an, dann dreht er sich zu Ilia. Sie streckt ihre Hand nach ihm aus und berührt seine Wange. Einen langen Augenblick sehen sie sich nur an, in ihren Augen ist reine Liebe zu erkennen. Nun bewegt er sanft ihre Hand von sich fort, damit sie die Transportposition einnehmen können. Einen Moment später: der SCHIMMERNDE EFFEKT.

286 INNENAUFNAHME: ENTERPRISE - TRANSPORTERRAUM 286
Scott an der Konsole, Xon, Decker, McCoy und Chekov anwesend. Der SCHIMMERNDE EFFEKT in der Kammer - dann materialisiert Kirk, neben ihm ›Ilia‹; sie hat fast Gestalt angenommen, als plötzlich ein TÜRKISFARBENES AUFBLITZEN zu sehen ist, ›Ilia‹ verschwindet, an ihrer Stelle ist die mechanische Tasha zu sehen - die Sonde mit den spinnenähnlichen Beinen. Aber Tasha ist völlig bewegungslos, stumm.

Kirk hebt die Sonde auf, untersucht sie. McCoy tritt mit einem Tricorder vor, bewegt ihn über die Sonde.

McCOY
Sie ist völlig starr ... tot.

CHEKOV
Aber weshalb wurde sie hierher zurückgeschickt ...?

287 AUF KIRK 287
während er die leblose Sonde betrachtet - und sich an ihre andere Manifestation erinnert, die andere Ilia.

KIRK
Vielleicht, weil es das war, was sie wollte.

Er hält die Sonde einen Moment lang fest, sieht sie zärtlich an, dann legt er sie hin und ist wieder völlig professionell.

KIRK
Gentlemen, die USS Enterprise ist ab sofort wieder in Dienst gestellt.
(sarkastisch)
Unser jüngstes Erlebnis war der Testflug.

McCOY
(›unschuldig‹)
Das war es also ...?

Alle lachen, während Kirk fortfährt:

KIRK
Diejenigen Offiziere, die ihren Dienst beenden wollen, werden gebeten, das anzuzeigen, damit sie zurückkehren und bei Starfleet neuen Aufgaben zugeteilt werden können.

Er sieht sie an, niemand bewegt sich. Kirk blickt McCoy an, der Doktor sagt nichts, sieht ihn nur unnachgiebig an. Kirk grinst.

KIRK
(fährt fort)

Mr. Scott ...

SCOTT

Sir ...?

KIRK

Treffen Sie alle Vorbereitungen, um den Orbit zu verlassen.

SCOTT

Aye, aye, Sir ...!

288 AUSSENAUFNAHME: DIE ENTERPRISE 288
verläßt den Erdorbit. Das STAR TREK-THEMA setzt ein, wir HÖREN:

KIRKS STIMME

Dies sind die Abenteuer des Raumschiffs Enterprise ... seine neue Fünfjahresmission ist die Erforschung ... usw. usw.

DIE KAMERA FOLGT DER ENTERPRISE, während sie über den Himmel zieht, dann: ABBLENDEN.

ENDE

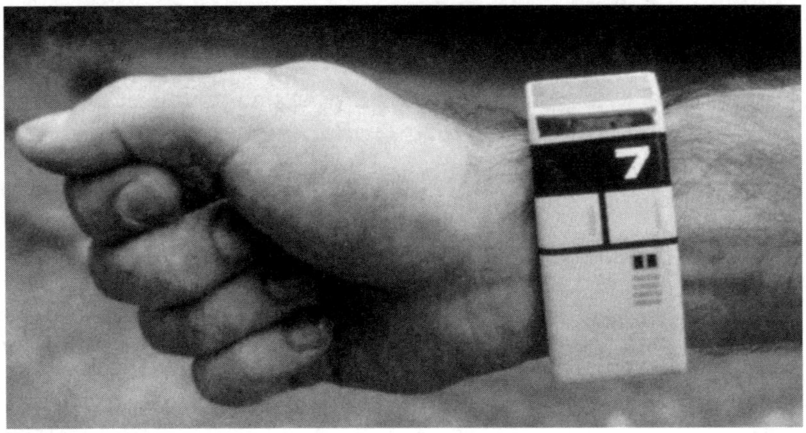

Einige der Handgelenk-Kommunikatoren, die Brick Price für Nahaufnahmen herstellte, waren sehr detailliert. Für Szenen jedoch, in denen Dutzende von Statisten mit diesen Geräten ausgestattet werden mußten, wurden viel oberflächlichere und billigere Versionen hergestellt, damit der unvermeidbare Verlust durch Souvenirsammler nicht das Budget für Requisiten sprengte.

Modellbauer Brick Price war zwar enttäuscht, als seine wunderbar gebaute *Phase II*-Fernseh-*Enterprise* bei den Filmaufnahmen durch eine neue Version ersetzt wurde. Gene Roddenberry war aber so von der Qualität beeindruckt, die Price' Arbeit aufwies, daß der und sein Unternehmen – Brick Price Movie Miniatures – ein wichtiger Lieferant für die wichtigsten Requisiten für *Star Trek: The Motion Picture* wurde. Alle Fotos mit freundlicher Genehmigung von Brick Price, WonderWorks.

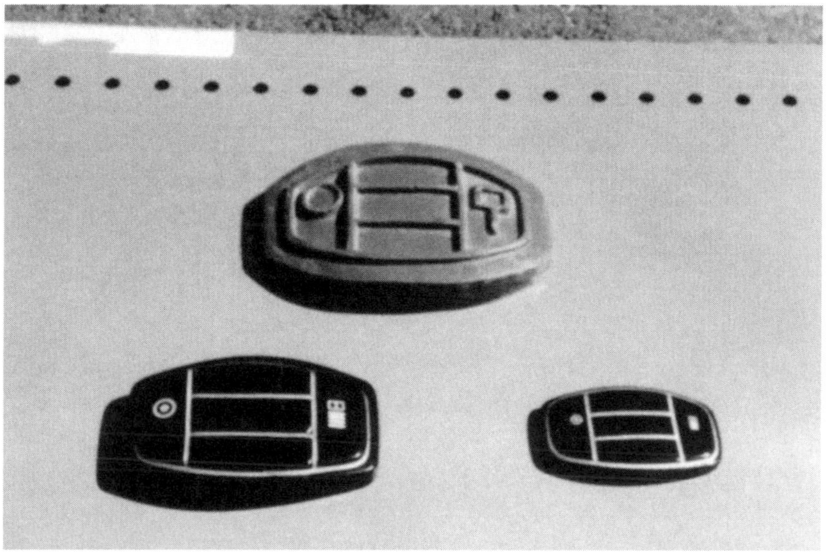

Nachdem der erste Requisitenlieferant die auf diesem Foto zuoberst abgebildete Uniformgürtelschnalle abgeliefert hatte, übertrug Gene Roddenberry diese Aufgabe an Price, der die verbesserten Versionen (darunter) baute.

Bei heutigen *Star Trek*-Produktionen werden die Schaltkreise von Requisiten wie dem Tricorder oder dem PADD mit echten Computerschaltkreisen gebaut, die zur Zeit der Originalserie noch Science Fiction waren. Sogar für *Star Trek: The Motion Picture* mußte Price die Illusion einer hochentwickelten Technologie des 23. Jahrhunderts mit den Mitteln erzeugen, die gerade zur Verfügung standen: in diesem Fall mit Weihnachtsbaumbeleuchtung und klobigen Batterien.

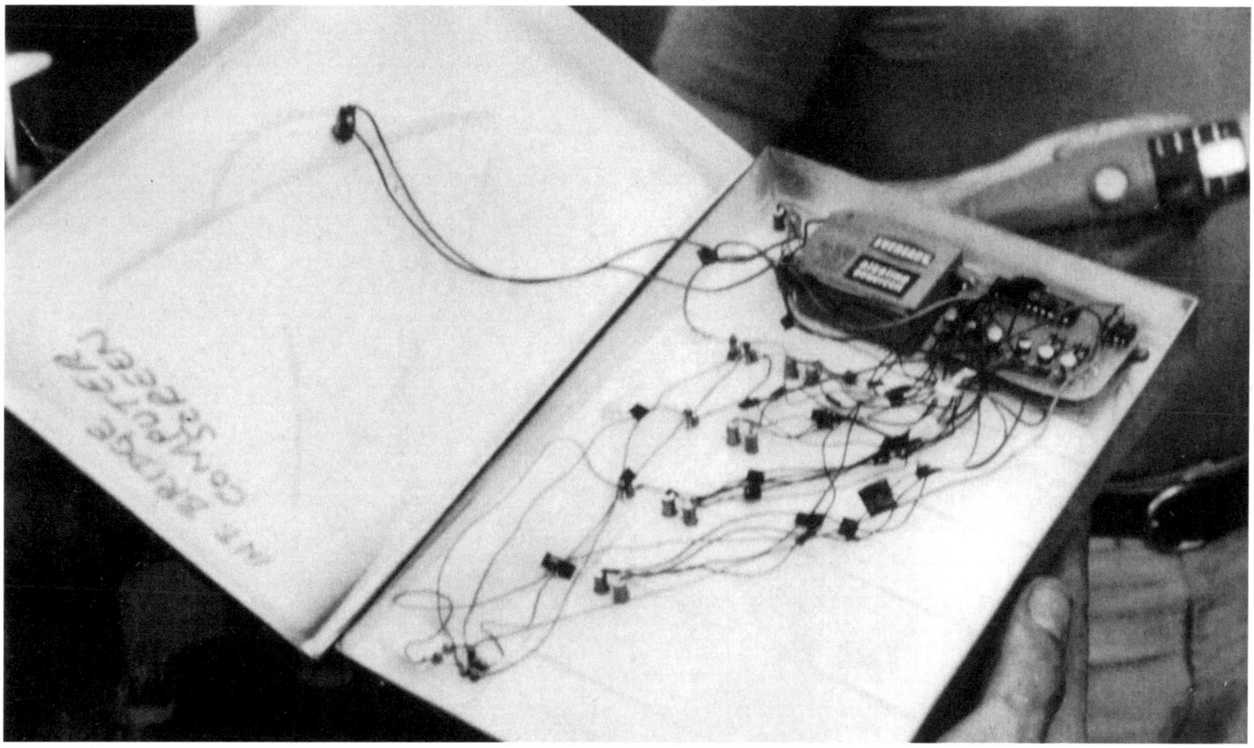

1.

2.

3.

4.

Fehlstarts

1. Konzeptzeichnung einer neuen *Enterprise* für den nie in Produktion gegangenen Film *Star Trek: Planet of Titans*. Künstler: Ralph McQuarrie. Mit freundlicher Genehmigung des Magazins Starlog.

2. Konzeptzeichnung für die gleiche Produktion. Künstler: Ken Adam.

3. Ein Entwurf für ein ›Superhirn-,Stonehenge'‹ für die gleiche Produktion. Künstler: Ken Adam.

4. Konzeptmodell auf der Basis der Entwürfe von Adam/McQuarrie. Über ein Jahrzehnt später tauchte dieses Modell als eines der beschädigten Schiffe bei Wolf 359 in der *Star Trek: The Next Generation*-Episode ›The Best of Both Worlds, Part II‹ auf.

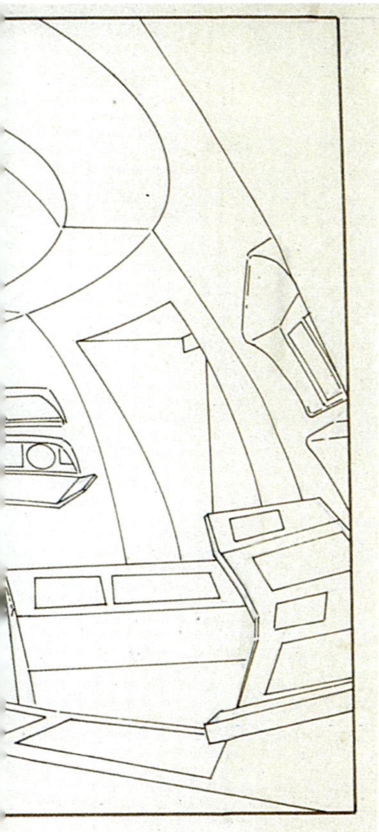

Mike Minor

Mike Minor war einer der Künstler, die schon früh das Erscheinungsbild der Originalserie prägten und deren Einfluß bis heute erkennbar geblieben ist. Die Skizze und seine Zeichnung der Brücke zeigen, daß viele von seinen Designelementen für *Phase II* in die Sets von *Star Trek: The Motion Picture* übernommen wurden. Minors Zeichnungen eines Erholungsbereichs für die Crew lassen die kleineren Sets erkennen, die eine Fernsehproduktion wie *Phase II* erfordert hätte. In *The Motion Picture* war das Erholungsdeck schließlich ein viel größeres und kostspieligeres Set, das sich über zwei Etagen erstreckte.
Zeichnungen mit freundlicher Genehmigung des Magazins *Starlog*.

Umseitig

Minors Konzept eines überarbeiteten Transporterraums für *Phase II*, der die ›psychedelischen‹ Rückwände der sechziger Jahre mit dem neuen Konsolendesign der siebziger Jahre kombinierte.
Mit freundlicher Genehmigung von Paramount Pictures.

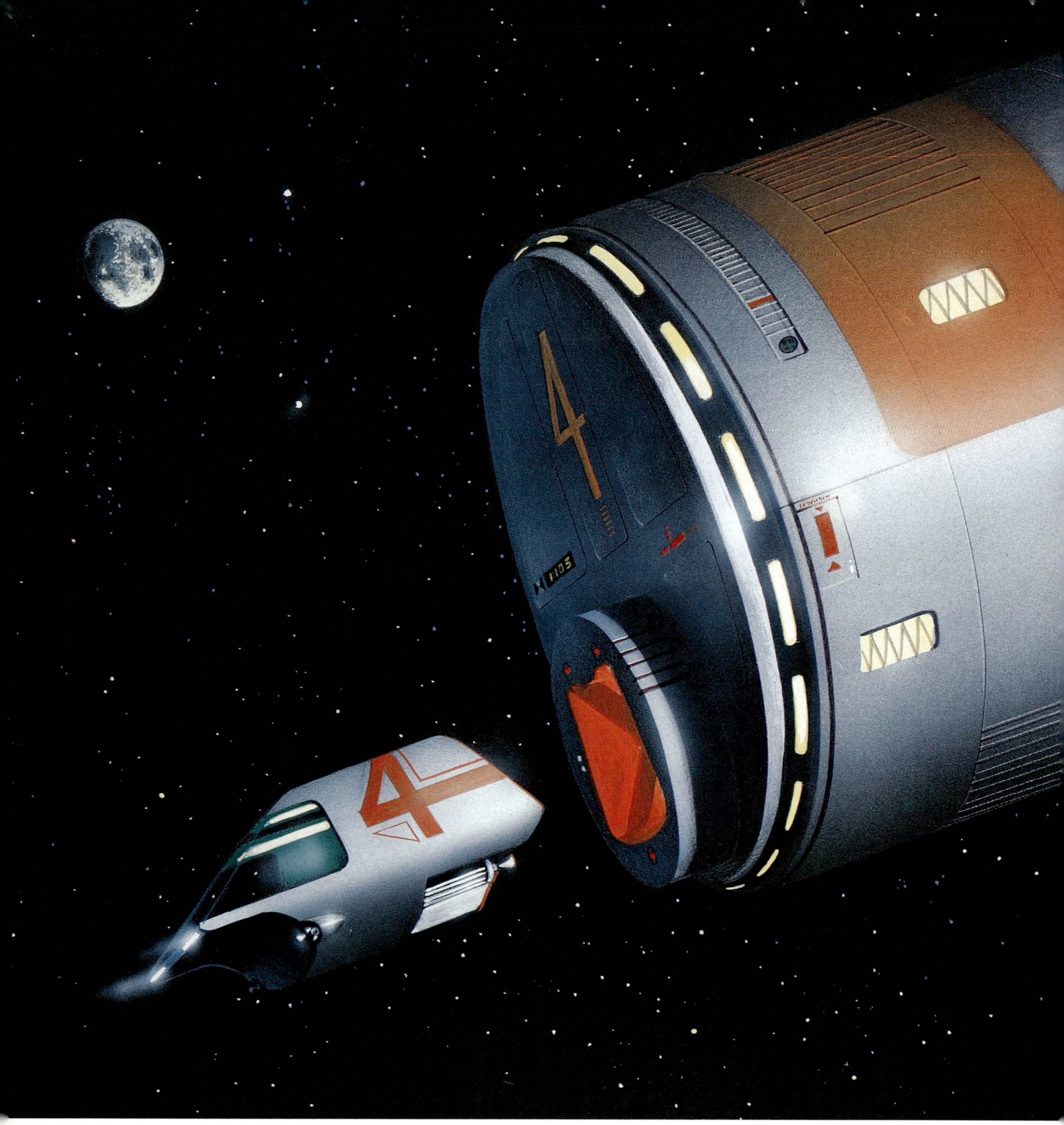

Umseitig

Mike Minors Konzeptzeichnung für Captain Kirks Quartier.

Weltraumbüro und Reisekapsel

Als die Entscheidung für ›In Thy Image‹ als Pilotfilm von *Phase II* fiel, wurde eine Reihe von Eröffnungsszenen ergänzt, um den Umbau der *Enterprise* zu zeigen und zu erklären, wie Captain Kirk und seine Crew wieder zusammenkamen. Diese Konzeptzeichnung von Mike Minor zeigt den Weltraumbüro-Komplex, von dem aus Kirk und Scott zur Inspektion der *Enterprise* abreisen.

Umseitig
Ein umfassenderer Blick auf Minors Weltraumbüro und die Reisekapsel, der die *Enterprise* im Raumdock zeigt. Diese Elemente wurden für *Star Trek: The Motion Picture* völlig neu entworfen.

Minor

Maschinenraum

Wie diese frühe Konzeptzeichnung für *Phase II* erkennen läßt, hat sich Mike Minors Einfluß auf das Aussehen von *Star Trek* am nachhaltigsten im Maschinenraum niedergeschlagen. Sowohl das Design als auch die realen Bauteile dieses Sets wurden in den *Star Trek*-Filmen und in *Star Trek: The Next Generation* verwendet. Der Designeinfluß ist auch bei *Star Trek: First Contact* und auf der *Voyager* erkennbar.

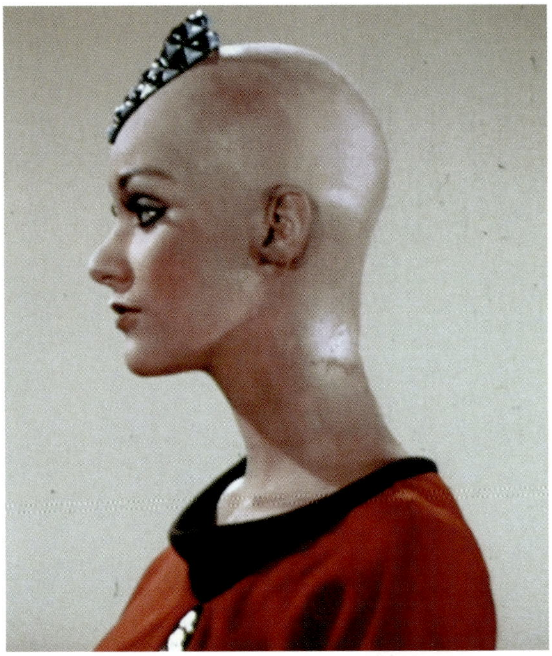

1.

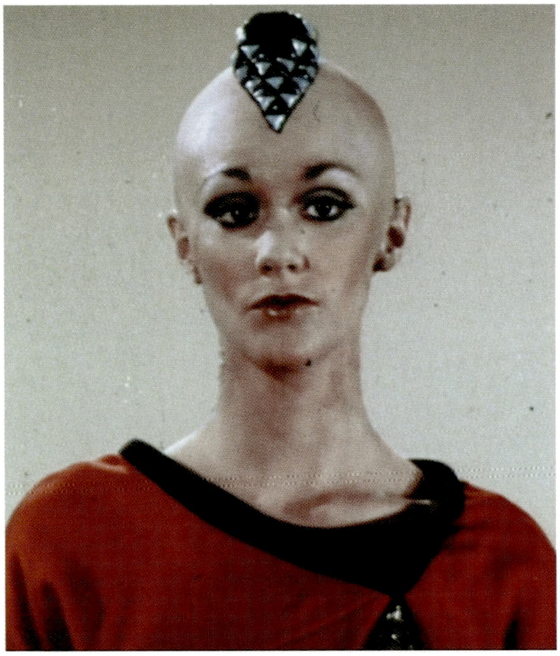

2.

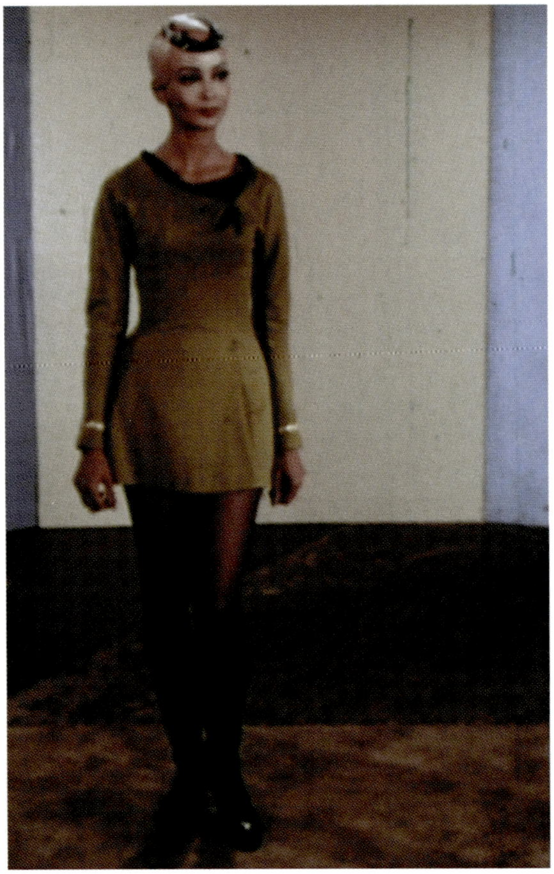

3.

4.

Probeaufnahmen

1.–4. Noch nie gezeigte Fotos von Make-up- und Kostümtests für Ilia, die am 27. Oktober 1977 bei Paramount aufgenommen wurden. Um die Kosten für *Phase II* niedrig zu halten, hatten sich die Produzenten entschieden, das Design für Kostüme und Garderobe von der Originalserie zu übernehmen.

5. u. 6. Gleichermaßen seltene Ausschnitte aus Testaufnahmen des teilweise fertiggestellten Maschinenraum-Sets vom 22. Dezember 1977. Man beachte das Breitwandformat, das sich für Kinofilme eignet, aber ganz sicher nicht fürs Fernsehen. Die Pläne, aus der Serie *Phase II* den Film *Star Trek: The Motion Picture* zu machen, waren bereits in Arbeit, aber noch nicht offiziell.

7. Blaupausen für die ›Elektronische Pistole‹, die bei den Maschinenraum-Probeaufnahmen benutzt wurde. Hierbei handelte es sich um ein Einwegrequisit, das nicht die neuen, bereits gebauten Phaser ersetzen sollte. Art Director: Joe Jennings. Set Designer: Lewis Splittsberger.

5.

6.

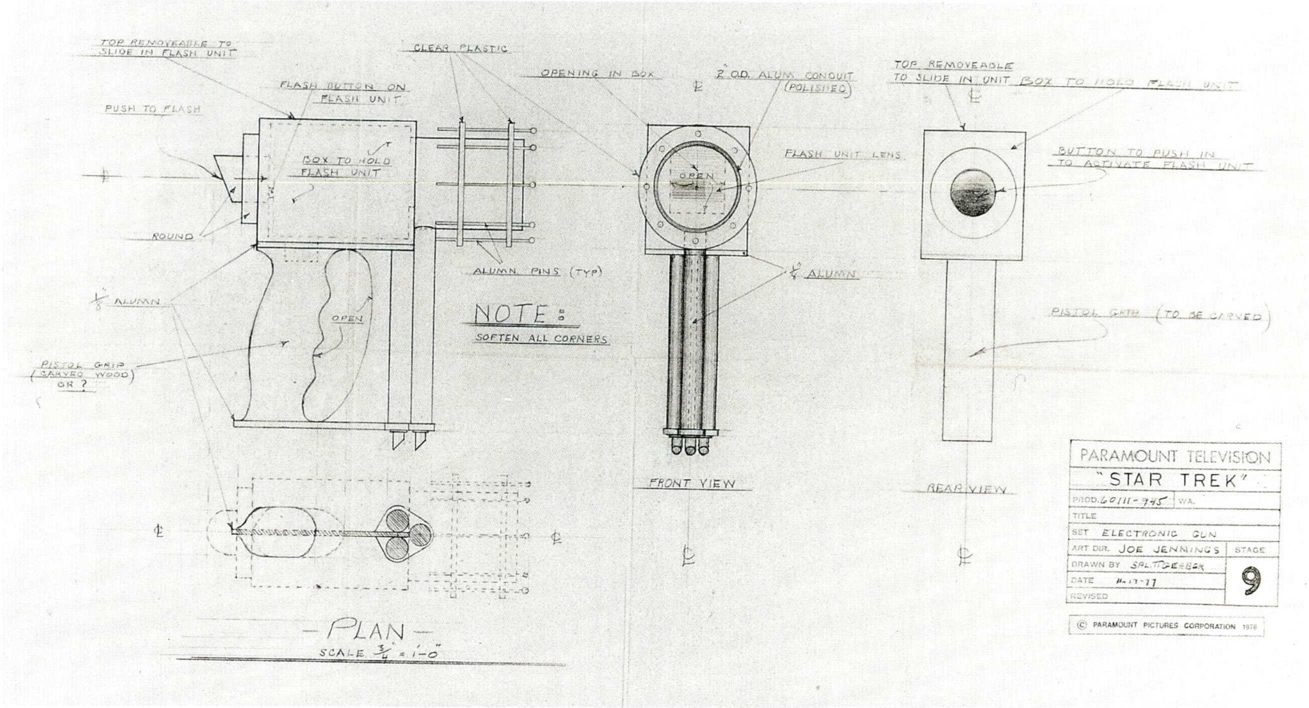

TOP REMOVEABLE TO SLIDE IN FLASH UNIT
CLEAR PLASTIC
FLASH BUTTON ON FLASH UNIT
PUSH TO FLASH
BOX TO HOLD FLASH UNIT
ROUND
ALUMN. PINS (TYP)
1/8" ALUMN.
OPEN
NOTE: SOFTEN ALL CORNERS
PISTOL GRIP (CARVED WOOD) OR ?
OPENING IN BOX
2" O.D. ALUM. CONDUIT (POLISHED)
FLASH UNIT LENS
OPEN
1/4" ALUMN.
FRONT VIEW
TOP REMOVEABLE TO SLIDE IN UNIT
BOX TO HOLD FLASH UNIT
BUTTON TO PUSH IN TO ACTIVATE FLASH UNIT
PISTOL GRIP (TO BE CARVED)
REAR VIEW
PLAN
SCALE 3/4" = 1'-0"
PARAMOUNT TELEVISION
"STAR TREK"
PROD. 60111-945
WA.
TITLE
SET ELECTRONIC GUN
ART DIR. JOE JENNINGS
STAGE
DRAWN BY SPLITTGERBER
DATE 11-17-77
REVISED
9
© PARAMOUNT PICTURES CORPORATION 1976

7.

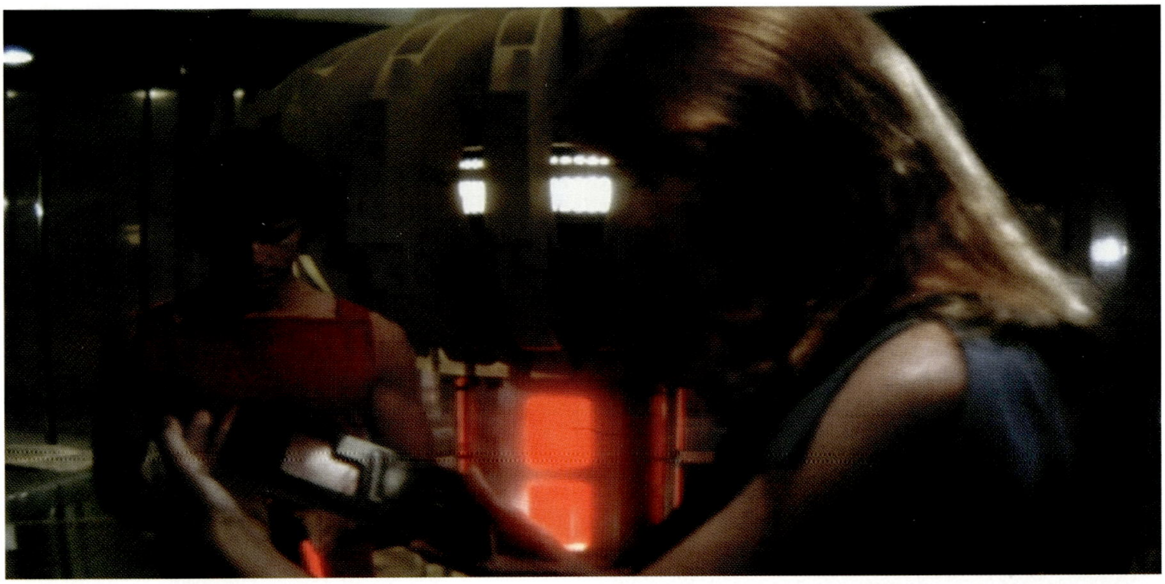

1.

2.

3.

1.–6. Weitere Ausschnitte der Testaufnahmen vom neuen Maschinenraum aus dem Dezember 1977.

4.

5.

6.

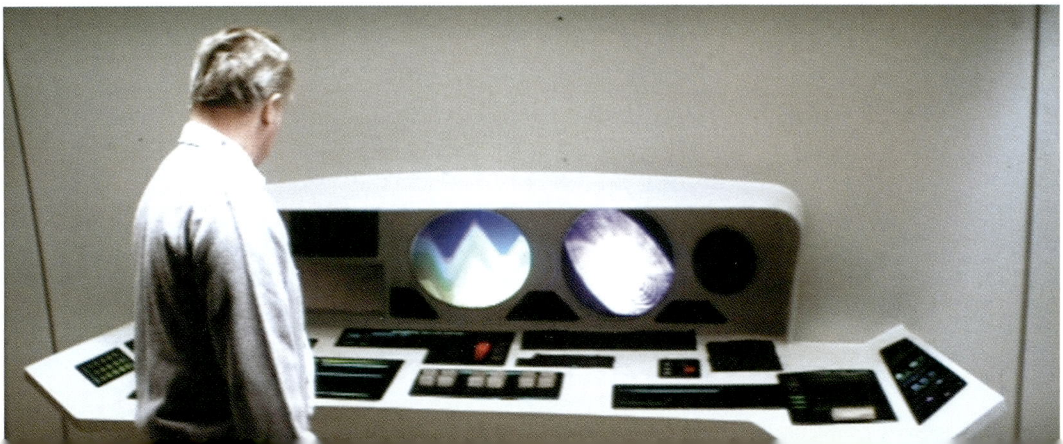

7.

7. Ein Bild aus einer Testaufnahme der von Mike Minor entworfenen Konsole auf dem zum Teil fertiggestellten Brückenset. Instrumentendesign von Lee Cole.

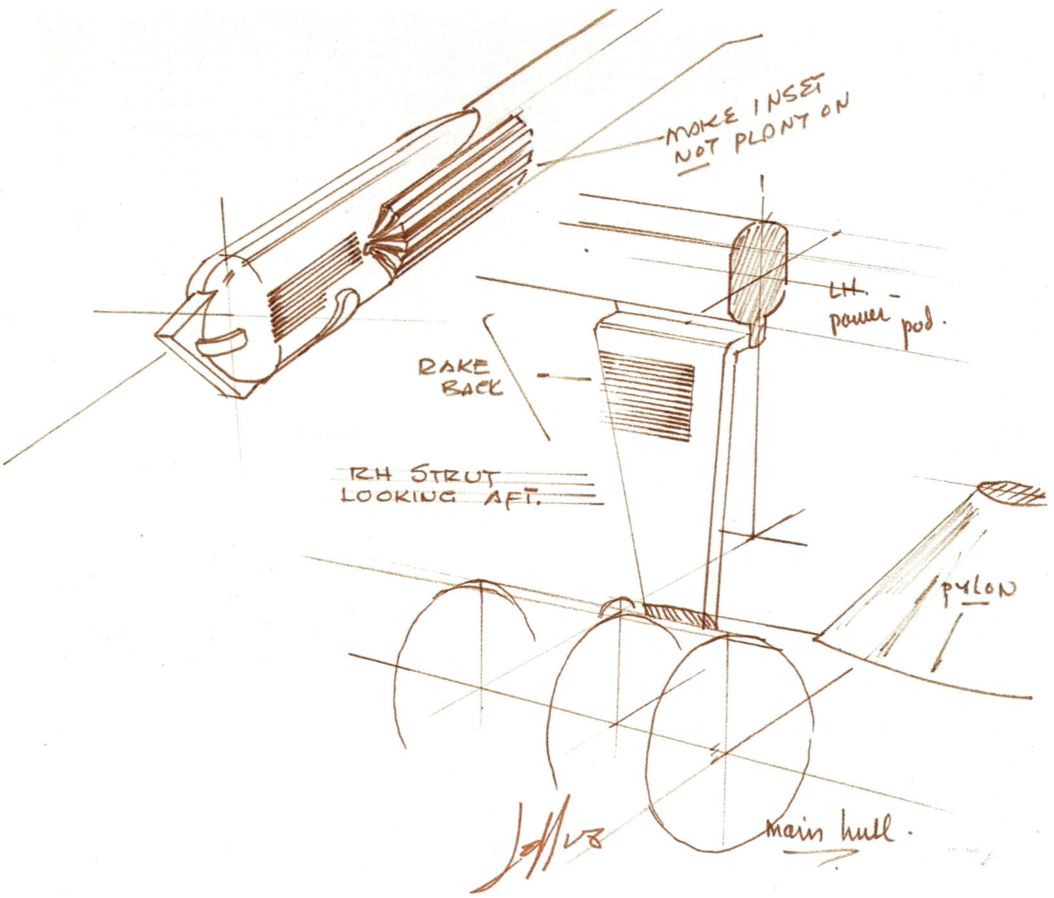
MAKE INSET
NOT PLANT ON
LH.
power pod.
RAKE
BACK
RH STRUT
LOOKING AFT.
PYLON
main hull.

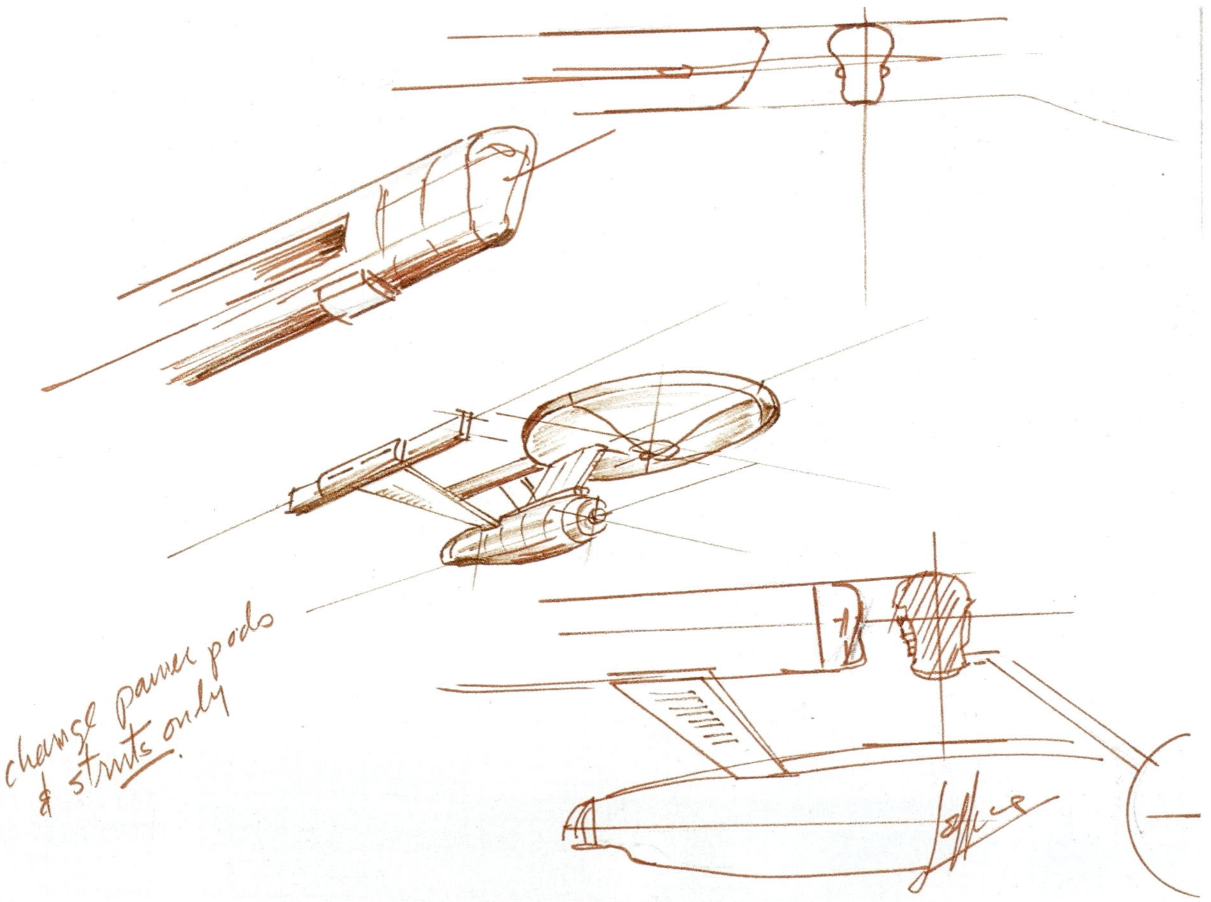
change power pods
& struts only.

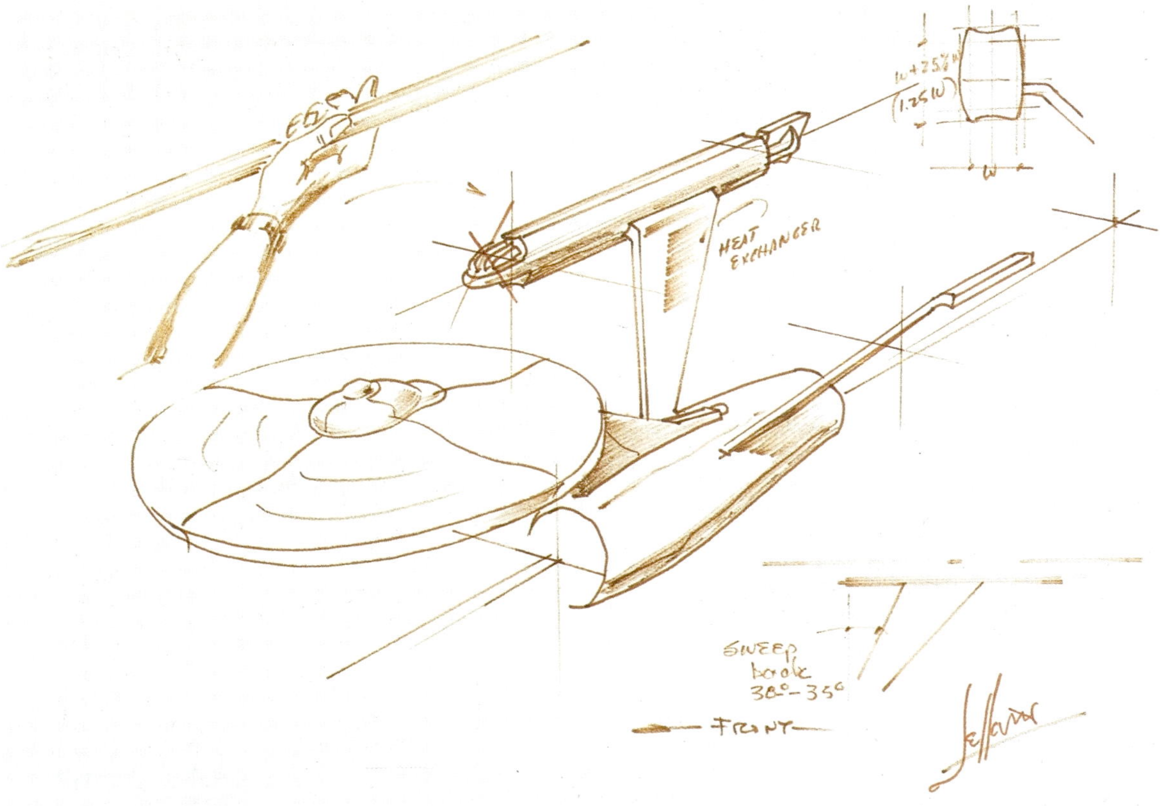

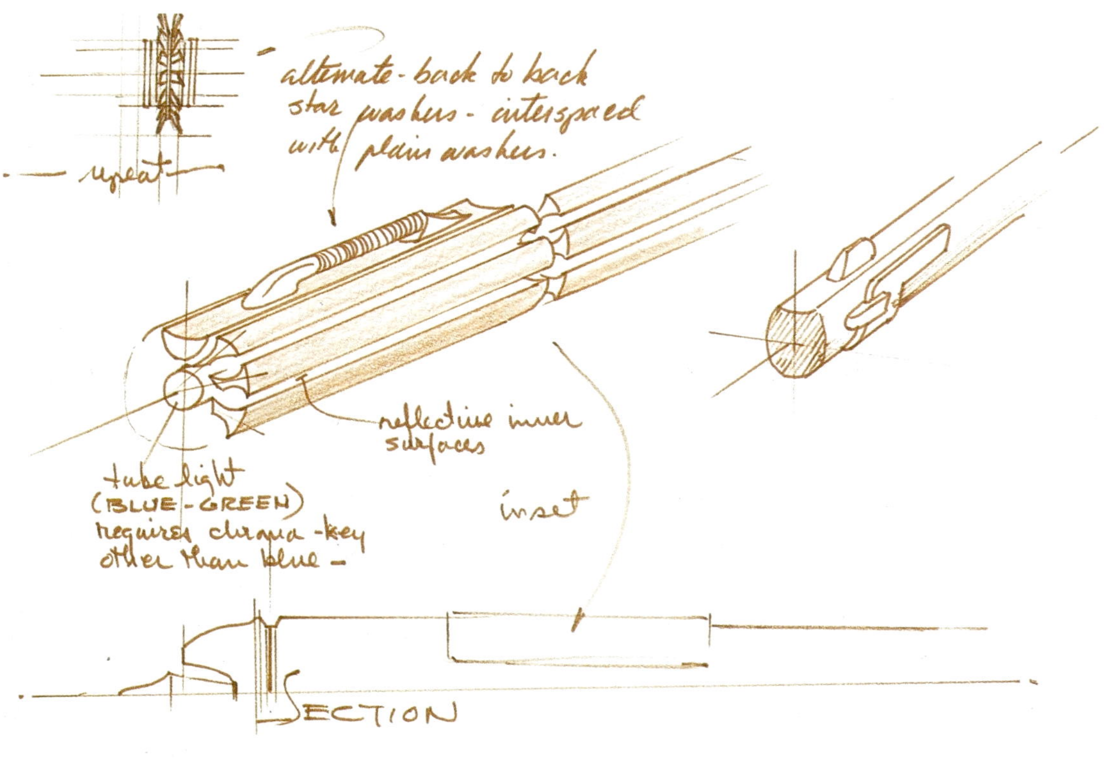

Matt Jefferies

Matt Jefferies war der Hauptdesigner der ersten *Enterprise*. Er wurde gebeten, bei der Neugestaltung des Designs für *Phase II* beratend zur Seite zu stehen. Viele seiner Designelemente wurden später in das neue Design der Film-*Enterprise* übernommen. Illustrationen mit freundlicher Genehmigung des Künstlers.

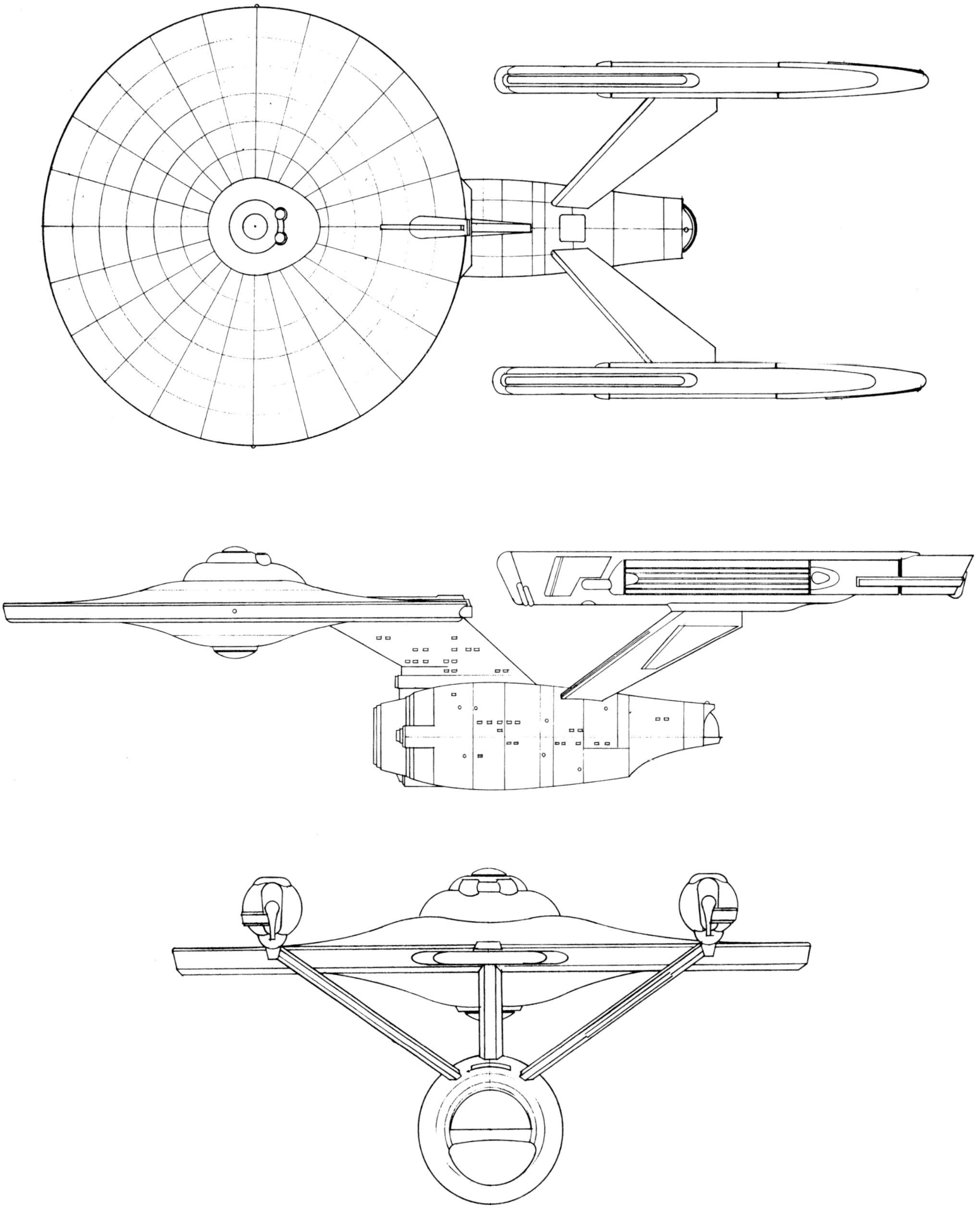

Eine neue Enterprise

Diese noch nie gezeigten Zeichnungen der *Phase II-Enterprise* zeigen, wie Matt Jefferies' Skizzen zu Blaupausen wurden. Man beachte die ›Micky Maus‹-Ohren auf der Oberseite des Diskussegmentes. Sie stehen für eine der Verbesserungen, die bei dieser umgebauten *Enterprise* vorgenommen wurden – zwei Turbolifte auf der Brücke.

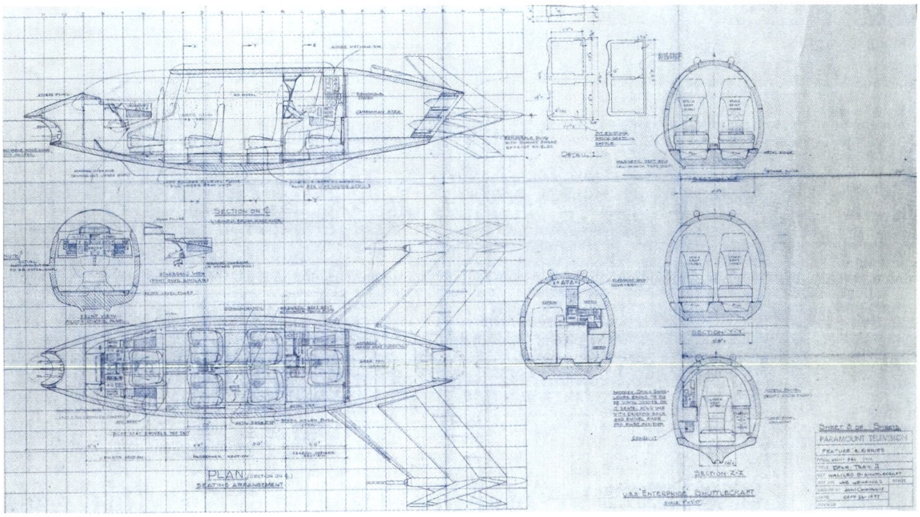

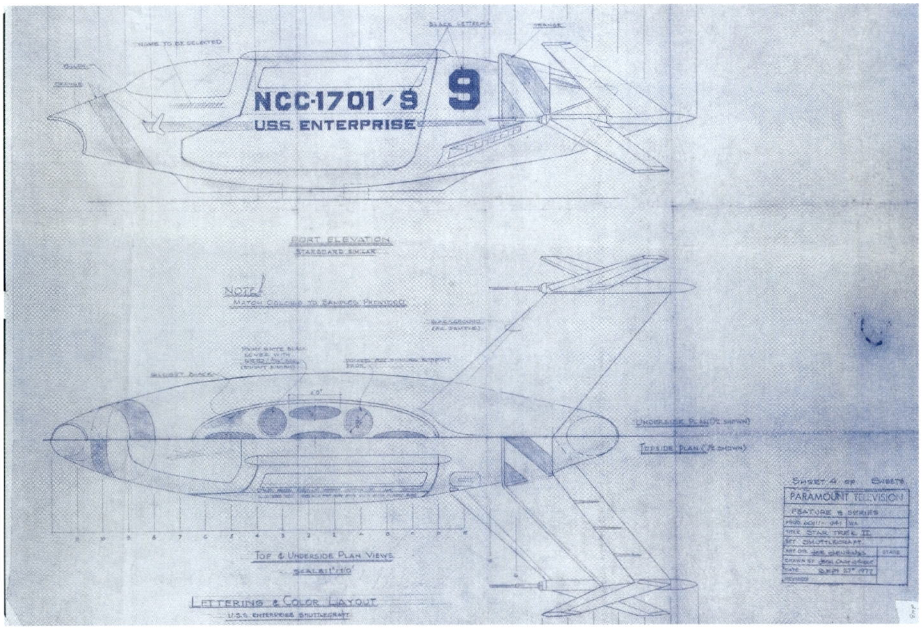

Diese Interpretation von Matt Jefferies' *Phase II*-Shuttle, die auf diesen Blaupausen basiert, wurde von *Star Trek*-Illustrator John Eaves gezeichnet, der als Designer der *U.S.S. Enterprise 1701-E* in Jefferies' Fußstapfen getreten ist.
Mit freundlicher Genehmigung von John Eaves.

Brick Price

Lange Zeit einer der vergessenen Helden von *Star Trek*, war Brick Price der Modellbauer, der die *Phase II-Enterprise* baute, die hier während ihrer Montage zu sehen ist. Unglücklicherweise war das Modell, das er für Paramount gebaut hatte, für die Größe eines Fernsehbildschirms konzipiert, nicht für die einer Kinoleinwand.
Als *Star Trek: The Motion Picture* die Konstruktion einer neuen *Enterprise* erforderlich machte, arbeitete Price weiter für die Produktion und fertigte viele Requisiten und Kostümteile, auch wenn seine Arbeit im Filmnachspann nicht gewürdigt wurde.
Fotos mit freundlicher Genehmigung von Andrew Probert. Zeichnungen mit freundlicher Genehmigung von Brick Price Movie Miniatures.

Metamorphose

Nach der Entscheidung für einen Kinofilm mußte alles, was für *Phase II* entwickelt worden war, neu bewertet und auf ein größeres Format übertragen werden. Diese Konzeptskizze bewegt sich zwischen *Phase II* und *Star Trek: The Motion Picture* – das Set für V'Ger ist größer, während die Originalkostüme unverändert bleiben.

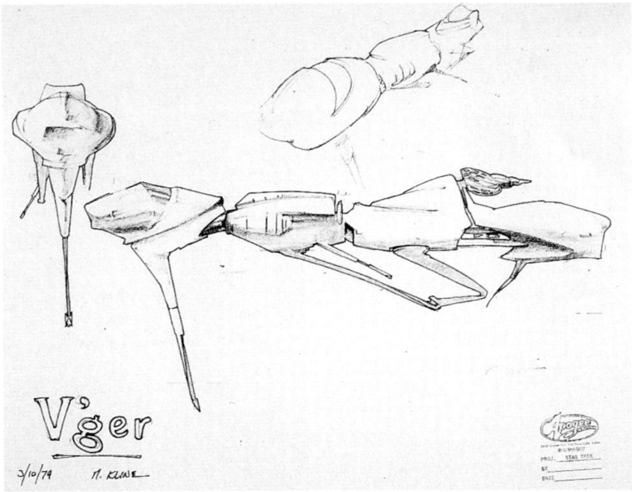

1.

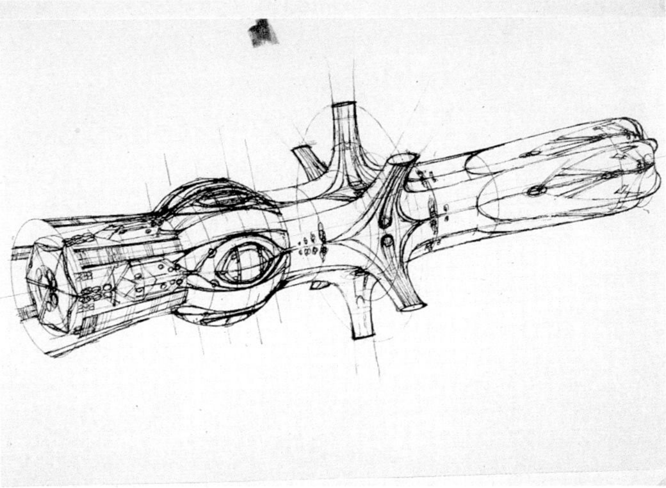

2.

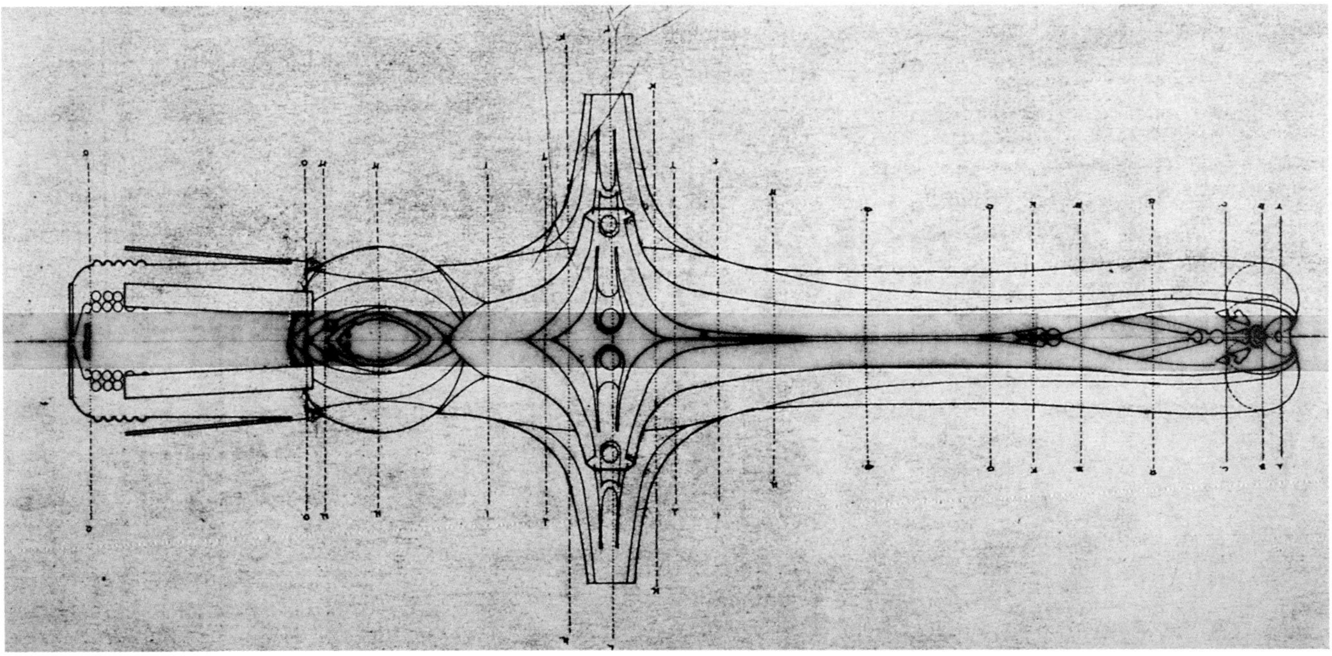

3.

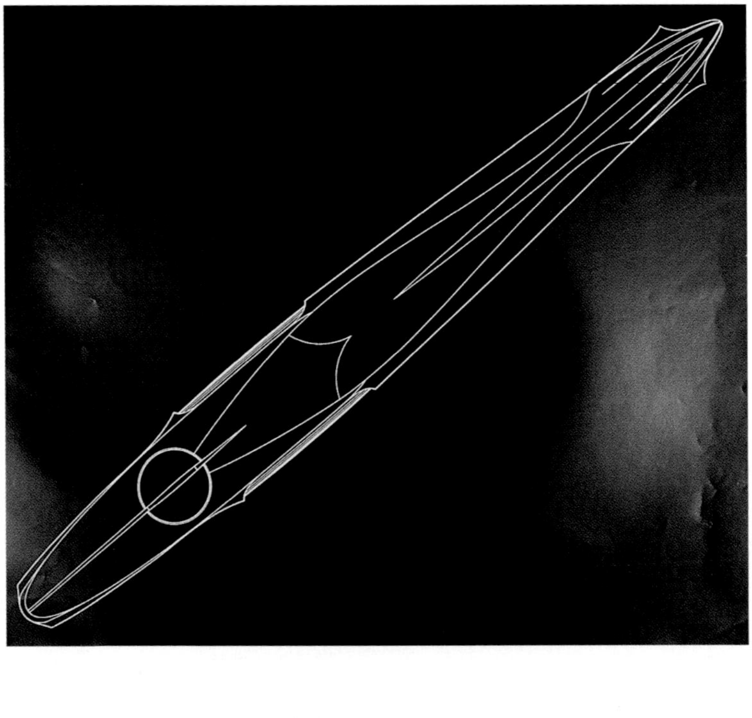

4.

5.

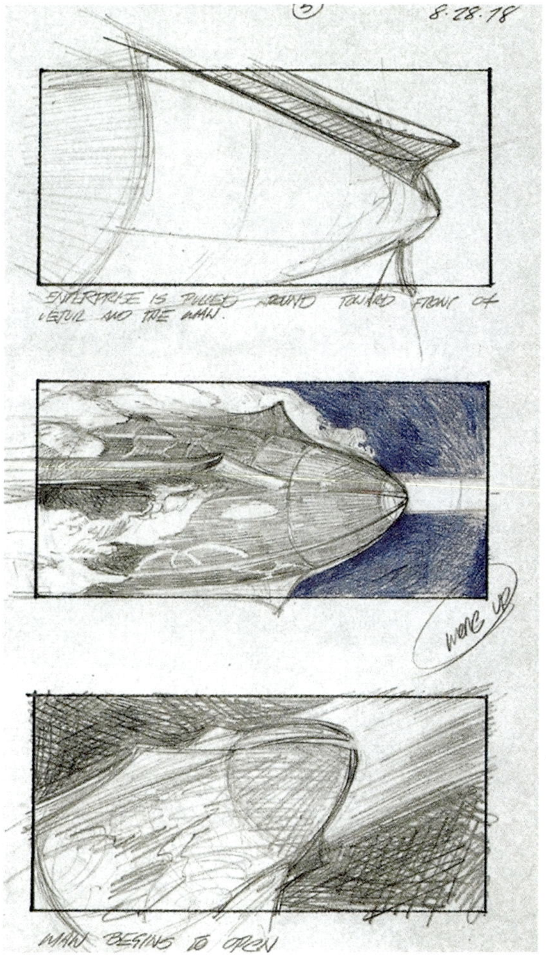

6.

Von N'sa zu V'Ger

1. Ein ungewöhnliches *Motion Picture*-Konzept für V'Ger. Künstler: M. Kline.
2. Ein frühes Design für V'Ger. Man beachte die Einbeziehung des ›Mauls‹ auf der linken Seite.
3. Die Übersetzung des Konzepts aus Nummer 2 in eine Bauzeichnung für ein mögliches Modell hat begonnen.
4. Ein Entwurf des V'Ger-Designs, das fast lange genug lebte, um in den Film zu gelangen.
5. Ein atemberaubendes V'Ger-Konzept mit ausgebreiteten Solarsegeln.
6. Eine Storyboard-Sequenz, die V'Gers Entwicklung zeigt – ein Jahr, nachdem Produzent Robert Goodwin für ›In Thy Image‹ als Pilotfilm von *Phase II* eingetreten war.

Umseitig

Wie die Konzeptzeichnungen der folgenden vier Seiten erkennen lassen, gibt es selbst bei Filmbudgets eine Grenze für das, was machbar ist. Doch diese Zeichnungen bieten faszinierende Impressionen von einer nicht realisierten *Star Trek*-Version.

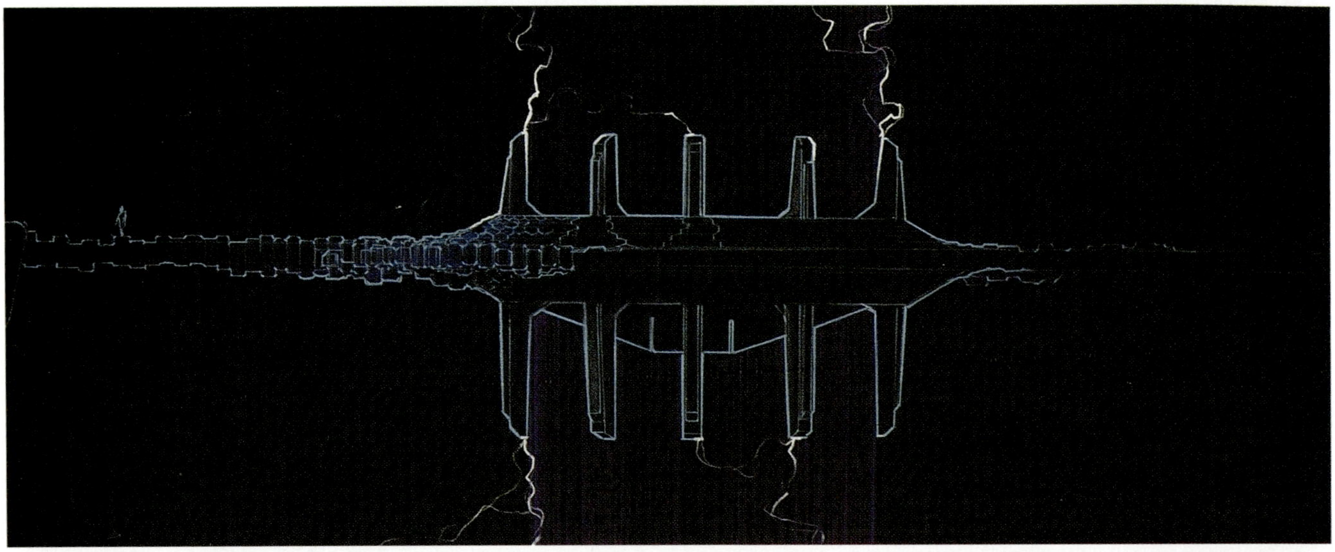

Auf daß wir nicht vergessen, daß jedes Fernseh- und Filmprojekt sein Leben als geschriebenes Wort beginnt ... aus dem Originaltreatment für ›In Thy Image‹ von Alan Dean Foster vom 31. Juli 1977 ...

»... Gegen diesen strahlenden Leviathan ist die Enterprise winzig ...«

TEIL VIER

DIE VERLORENEN GESCHICHTEN

DIE ERSTEN DREIZEHN EPISODEN

Dreizehn ist für eine Fernsehserie eine magische Zahl, da sie für eine halbe Season steht. Fünf Aufträge über halbe Seasons ergeben 65 Episoden – was die kritische Schwelle für den Erfolg in der Syndication darstellt. 65 Episoden können bei täglicher Ausstrahlung – von Montag bis Freitag – genau dreizehn Wochen lang gesendet werden…

Der erste Auftrag über einen zweistündigen Pilotfilm und dreizehn Episoden brachte Star Trek Phase II *sofort den Ruf ein, in Hollywood die Serie zu sein, die am schwierigsten zu verkaufen war. Anders als die meisten anderen Serien in ihrer ersten Season hatte* Phase II *das zusätzliche Problem, die Fortsetzung einer früheren Serie zu sein, die bereits 79 Geschichten erzählt hatte – beziehungsweise 101 Geschichten, wenn man die Zeichentrickepisoden mitrechnete.*

Als Redakteur trug Jon Povill die Verantwortung, sich im wahrsten Sinne des Wortes Hunderte von Vorschlägen anzuhören, um die Geschichten auszuwählen, von denen er glaubte, daß sie es wert waren, von den Produzenten in Erwägung gezogen zu werden. Anders als ›normale‹ Geschichten müssen Fernsehgeschichten nicht nur gut sein, sie müssen auch innerhalb einer Stunde erzählt werden können und außerdem in die Produktion und das Spezialeffekte-Budget der Serie passen.

Die Geschichten, die hier in Synapsenform vorgestellt werden, sind diejenigen, die alle Kriterien der neue Star Trek-*Version erfüllten. So wie in der Originalserie und den gegenwärtigen Serien wären einige dieser Geschichten wohl Klassiker geworden, während man sich an einige andere nicht mit so viel Stolz erinnert hätte. Dennoch sind sie ausnahmslos interessant und erfüllen den Anspruch von* Star Trek, *den Zustand der Menschheit zu erforschen.*

Zwei dieser dreizehn Geschichten stellten ganz besonders ihre Attraktivität unter Beweis, als sie umgeschrieben wurden, um bei The Next Generation *verfilmt zu werden – ›Devil's Due‹ von William Douglas Lansford* sowie ›The Child‹ von Jaron Summers & Jon Povill**. Nach diesem Kapitel folgt ein Abdruck des kompletten, für* Phase II *geschriebenen Drehbuchs von ›The Child‹.*

Dies sind die Reisen des Raumschiffs Enterprise*…*
auf seiner zweiten Fünfjahresmission…
um wieder mutig dorthin vorzustoßen, wo noch nie ein Mensch gewesen ist.

* Nennung bei *The Next Generation*: Drehbuch: Philip Lazebnik. Buch von Philip Lazebnik und William Douglas Lansford.

** Nennung bei *The Next Generation*: Geschrieben von Jaron Summers & Jon Povill und Maurice Hurley.

›Tomorrow and the Stars‹

von Larry Alexander

Diese Zeitreisegeschichte, in der sich Kirk während des Angriffs auf Pearl Harbor in eine Frau auf der Erde verliebt, erinnert an ›The City on the Edge of Forever‹. Diesmal entbrennt Kirks Leidenschaft jedoch für eine verheiratete Frau, was der ganzen Geschichte einen etwas anderen Dreh verleiht. Wieder wird die Geschichte durch eine Transporterfehlfunktion ausgelöst, wieder sieht sich Kirk dem Dilemma ausgesetzt, daß er nichts unternehmen darf, um Tausende von Menschenleben zu retten – auch nicht die Frau, die er liebt –, da er sonst die Geschichte verändern wird.

Während eines erfolglosen, aber Schäden verursachenden Angriffs der Klingonen auf die *Enterprise* wird Lieutenant Chekov mit dem tödlichen Giftstoff ›Iridium-Sieben-Kontakt‹ infiziert. Zu den ersten Symptomen gehören erhebliche Brandverletzungen auf den betroffenen Hautpartien sowie fortschreitendes, schmerzhaftes Delirium. Während Leonard McCoy und Christine Chapel versuchen, Chekov – der glaubt, er befinde sich noch immer mitten im Kampf gegen die Klingonen – unter Beruhigungsmittel zu setzen, versichert Captain Kirk seinem verletzten Offizier, daß sie in Sicherheit sind, sich im Erdorbit befinden und im Begriff sind, Chekov für die weitere Behandlung auf den Planeten zu bringen.

Kirk ist beunruhigt, als er erfährt, daß Lieutenant Xon einen defekten Molekularschaltkreis im Schiffstransporter entdeckt hat. Dr. McCoy warnt Kirk aber, daß es auf jede Sekunde ankommt, um Chekov zur Strahlentherapie auf die Erde zu bringen. Nachdem er von Xon erfährt, daß die Wahrscheinlichkeit eines erfolgreichen Transports bei 94,6 % liegt, verbürgt sich Chefingenieur Montgomery Scott für die Sicherheit des Systems. Dr. Chapel und zwei Sanitäter werden Chekov begleiten.

Bevor der Transport beginnt, läßt Kirk ebenfalls Anzeichen einer Kontaminierung mit Iridium-Sieben-Kontakt erkennen, Dr. McCoy befiehlt ihm, sich für einige Tage Entgiftung auf die Erde zu begeben. Nachdem Kirk Xon und Scott mitgeteilt hat, daß Commander Decker das Kommando hat, schließt er sich widerstrebend Chekov, Dr. Chapel und den Sanitätern auf der Transporterplattform an. Scott beginnt die übliche Entmaterialisierungsprozedur, aber etwas geht schief. Xons Überprüfung ergibt, daß alle außer Kirk angekommen sind. Kirks Übertragung ist nicht abgeschlossen worden.

Während Scott und Xon daran arbeiten, Kontakt zu Kirks Energiestrahl zu wahren, wird die Transporterkammer plötzlich von einer gewaltigen Erschütterung getroffen. Die Luft ist erfüllt von elektronischen Geräuschen und unverständlichen atmosphärischen Störungen. Dann hört es wieder auf, während Xon erklärt, daß Kirks Rematerialisierung abgeschlossen worden ist. Er weiß aber nicht, wo.

Unterdessen materialisiert Kirk in einem üppigen Dschungel, der reich ist an exotischen Blüten. Zu seinem Entsetzen stellt er fest, daß sein Körper transparent ist und daß er nichts von dem berühren kann, was sich um ihn herum befindet. Als er nach seinen Kameraden ruft, erhält er statt dessen Antwort von einer fremden Frau und hört, daß sich eine Tür öffnet.

Während er sich versteckt, sieht Kirk verwirrt, daß es sich um eine Frau von der Erde handelt, die im Stil der 30er Jahre des zwanzigsten Jahrhunderts gekleidet ist. Die Frau, Elsa Kelly, hält ein Telefon in der Hand. Als sie im Garten niemanden sieht, konzentriert sie sich wieder auf ihr Telefonat, das Kirk nun mitanhört. Die Unterhaltung läßt darauf schließen, daß die Frau mit einem Mann namens Richard verheiratet ist, der an diesem Abend mit ihr in einem Offiziersclub tanzen gehen möchte. Während Kirk zuhört, versucht er erfolglos, von einem Baum eine Frucht zu pflücken und aus einem Brunnen im Garten zu trinken. Bevor die Frau ihr Telefonat beendet hat, betritt er unbemerkt das Haus und versucht, in der Küche mehr Erfolg mit Essen und Trinken zu haben. Er ist so konzentriert, daß er nicht bemerkt, wie die Frau hinter ihm in die Küche gekommen ist. Kirk versucht, auf sie einzureden, aber sie gerät in Panik und rennt fort.

Auf der *Enterprise* beschimpft McCoy Xon und sagt, er könnte Kirk sehr wohl in einen Ozean in den Tod geschickt haben. Bevor Xons ruhige, vulkanische Erwiderungen auf McCoys Mischung aus Wut und Sorge den Schiffsarzt weiter aufregen können, kommt Decker hinzu. Xon erklärt, er habe eine Aufzeichnung der Ereignisse analysiert, die sich im Transporterraum abgespielt haben, als Kirk verschwand. Er spielt das Band ab und lenkt ihre Aufmerksamkeit auf rätselhafte Hintergrundgeräusche, die auftraten, als Kirk rematerialisierte. Als Xon das Band langsamer laufen läßt, werden die Geräusche als Stimmen erkennbar, jedoch ist die Sprache für Decker, McCoy und Xon fremd. Als Xon den Universaltranslator bittet, die Sprache zu entziffern, kann der nicht behilflich sein. Der Computer teilt ihnen mit, daß er während des klingonischen Angriffs eine Programmlöschung erfahren hat.

An seinem noch nicht bestimmten Aufenthaltsort spricht Kirk in seinen Kommunikator, um einen Logbucheintrag seiner Eindrücke von den Geschehnissen aufzuzeichnen. Elsa kehrt zurück und unterbricht ihn. Sie erklärt ihm, daß sie ihn nicht den Behörden gemeldet hat, weil sie nicht weiß, wie sie seinen transparenten Zustand erklären soll. Als Kirk sie befragt, sagt sie ihm, daß er in Honolulu auf Hawaii ist. Kirk nennt ihr seinen Namen und sagt, er sei der Commander eines Schiffs. Elsa sagt, ihr Mann sei ebenfalls bei der Navy, aber sie habe noch nie eine Marineuniform gesehen, wie Kirk sie trägt. Kirk weigert sich, Elsa zu sagen, warum seine Uniform anders ist. Er lenkt ihre Neugierde ab, indem er ihre Aufmerksamkeit auf sein Bedürfnis lenkt, sich ernähren zu müssen – ein Problem, bei dem keiner der beiden weiß, wie es zu lösen ist. Elsas Mitgefühl für seine mißliche Lage rührt ihn.

Richard Kelly kehrt nach Hause zurück. Kirk warnt seine neue Freundin, daß ihr Mann sehr leicht Kirk für einen Spion und sein Erscheinungsbild für eine neue, unbekannte Waffe halten könnte. Elsa erklärt, daß sie ihm glaubt, wenn er sagt, er sei ungefährlich, und daß sie seine Anwesenheit nicht anzeigen wird. Aber sie sagt, er müsse gehen, bevor sie und ihr Mann vom Offiziersclub zurückkehren.

Kirk hört ein Gespräch zwischen Elsa und Richard über einen bevorstehenden Krieg mit an, dann zieht er sich in den Garten zurück, wo er warten wird, bis sie gehen. Es ist möglich, daß

Richard ihn gesehen hat, als er darauf wartete, daß Elsa sich fertigmacht.

Während Uhura daran arbeitet, die Verbindung zu einem Sprachtranslator auf der Erde herzustellen, spielen Xon und Decker das Band noch einmal ab. Sulu identifiziert die Sprache als Japanisch aus der Zeit des Kaisers. Bevor der Computer eine Übersetzung liefern kann, erklärt Sulu Xon und Decker, daß der Gegenstand der Unterhaltung die Koordinaten von zwei militärischen Zielen sind – eines von ihnen ein Flugplatz zwischen zwei Gebirgsketten.

Auf der Erde hat sich Kirk unterdessen im Wagen der Kellys versteckt, um ihnen zum Tanz in den Offiziersclub zu folgen. Dort erfährt er, daß Richard Kelly bestrebt ist, mit einem Admiral Grant über den bevorstehenden Krieg zu sprechen. Als Richard das macht, kommt Kirk Elsa zu Hilfe, als sie allein am Strand spazieren geht und von zwei furchteinflößenden MPs angesprochen wird. Kirks seltsames Erscheinungsbild schreckt die MPs ab. In der sich anschließenden Unterhaltung erfährt Kirk, daß er und Elsa sich in Pearl Harbor befinden. Das Datum ist der 6. Dezember 1941. Er verläßt Elsa für einen Moment, um einen besseren Blick auf den Hafen werfen zu können. In der Zwischenzeit kehrt Richard Kelly zurück. Er ist ausgelassen und erklärt Elsa, daß der Admiral mit seinen Ansichten über den bevorstehenden Krieg übereinstimmt und Richards Theorie in der kommenden Woche mit ihm in seinem Büro besprechen möchte.

Auf der *Enterprise* haben Decker, Xon und Scott eine eigene Theorie entwickelt, was bei Kirks Transfer schiefging: Der Transporter wurde zu einer Zeitmaschine, als die Elektronik während des klingonischen Angriffs durchbrannte. Ein Dimensionsvortex entstand, verschwand dann wieder und riß den Captain mit sich – mitten in den Angriff der Japaner auf Pearl Harbor. Damit haben sie zwar seinen Aufenthaltsort in der Zeit bestimmt, nun müssen sie aber seine exakte Position bestimmen. Bevor sie Kirk erfassen können, müssen sie zunächst die gleichen Bedingungen wiederherstellen, die während des fehlgeschlagenen Transports bestanden. Zu Kirks Sicherheit müssen sie das schaffen, bevor auf der Erde der Krieg ausbricht.

Auf der Erde fühlt sich Kirk zunehmend frustriert, weil es ihm nicht gelingt, mit seiner Umgebung in körperlichen Kontakt zu kommen. In seiner Verärgerung rutscht ihm Elsa gegenüber heraus, daß er der Commander eines Raumschiffs ist. Er bestätigt dann ihre Vermutungen, daß er tatsächlich aus der Zukunft kommt. Mitten in ihrer Unterhaltung versucht Scott, Kirk ein weiteres Mal zu lokalisieren, und kann diesmal Kontakt herstellen. Zwar gelingt es ihm nicht, Kirk zurückzuholen, doch Kirk wird in der Folge mit seinem Körper wiedervereint. Elsa und Kirk reagieren darauf, indem sie sich in die Arme fallen.

Richard Kelly kehrt unerwartet wegen einiger Dokumente nach Hause zurück, wo er mitansieht, wie Kirk zusammen mit Elsa das Haus verläßt. Sie bringt ihn in das Haus eines Freundes, der sich einige Wochen auf dem Festland aufhält. Weder Kirk noch Elsa bemerken Richard.

Kirks nächstes Ziel besteht darin, seinen Kommunikator so zu verändern, daß er mit der Hilfe von Technologie und Materialien des Jahres 1941 eine Verbindung zu seinem Schiff herstellen kann. Elsa sagt, sie werde ihm helfen. Sie möchte aber nicht, daß er ohne sie zurückkehrt. Während sie am Strand eine kurze Erholungspause einlegen, erkennen sie beide, daß sie sich ineinander verliebt haben.

Während sich Kirk und Elsa am Strand aufhalten, brechen Richard und mehrere Geheimdienstoffiziere der Navy in das Apartment von Elsas Bekanntem ein und finden Kirks Kommunikator. Sie schließen daraus, daß Kirk ein Spion ist. Als Kirk und Elsa zurückkehren, wird Kirk festgenommen. Bevor sie Kirk mitnehmen können, startet Elsa ein Ablenkungsmanöver und verhilft Kirk so zur Flucht.

Während nur noch wenige Minuten bis zum Angriff der Japaner verbleiben, materialisieren McCoy und Decker im Haus der Kellys und entdecken mit ihren Tricordern Anzeichen dafür, daß sich Kirk kurz zuvor in zwei Kilometern Entfernung aufgehalten hat. Sie nehmen einen in der Nähe geparkten Wagen, um zum Haus von Elsas Bekanntem zu fahren. Dort finden sie Kirks veränderten Kommunikator vor.

Zur gleichen Zeit sind Kirk und Elsa an den

Straßenrand gefahren, um darüber zu reden, was sie machen sollen. Als das Dröhnen sich nähernder Kriegsflugzeuge einsetzt, warnt Kirk Elsa unbeabsichtigt vor dem bevorstehenden Angriff. Elsa sagt, daß sie Richard, der sich auf der dem Untergang geweihten Arizona befindet, und alle anderen warnen müssen, da sie sonst sterben werden. Kirk erklärt, daß sie das nicht ändern können, was für ihn die Vergangenheit darstellt, da die Zukunft davon abhängt.

Die ersten Bomben werden abgeworfen. Decker und McCoy erreichen Kirk. Elsa rennt los, um zu tun, was sie kann. Sie sagt zu Kirk, sie verstehe, daß auch sie ein Teil der Geschichte ist – so wie ihre Liebe. Kirk versucht, ihr zu folgen, wird aber von Decker und McCoy zurückgehalten. Decker nimmt über seinen Kommunikator Kontakt mit Scott auf, Kirk, Decker und McCoy werden auf die *Enterprise* zurückgebeamt.

An Bord des Schiffs begeben sich McCoy und die Schiffscounselor Ilia in Kirks Quartier, um Kirk zu trösten und zu besänftigen. Ilias deltanische Fürsorge hilft Kirk, sich auf das konzentrieren, was sein Leben und das von Elsa bereichert hat. Kirk, der seinen Freunden für ihre Einmischung dankbar ist, nimmt wieder seinen Platz auf der Brücke ein und ist für das nächste Abenteuer bereit.

›Cassandra‹

von Theodore Sturgeon

Einer der vielen Gründe für die anhaltende Attraktivität von Star Trek *ist die Tatsache, daß diese Serie Platz bietet für so viele verschiedene Arten von Geschichten, darunter auch Komödien. Sowohl ›The Trouble With Tribbles‹ und ›A Piece of the Action‹ sind seit langem besondere Lieblingsfolgen der Fans. Diese Geschichte über einen linkischen Yeoman und eine winzige, Probleme verursachende Kreatur hätte sich problemlos dazugesellen können.*

Theodore Sturgeon war einer der wichtigsten Autoren der Science Fiction. Für die Originalserie schrieb er die Episoden ›Shore Leave‹ und ›Amok Time‹.

Die *Enterprise* befindet sich im Orbit um den Planeten Manlikt, nachdem sie den Außenminister von Manlikt, Hibchiba, von einer erfolgreichen Friedenskonferenz zurückgebracht hat. Weil sich Hibchiba weigert, den Transporter zu benutzen, kann die *Enterprise* nicht abreisen, bevor ihr Shuttle zurückkehrt, das den Außenminister auf die Planetenoberfläche bringt.

Der Planet Manlikt wird von zwei humanoiden Spezies bewohnt, den Manlikt und den Breet. Die Manlikt erinnern stark an die Erdenmenschen. Die Breet haben lange Schnäbel und einen Schwanz. Nachdem sie jahrhundertelang verfeindet waren, haben die beiden Spezies schließlich einen Nichtangriffspakt unterzeichnet.

Aber als die *Enterprise* sich auf das Verlassen des Orbits vorbereitet, meldet Uhura Kirk, sie habe soeben eine planetenweite Mitteilung empfangen, die ein sechsstündiges Ultimatum der Manlikt gegen die Breet enthielt. Die Manlikt kündigen an, ihr Gegenstück zur Weltuntergangsbombe einzusetzen, wenn die Breet nicht den ›Heiligen Monitor‹ herausgeben, den kostbarsten Schatz des Planeten Manlikt.

Kirk bittet Uhura, den Außenminister zu rufen. Auf dem Bildschirm schäumt Hibchiba vor Wut, während er berichtet, wie ein Breet-Agent als Manlikt-Sicherheitsoffizier verkleidet auf dem Heiligen Grund verhaftet wurde – drei Meter von dem Punkt entfernt, an dem Hibchiba vom *Enterprise*-

Shuttle abgesetzt wurde, und fünf Meter vom Standort des Heiligen Monitors entfernt. Der Außenminister erklärt Kirk, daß die große Bombe abgeworfen wird, wenn der Schatz nicht innerhalb von fünf Stunden und fünfzig Minuten zurückgegeben wird. Die Manlikt wollen nicht ohne den Heiligen Monitor leben.

Xon berichtet Kirk, daß der Heilige Monitor, der ein streng gehütetes Geheimnis ist, eine Art Gerät zu sein scheint, durch das die Manlikt die Zukunft vorhersagen können. Sie betrachten es als den Dreh- und Angelpunkt ihrer Sicherheit.

Noch bevor Kirk vom Diebstahl des Heiligen Monitors hört, ist eine linkische neue Yeoman an Bord der *Enterprise*, Myra Kart, auf ein sonderbares Objekt gestoßen – ein großes Ei –, während sie das Shuttle nach der Rückkehr vom Planeten Manlikt reinigte. Unglücklicherweise hat Kart das Ei fallenlassen und beschädigt. Da sie den Inhalt für irgendeine Art von Lebensform hält, hat sie das Ei in einen hermetisch verschlossenen Beutel gepackt zu Doktor Chapel und Doktor McCoy in die Krankenstation gebracht. Die beiden Ärzte werden von Yeoman Karts Ungeschicklichkeit abgelenkt und achten nicht sehr genau auf den Beutel. McCoy streift sich sterile Handschuhe über und öffnet einen Glaskasten, wirft den Beutel hinein, während er den hermetischen Verschluß öffnet. Dann schließt er den Kasten. Zu Chapel sagt er, daß er für diese Lebensform keine spezielle Atmosphäre einrichten muß, da die Bedingungen auf Manlikt so sehr denen der Erde gleichen. Dann sind er und Chapel über das verblüfft, was sich abspielt. Der Beutel bewegt sich hin und her, ein Kopf kommt zum Vorschein, als ein kleines Wesen, Cassandra, Chapel von oben bis unten ansieht und mit tiefer Baßstimme sagt: »Na, wenn du nicht der *süßeste* kleine Käfer bist...!«

Jetzt, nachdem Kirk sich in die bedrohliche Situation auf Manlikt eingeschaltet hat, begibt sich Yeoman Kart in die Krankenstation, entdeckt den Glaskasten und sieht hinein. Sie wiederholt exakt die gleichen Worte, mit denen Cassandra Chapel angesprochen hatte: »Na, wenn du nicht der *süßeste* kleine Käfer bist...!« Dann hebt sie Cassandra hoch und knuddelt sie. Diesmal sagt Cassandra: »Wie kommt es, daß Sie nie lächeln?« Dann springt sie Kart von den Armen und verschwindet durch eine offene Tür. Kart rennt hinter ihr her.

Wenige Minuten später begegnet Xon im Erholungsraum des Schiffs einem Crewmitglied, das ihm die gleiche Frage stellt, die wir gerade von Cassandra gehört haben: »Wie kommt es, daß Sie nie lächeln?« Xon steht noch immer gedankenverloren da, irritiert, als Ilia zu ihm kommt. Er fragt sie nach dem Sinn des Lächelns. Plötzlich streift Cassandra an ihnen vorbei, um sich auf der Schulter von Chefingenieur Scott niederzulassen, der sich gerade in einer Pokerpartie mit Chekov befindet. Yeoman Kart verfolgt Cassandra. Sie sagt zu Scott: »Es ist in Ordnung... sie wird Ihnen nichts antun...« Scott bleibt ruhig. Cassandra flüstert in Scotts Ohr: »Er hat nur ein Paar Achten.« Scott verdoppelt seinen Einsatz. Chekov gewinnt. Scott sagt zu Kart: »Sie hat mir doch etwas angetan.«

Während Scott weiterspielt, nimmt Kart Cassandra fort. Während Cassandra an Ilia vorbeigetragen wird, sagt das kleine Wesen: »Alarmstufe Gelb. In Bereitschaft gehen.« Im Hintergrund hören wir, wie Scott und Chekov weiterspielen. Scott fordert Chekov auf, es ihn wissen zu lassen, wenn er glaubt, daß der Chefingenieur blufft. Chekov gibt auf. Scott grinst und zeigt sein Blatt. Chekov stöhnt auf: »Er hat nur ein Paar Achten.« Genau das, was Cassandra kurz zuvor gesagt hatte. Dieser Wortwechsel veranlaßt Xon dazu, die Stirn ein wenig in Falten zu legen.

Auf der Brücke macht der Erste Offizier Decker Kirk darauf aufmerksam, daß die *Enterprise* besser tausend Kilometer weiter entfernt wäre, wenn die Manlikt ihre Bombe zünden. Kirk ist der gleichen Meinung, berührt seine Konsole und ordnet an: »Alarmstufe Gelb. In Bereitschaft gehen.«

Dann informiert Uhura Kirk, daß die Breet schwören, nichts mit dem Diebstahl zu tun zu haben, und behaupten, daß die Manklit ihn nur als Vorwand nehmen, um sie auszulöschen. Die Breet haben mit der Mobilmachung begonnen und könnten durchaus als erste zuschlagen. Kirk bittet Uhura, den Außenminister der Manlikt anzurufen.

Zur gleichen Zeit verursacht Cassandra auf dem Schiff chaotische Zustände. Sie nimmt einen Kommunikator an sich, während Chekov verrückt wird, als er mit einem Richtungsfinder versucht, das geschäftige kleine Wesen aufzuspüren, das sich mit dem Kommunikator beschäftigt.

Kirk bittet Hibchiba um weitere Einzelheiten über das Verschwinden des Heiligen Monitors. Widerstrebend erklärt der Außenminister ihm, daß er sehr klein ist, etwa so groß wie ein großes Ei. Tatsächlich ist es ein Ei.

Xon setzt seine Macht der Logik und der Vernunft bei dem Rätsel ein. Er faßt zusammen, was sie wissen: Ein Breet-Spion wurde zwischen den Wachen entdeckt, als das Shuttle auf Manlikt landete, nahe dem Ort, an dem der Schatz aufbewahrt wurde. Er fragt Hibchiba, ob statt dessen ein falsches Ei zurückgelassen wurde. Der Außenminister bestätigt das. Xon fragt, ob bei dem Spion irgend etwas gefunden wurde. Hibchiba verneint das. Daher, so Xon, wurde das Ei gestohlen und in das *Enterprise*-Shuttle gebracht. Der Schatz befindet sich also höchstwahrscheinlich an Bord der *Enterprise*.

Kirk läßt sofort eine Beschreibung des vermißten Schatzes im ganzen Schiff verbreiten. Jeder, der sachdienliche Informationen hat, soll sich sofort auf der Brücke melden. Eine gründliche Suche wird in die Wege geleitet.

Yeoman Kart meldet sich auf der Brücke und berichtet Kirk, wo sie das Ei gefunden hat, wie sie es fallenließ, daß sie es an McCoy und Chapel übergab und es dann später besuchte, weil es so ›süß‹ war. Xon fragt Kart, ob dem fraglichen Ei das Tier entstammt, das sie im Erholungsraum verfolgt hat. Sie bejaht, sagt aber, daß sie geglaubt hatte, es handele sich um eine Art Vogel.

Kirk ist außer sich. Er erklärt Kart, daß eineinhalb Milliarden Planetenbewohner sterben werden, wenn ihr ›süßes‹ Wesen nicht innerhalb der nächsten Stunden zurückgegeben wird. Kirk schaltet das Schiffsinterkom wieder ein und ruft McCoy und Chapel *mit* dem Wesen auf die Brücke.

Die Ärzte zeigen Cassandra dem Außenminister Hibchiba, dessen erwartungsvolles Gesicht auf dem Bildschirm zu sehen ist. Er ist außer sich vor Freude und sagt, er werde persönlich auf die *Enterprise* kommen, sobald er einen Waffenstillstand herbeigeführt und die Breet beruhigt hat.

Kirk bittet Chapel, Kart ›nach unten‹ zu bringen, was Kart so auffaßt, als solle sie sich bei Scott im Maschinenraum melden.

Als nächstes meldet Uhura, daß sie eine Nachricht vom Planeten empfängt. Sie teilt Kirk mit, daß drei Gesandte des Außenministeriums darum bitten, an Bord gebeamt zu werden. Sie haben den Befehl, den Heiligen Monitor zurückzubringen. Die drei Gesandten werden eintreffen, den Schatz in Empfang nehmen und abreisen, noch bevor der Außenminister sein Shuttle betreten hat, das ihn zur *Enterprise* bringen soll. Die Verkündigung der sicheren Rückkehr des Schatzes auf den Planeten wird auch für den Minister selbst eine Rückkehr zu sicheren Verhältnissen bedeuten. Kirk ist mit der Bitte der Gesandten einverstanden.

Während Chefingenieur Scott die Entmaterialisierung der drei Gesandten abschließt, bittet er Yeoman Kart, für die drei Besucher im Korridor das Licht einzuschalten. Überhastet betätigt sie den Schalter ›Schadenskontrolle‹. Sofort fahren Stahltore krachend herunter, die drei Gesandten sitzen in der Falle und werden heftigen Wasserstrahlen ausgesetzt, die sie umwerfen. Scott arbeitet hektisch an seinen Kontrollen, um sie zu befreien, während Kirk wissen will, was im Maschinenraum vor sich geht. Scott berichtet ihm von Karts jüngstem Mißgeschick, während die Brückencrew die Ereignisse auf dem Bildschirm mitverfolgt.

Plötzlich lenkt Xon Kirks Aufmerksamkeit auf den Zustand der Gesandten. »Breets!« ruft Ilia aus, während die Manlikt-Maske zerfällt und von den Wasserstrahlen weggespült wird. Drei Breet-Schnäbel und -Schwänze kommen zum Vorschein.

Cassandra sieht die Vorgänge mit an und ruft aus: »Bewohner von Manlikt, dies ist ein historischer, nein, ein epochaler Augenblick.« Dann enthüllt Xon Kirk gegenüber Cassandras Geheimnis: »Sie werden das in etwa vier Minuten und vierzig Sekunden über die Lautsprecher des Bildschirms hören.« Xon hat festgestellt, daß Cassandra nicht anspricht, was sie gehört hat, sondern das, was sie erst in einigen Minuten hören wird. Decker bemerkt dazu, das müsse der Grund sein, warum die Manlikt sie als Orakel bezeichnen. Xon sagt, er müsse nun einige seiner Theorien über die Zeit neu bewerten.

Als Hibchibas Shuttle an der *Enterprise* andockt,

bringt der Außenminister einen goldenen Käfig für Cassandra mit, außerdem eine schwere Goldkette mit Medaillon, um Yeoman Kart als diejenige zu ehren, die heldenhaft die Breet-Spione enttarnt hat. Als Cassandra fortgebracht wird, sind ihre letzten Worte: »Ich hätte nie geglaubt, daß Sie diesen Muskel überhaupt besitzen.«

Dann erfährt Kart von Kirk: »Für die guten Dinge, die Sie getan haben, werden Sie um zwei Dienstränge befördert. Und für die Probleme, die Sie verursacht haben, werden Sie um zwei Ränge degradiert.« Bevor er aber hinzufügen kann, daß ein Aufenthalt in der Arrestzelle angebracht wäre, verteidigt Xon Kart, indem er hervorhebt, daß Yeoman Kart zu keiner Zeit gegen die Vorschriften verstoßen, einen Befehl mißachtet oder ihren Pflichten nicht nachgekommen ist. Eine gründliche Begutachtung ihrer Personalakte fördert zwar ein paar Tadel zu Tage, aber sie hat sich nicht ein einziges Mal wiederholt etwas zuschulden kommen lassen. Da ein Arrest lediglich den Täter an der Wiederholung einer Tat hindern soll, wäre solch eine Bestrafung eindeutig nicht angemessen. Kirk muß seine Niederlage einräumen.

Als McCoy Xon fragt, was ihn zu einer solchen Rede veranlaßt hat, erklärt Xon ihm, daß er bei seinem fortwährenden Studium der menschlichen Beweggründe eine Form praktiziert hat, die weder vernünftig noch einfach ist. Sie wird Mitleid genannt. Voller Bewunderung sagt McCoy zu Xon: »Ich hätte nie geglaubt, daß Sie diesen Muskel überhaupt besitzen.« Dann hält er die Hand vor seinen Mund, als er erkennt, daß er Cassandras letzte Worte nachgesprochen hat.

Xons letzte Worte lauten: »Mitleid ist viel einfacher als ein Lächeln.«

›KITUMBA, PART I‹

VON JOHN MEREDYTH LUCAS

Dieses zweiteilige Epos gewährt uns einen faszinierenden Blick auf ein alternatives Klingonisches Imperium, eine Kultur, die in der Originalserie nie detailliert erforscht worden war und die sich später bei The Next Generation *in eine andere Richtung entwickelte. Durch einen komplexen Plot, Mantel-und-Degen-Action sowie politische Manöver enthält das ›Kitumba‹-Drehbuch viele der Elemente, die sich später in* Next Generation-*Episoden zeigen sollten, in denen klingonische und romulanische Politik im Mittelpunkt stand.*

John Meredyth Lucas schrieb auch die Bücher für die Originalepisoden ›Patterns of Force‹ und ›Elaan of Troyius‹ sowie das Drehbuch für ›That Which Survives‹.

Während die *Enterprise* einen Sektor der Galaxis beobachtet, in dem Spannung herrscht, empfängt sie ein verschlüsseltes Signal von Starfleet: Sie soll sich an einer irritierend einfachen Mission beteiligen. Kirks Befehl lautet, sofort Starfleet Command anzufliegen, um einen Patienten aufzunehmen, der Strahlungsverbrennungen erlitten hat.

Sobald die *Enterprise* in einen Standardorbit um die Raumstation gegangen ist, in der sich Starfleet Command befindet, wird Admiral Li Po Yu an Bord gebeamt, eine alte Bekannte von Kirk. Kirk weist die Krankenstation an, Strahlenschutzanzüge auszugeben. Bevor er sich mit Dr. McCoy auf den Weg zum Transporterraum macht, übergibt Kirk Decker das Kommando. Überraschenderweise trägt Admiral Li keinen Strahlenschutzanzug. Sie sagt außerdem zu Kirk und McCoy, daß sie beide ihren unhandlichen Schutzanzug ausziehen können, obwohl ihr Patient in Kürze erwartet wird.

Kirk fragt nach dem wahren Zweck seiner Befehle und macht darauf aufmerksam, daß er codierte Befehle an dreißig Raumschiffe beobachtet hat. Admiral Li erwidert, daß sie unter vier Augen mit Kirk sprechen möchte. Dann erklärt sie Kirk, daß Drohnen von Starfleet Intelligence gemeldet haben, im Orbit von Hunderten klingonischer Planeten würden Raumschiffe gebaut. Die obersten

Chefs des Geheimdienstes warnen vor einem unmittelbar bevorstehenden, übermächtigen Angriff. Als Kirk bezweifelt, daß irgend jemand erraten könnte, was die Klingonen planen, erklärt Li ihm einfach: »Es ist bestätigt worden, Jim.« Dann weist sie ihn an, den Passagier heraufbeamen zu lassen.

Als Kirk das macht, materialisiert ein voll bewaffneter Klingone auf der Transporterplattform der *Enterprise*. Über Kirks erstaunte Reaktion erheitert, stellt Li den Klingonen Kirk vor: »Captain, dies ist Ksia. Er war der Tutor von Kitumba, dem Heiligen Herrscher der Klingonen.«

Aufgrund seiner eigenen Erfahrungen mit Klingonen akzeptiert Kirk nicht vorbehaltlos Admiral Lis Aussage, Ksia habe an der Grenze ein Patrouillenschiff gestoppt und darum gebeten, zum Hauptquartier der Föderation gebracht zu werden. Kirk betont, daß die wenigen Klingonen, die je gefangengenommen wurden, niemals etwas verraten und lieber Selbstmord verübt hätten. Ksia stimmt Kirk zu, macht aber darauf aufmerksam, daß er nicht gefangengenommen wurde. Admiral Li versteht Kirks Bedenken, erklärt ihm aber, daß der Generalstab glaubt, die Bedrohung rechtfertige die Risiken. Vor allem, seit Ksia ihnen mitgeteilt hat, daß die Klingonen einen massiven Schlag gegen die Föderation führen wollen. Ksia hofft, den Angriff abwenden zu können, da er glaubt, daß dieser den Klingonen mindestens soviel Schaden zufügen wird wie dem Feind. Ksia erklärt dem skeptischen Kirk, er habe sich nur deshalb entschlossen, die Föderation zu warnen, weil sein eigenes Volk für einen solch umfassenden Krieg nicht richtig vorbereitet ist.

Um Kirks Ungläubigkeit etwas entgegenzusetzen, versorgen Admiral Li und Ksia Kirk mit maßgeblichen Informationen über den Aufbau der klingonischen Gesellschaft. Klingonen – das ist nicht der Name des Volkes, sondern der Name der männlichen und weiblichen Krieger, die die herrschende Klasse bilden. Dieser Gruppe dienen die Technos – die Wissenschaftler und die Techniker – und die Subjekte. Über den Klingonen, Technos und Subjekten stehen der Kriegsherr und der Kitumba. Der Kriegsherr herrscht im Namen des Kitumba, einer fast gottähnlichen heiligen Leitfigur, die nach alter Sitte den Heiligen Planeten im Zentrum des klingonischen System nicht verlassen darf. Admiral Li fügt hinzu, daß der momentane Kitumba ein siebzehnjähriger Junge ist, der von Ksia erzogen worden war, bis der gegenwärtige Kriegsherr Malkthon sich einmischte. Malkthon bat darum, daß Ksia als subversiver Einfluß rituellen Selbstmord begeht. Außerdem hat er den Kitumba zu einem ›verwöhnten Gefangenen‹ gemacht.

Als Kirk fragt, ob Ksias Wunsch nach Frieden von anderen geteilt wird, berichtet ihm Ksia von einer Rebellengruppe, die aus Ehrenmännern besteht, den Baros. Die sind zwar nicht gegen Krieg allgemein eingestellt, aber gegen Malkthon und seinen unpassend gewählten und verrückten Plan für diesen Krieg. Dann gibt Admiral Li Kirk den richtigen Befehl: »... Bringen Sie die *Enterprise* tief in klingonisches Territorium ... zum Heiligen Planeten.« Dann sollen unter Ksias Anleitung die klingonischen Patrouillen und Verteidigungsmaßnahmen umgangen werden, um den Kitumba zu finden und den Krieg abzuwenden.

Kirk überläßt Ksia Dr. McCoy für eine medizinische Untersuchung, damit der Doktor den Klingonen im Falle einer Verletzung behandeln kann. Dann nutzt Kirk die Gelegenheit, um Li zu warnen: Wenn das schnellste und modernste Raumschiff von den Klingonen übernommen werden soll, »dann würde ihnen nichts so sehr helfen, als unsere beste Waffe zu studieren«. Er fügt hinzu, daß keine Garantie dafür besteht, daß der Kitumba zuhört und daß die *Enterprise* nicht angegriffen wird.

Dann erhält Kirk von Admiral Li den zweiten Teil seines Befehls: »Die *Enterprise* darf den Klingonen nicht in die Hände fallen. Sie werden darauf vorbereitet sein, die Materie-Antimaterie-Reaktoren zu sprengen.« Kirk sagt, er habe verstanden. Während sie entmaterialisiert, fügt er hinzu: »Wir sind entbehrlich.« Die *Enterprise* begibt sich mit Warp 6 zur klingonischen Grenze.

Kirk weist seinen Stab an, Ksia bis auf weiteres als Verbündeten zu betrachten, der Zugang zu allen Bereichen des Schiffs hat. Während Scott, Ilia und Xon Ksia in eine behutsame Diskussion über klingonischen Praktiken und Überzeugungen verwikkeln, löst sich Xon aus der Gruppe, um ein unbekanntes Signal der Schiffssensoren zu melden.

Nachdem die maximale Vergrößerung auf dem Bildschirm es nicht schafft, ein identifizierbares Objekt zu zeigen, erklärt sich Ksia freiwillig bereit, mit Xon zusammenzuarbeiten, da er glaubt, daß es ein klingonisches Geisterschiff sein könnte – ein Schiff mit Tarnschilden, das die Position von Kirks Schiff an Malkthon melden könnte.

Kirk verfolgt das klingonische Schiff und zerstört es schließlich, als klar wird, daß der klingonische Commander sich niemals ergeben würde, da die Ehre eines Kriegers nur durch einen guten Tod gewahrt wird. Die Crew der *Enterprise* wird wieder an die unterschiedlichen Philosophien von Föderation und Klingonischem Imperium erinnert. Xon macht zu McCoys Verdruß darauf aufmerksam, daß der klingonische Commander »nur den logischen Weg wählte, um eine viel größere Zahl von Opfern zu vermeiden« – die Crew seines Schiffs *und* die der *Enterprise*.

Als die *Enterprise* die Neutrale Zone durchquert, meldet Ilia, daß die Schiffssensoren Objekte in extremer Nähe registrieren – eine Kampfformation aus fünf klingonischen Schiffen. Kirk befiehlt Sulu, die Maschinen zu stoppen und das Schiff treiben zu lassen. Dann bedient er sich einer Ablenkungstaktik. Er bittet Ksia, den klingonischen Kampfcode zu benutzen, um eine Nachricht zu senden, die wie ein Hilferuf der nächsten klingonischen Kolonie Gamma 35 aussieht. Die Taktik funktioniert. Ksia bezeichnet Kirks Aktion als klug, wenn nicht sogar ehrenhaft.

Von Verfolgern befreit, dringt Kirks Schiff in klingonisches Gebiet ein. Das klingonische Heimatsystem besteht aus einem kleinen Stern, um den ein Planet der Klasse M kreist, der Heilige Planet des Kitumba, sowie Ultar, ein zweiter, größerer Planet, der ein wenig größer als die Erde ist und der die Heimat des klingonischen Kriegsherrn Malkthon ist. Dem ungläubigen Decker versichert Ksia, daß hier keine Verteidigungen gegen Eindringlinge vorhanden sind. Xon vergleicht das klingonische Gefühl der Unverwundbarkeit mit dem des alten Rom auf der Erde. Kirk macht darauf aufmerksam, daß sie durchaus klingonischen Raumschiffen begegnen könnten. Ksia erklärt ihm, daß seine besten Waffen Geschwindigkeit und die Überraschung sein werden: »Man wird nicht annehmen, daß ein einzelnes Raumschiff so tief in klingonisches Territorium eindringt.«

Plötzlich tauchen zehn schwerbewaffnete Raumschiffe auf, die Verteidigungspatrouille, die das Heimatsystem beschützt. Kirk befiehlt Sulu, Kurs auf Ultar zu nehmen. Er will die klingonischen Schiffe weglocken, um dann mit maximaler Warpgeschwindigkeit kehrtzumachen – gegen die Anweisungen von Starfleet. Kirk weist Scott an, sämtliche Energie in die Schilde zu lenken. Dann läßt er Ilia mit Hilfe ihrer empathischen Kräfte in Ksias Verstand nach einem detaillierten geistigen Bild des Zugangsweges zum Heimatsystem suchen. In dem Moment, da die klingonischen Raumschiffe die *Enterprise* beschießen, erscheint im All eine Nachbildung der *Enterprise* und lenkt drei der klingonischen Schiffe ab. Dann aktiviert Xon eine zweite Nachbildung, die einen weiteren Teil der Verfolger ablenkt.

Uhura empfängt klingonische Mitteilungen, die Ultar über ihre Anwesenheit informieren. Dann weist Kirk Sulu an umzukehren. Die Klingonen drehen bei, um der Kollision auszuweichen.

Mit maximaler Warpgeschwindigkeit und automatischer Computernavigation dringt die *Enterprise* in das klingonische Heimatsystem ein. Kurz vor dem Aufschlagen auf dem Hauptplaneten geht das Schiff auf Unterlichtgeschwindigkeit, Sulu schwenkt in einen Standardorbit ein. Kirk weist Uhura an, einen Kanal zu öffnen.

Baro Taru, die Stellvertreterin des Kriegsherrn, erscheint auf dem Bildschirm und erfüllt trotz ihrer Verärgerung Kirks Asylersuchen. Sie erinnert ihn daran, daß auf eine Verletzung der Asylregeln die Todesstrafe steht. Kirk äußert eine weitere Bitte: Er möchte den Kitumba treffen. Taru sagt, Malkthon werde den Kitumba um eine Entscheidung bitten.

Während sie auf eine Antwort warten, erklärt Ksia Kirk, daß der junge Kitumba die ›Macht‹ erst seit vier Jahren besitzt, als sein Vater überraschend starb. Ksia glaubt, daß sein ehemaliger Schüler neugierig auf das fremde Raumschiff sein wird und einem Treffen mit Kirk zustimmen wird. Kirk erinnert Decker daran, daß – sollte es kein Treffen geben – ihr Befehl eindeutig ist: Sie müssen die *Enterprise* selbst zerstören.

Als Taru wieder auf dem Bildschirm erscheint, erklärt sie Kirk, daß der Kitumba ihn und seine Eskorte treffen will. Als Kirk sagt, er werde Ksia mitnehmen, wendet der ein, daß er wegen seiner Schande den Heiligen Planeten nicht betreten kann. Obwohl Kirk unbewaffnet gehen muß, rät Ksia ihm, ein zeremonielles Schwert zu tragen, damit die klingonischen Krieger ihn respektieren. Decker bietet an, ihm sein Schwert von der Galauniform der Akademie zu geben. Ksia drängt Kirk außerdem, ein angemessenes Geschenk zu überbringen, und gibt ihm einen Dolch, den er dem Kitumba nur geben soll, wenn Baro Kali anwesend ist. Kirk sagt, er möchte nicht als Spion fungieren, der Botschaften überbringt. Aber Ksia erklärt, Kali sei der Kopf der Friedensbewegung, die sich gegen Malkthon stellt.

Kirk und Scott beamen sich auf den Planeten. In Kirks Abwesenheit kann Decker so handeln, wie er möchte, aber er muß die *Enterprise* sprengen, wenn eine Gefangennahme droht.

Als Kirk dem jungen Kitumba und dessen sechsjährigem Bruder begegnet, spricht sich Kirk für einen Frieden anstelle eines Krieges zwischen Föderation und Klingonischem Imperium aus. Obwohl der Kitumba diesen Vorschlag wohlüberlegt entgegennimmt, schreitet Taru ein, um die Audienz zu beenden, als Kirk das Thema Handel erwähnt. Da er die Anwesenheit von Ksias Verbündetem bemerkt hat, fügt Kirk hinzu, daß er ein Geschenk mitgebracht hat, und überreicht Kali den Dolch, der ihn verschwinden läßt und ein Duplikat an den Kitumba weitergibt.

Zurück auf der *Enterprise* erfährt Kirk von Ksia, daß der Dolch eine Botschaft enthält, die Kali erkennen läßt, wie er Kirk ein Signal geben kann, damit der zu einem Treffen mit dem Kitumba zurückkehren kann, das Kali arrangieren wird. Ksia unterweist Kirk darin, wie man sich als klingonisches Subjekt kleidet. Bevor Kirk wieder nach unten beamt, erfährt er, daß Ksia befürchtet, Malkthon werde schon bald gegen den Kitumba einschreiten, wenn der junge Anführer sich gegen Malkthons Krieg ausspricht.

Als Kalis Signal eintrifft – ein Feuer in einem Sektor der Stadt –, beamt sich Kirk trotz Deckers Einspruch allein nach unten. Bevor er entmaterialisiert, sagt Kirk zu Decker: »Diese ganze Mission ist eine Falle. Aber eine Falle funktioniert immer in zwei Richtungen.«

Als er Kirk zum Kitumba bringt, erklärt Kali Kirk, er vermute, daß Malkthon den Vater des Kitumba ermordet hat, um Kali als Kriegsherrn zu ersetzen. Malkthon wird erst den Krieg beginnen und den Kitumba dann informieren, wenn es zu spät ist. Ksia hofft, daß Kirk sein Treffen nutzen kann, um den Kitumba zu beeinflussen, damit der Krieg gar nicht erst beginnt – denn nur ein Fremder muß keinen rituellen Selbstmord begehen, wenn seine Worte oder Taten dem Kitumba mißfallen.

Kirk erfährt auch, daß es sich nicht um ein formelles Treffen handelt. Kali will Nutzen ziehen aus der Vorliebe des Kitumba, sich verkleidet unter seine Subjekte zu begeben. Sie werden ihn in einer Bar treffen.

Als Kirk in einer Straße vor der Bar Kontakt aufnimmt, überrascht er Kali mit dem Signal an Scott, ihn und den Kitumba auf die *Enterprise* zu beamen. Dort benutzt Xon den Schiffscomputer, um den jungen Klingonen über die Geschichte ähnlicher Kulturen zu unterrichten: Rom, das feudale Japan und Sparta.

Als Kirk den Kitumba mit seinem alten Tutor Ksia zusammenbringt, versöhnen sich die beiden wieder. Daraufhin bittet Ksia ihn zu ›bezeugen‹. Der Kitumba erfüllt diese Bitte gern, um ihm für immer die Schande zu nehmen. Ksia begeht dann rituellen Selbstmord, indem er sein eisernes Armband abnimmt und gegen seinen Hals preßt. Wieder ist Kirk entsetzt über die klingonische Einstellung zu Leben und Tod. Dann bittet der Kitumba Kirk, auf seinen Planeten zurückgebracht zu werden. Er erinnert Kirk daran, daß auf die Entführung des Kitumba die Todesstrafe steht. Kirk erinnert den Kitumba daran, daß das nur der Fall ist, wenn sein Vergehen gemeldet wird, dann beamt er sich zusammen mit dem Kitumba zurück auf den Planeten, zurück in die Straße vor der Bar, wo Kali von zwei Klingonen mit Dolchen bedroht wird.

Bevor Kirk über seinen Kommunikator mit Scott Kontakt aufnehmen kann, wird der ihm aus der Hand geschlagen, er selbst wird festgenommen.

Der Kitumba zögert, den Befehl zu geben, daß Kirk getötet werden soll. Kirks Kommunikator wird ohne Kirk auf die *Enterprise* zurückgebeamt. Der Kitumba beschließt, Kirk mit in den Heiligen Palast zu nehmen, um mehr von ihm zu lernen.

Auf der *Enterprise* verlangt Scott von Decker, ein bewaffnetes Landeteam loszuschicken, um den Captain zu retten. Decker erinnert Scott an die Regeln des Asyls, sagt aber, daß er Kirks letzte Anweisungen befolgen und sich auf den Planeten beamen wird, um mit Kali Kontakt aufzunehmen. Bevor Decker aber nach unten beamen kann, erscheint Xon in klingonischer Uniform und erklärt, er verfüge über die Ausbildung und besitze die Fähigkeit, diese Mission auszuführen. Er wird einen Kommunikator mitnehmen und erforderlichenfalls ein bewaffnetes Landeteam anfordern.

Im Heiligen Palast bedrängt Kirk Kitumba, gegen Malkthon und dessen Kriegspläne standfest zu bleiben. Der Kitumba ist es nicht gewohnt, daß man ihn so direkt anspricht oder berät.

Xon beamt sich in die Straße vor der Bar, wo sich Kirk, Kali und der Kitumba getroffen haben. Dort setzt er seinen vulkanischen Nervengriff und seine Kraft der mentalen Suggestion ein, um einen Klingonen, dem er begegnet, dazu zu zwingen, ihn zu Kali zu bringen.

Im Heiligen Palast ist Taru außer sich, daß Kitumba einen Fremden in den Heiligen Palast gebracht hat. Sie verlangt, daß Kirk ihr sagt, was er mit dem Kitumba besprochen hat. Als Kirk sich weigert, befiehlt sie einer klingonischen Wache, ihn zu töten, obwohl es offensichtlich ist, daß er unter dem Schutz des Kitumba steht. Unbewaffnet setzt Kirk Kampfsporttechniken ein, um seine beiden klingonischen Wachen im Nahkampf zu besiegen. Dann tritt der Kitumba ein, der erstaunt ist über Kirks Sieg im Angesicht einer sicheren Niederlage. Er stellt die Ehre eines Sieges in Frage, der ohne Waffen und ohne die Tötung des Gegners errungen wird. Kirk sagt ihm: »Ehre besteht nicht daraus, wie man tötet oder stirbt. Wichtig ist, wie man lebt.« Er fährt fort, indem er dem Kitumba erklärt: »Ihnen gehört das Leben eines jeden Untertanen. Daher werden Sie durch den Tod jedes einzelnen geschwächt.«

Der Kitumba bittet ihn, ihm seine Technik nochmals zu demonstrieren. Kirk entspricht der Bitte. Aber dadurch wird die Wache, die er besiegt, entehrt. Sie begeht Selbstmord. Kirk ist entsetzt, aber der Kitumba versteht seine Reaktion noch immer nicht.

Taru zieht sich zurück, um mit dem Kriegsherrn Malkthon auf Ultar Kontakt aufzunehmen. Sie sagt ihm, daß Kirk sich im Heiligen Palast befindet und daß der Kitumba unter Kirks Einfluß zu geraten drohe. Malkthon befiehlt ihr, Kirk hinzurichten. Taru wendet ein, daß Kirk unter dem Schutz des Kitumba stehe. Aber Malkthon sagt ihr: »Er steht nicht unter meinem Schutz. Töte ihn.«

Fortsetzung folgt …

›Kitumba, Part II‹

von John Meredyth Lucas

Wo wären wir bloß ohne den berühmten vulkanischen Nervengriff... oder ohne das berühmte vulkanische Herz am falschen Fleck?

Auf dem Heiligen Planeten nimmt Lieutenant Xon mit Kali Kontakt auf, nachdem er einen Klingonen gezwungen hat, ihn zu Kalis Aufenthaltsort zu bringen. Kali ist außer sich, als Xon ihn in Gegenwart des Klingonen als Kopf der klingonischen Untergrundbewegung und ihren einzigen Kontaktmann auf dem Planeten bezeichnet.

Bevor Kali Xon sagen wird, wo sich Captain Kirk aufhält, befiehlt er dem Klingonen, sich selbst zu ›entfernen‹ – also rituellen Selbstmord zu begehen. Xon kann aber seine Kräfte der mentalen Suggestion einsetzen, um ›vorzuschlagen‹, daß der Klingone in die Taverne zurückkehrt, in der Xon ihn gefunden hat, und alles vergißt, was er während ihrer Begegnung gesehen und gehört hat. Kali ist von Xons Vorstellung beeindruckt. Er sagt Xon, daß der Captain als Gefangener in den Heiligen Palast gebracht worden ist. Obwohl er nicht glaubt, daß Kitumba Kirk umbringen wird, kann er bei der Stellvertreterin des Kriegsherrn, Baro Taru, keine Gewähr dafür übernehmen, daß sie den Kitumba nicht beeinflussen wird, gnadenloser zu sein. Kali glaubt, daß der Kriegsherr Malkthon bereit ist, den Krieg zu beginnen.

Nach einer intensiven Befragung durch Xon enthüllt Kali, daß seine Spione auf Ultar, dem Planeten des Kriegsherrn, ihm das Codewort *Kitumbala* mitgeteilt haben, das beim heimlichen Angriff auf die Föderation verwendet werden soll. Das Wort bedeutet ›die Ausbreitung der Macht‹ – auf die gesamte Galaxis. Kali teilt ihm auch die Information mit, daß Malkthon mitten in der Vorbereitung eines Nichtangriffspaktes mit den Romulanern steckt, obwohl es für Kali und Xon offensichtlich ist, daß auch die Romulaner von den Klingonen unterworfen werden, wenn die Föderation besiegt ist. Xon räumt ein, daß die Taktik des Teilens und Eroberns bewährt und logisch ist.

Kali teilt mit, daß seine Kriegsgegner-Gruppe

sich nicht dem Kriegsherrn entgegenstellen kann, solange dieser im Namen des Kitumba handelt. Er sagt zu Xon: »Unsere einzige Hoffnung besteht darin, daß sich der Kitumba gegen ihn stellt.«

Ihr Gespräch wird von Xons Kommunikator unterbrochen. Decker teilt Xon mit, daß ein klingonisches Kriegsschiff in dem System eingetroffen ist und einen Standardorbit um den Heiligen Planeten bezogen hat. Kali ist sicher, daß Malkthon gekommen ist, um sich von Kitumba den Angriffsbefehl zu holen. Xon sagt, daß sie sich sofort zum Heiligen Palast begeben müssen, um den Beginn des Krieges zu verhindern – egal, wie gering ihre Chancen auch sein mögen, in den stark gesicherten Palast vorzudringen.

Als nächstes sehen wir Kali und einen verhüllten Xon im Audienzraum des Heiligen Palastes, wo sie zusehen, wie Prinz Klun, der jüngere Brüder des Kitumba, und Baro Taru auf den Kitumba warten. Malkthon, der Kriegsherr der Klingonen, tritt ein und nähert sich dem Podium. Einen Augenblick später tritt der Kitumba auf, der mitten zwischen den facettenreichen Spiegeln der beeindruckenden Juwelenformation erscheint, die das Podium beherrscht.

Malkthon trägt seinem Herrscher seine Bitte vor und überreicht ihm eine Schriftrolle, damit er seine Zustimmung unterzeichnet. Obwohl das Verhalten des Kriegsherrn angemessen unterwürfig ist, verrät sein Blick etwas anderes. Der Kitumba nimmt die Rolle an und sagt nach einem kurzen Zögern, er werde darüber nachdenken. Der Kriegsherr sieht seine Stellvertreterin wuterfüllt an. Kali bedeutet Xon, ihm zu folgen, beide gehen rasch durch die Seitentür des Raums.

Kali erklärt Xon, daß Kirks Leben nun wirklich in Gefahr ist, da der Kriegsherr jeden anderen Einfluß auf die Entscheidung des Kitumba außer seinem eigenen wird ausschalten wollen. Sollte sich der Kitumba gegen den Krieg aussprechen, bliebe Malkthon keine andere Wahl, als sich selbst zu töten, um seinen Namen von der Schande zu befreien. Kali sagt, daß Kirk irgendwo in der Nähe des Quartiers des Kitumba festgehalten und schwerstens bewacht werden wird.

Erneut setzt Xons Anwendung des vulkanischen Nervengriffs die Wache vor dem Vorzimmer des Kitumba außer Gefecht. Kali erklärt der Wache im Vorzimmer, daß sie auf Befehl von Lord Malkthon eintreten dürfen. Xon erklärt der Wache, Kali werde den Fremden befragen.

Sobald Xon unter vier Augen mit Kirk sprechen kann, nennt er ihm das klingonische Codewort für den Angriff. Er erklärt dem Captain auch, daß das Signal gegeben worden ist und die Kampfflotte sich bereits in Bewegung gesetzt hat. Kali fügt hinzu, daß Malkthon den Krieg begonnen hat, bevor der Kitumba dem Kriegsherrn seine Entscheidung mitgeteilt hat. Er sagt zu Kirk, daß der Kriegsherr ihn jetzt sicherlich töten will. Xon bietet Kirk an, er könne ihn herausbeamen lassen, indem er seinen Kommunikator benutzt, aber Kirk weigert sich. Kirk ist besorgt, daß Malkthon den Kitumba persönlich töten könnte. Zunächst kann sich Kali nicht einmal vorstellen, daß ein Klingone eines solchen Sakrilegs fähig sein könnte, aber dann gibt er zu: »Bei Malkthon ist fast alles möglich.«

Malkthon entwickelt einen Plan, wie er dem Leben des jungen Kitumba und dem des lästigen Fremden Kirk ein Ende setzen kann. Mit Tarus Unterstützung repliziert er Kirks zeremonielles Akademieschwert, indem er eine visuelle Aufzeichnung zugrunde legt, die bei Kirks erstem Auftritt vor dem Kitumba gemacht wurde. Er sagt zu Taru: »Dieses Spielzeug wird für uns den Krieg gewinnen.«

Von der Brücke der *Enterprise* aus nimmt Decker mit Xon Kontakt auf, um zu fragen, ob er den Captain gefunden hat. Xon teilt ihm mit, daß er gegenwärtig bei Kirk ist. Decker sagt, daß ein kleines, schnelles klingonisches Schiff soeben den Planeten verlassen hat und nach Ultar fliegt. Kirk nimmt den Kommunikator, um zu fragen, ob Malkthon an Bord des Schiffs sein könnte. Decker kann das nicht bestätigen, merkt aber an, daß sich Malkthons Schiff immer noch im Orbit um den Heiligen Planeten befindet. Kali sagt zu Kirk, er glaube nicht, daß der klingonische Kriegsherr abreisen würde, ohne die schriftliche Zustimmung des Kitumba zum Krieg zu haben. Kirk sagt, daß es jetzt die vorrangige Aufgabe ist, den Kitumba davon zu überzeugen, nicht zu unterzeichnen.

Xon setzt seinen vulkanischen Nervengriff ein, um die Wache im Vorzimmer außer Gefecht zu setzen. Dann lenkt Kali die äußere Wache ab, bis Xon auch ihn außer Gefecht setzen kann. Kali übernimmt die Rolle der Wache für seine beiden ›Gefangenen‹ Kirk und Xon, die er bis zu den nächsten Wachen führt, die die privaten Räume des Kitumba bewachen. Kali erklärt den Wachen, der Kitumba wolle die Fremden persönlich befragen, die Wachen gewähren ihnen Zutritt.

Der Kitumba ist zwar über Kali und die Fremden beunruhigt, schickt seine Wache aber fort. Er ist offensichtlich aufgeregt und erklärt Kali, er habe erfahren, daß Malkthon seinen jüngeren Bruder, Prinz Klun, nach Ultar geschickt hat, ohne ihn zuvor um Erlaubnis zu bitten. Kirk nennt die unausgesprochene Gefahr beim Namen – daß der Kriegsherr sich darauf vorbereitet, den Kitumba zu töten und durch seinen gefügigeren Bruder zu ersetzen. Kali ist ermutigt genug, um Kitumba an den plötzlichen Machtwechsel zu erinnern, der dem überraschenden Tod des Vaters des Kitumba und der Absetzung von Kali als Kriegsherr folgte.

Kirk sagt, daß es Zeit ist, Kitumba an einen sicheren Ort zu bringen – auf die *Enterprise*. Er fragt den jungen Führer auch, wo der Kommunikationsraum ist. Der Kitumba versteht nicht, was er will. Kali sagt, daß nur Malkthon oder Baro Taru die Antwort auf Kirks Fragen wissen. Und die würden ihm mit Sicherheit nicht antworten. Als Xon darauf aufmerksam macht, daß Malkthon die Kommunikation wahrscheinlich schon längt blockiert, beschließt Kirk, daß es Zeit ist, zur *Enterprise* zurückzukehren. Im dem Moment tritt ein klingonischer Wachoffizier ein und verkündet, daß der Kriegsherr Malkthon um eine Privataudienz beim Kitumba ersucht. Hinter der Tür verborgen, nickt Kirk dem Kitumba zustimmend zu. Kirk benutzt dann Xons Kommunikator, um Scotty zu sagen, er solle den Kitumba an Bord beamen. Er will zurückbleiben und selbst nach dem Kontrollraum suchen.

Da sich der Kitumba nicht mit dem Kriegsherrn treffen kann, löst Xon das Problem, indem er sich als Kitumba ausgibt. Kali zeigt ihm, wie der klingonische Führer seinen magischen Auftritt aus dem Inneren des großen verspiegelten Juwels im Audienzsaal macht. Während Xon Malkthon aufhält, werden Kirk und Kali versuchen, über den Computer des Kitumba herauszufinden, wo sich der Kommunikationsraum befindet, um die Flotte zu rufen und den Krieg abzuwenden.

Kali und Kirk stellen fest, daß im Computer des Kitumba die Position des Kommunikationsraum nicht gespeichert ist. Kali erkennt, daß diese Lücke vorsätzlich existiert. Während Kirk und Kali in den Bereich hinter den Juwel des Kitumba zurückkehren, sehen sie, wie Malkthon sich Xon, dem falschen Kitumba, nähert und mit dem Duplikat von Kirks zeremoniellen Schwert der Starfleet-Akademie auf ihn einsticht. Dann stürmt Malkthon aus dem Raum, um der entsetzten Baro Taru mitzuteilen: »Der fremde Captain hat unseren Herrn, den Kitumba, ermordet.« Er befiehlt ihr, das Zeremonielle zu erledigen, während er nach Ultar zurückkehrt, um den sechsjährigen Prinz Klun zum neuen Kitumba zu ernennen.

Als Taru hereinstürmt, um einen Blick auf den Toten zu werfen, trifft sie auf Kirk und Kali. Sie beschuldigt Kali, für den Mord verantwortlich zu sein, und ruft die Wache. Kali beharrt auf Kirks Unschuld und zeigt ihr eine Aufnahme, die von einem Gerät im Juwel des Kitumba gemacht wurde und die den wahren Mörder entlarvt: Malkthon. Sie erkennen, daß der Kriegsherr eine Situation geschaffen hat, die für alle Klingonen ein Anlaß für einen Krieg darstellt: die Ermordung ihres Heiligen Führers durch einen Fremden aus der Föderation. Taru erklärt sich freiwillig zum Selbstmord bereit, um die Schande zu tilgen, und sagt, daß sie alle ihrem Beispiel folgen müssen. Kirk hat eine bessere Idee, die keine weiteren Opfer fordern wird. Der einzige, der ›getilgt‹ werden sollte, ist Malkthon.

Kirk ruft Scotty, damit der Xon in die Krankenstation beamt, obwohl er bezweifelt, daß McCoy den Wissenschaftsoffizier retten kann.

Taru ist nun auf Kirks Seite und bringt sie alle in den Kommunikationsraum, eintausend Meter unter dem Vorzimmer des Palastes. Zu ihrer Überraschung verwehren ihr ein klingonischer Offizier und zwei bewaffnete Wachen, die im Dienst von Malkthon stehen, den Zutritt zum Kontrollraum. Der Offizier befiehlt seinen Wachen, sie und ihre Begleiter Xon, Kali und Kirk zu ergreifen, als Taru darauf besteht, daß sie mit der Flotte Kontakt aufnehmen muß. Malkthons Befehl lautet, daß jeder der mit der Flotte Kontakt aufnehmen will – auch seine Stellvertreterin –, wegen Verrats festgenommen werden soll. Kirk läßt sich von Scott einen Phaser nach unten beamen. Er stellt ihn auf ›Betäuben‹ ein und lähmt die beiden Wachen. Der Offizier ergreift Taru und benutzt sie als Schutzschild, während er einen Disruptor auf Kirk richtet, der dem Schuß ausweichen kann. Kali ergreift einen Disruptor und desintegriert den Offizier. Dann nimmt Taru den Disruptor des Offiziers und tötet die beiden Wachen, bevor Kirk dagegen protestieren kann.

Ohne den Offizier gibt es keine Möglichkeit, den Code zu bekommen, auf den die klingonische Flotte reagieren würde, woraufhin Taru die Ausrüstung zerstört. Kirk ruft Scott, damit der die drei auf die *Enterprise* beamt.

Taru sagt, daß Malkthon immer noch glauben wird, daß der Kitumba tot ist, daß sie aber noch immer keine Möglichkeit haben, mit der Flotte in Kontakt zu treten, den Krieg zu stoppen und ihr Leben zu retten. Kirk erklärt, daß es einen Ausweg gibt, um zu siegen. Er wird die *Enterprise* benutzen, um den Kitumba direkt an Bord des klingonischen Flaggschiffs zu beamen. Decker ist besorgt, daß sie nicht nahe genug herankommen könnten, ohne zerstört zu werden.

Kirk bittet Scott um das Unmögliche. Die *Enterprise* muß regelrecht aus dem Orbit mitten in die klingonische Flotte springen und den Kitumba von Bord beamen, bevor die Klingonen ahnen können, was sie vorhaben. Scott wird Warpgeschwindigkeit aus dem Stand erreichen müssen. Kirk erklärt weiter, dies bedeute, daß der Kitumba auf die Millisekunde genau gebeamt werden muß, sobald sie in Reichweite sind. Scott macht darauf aufmerksam, daß sie den Transporter nicht benutzen können, wenn die Schilde aktiviert sind. Kirk stimmt dem zu und erklärt, er baue darauf, daß die Klingonen einige Sekunden lang nicht schießen, da sie ihre eigenen Schiffe treffen könnten. Er sagt dem Kitumba, er solle Waffenstillstand anordnen, sobald er an Bord ist, sonst würde die *Enterprise* zerstört.

In der Zwischenzeit ist Kirk erleichtert, als er von McCoy erfährt, daß Xon wohlauf ist. Da sich das vulkanische Herz nicht in der linken Körperhälfte befindet, war Malkthons Schwertstoß nicht tödlich. Xon schließt sich seinen Kameraden auf der Brücke an.

Die *Enterprise* geht sprunghaft auf Warpgeschwindigkeit und steuert auf die klingonischen Schiffe im Orbit zu. Die vorderen Schirme überstehen den ersten Angriff, jedoch ist der Hauptsteuerbordschild schwer beschädigt. Aber Kirk hat es ins Innere des klingonischen Rings geschafft. Decker senkt die vorderen Backbordschilde, damit der Transporter eingesetzt werden kann. Der Kitumba wird von Bord gebeamt. Sofort befiehlt Kirk, die Backbordschilde wieder aufzurichten, aber der Heckschild wird wiederholt getroffen, bis er völlig ausfällt. Auf Befehl des Captains lenkt Sulu hart backbord, aber der Backbordschild wird getroffen und verliert die halbe Leistung. Dann lenkt Uhura Kirks Aufmerksamkeit auf den Hauptbildschirm, wo Kalem, der Captain des klingonischen Flaggschiffs, mit dem Kitumba an seiner Seite auftaucht. Der Kitumba sagt Kirk, daß die Kampfflotte seinem persönlichen Kommando untersteht, und bittet, an Bord der *Enterprise* gebeamt zu werden. Der Angriff ist vorüber.

In Kirks Besprechungsraum warnt Kalem Kirk davor, daß noch immer über tausend Schiffe unter Malkthons Kommando im Ultar-System warten. Er selbst verfügt nur über eine Flotte von hundert Schiffen. Weiter erschwert wird alles dadurch, daß allen klingonischen Raumschiffen nur erlaubt ist, auf Ultars Frequenz Nachrichten zu empfangen. Ilia merkt an: »Wenn es für den Kitumba keine Möglichkeit gibt, den Rückzugsbefehl zu erteilen, dann ist der Krieg unvermeidbar.« Wieder denkt Kirk über einen Ausweg nach – eine Möglichkeit, den Kitumba nach Ultar zu bringen, von wo aus er mit der Flotte Kontakt aufnehmen und sie zurückbeordern kann. Der Plan wird den Nichtangriffspakt nutzen, den Malkthon mit den Romulanern geschlossen hat. Aber sein neuer Plan wird auch von zwei Geheimnissen abhängen – der Tarntechnologie klingonischer Schiffe und der Maximalleistung des Antriebs der *Enterprise*.

Während Scott, Kali und Taru protestieren, teilt Uhura mit, daß vom Obersten Klingonischen Kommando auf Ultar eine Bekanntmachung an alle klingonischen Kampfeinheiten ergangen ist. Es ist

Malkthon, der seinen Truppen von der Ermordung des bisherigen Kitumba und von der Nachfolge durch den neuen Kitumba, Prinz Klun, berichtet.

Kirk wendet sich an Scott, der mit Taru und Kali nach einem Weg suchen soll, wie das Prinzip des Geisterschiffs auf die *Enterprise* übertragen werden kann. Dann spricht er mit Xon über die enge Verwandtschaft der Vulkanier mit den Romulanern und erwähnt, daß sich auf Ultar Romulaner aufhalten.

Nach einer hitzigen Diskussion mit Kali und Taru meldet Scott Kirk, daß die *Enterprise* zum ›Geisterschiff‹ werden kann, wenn sie nur mit Impulsantrieb fliegt, was sie sehr langsam und verwundbar macht. Kali und Taru sagen, daß sie den Schiffsantrieb anpassen können, daß aber ihre Arbeit vor sämtlichem Föderationspersonal verborgen bleiben muß. Kirk bittet die drei weiterzumachen.

Kirk verbirgt die *Enterprise* mitten in der hundert Schiffe starken Kampfgruppe von Kalem, während die sich der tausend Schiffe starken Kampfflotte nähert. Die überlappenden Schilde der klingonischen Schiffe verbergen Kirks Schiff vor den Sensoren von Ultar. Taru erscheint auf Malkthons Bildschirm und bittet um Erlaubnis, sich der Hauptflotte für den Ruhm des Krieges anschließen zu dürfen. Der Kriegsherr genehmigt das, wird aber mißtrauisch, als Tarus Schiffe nicht in den befohlenen Orbit einschwenken. Wenn sie das täten, würden sie die Anwesenheit der *Enterprise* offenbaren. Kali legt den Schalter um und läßt die *Enterprise* verschwinden. Sie ist zum ›Geisterschiff‹ geworden. Xon zieht eine romulanische Uniform an und ist bereit, nach Ultar gebeamt zu werden, um den Weg für Kitumba vorzubereiten. Er sagt Kirk, daß er drei Minuten benötigen wird, um die Romulaner von Malkthons Verrat zu überzeugen.

Im Kontrollzentrum auf Ultar meldet Malkthons Controller, daß er etwas entdeckt hat, bei dem es sich um Anzeigen für ein Geisterschiff handelt. Malkthon sagt ihm, daß sich keine solchen Schiffe in diesem Gebiet befinden sollten. Er solle seine Instrumente noch einmal überprüfen. In dem Moment materialisieren Kirk, Taru, Kali und Xon im Kontrollzentrum. Bevor Malkthon sie töten lassen kann, greift eine Gruppe Romulaner ein, um Kirks Team den Weg freizumachen. Malkthon stürmt aus dem Raum, verfolgt von Kirk, der Xon zuruft, er solle den Kommunikationskanal finden.

Malkthon betritt und verschließt einen Raum, der mit ›Hilfskontrolle‹ gekennzeichnet ist. Er versucht Kirk mit seinem Dolch zu töten, aber Kirk schlägt ihn im unbewaffneten Kampf. Der Hilfsbildschirm wird aktiviert und zeigt den Kitumba zusammen mit seinem sechsjährigen Bruder sowie Taru und Kali. Der Kitumba berichtet allen Klingonen von Malkthons Verrat und ruft die klingonische Flotte zurück. Der Krieg wird nicht stattfinden.

Malkthon bittet den Kitumba um Erlaubnis zum Selbstmord, um sich von der Schande zu befreien. Der Kitumba gewährt ihm gegen Kirks Widerstand diese Bitte. Kirk bedrängt den Kitumba, den Kriegsherrn wegen Verrats anzuklagen und zu inhaftieren. Der Kitumba erinnert Kirk daran, daß die klingonische Art nicht die Art der Föderation ist. Dann ernennt der Kitumba Kali wieder zu seinem Kriegsherrn, doch Kali sagt, ein jüngerer Nachfolger sei erforderlich. Baro Taru wird neuer Kriegsherr.

Kirk setzt sich noch einmal für Frieden, Handel und Freundschaft zwischen dem Volk des Kitumba und der Föderation ein. Der Kitumba sagt, Kirk müsse mit dem zufrieden sein, was im Augenblick erreicht worden sei, also mit der Tatsache, daß es keinen Krieg geben wird. Taru fügt hinzu, daß die Klingonen weiterhin ihre Grenzen verteidigen werden. Kirk sagt, die Föderation werde das gleiche machen, aber er hofft, daß sie sich nie im Kampf gegenüberstehen werden.

Als Kirk sagt, er sei kein Freund von ›Teilsiegen‹, macht Xon ihn darauf aufmerksam, daß sein Auftrag lautete, einen Krieg zu verhindern, nicht aber, eine Allianz zu schaffen.

Kirk erzielt jedoch einen persönlichen Sieg, als der Kitumba ihm von der Bewunderung und der Liebe gegenüber seinem alten Tutor Ksia erzählt: »Leute und Gewohnheiten benötigen viel Zeit, um sich zu verändern. Aber Ihnen persönlich werde ich immer dankbar sein.« Kirk dankt ihm und sagt: »Sie werden die Macht gut einsetzen.«

›PRACTICE IN WAKING‹

VON RICHARD BACH

Richard Bach, der durch seinen Bestseller Die Möwe Jonathan *aus dem Jahr 1970 bekannt wurde, war eine aufregende Ergänzung des* Star Trek-*Autorenteams. Seine beklemmende Geschichte nimmt die Vorliebe von* The Next Generation *für Geschichten vorweg, die in virtuellen Nachbildungen historischer Umgebungen spielen. Hier ist es jedoch ein kontrolliertes Träumen, nicht das Holodeck. Das Ende ist immer noch in der Lage, Gänsehaut zu erzeugen, und erlaubt uns einen phantasievollen Blick auf Star Trek, wie es hätte sein können.*

Die *Enterprise* stößt auf ein intaktes antikes Raumschiff, das Lieutenant Xon als Projekt *Long Chance* identifiziert, das am 17. Oktober 2004 aus dem Erdorbit gestartet wurde. Er merkt an, daß dies der letzte herkömmliche Start vor der Entdeckung des Warpantriebs war. Xons Sensoren zeigen an, daß von der vierzigköpfigen Crew, die in Tiefschlaf versetzt wurde, nur noch eine Lebensform registriert wird. Der Treibstoffvorrat liegt noch bei siebzig Prozent.

Uhura fügt hinzu, daß der Bordcomputer des antiken Schiffs noch immer arbeitet, jedoch sind die Kontrollen abgeschaltet worden. Kirk bittet sie, das Innere des Schiffs auf den Hauptbildschirm zu legen. Auf Kirks Ruf erfolgt keine Antwort.

Kirk wählt Decker aus, um ein Erkundungsteam zu leiten. Decker entscheidet sich, Scott und Sulu – einen begeisterten Antiquitätenliebhaber – mitzunehmen.

Als Decker, Scott und Sulu an Bord der *Long Chance* materialisieren, finden sie neunundfünfzig versiegelte, leere Schlafkammern vor sowie eine Kammer, in der Commander Deborah MacClintock liegt, die Bordingenieurin. Die achtundzwanzig Symbole für den Schlafzyklus an der Seite ihrer Schlafkammer lassen den Schluß zu, daß sie sich seit über 280 Jahren im Schlaf/Wach-Modus befindet. Keine andere Kammer weist mehr als siebenundzwanzig und weniger als zwölf Symbole auf.

Decker meldet ihre Entdeckung an Kirk auf der *Enterprise* und bittet um ein medizinisches sowie technisch-elektronisches Team, ferner um eine Computerverbindung zur historischen Bibliothek.

Während Decker mit Kirk spricht, berührt Decker unabsichtlich eine dunkle Bedienfläche an der Seite von MacClintocks Kammer, die daraufhin aufleuchtet: BEREIT. Dann wechselt die Anzeige zu: THETA-AUSGLEICH. Decker wird mitten im Satz unterbrochen; er, Scott und Sulu brechen gleichzeitig zusammen. Als sie auf dem Deck landen, schlafen sie fest.

Sie ›erwachen‹ in einem Wald im Schottland des 16. Jahrhunderts, ohne sich an die *Enterprise* oder an ihre Zeit zu erinnern. Sie werden Zeuge der Gefangennahme einer Hexe durch eine Truppe Soldaten des Earl. Als er sieht, daß eine junge Frau in Gefahr ist, wird Scott schlagartig aktiv, springt aus der Deckung ihr zu Hilfe. Die Frau ist Deborah MacClintock.

Auf der *Enterprise* warnt Dr. McCoy Kirk davor, daß Decker, Scott und Sulu nicht einfach nur schlafen. Die drei Offiziere befinden sich im Koma, ihre Lebensanzeichen werden zunehmend schwächer. Wenn in den nächsten zehn bis zwölf Stunden kein Weg gefunden wird, um sie zu wecken, werden sie sterben. McCoy erklärt, daß das Koma nicht chemisch verursacht wurde und daß es keine Forschungsergebnisse gibt, die er für eine Lösung herbeiziehen kann. Alle Forschungen über künstlichen Tiefschlaf wurden vor 200 Jahren eingestellt, als der Warpantrieb erfunden wurde.

Währenddessen setzen Decker, Scott und Sulu mit Erfolg ihre Schwerter ein, um die Männer des Earl zurückzuschlagen und MacClintock zu retten. Da er sich auf sonderbare Weise so zu MacClintock hingezogen fühlt wie sie zu ihm, fragt Scott sie, ob sie wirklich eine Hexe ist. Er erwidert, daß sie das sein muß, da sie Träume Wirklichkeit werden lassen kann. Dann macht sie darauf aufmerksam, daß ihr plötzliches Auftauchen auch etwas Magisches an sich hat. Die drei Offiziere stellen fest, daß sie sich nicht deutlich daran erinnern können, woher sie kommen und wer sie sind, obwohl ihnen irgendwie klar ist, daß sie nicht an diesen Ort und in diese Zeit gehören. Alle drei lassen Anzeichen für ungewöhnliche Müdigkeit erkennen.

Auf der *Enterprise* arbeiten Kirk, Xon und Uhura daran, das Rätsel zu lösen. Xon warnt davor, MacClintock zu wecken, da diese Aktion sie töten könnte. Als Kirk seinen Wissenschaftsoffizier drängt, eine erfolgreichere Lösung zu finden, erklärt der Vulkanier, daß sie ihr Erkundungsteam aufgeben oder einfrieren könnten oder... Uhura unterbricht diese Liste unerwünschter Optionen, um Kirk und Xon mitzuteilen, daß MacClintock träumt. Xon macht darauf aufmerksam, daß der Theta-Schlaf ein traumloser Zustand ist. Doch Uhura sagt, daß ihre Datenverbindung, die an den Bordcomputer der *Long Chance* angeschlossen ist, bestätigt, daß MacClintock sich in künstlichem Tiefschlaf befindet *und* träumt. Kirk fragt McCoy sofort, ob Decker, Scott und Sulu gleichfalls träumen.

In einer Taverne irgendwo im Schottland der Vergangenheit bekommen die drei Offiziere eine Kostprobe von MacClintocks angeblicher Hexerei vorgeführt, als die Bordingenieurin der *Long Chance* ihren Verstand nutzt, um zu ›träumen‹, wie sie eine Flasche über einem Tisch schweben läßt. Von MacClintock angetrieben, versucht Scott das gleiche – mit einigem Erfolg. Jedoch wird das Kunststück von einer Wache in der Taverne beobachtet. Die Wache ruft aus: »EINE HEXE! HIER! ERGREIFT SIE! ERGREIFT SIE ALLE!«

Schubweise erleben die *Enterprise*-Crewkameraden während des sich anschließenden Kampfs Erinnerungsbilder an ihre eigene Zeit: Phaser und Einstellung auf Betäubung, die Allgemeine Order Nummer Eins – die Nichteinmischung in hiesige Angelegenheiten. Ihre Müdigkeit wird immer stärker und beginnt sie zu überwältigen, dann legen sie ihre Schwerter nieder, als die Wachen drohen, MacClintock zu töten, wenn sie sich nicht ergeben.

Gleichzeitig teilt McCoy Kirk mit, daß er keinen Weg gefunden hat, Decker, Scott oder Sulu aus ihrem durch einen sonischen Schock ausgelösten künstlichen Schlaf zu wecken. Uhura erklärt, daß der sonische Schock, den die drei erlebt haben, eine Sicherheitseinrichtung war. Da es an einer automatischen Theta-Überwachung mangelte, setzten sich die wachen Crewmitglieder der *Long Chance* dem sonischen Schock aus, um die Träumenden zu überprüfen. Dann wurde durch eine Rückholeinheit ein zweiter sonischer Schock ausgelöst, der das erste Team wieder herausbrachte. Kirk fragt sich, ob ein zweiter sonischer Schock seinen Crewmitgliedern helfen würde. McCoy erklärt, er müßte die Rückholeinheit mit ihren Hirnwellenprofilen und ihren individuellen physiologischen Mustern programmieren. Und das wäre erst der Anfang. Uhura erinnert Kirk daran, daß die elektronische Ausrüstung der *Long Chance* deutlich veraltet ist und eine solche Umrüstung durch die manuelle Programmierung Tage dauern würde. Kirk weiß, daß sie nicht so lange warten können. Er fragt McCoy, wieviel Zeit ihnen bleibt. McCoy erwidert: »Ich glaube, nur noch Minuten, Jim.«

An einem anderen Ort in einer anderen Zeit werden Decker, Scott, Sulu und MacClintock gefesselt und auf einem Karren zum Schloß des Earl gebracht, wo sie in eine Zelle geworfen werden. Scott ist es gelungen, ein schottisches Messer hineinzuschmuggeln, aber MacClintock sagt, daß er das nicht benötigt. Sie benutzt ihre ›Traumkraft‹, um die Lederbänder aufschnappen zu lassen, mit denen man sie gefesselt hat. Als Scott sie fragt, was sie in ihrem Traum sehen kann, spricht MacClintock von einem Boot zwischen den Sternen und von Ionenenergie. Sie sagt Scott, daß sie »jetzt nahe daran ist, aufzuwachen«.

Decker drängt MacClintock, ihre Magie an dem eisernen Schloß zu testen, das die Tür blockiert. Scott bittet um Werkzeuge, MacClintock erinnert sich an einen Schneidbrenner, einen sonischen Generator und einen Laser auf einem Sockel. Die Geräte stammen aus dem 21. Jahrhundert, die *Enterprise*-Crewmitglieder sind mit ihnen nicht vertraut. Sulu meint, man könnte ihn als Rammbock benutzen, weiß aber, daß sie alle drei zu erschöpft und zu wenige sind, um ihn nutzbringend einzusetzen. Plötzlich handelt Scott intuitiv und benutzt den Laser, um das eiserne Türschloß wegzuschmelzen. Während er das macht, beginnt MacClintocks Körper zu flackern und zu verschwinden.

Auf der *Long Chance* flammt über MacClintocks Kammer ein Licht auf, außerdem die Worte: THETA-ANSTIEG. Ein tiefes sonisches Summen begleitet das Licht. In der Kammer kämpft MacClintock gegen den sonischen Schock an, der sie sofort wieder in den Schlaf hätte schicken sollen.

Auf der *Enterprise* wird Uhura von den Sensoren auf eine kurzzeitige Veränderung in MacClintocks Zustand hingewiesen, aber eine anschließende Überprüfung ergibt, daß die Schläferin noch immer nicht erwacht ist.

Aus der Zelle befreit, machen sich Decker, Scott und Sulu trotz ihres erheblich geschwächten Zustands auf den Weg zum Haupttor. Unglücklicherweise kommen sie genau im Moment des Wachwechsels dort an und werden sofort wieder festgenommen. Der Earl persönlich wendet sich im Hof an sie und nennt ihre Flucht aus ihrer Zelle einen Beweis für ihre Zauberkräfte. Die Strafe für Hexerei ist der Tod durch Verbrennen, und sie soll sofort ausgeführt werden. MacClintock wird als erste sterben. Die drei *Enterprise*-Crewmitglieder, die fast zu müde sind, um sich über ihr Schicksal Gedanken zu machen, werden an einer Wand festgebunden, um MacClintocks Verbrennung mitanzusehen. Das Holz um sie herum wird in Brand gesteckt.

Nachdem er gerade McCoys Schätzung gehört hat, daß nur noch Minuten verbleiben, fragt Kirk Uhura, ob es irgendeine Möglichkeit für eine Kommunikation mit den Schläfern gibt. Uhura sagt ihm, daß es auf der *Enterprise* keinen Translator und kein Kommunikationssystem gibt, das das erreichen könnte. Dann wendet sich Kirk an Xon, da er sich an das erinnert, was Spock vielleicht getan hätte. Er fragt, ob Xon mit Decker eine Gedankenverschmelzung eingehen könnte. Xon sagt, daß eine Gedankenverschmelzung so gefährlich wäre wie ein sonischer Schock. Er könnte Decker allenfalls ein Bild vermitteln, aber keine Worte oder Gedanken, zudem wäre die Kommunikation einseitig. Als Kirk Xon fragt, ob er empfiehlt, seine Kameraden sterben zu lassen, bittet Xon Kirk, ihn in die Krankenstation zu begleiten.

Unter den aufmerksamen Blicken von McCoy und Kirk geht Xon eine Gedankenverschmelzung mit Decker ein. Während Xon mit der gemeinsamen Stimme von Xon und Decker spricht, beziehen sich seine unzusammenhängenden Bemerkungen auf den Verlust des Zeit- und Raumgefühls, auf Schottland, Schloßhöfe und auf die Verbrennung einer Hexe – Scottys Freundin.

In diesem schottischen Hof wird Decker durch einen seltsamen Blickwinkel plötzlich wachgerüttelt. MacClintock, die sich fast in einer Traumtrance befindet, verschwindet beinahe schon wieder, kehrt aber flackernd zurück, während die Leute, die sie beobachten, Entsetzensschreie ausstoßen. Decker ruft ihr zu, wieder zu ihrem Traum zurückzukehren und nicht das zu bekämpfen, was ihr widerfährt. Als Scotty einstimmt, sagt er: »ES IST DEIN TRAUM, MÄDCHEN. WENN DU NICHT KÄMPFST, BESTEHT DIE CHANCE…«

Das Wort ›Chance‹ läßt MacClintock an ihr Schiff denken, begeistert teilt sie ihre Erinnerung mit Scott. Dann flackert sie wieder und verschwindet aus ihrem Traum vom alten Schottland. Scott sagt seinen Crewkameraden, daß es an der Zeit ist, das gleiche zu tun. Sie dürfen nicht körperlich dagegen ankämpfen. Sie müssen wie MacClintock ihren Verstand nutzen, um sich ihren Weg nach draußen zu erträumen.

Scotts erste Versuche verursachen lediglich mehr ›Magisches‹, als er die Spitze eines Holzstapels entzündet. Die entsetzten Dorfbewohner schreien: »Verbrennt sie! Verbrennt sie, bevor sie uns alle töten!« Die Wachen eilen herbei, um Decker, Scott und Sulu auf dem Scheiterhaufen anzubinden.

Auf der *Long Chance* erwacht MacClintock und verläßt ihre Kammer. Ihre Aktionen lenken die Aufmerksamkeit von Uhura auf sie, die Chekov alarmiert. Chekov benutzt die Fernsteuerung, um MacClintocks Wachzustand zu bestätigen, dann meldet er das Kirk. Kirk läßt Chekov sofort dafür sorgen, MacClintock in die Krankenstation zu beamen. Bevor sie auf die *Enterprise* gebeamt wird, hört MacClintock Chekov sagen: »Commander MacClintock, dies ist das Raumschiff *Enterprise*. Willkommen im 24. Jahrhundert.«

Decker ist noch immer in seinem Alptraum gefangen und droht zu sterben, während Xon seine Qualen mit ihm teilt. Kirk befiehlt Xon, Decker loszulassen, aber Xon fragt, ob Spock das auch gemacht hätte. Kirk befiehlt McCoy, Xon sofort zurückzuholen. McCoy injinziert Xon ein Stimulans, einmal, zweimal, aber es erfolgt keine Reaktion.

MacClintock betritt die Krankenstation und stellt sich an Scotts Seite. Kirk sagt ihr, daß Scott, Xon und zwei weitere in den sonischen Schocks ihres Schiffs gefangen sind und in wenigen Augenblicken sterben werden. MacClintock sagt ihm, daß es im hinteren Ausrüstungsraum einen Theta-Phasen-Generator gibt, daß aber die Zeit nicht reicht, um ihn zu holen. Kirk fragt sie, wie sie aufgewacht ist. Sie sagt, der einzige Weg ist der, sie alle das sehen zu lassen, was sie am meisten lieben. Kirk weist Xon an, Decker ein geistiges Bild der *Enterprise* zu übermitteln. Als Xon nicht reagiert, beugt sich Kirk nach vorne und berührt den Vulkanier sanft am Nacken und spricht ihm leise ins Ohr:

»Xon, Sie sind mein Offizier und Sie sind mein Freund. Wenn Sie es können, geben Sie Decker sein Schiff, lassen Sie ihn das Schiff sehen. Wenn Sie es nicht können, dann weiß ich, daß Sie alles getan haben, um ihr Leben zu retten. Und das werde ich nie vergessen.«

Xon reagiert noch immer nicht.

Decker beginnt bei lebendigem Leib zu verbrennen. Dann erscheint ihm eine Vision der *Enterprise*, seine Fesseln fallen ab, und das Feuer verbrennt nicht länger seinen Körper. Die Wachen können ihn nicht fassen, während er zu Sulu geht. Er sagt Sulu, wer er ist und daß er auf der Brücke gebraucht wird – es ist seine Schicht. Sulu bietet ihm an, sich seinem Fechtunterricht anzuschließen, damit er seinen Umgang mit dem Schwert verbessern kann. Dann verschwindet Sulu. Scott gegenüber spult Decker Statistiken über ihre Heimat, die *Enterprise*, herunter. Bevor auch er verschwindet, korrigiert Scott Deckers Liste. Nachdem seine Crewkameraden fort sind, schließt Decker seine Augen und verschwindet aus dem Hof und dem alten Schottland.

Nachdem seine Crew sicher zurückgekehrt ist, beginnt Kirk sein Logbuch damit, daß die *Long Chance* mit einer Funkbake versehen worden ist. Scott erneuert eifrig seine Bekanntschaft mit der Ingenieurin der *Long Chance*, die mit ihm die Leidenschaft für ein Schiff teilt. MacClintock sagt aber auch zu Scott, daß ihre lange Erfahrung mit künstlichem Tiefschlaf sogar sein bemerkenswertes Schiff, alle Abenteuer und sämtliche Technologie wie einen Traum erscheinen läßt. Scott hört verzweifelt mit an, wie sie sagt, daß man auch aus dem besten Traum erwachen muß und daß für sie die Zeit gekommen ist weiterzuziehen.

Als Scott sagt, daß sie gerade erst am Anfang stehen, erwidert sie, daß »auf sie ein neuer Anfang wartet«. Dann flackert sie und verschwindet schließlich ganz.

Kirk und Scott teilen einen verständnisvollen Augenblick, während Scott akzeptiert, was geschehen ist. Er sagt Kirk, er wisse, daß er MacClintock wiedersehen wird. »Aber wenn die *Enterprise* ein Traum ist, den ich nur einmal erlebe, dann möchte ich nicht früh geweckt werden.« Dann fliegt die *Enterprise* weiter und läßt die *Long Chance* im All treibend zurück.

›Deadlock‹

von David Ambrose

Diese Geschichte spiegelt eine für die siebziger Jahre typische Einstellung zum Militär wider. Hier wird das Bild einer verrücktgewordenen Starfleet gezeichnet, die an ihrem Personal Techniken zur Gedankenkontrolle praktiziert, es belügt und mit ihm experimentiert, indem sie dessen Wahrnehmung der Realität verändert. Zum Glück gibt es eine andere Erklärung für das, was Kirk und seine Crew erfahren, die zu einer traditionellen Star Trek-*Szene führt, in der Kirk Außerirdischen gegenüber die Menschheit verteidigt.*

Die *Enterprise* empfängt einen Notruf, der aus der unerforschten Region 019 stammt. Eine Stimme erklärt, sie komme von der *U.S.S. Intrepid.* Captain Kirk reagiert sofort und gibt Sulu den Befehl, mit maximaler Warpgeschwindigkeit auf Kurs zu gehen. Aber selbst, als der Rufer seine Position auf Kirks Bitte hin bestätigt, meldet Kirks Wissenschaftsoffizier Xon, daß die Sensoren der *Enterprise* nicht länger einen Notruf einer auffindbaren Quelle registrieren.

Bevor Kirk etwas unternehmen kann, wird er von Commodore Hunter von Raumbasis 7 gerufen, der Kirk befiehlt, sofort zur Basis zurückzukehren. Der Commodore werde Kirk dann weitere Einzelheiten erklären. Als Kirk Hunter über den rätselhaften Notruf informiert, erklärt der ihm, daß sich die *Intrepid* nicht einmal in der Nähe dieser Region befinde, und lehnt Kirks Bitte ab, die Suche fortzusetzen. Er fordert Kirk nochmals auf, zur Basis 7 zurückzukehren. Kirks Erster Offizier, Commander Decker, ist entsetzt, als Kirk – der erkennbar hin und her gerissen ist – den Befehl seines Vorgesetzten befolgt.

Im Orbit um Raumbasis 7 regt sich Kirk darüber auf, daß Hunter ihn von einer Such- und Rettungsmission zurückgeholt hat, damit er und seine Crew an einer Starfleet-Übung teilnehmen können. Dann erklärt Hunter, daß die Übung bereits läuft: Der Notruf war von einem Robottransmitter vorgetäuscht worden. Kirks nächster Auftrag besteht darin, sämtliche Energiesysteme abzuschalten und auf weitere Befehle zu warten.

Als Kirk diesen Befehl an Scotty weitergibt, fragt er den Ingenieur, wie schnell er ein total abgeschaltetes Schiff in einem Notfall wieder in Betriebsbereitschaft versetzen kann. Scott sagt Kirk, er würde mindestens eine Stunde benötigen, ob Notfall oder nicht. Kirk bittet ihn, mit Xon zusammenarbeiten. Sein Ziel: »Eine Möglichkeit, den Befehl auszuführen, ohne uns selbst in eine nachteilige Situation zu bringen.«

Am Schiffscomputer errechnet Xon Gleichungen, die ihm zeigen, daß Scott mit dem Hauptreaktor und den Antriebsaggregaten innerhalb von zehn Minuten maximale Leistung erreichen könnte. Der vulkanische Wissenschaftsoffizier sagt dem Ingenieur: »Natürlich wären die Systeme technisch gesehen nie abgeschaltet. Es würde nur den Anschein haben.«

Nachdem Kirk ihm versichert hat, daß die *Enterprise* seinen Befehlen Folge leisten wird, erklärt Hunter ihm, daß er alle weiteren Anweisungen von Lang Caradon erhalten wird, einem der wissenschaftlichen Chefberater von Starfleet. Caradon erscheint auf dem Bildschirm, um sich an Kirks Crew zu wenden. Er sagt, daß sie für unbestimmte Zeit an Bord bleiben muß, während der sie von ihren normalen Aufgaben freigestellt wird. Sie wird allerdings an bestimmten ›Spielen‹ mitwirken müssen. Da Starfleet ihre Reaktion auf die Spiele beobachten möchte, sollen sämtliche Kommunikationskanäle offen gehalten werden.

Der Chefarzt der *Enterprise*, Dr. Leonard McCoy, spricht unter vier Augen mit Kirk, um darauf hinzuweisen, daß der falsche Notruf und der Befehl an Kirk, ihn zu ignorieren, klassische Desorientierungstechniken sind. Er merkt weiterhin an, daß Caradon ein umstrittener Forscher auf dem Gebiet der Verhaltenskontrolle ist. Als Kirk fragt, ob McCoy glaube, daß die Übung ein Experiment für Verhaltenskontrolle ist, erwidert McCoy: »Die altmodische Bezeichnung lautete ›Gehirnwäsche‹.«

Das erste ›Spiel‹, dem Kirks Crew ausgesetzt wird, besteht aus einem hypnotischen Aufblitzen von Zahlen und psychedelischen Mustern auf den Bildschirmen des Erholungsraums. Die Sequenz wird von wellenförmigen, elektronischen Klängen begleitet. Als die Sequenz stoppt, werden die Zuschauer gebeten, die nächste Zahl vorherzusagen. Mit jeder intensivierten Wiederholung wächst die Zahl derer, die die Zeit richtig vorhersagen. Die Übung wird fortgesetzt mit einer pulsierenden Spirale, von der sogar Kirk und McCoy auf der Brücke gebannt sind. Xon, der zwar auch betroffen ist, verfügt über größere Widerstandskraft. Der vulkanische Wissenschaftsoffizier blickt auf den Bildschirm, während er rasch Daten in seine Computerkonsole eingibt. Der Bildschirm im Erholungsraum wird plötzlich dunkel.

Besorgt fragt Kirk McCoy, ob sie soeben Hypnose miterlebt haben. Der Schiffsarzt bestätigt Kirks Verdacht, sagt aber, daß es nur eine leichte Form war. In dem Moment wirkt sich Xons geistige Analyse der Hypnosemuster des Experiments auf die telepathisch empfindsame Deltanerin Lieutenant Ilia aus. Xon sagt Kirk, er könnte unbeabsichtigt mit Ilia das beunruhigende geistige Bild der Gefangenschaft geteilt haben, das ihm in den Sinn kam. Er sagt zu Kirk, daß er in der Übertragung des Experiments eine Unregelmäßigkeit entdeckt hat – eine unterbewußte Botschaft, die in verschiedenen Quellen verborgen war. Er spielt die Nachricht für Kirk ab: »*Enterprise*, Sie müssen fliehen! Melden Sie sich bei Starfleet... Eine Falle – Caradon ist...« Die Stimme der Sprecherin klingt gepreßt und schmerzvoll, dann endet sie abrupt. Nur statisches Rauschen folgt.

Kirk ruft sofort Caradon und bittet um Erlaubnis, zur Raumbasis 7 beamen zu dürfen. Caradon lehnt die Bitte ab. Dann verlangt Kirk, sofort mit Commodore Hunter zu sprechen. Caradon warnt ihn, er solle nicht vergessen, daß der Commodore Kirk Caradons Kommando unterstellt hat. Kirk reagiert darauf, indem er die beunruhigende Nachricht abspielt, die Xon entdeckt hat. Überraschend regt sich Caradon nicht auf. Er sagt Kirk, daß seine Reaktionszeit auf die von Starfleet versteckte Nachricht gut in der vorgesehenen Zeit liegt, und gratuliert ihm. Er erinnert den skeptischen Kirk, daß seine weitere Kooperation erforderlich ist, dann schaltet er ab.

Während McCoy Kirk erklärt, daß Caradons Test ihrer Urteilsfähigkeit unter Druck eine legitime Starfleet-Übung sein könnte, macht Xon den Captain auf eine andere Unregelmäßigkeit aufmerksam. Caradons Tests wurden vor drei Monaten eingestellt, eine offizielle Begründung für den Abbruch wurde nicht gegeben. Kirk beschließt, selbst nachzuforschen.

Zusammen mit Xon versuchen Kirk und Scott an der Computerkonsole des Transporterraums, die Quelle der empfangenen Nachricht ausfindig zu machen. Kirk nimmt einen Kommunikator und einen Phaser und bittet Scott, ihn so nah wie möglich an diese Quelle zu beamen. Kirk sagt zu Decker, er solle eine Stunde warten. Wenn er bis dann nichts von Kirk gehört hat, soll er die Basis entern und besetzen.

Kirk materialisiert in einem dunklen Raum, sieht eine offene Tür, und dann …

Als noch zehn Minuten verbleiben, befiehlt Decker Chekov, ein Enterteam im Transporterraum zu versammeln. Aber Uhura meldet Decker, daß sie ein Signal von Kirk empfängt. Auf dem Bildschirm sagt ein entspannter Kirk zu Decker, daß er seine Befehle widerruft und keine weiteren Transporte auf die Basis erfolgen sollen. Er sagt der Brückencrew, er habe Gewißheit, daß sie an einer offiziellen Übung von Starfleet teilnehmen und daß er nicht aufs Schiff zurückbeamen wird, bis die Übung abgeschlossen ist. Dann wird der Bildschirm dunkel.

McCoy sagt Decker, er würde sich besser fühlen, wenn sie persönlich mit Kirk hätten sprechen können. Er macht auf ein Zögern aufmerksam, das er in Kirks Verhalten gespürt hat, fast so, als habe man den Captain gezwungen, das zu sagen. Decker kann sich nur schwer vorstellen, daß man Kirk zu irgend etwas zwingen kann. McCoy erinnert Decker daran, daß es viele Techniken gibt. Hypnose ist nur eine, Drogen sind eine andere. Während McCoy und Decker sich unterhalten, arbeitet Xon intensiv am Computer.

Auf Raumbasis 7 ist Kirk bewußtlos und wird in einer Isolationseinheit von einem medizinischen Team gescannt. Ein uniformierter Starfleet-Offizier, Lieutenant Commander Anderson, befindet sich mit dem Arzt und einem Sanitäter in der Kontrollkammer. Das medizinische Team weckt Kirk für Anderson auf, der Kirk erklärt, er sei von einem auf Betäubung gestellten Phaser gelähmt worden. Als Reaktion auf Kirks Frage sagt er außerdem, daß er das Kommando über die Basis hat und Commodore Hunter frühestens in einer Woche zurückkehren wird. Hunter besucht eine Konferenz im Starfleet-Hauptquartier.

Kirk stellt außerdem fest, daß er in einem Kraftfeld festgehalten wird. Er ist gefangen. Anderson erklärt, dies sei notwendig, weil Kirk und seiner Crew im Galaxis-Sektor 019 etwas Unbekanntes widerfahren ist, was ihr Verhalten verändert hat. Sofort fragt Kirk Anderson, ob dies ein weiteres von Lang Caradons ›Spielen‹ ist. Anderson weiß nicht, wer Caradon ist. Auch weiß er nichts von einer Starfleet-Übung, die auf Befehl von Commodore Hunter durchgeführt werden soll. Statt dessen erklärt er Kirk:

»Vor fünf Tagen empfingen wir einen Notruf von der *Enterprise*. Sie informierten uns, Sie seien soeben in das unerforschte Gebiet 019 vorgedrungen und auf eine rätselhafte Strahlung gestoßen, von der Ihre gesamte Crew betroffen wurde. Sie baten um Erlaubnis, hierher zurückzukehren, um Hilfe zu erhalten.«

Anderson spielt Kirks Nachricht ab, um seine Geschichte zu bestätigen. Die visuelle Aufzeichnung läßt erkennen, daß sich Kirk in einer medizinischen Notlage befindet. Dann spielt Anderson Kirk die Nachricht vor, die er eine Stunde später erhielt und die Kirk ruhig, selbstbeherrscht und scheinbar normal zeigte. In dieser Übertragung entschuldigt sich Kirk und bittet darum, auf die Basis 7 beamen zu dürfen. Bevor Kirk jedoch seine Bitte zu Ende gesprochen hat, erscheint plötzlich eine schreiende Frau. Er reagiert wütend auf die Unterbrechung.

Kirk kann die beiden Aufzeichnungen nicht erklären.

An Bord der *Enterprise* erklärt Xon Decker, daß er vielleicht eine Erklärung für Kirks abrupt veränderte Einstellung während der Übermittlung gefunden hat, die sie von Raumbasis 7 erhalten haben. Auf Xons kleinem Computerbildschirm zeigt er Decker das Band von Kirks letzter Nachricht. Xon hat einen Weg gefunden, die Muster im Signal offenzulegen. Sie deuten darauf hin, daß jemand über eine Verbindung zwischen dem Sender und dem Hauptcomputer gespeicherte Daten umprogrammiert hat. Um seine Theorie zu bestätigen, präsentiert Xon eine Demonstration, die er vorbereitet hat. Sie zeigt Kirk auf der Brücke, wie er einen Phaser auf Decker und Xon abfeuert. Xon sagt, wenn dies eine echte Starfleet-Übung sei, dann lernten sie dabei, wie leicht sie von ihren eigenen Erfindungen in die Irre geführt werden können.

Decker und Xon bereiten sich vor, auf die Raumbasis 7 zu beamen. Decker gibt Scott den gleichen Befehl wie zuvor Kirk, verkürzt aber den Zeitrahmen. Scott soll die Kontrolle über die Basis übernehmen, wenn Decker und Xon nicht binnen dreißig Minuten zurückgekehrt sind. Und diesmal soll niemand an Bord der *Enterprise* irgendeiner Kommunikation vertrauen, die nur über den Bildschirm empfangen wird. Nur persönlicher Kontakt darf akzeptiert werden. Xon bittet Scott, eine Ablenkung zu schaffen, um ihr Ziel zu tarnen: Ebene 15, wo Kirk wahrscheinlich festgehalten wird.

Auf Raumbasis 7 reagieren Anderson und seine Offiziere, als Xon die Phantom-Streitmacht aktiviert, die Scott scheinbar überall auf die Raumbasis 7 beamt. Bevor er erkennt, daß die Eindringlinge nur eine Ablenkung sind, schickt Anderson bewaffnete Truppen auf den Weg, um sie zu stellen. Dann senkt er die Deflektoren der Raumbasis und bereitet sich vor, einen Warnschuß auf die *Enterprise* abzufeuern. In dem Moment meldet ihm sein Offizier vom Dienst, daß *alles* nur eine Täuschung war. Niemand ist auf die Raumbasis 7 gebeamt worden.

Jetzt schickt Scott Decker und Xon auf den Weg, dann aktiviert er die Deflektoren der *Enterprise*. Anderson ahnt nicht, daß die beiden letzten Transporte keine Täuschung waren, läßt die Deflektoren der Raumbasis 7 hochfahren und erklärt die *Enterprise* zum ›feindlichen Schiff‹.

An Bord der *Enterprise* erkennt Scott, daß Kirk, Decker und Xon bei aktivierten Deflektoren nicht auf das Schiff zurückbeamen können.

Auf der Raumbasis 7 entdecken Decker und Xon Kirk hinter dem Kraftfeld. Da sie auf die Kraftfeldeinheit im Kontrollraum nicht zugreifen können, aktiviert Xon seinen Phaser, der einen dünnen, blauen Strahl abgibt, der auf die Wand des Kraftfeldes gerichtet ist. Dann stellt er seinen Kommunikator so ein, daß der ein hohes Pfeifen von sich gibt, und richtet ihn auf den Phaserstrahl. Xon stellte die Frequenz höher und höher, bis es zu einer fast lautlosen, blendenden Explosion kommt. Das Kraftfeld wird über den Phaserstrahl in den Phaser gezogen, der daraufhin schmilzt.

Während Kirk, Decker und Xon fliehen, leuchtet an der Konsole des Offiziers vom Dienst der Alarm auf. Wachen strömen aus den Korridoren. Decker gibt Kirk seinen auf ›Betäuben‹ gestellten Phaser. Kirk lähmt zwei Wachen, während Xon zwei weitere ausschaltet. Kirk nimmt zwei weitere Phaser von den betäubten Wachen an sich. Als sie in einen Lift stürmen, sagt Xon zu Kirk, daß sie die Relaisstation des Zentralcomputers finden müssen – die offensichtliche Quelle der Kommunikation zwischen Basis und Schiff. Das Problem ist nicht, in die Station zu gelangen, sondern sie wieder zu verlassen. Anderson erkennt zu spät, wo sie hinwollen.

In der Computerrelaisstation läßt Kirk von Decker und Xon alle Zugänge verschließen. Bevor Kirk den nächsten Schritt unternehmen kann, betritt Hunter durch einen Zugang über ihnen den Raum. Er beglückwünscht die drei zu ihrer Initiative. Caradon tritt zwischen den Computerbänken hervor, um das gleiche zu machen. Kirk richtet seinen Phaser auf Hunter und fordert beide auf zu bleiben, wo sie sind.

Außerhalb der Computerrelaisstation befiehlt Anderson seinen Leuten, sich mit Feuerkraft Zutritt zu verschaffen. Er befürchtet, daß Kirk die Waffensysteme der Basis sabotieren will, und weist seinen Offizier an, auf manuelle Kontrolle umzuschalten, solange noch Zeit dafür ist.

In der Station ignoriert Caradon Kirks Warnung und bewegt sich auf Kirk zu. Dieser feuert, aber der Schuß geht wirkungslos durch Caradon hindurch. Zu Deckers und Xons Erstaunen stellt Kirk seinen Phaser auf ›Töten‹. Aber wieder geht der Schuß durch Caradon hindurch. Dann hypnotisiert Hunter Decker, der seinen Phaser fallenläßt. Hunter konzentriert sich nun auf Kirk, Caradon auf Xon. Kirk und Xon kämpfen gegen den Einfluß an, lassen aber auch ihre Phaser fallen.

Kirk fragt Hunter, wer er wirklich ist, und erhält endlich eine Antwort. Hunter und Caradon sind Außerirdische aus dem Gebiet, das Kirk als Galaxissektor 019 kennt. Ihre Absicht war, ihren Fortschritt zu beobachten. Dabei haben sie die Gestalt der beiden Menschen angenommen, die als Hunter und Caradon bekannt sind. Diese befinden sich anderswo, ihnen ist nichts geschehen.

Als Kirk fragt, warum sie ihn und seine Leute beobachten, erklären die Außerirdischen, daß die internen Feindseligkeiten, die sie mitangesehen haben, beunruhigend und möglicherweise ansteckend sind. Als Kirk einwendet, daß er und seine Leute den Außerirdischen nichts getan haben, erfährt er, daß die Außerirdischen bereits die Anwesenheit seines Volks als Bedrohung empfinden. Die Außerirdischen sind eine chamäleonartige Spezies mit sehr hochentwickelten Fähigkeiten, zugleich sind sie aber extrem verwundbar für körperliche und geistige Einflüsse von jedem, der sich ihnen nähert.

Decker sagt den Außerirdischen, daß sein Volk friedlich und in der Lage ist, die weniger angenehmen Charaktereigenschaften durch Vernunft zu kontrollieren. Die Außerirdischen erwidern, daß ihnen diese Kontrolle dürftig erscheint.

Kirk richtet die Argumentation der Außerirdischen gegen sie selbst. Er entgegnet, daß sie auch gewalttätig sind, weil sie an Zerstörung glauben. Die Außerirdischen erklären, sie werden Kirks Volk dazu bringen, daß es sich mit den eigenen Waffen selbst zerstört. Kirk fragt sie, ob ihr eigener, angeblich überlegener Verhaltenskodex es ihnen unmöglich macht, andere zu ermorden, ihnen aber erlaubt, andere dazu zu bringen, sich gegenseitig umzubringen. Die Außerirdischen erwidern nur, daß Kirk und seine Leute »unser Urteil über Sie durch Ihre eigenen Handlungen belegen oder entkräften können«. Dann entmaterialisieren sie.

Außerhalb der Computerrelaisstation haben sich Andersons Leute fast den Weg gebahnt. Decker sagt zu Xon, daß die normale Kommunikation zwischen Basis und Schiff wiederhergestellt ist. Kirk erkennt aber, daß weder Scott noch Basiscommander Anderson die Wahrheit akzeptieren werden. Decker warnt Kirk, daß Scott versuchen wird, mit Gewalt die Kontrolle über die Basis zu übernehmen, wenn sie nicht innerhalb von elf Minuten auf die *Enterprise* zurückkehren. Und Andersons Leute werden keine andere Wahl haben, als sich zur Wehr zu setzen.

An Bord der *Enterprise* sagt Uhura zu Scott, daß eine Nachricht von Kirk eingeht. Auf Raumbasis 7 weist Anderson seinen Offizier vom Dienst an, Kirks Übertragung zu stören. Nachdem er unterbrochen worden ist, bittet Kirk Xon, den Versuch zu unternehmen, mit Hilfe der Kontrollen der Computerrelaisstation die Phaserbänke der Basis zu deaktivieren. Xon sagt, das nehme einige Zeit in Anspruch.

Scott teilt Chekov mit, daß das Enterteam nicht landen kann, solange die Deflektoren der Raumbasis 7 aktiviert sind. Chekov empfiehlt, die Phaser der *Enterprise* zu benutzen. Scott ist besorgt, daß die Basis das Feuer auf sie eröffnen wird und sie nicht in der Lage sein werden, unendlich lange die Deflektoren des Schiffs aufrechtzuerhalten. Chekov schlägt vor, sich soweit zu entfernen, daß die Transporterreichweite gewahrt wird, die *Enterprise* aber Ausweichmanöver ausführen kann. Dann erinnert sich Scott an Xons Formel für den Benutzung des Hauptreaktors und der Antriebsaggregate. Er begibt sich zur Computerkonsole des Wissenschaftsoffiziers und erteilt dem Maschinendeck den Befehl. Dann wendet er sich an Chekov und sagt, er hoffe nur, daß sie genug Zeit haben werden, damit es funktionieren kann.

Xon findet in der nun geöffneten Konsole der Computerrelaisstation den gesuchten Schaltkreis.

Andersons Offizier vom Dienst stellt fest, daß die *Enterprise* den Orbit verlassen will. Anderson befiehlt den Einsatz des Traktorstrahls. Scott befiehlt dem Maschinendeck, die Energie bis zur maximalen Leistung hochzufahren. Anderson erteilt den Befehl, die Phaser feuerbereit zu machen.

Die Wachen durchbrechen die Tür zur Computerrelaisstation. Sie nehmen Kirk, Decker und Xon fest und teilen Anderson mit, daß die Verteidigungssysteme der Basis nicht beschädigt worden sind.

Scott erfährt vom Maschinendeck, daß man dort zum Einschalten bereit ist. Der Countdown beginnt.

Anderson stellt Kirk zur Rede, der zugibt, daß er die Waffensysteme der Basis sabotieren wollte, dafür aber einen guten Grund hat. Der Basiscommander weigert sich, Kirks Erklärung von Außerirdischen aus dem Sektor 019 zu glauben. Kirk erklärt Anderson, die Außerirdischen wollten, daß sie sich selbst vernichten.

Scotts Countdown wird fortgesetzt. Andersons Offizier vom Dienst meldet, daß der Energieaufbau auf der *Enterprise* anhält. Kirk sagt zu Anderson, er könne ihm beweisen, daß die Kommunikation verfälscht wurde, wenn die Zeit dafür reichen würde. Als Anderson zögert, verlangt Kirk, daß ihm zumindest erlaubt wird, mit Scott zu reden. Anderson lenkt ein.

Uhura unterbricht Scotts Countdown, um ihm mitzuteilen, daß sie eine Mitteilung vom Captain hat. Scott stoppt den Countdown. Kirk weist ihn an, nicht auf die Basis zu feuern, da das Feuer erwidert würde. Scott möchte Kirk nicht trauen. Kirk bittet ihn, hinübergebeamt zu werden, um das zu beweisen, was er gesagt hat. Scott sagt, dies würde bedeuten, daß er die Deflektorschilde senken müßte, daß er aber das Schiff nicht in eine Falle steuern wird. Anderson weist Kirk an, das Gespräch zu beenden. Offensichtlich versuche Kirk Anderson und seine Leute nur zu überzeugen, daß die *Enterprise* die Basis nicht angreifen wird.

Kirk fragt, ob Anderson glaubt, daß er einen aggressiven Angriff plant, während er, sein Erster Offizier und sein Wissenschaftsoffizier noch auf der Basis sind. Anderson erwidert, daß Kirk und seine Leute an Bord gebeamt werden könnten, sobald die *Enterprise* die Deflektoren der Station durchbrochen hat: ein typisch Kirkscher Trick. Scott teilt Kirk mit, daß er ihm glauben wird, wenn Anderson die *Enterprise* aus dem Traktorstrahl entläßt. Sonst wird er die Station mit sich reißen. Anderson droht, Taten folgen zu lassen, wenn sich die *Enterprise* bewegt.

Dann kommt Ilia auf die Brücke der *Enterprise*. Auf Raumbasis 7 sieht Xon Ilia auf dem Bildschirm. Nachdem er problemlos Andersons Wachen abgeschüttelt hat, geht Xon auf den Basis-Commander zu, um ihm eine Lösung vorzuschlagen. Wenn er die *Enterprise* dazu bewegen kann, die Deflektoren zu senken – wird Anderson das als Beweis für die friedlichen Absichten akzeptieren?

Xon fixiert Ilia mit einem intensiven Blick und sagt: »Lieutenant… Lassen Sie mich bitte die Kontrolle über Ihren Verstand übernehmen…« Nach einem langen, angespannten Augenblick dreht sich Ilia vom Brückenbildschirm fort zur Hauptcomputerkonsole. Scott sieht mit an, wie auf dem Bildschirm der wissenschaftlichen Station Xons Formel erscheint. Er erkennt, daß Ilia diese auf keinen Fall kennen kann, da sie nicht auf der Brücke war, als Xon sie entwickelte, und auch nicht, als Scott sie in den Schiffscomputer eingab. McCoy sagt zu Scott, daß sie soeben Zeuge von Telepathie geworden sind, einer antiken Technik, die von der Technologie unabhängig ist. Kirks Stimme spricht über den Hauptbildschirm zu Scott, um zu bestätigen, was Scott jetzt als die Wahrheit erkennt: Das Bild ist das des echten Captain Kirk, die Übermittlung ist echt.

Scott senkt die Deflektoren des Schiffs. Anderson deaktiviert die Phaser der Basis. Kirk lädt Anderson ein, sich als Gast auf die *Enterprise* beamen zu lassen.

Als die *Enterprise* sich später von der Raumbasis 7 entfernt, fügt Kirk seinem Logbuch eine Empfehlung hinzu: »Ich empfehle, daß keine weiteren Reisen in die Region 019 unternommen werden, bevor wir von den dortigen Bewohnern keine Einladung erhalten haben. Ich kann nur hoffen, daß jeder Einfluß, den sie von uns verspüren, nach unserer unter Beweis gestellten, wenn auch dürftigen Selbstkontrolle in einem positiveren Licht erscheint.«

›Savage Syndrome‹

von Margaret Armen und Alfred Harris

Das wäre eine wirklich sehenswerte Episode gewesen, und sei es nur wegen der Szenen, in denen die Brückencrew – Captain Kirk eingeschlossen – sich anfaucht und sich voreinander fürchtet. Auch wenn die Verwandlung der Enterprise *in ein Schlachtfeld für die Crew an die Originalepisode ›Day of the Dove‹ erinnern mag, ist hier der Auslöser kein bösartiges Wesen, das sich von negativer Energie ernährt, sondern eine Technologie, die das düstere Verlangen entfesselt, das die Menschen – und offenbar auch die Vulkanier – unterdrücken.*

Margaret Armen schrieb auch die Drehbücher für die Originalepisoden ›The Gamesters of Triskelion‹ und ›The Paradise Syndrome‹ sowie das Drehbuch zu ›The Cloud Minders‹, das auf einem Buch von David Gerrold und Oliver Crawford basierte.

Bei der Erfassung eines leblosen Planeten stößt die *Enterprise* in dessen Orbit auf ein mysteriöses, von Meteoren beschädigtes Kampfschiff, bei dem weder Lebensformen noch Energiequellen feststellbar sind. Captain Kirk schickt Commander Decker, Lieutenant Ilia und Dr. McCoy auf das antike, aber hochentwickelte Wrack. Decker bittet um Erlaubnis, mit einem Shuttle zunächst das Äußere zu inspizieren, bevor sie sich nach innen begeben.

Während das Team unterwegs ist, arbeitet Chekov weiter an seiner teilweise zerlegten Waffensystemkonsole. Scott und ein weiterer Ingenieur sind ihm behilflich.

Decker steuert das Shuttle zur Luftschleuse des Wracks. Co-Pilotin Ilia setzt die Luftschleuse unter Druck, als Decker an das Wrack andockt. Mit Phasern und Tricordern ausgerüstet, bewegen sich Decker, McCoy und Ilia vorsichtig durch die Korridore des Schiffs. Plötzlich macht Ilia eine überraschende Entdeckung: ein humanoides Skelett, das eine Uniform mit hochentwickelten Metallarmaturen trägt. Die Brust des Skeletts ist von einem plump nachgebildeten Speer durchbohrt.

An Bord der *Enterprise* zeigt der Hauptbildschirm ein sich rasch näherndes Objekt. Es scheint sich um eine kleine, metallene Kugel mit austretenden Kapseln zu handeln. Kirk bittet Xon, die Zusammensetzung des Objekts zu bestimmen. Xon erwidert, er habe zu wenig Daten, um irgend etwas zu bestimmen – außer, daß die Kugel extrem alt ist. Während Xon spricht, beginnt die Kugel in grellem, pulsierendem Licht zu leuchten. Xon warnt Kirk sofort, daß das Objekt eine Waffe sein könnte. Das pulsierende Licht strömt auf die Brücke und hüllt den Kopf jedes Anwesenden ein. Alle greifen sofort an ihre Schläfen und brechen zusammen, wobei sie vor Schmerzen schreien. Während das Licht langsam schwächer wird, nehmen auch die Schreie ab. Dann richtet sich jedes Crewmitglied langsam zu einer halb zusammengekauerten Haltung auf. Sie schrecken voreinander zurück und fauchen wie wilde Tiere.

Auf dem Wrack entdecken Decker, McCoy und Ilia unterdessen andere Opfer. Jedes Crewmitglied des Schiffs ist durch Einwirkung einer primitiven Waffe gestorben. McCoy vermutet, daß die Crewmitglieder sich zu Primitiven zurückentwickelten und gegenseitig umbrachten. Um eine Erklärung für die Geschehnisse zu bekommen, sucht Decker nach dem Hauptcomputer des Schiffs, findet ihn und sucht nach dem letzten Eintrag. Die visuelle Wiedergabe zeigt eine kleine metallene Kugel, die größer wird, je mehr sie sich nähert, und dann in blendend weißem Licht zu leuchten beginnt. Als das Licht nachläßt, zeigt das Bild, daß die Kugel noch immer intakt ist. Decker erkennt, daß die Kugel, eine Art Weltraummine, für die Schäden am Wrack verantwortlich ist. McCoy erklärt, daß der Strahlungsausstoß, den sie soeben gesehen haben, die Crew getroffen und auf irgendeine Weise alle zivilisierten Instinkte ausradiert haben muß. Ilia befürchtet, daß der tote Planet unter ihnen auch diesen Minen zum Opfer gefallen ist. McCoy wird auf Ilias Verwendung des Plurals – ›Minen‹ – aufmerksam und fragt sich laut: »Es könnten noch Dutzende davon im Orbit sein.« Die drei denken den gleichen Gedanken, Decker nimmt seinen Kommunikator, um die *Enterprise* zu rufen. Als keine Antwort kommt, sagt McCoy, daß sie sofort zurückkehren müssen.

Auf der Brücke der *Enterprise* befinden sich Kirk und Scott mitten im Kampf um den Kommandosessel. Uhura, Chekov, Xon, Sulu und Rand kauern im Halbkreis nieder und warten darauf, wer der Sieger sein wird. Kirk ist mit einem Metallrohr bewaffnet, Scott hat einen Schraubenschlüssel. Er weist seinen Assistenten an, Kirk zu töten. Kirk entwaffnet den jüngeren Ingenieur und jagt hinter Scott und seinem Assistenten bis zum offenen Turbolift her. Als Kirk zum tödlichen Schlag ausholt, schließen sich die automatischen Lifttüren. Vom Personal auf der Brücke nicht herausgefordert, ergreift Kirk Besitz vom Kommandosessel und sagt: »Ich bin der Führer.« Nur Xon traut sich, herausfordernd zu blicken. Uhura und Rand nehmen zu beiden Seiten von Kirk eine unterwürfige Stellung ein, während sie sich gegenseitig mit Drohgebärden einzuschüchtern versuchen.

Plötzlich ertönt Deckers Stimme aus der Konsole nahe dem Kommandosessel, was Kirk und die anderen beunruhigt, da sie weder die Stimme noch ihre Quelle erkennen. Dann taucht das Bild des herannahenden Shuttles auf dem Hauptbildschirm auf. Deckers Stimme kündigt an, daß das Shuttle in Andockposition gehen wird.

Nachdem es sich im Hangar der *Enterprise* befindet, bewegt sich das Shuttle vollautomatisch zu seinem üblichen Warteplatz. Das unterbricht den tobenden Kampf zwischen den *Enterprise*-Crewmitgliedern in gelber und denen in blauer Uniform, die alle die Flucht ergreifen und sich verstecken. Decker, McCoy und Ilia erkennen, daß die gesamte Crew betroffen ist. Decker befragt McCoy nach einem Gegenmittel. McCoy erwidert, er müsse zuerst ein Crewmitglied untersuchen, um zu bestimmen, was genau geschehen ist. Decker beschließt, daß die Krankenstation ihr erstes Ziel sein muß. Er empfiehlt McCoy und Ilia, ihm zum Turbolift zu folgen und ihre Phaser auf ›Betäuben‹ einzustellen.

Auf halbem Weg zum Lift werden Decker, McCoy und Ilia von der Crew angegriffen und gezwungen, ihre Phaser gegen ihre eigenen Kollegen einzusetzen. Als sie den Turbolift erreicht und den Liftknopf betätigt haben, öffnen sich die Türen, und sie werden von Scott und seinem Assistenten angegriffen. Bei diesem Kampf verlieren Decker und McCoy ihre Phaser, aber ihre kontrollierteren Kampftechniken helfen ihnen, die Angreifer zu überwältigen. Ilia hält mit ihrem Phaser die anderen ›Wilden‹ in Schach. Decker und McCoy heben ihre Phaser auf, die drei entkommen in den Turbolift.

In den Korridoren vor der Krankenstation spielen sich weitere Kämpfe ab, McCoy läßt nur widerstrebend Verwundete zurück. Sie gehen weiter zur Krankenstation, wo sie erleichtert alles friedlich und leer vorfinden. McCoy und Decker begeben sich sofort zum medizinischen Computer der Krankenstation. In dem Moment werden sie von einer wilden Dr. Chapel angegriffen, die eine medizinische Schere schwingt. Es gelingt ihr, auf Decker einzustechen, bevor Ilia sie mit ihrem Phaser betäuben kann.

Auf der Brücke hat Kirk ein neues Ziel für seinen ›Stamm‹ festgesetzt: Nahrung zu finden. Während sein Stab in roten Uniformhemden loseilt, um zu gehorchen, stolpert Uhura über eine kleine Schleuse, durch die man über eine metallene Wendeltreppe nach unten gelangt. Xon fordert Kirk auf, Nahrung für die anderen zu finden, woraufhin Kirk nach unten steigt. Nachdem Xon mit ansieht, wie Kirk erfolglos versucht, eine verschlossene Schleuse zu öffnen, auf der ›Gefahr – Luftschleuse – Nicht öffnen‹ steht, ruft er, daß er Essen riecht. Er zeigt weiter nach unten, Kirk und die anderen eilen los. Nachdem sie eine offene Tür durchschritten haben, auf der ›Nottreppe‹ steht, gelangen Kirk und seine Gefolgschaft in die Verpflegungsstelle, in der eine kleine Gruppe in gelben, lilafarbenen und weißen Uniformhemden um die Überreste der Mahlzeiten kämpft, die auf den Tischen stehengeblieben waren. Kirk weist seine Gruppe an, um das Essen zu kämpfen; sie jagen die anderen aus dem Raum.

In der Krankenstation hat McCoy Chapel auf einem Untersuchungstisch angebunden und ihr eine Injektion verabreicht. Auf einem zweiten Tisch erlangt Decker wieder das Bewußtsein. Seine Wunde ist verbunden worden, aber er ist geschwächt und fühlt sich desorientiert. Decker fragt McCoy nach dem medizinischen Computer. Er fragt sich, ob es möglich ist, den Effekt der Raumminen rückgängig zu machen. McCoy sagt, seine Untersuchung von Chapel habe ergeben, daß der Teil ihres Gehirns, der für höhere Funktionen verantwortlich ist, ausgeschaltet worden ist. Er will weitere Tests an ihr vornehmen, aber bis jetzt hat er nichts gefunden, das sie wieder normalisieren würde.

Decker sagt zu McCoy, daß sie rasch handeln müssen. Vierhundert Leute auf dem Schiff sind im Begriff, sich gegenseitig umzubringen. Als McCoy sagt, er könne nicht so viele Leute auf einmal ruhigstellen, sagt Ilia, daß sie es schaffen könnten, wenn sie die Brücke erreichen würden. Decker versteht: Ilia schlägt vor, daß sie die Verteidigungssysteme des Schiffs benutzen, um alle Decks mit Ausnahme der Brücke und der Krankenstation mit Beruhigungsgas zu fluten. Das einzige Problem ist, daß sie sich zur Brücke durchkämpfen müssen, wozu Decker nicht in der Lage ist. Decker sagt, daß McCoy und Ilia gehen müssen. Ilia weist McCoy an, hierzubleiben und an dem Gegenmittel zu arbeiten, während sie sich allein auf den Weg macht.

In einem Korridor nahe dem Turbolift am Hangardeck kommen Scott und sein Assistent wieder zu Bewußtsein und machen sich ebenfalls auf die Suche nach Nahrung. Sie gehen durch eine offene Korridortür, die mit ›Nottreppe – Hangardeck‹ beschriftet ist. Zur gleichen Zeit geht Ilia in einem Korridor auf dem Deck der Krankenstation einer umherstreifenden Horde Grauhemden aus dem Weg, indem sie eine andere Nottreppe benutzt. Im Erholungs- und Verpflegungsraum wird Kirk von Xon dazu aufgefordert, mehr Nahrung zu finden. Dabei stößt er gegen die Kontrollfläche, über die das Essen bestellt wird. Plötzlich erscheinen aus dem Nichts dampfende Mahlzeiten. Begeistert drückt Kirk so viele Knöpfe wie möglich, um seine ihn bewundernden Rothemden mit Essen zu versorgen.

Auf der Nottreppe hört Ilia Schritte, die ihr folgen. Sie verläßt das Treppenhaus, indem sie eine Gleittür aktiviert. Augenblicke später tauchen Scott und sein Assistent auf, die auf der Treppe weiter nach oben steigen. Ilia weicht in einen Korridor nahe eines Turbolifts aus und betritt ihn rasch.

Auch Scott riecht Essen; er und sein Assistent haben gerade die Tür erreicht, die Kirk und seine Rothemden benutzt haben, um den Erholungsraum zu erreichen. Als die beiden Ingenieure in ihren grünen Hemden den Raum betreten, begegnen sie Kirk und seinen Rothemden. Kirk befiehlt seinen ›Roten‹, die Eindringlinge zu töten. Scott und sein Assistent fliehen zur Treppe, werden aber von Kirk und dessen Gefolgsleuten verfolgt.

Ilia erreicht die Brücke und eilt zur Waffenkontrollkonsole, wo sie feststellen muß, daß die nicht in Betrieb ist. Sie ist vollständig auseinandergenommen worden. Sie aktiviert den nächsten Wandkommunikator, um mit McCoy in der Krankenstation zu sprechen. Sie erklärt ihm, daß es ihr nicht möglich ist, das Schiff mit Beruhigungsgas zu fluten. Das Gegenmittel ist jetzt ihre einzige Hoffnung. Doch McCoy erklärt ihr, daß sein medizinischer Computer zu begrenzt ist, und bittet sie, ihn mit dem Hauptcomputer zu verbinden. Ilia verspricht, es zu versuchen, auch wenn ihre Computerkenntnisse begrenzt sind. Sie legt ihren Phaser auf die Konsole und beginnt, am Computer zu arbeiten.

Kirk und Scott haben den Maschinenraum erreicht, wo der Kampf zwischen den ›Roten‹ und den ›Grünen‹ um die Nahrung eskaliert. Scott kann den Ingenieursstab erfolgreich dazu bewegen, sich ihm und seinem gleichermaßen grünhemdigen Assistenten anzuschließen. Beim Handgemenge mit Kirk wird Scott gegen eine Kontrollkonsole geworfen und legt dabei einen Schalter um. Funken fliegen, Schaltkreise brennen durch, während ein rotes Warnlicht aufleuchtet. Die Computerstimme sagt: »Antimaterie-Energiekonverter werden nun überladen… Detonation innerhalb von 61 Minuten…« Entsetzt von dem Feuerwerk, flüchten die ›Wilden‹ in alle Richtungen. Kirk und seine ›Roten‹ ziehen sich zum Eingang der Nottreppe zurück.

In der Krankenstation hört McCoy, der weitere Tests an Chapel vornimmt, die Computerwarnung. Er benutzt sofort den Wandkommunikator, um Ilia auf der Brücke zu rufen. Sie sagt, daß sie die Ankündigung auch gehört hat. Obwohl er noch immer nicht sicher auf seinen Beinen steht, kommt Decker zu McCoy am Wandkommunikator und fragt Ilia, ob sie von der Brücke aus die Generatoren abschalten kann. Sie sagt, daß sie das kann, wenn die Schaltkreise noch funktionieren. McCoy fragt, ob sie seinen Computer mit dem Hauptcomputer verbunden hat. Ilia bestätigt, ist sich aber nicht sicher.

Während McCoy Daten in seinen Computer füttert, um ein Gegenmittel zu suchen, verlangt Decker von McCoy, daß der ihm ein Aufputschmittel gibt. Widerstrebend greift McCoy zum Injektor.

Während Ilia daran arbeitet, die Generatoren abzuschalten, tauchen plötzlich Kirk und seine Gruppe in der Schleuse der Nottreppe zur Brücke auf. Ilia erkennt, daß Chekov und Rand zwischen ihr und ihrem Phaser stehen, und rennt zum Turbolift. Bevor sich die Türen schließen, kann Kirk hinter ihr her springen. Er stellt sie zur Rede, da sie ein Rothemd ist, das ihm gehorchen sollte. Er sagt, daß er ihr Nahrung geben wird. Ilia verwirrt ihn, indem sie den Turbolift anweist, sich zur Ebene sechzehn zu begeben, der Position der Krankenstation. Sie aktiviert rasch den Wandkommunikator, um McCoy mitzuteilen, daß sie die Überladung nicht rückgängig machen konnte, da die Hauptschaltkreise durchgebrannt sein müssen. Als Decker fragt, ob sie es zurück in die Krankenstation schaffen kann, erklärt sie, daß sie sich mit Kirk im Turbolift befindet, der sie gefangengenommen hat.

Kirk wird durch die unsichtbare Stimme abgelenkt, während Decker Ilia erklärt, sie solle Kirk hinhalten; sie werden sich mit ihr treffen. Ilia dirigiert den Turbolift wieder zur Brücke, aber Kirk greift nach hier, da er endlich verstanden hat, was sie getan hat. Sie reagiert, indem sie den Lift anweist, mit Notfallgeschwindigkeit auf eine höhere Ebene zu fahren. Kirk verliert den Halt.

Mit gezücktem Phaser nähert sich McCoy auf der sechzehnten Ebene der Turbolifttür. Er aktiviert den Wandkommunikator, um Ilia mitzuteilen, daß er bereit ist. Kirk erlangt seinen Halt wieder, hört McCoys Stimme und Ilias Anweisung an den Lift, sich auf Ebene sechzehn zu begeben. Er wird von dem Richtungswechsel umgeworfen. Die Türen des Turbolifts öffnen sich, McCoy feuert den Phaser auf Kirk. Ilia verläßt den Lift, sie und McCoy schließen die Lifttüren und schließen Kirk damit ein. Dann rennen sie in die Krankenstation, während die Computerstimme den Countdown fortsetzt.

Am medizinischen Computer sitzend, erfahren Decker, McCoy und Ilia, daß es kein Gegenmittel gibt. Decker denkt aber an eine andere Lösung – eine der Minen mit einem Shuttle einzufangen, die Frequenz der abgegebenen Strahlung zu verändern und sie dann zur Detonation zu bringen. Er argumentiert: »Das Barbaren-Syndrom wurde durch pulsierendes Licht und elektromagnetische Strahlung auf einer bestimmten Frequenz ausgelöst. Der Effekt kann durch eine Änderung der Frequenz umgekehrt werden, die von einer ähnlichen Energiequelle abgegeben wird.«

Ilia warnt Decker, daß die Minen durch die Energieausstrahlung eines sich nähernden Objekts zur Detonation gebracht wurden. Im Fall des Wracks und der *Enterprise* war das Objekt ein Schiff. Decker sagt, daß es möglich ist, daß die Ausstrahlung des Shuttles unterhalb der auslösenden Frequenz liegen. Er erklärt, daß er selbst eine Mine einfangen wird, da keiner der beiden anderen über ausreichend Sprengerfahrung verfügt, um diese Arbeit zu erledigen. Er wird aber ihre Hilfe benötigen, um zu einem Shuttle zu gelangen.

Währenddessen kommt Kirk im Turbolift wieder zu Bewußtsein. Als sich die Lifttür öffnet, um Decker, McCoy und Ilia eintreten zu lassen, täuscht er Bewußtlosigkeit vor. Er hört aufmerksam zu, als Decker den Lift anweist, sie auf die Hangarebene zu bringen. Sobald Decker, McCoy und Ilia ausgestiegen sind, sagt Kirk dem Lift, er solle ›nach oben‹ fahren. Als nichts geschieht, strengt er sich an, um sich an Ilias Anweisungen zu erinnern. Dann sagt er: »Lift zur Brücke.« Der Lift reagiert. Er steigt auf der Brücke aus, wo Xon in seinem Sessel sitzt und Uhura und Rand ihm zu Füßen liegen. Bei dem folgenden Kampf, durch den er die Führung wieder von Xon an sich reißen will, stößt Kirk gegen die Computerkonsole, an der Ilia gearbeitet hat. Er entdeckt ihren Phaser und weiß instinktiv, wie er ihn benutzen muß. Er feuert auf Xon, der auf das Deck stürzt. Kirk ist wieder der unbestrittene Führer und führt seine Rothemden zum Turbolift.

Decker befindet sich im Hangar an Bord des Shuttles. Von außen teilt McCoy Decker mit, daß er unter sechs Minen auswählen kann, die sich alle an der Leeseite des Wracks befinden. Decker weist McCoy und Ilia an, in den Maschinenraum zu gelangen und etwas wegen der durchgebrannten Schaltkreise zu unternehmen. Dann schließt er die Shuttletür und signalisiert seine Abflugbereitschaft. Das Shuttle hebt ab und startet.

Im Maschinenraum führen Kirk und seine ›Roten‹ erneut eine Konfrontation mit Scott und dessen ›Grünen‹ herbei, doch diesmal hat Kirk einen Phaser. Er wendet ihn bei Scott an, als gerade McCoy und Ilia in der Tür zum Maschinenraum auftauchen. McCoy zieht Ilia zurück, damit Kirk sie nicht sieht. Sie fragt den Schiffsarzt, wie lange es dauern würde, um eine Beruhigungsbombe herzustellen. McCoy sagt, das würde mindestens dreißig Minuten dauern. Die Computerstimme verkündet, daß die Detonation in siebenundzwanzig Minuten erfolgen wird.

Deckers Shuttle bewegt sich auf eine der im Orbit befindlichen Raumminen zu, bis sie nur noch ein paar Meter entfernt ist. Während er aufmerksam auf jedes Anzeichen achtet, ob die Energieausstrahlung seines kleinen Schiffs die Detonation auslösen könnte, aktiviert er den Traktorstrahl. Die Mine wird langsam ins Shuttle gezogen.

In der Krankenstation der *Enterprise* arbeiten McCoy und Ilia an der Fertigstellung einer Beruhigungsbombe. McCoy erkennt, daß ihre Arbeit ohne ein Zerstäubungsmittel sinnlos ist. Doch alle Zerstäubungsmittel befinden sich im Hauptlager. Die Zeit reicht nicht, um eines zu holen und zur Krankenstation zurückzukehren. Ilia sagt, daß sie sich einfach ihren Weg zum Maschinenraum freikämpfen müssen.

Während sich McCoy und Ilia vorsichtig und mit feuerbereiten Phasern dem Maschinenraum nähern, öffnet Decker im Shuttle die Mine und beginnt, ihre Schaltkreise zu untersuchen.

Im Maschinenraum wird Kirk nun von den ›Roten‹ und den ›Grünen‹ verehrt. Er verspricht, daß alle seine Gefolgsleute zusammen speisen werden, und führt sie aus dem Maschinenraum. McCoy und Ilia verstecken sich schnell im Korridor vor dem Maschinenraum, um nicht von Kirk entdeckt zu werden. Dann eilen sie in den Maschinenraum zur Kontrollfläche und untersuchen die Schaltkreise. Ilia befragt den Computer, wo sie beginnen sollen, aber weder sie noch McCoy können auf das richtige Programm zugreifen. Während Ilia den Computer nach einem Ausweichprogramm befragt, beginnen sich Scott und zwei seiner ›Grünen‹ zu bewegen.

McCoy, der nicht merkt, daß der Chefingenieur das Bewußtsein wiedererlangt, spricht über seinen Kommunikator mit Decker. Decker meldet, daß er glaubt, den richtigen Schaltkreis gefunden zu haben, und jetzt den Tricorder anschließt. McCoy macht sich Gedanken über den Klang von Deckers Stimme. Sie klingt gezwungen. In dem Moment warnt Ilia McCoy, daß sie die Überladung nicht ohne manuelle Hilfe umkehren können. Der Computer würde dazu eine Stunde länger benötigen, als ihnen noch bis zur Detonation bleibt. McCoy sagt Decker, daß sie Scotts Hilfe benötigen, um die Konverter rechtzeitig abzuschalten. Decker muß mit dem Shuttle zur *Enterprise* zurückkehren und seine Arbeit unterwegs abschließen. Zu McCoys Entsetzen erwidert Decker nur, daß er das Bewußtsein verliert. Während McCoy ihm sagt, er solle dagegen ankämpfen, wird er von Scott, der den Phaser in seine Gewalt bekommt, gefangengenommen. Dann nimmt er auch Ilias Phaser an sich, während die Computerstimme verkündet, daß es noch zwölf Minuten bis zur Detonation dauert.

Decker ringt mit sich, bei Bewußtsein zu bleiben, und geht immer wieder zwischen der Steuerkonsole und der Mine mitsamt Tricorder hin und her. Bis auf zwei Schaltkreise erledigt er seine Arbeit, dann sinkt er bewußtlos zu Boden.

McCoy redet auf den Chefingenieur ein, der sich daran erinnern soll, wie gefährlich eine Überladung ist, aber es führt zu nichts. McCoy bewegt sich auf Scott zu, der ihn mit einem der Phaser betäubt. Die Detonation ist nur noch sechs Minuten entfernt, als Ilia eine andere Taktik versucht. Indem sie ihre deltanischen Verführungskräfte einsetzt, sagt sie Scott, daß es ihr *sehr viel* Vergnügen bereiten würde, wenn er die Antimaterie-Konverter abschaltet. Nach kurzem Zögern, als Scott sich zu erinnern versucht, was er für sie machen soll, stößt er sie weg. Der Detonationsalarm beginnt bei Erreichen der Fünf-Minuten-Marke; er jagt Scott und seinen Gefolgsleuten Angst ein. Ilia ergreift McCoys Kommunikator und ruft Decker. Der versucht benommen zu antworten. Mit letzter Kraft stellt er die Verbindungen her und legt den Schalter um.

Die Weltraummine leuchtet in einem pulsierenden, blendenden Licht auf, das die gesamte *Enterprise* einhüllt und sich wie ein Heiligenschein um den Kopf jedes Besatzungsmitgliedes legt. Alle, die von der ersten Weltraummine befallen worden waren, greifen sich an die Schläfen und schreien schmerzerfüllt auf. Wieder wird das Licht – und damit auch der Schmerz – schwächer.

Im Maschinenraum wacht Scott auf und hört, daß sich die Detonation in 58 Sekunden ereignen wird. Er springt auf und rennt zur Hauptkonsole. Ilia eilt zu ihm, um zu helfen, aber er schiebt sie beiseite. Er ruft zweien seiner Assistenten in grünen Hemden Anweisungen zu, während der Countdown weiterläuft. Weitere grün gekleidete Techniker eilen herbei, um Scott zu helfen, während der Chefingenieur eine Liste komplexer Maßnahmen abspult. Kirk und Xon kommen hinzu, als der Detonationscountdown fünfzehn Sekunden erreicht hat. Scott sagt dem Captain, er solle sich bereithalten. Während Scott schneller und schneller arbeitet, erreicht der Countdown die Marke von einer Sekunde, gerade in dem Moment, da er kopfschüttelnd die letzte Taste drückt.

Sofort wird es auf dem Schiff ruhig. Der Warnton verstummt, die Warnlichter schalten sich ab. Dann sagt die Computerstimme: »Überladung abgebrochen.« Jubel bricht überall auf dem Schiff aus.

Als nächstes sehen wir das Shuttle, das mit einem Traktorstrahl in die *Enterprise* gezogen wird.

Wieder geheilt, denken die Crew der *Enterprise* und ihre Captain über die Erfahrung nach, an die nur Decker, McCoy und Ilia sich deutlich erinnern. Ilia sagt zu Kirk, er habe einen ›hervorragenden Barbaren‹ abgegeben.

›Are Unheard Melodies Sweet?‹

von Worley Thorne

Obwohl dieses Drehbuch Nacktszenen und eindeutige Situationen enthielt, die wahrscheinlich nie gefilmt und erst recht nicht gesendet worden wären, ist die Geschichte ein standardmäßiges Star Trek-*Abenteuer. Wieder einmal ist die* Enterprise *in einem zusammenbrechenden Orbit gefangen und ohne Dilithium, während eine außerirdische Spezies versucht, die Crew gefangenzunehmen. Zur Zeit von* The Next Generation *hatte man beschädigtes oder fehlendes Dilithium als überstrapaziertes Handlungselement erkannt. Die Bibel für diese Serie weist ausdrücklich darauf hin, daß auf der neuen* Enterprise *das Dilithium problemlos ersetzt werden kann.*

Worley Thorne schrieb für The Next Generation *das Drehbuch für die Episode ›Justice‹, die Nennung für das Buch teilte er sich mit ›Ralph Wills‹, dem Pseudonym von John D. F. Black.*

Im Orbit um den einzigen Planeten des neununddreißigsten Sterns im Hyades-Sternhaufen sucht die *Enterprise* nach Spuren des verschwundenen Raumschiffs *St. Louis*, das mitsamt Captain und Crew während der Erfassung des Sternhaufens verlorenging. Lieutenant Xons Scan zeigt Anzeichen für humanoides Leben auf dem Planeten, die nicht von dem Landeteam der *Enterprise* stammen. Obwohl der Leiter dieses Teams, Commander Decker, den Kontakt erst noch melden muß, hat er das Gebiet ausfindig gemacht, das von den Schiffssensoren als bewohnt gekennzeichnet wurde.

Als Xon aber Kontakt mit Decker auf der Oberfläche aufnimmt, meldet der, daß die Schiffssensoren fehlerhaft sein müssen. Es gibt keine Bewohner. Kirk weist Xon an, mit Commander Sulus Unterstützung seine Ausrüstung zu überprüfen.

Sulu fragt Kirk, ob es stimmt, daß Kirk den Captain der *St. Louis*, Michael Schwerner kannte. Kirk erwidert, daß zwischen ihm und Schwerner eine freundschaftliche Rivalität besteht, die bis in ihre gemeinsame Zeit an der Akademie zurückreicht. Als er sich erinnert, daß Schwerner als erster Lieutenant wurde, macht McCoy darauf aufmerksam, daß Kirk als erster ein Raumschiff befehligte.

Auf der Planetenoberfläche hat Chief Rand Anzeichen für künstliche Materialien entdeckt, die tief unter einem Hügelgebiet vergraben sind. Decker ruft die beiden anderen Mitglieder seines Landeteams. Dann geht er voran durch ein Loch, das sie mit ihrem Phaserfeuer geschaffen haben. Rands Tricorder zeigt die exakt gleiche Kombination synthetischer Stoffe, die sich auch in der Hülle eines Raumschiffs finden. Decker läßt Proben auf die *Enterprise* beamen, damit Xon feststellen kann, ob sie von der *St. Louis* stammen. Decker und sein Team werden ihre Suche nach Überlebenden fortsetzen.

An Bord der *Enterprise* bestätigt Xon erneut die Anwesenheit humanoider Lebensformen auf dem Planeten. Commander Uhura teilt Kirk mit, daß Rand Wrackteile hochbeamt, die von der *St. Louis* stammen könnten, und daß Deckers Team sich nach der vermißten Crew umsieht. Kirk beauftragt Xon, die Daten im Labor zu analysieren.

Zwei Mitglieder von Deckers Gruppe, Kelly und Ibsen, treffen bei der Suche auf der Oberfläche auf eine Südsee-Lagune einschließlich badender Schönheiten. Nach kurzem Zögern streifen die beiden Mitglieder ihre Uniformen – und damit die Verhaltensvorschriften, die damit verbunden sind – ab, um sich den ausgelassenen Frauen anzuschließen. Was sie nicht sehen – aber wir –, sind die reizenden Augen der Frauen, die unnatürlich groß sind, strahlen und leuchten.

Xon meldet Kirk, seine vorläufige Analyse des Wrackteils weise darauf hin, daß es von einem Raumschiff stammt, das sich nach einem Sturz aus dem Orbit in die Oberfläche bohrte. Kirk kann sich nicht vorstellen, daß es sich um das Schiff seines Freundes handelte. McCoy ist besorgt, daß Kirks ablehnende Haltung ein Zeichen für übermäßige Betroffenheit sein könnte, die seine Urteilsfähigkeit gefährdet. Uhura meldet sich über Interkom bei Kirk im Turbolift, nachdem er und McCoy Xon im Labor zurückgelassen haben. Sie sagt ihm, daß sie die Crewmitglieder Kelly und Ibsen nicht erreichen kann und nun auch der Kontakt zu Decker abgebrochen ist.

Auf der Planetenoberfläche stellt Decker fest, daß er soeben einen sehr vertrauten Ort betreten hat – den Mariner's Park der Vereinten Föderation der Planeten an der Starfleet-Akademie, so wie er vierzehn Jahre zuvor aussah. Er will gerade seinen Handgelenkkommunikator bedienen, als er eine hübsche junge Frau sieht, die immer näher auf ihn zukommt. Wie im Rausch küßt er sie. Während sie sich umarmen, sehen wir – nicht aber Decker –, daß ihre Augen außergewöhnlich hell aufleuchten.

Auf der *Enterprise* meldet Uhura an Kirk, daß ein Mitglied des Landeteams einen Kanal geöffnet, aber keine Nachricht gesendet hat. Kirk sagt, sie solle diesen Kanal geöffnet halten und es auf einem anderen weiter versuchen.

Im Mariner's Park unterhalten sich Decker und die junge Frau, Linda, und uns wird klar, daß Decker sich zurückentwickelt zu dem jungen Mann, der er einst war und der sich darum sorgte, den Erwartungen seines Vaters gerecht zu werden. Wir erfahren, daß Deckers Vater ein Commodore bei Starfleet war, der den Spitznamen ›Alter Fuchs‹ hatte. Linda drängt Decker dazu, sich gehen zu lassen, lockerer zu werden. Decker erklärt, daß er sich nicht länger vor seinem Vater fürchtet, dann küßt er sie wieder.

Auf der Brücke der *Enterprise* stellt Uhura eine Art Interferenz auf dem offenen Kanal fest. Kirk bittet sie, das Signal auf den Audiokanal zu legen. McCoy erkennt, daß sie heftigem Atmen lauschen. Kirk fügt hinzu, daß das Geräusch raschelnder Kleidung zu hören ist. Deckers Stimme bestätigt ihren Verdacht: Sie hören Commander Decker beim Sex zu.

Kirk weist Uhura an, sofort abzuschalten. Er fragt sie, ob sie die Koordinaten der Übertragung empfangen hat. Als sie das bestätigt, informiert er den Transporterraum, Commander Decker sofort an Bord zu beamen.

Decker entmaterialisiert in Lindas Armen. Während er verschwindet, verändert sich der Hintergrund in seine wahre Form: eine fremde Stadt. Lächelnd verwandelt sich Linda in eine hübsche Außerirdische – Ronel, eine exotische weibliche Humanoide.

McCoys Untersuchung läßt keine fremden Stoffe in Deckers Körper erkennen, aber sein Verstand ist noch immer von dem betroffen, was auf der Oberfläche mit ihm geschehen ist. Er glaubt noch immer, daß er ein Offiziersanwärter ist, der eine Kadettenuniform trägt, und entschuldigt sich bei Kirk für die Umstände, die er ihm bereitet. Er sagt, er wisse, daß er schon längst im Unterricht sein müßte.

Kirk fragt bei Uhura nach, ob sie bereits das Landeteam lokalisiert hat. Sie sagt ihm, daß ihr das noch nicht gelungen ist, obwohl sie auf allen Kanälen Signale empfängt. Kirk sagt ihr, Xon solle sie mit den

Schiffssensoren lokalisieren, aber Xon meldet über Interkom, daß er das bereits ohne Erfolg versucht hat. Die Schiffssensoren können Deckers Team nicht von den anderen Anzeigen für Humanoide unterscheiden, die sie noch immer empfangen. Kirk sagt Xon, er solle es weiter versuchen.

Decker wird ungeduldig, da er wieder zu Linda zurückmöchte. Kirk, der seinen Ersten Offizier als den Offiziersanwärter behandeln will, für den er sich hält, erklärt Decker, er sei auf die *Enterprise* ›versetzt‹ worden und müsse nicht länger am ›Unterricht‹ teilnehmen. Decker fragt, ob sein Vater für diese Versetzung verantwortlich ist. In dem Moment wird Kirk via Interkom von Xon aus dem Schiffslabor gerufen. Er berichtet Kirk, daß er etwas Interessantes entdeckt hat, das ein wenig Licht in die Situation bringen könnte. Bevor Kirk geht, bittet er McCoy, Decker zu seinem ›neuen‹ Quartier zu bringen.

Im Labor der *Enterprise* berichtet Xon, daß eines der Stücke, die in dem Wrackteil von Rand nach oben gebeamt wurden, ein unregelmäßiger, verkohlter Würfel ist, den Xon aus dem geschmolzenen Metall geholt hat, in dem er eingeschlossen war. Xons Tests ergeben, daß er aus dem Logbuch des Captains stammt. Er hat die verbliebenen Signale durch den Schiffscomputer verstärken lassen, um die Lücken zu füllen, wo immer das möglich war. Xon spielt das verstärkte und rekonstruierte Signal Kirk vor. Sofort erkennt Kirk, daß die Aufzeichnung erst vor fünf Tagen gemacht wurde, da er Captain Schwerner auf dem Bildschirm sagen hört: »... Sternzeit 1011 Komma ... Meine Crew befindet sich in einer Art Delirium, bedient die Instrumente falsch. Ich befürchte ...« Dann verschwindet das Bild, während Schwerners Stimme weiter zu hören ist: »... laufen Gefahr, aus dem Orbit zu fallen. Wenn das geschieht, wird sich das Schiff bedenklich erhitzen und auseinanderbrechen, außer wenn ich erst ...«

Xon schließt daraus, daß Schwerners Crew höchstwahrscheinlich in der gleichen Weise betroffen war wie Decker. Ihre Unfähigkeit, ordentlich zu arbeiten, könnte zum Verlust ihres Schiffs geführt haben. Kirk fragt sich, warum es keinen Notruf oder irgendein anderes Signal von Schwerner gab. Er hofft immer noch, daß die *St. Louis* und ihre Crew vielleicht doch überlebt haben. Xon macht darauf aufmerksam, daß *seine* Einschätzung auf Fakten basiert, nicht auf Emotionen. Kirk erklärt, *sein* Job sei es, Theorien von Tatsachen zu trennen. McCoy erwähnt wieder die Möglichkeit, daß Kirks Urteilsfähigkeit durch seine lange Freundschaft mit Schwerner beeinflußt werden könnte. Kirk versichert dem Schiffsarzt, daß er seine Gefühle unter Kontrolle hat. Kirk fügt hinzu, daß ihm etwas anderes Sorgen bereitet. Was, wenn das, was Decker und Schwerners Crew befallen hat, ansteckend ist? Doch McCoy erklärt, daß es dafür bislang keine Anzeichen gibt. Sie wissen nicht einmal, ob sie es mit einer Krankheit zu tun haben. Dennoch weist Kirk Chekov an, Decker vorsorglich unter Quarantäne zu stellen. Ohne Kirks Erlaubnis darf Decker sein Quartier nicht verlassen. Er will nicht die gesamte Crew in Aufregung versetzen, sondern setzt nur die in Kenntnis, die Decker auf der Brücke gehört haben. McCoy ist froh darüber, da er fürchtet, daß eine Ausbreitung der Information zugleich Hypochondrie unter der Crew auslösen könnte.

Xon meldet Kirk, daß es auf dem beschädigten Aufzeichnungswürfel eine weitere intakte Sektion geben könnte. Diesmal sieht Schwerner bei seinem Erscheinen aufgeregt aus und sagt: »... und jetzt verstehe ich es. Ich hätte nie gedacht, daß das Leben so sein könnte ... so aufregend, daß ...« Eine ohrenbetäubende Explosion beendet die Aufzeichnung, das Bild verschwindet. Kirk erinnert sich, ähnliche Geräusche nur in Schlachten gehört zu haben. Xon identifiziert das Geräusch als das einer Explosion von Impulstreibstoff. Kirk begreift, daß sein Freund seine eigene Zerstörung aufgezeichnet hat. Er versteht nicht, wie Schwerner kampflos sein Schiff, sein Leben und seine Crew aufgeben konnte. Xon erklärt, daß er in Schwerners Aktion keine Logik erkennen kann. McCoy spricht Kirk sein Beileid aus. Kirks Aufmerksamkeit richtet sich jetzt auf seine drei vermißten Crewmitglieder.

Im Transporterraum der *Enterprise* taucht die außerirdische Frau Ronel auf der Transporterplattform auf. Der Techniker, der in dem Raum arbeitet, blickt auf und sieht ›Ensign Rand‹. Als sie sich ihm nähert, löst sie den Eindringlingsalarm aus und wird von dem Techniker aufgehalten. Ihre Augen beginnen zu leuchten.

Im Turbolift des Schiffs reagiert Kirk, an dessen Seite sich Xon befindet, über InterKom auf den Eindringlingsalarm und alarmiert die Crew, alle Bereiche zu sichern. Kirk und Xon verlassen den Lift und begeben sich zu Chekovs Posten. Chekov meldet, daß in fünfundvierzig Sekunden alle Decks abgeriegelt sind.

Xon überprüft die Computersensoren und gibt Kirk den Punkt, an dem der Eindringling registriert wurde – der Transporterraum. Kirk läßt Chekov ein Sicherheitsteam zum Transporter schicken. Uhura meldet Kirk, daß Rand sich in dem Moment zurückmeldete, als der Eindringling registriert wurde. Sie nimmt an, daß der Eindringling zusammen mit Rand an Bord kam. Xon alarmiert Kirk, daß der Eindringling sich weiterbewegt hat in einen der Schiffskorridore. Chekov versichert Kirk, daß in allen Hauptkorridoren Sicherheitspersonal aufgestellt worden ist.

In einem der Schiffskorridore sehen wir, wie ›Ensign Rand‹ einer Wache gegenübersteht. Ihre Augen beginnen zu leuchten, die Wache überprüft sie noch einmal, dann entschuldigt er sich und läßt sie passieren.

Chekov meldet Kirk, daß sein Sicherheitsteam nicht in der Lage gewesen ist, irgendeine nützliche Information aus dem Techniker herauszuholen, der im Transporterraum war, als der Alarm ausgelöst wurde. Er befindet sich in einer Art Delirium. Kirk befragt Chekov über den Korridor, in dem der Eindringling zuletzt gesehen wurde. Chekov meldet, daß seine Wache ihm mitteilt, der Korridor sei sicher. Nur Rand sei dort. Kirk kommt zu dem Schluß, daß sie der Eindringling sein muß. Er geht zu einem Wandkommunikator und alarmiert das Schiff: Ein gefährlicher Außerirdischer, der sich als Rand ausgibt, ist an Bord und muß sofort festgenommen werden.

Xon informiert Kirk, daß der Eindringling sich jetzt den Offiziersquartieren nähert. Als McCoy Deckers Kabine verläßt, versteckt sich ›Rand‹, um nicht von zwei bewaffneten Wachen vor Deckers Tür entdeckt zu werden. Dann geht sie als ›McCoy‹ an den Wachen vorüber in Deckers Quartier. Als sie eintritt, wird aus ihr ›Linda‹. Sie erklärt Decker, daß sie verhaftet werden soll. Decker ist sicher, daß sein Vater hinter der Sache steckt, und verspricht ihr zu helfen. Als Decker aber sein Quartier verlassen will, erklärt die Wache ihm, er müsse auf Befehl des Captains in Quarantäne bleiben. Decker glaubt nun, daß Kirk am Plan seines Vaters beteiligt ist, um ihn von Linda fernzuhalten. Als der Wachmann ›Linda‹ sieht, erklärt er Decker, daß er sie zu Chekov bringen muß. Decker scheint einzuwilligen, dann setzt er aber den Wachmann mit einem Überraschungsangriff außer Gefecht. Decker und Linda ergreifen die Flucht.

Xon meldet Kirk nun, daß der Außerirdische sich vom Offiziersbereich entfernt. Chekov kann nicht verstehen, wie der Außerirdische seine Wachen getäuscht hat. Kirk trägt ihm auf, das persönlich zu überprüfen.

Als Decker und Linda in den Korridoren auf weitere Sicherheitskräfte treffen, können sie ungehindert passieren. ›Linda‹ ist jetzt mit ihren Geräten vertraut, daher können sie sie nicht länger als eine Außerirdische erkennen. Amüsiert darüber, wie leicht dies alles ist, erklärt Decker ihr, daß er und sie ›die Federn ausrupfen müssen‹, wenn sie ein für allemal Ruhe vor ihnen haben wollen. Er führt Linda in einen anderen Korridor.

Im Vorraum zum Maschinenraum des Schiffs zögert Decker einen Moment lang, als würde ihn das stören, was er machen will. Dann aber lächelt Linda – die sein Ringen mit sich selbst bemerkt hat – ihn an, ihre Augen beginnen zu leuchten. Deckers Zweifel lösen sich auf, er betritt den Maschinenraum.

Im Maschinenraum nimmt es Decker mit zwei Technikern auf, während er gleichzeitig Ventile an den Konsolen zerschlägt, woraufhin zischend Gas austritt. Bevor einer der Techniker Hilfe über Interkom anfordern kann, stößt Decker ihn beiseite. Dann tritt Scott ein, und Decker fordert ihn auf, sich an dem Vergnügen zu beteiligen. Als der andere Techniker auf Decker zustürmt, weicht Decker ihm leichtfüßig aus und verblüfft Scott.

Als Decker ein weiteres Ventil öffnet, um Gas ausströmen zu lassen, kommt Scott hinzu und sperrt es wieder ab, dann fragt er laut: »Sind Sie verrückt, Mann? Ohne Kühlmittel wird sich der Impulsantrieb überhitzen!« Aber Decker öffnet ein Ventil nach dem anderen und zerschlägt ein wichtiges Kühlrohr.

Während Scott mit ihm zu verhandeln versucht, erklärt Decker, daß er nicht weiß, wer der Chefingenieur ist. Er redet weiter über seinen Vater und erklärt Scott, er solle dem ›alten Bussard‹ sagen, daß er sich noch nie besser und freier gefühlt hat. Scott weiß nicht, wovon Decker redet. Er winkt anderes Maschinenpersonal zurück, um näher an Decker heranzukommen. Er sagt zu Decker, daß er ihn mitnehmen wird zu Dr. McCoy. Decker will nicht schon wieder einen Arzt aufsuchen und schlägt mit einem Rohr auf Scott ein, der bewußtlos zusammenbricht. Dann greift Decker nach einem herunterhängenden Kabel und schwingt sich über die Köpfe der Crewmitglieder hinweg, die nach ihm greifen. Er springt nach unten, um ›Linda‹ zu treffen, die soeben den Maschinenraum betreten hat. Gemeinsam begeben sie sich in den angrenzenden Raum.

Ein Maschinentechniker ruft Kirk über Interkom. Kirk weist Uhura an, daß sich ein Sicherheitsteam mit ihm im Maschinenraum treffen soll. Als Kirk geht, sagt Sulu ihm, daß der Impulsantrieb beginnt, sich zu überhitzen, und daß der Druck des Kühlmittels absinkt. Das Reservesystem weist ebenfalls eine Fehlfunktion auf. Kirk befiehlt seinem Steuermann, den Schub zu verringern. Wenn der Impulsantrieb sich überhitzt, werden sie sich mit Warpgeschwindigkeit entfernen, während sie die Reparaturen durchführen.

Decker und Linda sind in den Raum entkommen, der das Dilithium beherbergt. Die Maschinencrew attackiert die Tür mit Phasern. Als Chekov eintrifft, sagt er ihnen, daß Phaser nicht ausreichen werden, um das Energiefeld zu durchbrechen. Er fragt nach Scott. Die Crew sagt ihm, der Chefingenieur sei bewußtlos und in der Krankenstation. Chekov benutzt das Interkom, um Xon zu fragen, ob der das Energiefeld deaktivieren kann. Xon sagt, daß er es versuchen wird, aber er benötigt Zeit, um die Schaltkreise umzuleiten. Chekov sagt ihm, er solle sich beeilen.

Zusammen mit Linda in der Dilithiumkammer deaktiviert Decker die Schlösser, öffnet die Tür und kriecht hinein. Er kommt mit dem Dilithium zurück und zeigt es Linda und bezeichnet es als ›die Federn des Vogels *Enterprise*‹. Er fragt sie sorglos, ob er ihr daraus ein Schmuckstück anfertigen soll, ist aber dann mit ihrem Vorschlag einverstanden: Er soll sie vernichten. Mit seinem Phaser verbrennt er das Dilithium zu Asche, dann führt er Linda durch eine andere Tür aus dem Raum.

Chekovs Team und Xons Anstrengungen schaffen es gemeinsam, die Tür zur Dilithiumkammer zu durchbrechen. Chekov findet das Dilithium zu Asche verbrannt und rennt durch die Tür nach draußen, die auch Decker und Linda benutzt haben.

Im Turbolift erhält Kirk über Interkom Nachricht von Xon. Xon teilt ihm mit, daß der Außerirdische und vermutlich auch Decker den vorderen Turbolift betreten, um zu den oberen Decks zu gelangen. Kirk erkennt, daß der Transporterraum ihr Ziel ist, und befiehlt Xon, Chekov in Kenntnis zu setzen. Niemand wird ohne Kirks Erlaubnis von Bord gebeamt. Kirk verläßt den Turbolift und rennt den Korridor entlang.

Im Transporterraum befiehlt Decker dem Techniker, ihn auf den Planeten zu beamen. Ohne Kirks Zustimmung weigert sich der Techniker. Aber weil Decker der Erste Offizier ist, erklärt sich der Techniker bereit, mit der Brücke Rücksprache zu nehmen. In dem Moment tritt ›Linda‹ ein, Decker schaltet das Signal ab. Der Techniker sieht ›Kirk‹, der die Erlaubnis erteilt, ihn und Decker auf die Planetenoberfläche zu beamen. Der Techniker befolgt die Anweisung, als der echte Kirk den Raum betritt. Der Techniker ist verwirrt.

Als er eine leichte Veränderung in der Lage des Schiffs bemerkt, ruft Kirk Sulu über Interkom, um sich nach dem Orbit zu erkundigen. Sein Steuermann sagt ihm, das Schiff verliere zunehmend Impulskraft. Scotts Stimme mischt sich ein, um die schlimmsten Befürchtungen zu bestätigen. Den Schaden in Grenzen zu halten, genügt nicht. Kirk ordnet umfassende Notfallmaßnahmen an. Uhura mischt sich ein, um Kirk mitzuteilen, daß sie ohne Dilithium die Subraumkanäle nicht geöffnet halten kann. Sie können nicht einmal Hilfe herbeirufen. »Dann sitzen wir hier fest ... wie die *St. Louis.* Warum? Was wollen diese Außerirdischen von unserem Schiff?«

Kirks Crew erstattet Bericht über ihre Bemühungen, Schiffsenergie zu sparen. Chekov meldet, daß alle nicht unbedingt erforderlichen Decks evakuiert worden sind. McCoy ist mit der Krankenstation in ein weiter unten gelegenes Deck umgezogen. Scotts Ingenieure haben das Kühlsystem repariert, aber der Impulsantrieb ist fast völlig ausgebrannt und muß ersetzt werden, was ohne weitere Energie nicht bewältigt werden kann.

Kirk fragt, ob sie irgendwie mehr Energie sparen können. Scott sagt, daß ihnen das nicht viel mehr Zeit einbringen wird. Er rechnet damit, daß ihnen noch sechs Stunden verbleiben, vielleicht sieben. Xon erklärt, daß es noch exakt 6,35 Stunden sind. McCoy sagt, daß sie nicht einfach dasitzen können, während sie an Höhe verlieren und dann wie ein Feuerball abstürzen – so wie die *St. Louis*. Chekov bittet Kirk, sich mit einem Team auf den Planeten zu begeben, um die Außerirdischen zu zwingen, das zurückzugeben, was sie ihnen gestohlen haben. Kirk macht darauf aufmerksam, daß sie nichts mitgenommen haben, sie haben nur zerstört und haben möglicherweise der *Enterprise* nichts zurückzugeben.

Xon merkt an, daß seine Sensoren zwar auf beträchtliche Energie auf dem Planeten hinweisen, daß sie aber nicht mit ihren Systemen kompatibel ist. Die Scanner zeigen keine natürlichen Vorkommen an Dilithiumerz. Ilia bringt eine neue Möglichkeit ins Spiel. Die *St. Louis* hat zuvor neue Dilithium-Quellen gesucht und entdeckt; die Crew hat die Kristalle vermutlich in das Lager des Schiffs gebracht. Kirk erklärt Xon und McCoy gegenüber, daß die Chancen, die bereits zur Entdeckung des teilweise intakten Logbuchs der *St. Louis* geführt haben, noch einmal auf ihrer Seite sein könnten. Ilia fügt hinzu, daß die Abschirmung des Lagers Xons Scanner daran gehindert haben könnten, das Dilithium zu entdecken. Scott warnt Kirk, daß er unter den momentanen Umständen kein unpoliertes und ungeschliffenes Dilithium benutzen kann, ohne das Schiff in Stücke zu reißen. Kirk erinnert ihn, daß er das schon einmal getan hat. Scott sagt jedoch, daß dies mit Hilfe des erfahrenen Mr. Spock geschah, nicht dem relativ unerfahrenen Xon. Xon erklärt, daß Scotts Befürchtungen unlogisch sind. Kirk beendet die Diskussion damit, daß er die Suche nach den Kristallen auf dem Planeten anordnet, egal, welches Risiko damit verbunden ist.

Auf der Planetenoberfläche schwören sich Decker und ›Linda‹ ewige Liebe, während sie auf einem großen Bildschirm von mehreren anderen weiblichen Außerirdischen beobachtet werden, darunter auch von Lamen, die zustimmend sagt: »Er produziert gut. Vielleicht wird er lange leben.«

Kirk, Ilia und McCoy materialisieren auf dem Planeten mitten in einer blumenreichen Umgebung. Ilia erinnert das an Gemälde auf Delta V. Kirk konzentriert sich auf das Wort ›Gemälde‹, während McCoy sagt, daß er gerne irgendwann zurückkehren und das alles genießen würde, wenn es sich um eine Halluzination handelt. Sie setzen ihre Suche nach den Kristallen fort und kommen zu einem schlanken, synthetisch wirkenden Monolithen. Kirk fragt sich, ob er ein religiöses Objekt oder ein Kunstwerk ist.

McCoy untersucht den künstlichen Monolithen mit seinem Tricorder und erklärt dessen Zusammensetzung als organisch, einer Form von Nahrung ähnlich. Kirk fragt, ob es sich um eine Art Vorratslager für Nahrungsmittel handelt, aber McCoy sagt, daß er Nahrung produziert. Wie unsere Synthetisierer, ergänzt Ilia. McCoy glaubt, daß der Monolith normale Erde und Luft aufnimmt und direkt in eßbare organische Stoffe umwandelt. Kirk sagt, daß dies erklärt, warum Xon auf dem Planeten kein Ackerland entdecken konnte. Die Außerirdischen erzeugen Nahrung, anstatt sie anzubauen. McCoy merkt aber an, daß die Maschine defekt zu sein scheint, da ihre Bestandteile zerfallen, obwohl sie offensichtlich so konstruiert wurde, daß sie sich selbst reparieren kann. Kirk sagt, daß alles irgendwann einmal ausfällt, ganz gleich, wie hochentwickelt es ist.

Plötzlich bäumt sich Ilia auf, als verspüre sie starke körperliche Schmerzen. McCoy kann keine physische Ursache finden, doch Ilia berichtet von schrecklichen, grausamen geistigen Bildern. McCoy verabreicht ihr ein Beruhigungsmittel, sie wird bewußtlos. Dann bemerkt Kirk etwas und ruft McCoy zu sich. In der Nähe befindet sich ein halbes Dutzend Außerirdische, allesamt hübsche, exotische Frauen, die einen langsamen, rituellen Tanz vollziehen. Ilia erwacht und schreit: »Nein, nicht… bitte…!« Gleichzeitig löst sich eine Außerirdische aus dem Tanz und stürmt wild schreiend auf Kirk zu. Kirk hält abwehrend seinen Phaser hoch. Die Außerirdische fällt um und ist tot. Aber Kirk hat seinen Phaser nicht abgefeuert. McCoy erklärt, daß sie an massiven inneren Verletzungen gestorben ist, die von erheblichen Schlägen herrühren. Aber niemand hat sie berührt. Und bis auf eine sind alle anderen Außerirdischen verschwunden. McCoy sagt, sein Tricorder bestätige, daß sie wirklich fort sind.

Die Szene wird auf einem Bildschirm in einem Computerraum auf dem Planeten von anderen Außerirdischen mitverfolgt. Lamen bittet Ronel, sich um Kirk, McCoy und Ilia zu kümmern.

Ilia erholt sich wieder und erklärt Kirk und McCoy, daß sie die Schläge sah, sie waren real. Kirk kann nur schwer glauben, daß Bilder töten können, aber Ilia sagt ihm, daß der Schmerz für die Außerirdischen real war. McCoy merkt an, daß derart reale Illusionen einen Körper zerstören und töten könnten. Als Kirk seine beiden Kollegen fragt, ob sie einen gemeinschaftlichen Mord durch Illusionen miterlebt haben, irgendeine Art von Krieg, bekommt er von ihnen keine Antwort. Kirk sieht sich um und stellt fest, daß er allein ist. Und er treibt im All.

Als nächstes findet sich Kirk in einem Boudoir wieder, zusammen mit einer hübschen Frau, die uns als Ronel bekannt ist. Sie fragt ihn, ob sie ihm Vergnügen bereitet hat. Kirk bejaht verträumt. Als sie ihm sagt, daß sie ihm jeden Wunsch erfüllen kann, den er hat, fragt er sich, ob irgend etwas von dem, was er erlebt, real ist und ob sie selbst eine Illusion ist. Ronel fragt ihn, ob das etwas ausmacht. Kirk stößt sie fort, während er sich zu erinnern versucht, daß es im Leben wichtigere Dinge gibt. Er fragt: »Wenn ich in meinem Kopf ein Lied höre, sind die Gedanken real … aber ist das Lied real?« Ronel antwortet nicht.

Kirk erinnert sich, daß er mit Freunden unterwegs war, und fragt, wo sie sind, was sie mit ihnen gemacht hat. Als sie sagt, es gehe ihnen gut, fragt er, wer sie ist. Sie antwortet, sie sei Ronel, eine Arbeiterin – eine *feenor* vom Planeten Grokh. Sie sagt, daß sie nur das will, was er auch will: seine Crew retten. Das geht nur, wenn sie auf den Planeten gebeamt werden, sonst werden sie sterben.

Kirk begreift recht bald, daß Ronel nicht versteht, daß die Einmischung ihres Volkes in die Abläufe auf der *Enterprise* den Transport der Crew auf die Oberfläche verhindern. Sie weigert sich, ihm zu helfen, das für das Schiff erforderliche Dilithium zu finden, da sie befürchtet, daß er es nur benutzen wird, um zu entkommen. Kirk fragt sie noch einmal, wofür ihr Volk seine Crew nötig hat, aber Ronel erwidert nur, daß sie ihrem Rat Bericht erstatten muß.

Kirk fragt immer wieder »Warum?«, als er sich bei McCoy wiederfindet, der ihn fragt: »Warum was?« Dann ›erwacht‹ Ilia und fragt: »Wo ist er?« Kirk versteht, daß Ilia von der Begegnung mit einem verführerischen Außerirdischen zurückgekehrt ist, so wie er. Als Kirk die *Enterprise* ruft, sagt Uhura, daß sie versucht haben, ihn zu lokalisieren. Kirk erklärt, er sei die ganze Zeit über hiergewesen.

Xon bringt Kirk auf den neuesten Stand seiner Analyse der Daten über die Außerirdischen. Der Planet verfügt über eine Bevölkerung von 2,2 Millionen. Die Industrie, die allmählich auszufallen beginnt, ist fast völlig automatisiert. Die Gesellschaft ist aus nicht bekannten Gründen im Zerfall begriffen.

Scott hat auch etwas zu melden, was für Kirk von größerer Wichtigkeit ist. Er erklärt Kirk, daß ihre Situation ohne Dilithium nahezu unhaltbar wird. Kirk drängt seinen Chefingenieur, für ihn noch ein wenig mehr Zeit herauszuholen.

Als McCoy Kirk fragt, was sie nun machen sollen, erinnert Kirk McCoy daran, daß sie von Anfang an von den Außerirdischen beobachtet worden sind. Dann wendet er sich an die unsichtbaren Beobachter: »Rat von Grokh. Sie benötigen uns so sehr, wie wir Sie benötigen. Lassen Sie uns jetzt zusammenkommen, bevor es zu spät ist.«

Ronel erscheint vor Kirk, McCoy und Ilia in ihrer außerirdischen Gestalt. Sie sagt, daß sie sie zum Rat bringen wird.

Im Ratsgebäude treffen Kirk und seine beiden Kollegen mit Lamen zusammen; sie überwacht mehrere Außerirdische, die an computerähnlichen Geräten arbeiten, die offenbar die Industrie des Planeten kontrollieren. Als Kirk Lamen sagt, er nehme an, daß der Rat das Gremium ist, das für den Planeten verhandeln kann, und sie fragt, ob sie und die anderen Ratsmitglieder die Gesetze schaffen und durchsetzen, erklärt Lamen ihm, daß es auf Grokh keine Gesetze oder Regeln gibt. Jeder kann tun, was er möchte. Ronel fügt hinzu, daß die Grokhoor – die Bewohner von Grokh – schon seit tausend Jahren nicht mehr arbeiten müssen. Selbst die *feenor* – die Ratsmitglieder – arbeiten nur kurze Zeit am Tag.

Mit einemmal versteht McCoy. Niemand auf dem Planeten repariert die Maschinen, weil sich niemand erinnern kann, wie das gemacht werden muß. Kirk versteht ebenfalls. Es ist niemand mehr da, der es sie lehren kann.

Als Kirk Ronel und Lamen fragt, wie sich ihr Volk beschäftigt, antwortet Ronel, sie »verfolgen die Fülle des Lebens«. McCoy übersetzt das mit ›kämpfen und töten‹, aber Lamen verwirft das, was die *Enterprise*-Crewmitglieder sahen, als die Aktion weniger, vorübergehend gestörter Bewohner. Sie sagt, daß ihr Volk nicht vorsätzlich tötet. Sie entschuldigt sich für das, was der *St. Louis* und der *Enterprise* zugestoßen ist. Sie hatten nur beobachten wollen, wie die Menschen auf die ›Wister‹ der Grokhoor reagierten, ihre Bezeichnung für eine Erfahrung, die dem Leben einen Sinn gibt – und die die Menschen als ›Illusion‹ bezeichnen. Sie wollten den Menschen das Vergnügen geben zu wissen, wie sie den Rest ihres Lebens auf Grokh verbringen würden.

Kirk sagt, es sei bedeutungslos, wie Menschen auf die Wister der Grokhoor reagieren, da sie nicht bleiben werden, sobald sie von Lamens Volk die erforderliche Hilfe erhalten haben. Lamen sagt zu Kirk, sein Volk sei so aggressiv, daß die Bewohner von Grokh so lange nicht seinesgleichen unter sich haben möchten, bis sie seine Crew gründlich studiert haben. Zu diesem Zweck haben sie den Verstand der Crewmitglieder geleert. Und sie sind zuversichtlich, daß Kirk eine Lösung finden wird, wie er seine Leute sicher nach Grokh bringen wird. An diesem Punkt mischt sich McCoy ein, um darauf aufmerksam zu machen, daß dieses Thema hinfällig ist, da es in Kürze weder eine Crew noch eine *Enterprise* mehr geben wird. Kirk sagt dem Schiffsarzt, daß es zwecklos ist, mit den Außerirdischen zu diskutieren. Sie können einfach nicht verstehen, in welche Situation sie Kirk gebracht haben.

Kirk versucht einen neuen Anlauf. Er erklärt Lamen, daß er und seine Crew hingehen können, wo sie wollen, wenn es wirklich keine Gesetze auf dem Planeten gibt. Lamen sagt, dem sei nicht so. Viele andere haben sie im Stich gelassen. Sie sagt, daß ihr Volk die Crew der *Enterprise* als seine letzte Chance betrachtet.

Plötzlich warnt Ilia Kirk davor, daß sich Bilder formen. Kirk ruft McCoy und Ilia zu, die Phaser zu ziehen. Dann erwachen die drei in einem Laboratorium, immer noch auf dem Planeten Grokh. Kirks drei vermißte Crewmitglieder aus Deckers Landeteam sind ebenfalls dort. Ibsen, Kelly und Rand liegen auf Operationstischen in fast komatösem Zustand und murmeln glücklich vor sich hin. Jeder von ihnen ist mit einem Nahrungsschlauch versehen. Als Kelly sich unsicher aufrichtet, sehen wir seine Illusion einer tropischen Lagune, in der er sich mit willigen Eingeborenenfrauen vergnügt. Ibsen ist bei ihnen, und sie rufen nach Kirk, der sich ihnen anschließen soll.

Entsetzt wendet sich Kirk an McCoy, der Ibsen rasch untersucht und ihm eine Injektion verabreicht. Bevor aber McCoys Aufputschmittel wirken kann, versagt Ibsens junges und gesundes Herz durch Überstimulierung, und er stirbt. Ein vierter Operationstisch, auf dem ebenfalls ein unter einem Laken verborgener Körper liegt, lenkt Ilias Aufmerksamkeit auf sich. Kirk hebt das Laken hoch und entdeckt den im Sterben liegenden Decker.

McCoy erklärt, daß er Deckers Leben nicht retten kann, wenn er ihn nicht mit auf das Schiff nehmen kann. Ilia starrt Decker an und fragt Kirk, ob er nicht sehen kann, was *sie* – die Liebenden – mit Kirks Erstem Offizier machen. Kirk und McCoy verstehen ihre Erkenntnis nicht, bis McCoy Decker mit einem Tricorder untersucht. Er entdeckt Ausstrahlung überschüssiger psychischer Energie. Kirk fragt sich, ob die Illusionen der Außerirdischen so aufregend sind, daß sie die Fähigkeit der Menschen übersteigen, sie zu tolerieren. Er bedrängt McCoy, Decker von den Nahrungsschläuchen zu trennen, um so vielleicht die Illusionen zu unterbrechen. Als McCoy das macht, stellt er etwas anderes fest: Deckers Ausstoß an männlichen Hormonen – den Androgenen – ist unglaublich hoch. Dann untersucht McCoy Rand und stellt fest, daß ihr Östrogenniveau normal ist. Da Östrogen Androgen neutralisiert, improvisiert McCoy rasch eine Spritze, um Rands weibliche Hormone in Deckers Körper zu injizieren. Er hofft, daß er die Illusion durchbrechen kann, indem er Deckers Ausstoß an männlichen Hormonen neutralisiert. Das Experiment ist erfolgreich.

Dann stabilisiert McCoy Kelly und Rand, damit sie in Sicherheit zurückgelassen werden können, während Kirk den Raum untersucht. Der ist vollständig verschlossen, aber Ilia weist darauf hin, daß sie noch ihre Phaser haben. Kirk weist McCoy an, Ilia und ihm Hormoninjektionen zu verabreichen, damit sie sich zur Wehr setzen können, wenn sie wieder von Wistern der Grokhoor übernommen werden sollen. Dann benutzt Decker einen Phaser, um ein Loch in die Wand zu sprengen, durch das Kirk, McCoy und Ilia den Raum verlassen.

Kirk ruft er mit seinem Kommunikator die *Enterprise*. Uhura sagt, Xon habe eine dringende Nachricht für ihn: Risse im Impulsantrieb Nummer zwei haben die verbleibende Zeit bis zur Zerstörung auf wenig mehr als eine Stunde reduziert. Kirk muß Scott sagen, daß er noch immer nicht weiß, ob es auf Grokh Dilithium gibt.

Ilia macht Kirk auf das Geräusch von aktiven Computern aufmerksam, das aus einem der Korridore zu ihnen dringt. Kirk benutzt seinen Phaser, um sich den Weg in den Computerraum freizuschießen. In diesem Raum haben Lamen und eine weitere Außerirdische begonnen, einen langsamen, rituellen Tanz aufzuführen. Sie befinden sich in einem tranceähnlichen Zustand, der sie daran hindert, auf Kirk und dessen Gruppe zu reagieren. Kirk fragt sich, ob sie erneut eine Form von Krieg miterleben, aber McCoy und Ilia haben eine andere Erklärung. Ilia sieht sehr erotische Bilder, McCoy meldet ein ungewöhnlich hohes Androgenniveau. Als Kirk sagt, die beiden Außerirdischen seien weiblich, nicht männlich, erklärt McCoy ihm, daß sie tatsächlich beides sind. Sie sind Hermaphroditen, und interessanterweise sind die Androgene in ihren Körpern menschlich.

Kirk versteht nun alles. Die Außerirdischen haben

Ibsen umgebracht und den Tod der Crew der *St. Louis* verursacht sowie die *Enterprise* beschädigt, um einen permanenten Nachschub an männlichen Hormonen zu erhalten, die sie als Katalysator benutzen, um ihre Illusionen mit Energie zu versorgen.

Decker ruft Kirk zu sich, damit der einen Blick auf eine Reihe von Bildschirmen wirft, die die außerirdische Bevölkerung überall auf dem Planeten zeigen. Kirk sieht einen ganzen Planeten, der fest im Griff von Illusionen, den Wistern ist. Plötzlich erkennt Kirk eine Möglichkeit, das Vorratslager der *St. Louis* und Scotts dringend benötigtes Dilithium zu lokalisieren. Er wendet sich an Ilia und fragt sie, ob sie die Bildschirme mit dem Computer der Außerirdischen verbinden kann. Als Ilia sagt, daß sie Zeit benötigt, um sie zu verstehen, bittet Kirk McCoy, seine Hormonbehandlung an einigen der Außerirdischen zu testen, um herauszufinden, ob es auch sie neutralisiert. Die Außerirdischen könnten Ilia dann helfen.

McCoy verabreicht Lamen eine Injektion, erkennt aber keine Reaktion. Bevor er eine weitere Injektion geben kann, unterbricht Ronel ihn und befiehlt ihm aufzuhören. Sie steht in der Tür der Computerraums und hält eine phaserähnliche Waffe auf sie gerichtet. Sie sagt Kirk und seinem Team, daß sie sich nicht mehr in den Wister-Zustand versetzen kann und daß er alles zerstört. Kirk erwidert, er wolle nur sein Schiff und seine Crew retten. Ronel erwidert, daß sie seine Aggressionen nicht länger tolerieren kann und notfalls ihre Waffe einsetzen wird.

Kirk muß auf Zeit spielen und verwickelt Ronel in eine Diskussion. Wir erfahren, daß ihre Waffe vor langer Zeit von den Alten geschaffen wurde, die alles auf dem Planeten schufen. Einst gab es fast zwei Milliarden Bewohner auf Grokh. Als Kirk fragt, was aus ihnen geworden ist, erklärt Ronel ihm, daß sie im Eintägigen Krieg starben, der aufgrund von Aggressionen begonnen wurde. Niemand auf Grokh wird so etwas noch einmal zulassen. Als McCoy einwirft, dieses tragische Ereignis habe nichts mit dem zu tun, was gegenwärtig geschieht, hat Kirk die Erklärung. Die Grokhoor nutzen Illusionen, um die Leere in ihrem Leben zu füllen, ihre Aggressionen zu besänftigen und so um Frieden zu erlangen.

Kirk nimmt McCoy den Injektor aus der Hand. Er sagt, daß die Zeit knapp wird. Jemand muß ihnen zeigen, wie sie das Dilithium finden können. Ronel feuert einen Warnschuß ab, der Kirk knapp verfehlt. Sie sagt Kirk, daß sie sie nicht gehen lassen kann. Auf Grokh werden die Aggressionen immer stärker, und ihre Körper können nicht das Hormon produzieren, daß sie unbedingt benötigen. Kirk sagt ihr nochmals, daß er und seine Crew nicht ihre Rettung sind. Was wird sie machen, wenn ihre Gefangenen alt werden und sterben? Er drängt sie, die Aggression ihres Volkes zu nutzen, um eine andere Lösung zu finden. Ronel feuert einen zweiten Warnschuß ab.

Kirk warnt sie, daß er nie aufgeben wird, auch wenn er sein Schiff verliert. Er wird ihren Computer benutzen, um eine andere *Enterprise* zu bauen, mit der er von Grokh fliehen kann. Dann wird er wegfliegen und mit einer gleichermaßen aggressiven Flotte zurückkehren. Er wird das alles machen, weil er das Dilithium früher oder später finden wird.

Ronel eilt zum Computer und betätigt mehrere Tasten. Lichter blinken auf, und auf dem Computerbildschirm erscheint eine Rakete. Kirk nimmt ihr den Phaser ab, sie wehrt sich nicht. Sie sagt ihm, daß die Rakete nun niemand mehr aufhalten kann. Sie wird das Dilithium der *St. Louis* vernichten. Kirk ist hocherfreut. Es *gibt* Dilithium. Er ruft die *Enterprise.*

Kirk weist Xon an, den Kurs der Rakete zu berechnen und das Dilithium zu lokalisieren. Xon sagt, er könne beides erledigen, werde aber nicht in der Lage sein, das Dilithium an Bord zu beamen. Durch den Einsatz des Transporters wird ein Energiestörfeld erzeugt werden, das höchstwahrscheinlich den hochempfindlichen Zündmechanismus der Rakete abschalten wird. Da die Schilde der *Enterprise* deaktiviert sind und das Schiff genau auf dem Kurs der Rakete liegt, wird die *Enterprise* durch die Explosion zerstört werden.

Scott sagt zu Kirk, ganz gleich, welchen Zug er machen will, er sollte ihn schnell ausführen. Es verbleiben weniger als zwölf Minuten. Kirk fragt seinen Chefingenieur, ob er das Schiff aus der Raketenflugbahn bringen kann, auch wenn der verbliebene Impulsantrieb sehr minimal ist. Scott sagt, er könne das, macht sich aber Sorgen darüber, daß es ihm nicht gelingen dürfte, in der restlichen Zeit auf ausreichende Entfernung zu gehen. Xon fügt hinzu, daß die notwendige Beschleunigung die ihnen verbleibende Zeit auf acht Minuten und vierzehn Sekunden reduzieren wird.

Kirk befiehlt Sulu, auf einen neuen Kurs zu gehen, Scott soll den gesamten verfügbaren Impulsantrieb einsetzen. Er weist Xon an, die Transporterkontrollen auf das Heraufbeamen des Dilithiums in exakt sechs Minuten und dreißig Sekunden einzustellen. Das gibt Xon neunzig Sekunden, um das Dilithium zu installieren und zu aktivieren. Xon sagt, er habe Spocks alte Formel für die Verwendung von nichtpolierten Kristallen studiert und den Transporter für einen Beamvorgang in den Maschinenraum vorbereitet. Xon und Scott werden im Maschinenraum warten.

Während Kirk den Bildschirm im Kontrollraum auf Grokh betrachtet, wendet die Rakete unerwartet – drei Minuten vor der geplanten Operation. Kirk fragt Ronel, was geschehen ist. Sie sagt, daß sie das nicht weiß, da alles automatisch ablaufen sollte. Xon reagiert sofort auf Kirks Frage. Er erklärt dem Captain, daß das Leitsystem der Rakete die ähnliche Resonanz des Transporters der *Enterprise* aufgefangen hat und sie zum Ziel gemacht hat. Die Rakete nähert sich rasch der *Enterprise*, Kirk befiehlt Alarmstufe Rot.

Dann ruft Kirk Chekov und befiehlt ihm, sich bereitzuhalten, sämtliche verfügbare Energie auf den Deflektor Nummer sechs zu lenken. Scotts Stimme mischt sich ein und erklärt, daß eine solche Maßnahme das Schiff nur langsamer machen wird. Die Rakete wird dadurch nicht aufgehalten. Chekov stimmt zu, aber Kirk beharrt darauf, daß sein Befehl ausgeführt wird. Dann weist Kirk Uhura an, die Transporterzielerfassung auf manuellen Widerruf einzustellen. Er weist Sulu an, sich auf eine abrupte Kursänderung vorzubereiten und den Deflektor Nummer sechs in die Flugbahn der Rakete zu bringen. Kirk erteilt den Befehl, die *Enterprise* geht auf einen neuen Kurs. Dann ordnet Kirk an, Schild Nummer sechs mit Energie zu versorgen.

Die Rakete explodiert im All, die Crew auf der Brücke wird brutal hin und her geschleudert. Aber das Schiff hat überlebt, und Xon hat das Dilithium an Bord geholt. Kirk fragt, ob Spocks Formel funktionieren wird. Xon sagt, daß sie nicht präzise auf die Form dieses Dilithiums ausgerichtet ist. Xon wird jedoch versuchen, Oberflächenbrechungen zu umgehen, um sich auf die innere Struktur zu konzentrieren. Scott warnt, daß es keine Möglichkeit gibt, den Energiefluß zu kontrollieren, wenn Xon auch nur um ein hundertstel Grad abweicht. Xon stimmt ihm zu; die Materie-Antimaterie-Mischung würde dann explodieren. Decker nennt das Zeitlimit: dreißig Sekunden. Kirk befiehlt Scott, sich bereitzuhalten, um den Warpantrieb zu aktivieren. Für einen Testlauf ist keine Zeit. Sulu muß auf Kirks Kommando den Warpantrieb einsetzen.

Sulus Stimme meldet den Totalausfall des Impulsantriebs. Die *Enterprise* beginnt zu sinken. Die Oberflächentemperatur liegt bei 912 Grad und steigt rasch an. Kirk befiehlt Xon, die letzten Einstellungen vorzunehmen und dann aufzuhören. Sulus Stimme ist zu hören: »Temperatur 2007 Grad und ansteigend. Ich verliere die Kontrolle über die *Enterprise*.«

Xon meldet, daß die Kristalle eingesetzt sind, Kirk befiehlt, den Warpantrieb zu aktivieren. Scott befolgt das, doch die Maschinen beginnen zu fluktuieren. Er fürchtet, daß sie es nicht schaffen werden. Sulu meldet 4041 Grad und 100 Kilometer bis zum Aufschlag. Er benötigt den Warpantrieb. Aber Kirk ist noch nicht bereit, den Befehl zu erteilen. Er fragt bei Scott nach, der sagt, daß die Maschinen jetzt glatter laufen, er aber bezweifelt, daß sie bereit sind. Kirk befiehlt Sulu, den Warpantrieb einzuschalten.

Sulus Stimme erfüllt den Computerraum auf Grokh. Die *Enterprise* beginnt zu steigen. Die Temperatur sinkt. Kirk und sein Team sind erleichtert.

Später ist die Crew an Bord der *Enterprise* wieder vereint, der Planet Grokh wird auf dem Hauptbildschirm immer kleiner. Kirk, McCoy und Xon diskutieren über die bemerkenswerten Bewohner von Grokh. Xon fragt sich, ob die Außerirdischen sich bald im Krieg vernichten werden, ob die *Enterprise* nicht ein hilfreiches Team aus vulkanischen Wissenschaftlern auf den Weg hätte schicken können. Kirk erinnert Xon daran, daß Grokh früher oder später selbst mit seinen Problemen klarkommen muß. Zu McCoy sagt er, er erinnere sich daran, daß der Arzt ihn gelehrt habe, wie schnell sich manche Menschen erholen, wenn sie erst einmal die Krücken weggeworfen haben. Als Xon ihn fragt, ob seine Beurteilung dem entspricht, was die Menschen als ›Vermutung aufgrund von Erfahrung‹ bezeichnen, läßt sich Kirk groß und breit über seine Kenntnisse aus. Er sagt zu Xon: »Das ist unsere Art anzuerkennen, daß sich die komplexen Dinge des Lebens nicht immer auf bedeutungsvolle Unterschiede reduzieren lassen, daß ein einfaches Prinzip mehr Wahrheit enthalten kann als ein ganzes Zimmer voller Zahlen.«

Xon sagt seinem Captain, daß seine Rhetorik äußerst überzeugend ist, wenn nicht gar logisch. Kirk erwidert: »Danke, Mr. Xon, das nenne ich ein Kompliment... Das war es doch, oder?«

›Devil's Due‹

von William Douglas Lansford

Diese Story schien geradewegs aus der Twilight Zone *zu kommen und wurde in ein Science Fiction-Gewand gekleidet, um Captain Kirk die Chance zu geben, ins Angesicht des Teufels zu blicken – oder im* Star Trek*-Jargon: ins Angesicht eines bösartigen Energiewesens.*

So wie ›The Child‹ wurde dieses Drehbuch umgeschrieben, um zu einer Next Generation*-Episode zu werden, die den Titel beibehielt. Darin stellt Picard einen selbsternannten Teufel vor Gericht, um einen Planeten zu retten. Data übernimmt die Rolle, die hier vom Computer gespielt wird.*

Die *Enterprise* fliegt in einen fernen Winkel der Galaxis, in dem ein zwar erfaßter, aber noch nie besuchter Planet existiert. Er ist nur aus der Ferne von vorüberfliegenden Robotsonden untersucht worden. Xon macht Kirk darauf aufmerksam, daß die Schiffssensoren Leben auf der Planetenoberfläche registrieren, und fügt hinzu, daß eine Untersuchung im Rahmen ihrer Mission liegt. Kirk stimmt ihm zu.

Die *Enterprise* nähert sich dem erdähnlichen, grünen und ruhigen Planeten vom Typ M. Nachdem das Schiff in einen Orbit geschwenkt ist, leitet Kirk ein Landeteam, das aus Xon, McCoy, Sulu, Ilia und Chekov besteht. Trotz Chekovs Sorge, worauf sie stoßen werden, wird das Landeteam von einer Gruppe friedlicher Bewohner empfangen und stellt fest, daß Beschaffenheit und Vegetation des Planeten sehr stark an die Erde erinnern. Einer der Bewohner, Reyloz, heißt Kirk auf dem Planeten Naterra willkommen und sagt ihm, er werde Kirks Team zu ihrem weisen Anführer bringen, zu Zxolar dem Gesegneten.

Das Innere von Zxolars Palast ist wundervoll dekoriert und mit Dingen aus der Natur eingerichtete – Bäume und Felsen als Stühle und Tische, Gras und Pflanzen als Teppiche, außerdem überall Brunnen, Vögel und Blumen. Es gibt keinen künstlich geschaffenen Einrichtungsgegenstand.

Zxolar ist ein sehr alter, kränklicher Mann, der besorgt ist, als er von den Ankunft von Kirks Team hört. Verängstigt nimmt er die Nachricht seines

Boten von der Ankunft Fremder auf Naterra mit den Worten auf: »Komether! Es ist der Anfang vom Ende!« Er bittet die Fremden dennoch, sich mit ihm zu treffen.

Nur drei von Zxolars Gefolgsleuten dürfen für das Treffen bei ihm bleiben: Reyloz – der die Fremden in den Palast brachte; Kleyax – ein überzeugter junger Gefolgsmann; und Eulix – eine attraktiver junge Frau. Diese drei sind Zxolars Schüler und dürfen alles wissen, was er weiß.

Zxolar sagt Kirk, es sei noch nicht soweit. Der Vertrag sei noch nicht abgelaufen. Nachdem er Kirk geschickt befragt und dessen Reaktion auf das Wort *Komether* getestet hat, erkennt Zxolar, daß Kirk wirklich nicht weiß, wovon Zxolar spricht. Dieser Fremde kommt tatsächlich von einem anderen Planeten namens ›Erde‹, seine Absicht ist tatsächlich Freundschaft, nicht Zerstörung.

Jetzt erfährt Kirk den Grund für Zxolars sonderbare Frage und seine Aufregung: In den nächsten zwanzig Tagen wird der Planet in einem Flammenmeer zerstört werden. Zxolar sagt Kirk nicht, warum der Planet zerstört werden wird, oder wer das machen wird. Er bittet Kirk allerdings um Hilfe. Kirk sagt Zxolar jedoch, daß die Gesetze der Föderation ihm nicht erlauben, sich in die natürliche Entwicklung eines Planeten einzumischen, es sei denn, die Entwicklung stelle eine unmittelbare Gefahr für die Föderation dar. Zxolar sucht nach einer Lücke in Kirks Gesetzen. Er fragt, was Kirk getan hätte, wenn sein Landeteam von den Naterranern angegriffen worden wäre. Kirk erwidert, er habe einen gewissen Spielraum in den Bereichen, die die Sicherheit seines Schiffs und seiner Crew betreffen.

Plötzlich bricht Zxolar zusammen. McCoy untersucht ihn, benötigt aber bessere Ausrüstung als die mitgeführte, um die Symptome zu diagnostizieren. Er bittet Kirk um Erlaubnis, den alten Mann auf die *Enterprise* beamen zu dürfen.

Bevor Kirk seine Entscheidung trifft, materialisiert ein kaleidoskopartiges Energiewesen und legt sich um McCoys Kopf. Der Doktor schreit schmerzerfüllt auf und sinkt auf die Knie. Das Energiewesen bewegt sich zu einem Punkt an einer nahe gelegenen Wand. McCoy richtet sich auf, blickt wild drein und rennt auf die Wand zu. Das Energiewesen verschwindet, McCoy ebenso. Irgendwie ist er *in der* Wand verschwunden.

Kirk und das Landeteam suchen ohne Erfolg nach McCoy. Die Naterraner glauben nicht, daß McCoy durch eine meterdicke Mauer verschwunden ist. Als Xon das Energiewesen beschreibt, scheint niemand es zu kennen. Kirk fordert weitere Landeteams an, die sich an der Suche beteiligen sollen. In der Zwischenzeit beamt er mit Zxolar und Xon zum Schiff. Der naterranische Führer ist jetzt ins Koma gefallen, ihm geht es zunehmend schlechter. Chapel befaßt sich mit ihm, da taucht das Energiewesen erneut auf und hüllt Chapel ein. Sie schreit auf und verliert das Bewußtsein. Die Assistenten stellen fest, daß sie sich in einer Art künstlichem Tiefschlaf befindet.

Kirk weist Xon an, einen Eindringlingsalarm auszulösen. Die Schiffssensoren können von dem Energiewesen keine Spur entdecken. Kirk und Xon kommen zu der Ansicht, daß das Energiewesen irgendwie von einer Dimension in eine andere wechseln kann. Da es in beiden Fällen den Arzt angegriffen hat, der Zxolar behandeln wollte, scheint es außerdem so, als wolle das mysteriöse Wesen Zxolar sterben lassen.

Da sie mehr Informationen benötigen, kehren Kirk und Xon auf den Planeten zurück. Als sie Zxolars Schüler Reyloz begegnen, fragen sie ihn über die Verbindung seines Führers mit dem Energiewesen, aber er erklärt ihnen nichts. Erst unter vier Augen gesteht Reyloz ein, daß er einen Eid der Verschwiegenheit abgelegt hat und er ihnen nichts weiter sagen kann.

Xon teilt Kirk mit, seine Tricorderanzeigen haben ergeben, daß das Energiewesen tatsächlich, wie zuvor angenommen, aus reiner Energie besteht. Xon hat auch eine neue Erklärung dafür, daß McCoy durch eine massive Wand verschwunden ist. Er glaubt, daß McCoy unter dem Einfluß des Energiewesens in die Lage versetzt worden sein könnte, durch die Wand zu gehen, indem er zwischen ihren Molekülen hindurchglitt. Kirk sagt, daß Xons Schlußfolgerung zwar Sinn macht, daß aber eine Frage nicht beantwortet wird: Wo ist McCoy?

Während Kirk und Xon Zxolars Palast nach jeglicher Information über das Energiewesen oder

McCoys Aufenthaltsort durchsuchen, entdecken sie einen verschlossenen, unterirdischen Raum, in dem sich Maschinen befinden, die in die ›Vor-Natur‹-Periode des Planeten zurückreichen. Xon findet heraus, wie er Zugriff auf die Maschinen erlangt, und sie stellen rasch fest, daß es sich bei dem Raum um eine Bibliothek oder ein Archiv handelt. Auf einem großen Bildschirm lassen sie einen Teil der Planetenvergangenheit ablaufen.

Der Bildschirm zeigt die Notlage eines sterbenden Planeten, der sich im Würgegriff der eigenen Verschmutzung befindet – Folge einer nicht überwachten Technologie. Er zeigt auch den Aufstieg von sechs jungen Philosophen, die ihr Vertrauen und ihre Intelligenz zusammenlegen, um ihre Zivilisation zu retten. Einer der sechs ist ein viel jüngerer Zxolar. Eines Nachts erscheint den sechs jungen Philosophen ein sonderbares Energiewesen und bietet ihnen einen Ausweg an. Das Energiewesen ist Komether.

Kirk und Xon erkennen das Energiewesen als die gleiche Form, die McCoy und Chapel angriff. Sie erkennen auch, daß die Ereignisse sich vor über tausend Jahren abgespielt haben und Zxolar selbst über tausend Jahre alt ist.

Die gesamte Geschichte, die Zxolar und sein Jünger Reyloz Kirk nicht mitteilen wollte, wird jetzt verständlich, als das gealterte Bild des naterranischen Führers auf dem Bildschirm des Archivs erscheint. Er erklärt, auf welchen Handel die sechs Philosophen mit Komether im Tausch für die Ära eingegangen sind, die als ›Die tausend Jahre der Freude‹ bezeichnet wird.

Komether kehrte die unausweichliche Zerstörung Naterras um und stellte die natürlichen Ressourcen wieder her. Die Naterraner schworen jeglicher Technologie ab. Die Felder wurden wieder fruchtbar, die Bevölkerung wuchs wieder. Alle waren gesund und glücklich. Zxolar und die anderen Philosophen wurden als ›Der Kreis der Weisen‹ bekannt und als ›Propheten der Hoffnung‹ verehrt. Sie waren auch die einzigen, die den Preis für diese Wiedergeburt kannten. Zum Ende der tausend Jahre würde Komether alles auf Naterra zerstören und mit dem Planeten das machen, was ihm beliebt. Weil die sechs Philosophen jung waren, glaubten sie daran, daß tausend Jahre genügen würden, um einen Weg zu finden, Naterra zu verlassen und nach einem anderen bewohnbaren Planeten zu suchen. Aber nichts wurde jemals unternommen. Von der Verzweiflung befreit und ohne Wissen über den Handel, vergaßen die restlichen Naterraner im Verlauf der Jahrhunderte sogar ihre düstere Vergangenheit. Komethers Rückkehr, die sich 19 Tage vor dem Ablauf der tausend Jahre ereignete, soll Zxolar an seinen Vertrag erinnern.

Xon macht interessiert darauf aufmerksam, daß die Bilder, die er und Kirk gesehen haben, tatsächlich geistige Bilder sind, die direkt von Zxolars Gehirn erzeugt wurden. Kirk überlegt nun, daß es vielleicht eine Verbindung zwischen Zxolars Verfassung und dem Untergang gibt, der in dem computerähnlichen Tagebuch des alten Führers vorhergesagt wird. Dennoch fragt er sich, warum Komether so versessen darauf ist, Zxolar loszuwerden, wenn der alte Mann doch ohnehin mit seinem Planeten sterben wird.

Xon unterbricht Kirks Spekulationen, um darauf aufmerksam zu machen, daß die *Enterprise* und ihre Crew in die Zerstörung einbezogen werden könnten, wenn sie nicht bald McCoy finden und abreisen. Aber Kirk weiß bereits, daß er unter Umständen wählen muß, ob er seinen Freund oder sein Schiff rettet.

Während Kirk rekapituliert, was sie über Komether erfahren haben, hat er eine Idee. Da das Wesen die Macht zum Töten hat, aber weder Zxolar noch Chapel und vermutlich auch nicht McCoy getötet hat, sind seine Kräfte vielleicht begrenzt. Angesichts Komethers Interesse an Zxolars Tod, könnte der alte Führer der Schlüssel für die Kontrolle sein. Kirk erkennt, daß sie Zxolar *unbedingt* heilen müssen.

Er und Xon beschließen, Zxolar in ein Lebenserhaltungsbett in der Krankenstation zu bringen, damit sie ihn notfalls künstlich am Leben erhalten können. Aber zunächst muß dieses Bett exakt auf die fremden Körperfunktionen eingestellt werden. Xon muß die Bio-Werte anderer Naterraner aufzeichnen, was er erledigt, indem er heimlich Reyloz scannt und sich dann an die Vorbereitung des Betts begibt. Er benötigt dafür zehn Stunden.

Nun muß Kirk eine Möglichkeit finden, wie er Zxolar bewegen kann, ohne Komether zu alarmieren, der auf irgendeine Weise jede Bewegung von Zxolar mitverfolgt. Kirk beschließt, ihn von einer Gruppe aus fünf Freiwilligen schnell umbetten zu lassen, so daß Komether sie nicht alle gleichzeitig angreifen kann. Kirk, Scott, Chekov, Sulu und Xon betreten gemeinsam die Krankenstation und beginnen ihre Aktion. Sofort erscheint Komether und hüllt einen nach dem anderen ein, bis nur noch Kirk und Xon übrig sind. Als Kirk nicht weitermachen kann, kämpft sich Xon unter entsetzlichen Schmerzen voran. Mit seiner vulkanischen Kraft legt Xon Zxolar auf das Lebenserhaltungsbett, stellt die notwendigen Verbindungen zum Körper her und aktiviert die Maschine. Sofort verbessern sich die Werte des Naterraners. Gleichzeitig wird Komether schwächer. Chapel bewegt sich im Koma, fällt aber wieder zurück. Ihr Zustand ist unverändert.

Auf vorsichtiges Befragen erklärt Zxolar Kirk, daß der Vertrag, den er und die anderen Philosophen mit Komether schlossen, ein geschriebenes und ordentlich unterzeichnetes Dokument war. Zum ersten Mal erkennt Kirk, daß Komether das Recht hat, Naterra für sich in Anspruch zu nehmen, wenn die tausend Jahre abgelaufen sind. Nur noch achtzehn Tage verbleiben.

Zxolar erklärt Kirk, wo der den Vertrag finden kann. Kirk weist Chekov an, in den Palast zu beamen und das Dokument aus seinem Versteck zu holen.

Als Kirk den Vertrag studiert, kommt er zu dem Schluß, daß es sich um eine bindende Vereinbarung handelt, ganz gleich, wie hart und ungerecht die Bedingungen auch sein mögen. Kirk steht aber noch vor einem anderen Problem. Im Moment ist Zxolar vor Komethers Macht sicher. Aber wenn der Naterraner stirbt – was wird Komether dann davon abhalten, weiterzuziehen und andere Planeten zu übernehmen? Zweifellos ist das Energiewesen eine bösartige Macht und stellt als solche eine Gefahr für die Föderation dar. Komether muß gestoppt werden. Nach Möglichkeit sofort.

Kirk geht zu Zxolar und ficht den Vertrag an. Komether erscheint, und Kirk schlägt ein Gerichtsverfahren vor, um die Angelegenheit zu überprüfen. Als Komether sagt, der Vertrag sei legal und erfordere kein Verfahren, erinnert Kirk das Energiewesen daran, daß es nicht die volle Macht erlangen kann, solange Zxolar lebt. Kirk kann den naterranischen Führer unendlich lange weiterleben lassen, es sei denn, Komether erklärt sich mit dem Verfahren bereit, dessen Urteil Kirk akzeptieren wird. Komether willigt ein, da er weiß, daß er einen gültigen Vertrag hat und daß der Computer nur anhand von Tatsachen urteilen wird.

Kirk und Komether einigen sich über die Bedingungen. Wenn Komether gewinnt, gilt der Vertrag, und Kirk wird Zxolar sterben lassen. Wenn Kirk siegt, muß Komether McCoy zurückgeben, Chapels Gesundheit wiederherstellen und für immer diese Dimension verlassen. Komether fügt eine weitere Bedingung hinzu: Wenn er gewinnt, gehören ihm auch Kirk und die *Enterprise*.

Das Verfahren neigt sich mal zu der einen, mal zu der anderen Seite. Schließlich erkennt Kirk die Wahrheit. Komether wurde aus der Energie geschaffen, die von den sechs Philosophen freigesetzt wurde, also ist seine Macht in Wahrheit durch Zxolars Willen entstanden. Indem er Zxolars eigenen Willen nutzt, kann Kirk Komether austreiben und das Energiewesen dauerhaft schlagen.

Nachdem Komether gegangen ist und Zxolar sich mit der Hilfe einer genesenen Chapel genügend erholt hat, erlauben seine wiederhergestellten geistigen Kräfte, McCoys Aufenthaltsort zu bestimmen. Dann beamen sich Zxolar und Kirk auf den Planeten. Zxolar findet und befreit problemlos den Schiffsarzt. Die ganze Zeit über war McCoy *in* der Wand gefangen.

Da Kirk weiß, daß Naterra jetzt mit dem umfassenden Wissen über die Fehler der Vergangenheit und mit neuer Hoffnung auf die Zukunft ungehindert seine Entwicklung fortsetzen wird, kann die *Enterprise* ihre Mission fortsetzen.

›Lord Bobby's Obsession‹

von Shimon Wincelberg

Was erhält man, wenn man ›The Squire of Gothos‹ mit ›Space Seed‹ kreuzt? Diese Geschichte. ›Lord Bobby's Obsession‹ nimmt bei beiden Originalepisoden Anleihen und hätte der Geschichte des Star Trek-*Universums viele faszinierende Details hinzufügen können: darunter das Commonwealth, den ›Dienstrang‹ des Kabinensteward sowie die wirklich aufsehenerregende Vorstellung, daß die Klingonen in den fünfziger Jahren die Erde in fliegenden Untertassen besucht und Menschen entführt haben, um medizinische Tests an ihnen vorzunehmen. Bedenkt man, wann diese Episode geschrieben wurde, dann war ›Lord Bobby's Obsession‹ wahrlich seiner Zeit voraus.*

Auf dem Weg zu einer entlegenen Föderationskolonie, der ein romulanischer Angriff droht, wenn sie sich nicht an ein unannehmbares Ultimatum hält, stößt die *Enterprise* auf die *Niobe*, einen aufgegebenen klingonischen Zerstörer, der im All treibt. Kirk will der Sache auf den Grund gehen. Der Zerstörer könnte ein hochentwickeltes Waffensystem an Bord haben, das für den Geheimdienst von Starfleet von Interesse sein könnte, außerdem melden die Schiffssensoren, daß sich an Bord noch irgendeine Lebensform befindet.

Mit Unterstützung der Exolinguistin Yeoman Jennifer York ruft Uhura den treibenden Zerstörer. Zuerst erfolgt keine Antwort. Dann folgt eine Flut zusammenhangloser Signale. York dekodiert sie. Es scheint sich um einen Teil eines englischen Volksliedes aus dem 19. Jahrhundert zu handeln, mit dem York vertraut ist. Kirk weist Uhura an, die Erlaubnis einzuholen, an Bord kommen zu dürfen. Aber wieder ist das Volkslied die einzige Antwort. Kirk beschließt, ein Landeteam hinüberzubeamen.

Das Landeteam, das von Chekov mit Waffen ausgestattet wird, untersteht dem Kommando des Ersten Offiziers Decker, der Yeoman York als Übersetzerin mitnimmt. Bevor das Team auf die *Niobe* gebeamt wird, stört ein sonderbarer magnetischer Impuls von dem Zerstörer einige Relais der *Enterprise*. Als das Problem erkannt und gelöst worden ist, verläuft der Transport scheinbar problemlos – bis Decker und York feststellen, daß sie beide die einzigen sind, die auf die Brücke des klingonischen Schiffs gebeamt wurden. Decker versucht sofort, die *Enterprise* zu rufen, aber der magnetische Impuls hat die Verbindung zwischen Decker und seinem Schiff gestört.

Ohne Kontakt zu Decker und angesichts der Fehlfunktion des Transporters beschließt Kirk, sich zunächst auf den Einfallsreichtum seines Ersten Offiziers zu verlassen, zumindest, bis Ilia die Art der Störung exakt bestimmt und einen Weg gefunden hat, sie zu neutralisieren. Decker beschließt seinerseits, sich auf den Einfallsreichtum seines Captains zu verlassen. Er und York sehen sich auf der unbekannte Brücke um. Sie erkennen schon bald, daß der Zerstörer nicht nur schwere Kampfschäden aufweist, sondern auch Anzeichen aufweist, daß jemand sehr geschickte Anstrengungen unternommen hat, um seine Reisetauglichkeit wiederherzustellen.

In dem Moment treffen Decker und York auf die Lebensform an Bord der Niobe – einen Dandy aus der Zeit König Edwards, der sich selbst als Robert Standish vorstellt, dritter Earl of Lancashire, von seinen Freunden ›Lord Bobby‹ genannt.

Lord Bobby macht auf seine Einsamkeit aufmerksam, insbesondere mit Blick auf eine so passende Gefährtin, wie Yeoman York sie sein könnte. Als er beim Kontaktversuch der *Enterprise* ihren englischen Akzent hörte, war Lord Bobby überzeugt, daß er doch noch einen gleichgesinnten Geist gefunden haben könnte. Er bittet, an Bord der *Enterprise* gebracht zu werden, während er Decker und York erzählt, er sei um 1900 von klingonischen Weltraumforschern entführt und Tests ausgesetzt worden. Zwischen den Tests hielten seine Entführer ihn im Kälteschlaf, der seinen Alterungsprozeß stoppte, bis er eines Tages allein auf dem fluguntauglichen, verlassenen Schiff erwachte, das offenbar einem heftigen Gefecht zum Opfer gefallen ist.

Während Decker zu bemerken beginnt, daß Lord Bobby ausweicht, entsteht zwischen York und Lord Bobby eine gewisse Verbindung, die auf ihrer gemeinsamen Liebe zur englischen Literatur beruht und aus nostalgischen Vorstellungen über ein Landleben im Stile König Edwards, das die Vorfahren der beiden wohl nie erlebt haben.

Plötzlich wird die Kommunikation zwischen Decker und der *Enterprise* wiederhergestellt. Nachdem Decker Kirk versichert hat, daß Lord Bobby keine Gefahr für die Sicherheit darstellt, erlaubt Kirk, den Mann aus einer anderen Zeit an Bord zu beamen. Während Decker mit dem Captain spricht, bemerken weder er noch York, daß Lord Bobby beiläufig ein komplexes, schmuckloses Armband an seinem linken Handgelenk berührt. Das Gerät beginnt fast unmerklich zu pulsieren. Lord Bobby scheint über noch nicht bekannte Kräfte zu verfügen, die von diesem Armband abhängig sind und die etwas mit den Störungen der Sprechverbindung und des Transporters zu tun haben. Es könnte sogar etwas mit seiner Fähigkeit zu tun haben, andere so zu beeinflussen, daß sie ein bestimmtes Bild von ihm wahrnehmen.

Als der Transporter beginnt, die drei auf die *Enterprise* zu beamen, werden diese Vermutungen bestätigt und sogar noch übertroffen. Lord Bobbys Bild verschiebt sich einen Augenblick und enthüllt – ohne daß Decker oder York das bemerken –, daß er ein Außerirdischer ist, der zwar auf seine Art schön anzusehen ist, der aber entschieden nicht menschlich ist. Es scheint, daß die Kraft seines Armbandes durch den Transporter geschwächt wurde.

Kirk bringt Lord Bobby in das Diagnosezentrum der Krankenstation und befragt ihn, während McCoy und Chapel sich darauf vorbereiten, ihn zu scannen. Die beiden Ärzte sind interessiert daran, festzustellen, ob nach Jahrhunderten cryogenischen Tiefschlafs der Metabolismus ihres Gastes noch normal funktioniert. Sie wollen auch feststellen, ob er nach den wiederholten klingonischen Tests irgendeine immunologische Gefahr für die anderen darstellt.

Da das Interesse des Besuchers an Yeoman York erkennbar ist, teilt Decker York Lord Bobby zu, damit die ihn durch das Schiff führt. Kirk trägt York auf, Lord Bobby genau zu beobachten, bis sie sicher sein können, daß er völlig harmlos ist. Decker stört sich noch immer an Lord Bobbys Geschichte.

Der sicherheitsorientierte Chekov entdeckt Widersprüche in Lord Bobbys Geschichte, als er eine Computerabfrage der englischen Gesellschaftsgeschichte des späten 19. Jahrhunderts durchführt. Aber Lord Bobby hat für alles eine Ausrede.

Kirk dagegen fällt auf, daß die Klingonen erst in den späten fünfziger Jahren untertassenähnliche Weltraumfahrzeuge entwickelt hatten, und befragt Lord Bobby eindringlich.

An diesem Punkt angelangt, gibt Lord Bobby jeden Versuch auf, sich bei Kirk und der *Enterprise*-Crew einzuschmeicheln. Er verlangt, daß Kirk ihn nach England ›zurückbringt‹. Als Kirk ihm erklärt, daß die *Enterprise* sich auf einer Mission von höchster Priorität in eine völlig andere Richtung befindet und er Sulu den Befehl zum Weiterflug erteilt, berührt Lord Bobby abermals sein Armband. Nachdem Kirk festgestellt hat, daß die *Niobe* nun durch einen kraftvollen magnetischen Impuls mit der *Enterprise* verbunden ist, teilt Lord Bobby ihm mit, daß jeder Versuch, diese Verbindung zu lösen, eine Waffe auf dem klingonischen Wrack aktiviert, die beide Schiffe zerstören wird.

McCoy und Chapel melden Kirk, daß ihre Computerauswertung ergeben hat, daß Lord Bobby eine außerirdische Lebensform ist und alle Tests, die sie an ihm durchgeführt haben, bedeutungslos sind. Die Schiffssensoren bestätigen Kirk, daß die Drohung des Außerirdischen kein leeres Gerede ist. An Bord der *Niobe befindet* sich eine aktivierte Waffe. Zwar verfügt die *Enterprise* über genug Energie, um den magnetischen Griff zu lösen, der sie mit dem klingonischen Schiff verbindet, aber ein solcher Versuch *könnte* die Waffe zünden.

Angesichts der Bedrohung, die er für die *Enterprise* darstellt, versucht York auf Lord Bobbys Besessenheit bezüglich des alten England auszunutzen. Sie erinnert ihn an ›englische‹ Werte wie Fair Play und Mitgefühl für andere. Als sie nicht durchkommt, appelliert sie an sein Mitgefühl für die Föderationskolonie, die von den Romulanern bedroht wird. Gleichzeitig gerät York immer stärker unter den Einfluß des Außerirdischen. Auch wenn er gefährlich ist, verkörpert er in jeder anderen Hinsicht ihre Vorstellungen von einem perfekten Mann.

Kirk meldet an Starfleet Command, daß die *Enterprise* sich zur Zeit unter der vorübergehenden Kontrolle eines Außerirdischen befindet, der ›heim‹ zur Erde gebracht werden will. Starfleet reagiert mit dem Befehl an Kirk, einen Weg zu finden, um Lord Bobbys Drohung zu neutralisieren. Die *Enterprise* ist das einzige Schiff, das nahe genug ist, die Romulaner abzufangen, bevor sie ihre Drohung gegen die gefährdete Föderationskolonie in die Tat umsetzen können.

Kirk, Scott und Xon entwickeln einen Plan, um noch einmal ein Landeteam auf die *Niobe* zu schicken und die Waffe zu deaktivieren. Xon warnt, daß Lord Bobbys Armband den kurzzeitigen Energieverbrauch des Transporters entdecken und der Außerirdische sie wahrscheinlich zum Abbruch des Versuchs zwingen wird, indem er mit der vorzeitigen Detonation droht. Chekov sagt, sie müssen den Außerirdischen überlisten und überwältigen. Kirk ist einverstanden, woraufhin er und Chekov einen Plan entwickeln.

Kirk fordert einen Beweis, daß Lord Bobby nicht nur blufft. Als Lord Bobby sein Armband zeigt, halten Kirk und Chekov in perfekter Teamarbeit den Arm des Außerirdischen fest. Während Kirk Lord Bobby zurückhält, versucht Chekov, das Armband zu entfernen, schreit aber dann vor Schmerzen auf. Kirk muß den Außerirdischen loslassen, dann erbringt Lord Bobby den gewünschten Beweis. Sein Kontrollarmband zieht sämtliche Energie aus der Klimaanlage der *Enterprise*. Alle an Bord schnappen nach Luft, während gleichzeitig die Temperatur rapide ansteigt und jeder zu Boden sinkt. Einen Moment später hat jeder an Bord das Empfinden, als würde sein Blut gefrieren.

Als könne er Chekovs Gedanken lesen, versichert der Außerirdische ihnen, er habe auch damit gerechnet, daß sie aus Verzweiflung dumm genug sein und versuchen könnten, ihn zu betäuben oder zu töten. Dementsprechend hat er sein Armband so eingestellt, daß es die Bombe sofort zündet, wenn er den geringsten Schock erleidet. Von ihrer kindischen Strategie gelangweilt, gibt er ihnen eine Stunde Zeit, um Kurs auf die Erde zu nehmen, sonst werden sie gesprengt.

Kirk unternimmt einen letzten Versuch, mit dem Außerirdischen vernünftig zu reden. Er sagt, daß seine Bitte nicht erfüllt werden kann, da das Leben, das er auf der Erde erwartet, nicht mehr existiert. Zum Beweis benutzt Kirk den Schiffscomputer, um Lord Bobby dreißig Sekunden aus der Geschichte des heutigen England zu zeigen. Lord Bobby erwidert, wenn die *Enterprise* auf Warp 10 gebracht wird, dann können sie in der Zeit zurückreisen und York und Lord Bobby im spätviktorianischen England absetzen. Mit diesem Manöver wird Kirk sogar Zeit für seine Hilfsmission *gewinnen*. Dann stellt Lord Bobby sein Armband ein, damit es in 59 Minuten automatisch die Bombe zündet. Wenn sie seinen Anweisungen Folge leisten, wird er natürlich die ›Widerruf‹-Taste betätigen.

Während Kirk sich mit seiner Brückencrew bespricht, wird er gefragt, warum die *Enterprise* den Außerirdischen nicht einfach in der gewünschten Zeit absetzt. Kirk macht darauf aufmerksam, daß jeder Eingriff in die Erdgeschichte – und erst recht die Einführung einer außerirdischen Lebensform – nicht nur gegen seine Befehle verstößt, sondern gar nicht erst verhandelbar ist. Kirk sieht nur einen Weg. Sie müssen auf die *Niobe* gelangen und versuchen, die Bombe zu neutralisieren, von der sie nicht wissen, wie sie aussieht, wo sie sich befindet, welche Technologie in ihr steckt und welche beschützenden Fallen errichtet sind.

Decker, Scott und Xon melden sich freiwillig für diese Aufgabe. Da sie alle der Meinung sind, daß sie den Transporter nicht benutzen können, beschließen sie, das viel langsamere Shuttle zu nehmen, auch wenn es sie wertvolle Minuten kosten wird.

Yeoman York versucht weiter herauszufinden, was sich hinter Lord Bobbys Besessenheit verbirgt. Da er sich seinen Gastgebern überlegen fühlt, erzählt der Außerirdische ihr alles von seiner Geburt und seiner Kindheit auf einem primitiven Planeten, der von Erdmenschen des Britischen Commonwealth kolonisiert wurde. Lord Bobby bewunderte die ›Überlegenheit‹ und den ›Stil‹ der Kolonisten. Als Junge wurde er Kabinensteward auf einem Schiff der Föderation und hoffte darauf, eines Tages zum legendären Planeten Erde zu gelangen. Nach vielen Gefechten geriet er jedoch als Gefangener auf den klingonischen Zerstörer *Niobe*. Nachdem das klingonische Schiff von einem romulanischen Zerstörer angegriffen wurde, war Lord Bobby der einzige Überlebende. Er sagt York, daß die quälende Einsamkeit, unter der er litt, nur dadurch gelindert wurde, daß er lernte, wie er die unversehrt gebliebene Bibliothek mit englischer Literatur an Bord des beschädigten Schiffs nutzen konnte. York ist von seiner Geschichte und seiner Offenheit gerührt.

Unterdessen kreist das Shuttle der *Enterprise* vorsichtig um das Wrack des klingonischen Schiffs und dringt durch ein zerklüftetes Loch ein, das in die Seite gerissen wurde. Nachdem sie mehrere Luftschleusen durchschritten haben – von denen eine defekt ist und sie beinahe festsetzt –, erreichen Decker, Scott und Xon die Brücke. Das Ultimatum rückt näher, während das Team die Suche nach der unbekannten Weltuntergangsbombe beginnt.

Auf der *Enterprise* bittet York Lord Bobby, die *Enterprise* wenigstens so lange in Ruhe zu lassen, bis sie ihre Mission erfüllt hat. Da sie Lord Bobby als ›fast menschlich‹ betrachtet hat, ist sie entsetzt, als sie erkennt, daß der Außerirdische Begriffe wie ›Ehre‹ und ›Selbstaufopferung‹ einfach nicht versteht. Er kann nicht begreifen, daß in ihrer Welt das Leben anderer mehr zählt als die Träume eines einzelnen.

Gleichzeitig gerät Kirk unter zunehmenden Druck durch Starfleet Command. Da er vermutet, daß das Armband Lord Bobby auch ermöglicht, Nachrichten mitzuhören, und hofft, ihn zu irritieren, verweigert Kirk einen direkten Befehl und wird zugunsten von Decker seines Postens enthoben. Als Starfleet Command fragt, warum Decker den Befehl nicht bestätigt, antwortet Kirk mit einer offenkundigen Ausrede, um Starfleet erkennen zu lassen, daß der Captain der *Enterprise* nicht frei sprechen kann.

An Bord des Wracks entdeckt Xon nach mehreren Fehlversuchen ein Objekt, das nicht zum Antriebs- oder Navigationssystem des Schiffs zu gehören scheint. Es ist auch – anders als andere Geräte auf dem Schiff – kein Reparaturmodul. Das Objekt ist massiv und aus einem unbekannten Material, das ihre Sensoren weder identifizieren noch durchdringen können. Was es allerdings besitzt, ist eine leicht zu identifizierende Uhr, auf der die Mikrosekunden ablaufen.

Da er keine Kommunikation mit Decker, Scott und Xon riskieren will, schließt Kirk sich York und Lord Bobby an. Er erkennt, daß York nicht mehr in der Lage ist, den Außerirdischen um weiteren Aufschub zu bitten. Sein Yeoman hat offensichtlich Schwierigkeiten, sich dem Einfluß des Außerirdischen zu entziehen.

Auf der Brücke der *Enterprise* empfängt Uhura einen Notruf von der umkämpften Föderationskolonie. Sie ist jetzt einen direktem Angriff durch die Romulaner ausgesetzt. Uhura fühlt mit ihnen, kann ihnen aber keine Hoffnung machen.

Auf der Brücke des Wracks diskutieren Decker und Xon kurz darüber, an welcher Stelle sie versuchen sollen, die Hülle der Bombe zu durchdringen. Dann kommt Scott aus dem Nebenraum und präsentiert ein Duplikat von Lord Bobbys Armband.

Auf der *Enterprise* bricht York endgültig zusammen und gesteht Lord Bobby, daß sie ihn getäuscht haben. Sie wollten niemals seine Forderungen erfüllen. Enttäuscht von der Menschheit und von York sagt der Außerirdische, daß er nun nicht mehr zur Erde reisen will. Und da sie seine Träume zerstört haben, sollen sie alle vernichtet werden.

Als Kirk die Drohung des Außerirdischen hört, ruft er unumwunden sein Team auf der *Niobe* und erfährt, daß sie *möglicherweise* den Schlüssel gefunden haben, um die Bombe zu entschärfen. Sie führen aber noch Tests durch, um sicher zu sein.

Lord Bobby verabschiedet sich liebevoll von York.

Kirk befiehlt Scott, *jetzt* zu handeln.

Fast im gleichen Augenblick aktiviert Lord Bobby die Bombe, während Scotty den Detonationsbefehl widerruft. Scott ist einen Sekundenbruchteil schneller.

In der Folge erwartet der nun machtlose Lord Bobby Kirks zornige Rache. Er ist erstaunt, als Kirk ihm anbietet, auf sein Wrack zurückzukehren, womit er zwar nicht seinen Traum verwirklichen, aber mit Hilfe der Bibliothek weiterträumen kann. Im Transporterraum fragt Lord Bobby Yeoman York, ob sie ihm in seinen Traum folgen möchte. York ist über seinen Versuch gerührt, aber sie beschließt, in der realen Welt zu bleiben. Lord Bobby kehrt allein in seine Welt der Illusionen zurück.

›TO ATTAIN THE ALL‹

VON NORMAN SPINRAD

Dies ist eine aufregende Geschichte, die in der ersten Season von Phase II *zweifellos herausragend gewesen wäre. Zu jener Zeit war die Bedrohung, die in dieser Geschichte vorgestellt wurde, für* Star Trek *etwas Neues und nimmt das vorweg, was die Borg in der* Next Generation *zu erreichen versuchen. Die Handlung konzentriert sich außerdem stark auf die Charaktere und zeichnet Decker und Xon als Individuen, anstatt sie wie Abziehbilder von Kirk und Spock erscheinen zu lassen. Zugegebenermaßen wird der Transporter für etwas eingesetzt, was er nicht leisten kann. Aber eine Überarbeitung hätte diese Aufgaben sicherlich auf ein Shuttle übertragen. Dafür sind technische Berater schließlich da.*

Norman Spinrad ist ein angesehener Science Fiction-Autor, der auch die Classic-Episode ›The Doomsday Machine‹ geschrieben hatte. Nicht nur, daß dies eine der besten Episoden der Serie war, sie stellte auch die Rolle des Commodore Matt Decker vor, der sich in der Entwicklungsphase von Phase II *als Vater von Will Decker entpuppte.*

Als die *Enterprise* auf einen Stern trifft, in dessen System sich eine Reihe lebloser und energieloser Planeten wie auf einer Perlenkette aufgezogen findet, ortet Lieutenant Xon Energieanzeigen auf einem kleinen Planetoiden. Kirk befiehlt eine Annäherung, um das zu untersuchen. Während sie sich dem Planetoiden nähern, wird auf dem Hauptbildschirm ein kleiner, in allen Regenbogenfarben schillernder Körper sichtbar, der rasch größer und größer wird. Plötzlich ändert sich das Bild auf dem Schirm und zeigt nur noch einen chaotischen, regenbogenfarbenen Wirbel. Der Planetoid, der Stern, die Planeten und das gesamte bekannte Universum sind verschwunden. Das Schiff ist *irgendwo*.

Auf der Brücke der *Enterprise* ertönt Alarm, Lichter flackern auf.

Kirks Logbucheintrag beschreibt die Situation: Bei der Erforschung einer unbekannten Reaktion der Galaxis ist die *Enterprise* plötzlich und auf unerklärliche Weise irgendwohin gebracht worden, wo die physikalischen Gesetze des Universums nicht länger zu gelten scheinen.

Während Kirk, Xon, Scott und Uhura festzustellen versuchen, wo sie sind und was geschehen ist, erklärt Xon, daß die Schiffssensoren keine sinnvollen Angaben über ihre Umgebung oder ihren Aufenthaltsort machen können. Die Lebenserhaltungssysteme funktionieren, aber andere Systeme arbeiten nicht zur völligen Zufriedenheit. Scott meldet, daß er die wilden Schwankungen in der Geschwindigkeit des Schiffs nicht erklären kann, daß der Impulsantrieb ausgefallen ist und daß Materie und Antimaterie in den Warpantriebsgondeln sich in einem unbekannten Zustand zu befinden scheinen. Der Chefingenieur des Schiffs kann noch nicht einmal sagen, ob der Warpantrieb funktioniert oder nicht. Uhura teilt Kirk mit, daß sie mit der Umgebung keinen Kontakt herstellen kann.

In dem Moment materialisiert mitten auf der Brücke ein kahlköpfiger, blauhäutiger Humanoider, der ein wallendes Gewand trägt. Er erklärt, er sei der ›Prinz‹, der letzte Vertreter der ›Ersten‹, einer vergessenen Spezies, die, eine Milliarde Jahre bevor Vulkan oder die Erde überhaupt existierten, ein ganzes Sonnensystem nach ihren Wünschen einrichtete.

Kirk will wissen, wo die *Enterprise* ist, wie und warum sie hergekommen ist, und ob der Prinz das Geschehene verursacht hat. Der Humanoide erklärt ruhig, daß er für die Situation verantwortlich ist. Er erklärt Kirk, daß der Planetoid und der Pseudoraum, in dem sich die *Enterprise* nun befindet, Elemente einer Test- und Lehrmaschine sind. Der Zweck der ›Maschine‹ ist, all das phantastische, verlorene Wissen der Ersten mit den jüngeren Spezies in der Galaxis zu teilen. Um dieses Wissen zu erhalten, muß eine Spezies sich als würdig erweisen, um »das Alles zu empfangen«. Dann fordert der Humanoide Decker und Xon auf, ihn zu begleiten.

Als Kirk den Humanoiden auffordert, seine eigenen guten Absichten dadurch zu beweisen, daß er die *Enterprise* freiläßt, sagt Xon seinem Captain, daß er von ihrem Besucher kein Lebenszeichen empfängt. Der Prinz erklärt, daß er lebt, allerdings nicht auf die ›armselige, sterbliche‹ Weise, die sie unter Leben verstehen.

Kirk beharrt weiter darauf, daß er erst dann darüber nachdenken wird, seine Crew an den Unternehmungen des Humanoiden mitwirken zu lassen, wenn die *Enterprise* in den Normalraum zurückgekehrt ist. Doch der Prinz erklärt, daß »der einzige Weg nach draußen der Weg hindurch ist«. Und nur wenn sie sich als würdig erweisen, das Wissen der Ersten zu erlangen, das im Inneren des Planetoiden aufbewahrt wird, werden sie erfahren, was nötig ist, um zu entkommen. Wenn sie nicht teilnehmen, werden sie für immer an diesem Ort verharren.

Xons vulkanische Logik zwingt ihn zu erklären, daß es so scheint, als bliebe ihnen keine andere Wahl, als die Herausforderung des Humanoiden anzunehmen. Deckers Sinn für Abenteuer und sein Pflichtgefühl lassen ihn zu der gleichen Empfehlung gelangen, wenn auch aus emotionaleren Gründen. Xon macht auf die unerwartete Kombination aus vulkanischer Logik und menschlicher Emotionen aufmerksam, die zum gleichen Appell geführt hat.

Widerstrebend erklärt sich Kirk einverstanden, Decker und Xon zusammen mit dem Prinzen auf den Planetoiden zu bringen. Die drei verschwinden gleichzeitig von der Brücke.

Decker, Xon und der Prinz materialisieren mitten in einem wirbelnden, scheinbar immateriellen Chaos aus sich verschiebenden Farben, das sehr an den Pseudoraum erinnert, in dem die *Enterprise* gefangen ist. Der Prinz erklärt dem Menschen und dem Vulkanier, daß ihr Ziel darin besteht, das illusorische, labyrinthähnliche Innere des Planetoiden zu überwinden, um die Zentralcomputerbänke zu erreichen, in denen das Wissen gelagert ist. Sie werden lernen, während sie sich weiterbewegen, ihr Fortschritt wird getestet und bewertet, um zu bestimmen, ob sie würdig sind, »das Alles zu erhalten«. Der Prinz wird sie als Führer, Lehrer und Beurteiler begleiten. Er warnt sie, daß ihr einziger Schlüssel zum Erfolg darin liegt, daran zu denken, daß Veränderung die einzige Konstante ist. Er erinnert sie, daß »der Weg nach draußen der Weg hindurch ist«, und sagt ihnen, er hoffe, daß sie erfolgreich sind, dann verschwindet er.

Im nächsten Moment stehen Decker und Xon kopfüber auf einer immateriellen Decke, im rechten Winkel zu einer Wand mit einem kreisförmigen Durchgang. In diesem Durchgang steht der Prinz, auch er hängt kopfüber an der Decke.

Auf der Brücke der *Enterprise* hat Uhura den Kommunikatorkontakt zu Decker und Xon verloren. Lieutenant Ilia, die Xon als Wissenschaftsoffizier ersetzt, informiert Kirk, daß das Schiff jetzt offenbar in ein Schwarzes Loch gezogen und davon mit Sicherheit zerstört werden wird. Während Sulu versucht, das Steuer zu kontrollieren, fordert Kirk von Scott Warpenergie. Im Maschinenraum setzt der Chefingenieur all sein Wissen ein, um plötzliche Ausstöße an Warpenergie zu kontrollieren, während die Polarität von Materie und Antimaterie in den Warpgondeln unvorhersehbar wechselt. Das Schiff kann nur mit Mühe seine Position halten.

Im Labyrinth des Planetoideninneren setzen Decker und Xon vulkanische Logik und menschliche Intuition ein, um eine kombinierte Strategie zu entwickeln, wie sie kopfüber von der Decke an der Wand entlang in den Durchgang gelangen können. Mit einemmal stehen sie aufrecht neben dem Prinzen, der zu ihnen sagt: »Und so werden Sie mit Allem eins.« Als er sie fragt: »Beginnen Sie zu lernen?«, nicken sich Decker und Xon verstehend zu.

In der Krankenstation der *Enterprise* sind sich die Ärzte McCoy und Chapel uneinig über die Behandlung eines Crewmitglieds, das in einem Koma liegt, nachdem es bei dem Chaos verletzt worden ist, von dem das Schiff noch immer betroffen ist. Chapel glaubt, die Verletzung sei psychosomatisch. Als der Prinz erscheint, die beiden berührt und ihnen sagt, sie sollen »mit sich und mit Allem stärker eins« werden, einigen sich McCoy und Chapel auf eine neue Behandlung, die ihre verschiedenen Standpunkte verbindet.

Im Planetoidenlabyrinth begegnen Decker und Xon nun einer Feuerwand, die den einzigen Durchgang blockiert. Hinter den Flammen hören sie die Stimme des Prinzen, der ihnen sagt, sie müssen durch das Feuer schreiten, um das Alles zu erreichen. Xon, der mehr nach Decker klingt, sagt seinem Crewkameraden, er glaube, daß der Prinz ihnen sagt, daß sie ihre Furcht besiegen müssen, indem sie ihrem Mut vertrauen. Decker stimmt ihm zu, klingt aber eher wie Xon, als er sagt, daß er in den Worten des Vulkaniers etwas Logisches entdeckt. Gemeinsam gehen sie unversehrt durch die Flammen, um auf der anderen Seite mit dem Prinzen zusammenzutreffen.

Auf der Brücke der *Enterprise* herrscht unterdessen permanenter Alarm. Die Gravitationskräfte, die an dem Schiff zerren, fluktuieren nun wie wild. Das Schiff droht auseinandergerissen zu werden, während Scott gezwungen ist, fortwährend den unzuverlässigen Warpantrieb anzupassen, um die zerstörerischen, sich bekämpfenden Kräfte auszugleichen. Die Crew benimmt sich ebenfalls ungewöhnlich. Chekov und Sulu scheinen die Eigenarten des jeweils anderen anzunehmen. Chekov ist nun geschwätzig, während Sulu wortkarg wird. Uhura und Ilia beginnen, gleich zu denken und zu klingen. Kirk findet, daß sie ihn alle an den Prinzen erinnern, der überall gleichzeitig auf dem Schiff zu sein scheint. Es ist so, als würde sich ein Gemeinschaftsbewußtsein bilden, von dem nur Kirk ausgeschlossen ist, der wegen der Einsamkeit des Kommandos isoliert ist. Nur er scheint zu sehen, was vor sich geht. Kirk erkennt, daß er etwas unternehmen muß, und zwar schnell.

Im Labyrinth des Planetoiden. Decker und Xon sehen den Prinzen jenseits einer Schlucht, die zu breit ist, um übersprungen zu werden, und die bodenlos zu sein scheint. Als der Prinz beginnt: »Wo ein Fragment des Alles gegangen ist...«, führen Decker und Xon die Aussage fort: »... kann das Alles folgen.« Hand in Hand springen Decker und Xon in die Luft und schweben über den Abgrund auf die andere Seite.

Der Prinz erscheint nun wieder auf der Brücke der *Enterprise*. Obwohl das Schiff sich im Alarmzustand befindet, erzeugt die Anwesenheit des Humanoiden eine unheimliche Ruhe bei der Crew. Es ist fast so, als habe er das Kommando, nicht Kirk. Kirk beschließt, daß er jetzt etwas unternehmen muß, da sonst alles verloren ist. Er legt den Finger auf einen roten Knopf an seiner Konsole und warnt den Prinzen, daß er die *Enterprise* zerstören wird, wenn nicht sofort der Kontakt zu Decker und Xon wiederhergestellt wird. Er sagt außerdem, er wolle jetzt einige klare Antworten haben. Seine Crew, darunter auch Sulu, Chekov und Uhura, will ihn mit dem Appell, »nicht die Erzielung des Alles zu zerstören«, davon abbringen, aber ihre Anstrengungen werden vom Prinzen selbst zum Verstummen gebracht.

Der Prinz erklärt, daß Kirk gewonnen hat und daß der Kontakt zu Decker und Xon wiederhergestellt wird. Dieser Kontakt kann aber nur über eine Gedankenverbindung zwischen den telepathisch begabten Xon und Ilia erfolgen. Unter den gegenwärtigen Bedingungen funktionieren die Kommunikatoren nicht. Zwar scheint es so, als habe Kirk sein Ziel erreicht, aber der Gesichtsausdruck des Prinzen verrät, daß auch er sein Ziel erreicht hat.

Auf der Brücke der *Enterprise* legt der Prinz nun seine Hand auf Ilias Stirn. Im Planetoidenlabyrinth legt der Prinz zur gleichen Zeit seine Hand auf Xons Stirn. Die Gedankenverbindung zwischen Xon und Ilia ist hergestellt worden, doch sie funktioniert anders als jede normale vulkanische oder deltanische Gedankenverschmelzung. Auf der Brücke der *Enterprise* spricht Ilia nun mit Xons Stimme. Im Labyrinth kann Xon sich nun direkt mit Kirk unterhalten, da er Kirk durch Ilias Ohren hört. Der Vulkanier und die Deltanerin sind eins geworden.

Ilia, die als Xon spricht, sagt Kirk, daß Decker und Xon fast ihr Ziel erreicht haben. Uhura spricht die gleichen Worte, die Ilia äußert – das Gemeinschaftsbewußtsein arbeitet.

Kirk will mit Decker sprechen, da Xon sich so anhört wie der Prinz. Der Prinz ist einverstanden und berührt im Labyrinth Deckers und Xons Stirn. Decker spricht nun durch Ilia zu Kirk; es gibt Anzeichen dafür, daß Decker, Xon, Ilia und Uhura eins geworden sind. Kirk setzt die Macht seinen Kommandos und seine Vater-Sohn-Beziehung zu Decker ein, um seinen Ersten Offizier wenigstens zum Teil aus dem sonderbaren Zustand zu holen, in dem er sich – der Stimme nach zu urteilen – befindet. Aber in dem Moment bockt das Schiff, der Warpantrieb ist völlig ausgefallen, ein plötzlicher massiver Anstieg der Schwerkraft wirkt sich auf alle aus, nur nicht auf den Prinzen. Die *Enterprise* droht zerrissen und ihre Crew zerquetscht zu werden.

Durch Ilia kämpft Xon darum, Kirk mitzuteilen, daß er jetzt das Wissen besitzt, um das Schiff zu retten. Er muß aber eine Gedankenverschmelzung mit Scott eingehen. Im Labyrinth des Planetoiden formt Xon zwar die Worte, die Kirk von Ilia hört, aber in Wahrheit spricht der Prinz.

Auf der Brücke der *Enterprise* sieht Kirk keine andere Wahl, als der Gedankenverschmelzung zuzustimmen. Im Maschinenraum berührt der Prinz die Stirn des Chefingenieurs. Mit übermenschlicher Geschwindigkeit stellt Scott neue Verbindungen her, verändert Kontrollen und paßt die Maschinen auf ungewöhnliche Weise an.

Auf der Brücke ist Kirk erleichtert, als der Warpantrieb wieder anspringt und der erdrückende Schwerkraftanstieg nachläßt. Im Moment ist das Schiff in Sicherheit, aber er wird schon bald erfahren, daß es der Zerstörung auf Dauer allein durch *permanente* Veränderungen entkommen kann, die Scott mit übermenschlicher Geschwindigkeit nur unter der Aufsicht des Gemeinschaftsbewußtseins ausführen kann, das seinerseits vom Prinzen kontrolliert wird.

Kirk erkennt, daß durch die Einbeziehung von Scott im Gemeinschaftsbewußtsein ein kritischer Punkt erreicht worden ist. Der Rest von Kirks Crew hat sich jetzt einem telepathisch verbundenen Gemeinschaftsbewußtsein angeschlossen, das vom Prinzen kontrolliert wird. Ganz gleich, mit wem Kirk spricht, alle antworten einheitlich. Auf seine Befehle wird mit Worten reagiert, die direkt vom Prinzen kommen könnten. Nur Decker scheint dank Kirks vorheriger Anstrengungen die Ausnahme darzustellen, aber auch er steht teilweise unter der Kontrolle des Prinzen.

Während er sich durch das Schiff bewegt und sieht, wie seine Crew mit übermenschlicher Geschwindigkeit arbeitet und dabei unverständliche Aufgaben erledigt, um das Schiff zu retten, redet Kirk unaufhörlich mit seinem Ersten Offizier. Er appelliert an Deckers Pflichtgefühl, an seine Menschlichkeit und an ihre persönliche Bindung, um Decker davor zu bewahren, vom Gemeinschaftsbewußtsein vereinnahmt zu werden. Kirk wagt es nicht, die geistigen Verbindungen zu unterbrechen, da er weiß, daß dies die Zerstörung der *Enterprise* bedeutet.

Währenddessen betreten Decker, Xon und der Prinz im Planetoidenlabyrinth den Zentralraum, in dem sämtliches Wissen aufbewahrt wird. Der Prinz führt Xon zu einer unheimlich leuchtenden Kugel, die sich auf einem schmucklosen Podest befindet. Er sagt zu Xon: »Berühren Sie es und empfangen Sie das Alles.« Als Xon seine Hände versuchsweise auf die Kugel legt, erlebt er erkennbar eine machtvolle Erfahrung. Decker erlebt das gleiche.

Auf der *Enterprise* materialisiert der Prinz vor Kirk und der Crew, um eine Ankündigung zu machen. Während der Humanoide spricht, spricht die gesamte Brückencrew im Einklang mit ihm: »Das Alles wird enthüllt werden. Das Alles ist freigesetzt worden. Das Alles ist erreicht worden.« Dann erfährt Kirk die Wahrheit, als der Prinz mit seiner Stimme und mit den Stimmen der Crew ihm sagt, daß die Körper der *Enterprise*-Crew nun dazu dienen werden, das Alles in sich aufzunehmen, das wie ein Flaschengeist seit Milliarden Jahren in ihrer Computerbank gefangen war.

Der Prinz erklärt, daß er nur eine holographische Projektion ist, die in der Kugel im Labyrinth erzeugt wird. So ist es ihm möglich gewesen, an vielen Orten gleichzeitig zu erscheinen. Er sagt zu Kirk, daß die Ersten auf dem Höhepunkt ihrer Macht ihren Körper und ihre Identität aufgaben, um zu einem gottähnlichen, unsterblichen Gemeinschaftsbewußtsein zu werden. Die Kugel wurde für sie unerwartet zu einer Falle, während sie darauf warteten, von jüngeren Spezies entdeckt zu werden. Jetzt haben sie von neuen Körpern Besitz ergriffen, nun wollen sie weitermachen und alle intelligenten Wesen in der Galaxis in ihr Gemeinschaftsbewußtsein aufnehmen. Der Prinz hält das für einen fairen Tausch: Die Crewmitglieder werden zwar ihre individuelle Persönlichkeit verlieren, aber sie werden Unsterblichkeit und das Wissen des Alles erhalten.

Der Prinz stellt Kirk und Decker, die beiden Crewmitglieder, die nicht in die Gruppe aufgenommen worden sind, vor die Wahl: »Nehmt das Alles entgegen oder sterbt.«

Kirks Crew beginnt sich bedrohlich auf ihn zuzubewegen. Während er von der Brücke eilt, appelliert Kirk ein letztes Mal an Decker, nicht seine Menschlichkeit sowie seine Pflicht gegenüber dem Schiff und der Föderation zu vergessen. Im Planetoidenlabyrinth ringt Decker damit, die leuchtende Kugel zu berühren. Als er sie berührt, verklärt sich sein Gesicht in Ekstase.

Während Decker darum kämpft, auf dem Planetoiden seine Menschlichkeit wiederzuerlangen, versucht Kirk auf der *Enterprise* vor seiner Crew zu fliehen. Als Deckers Hände die Kugel wieder loslassen, ist er voll von sonderbarem neuen Wissen, obwohl er sich mehr unter Kontrolle zu haben scheint als zuvor. Dann verschwindet Decker plötzlich und…

…taucht auf der *Enterprise* in einem Korridor vor dem Maschinenraum auf, wo Kirk gerade von Wachen überwältigt wird, während der Prinz zusieht. Der Prinz weist Decker an, sich dem Kampf anzuschließen. Nach kurzem Zögern mischt sich Decker ein. Aber bevor Kirks Erster Offizier ihn schlagen kann, ruft Kirk aus: »Will! Ich bin's, Jim Kirk! Und Sie sind Will Decker! Helfen Sie mir!« Decker hält inne, die Belastung dessen, was er machen wollte, löst ihn von dem Gemeinschaftsbewußtsein.

Gemeinsam überwältigen Kirk und Decker die Sicherheitskräfte, dann greifen sie den Prinzen an. Da der Humanoide aber nur eine Projektion ist, können sie ihn nicht berühren. Dann verschwindet er. Decker sagt zu Kirk, er solle den Prinzen vergessen, da er selbst nun weiß, was zu tun ist. Aber sie werden die Unterstützung des Chefingenieurs benötigen.

Kirk und Decker betreten den Maschinenraum und begegnen Scott. Als der Ingenieur versucht, gegen beide zu kämpfen, löst auch ihn die Belastung aus dem Gemeinschaftsbewußtsein. Er wird wieder zu dem vertrauten Freund und Verbündeten. Decker sagt Scott und Kirk, daß sie zu den Transportern müssen. Die drei Offiziere kämpfen sich den Weg zum Transporterraum frei, überwältigen das dort anwesende Personal und verschließen die Türe hinter sich. Dann erklärt Decker Kirk und Scott seinen Plan. Wenn sie die Kugel, die das Alles enthält, vom Planetoiden und damit von seiner Energiequelle fortbeamen, sollte das Alles machtlos sein. Kirks Erster Offizier sagt ihnen, er glaube, daß er sich an die Koordinaten der Kugel ›erinnere‹.

Von außen schlägt jemand gegen die Tür zum Transporterraum. Während Decker mit Scotts Hilfe die Transporterkontrollen einstellt, wird die Tür durchbrochen, der Prinz führt einen Teil der Crew unter Leitung von Dr. McCoy herein. Der

Prinz befiehlt: »Das Alles muß bewahrt werden…«, dann spricht die Crew im Chor mit der Stimme des Prinzen: »…haltet sie auf!« Als sie sich aber auf Kirk, Decker und Scott zubewegen, legt der Chefingenieur den letzten Schalter um, die leuchtende Kugel materialisiert im Transporterraum. Sofort verschwindet der Prinz, die *Enterprise* kehrt in den Normalraum zurück. Die Schiffssensoren bestätigen, daß es auf dem Planetoiden nun keine Energieanzeigen mehr gibt.

Im Transporterraum kehren die verwirrten Crewmitglieder wieder zu ihren eigenen Persönlichkeiten zurück, als würden sie aus einem schrecklichen Alptraum erwachen. Ihr sonderbares neues Wissen verläßt sie wieder, gemeinsam mit den Erinnerungen an die jüngsten Erlebnisse. Kirk läßt Xon auf das Schiff zurückbeamen, der auch wieder zu seiner normalen Persönlichkeit zurückgekehrt ist, auch wenn ihm mehr bewußt ist, daß er permanent Fragmente des Wissens verliert, das er gerade noch besessen hatte.

Später auf der Brücke der *Enterprise* diskutieren Kirk, Xon und Decker darüber, was sie mit ›Allem‹ machen sollen. Obwohl die Logik sagt, daß sie den Transporter einsetzen sollten, um seine Atome im All zu verstreuen und einer potentiellen Gefahr ein Ende zu setzen, denkt Kirk an etwas anderes. Er befiehlt Scott, die Kugel in Richtung Andromeda-Galaxis zu beamen. Da es Milliarden Jahre dauern wird, ehe sie dort ankommt, wird das ›Alles‹ vielleicht in dieser Zeit lernen, was Gnade und Bescheidenheit bedeuten. Er erklärt seiner Crew, daß die Ersten all ihrem Wissen zum Trotz diese Lektionen erst noch lernen müssen.

›THE WAR TO END ALL WARS‹

VON ARTHUR BERNARD LEWIS

Auch mit Blick auf die Anforderungen von ›In Thy Image‹ ist dies das ausgefeilteste und technisch anspruchsvollste Phase II-*Drehbuch. Es ist eigentlich sogar schwer vorstellbar, wie diese Geschichte innerhalb einer Stunde erzählt und in Anbetracht der finanziellen und produktionstechnischen Beschränkung einer wöchentlichen Fernsehserie hätte verwirklicht werden können – ohne dabei auf eine Weltraumschlacht, ein Raumschiffwrack, Androidenarmeen, Kriegsruinen, außerirdische Panzer, eine unterirdische Zivilisation und auf Kriegskontrollsessel zu verzichten. Abgesehen davon ist es eine fesselnde Geschichte mit einem klassischen* Star Trek-*Thema, in dem Kirk gegen eine fremde Welt antreten muß, in der Krieg zum absoluten Sportereignis geworden ist.*

Während sich die *Enterprise* im Standardorbit um den Planeten Shadir befindet, bereitet Kirk seine Crew auf einen Besuch des Planeten vor. Wissenschaftsoffizier Xon nimmt einen allgemeinen Sensorscan der Planetenoberfläche vor. Kirk, McCoy und der Rest der Brückencrew hören sich ein historisches Band an, das zweihundert Jahre zuvor von einem Föderationsschiff aufgenommen wurde, das Shadir besucht hatte. McCoy, der normalerweise nicht davon begeistert ist, sich auf unbekannte Planeten beamen zu lassen, freut sich ausnahmsweise einmal auf die Erfahrung. Die Shadirianer waren zur Zeit der Bandaufnahme intelligente, äußerst wetteifernde Wesen, die im Begriff waren, ihre industrielle Revolution unter der gütigen Herrschaft von Plateous I. abzuschließen. Shadir ist zu der Zeit einer der zivilisiertesten Planeten, die nicht der Föderation angeschlossen sind. Zu McCoys Freude werden die Shadirianer als Freunde eines guten Weins, schöner Künste und angeregter Konversation beschrieben.

Dann meldet Uhura intensive Kommunikation von Shadir, aber nichts davon ist zu entziffern. Auf Kirks Bitte schaltet sie den Ton auf die Lautsprecher. Die Brückencrew hört eine Kakophonie aus wellenförmigen Tönen auf einer hohen Frequenz. Uhura teilt Kirk außerdem mit, daß ihre Versuche, mit dem Planeten Kontakt aufzunehmen, unbeantwortet geblieben sind.

Xon meldet jetzt die Ergebnisse seines Sensorscans. Er kann auf Shadir kein Leben entdecken. Xons Vermutungen, was der hochentwickelten Zivilisation zugestoßen sein könnte, werden von Sulu unterbrochen. Der Steuermann lenkt Kirks Aufmerksamkeit auf den Brückenbildschirm. Der zeigt, daß sie durch die Trümmer mehrerer kleiner Raumschiffe fliegen. Viele davon sind ausgebrannte Kolosse, die aussehen, als seien sie im Kampf beschädigt worden. Die Sensoren zeigen an, daß sich in einigen von ihnen noch Körper befinden.

Dann empfängt Uhura einen Notruf. Sie kann die Herkunft zurückverfolgen, der Bildschirm zeigt die mutmaßliche Quelle des Signals – ein kleines Raumschiff, das nicht so stark beschädigt ist wie die anderen, aber in Schwierigkeiten steckt. Seine Kennzeichnung ist ein grüner Kreis, in dem die Ziffern 001 stehen.

Kirk läßt das Innere des Schiffs auf den Bildschirm legen; eine atemberaubend schöne junge Frau erscheint – Yra, die eine schlichte grüne Uniform trägt. Die Frau ist im Wrack ihres Schiffs eingeklemmt. In ihrer Nähe liegen auf dem Boden der Kabine zwei Körper, die ebenfalls die grüne Uniform tragen. Yra hat offensichtlich Schmerzen und bittet um Hilfe.

Von der Brücke der *Enterprise* aus stellt sich Kirk Yra vor und verspricht, ihr zu helfen. Yra dankt ihm. Kirk befiehlt, das kleine Schiff mit dem Traktorstrahl an die *Enterprise* heranzuziehen.

Kirk beschließt, Yras Schiff an Bord zu beamen, um sie zu retten. Xon mahnt zur Vorsicht. Er sagt Kirk, daß er das kleine Schiff gescannt, aber keine Lebensformen festgestellt hat. Kirk kann aber nicht Yras Notruf ignorieren. Er überläßt Decker das Kommando und begibt sich zum Transporterraum.

Kirk materialisiert in den Trümmern von Yras Schiff, nimmt einen Phaser und befreit Yra rasch. Sie sagt ihm, daß ihr Schiff und die anderen Wracks, die er gesehen hat, Opfer des Shadirianischen Krieges sind. Kirk ist enttäuscht, als er erfährt, daß Shadirs höchst zivilisierte Bewohner Kriege noch nicht überwunden haben. Yra begutachtet nun den Schaden an ihrem Schiff und kommt zu dem Schluß, daß es den Wiedereintritt in die Atmosphäre nicht überstehen würde, auch wenn sie die Maschinen repariert. Sie fragt Kirk, ob er sie an Bord der *Enterprise* nehmen kann. Er gewährt ihr gerade ihre Bitte, als Decker ihn ruft, um ihn zu warnen, daß sich ein großes, einem Shuttle ähnliches Kriegsschiff der *Enterprise* nähert. Yra identifiziert es für Kirk: Es ist ein neues shadirianisches 002-Blau-Schiff, der gleiche Typ, der ihr Schiff angegriffen hat.

Kirk weist Decker an, die Deflektoren der *Enterprise* hochzufahren. Decker zögert einen Moment und macht darauf aufmerksam, dies bedeute, daß Kirk auf Yras kleinem Schiff in der Falle sitzt. Als Kirk seinen Befehl wiederholt, landet das shadirianische Schiff einen Treffer und beschädigt die *Enterprise* mit einer kraftvollen Salve. Nun ist Decker nicht mehr in der Lage, die Deflektoren einzusetzen. Kirk befiehlt Energie auf alle Phaser, wodurch die bereits in Mitleidenschaft gezogenen Maschinen der *Enterprise* weiter strapaziert werden. Dann bittet er Yra, ihm zu zeigen, wo ihre Waffenkontrollen sind. Während sie das macht, sagt sie ihm auch, wo das 002-Blau-Schiff am verwundbarsten ist – am Fusionsantrieb am Bug. Kirk gibt diese Information an Decker weiter, dann beginnt er an den Waffenkontrollen von Yras Schiff zu arbeiten. Das blaue Schiff gerät ins Kreuzfeuer und explodiert. Die Explosion greift aber auf Yras Schiff über, Kirk und Yra beamen auf die *Enterprise*, bevor ihr Schiff desintegriert wird.

An Bord der *Enterprise* schickt Kirk die massiv protestierende Yra in die Krankenstation. Dann fordert er von Scott einen Schadensbericht an. Kirk ist zwar erleichtert, daß nur wenige Verletzte zu beklagen sind, aber Scott informiert ihn, daß der Antrieb umfangreiche Reparaturen benötigt. Das Schiff läuft jetzt nur auf Reserveenergie. Es wird zwei Tage dauern, um die Maschinen zu reparieren, sowie vier Tage, um die Energieversorgung wiederherzustellen. Und selbst dann werden sie nicht in der Lage sein, einem weiteren Angriff dieser Art standzuhalten.

Um Yras Beschreibung eines planetenweiten Krieges zu bestätigen, läßt Kirk eine Nahaufnahme der Planetenoberfläche auf den Hauptbildschirm schalten. Die Städte auf Shadir erinnern an Berlin oder London nach dem Zweiten Weltkrieg. Nur verbogener Stahl und Schutt. Dann bekommt Kirk eine dringende Nachricht von McCoy aus der Krankenstation.

McCoy teilt Kirk mit, daß Yra ein Roboter ist. Yra lehnt diese Bezeichnung ab. Sie bezeichnet sich als Android. Obwohl sie zugeben muß, daß sie hergestellt worden ist, hat sie die gleichen Gefühle und Empfindungen wie ein lebendes Wesen. Sie bittet Kirk um Erlaubnis, auf die Oberfläche ihres Heimatplaneten zurückgebracht zu werden. Sie sagt ihm, es sei ihre Pflicht zurückzukehren. Als Kirk sie fragt, warum die *Enterprise* keinen Kontakt mit den Shadirianern aufnehmen konnte, sagt Yra, das wisse sie nicht. Sie kann nur vermuten, daß sie zu sehr mit den Kämpfen beschäftigt sind. In dem Moment empfängt Kirk eine Mitteilung, auf die Brücke zu kommen.

Auf dem Hauptbildschirm betrachten Kirk, Xon und der Rest der Brückencrew eine stark vergrößerte Ansicht der Oberfläche von Shadir. Ein weiteres 002-Blau-Shuttle wird für den Start vorbereitet. Kirks Crew weiß nicht, wie schnell das Schiff gestartet wird und ob die *Enterprise* sein Ziel ist.

Als McCoy und Yra auf die Brücke kommen, benutzt Yra Xons Computer, um die Antwort zu liefern. Das Schiff wird in zwei Tagen starten – und damit Stunden, bevor Kirks Chefingenieur die Maschinen der *Enterprise* einsatzbereit hat. Yra sagt ihnen, daß die *Enterprise* sehr wahrscheinlich das Ziel ist. Die Brückencrew erwägt den Einsatz eines Photonentorpedos, aber Kirk sagt, das sei ein zu verheerender Gegenschlag. Er fragt Yra, ob sie ihnen helfen wird, den Start zu verhindern. Sie ist nicht nur einverstanden, sie bietet ihnen auch an, sie zum shadirianischen Kontrollzentrum zu bringen.

Kirk entscheidet, daß das Landeteam aus ihm selbst, Xon, McCoy und Yra bestehen wird. Wenn es Probleme mit der Kommunikation gibt, soll Decker in etwa vierzig Stunden wieder mit ihnen zusammentreffen. Während sie zum Transporterraum gehen, warnt Yra Kirk vor den Gefahren, die ihnen auf der Oberfläche von Shadir begegnen werden. Obwohl sie ihm versichert, daß sie ihr Bestes geben wird, um das Team sicher zu führen, sind in ihrem Gebaren Anzeichen für Verrat zu entdecken.

Das Landeteam materialisiert auf einer vom Krieg verwüsteten Straße. Was von den Gebäuden übriggeblieben ist, erinnert an Städte auf der Erde des späten zwanzigsten Jahrhunderts. Sofort geht Kirks Team in Deckung, als es vom Lärm des Krieges umgeben wird. Flüchtige Blicke auf die Scharfschützen lassen grüne sowie blaue Uniformen erkennen. Das Landeteam ist mitten in ein Gefecht zwischen zwei sich bekämpfenden Gruppen geraten: 001-Grün gegen 002-Blau.

Yra führt das Team an einen sicheren Ort, wo sie einen Moment lang ausruhen können. Obwohl die Kampfgeräusche nicht nachlassen, nutzt McCoy die Gelegenheit, um mit seinem Tricorder nach Lebenszeichen zu suchen. Er kann aber keine entdecken. Er sagt Kirk, daß die Krieger in diesem Gebiet ebenfalls Androiden wie Yra sein müssen. Kirk stellt Yra zur Rede. Er möchte wissen, ob es auf dem Planeten *irgendwelche* Lebensformen gibt. Bevor Yra antworten kann, kommt der Kampflärm näher. Sie sagt Kirks Team, es solle ihr folgen und die Köpfe unten halten.

Das Landeteam begibt sich in die relative Ruhe eines freien Feldes, das einmal eine Parkanlage war. Yra ist knapp hinter ihnen. Plötzlich werden sie von Kriegern in blauen Uniformen überrascht, die sich getarnt zwischen den sie umgebenden Bäumen und Felsen aufgehalten haben. Kirk, McCoy und Xon werden die Waffen, Kommunikatoren und andere Ausrüstungsgegenstände abgenommen. Dann taucht ein älterer und sehr erhaben aussehender Mann auf – Plateous III. Er ist weiß gekleidet. Kirk und sein Team hören wieder die wellenförmigen Geräusche, die ihnen erstmals auf der *Enterprise* aufgefallen waren. Xon sagt Kirk, er vermute, daß der weiß gekleidete Mann ebenfalls ein Android ist. Plateous III befiehlt Kriegern und Gefangenen weiterzumarschieren.

Plateous III und seine Schwadron blauer Krieger führen Kirks Landeteam durch das Tor eines von Mauern umgebenen Militärlagers, das von Kriegern in weißen Uniformen bewacht wird. Im Inneren befindet sich ein großes weißes Gebäude. Plateous fordert Yra auf, die Gruppe zu verlassen. Kirk hört mit an, wie Plateous III zu Yra sagt, sie solle ins Androideninspektionszentrum gehen und wieder ihre 002-Blau-Armeeuniform anziehen. Blaue Krieger übergeben Kirk, McCoy und Xon an die weißen Wachen, die sie durch eine Öffnung in das weiße Gebäude führen. Die blauen Krieger verlassen das Lager.

Nachdem Kirks Team in dem weißen Gebäude verschwunden ist, setzt Plateous III sein Gespräch mit Yra fort. Er sagt ihr, daß sie ihre Schuld beglichen hat, indem sie die 001-Grün-Schiffe erfolgreich in eine Falle gelockt hat. Obwohl die 001-Kräfte auf dem Vormarsch waren, hat sie geholfen, das Gleichgewicht wiederherzustellen. Es wird deutlich, daß Yra als Spionin in der 001-Grün-Flotte handelte, deren Wracks von der *Enterprise* entdeckt wurden. Es wird auch deutlich, daß Yra auf sich selbst wütend ist, weil sie dabei fast zerstört wurde. Plateous III erinnert sie kühl daran, daß sie um eine Chance gebettelt hatte, um ihre Schuld zu begleichen. Sie sollte ihm dankbar sein. Immerhin bringt die Gefangennahme von drei Fremden ihr einen Vorsprung. Yra geht mit Plateous III fort, um mit ihm die mögliche Gefangennahme der 450 übrigen Fremden an Bord der *Enterprise* zu diskutieren. Sie freut sich auf ihren Anteil an diesem Schatz. Plateous III hält sie jedoch ab, ihm in das weiße Gebäude zu folgen. Sie hat keine Erlaubnis für das fremdenverarbeitende Zentrum. Er verschwindet durch die Öffnung, die zuvor schon Kirk, McCoy und Xon durchschritten haben.

Irritiert bleibt Yra stehen und benutzt dann eine andere Tür, die offenbar zu einem fremdenverarbeitenden Zentrum führt, da zahlreiche männliche und weibliche grüne und blaue Krieger durch diese Tür ungehindert ein- und ausgehen.

Der Bereich, den Plateous III als fremdenverarbeitendes Zentrum bezeichnete, ist in Wirklichkeit ein großes, schmuckloses Kraftfeldgefängnis ohne Trennwände und ohne Gitterstäbe. Überall im Raum befinden sich Gefangene. Manche stehen in Gruppen von zwei oder drei zusammen, aber die meisten Gefangenen sind alleine. Sie reichen von Humanoiden bis zu Exoten.

Wachen begleiten Kirk, Xon und McCoy in den Raum, dann bleiben sie stehen und warten. Ein leises elektronisches Summen ist zu hören. Die Wachen treten zurück, das Summen wird lauter, dann endet es. Das Trio ist in einer Kraftfeldzelle gefangen, eine Fluchtmöglichkeit ist nicht zu erkennen.

Dann betritt Plateous III den Raum und nähert sich dem Landeteam. Mit ausgesprochener Höflichkeit heißt er die Fremden auf Shadir willkommen. Kirk will wissen, warum sein Schiff angegriffen wurde, obwohl es in Frieden kam. Plateous III erklärt ihm, das sei die shadirianische Art. Kirk erwidert, es sei grundlose Barbarei. Vielleicht für andere, sagt Plateous III. Doch auf Shadir ist dies das höchste zivilisierte Verhalten.

Als Kirk fragt, ob auf dem Planeten Lebensformen existieren, versichert ihm Plateous III, daß dem so ist. Aber er weigert sich, Kirks Forderung zu erfüllen, mit ihnen zu reden. Er sagt Kirk, das sei für einen Fremden unmöglich. Als Plateous III geht, wird offensichtlich, daß die Begegnung von einem humanoiden Gefangenen – Zeylo – mitverfolgt worden ist.

Yra, die nun eine blaue Uniform trägt, verläßt das fremdenverarbeitende Zentrum und geht an mehreren blauen und grünen Kriegern vorüber, die in ihren Bewegungen erstarrt zu sein scheinen. Yra ist bewaffnet und wütend. Sie stellt Plateous III zur Rede, als er das Gefängnis verläßt. Sie hat erwartet, an der Gefangennahme der *Enterprise* beteiligt zu werden, nun aber hat sie den Befehl erhalten, mit einem blauen Infanteriebataillon abzureisen. Plateous III ignoriert sie. Er wird es nicht zulassen, daß seine Befehle in Frage gestellt werden. Er sagt, er müsse das Gleichgewicht wahren, dann wendet er sich von ihr ab.

Yra zögert, dann begibt sie sich zu dem weißen Gebäude. An der Gefängnistür bittet sie darum, die Fremden zu sehen, doch die weißen Wachen schicken sie fort. In dem Moment sieht sie, wie die Nahrungslieferung für die Fremden eintrifft. Das Essen ist in Treibstoffbehältern verpackt. Yra reagiert entsetzt darauf.

Im Gefängnis rät Zeylo Kirk, einfach aufzugeben und die Zeit abzusitzen. Kirk stellt fest, daß Zeylo ein humanoider Shadirianer ist, kein Android. Zeylo sagt Kirk, daß auf der Planetenoberfläche keine lebenden Shadirianer existieren, nur in den Gefängnissen. Als Kirk fragt, ob das bedeutet, daß die Androiden die Kontrolle über den Planeten übernommen haben, verneint Zeylo. Die shadirianische Zivilisation befindet sich zwei Kilometer unter ihnen. Im Untergrund gibt es Städte, Bauernhöfe, frische Luft. Nur einige Ausgewählte im Untergrund wissen überhaupt von der Existenz des Gefängnisses auf der Oberfläche.

Kirk ist irritiert. Er bedrängt Zeylo, ihm mehr zu sagen, aber der Shadirianer ist von Depressionen überwältigt. Er sagt, Kirk und seine Freunde werden nie die wahre shadirianische Zivilisation sehen, weil es eine neue Freizeitbeschäftigung namens ›Hand zu Hand‹ gibt, die heimlich von den sehr Reichen auf Shadir gespielt wird. Die drei Fremden werden das noch früh genug spielen dürfen. Und da die neuen Fremden Shadirianern sehr ähnlich sehen, wird man sie als reiche Beute betrachten. Als Kirk Zeylo fragt, ob auch er an ›Hand zu Hand‹ teilnehmen wird, erklärt er, daß ihm ein anderes Schicksal bevorsteht. Weil der Shadirianer große Schulden hatte, wird er hier den Rest seines Lebens verbringen. Außer natürlich, wenn er versehentlich in ein Sperrfeuer gerät oder an Schlachtfeldverschmutzung stirbt. Niemand wird ihn absichtlich töten, weil das eine Sünde wäre. Shadirianer verehren das Leben. Kirk ist über Zeylos widersprüchliche Worte irritiert. Wie soll der Shadirianer in einem Sperrfeuer oder im Kampf sterben, wenn er hier im Gefängnis ist? Und wenn die Shadirianer das Leben verehren, warum befinden sie sich dann im Krieg und warum wurde die *Enterprise* angegriffen?

Unterdessen hat Yra es zu einem kleinen, verschlossen und unbewachten Hintereingang des Gefängnisses geschafft. Sie trennt das Schloß mit ihrer laserähnlichen Waffe ab.

Im Gefängnis teilen Wachen die Nahrungsbehälter aus. Als die Wachen gehen, tritt Yra unbemerkt ein. Sie geht zu Kirk, McCoy und Xon und sagt ihnen, sie habe nicht gewußt, daß man sie ins Gefängnis geschickt hatte, bis sie die Behälter sah, die das Essen vor den Schadstoffen des Krieges schützen sollen und die nur an Oberflächenpersonal geliefert werden. Yra sagt, sie habe gedacht, daß Kirks Team in ein fremdenverarbeitendes Zentrum gebracht worden sei, von wo aus man sie schnell nach unten in Sicherheit gebracht hätte.

Kirk bittet Yra, die Ausrüstung zu zerstören, die das Kraftfeld kontrolliert. Er sagt, daß sie hier fort müssen, bevor sie bei etwas eingesetzt werden, was ›Hand zu Hand‹ genannt wird. Yra ist angewidert. Sie hatte ›Hand zu Hand‹ für einen Mythos gehalten, ein Gerücht, das die Reformer ausgestreut haben. Kirk drängt sie zur Eile. Sie macht sich auf den Weg zur Kontrolltafel, als sie hört, daß sich Wachen nähern. Während sie sich zurückzieht, wirft sie ihre Waffe zu Boden. Kirk hebt sie unbemerkt auf, als die zwei Wachen eintreffen, die ihn wegbringen sollen.

An Bord der *Enterprise* gelingt es Decker nicht, Kontakt mit Kirk, McCoy und Xon aufzunehmen. Obwohl er befürchtet, daß ihnen etwas zugestoßen ist, hat er seine Anweisungen, bis zum vereinbarten Zeitpunkt zu warten. Auf dem Hauptbildschirm erkennt die Crew verstärkte Aktivitäten rund um das 002-Blau-Kriegsschiff, das für den Start von der Planetenoberfläche vorbereitet wird.

In der Zwischenzeit wird Kirk vom Gefängnis zu einem großen Androidenkämpfer gebracht, um im Nahkampf bis zum Tod gegen ihn anzutreten, während Plateous III zusieht. Es ist unübersehbar, daß Kirk keine Chance hat. Als der Androidenkämpfer Kirk jedoch in einen Todesgriff nehmen will, zerstört Kirk ihn mit Yras Waffe. Bevor ihn jemand aufhalten kann, rennt Kirk zurück zum Gefängnis, um McCoy, Xon und die anderen Gefangenen zu befreien, die sich in alle Richtungen verteilen.

Kirk, McCoy und Xon rennen eine Straße entlang, um soviel Abstand wie möglich zwischen sich und das Gefängnis zu bringen. Als sie um eine Kurve laufen, stehen sie vor einer bedrohlich aussehenden 002-Blau-Maschine, bei der es sich nur um einen shadirianischen Panzer handeln kann. Als eine Luke geöffnet wird, suchen Kirk, McCoy und Xon rasch Deckung, aber der einzige Krieger, der erscheint, ist Yra. Sie drängt sie, rasch in den Panzer zu klettern. Plateous III jagt sie mit einer weißen Eliteschwadron. Kirk sieht keine andere Lösung, als ihr für den Augenblick zu vertrauen. Er hat noch immer die Waffe, die sie ihm gab. Während sie einsteigen, hören sie hinter sich das besondere heulende Geräusch, das sie mittlerweile mit einem shadirianischen Angriff in Verbindung bringen. Nachdem sie eingestiegen sind, hebt der Panzer mit Yra an den Kontrollen ab. Sie sagt, daß sie sie zu einem vertikalen Lift bringen wird, mit dem sie in die unterirdische Zivilisation gelangen können. Es ist ihre einzige Chance, zu überleben. Kirk sagt Yra, daß ihr Überleben nicht der einzige Grund für seine Anwesenheit ist. Sie müssen das 002-Blau-Schiff am Start hindern.

Kirk fragt auch, warum sie ihnen jetzt hilft. Sie sagt, sie habe nicht gewußt, daß Plateous III gegen das Erste Gesetz verstößt: Lebensformen müssen geschützt werden. Auch fremde Lebensformen. Dieses Gesetz ist die Grundlage der shadirianischen Zivilisation. In dem Moment wird der Panzer von grünen Kriegern angegriffen. Er wird stark beschädigt, Yra wird verwundet. Aber es gelingt ihr, den Panzer in ein Versteck hinter einer Ruine zu manövrieren. McCoy kann ihr nicht helfen, weil sie ein Android ist, aber Xon hat Erfolg, sie wenigstens vorläufig zu reparieren, nachdem Yra ihn auf einen leistungsschwachen Schweißbrenner hingewiesen hat, der für kleinere Reparaturen am Panzer benutzt wird. Yra und Xon wissen, daß ihr Überleben nicht von langer Dauer ist. Zum Glück befinden sie sich in der Nähe eines Eingangs zum vertikalen Lift. Yra deutet auf den Lifteingang – eine Tür in einem halbzerstörten Gebäude, das von vier weißen Elitewachen bewacht wird. Sie sagt ihnen, daß sie auf das ausgefeilte Ritual des Wachwechsels warten müssen – in zwei Stunden, dann sind die Wachen am verwundbarsten.

Während sie in einem ausgebrannten Apartmentgebäude gegenüber dem Liftzugang warten, befragt Kirk Yra über den Androidenkrieg. Sie erzählt, daß es begann, als Plateous II vor einigen Generationen an die Macht kam, einige Jahre nachdem der letzte Krieg von lebendigen Shadirianern ausgetragen worden war. Plateous III setzte den Krieg fort und begann wieder, Leben zu töten. Kirk fragt nach dem Sinn eines solchen Krieges. Yra sagt, daß er ausgetragen wurde und wird, um Frieden zu erlangen. Das ergibt für Kirk keinen Sinn.

Yra fragt Kirk, wann auf seinem Heimatplaneten die Kriege endeten. Er sagt, daß sie endeten, als die Erde und die Föderation sich der Entdeckung des Weltraums verschrieben. Yra erwidert, Shadirianer seien keine Entdecker. Sie benötigen ein anderes Ventil für ihre Triebe. Xon unterbricht sie, um zu melden, daß der Wachwechsel am Liftzugang begonnen hat.

Kirk, McCoy und Xon bewegen sich vorsichtig auf den Liftzugang zu. Kirk hat immer noch Yras Waffe. Yra ist ebenfalls bewaffnet. Sie sagt Kirk, daß sie als Ablenkungsmanöver dienen wird, da es ihr nicht gestattet ist, sich nach unten zu begeben. Bevor Kirk sie aufhalten kann, läuft sie los.

Zunächst reagieren die Wachen nicht, da sie mit ihrem Ritual befaßt sind. Als sie feuern, erwidert Yra das Feuer und schaltet eine der vier Wachen aus, während ihr eine zweite folgt. Kirks Team erkennt die Chance und rennt auf den Lift zu, der jetzt nur noch von zwei Androiden bewacht wird. Kirk streckt einen von ihnen mit einem Schuß nieder. Dann ist eine andere shadirianische Waffe zu hören, Kirks Team dreht sich um und sieht, wie Yra vornüber fällt und reglos liegenbleibt. Eine Androidenwache steht über ihr.

Kirks Team weiß, daß für Yra nichts mehr getan werden kann, und betritt den Durchgang zum Lift. Die Tür schließt sich hinter ihnen, der Lift fährt nach unten.

Kirk, McCoy und Xon treten in einen Gang, der in ein großes Foyer führt, das an dic Lobby eines guten Hotels erinnert. Ein Fenster scheint den Blick auf eine scheinbar sonnendurchflutete Straße zu ermöglichen. Gutgekleidete Shadirianer, Männer und Frauen, kommen und gehen, diskutieren Bauprojekte, Beziehungen und andere friedliche Ereignisse. Einige gehen zur Straße hinaus, andere auf eine Wand mit vielen Türen zu. Jede Tür ist anders gekennzeichnet: einige sind blau, einige grün. Manche Shadirianer gehen aus eigener Kraft, andere werden von Sanitätern in weißen Uniformen getragen. Dann öffnet sich eine blaue Tür, ein Sanitäter trägt jemanden durch die Lobby zu einem Sitzplatz. Kirks Team erkennt, daß es sich bei der behinderten Gestalt um Yra handelt. Sie lebt offenbar und trägt Zivilkleidung.

Kirk sagt zu McCoy und Xon, sie sollen warten. Dann macht er sich auf den Weg zu Yra, hält aber inne, als er hoch oben an einer Wand einen verglasten Raum entdeckt. In ihm halten sich weiße Wachen auf. Eine Gestalt in dem Raum kommt nach vorne, um zu Yra hinabzusehen. Es ist Plateous III. Kirk kehrt zu McCoy und Xon zurück, er ist verwirrt, wer nun ein Android ist und wer nicht.

Auf der *Enterprise* teilt Uhura Decker mit, daß das ungewöhnliche heulende Geräusch, das von Shadir kommt, eine extrem intensive Form der Gedankenprojektion ist. Uhura beschreibt es als einen Kombinationston, der die elektrische Aktivität der Gehirnneuronen mit einer seltenen Form von Betawellen verbindet. Uhura vermutet, daß dieser Ton benutzt wird, um Androiden wie Yra zu kontrollieren. Außerdem ist er so intensiv, daß damit möglicherweise zahlreiche Androiden gleichzeitig kontrolliert werden.

Decker bemerkt, daß sich der Zeitpunkt für das Treffen mit Kirk nähert, und noch immer ist von Kirk, McCoy oder Xon nichts zu hören. Decker wird sich so oder so in Kürze nach unten beamen lassen müssen.

In dem unterirdischen Foyer wendet sich Plateous III von seinem Aussichtsfenster ab, um sich mit zwei seiner weißen Wachen zu beraten. Kirk beauftragt McCoy, soviel wie möglich über Yras Zustand in Erfahrung zu bringen. Dann steuern er und Xon die nächste blaue Tür an, um den Kontrollraum zu finden, von dem aus das 002-Blau-Kriegsschiff gesteuert wird.

Plateous III weiß, daß sich die drei Fremden im Foyer aufhalten, und befiehlt einer seiner Wachen, den Sanitätern zu sagen, daß sie sie nicht behandeln sollen, wenn es ihnen gelingen sollte, eine Androidenkontrolle zu benutzen. Er ist überzeugt davon, daß die Schutzvorrichtung der Kontrolle ihre Arbeit verrichten wird, so daß die Fremden ihm danach keine weiteren Probleme mehr bereiten werden. Er beabsichtigt, erst als letztes Mittel Gewalt gegen sie anzuwenden. Dann blickt Plateous III hinüber zu seiner eigenen privaten Androidenkontrolle. Sie erinnert an einen vornehmen Wartesessel aus einem Flughafen des 20. Jahrhunderts, der mit einem Fernsehgerät kombiniert worden ist. An jeder Armlehne befindet sich eine große, schimmernde Metallmanschette. Am hinteren Teil des Sessels befinden sich zwei Elektroden, die den Kopf in Position halten. Der Sessel ist strahlend weiß.

Plateous III scheint aufrichtig zu bedauern, daß Yra begonnen hat, wie eine Reformerin zu handeln und will sie ins Gefängnis schicken. Die Wachen sollen sie später zu Hause abholen. Diese ganzen Probleme sind sehr ärgerlich gewesen, sagt Plateous III. Er möchte wieder zum Krieg zurückkehren.

Kirk und Xon betreten nun einen blauen Kriegsraum, in dem sie mehrere Shadirianer antreffen, die in ähnlichen Sesseln wie im Beobachtungsraum von Plateous III sitzen. Diese Sessel sind weniger ausschweifend, außerdem sind sie blau. Alle Shadirianer sind auf den Bildschirm an ihrem Sessel konzentriert. Ihre Arme sind von den Metallmanschetten fest umschlossen, die Elektroden sind gegen ihre Schläfen gepreßt. Das einzige Geräusch kommt von dem Computer eines jeden Sessels.

Die Shadirianer in den blauen Sesseln reden nicht, aber ihre Gesichter lassen Freude, Erleichterung, Schmerz oder Entsetzen erkennen – alle Gefühle, die ein Soldat im Krieg empfindet. Plötzlich schreit einer von ihnen. Ein Sanitäter betritt den Raum und entfernt rasch die zusammengesunkene Gestalt aus dem Sessel, um sie ins Foyer zu tragen. Einen Augenblick später tritt ein weißer Techniker ein und nimmt an dem Sessel eine kleine Korrektur vor. Dann kommt ein anderer Shadirianer herein, führt seine Computerkarte ein und erlaubt es dem Sessel, ihn automatisch festzuschnallen. Die Shadirianer und der Betreuerstab sind so vertieft, daß sie nicht auf Kirk und Xon achten. Kirk sagt zu Xon, er habe bemerkt, daß die Shadirianer die Sessel benutzen, um die Androiden an der Planetenoberfläche zu ›bedienen‹ – in genau dem Sektor, in dem sich Decker mit Kirk treffen will.

Im unterirdischen Foyer kümmert sich immer noch ein Sanitäter um Ira, als McCoy – mit einem Auge auf das Fenster von Plateous III – zu ihr geht und sich neben sie setzt. Er fragt den Sanitäter, wie es ihr geht. Der erwidert, sie habe in zu kurzer Zeit zu viele Traumata erlebt. Sie wird eine lange Pause benötigen, bevor sie wieder in den Kriegskontrollraum zurückkehren kann. Während McCoy mit dem Sanitäter redet, kann er ihm eine der kleinen Scheiben abnehmen, die eine Art Medikament zu sein scheinen. Dann wacht Yra auf. Der Sanitäter geht, nachdem er ihr gesagt hat, daß ein Freund sie besucht und daß sie nach Hause gehen sollte, um sich auszuruhen.

Yra fragt gerade nach Kirk und Xon, als McCoys Freunde durch die blaue Tür hereinkommen. Yra führt die drei zu einer Ecke, die nicht so leicht von Plateous' Beobachtungsfenster eingesehen werden kann. Während sie das machen, hält der Sanitäter bei einer der Wachen von Plateous III an und erhält die Anweisung, keinen der Fremden zu behandeln, falls einer von ihnen bei der Benutzung eines Kriegskontrollsessels verletzt wird.

Yra sagt Kirk, wo er den Hauptkontrollraum finden kann, von dem aus das 002-Blau-Kriegsschiff bedient wird. Sie gibt ihm auch ihre Computerkarte, um den Kontrollsessel zu benutzen. Sie sagt, daß theoretisch allen Shadirianern ›Androidenzeit‹ zusteht. Gewinnt man einen Kampf, dann erhält man dafür zusätzliche Einheiten. Verliert man in einer Schlacht, dann kann einen das schnell sämtliche Ersparnisse kosten.

Kirk fragt Yra, warum es ihm und seinen Freunden möglich ist, sich im Untergrund so unbehelligt zu bewegen. Yra sagt, das habe damit zu tun, daß Plateous III wahrscheinlich erwartet, daß sie die Androidenkontrollsessel benutzen, und er hofft, daß sie bei dem Versuch unterliegen werden. Sie warnt Kirk, vorsichtig zu sein: Die Benutzung des Sessels verstärkt alle Emotionen. Und bei Fremden könnte es sein, daß sie es nicht schaffen, shadirianische Androiden richtig reagieren zu lassen.

Trotz Yras Bedenken beschließt Kirk, daß er und McCoy sich zum Kriegsschiff-Kontrollraum begeben, während Xon bei Yra bleibt und darauf achtet, ob Probleme auftauchen. Ihre wichtigste Aufgabe ist, den Start des Kriegsschiffs zu verhindern. Ihnen bleibt nur noch wenig Zeit, bevor sich Decker von der *Enterprise* nach unten beamt.

Als Kirk und McCoy den Kontrollraum für das blaue Kriegsschiff betreten, stoßen sie wieder auf Shadirianer in Kontrollsesseln, die auf ihren individuellen Monitor fixiert sind. Jeder Shadirianer bedient an Bord des 002-Blau-Kriegsschiffs einen eigenen Androiden, der eine spezielle Aufgabe hat. Kirk und McCoy bewegen sich rasch durch den Raum, als Kirk plötzlich anhält. Er hat die Androidenkontrolle entdeckt, auf deren Schirm ein Mechanismus zu sehen ist, den Kirk als Abbruchkontrolle erkennt. Kirk holt den Shadirianer, der diesen Sessel besetzt, mit einem Schlag vom Platz. Sofort schaltet sich der Schirm ab, die Ausrüstung, die den Shadirianer am Platz gehalten hat, löst sich. Ein Sanitäter kommt hinzu und bringt den Shadirianer fort. McCoy stellt sich dem Ersatz-Shadirianer in den Weg, während sich Kirk in den Sessel setzt und die Computerkarte einführt. Die Metallmanschetten ziehen sich um seine Arme zusammen, die Elektroden pressen sich an seinen Schädel. Der Monitor wird hell, die Abbruchkontrolle ist zu sehen.

McCoy bemerkt besorgt, daß Kirk eine sonderbare Heftigkeit entwickelt hat. Sein Puls ist erhöht, sein Gesicht ist gerötet. McCoy drängt seinen Captain, den Start des Kriegsschiffs schnell abzubrechen. Auf dem Bildschirm zittert die Hand des Androiden, als sie sich auf den Abbruchmechanismus zubewegt. Dann zieht sie sich wieder zurück. Schweiß strömt über Kirks Stirn. Sein Adrenalinspiegel ist deutlich erhöht, er kämpft gegen den Kontrollmechanismus an. McCoy sieht sich um, um festzustellen, ob irgend jemand von ihrer Anwesenheit Notiz genommen hat. Aber alle sind mit ihren eigenen Anstrengungen beschäftigt. McCoy kann Kirk nicht aus eigener Kraft befreien. Er geht zur Tür und bedeutet Xon, zu ihm zu kommen.

Von seinem Beobachtungsfenster aus sieht Plateous III lächelnd mit an, wie Xon den blauen Kriegsschiffraum betritt.

Xon findet eine Möglichkeit, Kirks Sessel abzuschalten, während McCoy den bewußtlosen Captain herauszieht. Er gibt Kirk die kleine Scheibe Medizin, die er Yras Sanitäter entwendet hat. Kirk erholt sich und sagt McCoy und Xon, daß er den Start nicht abbrechen konnte. Während er die Androidenkontrolle bedient, wollte er nur töten – auch die Crew seines eigenen Schiffs. Kirk läßt Xon übernehmen, da er erkennt, daß Xon keiner Verstärkung der Emotionen ausgesetzt sein wird. Kirk wird sich zum Treffen mit Decker begeben, indem er sich in einen anderen Sessel setzt. McCoy versucht, Kirk aufzuhalten. Wenn es irgendwelche Komplikationen gibt, hat er keine Medizin mehr. Kirk schlägt vor, er solle danach suchen.

Auf der Oberfläche von Shadir materialisieren Decker und sein Landeteam mitten in einer Auseinandersetzung zwischen blauen und grünen Heckenschützen. Plötzlich ruft ein blauer Krieger Deckers Namen. Nach einem Augenblick der Verwirrung erkennt Dekker, daß der Blaugekleidete mit Kirks Stimme spricht. Kirks Android erklärt Decker, daß er neue Koordinaten für ihn hat, als der Android von einem Schuß getroffen wird und zu Boden geht. Decker streckt den grünen Schützen mit einem einzigen Phaserschuß nieder und geht dann zu dem getroffenen blauen Androiden. Bevor der aufhört zu funktionieren, gibt er Decker die neuen Koordinaten.

Im Kontrollraum für das blaue Kriegsschiff bricht Xon den Start des Kriegsschiffs ab. Als der Sicherheitsalarm ertönt, stürmen weiße Wachen in den Kontrollraum. Xon wird gefesselt hinausgeführt. McCoy wird festgenommen, als er mehr Medizin zu entwenden versucht. Ein Sanitäter bringt den bewußtlosen Kirk nach draußen. Plateous III kommt von seiner Beobachtungsstation herunter, während seine weißen Wachen Yra festnehmen. Er beschuldigt sie des Verrats, da sie Fremden erlaubt hat, in den shadirianischen Untergrund zu gelangen. Plateous III weiß nicht wie, aber einer der Fremden hat es geschafft, den Sicherungsmechanismus zu überwinden, dessen Zweck es ist, Haß und Furcht zu verstärken. Jetzt werden Yra und die Fremden dazu verurteilt, für den Rest ihres Lebens in einer shadirianischen Mine zu arbeiten. Yra schreit ihn an, daß er lügt – was alle mitanhören können. Er wird sie in das Gefängnis an der Oberfläche von Shadir bringen. Plateous III bestreitet, daß es ein solches Gefängnis gibt.

Während die Wachen durch die öffentlichen Anschuldigungen zwischen Yra und Plateous III abgelenkt sind, löst sich McCoy von den Wachen, um zu Kirk zu gehen. Er bittet um medizinische Hilfe, damit Kirk nicht stirbt. Plateous III versichert ihm, daß Kirk nicht sterben wird. Shadirianer bringen dem Leben großen Respekt entgegen. Als Decker und sein Landeteam mit Phasern bewaffnet materialisieren, nimmt McCoy von Decker einen Kommunikator entgegen und bringt Kirk in Position. Er ruft die *Enterprise*, damit die ihn sofort an Bord beamt.

In der Krankenstation erholt sich Kirk dank McCoys Behandlung. Er entdeckt, daß Xon und Yra an seiner Seite sind. Kirks erste Frage an Xon betrifft die Maschinen. Als Kirk erfährt, daß Scott die Maschinen repariert hat und das Schiff jederzeit starten kann, bietet er Yra an, sie an einen friedlicheren Ort zu bringen. Yra bittet ihn aber, sie zu einem anderen Sektor auf Shadir zu beamen, wo es eine Reformgruppe gibt, die Veränderungen durchsetzen will. Nach allem, was sie gesehen und erfahren hat, will sie den Reformern helfen, Plateous III die Kontrolle über den Planeten zu entreißen. Er hat die ursprünglichen Absichten der shadiranischen Lebensweise korrumpiert – die Wahrung des Friedens durch einen Krieg, der niemanden das Leben kostet.

Kirk sagt Yra, daß die shadiranische Lebensweise bereits versagt hat und daß Plateous III aufsteigen konnte, weil die Bewohner von Shadir immer größere und noch größere Stimulationen benötigten. Er versichert ihr, daß andere Planeten die Ära der Kriege hinter sich gelassen haben. Und mit ihrer Hilfe gibt es nun eine Chance, daß Shadir das auch gelingen könnte.

›THE CHILD‹ – ÜBERARBEITETES DREHBUCH

VON JARON SUMMERS & JON POVILL

Aufgrund seines Themas ist ›The Child‹ eine Geschichte, die nicht Teil der Originalserie hätte sein können. Doch hier werden beeindruckend die Themen dargestellt, die Phase II *hätte behandeln können und die die Serie so markant gemacht hätte wie seinerzeit das Original.*

Das hier abgedruckte Drehbuch begann als Vorschlag von Jaron Summers sein Leben. Obwohl der Vorschlag abgelehnt werden sollte, schlug Jon Povill einen anderen Ansatz vor, der schließlich zu einer ersten Drehbuchfassung führte, bei der beide als Autoren genannt wurden. Povills offizielle Funktion auf dem Paramount-Gelände lautete zu dieser Zeit Produktionsassistent. Angesichts der Geschwindigkeit und der Professionalität, mit der er seine Überarbeitung vorlegte, konnte Produzent Harold Livingston durchsetzen, daß Povill offiziell den Titel – und die Bezahlung – für die Arbeit erhielt, die er in Wirklichkeit erledigte: die des Redakteurs. Summers und Povill schreiben noch heute gemeinsam Drehbücher.

Als Next Generation-*Episode ist die überarbeitete Fassung von ›The Child‹ heute verfügbar. Wer sich mit dem Drehbuchschreiben befaßt, wird davon profitieren, dieses* Phase II-*Drehbuch zu lesen und es dann mit der schließlich verfilmten* Next Generation-*Episode aus der zweiten Season zu vergleichen.* Star Trek-*Fans wird es faszinieren mit anzusehen, wieviel von der Charakterentwicklung und der Sensibilität von* Phase II *bei* The Next Generation *Berücksichtigung fand.*

TEASER

AUFBLENDE:

1 AUSSENAUFNAHME: DIE ENTERPRISE 1
die durch das Weltall reist.

2 INNENAUFNAHME: DIE BRÜCKE 2
Sie ist mit einer Ablösungscrew besetzt; XON im Kommandosessel ist das einzige vertraute Gesicht. Die Atmosphäre ist entspannt, routiniert, fast gelangweilt.

Dann läßt etwas FÄHNRICH BERNSTEIN am Steuer ein wenig aufmerksam werden.

BERNSTEIN
Etwas auf dem Bildschirm voraus, Mister Xon. Sieht wie ein Nebel aus.

XON
Verlangsamen Sie auf Warpfaktor eins, Mister Bernstein. Sensoren, Fähnrich Park.

FÄHNRICH PARK, eine attraktive und fleißige wissenschaftliche Junioroffizierin, betätigt eine Reihe von Schaltern vor ihr und blickt in den abgeschirmten Betrachter, um die Ergebnisse des Scans abzulesen.

FÄHNRICH PARK
Kein Nebel, Sir. Ich registriere verschiedene Arten von Energie ... Strahlungsanzeigen, die ich noch nie gesehen habe.

XON
Auf den Bildschirm, Mister Bernstein.

Bernstein betätigt einige Schalter, dann:

3 EINSTELLUNG AUF DEN BETRACHTER 3
als dort die wirbelnde Gasmasse erscheint. In ihr befinden sich pulsierende Lichtpunkte, die sich wie Fische im Wasser bewegen.

4 EINSTELLUNG AUF BERNSTEIN 4

BERNSTEIN
Wir fliegen direkt darauf zu, Mister Xon.

5 EINSTELLUNG AUF XON 5
während er sich Fähnrich Park an der wissenschaftlichen Konsole nähert.

FÄHNRICH PARK
(blickt in den abgeschirmten Betrachter)
Keine erkennbare Gefahr, Sir. Strahlung und elektromagnetische Anzeigen befinden sich alle innerhalb unserer Toleranzwerte.

Sie macht Platz, Xon blickt kurz in den abgeschirmten Betrachter.

XON
Sie haben völlig recht, Fähnrich. Kraftfelder auf manuelle Bedienung. Komma acht fünf Deflektionsleistung. Bringen Sie uns mit Warp eins hindurch, Mister Bernstein. Wir werden es untersuchen und kartographieren.

6 AUSSENAUFNAHME: DAS WELTALL 6
während die Enterprise in die Wolke aus pulsierenden, umhertreibenden Lichtern fliegt.

7 INNENAUFNAHME: DIE BRÜCKE 7
Alles ist normal.

FÄHNRICH PARK

Kartographiecomputer aktiv und zeichnet auf.

8 AUSSENAUFNAHME: DAS WELTALL 8
während sich die Enterprise durch die Wolke bewegt. Große pulsierende Lichter gleiten vorüber. Jetzt scheint eines von ihnen die Richtung zu ändern und dem Schiff eine Zeitlang zu folgen. Dann trennt sich ein kleiner Teil des Lichts ab und beginnt, über die Außenhülle des Schiffs zu fliegen. Plötzlich verschwindet es in der Enterprise.

9 INNENAUFNAHME: DECK SIEBZEHN - CREWQUARTIERE 9
während das Lichtwesen in den leeren Korridor eindringt und durch eine Wand verschwindet in:

10 INNENAUFNAHME: UHURAS QUARTIER 10
Das Lichtwesen bewegt sich direkt auf die schlafende UHURA zu. Es scannt rasch die Länge ihres Körpers, macht dann eine weitere Runde, verharrt an ihrem Unterleib, dann an ihrem Kopf. Uhura schläft weiter, streckt sich aber genüßlich, so als sei die Berührung ihres Körpers durch das Licht sinnlich und angenehm.

Dann bewegt sich das Lichtwesen weiter, begibt sich durch eine weitere Wand in:

11 INNENAUFNAHME: CHEKOVS QUARTIER 11
Wieder begibt sich das Lichtwesen direkt zu dem schlafenden Bewohner dieses Raums und scannt rasch seinen Körper. CHEKOV scheint die Erfahrung ebenfalls im Schlaf zu genießen, während das Wesen seinen Unterleib untersucht. Es erforscht nicht seinen Kopf, sondern fliegt durch die Wand in:

12 INNENAUFNAHME: ILIAS QUARTIER 12
Wieder spielt sich die gleiche Prozedur ab, doch diesmal scheint sich das Wesen lange Zeit über ILIAS Kopf aufzuhalten. Sie genießt ebenfalls die Erfahrung. Das Wesen zieht sich einen Moment lang zurück und schwebt über ihr in der Luft, wird heller und aktiver. Dann dringt es durch ihre Bauchdecke in sie ein. Ihr Körper bewegt sich krampfartig, ekstatisch, aber sie wacht nicht auf. Sie windet sich weiter, bis sie einen Punkt erreicht, an dem ihr Körper zu leuchten scheint. Dann scheint sich das Leuchten auf ihren Kopf zu konzentrieren. Ihr Körper entspannt sich, das Leuchten wird wieder zu dem Lichtwesen, das sich jetzt entfernt und durch eine weitere Wand fliegt.

13 AUSSENAUFNAHME: DIE ENTERPRISE - IMMER NOCH IN DER WOLKE 13
während das Licht aus der Schiffshülle austritt und sich wieder dem großen Lichtball anschließt, der dem Schiff gefolgt war.

ÜBERBLENDEN (ZEITSPRUNG) ZU

14 INNENAUFNAHME: KORRIDOR - DECK FÜNF 14
Er ist jetzt heller beleuchtet und voller Aktivität. KIRK schreitet gutgelaunt in einem Badeanzug hindurch, ein Handtuch um den Hals gelegt, seine Haare triefend naß, als Chekov aus seinem Quartier kommt.

CHEKOV
(scherzhaft)
Es geht doch nichts über ein Bad im Ozean, nicht wahr, Captain?

Nachdem sie an Ilias Quartier vorübergegangen sind, VERHARRT DIE KAMERA auf Ilias Tür, während sie ein wenig verträumt in einem weiten deltanischen Gewand herauskommt.

DIE KAMERA FOLGT Ilia, während sie auf dem Weg zum Turbolift verschlafene Begrüßungen für jeden IMPROVISIERT, dem sie begegnet.

Sie betritt den Turbolift.

15 INNENAUFNAHME: KORRIDOR 15
während Ilia sich zur Krankenstation begibt und eintritt.

16 INNENAUFNAHME: KRANKENSTATION 16
McCOY ist dort, bereitet sich gerade auf die tägliche Routine vor. Er begrüßt sie freundlich.

McCOY
Guten Morgen, Lieutenant. Wenn man das Einschalten der Beleuchtung um acht Uhr als Morgen bezeichnen will.

17 EINSTELLUNG AUF ILIA 17
Sie ist sehr verwirrt.

ILIA
Ich verstehe das nicht ... Ich habe meinen Eid nicht gebrochen, trotzdem kann ich es in mir fühlen ...

McCoy ist nun besorgt. Er erkennt, daß etwas nicht stimmt.

McCOY
(sanft)
Was ist los, Lieutenant. Was können Sie in sich fühlen?

Verwirrt, auf der Suche nach einer Erklärung, legt sie ihre Finger an ihren Kopf (irgendwo über und hinter den Schläfen) und schließt ihre Augen.

ILIA
(erinnert sich)
Letzte Nacht ... ein ... ein reines weißes Licht ... Ich weiß nicht, wie ... schön ...

Sie zögert, ist unsicher, verwirrt.

McCOY
Ilia, bitte: Drücken Sie sich verständnisvoll aus.

ILIA
Ich bin schwanger, Doktor.

ABBLENDEN

ENDE DES TEASERS

ERSTER AKT

AUFBLENDE:

18 INNENAUFNAHME: KRANKENSTATION 18
Ilia liegt rücklings auf einem Entbindungstisch. Wir SEHEN nur ihren Oberkörper, der mit einem seidenartigen grünen Operationstuch bedeckt ist.

McCOY (AUS DEM OFF)

Medizinisches Logbuch, Sternzeit ( ). Nach einer Schwangerschaft von nur drei Tagen anstelle der normalen zehnmonatigen deltanischen Schwangerschaft ist Lieutenant Ilia im Begriff, ihr Kind zur Welt zu bringen. Die Umstände ihrer Schwangerschaft haben bei uns allen große Besorgnis ausgelöst.

Ein besorgter Doktor McCoy blickt ihr in die Augen - er macht sich offensichtlich Sorgen, versucht das aber nicht zu zeigen.

Ilia spürt seine Sorge - sogar mehr noch als ihre eigenen Schmerzen.

ILIA

Es gibt nichts, worum Sie sich sorgen müßten, Doktor.

Sie greift nach ihm und berührt ihn sanft. Er nimmt ihre Hand, hält sie sanft fest, dann nimmt er den medizinischen Sensor.

McCOY

Ich mache mir keine Sorgen. Wie kommen Sie darauf?
(er überprüft ihren Körper mit dem medizinischen Sensor)
Alle Anzeigen sind normal.

ILIA

Ich weiß es, wenn Sie sich Sorgen machen, Doktor. Entspannen Sie sich. Sie wird jeden Augenblick da sein.

Ilia lächelt. Nur ein leises schmerzvolles Stöhnen kommt über ihre Lippen. Sie greift wieder nach McCoy.

Wieder nimmt er ihre Hand, hält sie. Es ist schwer zu sagen, wer wem beisteht.

19 EINSTELLUNG AUF DURCHGANG 19
während FÄHNRICH LING, ein bewaffneter Sicherheitsoffizier, den Raum mit einem medizinischen Tricorder betritt. Er nähert sich vorsichtig dem Entbindungstisch, etwas unsicher, was er machen soll.

20 EINSTELLUNG AUF McCOY 20
der zu Ling aufblickt.

McCOY
(verärgert)

Wir wissen bereits, daß Lieutenant Ilias Kind eine weibliche Humanoide ist. Sie stellt keine erkennbare Gefahr für das Schiff dar.

LING
(verlegen)
Befehl des Captains, Sir.

McCOY reagiert wütend.

McCOY
Verschwinden Sie!

Ling geht, während CHAPEL eintritt. Sie bringt Schwämme und sterile Kleidung mit. McCoys Blick wandert zu ihr.

McCOY
(fährt fort)
Rufen Sie die Brücke ...

Chapel drückt einen in der Nähe befindlichen Interkom-Knopf.

McCOY
(fährt fort)
Captain!

21 JE NACH BEDARF ZWISCHENSCHNITT AUF DIE BRÜCKE 21
Kirk blickt von der Kontrolle auf. DECKER steht rechts von ihm, andere Crewmitglieder sind auf ihrem Posten.

KIRK
Gibt es ein Problem, Doktor?

McCOY
(gedämpft)
Kann diese Frau nicht in Ruhe ihr Kind bekommen?

KIRK
Die Anwesenheit eines Sicherheitsoffiziers gehört zur Standardprozedur ...
(rasch)
... unter diesen unnormalen Umständen, Pille.

McCOY
(gedämpft)
Ob normal oder unnormal, Jim - ich möchte Ilia und ihr Kind nicht in Gefahr bringen. McCoy Ende.

Der Bildschirm wird dunkel. Kirk denkt darüber nach, sieht sich unter der Crew um - jeder scheint ›mit seiner Arbeit beschäftigt‹ zu sein. Aber wir wissen es besser. Und der Captain auch.

22 SCHWERPUNKT AUF DECKER 22
der Kirk ein wenig vorwurfsvoll ansieht.

KIRK
Mr. Decker, ich muß Sie sicher nicht darauf aufmerksam machen, daß wir nicht wissen, von wem Ilia schwanger ist. Oder warum.

DECKER
(ruhig)
Ich bezweifele, daß ein neugeborenes Wesen für uns eine echte Gefahr darstellen kann.

KIRK
Können Sie mir das garantieren, Mr. Decker?

Kirk wartet auf eine Antwort. Decker weiß keine:

DECKER
(kurze Pause)
Nein, Sir. Aber das ist auch nicht garantiert, wenn das Kind zur Welt kommt, während ihm ein Phaser an den Kopf gehalten wird.

23 INNENAUFNAHME: KRANKENSTATION - ILIA 23
sieht sich nach McCoy um.

ILIA
Ich glaube, ich bin jetzt bereit, Doktor.

McCoy eilt zu ihr, während sie von einer weiteren Wehe geschüttelt wird.

CHAPEL
Rasche Weitung ... Puls und Atmung gut ... Es kommt jetzt, Doktor.

Ilia konzentriert sich und richtet all ihre Energie auf das, was zu tun ist.

ILIA
Es gibt keinen Schmerz, nur Freude ... nur Ekstase ...

Chapel tupft Ilias Kopf mit einem Schwamm ab, während McCoy sich darauf vorbereitet, dem Kind auf die Welt zu helfen.

24 INNENAUFNAHME: DIE BRÜCKE - EINSTELLUNG AUF DEN BILDSCHIRM 24
während das Baby darauf erscheint. Es wird kopfüber gehalten und SCHREIT. Laut und kraftvoll. Wir können erkennen, daß McCoy das Kind an den Füßen hält, aber wir SEHEN nur wenig von ihm. Ein wunderschönes Kind. (Der Kopf ist behaart.)

Kirk blickt auf den Bildschirm, in seinem Ausdruck verspüren wir etwas Besonderes: Begeisterung - und Sorge.

25 ZWISCHENSCHNITTE AUF DIE RESTLICHE BRÜCKENCREW 25
Chekov, Uhura, Decker und Xon. Sie alle blicken auf einen in der Nähe befindlichen Bildschirm. Und während das Baby weiter SCHREIT, können wir ihre Begeisterung sehen.

26 INNENAUFNAHME: KRANKENSTATION - McCOY, ILIA UND DAS KIND 26
McCoy gibt das Kind an Ilia zurück. Es ist erkennbar, daß er von diesem Augenblick bewegt ist.

McCOY
(ein wenig unbeholfen)
Nun, Sie hatten recht: Es war eine einfache Geburt.

ILIA

Deltanerinnen wissen das immer. Sie hätten sich nicht so sorgen müssen ...

McCOY

Seien Sie nicht so gönnerhaft, junge Frau. Sie wissen sehr wohl, daß das keine normale Geburt war.

27 WEITWINKEL - MIT CHAPEL 27

während Chapel den kleinen Kopf des Kindes berührt.

CHAPEL

(zu McCoy)

Das hat sie auch nie behauptet, Doktor.

McCOY

(eine kurze Pause; sanft, zu Ilia)

Haben Sie schon über einen Namen nachgedacht ...?

ILIA

(nickt)

Irska, nach ihrem Vater.

CHAPEL

... nach seinem Vater ...?!

ILIA

(berichtigt)

Nach <u>ihrem</u> Vater, Doktor. Irska ist Deltanisch für ›reines Licht‹.

Ilia ist voller Liebe für ihr Kind. Sie beginnt, Irska mit eleganten deltanischen Handbewegungen zu streicheln und macht ein Geräusch, das nach einer Kombination aus Schnurren und Summen klingt.

28 INNENAUFNAHME: DIE BRÜCKE 28

Alles scheint normal. Chekov ist während Ilias Abwesenheit vorübergehend wieder auf seinen alten Posten an der Navigationsstation zurückgekehrt. Kirk sitzt ein wenig nervös an der Kontrolle. Xon befindet sich an der wissenschaftlichen Station. Uhura und SULU sind auf ihren Posten. Decker ist ebenfalls da.

29 SCHWERPUNKT AUF UHURA UND KIRK 29

Kirk dreht sich um, als Uhura ihn anspricht.

UHURA

Captain, wird Ilia das Baby behalten können, wenn es normal ist ...?

KIRK

(erkennbar mitfühlend und besorgt)

Ich würde eine unbefleckte Empfängnis, der eine dreitägige Schwangerschaft folgt, nicht als ›normal‹ bezeichnen.

UHURA

Und was soll aus ihrem Kind werden?

30 MIT XON 30

XON

Darf ich Sie daran erinnern, Captain, daß es keine stärkere Verbindung gibt als die zwischen einer deltanischen Mutter und ihrem Kind. Deltanische Frauen sind dafür bekannt, daß sie sie in früheren Zeiten mit bloßen Händen vor Bestien beschützt haben, die fünfmal so groß waren wie sie selber.

KIRK

Ich bin mir der deltanischen Mutter-Kind-Beziehungen bewußt, Mr. Xon.

Kirk wird vom INTERKOM-SIGNAL unterbrochen; er drückt die Taste an seinem Sessel.

KIRK

(fährt fort)

Kirk hier.

McCOYS STIMME

(gedämpft)

Jim, ich habe die Ergebnisse der ersten Tests von Ilias Baby ...

(grimmig)

Könntest du nach unten kommen ...?

KIRK

Bin auf dem Weg ...

(zu Decker)

Sie haben die Brücke, Mr. Decker.

Kirk steht auf und geht zum Turbolift.

31 INNENAUFNAHME: KRANKENSTATION 31

Ilia und ihr Kind liegen auf dem Erholungsbett und ruhen sich aus. Während der folgenden Szene SCHNEIDEN WIR zwischen Kirk und McCoy - dann zu Mutter und Kind. Ilia macht das, was fast jede Mutter mit ihrem Neugeborenen macht. Sie untersucht jedes kleine Detail des Kindes, um sicherzugehen, daß ihm nichts fehlt. Ilia zählt die Zehen, untersucht die winzigen Ohren, winkelt die weichen Knie an und so weiter.

Die ganze Zeit über umarmt und küßt sie ihre kleine Tochter und scheint die beiden Männer, die sich (außer Reichweite) unterhalten, nicht wahrzunehmen. Alles geschieht mit viel Liebe..

Nach Belieben des Regisseurs SCHNEIDEN wir auf die sanfte Wärme zwischen Mutter und Kind, während die beiden Männer über das Schicksal des Kindes reden. Für diese Augenblicke kommen die Stimmen aus dem OFF, aber Ilia hört davon natürlich nichts. Im Hintergrund nehmen wir MUSIK war - sanft, so wie die Liebe der Mutter für ihr Kind.

Ab und zu blicken die beiden Männer zu Ilia und Irska hinüber.

McCoy zeigt Kirk einige Resultate, während er dem Raumschiffcaptain die folgenden Fakten erklärt.

McCOY

Das Kind ist in fast jeder Hinsicht menschlich.

KIRK

Keine deltanischen Eigenschaften?

McCOY

Keine physiologischen. Irska hat sogar Haare.

(dann wird er von den medizinischen Fakten vereinnahmt)

Das einzig wirklich Erstaunliche ist die Geschwindigkeit, mit der sie wächst - noch schneller als im Mutterleib. Nach menschlichen Maßstäben wird sie innerhalb von 24 Stunden etwas mehr als ein Jahr älter. Ich weiß nicht, wie sie das macht. Der Metabolismus erscheint normal, außerdem ißt das Kind nicht annähernd genug, um so etwas zu erreichen ...

KIRK

(unterbricht)

Was würde geschehen, wenn ich sie trenne. Jetzt ...?

McCOY

Meiner Meinung nach wäre das ein schwerwiegender Fehler. Ilia würde ihre Tochter um jeden Preis zurückhaben wollen. Ehrlich gesagt, bin ich erstaunt, daß du so etwas auch nur in Erwägung ziehst.

KIRK

Was ich in Erwägung ziehe, ist die Sicherheit des Schiffs. Wir wissen nur, daß dieses Kind von einer fremden Lebensform ohne Ilias Einverständnis in ihren Körper gebracht wurde. WARUM?

McCOY

Es mag ungewöhnlich sein, aber es ist nichts Besonderes daran, daß sich eine Spezies fortpflanzt, indem sie Eier in einem Wirtskörper ablegt - ohne Einwilligung.

KIRK

Genau. Und in fast jedem Fall sind diese Lebensformen parasitär ...

Kirk läßt die Bedeutung wirken, aber McCoy denkt an etwas anderes.

McCOY

(eine kurze Pause; verschlossen)

Laß dich von mir beruhigen, Captain. Es gibt da etwas, was ich dir über Ilias Baby noch nicht gesagt habe ... Ich glaube nicht, daß es diese Woche überleben wird ...

KIRK

(besorgt, mißtrauisch)

Wieso nicht?

McCOY

Sie kam mit einer unnormal hohen Anzahl weißer Blutkörperchen auf die Welt, die sich ständig erhöht ...

(auf die Frage, die in Kirks Augen erkennbar ist)

Leukämie - und die üblichen Krebsmedikamente scheinen nicht zu wirken.

Er wird vom Interkom des Schiffs unterbrochen.

UHURAS STIMME

Captain Kirk, bitte melden Sie sich auf der Brücke. 1500 Meter steuerbord voraus befindet sich ein unbekanntes Objekt.

während er zum Interkom geht.

KIRK

Verstanden. Alarmstufe Gelb. Ich bin auf dem Weg.

(zu McCoy)

Weiß Ilia das?

McCOY

Ich habe es ihr nicht gesagt.

KIRK

Dann warte auch noch damit.

Der Alarm ertönt, Lichter blitzen auf, während Kirk hinausgeht.

33 INNENAUFNAHME: BRÜCKE - EINSTELLUNG AUF DEN BILDSCHIRM 33

wo das fremde Objekt zu sehen ist. Es scheint nicht mehr zu sein als ein großer Zylinder.

34 ERWEITERT 34

als Kirk aus dem Turbolift kommt, einen Moment lang auf den Bildschirm blickt. Dann:

KIRK

Irgendwelche feindseligen Aktionen?

CHEKOV

Nein, Sir.

KIRK

Sensoren, Mr. Xon?

XON

(vorsichtig)

Die Sensoren zeigen keine bekannte Lebensform an, Captain.

KIRK

Klingt so, als würden Sie auf Nummer Sicher gehen, Mr. Xon. *Glauben* Sie, daß jemand an Bord sein könnte?

XON

Sir, die Sensoren zeigen lediglich eine hohle Tri-Tritanium-Hülle an, die ein Feld dichter Strahlung umschließt, wie wir es in der Wolke entdeckt hatten, der wir vor vier Nächten begegnet waren.

KIRK

Der Nacht, in der Ilias Kind gezeugt wurde.

XON

Genau, Sir. Die Hülle kopiert die Legierung unserer Hülle perfekt, aber an Bord befinden sich keine Maschinen - dennoch scheint es keine Schwierigkeiten zu haben, unseren Kurs zu halten.

KIRK

Wie ist das möglich?

XON

Nach den uns bekannten physikalischen Gesetzen ist das nicht möglich, Captain. Und dennoch ist es der Fall. Ich nehme an, daß unsere Sensoren nicht in der Lage sind, die kontrollierende Lebensform festzustellen.

KIRK

Commander Uhura, öffnen Sie die Ruffrequenzen.

UHURA

Ruffrequenzen geöffnet, Sir.

KIRK

(in den Kommunikator)

Hier ist Captain James T. Kirk vom Raumschiff Enterprise. Bitte identifizieren Sie sich und nennen Sie Ihre Absichten.

35 EINSTELLUNG AUF UHURA 35

UHURA

(lauscht)

Keine Antwort, Sir.

36 ÜBER KIRK HINWEG ZU DECKER 36

während Decker Kirk anspricht.

DECKER

(unheilvoll)

Es gibt eine Verbindung zwischen diesem ... Objekt und Ilias Kind, Captain.

KIRK

Ich würde sagen, das ist der logische Schluß, Mr. Decker.

DECKER

Ja, Sir, aber das erklärt nicht, warum dieses Ding da draußen ist und was es will ...

37 INNENAUFNAHME: KRANKENSTATION 37

Ilia sitzt im Bett und hält und streichelt Irska liebevoll. Sie sehen sich tief in die Augen. Ilia führt die Hand ihrer Tochter an ihre Stirn.

ILIA

Mutter.

IRSKA

Mutter.

Jetzt führt Ilia die Hand des Kindes zu Irskas Stirn.

ILIA

Irska.

IRSKA

Irska.

Die Szene ist so schön wie beunruhigend, während wir ...
ABBLENDEN

ENDE DES ERSTEN AKTES

ZWEITER AKT

38 AUSSENAUFNAHME: WELTALL - ENTERPRISE UND UNBEKANNTER ZYLINDER 38

KIRKS STIMME

Logbuch des Captains, Sternzeit ( ). Eine Woche ist seit der Geburt von Ilias Kind und dem Auftauchen des sonderbaren Zylinders vergangen. Trotz einer ständig steigenden Zahl an weißen Blutkörperchen ist Irska wohlauf. Ihr Entwicklungsstadium entspricht nun etwa dem eines zehnjährigen Kindes. Wir haben noch immer keinen Kontakt zu dem fremdartigen Zylinder herstellen können und auch nicht herausfinden können, wie und warum er uns folgt.

39 INNENAUFNAHME: ILIAS QUARTIER 39

Ohne die typischen, vertrauten Einrichtungsgegenstände (die Bibliothekscomputer-Konsole mit Betrachter, das Interkom, die Türen usw.) könnte man sich nur schwer vorstellen, daß sich dieser Raum an Bord des Raumschiffs Enterprise befindet. Er erfreut die Sinne. Er ist voller exotischer Pflanzen. Kissen liegen auf dem Boden. Die Wände sind mit weichen Stoffen bedeckt. Tiefe, gesättigte Farben. Rauch steigt auf von einem Räucherfaß.

40 VERSCHIEDENE EINSTELLUNGEN - ILIA UND IRSKA 40

MUSIK ist zu HÖREN, ein wenig wie Modern Jazz, aber auf einem völlig fremden Instrument gespielt. Es muß aber etwas Tanzbares sein, da Mutter und Kind tanzen; sinnlich und unschuldig, freudig. Bewegungen, die möglicherweise dem Tai Chi entstammen. Sie wirbeln umher, durchscheinende, wehende Gewänder wallen umher; es endet in einem Crescendo aus Gelächter, winkenden Armen und Fingerspitzen, die hin und wieder den Körper des jeweils anderen so sanft berühren, wie Haar, das im Wind weht.

Die MUSIK STOPPT, sie lassen sich atemlos auf die Kissen auf dem Boden fallen. Sie lehnen sich zurück, schnappen nach Luft, bis Ilia ernst wird und sich an ihre Tochter wendet.

ILIA

Heute nehme ich meinen Dienst wieder auf. Das bedeutet, daß wir eine Zeitlang getrennt sein werden.

IRSKA

Kann ich nicht mit dir arbeiten?

Ilia streichelt Gesicht und Haar des Kindes.

ILIA

Nein. Meine Arbeit ist <u>meine</u> Arbeit. Es ist wichtig, daß du ein wenig Zeit allein verbringst und die wirst, die du sein sollst.

Irska wirkt unsicher und ein wenig ängstlich. Ilia tröstet sie nun mit beiden Händen.

IRSKA

Aber was soll ich machen?

ILIA

Lernen. Tu, was du tun möchtest. Versuch herauszufinden, ob du auch alleine Freude finden kannst. Wenn du das erreicht hast, mußt du dich nie vor einer Zurückweisung fürchten.

Ilia umarmt das Kind liebevoll. Irska erwidert die Wärme. Sie sehen sich lange an. Kommunizieren sie telepathisch? Oder ist es Liebe? Wir wissen es nicht.

41 INNENAUFNAHME: KIRKS QUARTIER 41

Ilia tritt in Uniform ein. Kirk liest, sieht sie an, lächelt:

ILIA

Ich bitte um Erlaubnis, meinen Dienst wieder aufnehmen zu dürfen, Captain.

Kirk ist nicht sicher. Das hatte er nicht erwartet.

KIRK

Was ist mit Ihrer Tochter?

ILIA

Sie ist beschäftigt. Sie lernt, wie man eine gute Beziehung entwickelt.

KIRK

Mit wem?

ILIA

Mit sich selbst, Sir. Das ist der Beginn einer jeder guten Beziehung. Man muß Zeit alleine verbringen, um sich selbst kennenzulernen, bevor man das, was man ist, mit anderen teilen kann.

KIRK

(besorgt)

Ilia, was haben Sie für sich und Ihre Tochter geplant?

ILIA

Geplant, Captain? Gar nichts. Sie wächst schnell und wird nicht lange bei mir sein. Ich muß sie lieben, sie lehren, was ich kann, und dann muß ich sie gehen lassen.

KIRK

Gehen lassen? Wohin? Um was zu tun? Auch wenn sie so aussieht - sie ist weder menschlich noch deltanisch, und auch keine andere uns bekannte Lebensform. Wird sie in der Lage sein, sich an *diese* Einsamkeit zu gewöhnen?

ILIA

Captain, sie ist mein Kind. Auch wenn wir körperlich getrennt sind, wird das Band zwischen uns unzertrennbar sein. Wohin sie geht und was sie macht, muß ihr überlassen bleiben.

KIRK

Was, wenn sie irgendeine Gefahr darstellen würde ...

ILIA
(nachdrücklich)
Das ist nicht der Fall - und das wäre auch nicht möglich.

Kirk sieht keinen Sinn darin, das Thema weiter zu verfolgen, obwohl er von der Richtigkeit ihrer Aussage alles andere als überzeugt ist.

KIRK
Haben Sie irgendeine Ahnung, auf welche Weise Ihre Tochter mit dem Zylinder da draußen verbunden sein könnte?

ILIA
Nein, Captain. Tut mir leid.

KIRK
Sehr gut, Lieutenant, vielen Dank. Sie können auf Ihren Posten zurückkehren.

ILIA
Danke, Sir.

42 INNENAUFNAHME: BRÜCKE - WEITWINKEL 42
Uhura hat die Kontrolle. Xon und Sulu sind auf ihren Posten. Chekov vertritt Ilia als Navigator. Die Turbolifttüren öffnen sich, Ilia tritt heraus.

43 NÄHER AN ILIA 43
während sie sich zu ihrem Posten begibt.

ILIA
Ich übernehme, Mr. Chekov. Vielen Dank, daß Sie für mich eingesprungen sind.

CHEKOV
War mir ein Vergnügen. Und wie geht es der hübschen Irska heute?

ILIA
(zufrieden)
Sie ist einfach wunderbar ...

Ilia wird von einem sanften, dringenden SUMMEN unterbrochen, dann ertönt der ›Eindringlingsalarm‹. Chekov begibt sich rasch zu seiner Waffen-/Verteidigungsstation.

44 WEITWINKEL 44
Xon blickt in seinen abgeschirmten Betrachter, während sich die Turbolifttüren öffnen und Kirk rasch herauskommt, um sich ein Bild von der Situation zu verschaffen.

KIRK
Statusbericht.

Uhura steht auf und geht an ihren Kommunikationsposten. Kirk nimmt seinen Platz im Kommandosessel ein.

XON
Etwas ist von dem fremden Zylinder an Bord gebeamt worden. Es ist ...
(er dreht sich um zu Kirk)
... etwa ein Kubikmeter der dichten Strahlungsatmosphäre, die in dem Zylinder enthalten ist.

Er dreht sich wieder zu seiner Konsole, um mit der Unterstützung des Computers Berechnungen vorzunehmen.

45 AUFNAHME DER REAKTION VON ILIA 45
Sie sieht sich unsicher um. Spürt sie etwas?

46 EINSTELLUNG AUF CHEKOV 46
der auf seine Anzeigen blickt.

47 EINFÜGUNG - WAS CHEKOV SIEHT 47
Ein strukturiertes Diagramm des Schiffs, mit einem blinkenden und gleichzeitig piepsenden Licht, das irgendwo im Zentrum des Diskussegmentes aufleuchtet.

Die Kamera fährt ein wenig zurück, während Chekovs Hände rasch Tasten drücken und sich das dreidimensionale Bild um verschiedene Achsen dreht, bis die genaue Position des Lichts gefunden ist. Der Code ›8-L SUPATMOS QLT-10 FLTR‹ erscheint auf seinem Bildschirm.

48 TOTALE DER BRÜCKE 48
während Chekov das für uns übersetzt.

CHEKOV

Es hat sich in den Filter Nummer zehn unseres Atmosphärenreinigungssystems gebeamt.

Xon reagiert auf diese Information, wendet sich rasch wieder seinen Berechnungen zu, während Kirk zu einem Entschluß kommt:

KIRK

Ausweichmanöver, Mr. Sulu. Neunzig Grad hart steuerbord. Warp sechs ...!

SULU

(gibt das ein)

Warp sechs, Sir. Neunzig Grad hart steuerbord.

49 INNENAUFNAHME: ILIAS QUARTIER - NAHAUFNAHME VON IRSKA 49
Sie hat Angst. Sie hört auf zu lesen, blickt irritiert auf.

50 AUSSENAUFNAHME: DAS WELTALL 50
während wir SEHEN, wie sich die Enterprise und der Zylinder seitlich über den Bildschirm bewegen. Abrupt steuert die Enterprise direkt AUF DIE KAMERA ZU und fort vom Zylinder. Wir können spüren, wie das Schiff beschleunigt, während es ÜBER DIE KAMERAPOSITION hinweggleitet. Einen Augenblick später folgt der Zylinder.

51 INNENAUFNAHME: BRÜCKE - WEITWINKEL 51

DECKER

Er folgt uns weiterhin, Sir.

KIRK

180 Grad beidrehen, Beschleunigung auf Warp 8.

52 AUSSENAUFNAHME: DAS WELTALL 52

Die Enterprise und der Zylinder sind wieder Seite an Seite zu sehen, während die Enterprise VON OBEN UND AUS DER BLICKRICHTUNG DER KAMERA IN DAS BILD FLIEGT.

DIE KAMERA DREHT SICH SEITLICH FORT, um den Vorbeiflug der beiden Schiffe zu ERFASSEN, während die Enterprise sich vom Zylinder entfernt und zu einer halbkreisförmigen Wendung ansetzt. Sie fliegt an uns vorbei. Zwei Augenblicke später folgt der Zylinder.

53 INNENAUFNAHME: MASCHINENRAUM 53

ALARM ERTÖNT, Personal nimmt die Reservesysteme eilig in Betrieb, manuelle Widerrufe werden vorbereitet usw.

54 INNENAUFNAHME: KORRIDOR 54

Leute rennen vorüber. Irska läuft verängstigt umher, sie erscheint verwirrt.

55 INNENAUFNAHME: MASCHINENRAUM - WEITWINKEL - SCOTTY 55

am Wandinterkom. Im Hintergrund SEHEN wir eine Reihe von Technikern, die damit beschäftigt sind, die Warnlampen der Trägheitskontrolle und der Stabilitätssysteme abzuschalten.

SCOTT

Captain, wir können bei diesen Geschwindigkeiten nicht weiter manövrieren. Sie setzen die Trägheitskontrolle und die Stabilitätssysteme einer gefährlichen Belastung aus.

KIRKS STIMME

Welche Maximalgeschwindigkeit können Sie mir geben?

SCOTT

Warp 9,2: Wenn Sie das nicht zu lange machen.

56 INNENAUFNAHME: DIE BRÜCKE - KIRK 56

KIRK

In Ordnung, Scotty, mal sehen, ob wir sie abhängen können.

(eine kurze Pause)

Mr. Sulu, Warp 9,2.

(zu Decker)

Gehen Sie in den Maschinenraum und sehen Sie, ob Sie dort helfen können.

Während Decker geht:

57 AUSSENAUFNAHME: DAS WELTALL - VERSCHIEDENE EINSTELLUNGEN 57

Die Enterprise entfernt sich. Der Zylinder fällt zurück. Dann paßt er sich an, kommt auf uns zu, fliegt an uns vorüber, vor uns her weiterzufliegen.

58 INNENAUFNAHME: DIE BRÜCKE - IRSKA 58

Tritt ein. Jeder auf der Brücke ist mit seinen Instrumenten beschäftigt, niemand achtet auf Irska, als sie zu ihrer Mutter geht.

SULU

Er ist immer noch da, Captain. Direkt vor uns ... wird langsamer.

Das Kind steht bei seiner Mutter. Ilia legt einen Arm um Irska, setzt ihre Arbeit fort, kann aber ihre Tochter warmherzig ansehen. Verständnisvoll. Ilia streicht über das Haar des Kindes - es wird alles gut werden.

59 EINE ANDERE EINSTELLUNG - KIRK UND DIE ANDEREN 59

KIRK
(grimmig)
Es macht keinen Sinn, Energie zu verschwenden. Maschinen anhalten, Mr. Sulu ...

Kirk sieht jetzt das Kind bei seiner Mutter.

XON
Wir haben ein zusätzliches Problem, Captain.

KIRK
(sieht zu Ilia)
Ja, das glaube ich.

Decker und der Rest der Crew blicken zu Mutter und Kind.

XON
Ein Kubikmeter der Strahlung wurde in unser Filtersystem gebeamt. Sie hat bereits die Luft verseucht ... Wenn wir nichts unternehmen, werden wir in zwölf Stunden alle tot sein.

Das Kind rückt näher an seine Mutter heran. Sulu sieht sie an.

60 INNENAUFNAHME: KRANKENSTATION - VERSCHIEDENE EINSTELLUNGEN 60
McCoy arbeitet fieberhaft an seinem Labortisch. Chapel assistiert ihm, nimmt Proben aus einer Zentrifuge und bereitet sie für McCoy vor, damit der sie unter einer Art hochentwickeltem Mikroskop untersuchen kann. Darüber HÖREN wir:

KIRKS STIMME AUS DEM OFF
Logbuch des Captains, Sternzeit ( ). Mehr als vier Stunden sind nun vergangen, seit das fremde Schiff einen Teil seiner tödlichen Atmosphäre in unser Schiff gebeamt hat. Bislang hat McCoy kaum Fortschritte gemacht, um ein Gegenmittel für die Auswirkungen zu finden.

61 INNENAUFNAHME: ERHOLUNGSRAUM - VERSCHIEDENE EINSTELLUNGEN 61
Die Stimmung ist gedrückt. Die Leute sitzen zusammen und reden mit gedämpfter STIMME. Das dreidimensionale Schach wird ebenso weitergespielt wie andere Spiele, für die eine Computertafel erforderlich ist. Sie scheinen den Spielern aber nur wenig Trost zu spenden. Das Licht ist gedämpfter als üblich.

Bei den meisten Leuten in dem Raum zeigen sich auf den ungeschützten Hautflächen rote Flecken.

KIRKS STIMME AUS DEM OFF
Die Crew zeigt erste Symptome der Verstrahlung. Auch wenn sie weiter die Routinearbeiten ausführen, sind viele von ihnen verzagt, ohne Hoffnung ...

DIE KAMERA SCHWENKT durch den Raum und hält hier und da nur kurz an, wobei wir Dialogfetzen MITBEKOMMEN.

62 AUF CHIEF JANICE RAND 62
während sie behutsam mit ihren Fingern einen roten Fleck auf ihrer Wange berührt. Sie reagiert mit Schmerzen. Sie sagt zu ihrem besorgten Begleiter:

RAND

Es wird schlimmer.

Sie beißt sich auf die Unterlippe.

63 AUF ZWEI FRAUEN, DIE SCHACH SPIELEN 63

ERSTE FRAU

Dein Zug.

Die ZWEITE FRAU greift nach dem Springer, blickt dann an der ersten Frau vorbei. Irska steht da und sieht zu.

IRSKA

Darf ich mitspielen? Ich habe die Spielanleitung gelesen.

Die zweite Frau sieht das Kind an.

ZWEITE FRAU

Nein. Wir spielen nicht weiter.

Irska ist einen Moment lang enttäuscht, steht unentschlossen da, lächelt, dreht sich um und läuft fort. Die beiden Frauen sehen ihr traurig nach.

64 INNENAUFNAHME: MASCHINENRAUM 64
Er ist leer - bis auf SCOTTY, der am Betrachter der Ingenieursbibliothek sitzt und technische Handbücher liest.

65 HALBNAHE - SCOTT 65
der liest. Zum ersten Mal scheinen sie ihm nur relativ wenig Trost zu spenden.

66 WEITWINKEL 66
während die Tür AUFGLEITET und Irska hereinkommt, die gesund und schön aussieht und offenbar nicht weiß, was los ist.

67 SCHWERPUNKT AUF SCOTT 67
während sie sich ihm nähert und den Arm unschuldig um ihn legt. Offensichtlich berührt sie versehentlich einen empfindlichen Punkt, da Scotty vor Schmerz zusammenzuckt, als sie ihre Hand darauf legt. Er versucht, das vor dem Kind zu verbergen.

IRSKA
(besorgt)

Es tut mir leid, ich wollte dir nicht weh tun ...

SCOTT

Ist schon in Ordnung, Mädchen. Warum bist du nicht bei deiner Mutter?

IRSKA

Sie hat gesagt, daß sie eine Stunde lang allein meditieren müsse.

Sie lächelt ihn an und kann seine Laune ein wenig verbessern.

SCOTT

Also hast du dir gedacht, du besuchst mal den alten Scotty, wie?

Irska nickt.

SCOTT

(fährt fort)

Weißt du, du bist das einzige Mädchen, das ich kenne, das die Schönheit von technischen Plänen erkennen kann.

IRSKA

Ich sehe in fast allem Schönheit, Mr. Scott.

Scotty sieht sie nachdenklich an, dann lächelt er sie an.

SCOTT

Fast hätte ich es vergessen ... ich habe ein Geschenk für dich.

Irska strahlt, als Scott ein wenig schmerzerfüllt aufsteht und zu einem Vorratsschrank geht, ihn öffnet und ein juwelenbesetztes Stirnband hervorholt, das dem ähnelt, das Ilia trägt. Er bringt es und zeigt es Irska.

SCOTT

(fährt fort)

Siehst du, es ist so wie das von deiner Mutter. Nur habe ich es so gemacht, daß es so schnell wachsen kann wie du.

Irska umarmt ihn auf deltanische Weise und gibt ihm einen Kuß.

IRSKA

Oh, Mr. Scott, es ist wunderschön. Vielen Dank.

Sie strahlt, als er es ihr auf den Kopf setzt.

HINWEIS: Sie wird dieses Stirnband für den Rest der Geschichte tragen.

68 INNENAUFNAHME: BRÜCKE 68

Sie ist leer, nur Kirk, Xon und Decker sind dort. Xons Blut auf Kupferbasis führt dazu, daß seine Flecken grün statt rot sind. Kirk schleppt sich erschöpft von der wissenschaftlichen Station zurück und setzt sich behutsam in seinen Sessel. Nachdem er Platz genommen hat, sieht es fast so aus, als würde er nie wieder aufstehen. Er reibt seine Augen und seine Stirn.

KIRK

Also gut, versuchen wir es auf eine andere Weise ... Offensichtlich wird das Ding von irgendeiner Intelligenz kontrolliert ...

Er deutet auf den schwebenden Zylinder, der auf dem Bildschirm zu sehen ist.

69 EINSTELLUNG AUF XON UND DECKER 69

während die beiden sich anblicken. Decker ist verwirrt. Xon zeigt keine Regung.

DECKER

Ich bezweifle, daß es irgendein Interesse an unserem Schiff selbst hat. Die Fähigkeiten des Zylinders zeigen, daß er unsere Technologie nicht benötigt.

KIRK

Und warum versucht er, uns zu töten? Warum vergiftet er langsam unsere Atmosphäre? Er könnte uns viel schneller erledigen, wenn er das wollte.

Xon hat eine Idee:

XON

Wissen. Er könnte versuchen, von uns zu lernen, wie wir auf seine Atmosphäre reagieren. Oder er versucht vielleicht, mit uns Kontakt aufzunehmen.

Die Turbolifttüren öffnen sich, Ilia kommt herein. Sie spricht Kirk an:

ILIA

Sie wollten mich sprechen, Captain?

KIRK

Wo ist Ihre Tochter?

ILIA

Bei Mr. Scott, glaube ich.

KIRK

(eine kurze Pause)

Ilia, halten Sie es für möglich, daß die Veränderungen in unserer Atmosphäre irgendeine Veränderung in Irska auslösen sollten?

ILIA

(beunruhigt)

Ich weiß nicht, wovon Sie reden ...!

XON

(begreift es)

Captain, das könnte es sein. Vorausgesetzt, das Mädchen ist mit dem Schiff verbunden. Es könnte empfehlenswert sein, daß Doktor McCoy es noch einmal untersucht.

Ilia reagiert mit Verwirrung. Sorge.

ILIA

(zu Kirk)

Sie noch einmal untersuchen ...?! Sie hat nichts mit alldem zu tun, was uns geschieht! Sie ist unschuldig!

KIRK

(entschlossen)

Ich möchte, daß das Mädchen noch einmal untersucht wird.

ILIA

Aber sie könnte Angst haben. Sie hat noch nicht einmal gelernt, was Schmerz und Angst sind.

KIRK

Bringen Sie sie zu Dr. McCoy, Lieutenant. Sofort.

70 INNENAUFNAHME: KRANKENSTATION - EINSTELLUNG AUF McCOY UND CHAPEL 70

Sie arbeiten noch immer am Labortisch. Chapel bereitet eine frische Serumprobe vor, damit McCoy sie sich ansehen kann. McCoy entfernt erschöpft die vorangegangene Probe.

Sowohl McCoy als auch Chapel sehen miserabel aus. Auf ihren Gesichtern und an ihren Armen sind rote Flecken zu sehen. Sie wirken völlig verwahrlost.

McCOY

Welche ist das?

CHAPEL

K-eins-sieben-Plättchen mit Antispasmus-Serum.

McCoy nimmt die Probe und legt sie in seinen Betrachter. In dem Moment ist das RufSIGNAL des Kommunikators zu HÖREN. McCoy IMPROVISIERT: »Ja ...?«

KIRKS STIMME

Irgendein Fortschritt, Pille?

McCoy wirft Chapel einen düsteren Blick zu, dann spricht er in den Kommunikator:

McCOY

Nichts. Die Wirkung ist ähnlich wie bei Beta-Verstrahlung. Ich muß dir wohl nicht sagen, wieviel Erfolg wir dabei hatten ...

(grimmig)

Offengesagt, Jim, habe ich nicht viel Hoffnung.

71 BRÜCKE - KIRK 71

antwortet in den Kommunikator:

KIRK

Ich schicke Irska zu dir, damit sie noch einmal untersucht wird. Ich möchte wissen, warum sie nicht so wie wir betroffen ist.

McCOYS STIMME

Ich lasse es dich wissen.

KIRK

(trocken)

Ja, Doktor, machen Sie das. Kirk Ende.

72 INNENAUFNAHME: KIRKS QUARTIER 72

während Kirk eintritt und sich sofort aufs Bett legt. Sein Zustand scheint sich seit der vorangegangenen Szene noch weiter verschlechtert zu haben. Er sieht müde, schwach und frustriert aus. Ein leises KLINGELN ist zu HÖREN. Kirk zwingt sich, sich aufzurichten.

KIRK

Herein.

Die Tür öffnet sich, Kirk ist ein wenig überrascht, daß Ilia eintritt. Sie ist nicht so sehr mit Flecken übersät wie Kirk, aber eindeutig sehr geschwächt. Kirk deutet an, sie solle sich auf das Bett setzen. Sie nimmt Platz.

73 SCHWERPUNKT AUF ILIA 73

Sie hat seelische und körperliche Schmerzen.

ILIA

Ich habe meine Tochter zu Dr. McCoy gebracht.

Kirk fühlt sich nicht wohl in seiner Haut, aber Ilias Verhalten zeigt, daß es keine Möglichkeit gibt, die Konfrontation zu vermeiden. Er bemüht sich, geduldig zu sein:

KIRK

Ilia, ihr wird nichts geschehen.

ILIA

Sie experimentieren mit ihr!

KIRK

Wir versuchen, unser Leben zu retten! Auch das des Mädchens.

ILIA

Und wenn sie auf andere Weise betroffen ist? Was werden Sie dann machen?

KIRK

Wir werden weiterforschen.

ILIA

(kühl)

Welche Art von Forschung, Captain?

(sie blickt in seine Augen und ›sieht‹; entsetzt)

Nein! Ich will sie nicht in ein Kraftfeld eingeschlossen sehen ...!

(plötzlich schlau; drohend)

Haben Sie eigentlich schon darüber nachgedacht: Es könnte sein, daß der Zylinder einen erneuten Angriff startet, wenn es eine Verbindung zwischen ihm und meiner Tochter gibt - falls Sie ihr etwas antun?

Kirk betrachtet sie einen Augenblick lang:

KIRK

Wissen Sie, daß der Zylinder sich provoziert fühlen würde?

ILIA

Ich weiß nur, daß meine Tochter gut ist. So wie ich es wüßte, wenn sie es nicht wäre. Sie stellt keine Gefahr für das Schiff dar!

Sie wird vom GERÄUSCH der SICH ÖFFNENDEN TÜR unterbrochen. Sie sehen sich nach dem Geräusch um.

74 WEITWINKEL - DER RAUM 74

McCoy und Irska treten soeben ein. Irska trägt eine Kiste mit Spritzen. McCoy spürt die gereizte Atmosphäre.

McCOY

Ich dachte mir, daß ihr eure Spritzen so schnell wie möglich haben wollt.

KIRK

Pille! Du hast ein Heilmittel gefunden!

IRSKA

Dr. McCoy hat mir alles über Leben und Tod beigebracht, Mutter.

McCoy hat den Injektor bereits an Kirks Arm angesetzt. Er ZISCHT. Wir BEMERKEN, daß McCoys Flecken bereits deutlich blasser geworden sind. Außerdem verfügt er offenbar wieder über Energie.

75 FOLGT McCOY 75

während er zu Ilia geht. Er entfernt die leere Ampulle aus dem Injektor und gibt sie Irska, die sie in die Kiste legt, die sie mit sich führt, dann gibt sie ihm eine neue.

McCOY

Dankt nicht mir, sondern hier meiner jungen Assistentin.

(er gibt Ilia den Injektor)

Sie hatte das Heilmittel eine Woche in sich, bevor wir es benötigten. Ich habe das Serum aus den sonderbaren weißen Blutkörperchen hergestellt, die sich in ihrem Körper bilden.

Ilia lächelt. Kirk nicht. Etwas stört ihn. Ilia hört auf zu lächeln, als sie das spürt.

KIRK

Pille, war sie in irgendeiner Weise befallen?

McCOY

Nein.

Kirk, der nicht genau weiß, was das bedeutet, blickt Ilia an. Plötzlich HÖREN wir, daß der Alarm ERTÖNT, außerdem HÖREN wir Xons STIMME ÜBER INTERKOM.

XON (AUS DEM OFF)

Captain, unsere Hülle wird von einem Energiestrahl unbekannter Art durchdrungen, der von dem fremden Schiff ausgeht. Weder Schirme noch Schilde stellen ein Hindernis dar.

Kirk wirft Irska einen flüchtigen Blick zu, dem sie unschuldig begegnet. Wie kann sie dafür verantwortlich sein? Kirk weiß nicht, was er tun soll. Er geht zum Wandinterkom und spricht hinein.

KIRK

Ich bin auf dem Weg.

76 AUSSENAUFNAHME: DAS WELTALL - DIE ENTERPRISE UND DER ZYLINDER 76

Ein blaues Leuchten umgibt die Enterprise wie eine Aura. Eine andere, hellere, stärkere gekrümmte Ebene aus blauer Energie (der Schild) steht zwischen dem nun leuchtenden Zylinder und unserem Schiff. Ein dünnes Band aus purem weißen Licht, das von dem schwebenden Zylinder ausgeht, durchdringt beide Energiefelder und durchdringt die Hülle der Enterprise.

ABBLENDEN.

ENDE DES ZWEITEN AKTES

DRITTER AKT

AUFBLENDE:

77 INNENAUFNAHME: DIE BRÜCKE - WEITWINKEL 77

Die SIRENEN ERTÖNEN noch immer. Xon ist allein, als sich die Türen des Turbolifts öffnen und Sulu und Uhura herauskommen. Sie tragen Freizeitkleidung. Die Turbolifttüren schließen sich wieder, als sie sich so schnell zu ihren Stationen bewegen, wie es ihre noch nicht völlig geheilten Körper zulassen.

Die Türen des zweiten Turbolifts öffnen sich. Kirk und Chekov kommen heraus. Chekov trägt ebenfalls Freizeitkleidung, womit Kirk und Xon die einzigen auf der Brücke sind, die eine Uniform tragen. Sie lassen auch nicht unnötig Zeit verstreichen, um ihre Posten einzunehmen.

KIRK

Schadensbericht, Mr. Chekov.

(wendet sich an Sulu)

Bereiten Sie ein Ausweichmanöver vor, Mr. Sulu.

(zu Uhura)

Stellen Sie die Sirenen ab, Commander, aber bleiben Sie auf Alarmstufe Rot.

In Ilias Abwesenheit übernimmt Decker den Posten des Navigators, um das Ausweichmanöver auszuführen. Die SIRENEN VERSTUMMEN. Kirk betrachtet die Situation einen Moment lang, dann:

KIRK

(fährt fort)

Phaser vorbereiten, Mr. Chekov, und Ziel erfassen.

78 ZURÜCKFAHREN, UM SULU EINZUBEZIEHEN 78

Chekov beginnt mit der Programmierung.

KIRK

Beginnen Sie Ausweichmanöver, Mr. Sulu. 65 Grad steuerbord. Gehen Sie auf Warp drei.

SULU

65 Grad steuerbord. Beschleunigung auf Warp drei.

79 AUSSENAUFNAHME: WELTALL - ENTERPRISE UND ZYLINDER 79

während sich die Enterprise von dem Zylinder entfernt und über die KAMERAPOSITION hinwegzieht. Der Zylinder richtet zunächst seinen weißen Strahl auf die Spur der Enterprise aus und beginnt ihr zu folgen.

80 AUSSENAUFNAHME: WELTALL - ANDERE EINSTELLUNG 80
während wie zuvor der Zylinder die Enterprise einholt und sich vor ihr in Position bringt. Dann wird abrupt der Angriffsstrahl abgeschaltet.

81 INNENAUFNAHME: BRÜCKE - EINSTELLUNG AUF CHEKOV, DECKER IM HINTERGRUND 81

CHEKOV
Phaser entsichert und Ziel erfaßt, Sir.

DECKER
Captain, der Fremde hat seinen Energiestrahl abgeschaltet.

Kirk sieht auf den Bildschirm, der bestätigt, daß Decker recht hat.

KIRK
Feuer zurückhalten, Mr. Chekov.
(wendet sich an Xon)
Warum haben sie aufgehört? Wußten sie, daß wir auf sie schießen wollten?

DECKER
Ich bezweifle, daß sie das hätte stoppen können.

XON
Vielleicht, Captain, war ihnen nicht bewußt, daß sie uns Schaden zufügten. Erst unser Ausweichmanöver hat sie das erkennen lassen.

82 ANDERE EINSTELLUNG AUF DECKER - TURBOLIFT IM HINTERGRUND 82

DECKER
Das wußten sie, Mr. Xon. Sie schossen durch unsere Schilde, die mit Maximalleistung arbeiteten. Sie mußten wissen, daß uns das, was sie machten, nicht gefiel.

In dem Moment treten Ilia und Irska aus dem Turbolift im Hintergrund. Kirk dreht sich um, um sie anzusehen - dann drehen sich auch die anderen um. Im gleichen Moment ERTÖNT ein PFEIFEN aus dem INTERKOM.

83 NAHAUFNAHME - ANZEIGENLEUCHTEN BEI KIRK 83
Er starrt sie an.

84 WEITERE EINSTELLUNG 84
während sich Kirk zu seinem Sessel begibt und auf eine Taste an der Armlehne haut.

KIRK
(ins Interkom)
Scotty, warum überhitzen sich die Impulstriebwerke?

85 INNENAUFNAHME: MASCHINENRAUM - SCOTT 85
am Wand-Interkom.

SCOTT
Keiner unserer manuellen Widerrufe kann sie abschalten. Die Kontroll-Servoeinheiten müssen durchgebrannt sein ...

86 INNENAUFNAHME: BRÜCKE 86

während Kirk zu Chekov blickt. Dann richtet sich Kirks Blick auf Ilia. Kirk ist wütend.

KIRK

(immer noch den Blick auf Ilia gerichtet)

Schadenskontrollbildschirm, Mr. Chekov.

Chekov betätigt Tasten, dann:

87 EINFÜGUNG - SCHADENSKONTROLLBILDSCHIRM 87

während Chekov rasch das Strukturbild der Enterprise sich um seine Achse drehen läßt. Der Code ›IMPLS ENG‹ erscheint auf dem Schirm, das Computerbild fährt rasch an das entsprechende Gebiet auf dem Schiff heran, wo ein blinkendes Licht von einem PFEIFENDEN TON synchron begleitet wird. Zusätzliche Codes tauchen nun auf: SRVS 18, 7, 5, FZ, CLG CL 2 LK. ›FZ‹ ... ›LK‹ leuchten unheilvoll rot auf.

88 ZURÜCK ZUR SZENE 88

CHEKOV

Impuls-Servoeinheiten fünf, sieben und achtzehn sind durchgebrannt. Außerdem ein Leck an der Kühlspule Nummer zwei. Dort wurden wir von dem Fremden getroffen.

Kirk blickt wieder Ilia und ihr Kind an. Irska späht nun über Chekovs Schulter auf dessen Kontrollbildschirm.

KIRK

Haben Sie das mitbekommen, Scotty?

(zu Ilia)

Bringen Sie bitte Ihre Tochter von der Brücke.

SCOTT (AUS DEM OFF)

Tochter? Was ...

KIRK

Nichts, Scotty.

(zu Ilia)

Haben Sie mich verstanden, Lieutenant?

89 EINSTELLUNG AUF ILIA UND IRSKA 89

Verletzt, enttäuscht nimmt Ilia Irska sanft an die Hand, beginnt sie fortzuführen. Das Kind hat einen eigenen Willen. Es will alles sehen, was sich auf Chekovs Bildschirm abspielt.

IRSKA

(zu Ilia)

Laß mich bitte noch eine Minute lang zusehen.

Ilia lenkt nach einem Zögern ein. Chekov fühlt sich unwohl. Das Kind lächelt ihn an.

SCOTT (AUS DEM OFF)

Keine Chance, das Leck zu reparieren, ohne daß man sich immens hohen Dosen von Beta-Strahlung aussetzt.

KIRK

Und wenn Sie die Servos zuerst reparieren?

SCOTT (AUS DEM OFF)

Dafür braucht eine Zwanzig-Mann-Crew drei Stunden. Die Spule ist der beste Weg. Ein Mann könnte sie in fünfzehn Minuten schweißen.

CHEKOV

Captain, die Beta-Strahlung im Zugangsschacht liegt weit über dem Toleranzwert. Selbst mit Schutzanzug könnte dort niemand länger als ein paar Minuten bei Bewußtsein bleiben.

KIRK

(zu Chekov)

Wieviel Zeit haben wir?

Irska blickt von dem Bildschirm auf, zeigt auf ihn.

IRSKA

Dort steht, daß der Impulsantrieb in 89 Minuten explodiert, Captain Kirk.

Kirk blickt das Kind an.

CHEKOV

Sie hat recht, Captain.

KIRK

Sie mag recht haben. - Aber, junge Lady, wenn ich auf diesem Schiff einen Befehl erteile, dann erwarte ich, daß du ihn befolgst.

(zu Ilia)

Und von Ihnen erwarte ich, daß Sie ihr das zu verstehen geben.

Kirk nimmt das Kind und zieht es sanft, aber bestimmt von Chekovs Bildschirm fort. Kirk hält die Hand des Kindes zu fest.

IRSKA

Kann ich nicht ... autsch.

KIRK

Nein - von der Brücke ...

Er geht mit ihr zum Turbolift.

KIRK

(fährt fort)

Sagen Sie Scotty, er soll sich schnell um das Leck kümmern.

90 INNENAUFNAHME: MASCHINENRAUM 90

Scotty am Wand-Interkom.

SCOTT
(er betätigt eine andere Taste)
Ferguson. Kommen Sie zum Zugangsschacht 74-J mit einem Schutzanzug. Beeilen Sie sich.

91 INNENAUFNAHME: BRÜCKE 91
wo Kirk seine Aufmerksamkeit wieder auf Ilia und Irska richtet.

ILIA
(zu Irska)
Geh in dein Quartier.

Sie streicht liebevoll das Haar des Kindes.

ILIA
(fährt fort; zu Kirk)
Ich bitte um Erlaubnis, auf meinen Posten zurückkehren zu dürfen, Sir.

KIRK
Abgelehnt. Bringen Sie Ihre Tochter nach unten.

Sulu, Chekov und Uhura reagieren darauf. Kirks Verhalten erscheint ihnen unangemessen hart.

ILIA
Sir, ich entschuldige mich für ...

KIRK
Lieutenant, gehen Sie nach unten!

Ilia ist traurig, dann resigniert sie und geht mit ihrer Tochter in den Turbolift. Außer Xon sehen alle Offiziere ungläubig zu Kirk. Kirk spricht zu ihnen, erklärend:

KIRK
(fährt fort)
Sie wußte, daß ich Irska nicht erlauben konnte, auf der Brücke zu bleiben.

UHURA
(kühl)
Jawohl, Sir.

92 NAHAUFNAHME - KIRK 92
Seine Qualen sind offensichtlich.

93 INNENAUFNAHME: KORRIDOR 93
während Fähnrich Ferguson Scotty in den Schutzanzug hilft. Viel schwarzer Rauch und Dampf dringen aus dem Zugangsschacht.
Sobald er komplett angezogen ist, nimmt Scott die Reparaturplatte, den kleinen Laserbrenner, den er benötigt, um die Platte festzuschweißen, sowie andere nicht identifizierbare Werkzeuge auf. Dann klettert er so schnell er kann in den Schacht. Er ist mit Ausrüstung beladen. (Der Anzug muß zudem einen Vorrat an frischer Luft enthalten.)

94 INNENAUFNAHME: IMPULSZUGANGSSCHACHT (UMBAU DER JEFFERIES-RÖHRE) 94

Es ist eng, die Fortbewegung ist schwierig. Der Rauch und der Dampf behindern seine Sicht. Er holt einen Ersatzschlauch seiner Luftversorgung hervor und paßt eine Einstellung auf dem Tank an. Er richtet den austretenden dünnen Luftstrom vor sich, um Rauch und Dampf aus dem Weg zu pusten, während er sich vorkämpft.

95 INNENAUFNAHME: ILIAS QUARTIER 95

während Ilia und Irska eintreten. Sie gehen durch den Raum. Irska folgt neugierig ihrer offensichtlich frustrierten Mutter. Sie setzen sich auf die Kissen. Die Tür öffnet sich. Es ist Uhura. Irska und Ilia sehen sie an.

UHURA

Ich bin gekommen, um mich zu entschuldigen ...

ILIA

Danke.

UHURA

(kniet sich neben das Kind)

Irska, ich weiß, daß du nicht viel verstehst, was Captain Kirk angeht, aber er steht im Augenblick unter großem Druck. Wenn das der Fall ist, sagen Leute manchmal Dinge, die sie nicht meinen.

IRSKA

Mutter hat mir das gesagt. Wir lieben beide Captain Kirk. Wir lieben dich auch.

Uhura nimmt das Kind in ihre Arme - Irska reagiert mit einer Umarmung.

UHURA

Oh, du bist so ein wunderbares Kind.

(zu Ilia)

Sie ist eine solche Freude ...

96 NAH AUF ILIA 96

Sie ›sieht‹ etwas, was sie beunruhigt.

97 FOLGT ILIA 97

Sie eilt zu ihrem persönlichen Tischbetrachter und schaltet ihn ein. Auf dem Bildschirm SEHEN wir ein Bild von Scott. Er kämpft sich durch den Zugangsschacht. Ilia sieht offenbar besorgt zu. Irska und Uhura kommen zu ihr und sehen nun auch zu.

IRSKA

Was macht er?

UHURA

Er versucht, ein Leck im Kühlsystem des Impulsantriebs zu reparieren.

IRSKA

Er trägt einen lustigen Anzug.

Ilia lächelt und berührt sanft Irskas Gesicht.

ILIA

Damit schützt er sich vor den Beta-Strahlen. Ohne den Anzug würde er sterben.

IRSKA

Doktor McCoy hat gesagt, daß Leute sterben, wenn ihr Körper aufhört zu funktionieren. Heißt das, daß ich tot war, bevor ich geboren wurde?

Ilia hält das Gesicht ihrer Tochter in ihren Händen und sieht dem Mädchen tief in die Augen.

ILIA

Die Deltaner glauben, daß wir vor unserer Geburt und nach unserem Tod als pure Liebe existieren. Wir versuchen, diesen Zustand unser ganzes Leben über widerzuspiegeln.

Uhura sieht erstaunt und fasziniert zu.

98 INNENAUFNAHME: BRÜCKE 98

Xon an seinem abgeschirmten Betrachter. Er blickt auf.

XON

Captain, ich habe Doktor McCoys medizinisches Profil von Irska in den Schiffscomputer eingespeist. Ich glaube, sie ist in der Lage, der Strahlung aus dem Kühlkern des Impulsantriebs zu widerstehen.

99 EINSTELLUNG AUF DECKER 99

sieht Xon ungläubig an.

KIRK

Wollen Sie damit sagen, wir sollen Irska da hineinschicken, damit sie das Leck repariert.

XON

Ich mache lediglich auf diese Alternative aufmerksam.

DECKER

Aber Sie glauben nur, daß es für sie ungefährlich ist.

XON

(zustimmend)

Es gibt ein beträchtliches Risiko. Ich möchte damit lediglich sagen, daß sie höchstwahrscheinlich lange genug leben würde, um die Reparatur abzuschließen.

DECKER

Ilia würde nie zustimmen.

XON

Dann schlage ich vor, daß wir Ilia nicht fragen.

DECKER

Das ist das Kaltblütigste, was ich je gehört habe.

XON

(sanft)

Ich glaube, daß der Fremde den Schaden vorsätzlich in einem Bereich herbeiführte, in den nur Irska vordringen kann. So wie das Heilmittel, das Doktor McCoy entdeckte, auch nur aus ihrem Blut gewonnen werden konnte. Captain, es liegt im Rahmen Ihrer Autorität, dem Kind zu befehlen, uns zu helfen.

100 SCHWERPUNKT AUF KIRK 100
der mit sich kämpft, um eine Entscheidung zu treffen.

KIRK
(drückt eine Taste)
Scotty. Machen Sie bereits Fortschritte mit den Kontrollservos?

SHARMA (AUS DEM OFF)
Hier ist Fähnrich Sharma, Sir. Es scheint so, als müßten die Einheiten mit einem Laserbrenner herausgeschnitten werden. Das wird eine Weile dauern, Sir.

Diese Nachricht ist für Kirk keine Überraschung.

KIRK
Wo ist Mr. Scott?

SHARMA (AUS DEM OFF)
Er ist im Zugangsschacht, Sir, und versucht, das Kühlleck zu schweißen.

Das überrascht Kirk, und es verärgert ihn zugleich. Er trifft eine harte Entscheidung, betätigt eine andere Taste an seinem Sessel.

KIRK
Lieutenant Ilia, hier spricht Captain Kirk. Kommen Sie bitte sofort mit Ihrer Tochter auf die Brücke.

101 INNENAUFNAHME: ZUGANGSSCHACHT 101
Scott schweißt inmitten dichter Rauchwolken. Seine Arme ermüden, er lehnt sich an die gegenüberliegende Wand und ruht sich einen Moment aus, bevor er weitermacht.

102 INNENAUFNAHME: BRÜCKE 102
während Ilia und Irska eintreten.

IRSKA
Hi, Captain Kirk.

KIRK
Hallo, Irska ...

Kirk bedeutet dem Mädchen, zu ihm zu kommen, ergreift ihre Hand:

KIRK
(fährt fort)
Mr. Xon, vielleicht ist es am besten, wenn Sie die Situation erklären.

XON
Die Situation ist recht einfach. Wenn das Kühlsystem des Impulsantriebs nicht sofort repariert wird, wird das Schiff zerstört werden. Irska ist die einzige Person an Bord, die dem Beschuß durch Beta-Strahlen im Zugangsschacht lange genug standhalten kann, um die Reparatur zu erledigen.

103 SCHWERPUNKT AUF ILIA 103
die eindringlich Kirk ansieht. Sie versucht, ruhig zu bleiben.

ILIA

Es gibt keine andere Alternative?

XON

Nein.

104 EINSTELLUNG AUF IRSKA 104

IRSKA

Ich möchte helfen.

ILIA
(sanft)

Ich weiß, Liebling. Aber manchmal ...

IRSKA

Mr. Scott ist mein Freund. Ich möchte nicht, daß er stirbt.

Das INTERkOM PFEIFT. Kirk geht hin, aktiviert es.

KIRK

Kirk hier.

SHARMA (AUS DEM OFF)
(beunruhigt)

Mr. Scott scheint bewußtlos zu sein, Sir!

Kirk sieht Ilia fragend an.

105 EINSTELLUNG AUF ILIA UND IRSKA 105
sie halten sich an den Händen. Ilia sucht den Blickkontakt mit ihrer Tochter.

ILIA

Der Grund, warum ich dich liebe - oder ein Grund, warum ich dich liebe -, ist der, daß du gelernt hast, andere zu lieben.

IRSKA

Mir wird nichts passieren, Mutter. Wirklich.

Ilia nickt, aber sie glaubt einfach nicht, daß die Dinge so einfach sein werden.

106 SCHWERPUNKT AUF KIRK UND ILIA 106
während Ilia Kirk vorwurfsvoll ansieht. Dann nimmt Xon ein Objekt (Laserbrenner) und reicht es Irska:

XON

Dies ist ein Laserbrenner. Er wird bedient, indem man hier drückt ...

IRSKA

Oh, ich weiß, wie er funktioniert. Mr. Scott hat mir das gezeigt. Siehst du, man drückt auf diesen Knopf ...

Kirk ist bereits auf dem Weg zum Lift. Er möchte das hinter sich bringen.

KIRK

Also los.

Xon erklärt ihr weiter, was sie machen muß, während sie sich zur Tür begeben.

XON

Das Schweißen selbst ist ein relativ einfacher Prozeß. Du wirst sehen, daß Dampf aus dem Gebiet austritt, das du ...

Sie gehen hinaus.

107 INNENAUFNAHME: ZUGANGSSCHACHT 107
Irska und Xon, beide in Schutzanzügen, bahnen sich mühsam ihren Weg. Für Irska ist es wegen ihrer geringeren Größe etwas einfacher als für Xon.

108 INNENAUFNAHME: KORRIDOREINGANG ZUM ZUGANGSSCHACHT -
KIRK, ILIA UND DIE ANDEREN IM HINTERGRUND 108
warten und sehen zu.

KIRK
(zu Ilia)

Es gibt keine Wahl.

ILIA
(eine kurze Pause)

Ich weiß.

109 INNENAUFNAHME: ZUGANGSSCHACHT 109
während Xon und Irska Scott und das Leck erreichen. Xon zeigt auf den beschädigten Bereich. Die Platte ist bereits an ihrem Platz, sie muß jetzt nur noch sorgfältig versiegelt werden.

XON

Benutze den Dampf als deinen Führer. Wenn die Platte komplett versiegelt ist, wird kein Dampf mehr austreten.

IRSKA

Ich verstehe.

Xon zieht Scotts schlaffen Körper aus dem Weg, Irska beginnt mit der Arbeit. Xon tritt nun zusammen mit Scotty den Rückweg an.

110 ZWISCHENSCHNITTE VERSCHIEDENER EINSTELLUNGEN 110
Xon hat Scott auf dem Rücken und bewegt sich mühsam im Schacht nach unten ...

Irska arbeitet an dem Leck. Die Menge an austretendem Dampf wird zunehmend geringer.

111 INNENAUFNAHME: KORRIDOR AM EINGANG ZUM ZUGANGSSCHACHT 111
Dr. McCoy hat sich den anderen angeschlossen.

112 WEITE EINSTELLUNG 112
während Xon mit Scott herauskommt.

McCoy und zwei Helfer eilen hinzu. Sie heben Scott hoch und entfernen seinen Schutzanzug, damit McCoy ihn untersuchen kann. McCoy bewegt seinen medizinischen Scanner über Scotts schlaffen Körper.

McCOY

Er lebt.

(er gibt Scott eine Injektion, dann zu den Helfern)

Bringen Sie ihn in die Krankenstation.

113 KAMERA FOLGT McCOY 113
während er sich Xon nähert. Stellt seinen medizinischen Scanner neu ein und untersucht damit den Vulkanier.

XON

Ich war nicht lange genug in der Strahlungszone, um irgendwelche Schäden erlitten zu haben.

McCOY

Das werde ich entscheiden.

Er gibt ihm eine Injektion, lächelt.

114 ERWEITERN, UM KIRK UND ILIA MITAUFZUNEHMEN 114
Sie warten darauf, mit Xon zu reden.

KIRK

Wie ging es Irska, als Sie sie zurückließen?

XON

Bewundernswert, Captain. Ich zweifle nicht daran, daß sie ihre Aufgabe erledigen ...

Er bemerkt Ilias besorgten Blick.

XON

(fährt fort)

... und keine Strahlenschäden erleiden wird ...

(wieder zu Kirk)

Aber das Muster der Ereignisse deutet daraufhin, daß wir nach der Lösung dieses Problems sehr rasch mit neuen Schwierigkeiten rechnen können.

McCOY

Keine Lebensform in der gesamten Galaxis kann gute Neuigkeiten schneller zunichte machen als ein Vulkanier.

Xon ignoriert McCoy und fährt fort, zu Ilia.

XON

Ich möchte gerne eine Gedankenverschmelzung mit Irska eingehen. Vielleicht kann ich in ihrem Unterbewußtsein Dinge entdecken, die ihre Verbindung mit dem fremden Schiff erklären.

Kirk sieht Ilia fragend an.

KIRK

Hätten Sie etwas dagegen?

ILIA

(traurig)

Ich frage Sie wieder: Haben wir eine Wahl?

McCOY

(reagiert)

Was ist los mit euch? Ihr benehmt euch alle, als wären wir die Würfel in irgendeinem Spiel, das die Götter spielen! ›Wahl‹, ›keine Wahl‹! Wir tun, was erforderlich ist, und das machen wir schnell!

ILIA

(im Psi-Bewußtsein)

Sie kommt ...

115 WEITE EINSTELLUNG 115

während sich alle zum Ausstieg des Zugangsschachts begeben, wo einen Moment später Irska auftaucht.

Es tritt nicht länger Dampf aus, nur schwache Schwaden des schwarzen Rauchs.

Ilia hilft ihr aus dem Schutzanzug, dann hält sie sie fest, während McCoy sie untersucht. Das geschieht im Hintergrund, während im Vordergrund Kirk in ein Wand-Interkom spricht.

KIRK

Kirk an Maschinenraum, reaktivieren Sie jetzt die Impulsantriebkühlung.

Kirk geht zu den anderen. McCoy beendet seinen Scan.

McCOY

Es ist unglaublich. Es hat ihr überhaupt nichts ausgemacht.

Kirk ist froh, die guten Neuigkeiten zu hören, er ist aber mit seinen Gedanken woanders.

KIRK

(zu Ilia)

Die Gedankenverschmelzung, Lieutenant ...?

Irska antwortet für ihre Mutter.

IRSKA

Ja, ich würde mich freuen, mit Mr. Xon eine Gedankenverschmelzung einzugehen. Wär das nicht lustig, wenn wir ihm beibringen, wie man weint, Mami?

ILIA

Sehr lustig, Liebling.

Kirk nickt Xon zu, der sich auf Irska zubewegt; das Mädchen wird noch immer von Ilia im Arm gehalten.

XON
(zu Ilia; sanft)
Lassen Sie sie los.

Ilia macht das, während Xon sich hinkniet, um das Kind direkt anzusehen.

116 NAH AUF XON UND IRSKA 116
während Xon vorsichtig ihr Gesicht an den entsprechenden Stellen berührt, um die Verbindung herzustellen. Sein Gesicht läßt zuerst Entsetzen erkennen, dann Seligkeit.

XON
(der Worte aus Irskas Verstand erfaßt)
Liebe ... Leben ... Tod ... Mitleid ... Angst ... Körper ... Schmerz ... Cryontha ... lernen ...
(dann, wie aus einer anderen Quelle)
Verstehe Cryontha ... beende Gefahr.

117 INNENAUFNAHME: BRÜCKE 117
ZEIGT Uhura an ihrem Posten.

UHURA
Brücke an Captain Kirk und Mr. Xon. Das fremde Schiff hüllt uns in ein Energiefeld ein!

118 EINSTELLUNG AUF CHEKOV 118
arbeitet an seiner Schadenskontrollkonsole.

119 EINFÜGUNG - SCHADENSKONTROLLKONSOLE 119
Diesmal blinkt nicht nur ein kleiner Bereich auf, sondern die gesamte Struktur der Enterprise. Der Code: HL-SPSTR MOL INTGY erscheint. Und die Nachricht erscheint: 12 MINUTEN BIS ZUM KRITISCHEN PUNKT.

120 EINSTELLUNG AUF CHEKOV - BILDSCHIRM IM HINTERGRUND 120
bestürzt. Hinter ihm auf dem Bildschirm SEHEN wir, daß der fremde Zylinder ein schleierartiges Energienetz ausstößt, das wirbelt, während es sich um die Enterprise legt.

CHEKOV
Es zerstört die Molekularintegrität unserer Hülle.

UHURA
(entsetzt)
Das Schiff wird zu Staub zerfallen! Wie lange?

CHEKOV
Zwölf Minuten.

Er schaltet den Interkom-Bildschirm ein.

121 INNENAUFNAHME: KORRIDOREINGANG ZUM ZUGANGSSCHACHT - 121
NAHAUFNAHME - KIRK
Er betrachtet Chekov auf dem Bildschirm.

KIRK

Sind Sie sicher, Chekov?

CHEKOV

Positiv, Sir. Zwölf Minuten.

122 ZWEIEREINSTELLUNG - KIRK UND IRSKA 122

Der Captain kniet neben dem Kind.

KIRK

Erinnerst du dich, daß Mr. Xon sagte, die Gefahr würde enden, wenn wir Cryontha verstehen?

Sie nickt.

KIRK

(fährt fort)

Du weißt, was Gefahr ist?

Sie nickt wieder bestätigend.

KIRK

(fährt fort)

Und Cryontha. Weißt du auch, was das ist?

Das Kind schüttelt langsam den Kopf. Es ist verwirrt und möglicherweise auch verängstigt.

IRSKA

Ich weiß es nicht. Wirklich nicht.

ABBLENDEN

ENDE DES DRITTEN AKTES

VIERTER AKT

123 AUSSENAUFNAHME: DIE ENTERPRISE UND DER ZYLINDER 123

Die Enterprise ist in einem Feld aus magentarotem Licht gefangen, das von dem fremden Zylinder ausgeht. Es pulsiert und leuchtet.

124 INNENAUFNAHME: DIE BRÜCKE 124

während Kirk, Xon, Ilia und Irska aus dem Turbolift treten und sich jeder auf seinen Posten begibt.

(Irska neben ihrer Mutter.)

Kirk übernimmt das Kommando. Decker begibt sich auf seinen Posten.

125 SCHWERPUNKT AUF IRSKA 125
Sie sieht sich um, lächelt; Uhura wirft ihr einen warmherzigen Blick zu.

IRSKA
(zu Uhura)
Du hattest recht, Uhura: Captain Kirk meint es wirklich nicht ernst, wenn er böse Dinge sagt.

Kirk wirft Uhura ›einen Blick‹ zu.

126 EINSTELLUNG AUF XON 126
blickt von seiner Konsole auf.

XON
Captain, die zusätzliche Belastung durch jegliches Manöver könnte das Schiff zerreißen.

COMPUTER (NICHT IM BILD)
Computerwiderruf. Reservelebenserhaltungssysteme aktiviert. Oberste Dringlichkeit, wiederhole: Oberste Dringlichkeit. Hülle bricht schätzungsweise in neun Minuten. Wiederhole ...

KIRK
Schalten Sie das ab!

Uhura legt einen Schalter um - der Computer verstummt.

CHEKOV
Phaser bereit, Ziel erfaßt, Sir.

KIRK
(eine kurze Pause)
Phaser feuern, Mr. Chekov.

127 AUSSENAUFNAHME: ENTERPRISE UND ZYLINDER 127
während der blaue Phaserstrahl aus der Enterprise SCHIESST und den Zylinder trifft.

128 INNENAUFNAHME: DIE BRÜCKE - NAH AUF IRSKA 128
als sie schmerzerfüllt aufschreit.

129 ERWEITERT 129
als Ilia Kirk anschreit.

ILIA
HÖREN SIE AUF! Bitte, Captain, hören Sie auf!

Alle (außer Xon) drehen sich um, konzentrieren sich auf die Deltanerin und ihre Tochter, während Ilia die schluchzende Irska tröstet.

130 SCHWERPUNKT AUF XON 130
Er ist in seinen abgeschirmten Betrachter vertieft. Jetzt blickt er auf.

XON

Captain, obwohl das Kind Schmerzen empfindet, weist der Zylinder keinerlei Schäden auf. Sein Energiefeld ist noch immer intakt.

KIRK

Wir müssen irgend etwas getan haben, wofür er das Kind Schmerz empfinden läßt.

(dann, nach einem kurzen, gequälten Blick auf Ilia und Irska)

Noch mal feuern, Mr. Chekov.

131 SCHWERPUNKT AUF CHEKOV 131

der einen Moment zögert, dann den Auslöser betätigt.

132 VERSCHIEDENE EINSTELLUNGEN 132

während Irska erneut schreit. Ilia eilt zu Chekov, stößt ihn mit überraschender Leichtigkeit zur Seite und beginnt, auf die Tasten seiner Waffenkonsole zu schlagen. Funken sprühen, es kommt zu Kurzschlüssen, bevor Kirk und Xon sie fassen und zurückreißen können. Sie kämpft verbissen gegen sie an. Xon muß schließlich seinen vulkanischen Nervengriff anwenden, um sie zu bändigen. Jetzt läuft Irska los und stürzt auf den leblosen Körper ihrer Mutter.

KIRK

Mr. Chekov, ein Sicherheitsteam soll sie ...

(deutet auf Ilia und Irska)

... in ihr Quartier bringen und dort festhalten.

133 SCHWERPUNKT AUF CHEKOV 133

während er eine Taste auf dem unbeschädigten Teil seiner Konsole betätigt.

CHEKOV

Sicherheitsteam ›B‹ auf die Brücke.

Jetzt beginnt er, sich durch die Schäden an seiner Konsole zu arbeiten.

CHEKOV

(fährt fort)

Phaser- und Photonentorpedokontrolle sind ausgefallen, Captain.

KIRK

Wir können auf Notbetrieb umschalten.

XON

Sir, die zweite Salve hat nicht mehr Schaden verursacht als die erste. Wir schaden nur dem Kind. Ich schlage vor, wir verwenden unsere Energie darauf, die Bedeutung von ›Cryontha‹ zu finden. Irskas Unterbewußtsein wies darauf hin, die Gefahr für das Schiff würde enden, wenn sie die Bedeutung dieses Worts versteht.

KIRK

Durchsuchen Sie die Datenbank des Computers nach ›Cryontha‹.

134 WEITE EINSTELLUNG 134

während das Sicherheitsteam aus dem Turbolift eilt. Chekov deutet auf Ilia und Irska.

135 INNENAUFNAHME: KORRIDOR - ANNÄHERUNG AN ILIAS QUARTIER 135
während das Sicherheitsteam Ilia trägt und Irska zu dem Raum eskortiert.

136 INNENAUFNAHME: ILIAS QUARTIER 136
während die Gruppe eintritt, Ilia auf ein paar Kissen ablegt und sich zurückzieht.

137 INNENAUFNAHME: KORRIDOR 137
während zwei Wachen vor ihrer Tür Posten beziehen.

138 INNENAUFNAHME: ILIAS QUARTIER 138
Irska kniet neben ihrer bewußtlosen Mutter. Sie nimmt Ilias Hand in ihre eigene Hand und streichelt sie sanft, während sie ihr Gesicht aufmerksam beobachtet.

Ilia kommt zu Bewußtsein und sieht auf zu ihrer Tochter.

139 ILIAS BLICKRICHTUNG - IRSKA 139
Das Kind scheint vor Liebe zu strahlen. Ilias Hände scheinen mit denen von Irska zu verschmelzen.

140 NAH - ILIA UND IRSKA 140
während das Kind zusammengerollt in den Armen seiner Mutter liegt. Ihre Hände bewegen sich weiterhin beruhigend - so als hätten sie einen eigenen Willen.

ILIA

Keine Grund, Angst zu haben. Du hast nur Schmerz gefühlt.

IRSKA

Warum muß man Schmerz fühlen?

ILIA

Das gehört zum Leben. Manchmal können wir dadurch verstehen.

IRSKA

Kannst du mich verstehen lassen ... was Cryontha ist?

ILIA

Es ist in deinem Kopf. Du mußt es finden.

IRSKA

Und wenn ich es nicht finde, müssen dann alle sterben?

ILIA

Benutze deinen Geist nicht, um Schuld zu empfinden. Richte deinen Geist darauf aus herauszufinden, was Cryontha ist ...

141 AUSSENAUFNAHME: DAS WELTALL - ENTERPRISE UND ZYLINDER 141
Die Enterprise bleibt in das magentarote Energiefeld eingeschlossen, das von dem Zylinder ausgeht.

142 INNENAUFNAHME: DIE BRÜCKE 142

KIRK

Mr. Chekov, wieviel Zeit bleibt uns noch?

CHEKOV

Sieben Minuten, zweiundvierzig Sekunden, Sir.

Kirk schlägt auf eine Taste an seinem Sessel.

KIRK

Metallurgie, Lieutenant Haber, Statusbericht.

HABERS STIMME

Was immer dieses Energiefeld auch ist, Sir, es arbeitet auf einem subatomaren Niveau. Ich habe nicht viel Hoffnung, ein wirkungsvolles Schutzmittel zu finden.

KIRK

(schlägt auf eine andere Taste)

Physikalische Abteilung, Lieutenant Takawa, Bericht.

TAKAWAS STIMME

Wir haben es bislang mit umgekehrter Schwerkraft und einer Batterie magnetischer Feldgeneratoren versucht. Ohne Erfolg, Sir.

XON

Captain, das Ähnlichste, was sich in den Datenbanken zum Begriff ›Cryontha‹ findet, ist ›Cryantha‹, eine Tierrasse auf Porgath V.

KIRK

(verzweifelt)

Haben Sie es mit mathematischen Sprachen versucht?

XON

Ja, Sir. Mit ähnlichen Ergebnissen. Ich habe allerdings auch die Gedanken des Kindes noch einmal durchgearbeitet, wie ich sie bei unserer Gedankenverschmelzung empfunden habe.

DECKER

Kommen Sie auf den Punkt, Mr. Xon, auf den Punkt ...

XON

Ich hatte den entschiedenen Eindruck, daß jede der Katastrophen, die das Schiff befielen, dem Zweck diente, dem Kind etwas über das Leben, den Tod sowie über Gefühle zu vermitteln, die ich nicht verstehen konnte. Es gab ein Gefühl der Unvollständigkeit, so, als entwickele sie sich weiter und als seien dies notwendige Schritte bei diesem Prozeß.

KIRK

Cryontha, Mr. Xon. Was ist Cryontha?

XON

Cryontha ist der Schlüssel zu ihrer nächsten Entwicklungsphase. Vielleicht könnte ich mehr erfahren, wenn ich mit ihr eine weitere Gedankenverschmelzung eingehen könnte.

KIRK

Zeit, Mr. Chekov?

CHEKOV

Fünf Minuten, sechsunddreißig Sekunden.

KIRK

Also los, Mr. Xon!

(zu Uhura)

Wir sind in Lieutenant Ilias Quartier.

(zu Decker)

Sie haben die Brücke.

Die beiden Männer eilen zum Turbolift und treten ein.

143 INNENAUFNAHME: KORRIDOR 143

während Kirk und Xon den Korridor verlassen. Sie eilen den Korridor entlang zu Ilias Raum.

144 ANDERE EINSTELLUNG - VOR ILIAS TÜR 144

während Kirk und Xon an den beiden Sicherheitsleuten vorbeieilen und das Quartier betreten.

145 INNENAUFNAHME: ILIAS QUARTIER 145

während Kirk und Xon eintreten. Xon reagiert rasch und streckt eine Hand aus, um Kirk zu stoppen.

Mutter und Kind sitzen sich mit verschränkten Beinen auf dem Boden gegenüber. Sie scheinen sich in einer Art tranceähnlichem Zustand zu befinden. Ihre Arme sind ausgestreckt, sie halten sich an den Händen fest, die Finger ineinander verdreht.

146 EINSTELLUNG - KIRK UND XON 146

Sie sprechen mit gedämpfter Stimme.

XON

Sie ›teilen Sicht‹. Wir sollten sie nicht stören.

KIRK

Was ist mit der Gedankenverschmelzung?

XON

Dies hier könnte den gleichen Zweck erfüllen.

147 EINSTELLUNG - BLICKWINKEL VON KIRK UND XON - ILIA UND IRSKA 147

XON

Es ist eine tiefe Meditation. Irska könnte ...

Ilias Gesicht sieht plötzlich ergriffen aus. Sie schreit.

ILIA

NEIN!

Sie löst die Position, um Irska fest an sich zu drücken. Ihnen ist die Anwesenheit von Kirk und Xon noch nicht bewußt. Irska versucht, sich von ihrer Mutter zu lösen, aber Ilia hält sie noch fester.

IRSKA

Mutter, laß mich erfahren, was du erfahren hast.

Und sie zwingt Ilia in die ursprüngliche Position zurück.

148 EINSTELLUNG - XON UND KIRK 148

KIRK

Was haben Sie gefühlt, Ilia?

Zu spät. Mutter und Tochter befinden sich wieder in ihrer eigenen Welt. Sie können Kirk nicht hören. Sie sind Lichtjahre entfernt.

KIRK
(fährt fort)

Ilia!

Xon berührt Kirks Arm.

XON

Sie können Sie nicht hören ...

Kirk ist furchtbar frustriert.

KIRK

Benutzen Sie Telepathie. Gelangen Sie in ihren Verstand. Bringen Sie Ihre Theorie in ihre Gedankengänge ein.

Xon nickt. Er kniet sich neben Irska und stellt den Kontakt her. Es ist für ihn ein heftiger Schock. Er verliert den Kontakt. Er versucht es erneut. Er zuckt zusammen. Er kontrolliert es. Schließlich gelangt er hinein. Einen Moment lang sind sie alle in Trance.

149 AUSSENAUFNAHME: DER ZYLINDER 149
Die Strahlung steigt einen Moment lang an.

150 INNENAUFNAHME: QUARTIER 150
Abrupt werden Xon und Ilia von Irska mit Gewalt - wie von einer unglaublichen Macht - zurückgestoßen. Sie werden beide zu Boden geworfen, sind bewußtlos, während Irska weiter in ihrem tranceähnlichen Zustand dort sitzt.

151 KAMERA FOLGT KIRK 151
während er reagiert, entsetzt, und zum Wand-Interkom läuft.

KIRK

Doktor McCoy zu Lieutenant Ilias Quartier. Notfall!

Die beiden Wachen betreten den Raum, als sie den Tumult hören. Kirk geht zurück, um sich selbst um Xon und Ilia zu kümmern, die Wachen begleiten ihn. Sie kümmern sich um die Bewußtlosen, während Kirk ins Badezimmer eilt und Wasser holt. Als er mit einem Becher wieder in den Raum zurückkehrt, hält er inne und sieht sich um.

152 SCHWENK DURCH DEN RAUM - KIRKS BLICKWINKEL 152
Irska ist verschwunden.

KIRK
(zu den Wachen)
Wo ist das Kind?

Die Wachen blicken auf. Offensichtlich waren sie mit Xon und Ilia zu sehr beschäftigt, um Irskas Verschwinden zu bemerken. Kirk läßt das Wasser fallen und rennt zur Tür. Sie öffnet sich, und er stößt fast mit McCoy zusammen, der hineinstürmt.

KIRK
(fährt fort)
Hast du Irska gesehen?

McCOY
Nein.

Kirk zeigt auf Xon und Ilia.

KIRK
Kümmere dich um sie.

Mit diesen Worten rennt er hinaus in den:

153 KORRIDOR 153
Während Kirk den Korridor entlangläuft, holt er seinen Handkommunikator hervor.

KIRK
(in den Kommunikator)
Hier spricht der Captain. Alarm für alle Decks. Findet Irska und haltet sie fest!

Er setzt seine panische Suche fort.

154 VERSCHIEDENE EINSTELLUNGEN 154
während Kirk und andere durch die Korridore laufen, Durchgänge und Lagerräume überprüfen. Schließlich dringt eine angestrengte Stimme aus dem Interkom-System.

STIMME
Transporterraum an Captain Kirk. Irska ist hier, Sir.

Kirk rennt zum Lift.

155 INNENAUFNAHME: TRANSPORTERRAUM 155
Irska strampelt heftig, um sich von dem FÄHNRICH loszureißen, der sie festhält. Bei dem Gerangel fällt ihr Stirnband zu Boden.

Die Tür öffnet sich, Kirk eilt herein.

IRSKA
Cryontha bedeutet ›unnötige Hülle‹. ›Unnötige Hülle‹.

FÄHNRICH
(hält sie weiter fest)
Sie wollte sich auf das fremde Schiff beamen, Sir.

KIRK

Halten Sie sie fest.

Kirk geht zum Interkom, drückt Tasten. Irska zappelt weiter und IMPROVISIERT: »Laß mich los... usw.«

KIRK
(fährt fort)

Mr. Chekov, wieviel Zeit?

CHEKOV

Zweiundzwanzig Sekunden, Sir.

Plötzlich kommt Xon herein.

XON

Lassen Sie sie los!

Der Fähnrich ist verwirrt. Xon stürmt in den Raum und setzt den Mann mit einem Nervengriff außer Gefecht, bevor jemand reagieren kann. Irska rennt zur Transporterplattform, während Xon zu den Kontrollen eilt. Im nächsten Moment ist sie fort.

XON
(fährt fort)

Vergeben Sie mir, Captain. Es gab keine Zeit für Erklärungen.

156 AUSSENAUFNAHME: ENTERPRISE UND ZYLINDER 156

während sich das magentafarbene Feld in den Zylinder zurückzieht. Der Zylinder verwandelt sich dann in einen großen, weiß leuchtenden Energieball wie einer von jenen in der Wolke, durch die das Schiff im Teaser geflogen ist.

157 INNENAUFNAHME: TRANSPORTERRAUM - KIRK UND XON 157

XON

›Cryontha‹ bedeutet ›unnötige Hülle‹, Captain.

Kirk versteht noch nicht die Bedeutung.

KIRK

Ja, ich hörte, daß Irska das sagte ...

CHEKOVS STIMME
(über Interkom)

Der fremde Zylinder ist verschwunden. Der Zustand der Hülle hat sich wieder normalisiert.

158 KAMERA FOLGT KIRK 158

zum Interkom.

KIRK
(verwirrt)

Danke, Mr. Chekov. Beenden Sie den Alarm.

XON

Vor Hunderttausenden von Jahren existierte Irskas Spezies in humanoider Form. So wie die Menschen jede Entwicklungsstufe von der befruchteten Zelle bis hin zum menschlichen Wesen im Mutterleib durchmachen, war es für Irska erforderlich, alle früheren Phasen in der Entwicklung ihrer Spezies zu durchleben.

KIRK

Wollen Sie damit sagen, daß Irska die ganze Zeit über nicht wirklich geboren war?

159 EINSTELLUNG - DURCHGANG 159

Ilia steht dort.

ILIA

Das ist korrekt, Captain. Bis sie Freude und Schmerz des Lebens in einem Körper erlebt hatte und bereit war, die ›unnötige Hülle‹ abzustoßen, befand sie sich im embryonischen Zustand ihrer Spezies. Ich war ihr erster Mutterleib, die Enterprise ihr zweiter.

160 EINSTELLUNG - KIRK 160

die seine Erschöpfung und sein Mitgefühl zeigt. Er hebt Irskas heruntergefallenes Stirnband auf und gibt es Ilia.

KIRK

Ich wünschte, Lieutenant, daß ihr Leben mit Ihnen länger gewesen wär - oder daß ich es ihr etwas leichter hätte machen können.

161 NAH AUF ILIA 161

die genauso erschöpft, aber äußerst erfüllt aussieht. Sie denkt intensiv nach, während sie langsam das Stirnband in ihren Händen dreht.

ILIA

Danke, Captain. Ich weiß Ihre Gefühle zu schätzen, aber ich kann kaum erwarten, daß Sie ein Wunder noch verbessern könnten.

Ihr Lächeln besteht aus purer Schönheit, während wir

ABBLENDEN.

<u>ENDE</u>

DAS ENDE VON STAR TREK?

Und wieso nun hätte *Phase II* das Ende von *Star Trek* bedeuten können?

Werfen wir einmal einen Blick auf das verwandte Konzept *Star Trek: Voyager.*

So wie *Phase II* wurde auch *Voyager* als *Star Trek*-Serie entwickelt, die ein Paramount-eigenes, unabhängiges TV-Network hätte starten sollen. 1978 wäre mit *Phase II* ein viertes Network ins Leben gerufen worden. Als *Voyager* im Januar 1995 startete, war Barry Diller – der Visionär, der 1977 begonnen hatte, Paramount auf den Weg zum Network zu führen – bereits zu Fox weitergezogen und hatte dort das vierte Network begründet. *Voyager* startete damit am 16. Januar 1995 das fünfte Network – United Paramount Network, UPN.

Der Pilotfilm, mit dessen Premiere die erste Ausstrahlung dieses Networks einherging, mußte sich nicht nur ABC, CBS, NBC und Fox stellen, sondern auch einer zusätzlichen Konkurrenz, die sich 1977 noch niemand hätte vorstellen können: Kabelfernsehkanäle, Pay-TV-Kanäle, unabhängige Satellitensender, Videorecorder und Laserdiscs. *Voyager* ließ sie alle weit hinter sich.

Über 21 Millionen Zuschauer schalteten an dem Abend ein. Zwar war die Serie damit insgesamt zweiter auf diesem Sendeplatz, konnte sich aber in der Statistik bei der wichtigsten Gruppe – der junger Männer – an den Spitzenplatz setzen.

Danach begannen die Quoten Woche für Woche zu sinken, bis sie sich auf einer zufriedenstellenden, aber nicht länger spektakulären Zahl von 12 Millionen Zuschauern einpendelte, in etwa soviel wie bei der Originalserie Ende der sechziger Jahre.

Es muß darauf hingewiesen werden, daß dieser Schwund völlig erwartet kam und nichts mit der Qualität oder dem Inhalt der neuen Serie zu tun hatte.

Der erste Sog bestand nicht nur aus den hartgesottenen *Star Trek*-Fans, die sich alles ansahen, das den Namen *Star Trek* im Titel trug, sondern auch aus Fans von *Deep Space Nine*, Fans der vor kurzem beendeten und bitterlich vermißten *Next Generation* sowie aus Millionen anderen Zuschauern, die in den letzten zweieinhalb Jahrzehnten etwas von *Star Trek* mitbekommen und aus Neugierde eingeschaltet hatten.

Die Erstausstrahlung einer neuen *Star Trek*-Serie war ein einzigartiges Ereignis, bei dem man sich darauf verlassen konnte, daß es praktisch jeden ansprach, der sich auch nur im geringsten für das Franchise interessierte. Um aber Woche für Woche einzuschalten, muß man zum Bereich der engagierten Zuschauer gehören – eine viel kleinere Gruppe.

Denkt man nun an den Herbst 1978 zurück, findet man sich in einem wahrhaft Goldenen Zeitalter des Fernsehens wieder, zu dem Erfolgsserien wie *Kojak, Little House on the Prairie, M*A*S*H, The Waltons, Hawaii Five-o, The Rockford Files* und *Starsky and Hutch* gehörten.

Und nun bedenke man die Pläne von Paramount, durch die Wiederbelebung von *Star Trek* den drei großen Networks Konkurrenz zu machen. Die Serie hätte am Samstagabend laufen müssen, im Wettbewerb mit ohnehin schon erfolgreichen Serien, darunter die auch in Deutschland bekannte NBC-Serie *The Bionic Woman*.

Zweifellos hätte der zweistündige Pilotfilm ›In Thy Image‹ genauso Fernsehgeschichte geschrieben, wie es 17 Jahre später mit *Voyager* der Fall war.

Was aber wäre in der nächsten Woche gewesen? Das statistisch wichtige junge Publikum bleibt am Samstagabend nicht zu Hause, um sich vor den Fernseher zu setzen, weder heute noch 1978. Vielleicht einmal, zu einem besonderen Anlaß, aber Woche für Woche? *Phase II* hätte einen unvermeidbaren Zuschauerschwund erlitten, der einfach nur damit zu tun hatte, daß ein maßgeblicher Teil der Zuschauer überhaupt nicht da war, um den Fernseher einzuschalten.

Außerdem war für die hartgesottenen Fans, die *Star Trek* in der Syndication die Treue gehalten hatten, Mr. Spock ein unverzichtbarer Charakter – Teil des wesentlichen Triumvirats aus Kirk, Spock und McCoy. Wie viele würden abschalten, die so dachten wie die Ehefrau von Robert Wise, die sagte, daß es ohne Spock kein *Star Trek* geben könne?

Und was noch viel wichtiger war: Die Welt und die Zuschauer waren erwachsener geworden und hatten sich in den vergangenen zwölf Jahren verändert. Hatte *Star Trek* mit ihnen Schritt gehalten?

Wir fürchten, daß die Antwort ›nein‹ lauten muß.

Egal, was darüber gesagt wird, daß Fernsehen und Kino auf bestimmte Formeln reduzierbar sind – Neues und Frisches sind trotz allem nötig, um Erfolg zu haben. *Star Trek Phase II* wäre aber nicht andersartig genug gewesen, um nicht wie die sehr verspätete vierte Season der ersten Serie zu wirken.

Ganz gleich, wie gut die Drehbücher geschrieben, wie überzeugend die Spezialeffekte ausgeführt und wie begeistert Xon, Decker und Ilia von den treuen Fans akzeptiert worden wären – Tatsache wäre gewesen, daß die Quoten von *Phase II* abgesunken wären, bis sie sich wie bei *Voyager* bei der Zwölf-Millionen-Marke eingependelt hätten. 1978 hätte das nicht genügt, um die Serie überleben zu lassen.

Wir halten es für überaus wahrscheinlich, daß *Star Trek* nach dem Pilotfilm und den ersten dreizehn Episoden erneut eingestellt worden wäre. Angesichts der Persönlichkeiten, die daran beteiligt waren, bezweifeln wir, daß auch nur eine von ihnen den Mut oder die Motivation gehabt hätte, an der Wiederbelebung einer Serie zu arbeiten, die nicht nur einmal, sondern zweimal gescheitert war. (Natürlich könnte man auch sagen, daß die ersten dreizehn Episoden als Feuerprobe gedient hätten, so wie in der unsicheren ersten Season von *The Next Generation*. Da Fernsehserien permanent angepaßt werden, ist es möglich, daß Paramount den Versuch unternommen und dreizehn weitere Episoden geordert hätte, und sei es nur, um dem flügge werdenden Network einen festen Bezugspunkt zu geben. Durch diese zusätzliche Zeit hätten die talentierten Leute hinter *Phase II* an einer Serie gefeilt, auf die man hätte zählen können. Aber die Geschichte hätte ebensogut so verlaufen können, wie es geschehen ist, und der Rest dieses Kapitels würde keinen Sinn ergeben.)

Durch das wahrscheinliche Scheitern von *Phase II* hätte es keine Kinofilmreihe mit der Originalbesetzung gegeben. Das Fehlen dieser Kassenschlager hätte Paramount nicht zu *The Next Generation* angespornt und auch nicht zu den Folgeserien *Deep Space Nine* und *Voyager.*

Zweifellos wäre Star Trek in irgendeiner Form wiederauferstanden, und wahrscheinlich wäre dies in den Neunzigern geschehen. Immerhin haben wir miterlebt, wie erfolgreiche Kinofilme aus Serien der sechziger Jahren entstanden. Während wir diese Zeilen im Herbst 1996 schreiben, hat *Mission: Impossible* die 300-Millionen-Dollar-Marke überschritten. Filmversionen von *The Man from U.N.C.L.E., My Favorite Martian, The Wild, Wild West* und *Voyage to the Bottom of the Sea* befinden sich in der Entwicklung. Die neue *Outer Limits*-Serie wächst und gedeiht im Kabelfernsehen.

In dieser alternativen Zeitlinie hätte Paramount *Star Trek* zweifellos entstaubt und einer Gruppe von Filmemachern übergeben, die noch nicht auf der Welt waren, als die Originalserie ausgestrahlt wurde.

Man stelle sich einen *Star Trek*-Film in dieser alternativen Zeitlinie vor: vielleicht geschrieben von Quentin Tarantino, mit Nicolas Cage als Spock, Whitney Houston als Uhura und Arnold Schwarzenegger als James T. Kirk. Da kann einem schwindelig werden.

Aber hier in der wirklichen Welt glauben wir, daß *Star Trek* überlebte, weil es in dieser Zeit nicht ins Fernsehen zurückkehrte, sondern ein besonderes Ereignis blieb, das alle paar Jahre im Kino stattfand.

Selbst die hartgesottenen Fans geben zähneknirschend zu, daß *Star Trek: The Motion Picture* kein außergewöhnlicher Film war. Aber er behandelte geliebte Charaktere und Situationen mit Respekt und zeigte das *Star* Trek-Universum, wie man es noch nie gesehen hatte, mit neuen Designs, optischen Effekten vom feinsten und realistisch wirkenden Modellen. So wie bei der Erstausstrahlung von *Voyager* ging jeder, der sich auch nur im entferntesten für *Star Trek* interessierte, ins Kino, um den ersten Film zu sehen, wodurch er zu einem finanziellen Erfolg wurde – trotz der aufgeblähten Ausgaben, die alle fehlgestarteten Filmversuche und *Phase II* mit einschlossen.

Und das Beste von allem war, daß Paramount einerseits feststellen konnte, daß ein stabiler Markt für Star Trek existierte, und andererseits zwei Jahre Zeit hatte, um einen besseren Film nachfolgen zu lassen.

Das war das wichtigste Element für die Wiedergeburt von *Star Trek.*

Star Trek II: The Wrath of Khan erfand *Star Trek* neu: für eine neue Dekade, ein neues Publikum und eine neue Welt.

Immerhin ist dies das Geheimnis für langfristigen Erfolg, ob es dabei um die natürliche Auslese oder den Verkauf von Autos geht: Veränderung.

In den besten Science Fiction-Geschichten, die in der Zukunft spielen, geht es immer um das Leben in der Zeit, in der sie geschrieben werden. *Star Trek* ist keine Ausnahme.

Die Originalserie entstand in den Sechzigern, einer Zeit fundamentaler gesellschaftlicher Veränderungen und einem Gefühl nahender großer Abenteuer und Entdeckungen. Astronauten wurden auf die Reise zum Mond vorbereitet; die nukleare Bedrohung existierte Seite an Seite mit Woodstock. Der entfesselte Geist der Sechziger war der Schmelztiegel, in dem die ersten *Star Trek*-Geschichten erzählt wurden und von dem der Zukunftsoptimismus ausging.

Dann kamen die Siebziger und mit ihnen ein profunder Zynismus. Die Hoffnung der Sechziger wurde von Watergate, Vietnam, der Energiekrise und einer wilden Inflation unterminiert. Der gemeinschaftliche Geist von Woodstock wurde nach und nach aufgegeben, während die Rebellen in die Arbeitswelt eintraten und sich stärker auf sich selbst zurückzogen. Der Verlust der Unschuld war die Antithese dessen, was *Star Trek* in den Sechzigern Auftrieb gegeben hatte. Die *Phase II*-Episoden, die sich an der ursprünglichen *Star Trek*-Philosophie orientierten, wären wahrscheinlich als veraltet angesehen worden. Und bei den Episoden, die die Gesellschaft der Gegenwart widerspiegelten, hätte man wahrscheinlich den für *Star Trek* typischen Optimismus vermißt. Beide Arten von Geschichten als Teil ein und derselben Serie auszustrahlen, hätte Verwirrung ausgelöst.

Diese Frage allerdings war kein Problem, das man zu dieser Zeit hätte voraussehen können. Es wird erst rückblickend erkennbar, wenn man den Erfolg der Kinofilme und der sich anschließenden

Serien untersucht. Und doch wäre es mit Sicherheit eine fast unüberwindbare Hürde gewesen.

Aber ohne *Phase II* und mit dem Erfolg von *Star Trek: The Motion Picture* konnte Paramount eine neue *Star Trek*-Version für diese Zeit schaffen – *Star Trek II: The Wrath of Khan.* Alle vertrauten Gesichter waren wieder mit dabei, aber sie waren älter geworden, und das wurde auch angesprochen. Die Charaktere hinterfragten sich selbst und ihre Pflichten in einer Weise, wie man sie seit Jeffrey Hunters Captain Christopher Pike im ersten *Star Trek*-Pilotfilm von 1965 nicht mehr gesehen hatte. Aber sie eignete sich bestens für die Stimmung der Zuschauer des Jahres 1982.

Und nachdem diese Entwicklung der Charaktere einbezogen worden war, bot die Geschichte auch noch etwas für die Zuschauer, die *Star Wars* kannten – eine aufregende Weltraumschlacht und ein echtes Science Fiction-Abenteuer.

Das Konzept der Veränderung wurde beibehalten, und so war *Star Trek IV: The Voyage Home* 1986 wieder auf die Zeit zugeschnitten – diesmal in Form eines humorvolleren Films in der Tradition von ›The Trouble with Tribbles‹ und ›A Piece of the Action‹.

Und schließlich wurde *Star Trek* ein weiteres Mal für eine Generation neu erfunden und kehrte an seinen Ursprungsort zurück – ins Fernsehen.

Star Trek: The Next Generation übernahm nicht die actionbetonte Wildwest-Mentalität der Originalserie, sondern spiegelte die Gegenwart wider – mit demokratischem Denken, durchdachten Ansätzen und einer größeren Vertrautheit mit der Technologie. Während die erste *Enterprise* eher einem VW Bus glich, der die Besatzung auf einem Sommerausflug überallhin bringen konnte, war die neue *Enterprise* ein richtiges Wohnmobil, mit Teppichboden ausgelegt und mit Platz für die Familien.

The Next Generation sprach das Publikum an und bewahrte den Optimismus, der für *Star Trek* als so notwendig angesehen wurde. Es war und ist ein anhaltender Erfolg.

Dann kamen die Neunziger, düsterer als Achtziger, die Hippies aus dem Sommer der Liebe wurden fünfzig. Die heutige Gesellschaft basiert auf Vorsicht und Rückzug. Und genauso ist *Star Trek* für das Publikum neu erfunden worden.

Die Crew von *Star Trek: Deep Space Nine* begibt sich nirgendwo hin, sie ist an einem Ort gefangen und versucht, den schwierigen Situationen, von denen sie umgeben ist, einen Sinn zu geben. Die Crew von *Star Trek: Voyager* dagegen ist weit von allem Vertrauten entfernt und sucht in jeder Episode nach der Sicherheit des Zuhause. Der Optimismus ist noch da, aber beide neuen Serien spiegeln die Sorgen des Publikums der neunziger Jahre wider – und das mit Erfolg. Obwohl aus dem Monopol von drei Networks zur Zeit der Originalserie ein Universum von 500 Kanälen geworden ist, zu dem auch Filme auf Abruf und der Internet-Zugang gehören, erfreut sich *Star Trek* nach wie vor eines stabilen und verdienten Erfolgs.

Aus der Geschichte der *Phase II* kann man letztlich keine Erkenntnisse oder Schlüsse ziehen. Das Verstehen von Erfolg und Mißerfolg in Hollywood ist immer nur rückblickend möglich, fast nie vorausschauend. Einige Leute sind gut darin, das einzuschätzen, was das Publikum sehen möchte, und sie sind diejenigen, denen man auch eine zweite und dritte Chance gibt. Gene Roddenberry war einer der wenigen Glücklichen, der eine zweite Chance erhielt und damit Erfolg hatte.

Dreißig Jahre Rückschau haben bewiesen, daß *Star Trek* im Kern etwas enthält, das ein breites Publikum anspricht und dabei Landes- und Altersgrenzen überschreitet. Man muß kein Visionär sein, um zu sagen, daß etwas, was seit dreißig Jahren erfolgreich ist, auch weiterhin Erfolg haben wird, und daß die Zukunft neue *Star Trek*-Versionen mit sich bringen wird. Was sie alle verbinden wird, ist eine Geschlossenheit, die vom ersten Pilotfilm bis zum jüngsten Kinofilm reicht.

Wenn man aus diesem Buch irgendeinen Schluß ziehen kann, dann den, daß *Phase II* genauso in diese Geschlossenheit paßt wie alle anderen, realisierten *Star Trek*-Versionen.

Die Leute, die an diesem kurzlebigen Abenteuer beteiligt waren, nahmen an einem Prozeß teil, der bis heute anhält. Denn *Phase II* war der Schmelztiegel, durch den *Star Trek* sein Publikum wiederfand und eine Reise begann, die zu noch größerem Erfolg führte.

Phase II war nicht das Ende von *Star Trek* – es war der Neubeginn von *Star Trek*.

STAR TREK PHASE II
STAB- UND CREWLISTE

OKTOBER 1977

AUSFÜHRENDER PRODUZENT
GENE RODDENBERRY

SEKRETÄRIN/ASSISTENTIN
VON G. RODDENBERRY
SUSAN SACKETT

PRODUZENT
ROBERT GOODWIN

SEKRETÄRIN VON R. GOODWIN
ALISA BEATON

PRODUZENT
HAROLD LIVINGSTON

SEKRETÄRIN VON H. LIVINGSTONE
CHERYL BLYTHE

REGISSEUR (PILOTFILM)
ROBERT COLLINS

REDAKTEUR
JON POVILL

ASSISTENT VON G. RODDENBERRY
BOB ROSENBAUM

SEKRETÄRIN VON B. ROSENBAUM
RUTH CARPENTER

PRODUKTIONSLEITER
BRUCE FOWLER, JR.

PRODUKTIONSLEITER
MICHAEL SCHOENBRUN

SEKRETÄRIN DER PRODUKTIONSLEITER
SUSAN ELLIS

PRODUKTION
FREEMAN PACKARD

PRODUKTIONSLEITER DES DREHTEAMS
GEORGE FENAJA

KAMERAMANN
BRUCE LOGAN

ART DIRECTOR
JOE JENNINGS

ASSISTENT DES ART DIRECTORS
JOHN CARTWRIGHT

KÜNSTLERISCHE KONZEPTION
LEE COLE

INNENREQUISITEUR
TOM PEDIGO

AUSSTATTER
LEWIS SPLITTSBERGER

JUNIOR-INNENREQUISITEUR
JANET STOKES

ILLUSTRATOR
MIKE MINOR

KOSTÜMDESIGNER
WILLIAM WARE THEISS

ASSISTENTIN DES KOSTÜMDESIGNERS
FRANCES HARRISON

CUTTER
KAZUAKI YAMAMOTO

TECHNISCHER BERATER DER NASA
JESCO VON PUTTKAMER

TECHNISCHER BERATER
MATT JEFFERIES

LEITER DES BESETZUNGSBÜROS
HOYT BOWERS

BESETZUNG
PAT HARRIS & MARCIA KLEINMAN

BESETZUNGSSEKRETÄRIN
MEG LIBERMAN

ÜBERWACHER DER NACHBEARBEITUNG
PAUL RABWIN

STUDIO-NACHBEARBEITUNG
GEORGE WATTERS

ASSISTENT VON G. WATTERS
GARY CHANDLER

ÖFFENTLICHKEITSARBEIT
RICHARD WINTERS

VERSICHERUNG
RICHARD MILLER

ABLAUF
DON FOSTER

KOORDINATOR DES BÜHNENBAUS
BUDDY ARBUCKLE

REQUISITEUR
BOB RICHARDS

OBERBELEUCHTER
BRINK BRYDON

DANKSAGUNGEN

Reiz und Fluch des Fernsehens bestehen darin, daß es sich um eine so flüchtige Kunstform handelt. Zwar können sich Millionen Menschen gerührt fühlen, wenn sie das Erlebnis einer bedeutenden Serie oder auch nur einer Episode teilen. Doch werden die zahllosen Beiträge und die kreativen Anstrengungen, die zu den endgültigen, wenigen Minuten führen, kaum zur Kenntnis genommen.

Im Falle einer Serie, die nicht einmal entstand, ist das Nachvollziehen all dieser Phasen um so schwieriger.

Dieses Buch hätte nicht ohne das Entgegenkommen und den Weitblick von Jon Povill geschrieben werden können. Jon hatte nicht nur alle Unterlagen aus seiner Zeit als Gene Roddenberrys Assistent in seinen Funktionen als Redakteur von *Phase II* und als beteiligter Produzent von *Star Trek: The Motion Picture* aufbewahrt, sondern gewährte uns auch großzügig Einblick und beantwortete uns Stunde um Stunde geduldig unsere Fragen.

Was Paramounts Anteil angeht, dürfen wir uns einmal mehr bei Rick Berman bedanken, der uns erneut uneingeschränkten Zugang zu allen Bereichen der Produktion von *Star Trek* in Vergangenheit und Gegenwart verschaffte. So wie Gene Roddenberry gehofft hatte, hat Rick Berman *Star Trek* weit nach vorne gebracht und selbst eine beständige Film- und Fernsehlegende geschaffen.

So wie Jon Povills Aktenkisten es uns ermöglichten, dieses Buch zu schreiben, waren es die Weitsicht und Großzügigkeit von Herman Zimmerman, die die Illustrationen in diesem Buch möglich machten. Von der ersten Season der *Next Generation* bis hin zum atemberaubenden Aussehen von *Star Trek: First Contact* ist Herman einer der herausragendsten *Star Trek*-Designer gewesen. Dabei hat er zugleich auch den Wert aller kreativen visuellen Dinge erkannt, die beigesteuert wurden, und große Anstrengungen unternommen, soviel wie möglich davon zu retten. Ohne Hermans Bestreben, die Arbeit anderer zu bewahren und anzuerkennen, wären viele Abbildungen in diesem Buch (und in vielen folgenden Büchern) schon vor langer Zeit beim Altpapier gelandet. Dafür danken wir ihm.

Und wieder einmal half uns Hermans Assistentin Penny Juday öfter, als sie ahnt, indem sie uns Wege ebnete und immer wieder genug Zeit fand, um für uns noch eine weitere Illustration zu suchen oder für uns ein Telefonat zu führen. Als künstlerische Koordinatorin der aktuellen *Star Trek*-Serien und -Filme hat Penny selbst viel zu *Star Trek* beigetragen, und wir fühlen uns geehrt, daß sie uns auch unter den schwierigsten Bedingungen bei unserer Arbeit half.

Wie stets danken wir auch diesmal wieder unseren Freunden im Art Department von *Star Trek*, die unsere Überraschungsbesuche hinnahmen, für uns ihre Akten plünderten und es schafften, trotz ihres eigenen Termindrucks Humor und Hilfsbereitschaft zu bewahren. Besonders profitierten wir von der Freundschaft mit und der Unterstützung durch Mike und Denise Okuda. Mike verdient eine ›Standing ovation‹ dafür, daß er die Pläne für die *Phase II*-Enterprise zutage förderte, von denen man bis dahin angenommen hatte, daß sie nicht mehr existierten.

Abseits des Studiogeländes waren viele der Leute, die mit der vergessenen Serie zu tun gehabt hatten, nicht weniger großzügig, was ihre Zeit, ihre Geduld und ihre Unterstützung angeht. Robert Goodwin, Matt Jefferies, Harold Livingston, Gary Nardino und Brick Price waren alle so nett, die Zeit zurückzudrehen und etwas zu diskutieren, was für jeden von ihnen einfach nur eine kurze Phase in der Karriere war.

Und daß Harold Livingston uns die Erlaubnis gab, sein Drehbuch abzudrucken, stellt nicht nur einen wichtigen Beitrag zu diesem Buch und zur *Star Trek*-Geschichte dar, sondern ermöglicht dem Leser auch zu erkennen, warum er nicht nur ein Bestsellerautor, sondern auch ein gefeierter Fernsehautor ist.

Brick Price von WonderWorks Inc. ging sogar so weit, seine Modellbauer auf Expeditionen in ›altertümliche‹ Lagerräume zu schicken, damit sie dort die Gußformen der verlorenen Enterprise suchten. Für seinen Enthusiasmus und sein Entgegenkommen, uns Zugang zu seinem Archiv zu geben, sind wir ebenso dankbar wie für die Unterstützung durch seinen Geschäftspartner John Palmer.

Andy Probert, dessen Beiträge durch seine Arbeit an der *Enterprise* für *Star Trek: The Motion Picture* und für *The Next Generation* zu den bedeutendsten zählen, stellte ebenfalls großzügigerweise Fotos aus seiner Sammlung zur Verfügung. Ebenso David McDonnell vom Magazin *Starlog*, dessen unerschütterliche Unterstützung wir sehr zu schätzen wußten.

Auf der technischen Seite hat Rick Thomas von Patrick J. Donahue Photography/The Photo Lab die ihm überlassenen Schätze rasch und mit großer Sorgfalt behandelt und die Produktion vieler der qualitativ hochwertigen Fotos auf den vorangegangenen Seiten überwacht.

Auch wenn wir es an letzter Stelle nennen, ist unser Publikationsteam ohne jeden Zweifel unser wichtigstes Kapital bei unseren Büchern, die hinter die Kulissen blicken. Paula Block von Viacom Consumer Products ist seit vielen Jahren unsere standfeste Verbündete. Für ihre Hingabe und die Sorgfalt, mit der sie sich unserer Arbeit widmet, stehen wir in ihrer Schuld. In der Materialabteilung von VCP. wurde uns durch Harry Lang stets geduldige Hilfe ermöglicht, viele der Videobilder in diesem Buch zusammenzutragen, die noch nie gezeigt worden waren.

Bei Pocket Books hat sich Kevin Ryan als sprichwörtlicher Khan Noonien Singh erwiesen, wenn es darum ging, sich über Jahre hinweg auf ein einzelnes Ziel zu konzentrieren. Es ist eine schwere Untertreibung, wenn wir sagen, daß wir seinen Input vermissen werden. Wir wünschen ihm viel Glück für seine neue Arbeit bei den Lyrick Studios.

Unsere neue Redakteurin Margaret Clark ist eine alte Bekannte von DC Comics, deren manchmal erschreckend tiefgehendes Wissen über *Star Trek* geholfen hat, dieses Buch besser und präziser zu machen. Ihre extreme Geduld wissen wir mehr zu schätzen, als sie ahnt.

Wie immer waren John Ordover und Tyya Turner unermüdlich, wenn es darum ging, auch die kleinsten Details nicht aus den Augen zu verlieren und den Prozeß in Bewegung zu halten. Designer Richard Oriolo, dessen Arbeit wir stets bewundert und geschätzt haben, hat einmal mehr Ordnung in unsere Fotos und Texte gebracht, ohne sich von unserem Termindruck beeindrucken zu lassen.

Unser Dank gilt allen.

J. & G. Reeves-Stevens
Oktober 1996, Los Angeles

Amerikanische Episoden-, Film- und Serientitel und ihre deutschen Pendants

a) Episoden

›Amok Time‹ – ›Weltraumfieber‹
›The Best of Both Worlds, Part I‹ – ›In den Händen der Borg‹
›The Best of Both Worlds, Part II‹ – ›Angriffsziel Erde‹
›The Cage‹ – ›Der Käfig‹
›The Changeling‹ – ›Ich heiße Nomad‹
›City on the Edge of Forever‹ – ›Griff in die Geschichte‹
›The Cloud Minders‹ – ›Die Wolkenstadt‹
›The Corbomite Maneuver‹ – ›Pokerspiele‹
›Day of the Dove‹ – ›Das Gleichgewicht der Kräfte‹
›The Doomsday Machine‹ – ›Planeten-Killer‹
›The Gamesters of Triskelion‹ – ›Meister der Sklaven‹
›Justice‹ – ›Das Gesetz der Edo‹
›The Menagerie‹ – ›Talos IV – Tabu‹
›The Paradise Syndrome‹ – ›Der Obelisk‹
›A Piece of the Action‹ – ›Epigonen‹
›Shore Leave‹ – ›Landeurlaub‹
›Space Seed‹ – ›Der schlafende Tiger‹
›The Squire of Gothos‹ – ›Tödliche Spiele auf Gothos‹
›The Trouble With Tribbles‹ – ›Kennen Sie Tribbles?‹

b) Filme

The Andromeda Strain – Andromeda: Tödlicher Staub aus dem All
Close Encounters of the Third Kind – Unheimliche Begegnung der Dritten Art
The Day the Earth Stood Still – Der Tag, an dem die Erde stillstand
Don't Look Now – Wenn die Gondeln Trauer tragen

The Great Northfield Minnesota Raid –
Der große Minnesota-Überfall
Invasion of the Body Snatchers –
Die Körperfresser kommen
Joseph Andrews –
Die Abenteuer des Joseph Andrews
Run Silent, Run Deep – U 23: Tödliche Tiefen
The Sand Pebbles –
Kanonenboot am Yangtse-Kiang
The Sound of Music –
Meine Lieder, meine Träume
Star Trek: First Contact –
Star Trek: Der erste Kontakt
Star Trek: The Motion Picture –
Star Trek: Der Film
Star Trek II: The Wrath of Khan –
Star Trek II: Der Zorn des Khan
Star Trek IV: The Voyage Home –
Star Trek IV: Zurück in die Gegenwart
Star Wars – Krieg der Sterne
Tom Jones – Tom Jones:
Zwischen Bett und Galgen
2001: A Space Odyssey –
2001: Odyssee im Weltraum

c) Serien

The Bionic Woman –
Die Sieben-Millionen-Dollar-Frau
Hawaii Five-0 – Hawaii Fünf-Null
Little House on the Prairie – Unsere kleine Farm
The Man from U.N.C.L.E. – Solo für U.N.C.L.E.
Mission: Impossible – Kobra, übernehmen Sie/
Unmöglicher Auftrag
My Favorite Martian – Mein Onkel vom Mars
The Rockford Files – Detektiv Rockford
Star Trek – Raumschiff Enterprise
Star Trek: Voyager –
Star Trek: Raumschiff Voyager
Voyage to the Bottom of the Sea –
Mission Seaview
The Wild, Wild West – Verrückter Wilder Westen
The X-Files – Akte X

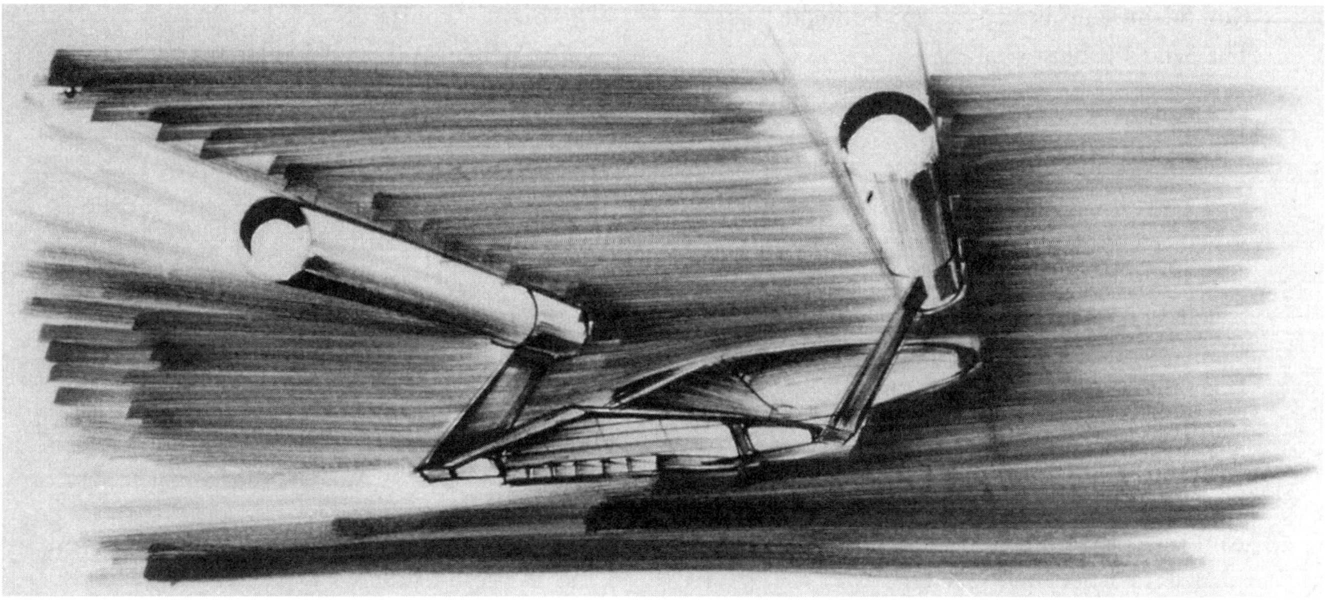

Die Mission dauert an. Skizze von Jon Povill.
Mit freundlicher Genehmigung von Paramount Pictures.